地球の歩き方 A34 ● 2024～2025 年版
クロアチア
スロヴェニア
Croatia Slovenia
地球の歩き方 編集室
JN050406
COVER STORY
ローマ皇帝ディオクレティアヌスの宮殿があるスプリットは、歴史的景観を楽しむビューポイントがフォトスポットとして人気です。リュブリャーナのボートツアーも、何艘も行き交う賑わいが戻ってきました。一方で2020年の大地震の影響で、ザグレブでは多くの歴史的建物が被害を受けました。そんななかでも博物館ではバーチャル展示を行うなど、新しい展示方法を模索しています。

CONTENTS

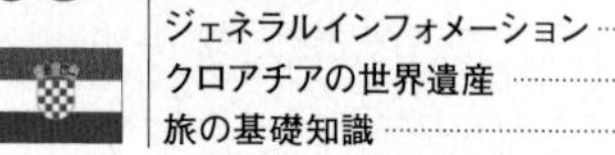

153 ダルマチア地方

基本情報

出発前に必ずお読みください！
旅のトラブルと安全情報
57、243、347

239 スロヴェニア

251 リュブリャーナとユリアンアルプス

301 アドリア海岸とカルスト地方

321 スロヴェニア東部

歩き方の使い方

本書で用いられる記号・略号

飛行機
鉄道
バス
タクシー
フェリー
交通スケジュールについては、2023年3～8月の調査時点での便数です。「5時台～21時台に0～15便運行」とある場合は始発が5時台、終発が21時台、1日あたりの便数が、最小（おもにオフシーズンの土・日・祝や学校の長期休暇）で0便、オンシーズンの最多で15便という意味です。

住 住所
TEL 電話番号
携帯電話番号
Mail eメールアドレス
URL ウェブアドレス（http://は省略）
Facebookのアカウント
X（旧ツイッター）のアカウント
インスタグラムのアカウント
開 開館時間
休 休業日
料 入場料
写真撮影禁止
フラッシュ撮影禁止
info ハミダシ情報

紹介している地区の場所と巻頭の詳細地域図のページを示しています。

ラブ
Rab

Map P.11-C2

ビューポイントから港を見下ろす

■ラブへの行き方
リエカからの高速船は、ラブを経由し、パグ島Pagのノヴァリャ Novaljaへ行く。本土のスティニツァ Stinicaとは島の東端にあるミシュニャクMišnjakとフェリーで結ばれている。
●リエカから
1日1～2便運行（日曜運休）、所要約3時間10分、€17.40。
Jadrolinija社の高速船が1日1～2便、所要約1時間15分～2時間、€12.68～25。
●ロパルから
6時台～20時台に4～7便運行（日曜減便）、所要約23分、€3.40。

■ラブの
Map P.134-B
住 Trg Municipium Arba 8
TEL (051)724064
URL www.rab-visit.com
開 6・9月8:00～20:00
7・8月8:00～21:00
10～5月8:00～15:00
（土・日～13:00）
※春・秋は変動あり。
休 11～3月の土・日・祝

ラブ旧市街を眺めながらの海水浴

ラブ島の中心都市で、島の西岸に位置している。町の起源は紀元前15世紀、リブルニア人の集落にまで遡り、ローマ時代には、初代ローマ皇帝アウグストゥスによって自治を認められ、繁栄を謳歌した。毎年7月25～27日は、クロアチアで最古かつ最大の中世祭、ラブスカ・フィエラRabska fjeraが開催され、中世の雰囲気に包まれる。

歩き方

旧市街は港の南側の半島部分。バスターミナルは港のすぐ北にあるので、まず海まで出て、それから海沿いの道を

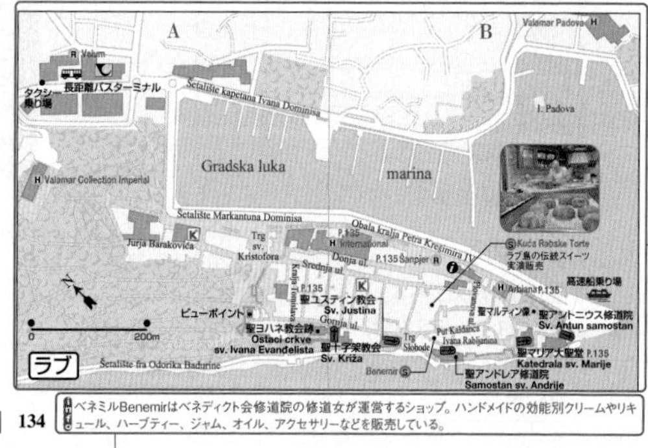

134

info ベネミルBenemirはベネディクト会修道院の修道女が運営するショップ。ハンドメイドの効能別クリームやリキュール、ハーブティー、ジャム、オイル、アクセサリーなどを販売している。

※記号説明用のサンプルです

■掲載情報のご利用に当たって

編集室では、できるだけ最新で正確な情報を掲載するように努めていますが、現地の規則や手続きなどがしばしば変更されたり、またその解釈に見解の相違が生じることもあります。このような理由に基づく場合、または弊社に重大な過失がない場合は、本書を利用して生じた損失や不都合などについて、弊社は責任を負いかねますのでご了承ください。また、本書をお使いいただく際は、掲載されている情報やアドバイスがご自身の状況や立場に適しているか、すべてご自身の責任でご判断のうえでご利用ください。

■現地取材および調査時期

本書は2023年3～6月の現地取材までの調査をもとに編集しています。特にホテルやレストランなどの料金はご旅行時点では変更されていることが多くあります。したがって本書のデータはひとつの目安としてお考えください。具体的で役立つデータを記載していますが、時間の経過とともに変更が出てくることをお含みおきのうえでご利用ください。

■発行後の情報の更新と訂正について

本書発行後に変更された掲載情報や訂正箇所は、「地球の歩き方」ホームページの本書紹介ページ内に「更新・訂正情報」として可能なかぎり最新のデータに更新しています（ホテル、レストラン料金の変更などは除く）。下記URLよりご確認いただき、ご旅行前にお役立てください。

URL www.arukikata.co.jp/travel-support/

■投稿記事について

ホテル情報、観光ポイントなど、読者投稿マークがあり

ショップ

クロアタ
Croata

Map P.80-A2
ファッション

クロアチアは知る人ぞ知るネクタイ発祥の地。上品な光沢を放つ本場のネクタイを手に入れよう。グラゴール文字をデザインした伝統柄が人気。女性用のスカーフやショールもある。

URL www.croata.hr
住 Ilica 5
TEL (01)6457052
開 9:00～20:00（土～15:00）
休 日・祝
カード A D J M V

※記号説明用のサンプルです

レストラン

ヴィノドル
Restaurant Vinodol

Map P.80-A2
クロアチア料理

考古学博物館の近くにある郷土料理レストラン。石造りの太い柱がいくつも立つ重厚な雰囲気。料理の量が比較的少なく日本人にも食べやすい。メインは€12～35。ザグレブ風カツレツ（牛）は€21。夏期はテラス席もある。

URL www.vinodol-zg.hr
住 Teslina 10
TEL (01)4811427
開 12:30～24:00
休 1/1、復活祭、12/25
カード D J M V

※記号説明用のサンプルです

ホテル

ナショナル
Hotel National

Map P.79-D3
★★★　中級　室数:21

長距離バスターミナルから徒歩2分。客室、共用スペースともにベーシックだが、新しく清潔感がある。小さなバーや中庭にはカフェもある。

無線LAN 全館　EV なし

URL www.national.hr
Mail info@national.hr
住 Supilova 8
TEL (01)7057570　携帯 091-6057570
S A/C €00～000
W A/C €00～000
カード A D M V

※記号説明用のサンプルです

地　図

- 郵便局（クロアチア）
- 郵便局（スロヴェニア）
- 観光案内所
- 博物館
- 教会
- バスターミナル
- バス停
- ヤドロリニヤ（フェリー会社）のチケットブース
- フェリー乗り場
- H ホテル
- R レストラン
- HR ホテル兼レストラン
- S ショップ
- K コンズム（クロアチアのスーパーマーケット）
- メルカートル（スロヴェニアのスーパーマーケット）
- 車両通行止めまたは歩行者専用道路

※P.6～15の広域地図の凡例はP.10をご参照ください。

ホテル設備・支払い方法

- DOM ドミトリー／相部屋
- シングルルーム
- ダブルorツインルーム
- A/C エアコン付きの部屋
- 部屋にシャワー付き
- 共同シャワー
- 部屋にバスタブ付きのシャワールームあり
- 部屋のシャワールームにバスタブはない
- 部屋にトイレ付き
- 共同トイレ
- 宿泊料金に朝食が込み
- 宿泊料金に朝食は含まれない
- 無線LAN
- EV エレベーター
- 現金
- クレジットカード
- A アメリカン・エキスプレス
- D ダイナースカード
- J JCBカード
- M マスターカード
- V ビザカード

文章の終わりに（　　）で氏名があるものは、すべて読者の体験談です。投稿年のあとの春は2～5月、夏は6～9月、秋は10～11月、12月と1月についてはその旨を明記してあります。　※投稿を募集しています。詳細は→P16

■博物館の展示　博物館では、展示物をほかの施設に貸し出したり、補修などのために非公開となることもあります。

■営業時間、休日　祝日営業の施設でもクリスマス、復活祭、万聖節は休むまたは時短の場合があります。取材時に回答があった場合は明記しましたが、未定等で記載がない場合でも営業していないことがあります。また、コロナ後の観光客の急増を受け、人手不足による営業時間等の変更予定回答もありました。施設の中にはFacebookやGoogleで直前情報を公開している場合もあります。

■新型コロナウイルス感染症について

新型コロナウイルス（COVID-19）の感染症危険情報について、全世界に発出されていたレベル1（十分注意してください）は、2023年5月8日に解除されましたが、渡航前に必ず外務省のウェブサイトにて最新情報をご確認ください。

◎外務省 海外安全ホームページ・(国名)危険情報

クロアチア
URL **www.anzen.mofa.go.jp/info/pcinfectionspothazardinfo_188.html#ad-image-0**

スロヴェニア
URL **www.anzen.mofa.go.jp/info/pcinfectionspothazardinfo_162.html#ad-image-0**

オーストリア
フィラッハ
Villach
クラーゲンフルト
Klagenfurt
P.289
クラニュスカ・ゴラ
Kranjska Gora
ブレッド湖 P.277
Blejsko jezero
P.285 ボヒニュ湖
Bohinjsko jezero
P.268
P.271 クラニュ
Kranj
カムニク
Kamnik
P.293 コバリド
Kobarid
シュコフィヤ・ロカ
P.274 Škofja Loka
P.328
ウーディネ
Udine
イドゥリヤ
Idrija P.296
リュブリャーナ
Ljubljana P.253
P.298
ノヴァ・ゴリツァ
ゴリツィア
Gorizia
Nova Gorica
スロヴェニア
ノヴォ・メスト
Novo Mesto
ポストイナ
Postojna
P.319 P.316
トリエステ
Trieste
シュコツィヤン鍾乳洞
Škocjanske jame
ヴィチェンツァ
Vicenza
コペル
Koper P.312
ピラン
P.303 Piran
イゾラ
Izola
P.309
ヴェネツィア湾
Golfo di Venezia
ヴェネツィア
Venezia
P.48
パドヴァ
Padova
オパティヤ
Opatija
P.126
リエカ P.122
Rijeka
モトヴン
Motovun
P.148
ポレチュ
Poreč
P.144
クルク島
Krk
ロヴィニュ
Rovinj
P.141
クルク P.130
Krk
ポー川
Po
プーラ P.136
Pula
ツレス島
Cres
ラブ島
Rab
ラブ
Rab
P.134
フェッラーラ
Ferrara
パグ島
Pag
ボローニャ
Bologna
ラヴェンナ
Ravenna
P.162 ニン
Nin
ザダル
Zadar
P.156
リミニ
Rimini
Dugi otok
ペーザロ
Pesaro
P.166 コルナティ国立公
Nacionalni park Korn
フィレンツェ
Firenze
イタリア
アンコーナ
Ancona
P.10-11
アドリア海
Jadranska more
Mar Adriatico
ペルージャ
Perugia
N
クロアチア・スロヴェニア周辺
ペスカーラ
Pescara
0
50
100km

P.8-9
ケストイヘイ
Keszthely
バラトン湖
Balaton-tó
マリボル
Maribor
P.323
プトゥイ
Ptuj
P.331
P.98
ヴァラジュディン
Varaždin
ロガシュカ・スラティナ
Rogaška Slatina
P.334
セクサールド
Seksárd
ハンガリー
ペーチ
Pécs
サモボル
Samobor
P.96
ザグレブ
Zagreb
P.76
ドナウ川
Dunav
オスィイェク
Osijek
P.111
カルロヴァツ
Karlovac
P.103
クロアチア
ジャコヴォ
Đakovo
P.116
ヴコヴァル
Vukovar
P.115
プリトゥヴィツェ湖群国立公園
Nacionalni park Plitvička jezera
P.105
ボスニア・ヘルツェゴヴィナ
セルビア
P.14-15
P.12-13
サラエヴォ
Sarajevo
P.49
クルカ国立公園
Nacionalni park Krka
P.167
シベニク
Šibenik
P.168
トゥロギール
Trogir
P.172
スプリット
Split
P.176
ブラチュ島
Brač
ボル
Bol
P.192
マカルスカ
Makarska
P.189
モスタル
Mostar
P.228
P.194
フヴァール
Hvar
フヴァール島
Hvar
ヴィス島
Vis
ヴィス
Vis
P.199
プロチェ
Ploče
コルチュラ島
Korčura
コルチュラ
Korčula
P.202
モンテネグロ
ストン
Ston
P.207
ムリェト国立公園
Nacionalni park Mljet
P.206
ドゥブロヴニク
Dubrovnik
P.209
ヘルツェグ・ノヴィ
Herceg Novi
コトル
Kotor
P.230
ポドゴリツァ
Podgorica

A
B
1
2
3
4
8
Techendorf
Launsdorf
St. Veit a. d. Glan
Mößlacher
Feistritz a. d. Drau
Himmelberg
Brückl
Diex
オーストリア
Kellerberg
Feldkirchen i. Kärnten
Ossiach
Moosburg i. Kärnten
St. Stefan a. d. Gail
Bleriberg ob Vill.
Nötsch i Gailtal
フィラッハ
Villach
クラーゲンフルト
Klagenfurt
Völkermarkt
Viktring
Keutschacher See
Eberndorf
Bleiburg
Thörl
Arnoldstein
Malborghetto
Pontebba
Tarviso
St. Jakob i. Ros.
Abtei
Rateče
Rosenbach
Ferlach
Sittersdorf
Podkoren
Feistritz i. Ros.
イタリア
クラニュスカ・ゴラ
Kranjska Gora
P.289
Unterloibl
Bodental
Zell
Eisenkappel
Mojstrana
Jesenice
Trögern Korte
P.292
Prato di Resia
Na Logu
トリグラフ国立公園
Triglavski narodni park
ヴィントガル渓谷
Soteska Vintgar
P.280
Vellach
Solčava
P.277
ブレッド湖
Blejsko jezero
ブレッド
Bled
Zgornje Jezersko
Bovec
Soča
Bohinjska Bela
Tržič
Učeja
Žaga
Golnik
Luče
Breginj
Robič
Preddvor
ヴェリカ・プラニナ
Velika Planina
コバリド
Kobarid
P.293
ボヒニュ湖
Bohinjsko jezero
Bohinjska Bistrica
Kropa
P.271
Naklo
P.285
Dražgoše
Železniki
クラニュ
Kranj
Šenčur
Stahovica
カムニク
Kamnik
Livek
Livške Ravne
Pulfero
Tolmin
Podbrdo
Žabnica
Grahovo ob Bači
P.274
シュコフィヤ・ロカ
Škofja Loka
Moste
テルメ・スノヴィク
Terme Snovik
Menges
Bača pri modreju
Cividale del Friuli
Cerkno
Medvode
Poljane
シュマルナ山
Šmarna gora
P.261
Trzin
Domžale
Kanal
Anhovo
Lokovec
Čepovan
Plave
Sovodenj
Otalež
Podgorica
リュブリャーナ
Ljubljana
Buttrio
Vojsko
Spodnja Idrija
P.296
Lokve
イドゥリヤ
Idrija
P.253
世界遺産
Cormons
ノヴァ・ゴリツァ
Nova Gorica
Godovič
ゴリツィア
Gorizia
P.298
イグ
Ig
Gurosuplje
Vilesse
Gradisca
Dornberk
Kalce
Ajdovščina
Branik
Vipava
Grčarevec
Rakitna
Turjak
Krka
Sveti Vid
Rašica
Monfalcone
Komen
Štanjel
P.318
洞窟城
Predjamski grad
Planina
Videm
V. Lašče
アクイレイア
Aquileia
Duino
Sistiana
ポストイナ鍾乳洞
Postojnska jama
Rakek
Cerknica
P.316
Ortnek
Dutovlje
Razdrto
ポストイナ
Postojna
Nova Vas
Grahovo
Sodražica
Žvirče
Grado
Štorje
Senožeče
Ribnica
Sežana
Koče
Cerkniško jezero
Lož
トリエステ湾
Gulfo di Trieste
Tržaški zaliv
トリエステ
Trieste
シュコツィヤン鍾乳洞
Škocjanske jame
Divača
Pivka
Dolneja
Basovizza
P.319
Zagorje
Podpreska
Prezid
Grčarice
Kočevje
Ribnica
Muggia
Kozina
Misliče
Knežak
Mašun
P.309
イゾラ
Izola
Ankaran
コペル
Koper
P.312
スネジュニク地域公園
Regijski park Snežnik
Pregarje
Parg
Čabar
P.303
ピラン
Piran
ポルトロージュ
Portorož
P.306
Obrov
Ilirska Bistrica
Jablanica
Kočevska Reka
セチョヴリエ塩田
Sečovljske Soline
Klanska Polica
Gormance
Podgrad
Zebiče
Osilnica
Gerovo
Banja Loka
Vodice
Rupa
Gradin
Umag
Kaštel
Mlini
ウチュカ国立公園
Nacionalni park Učka
リスニャク国立公園
Nacionalni park Risnjak
Klana
Brod na Kupi
Lovrečica
Momjan
Buje
リヴァデ
Livade
P.151
Buzet
イストゥラ温泉
Istarske Toplice
Crni Lug
Dajla
グロジュニャン
Grožnjan
P.126
オパティヤ
Opatija
Jelenje
Delnice
Kastav
P.122
Gornje Jelenje
Lokve
Novigrad
Vižnada
モトヴン
Motovun
P.148
Vranja
リエカ
Rijeka
Lanterna
Tar
ロヴラン
Lovran
P.127
Karojba
Červar
Mrkopalj
P.144
Medveja
Kraljevica
ポレチュ
Poreč
パズィン
Pazin
Baderna
Tinjan
Mošćenička Draga
Omišalj
Funtana
Pićan
Jadranovo
Kostelj
Gradina
Hrvatini
Brseč
Kršan
Njivice
Crikvenica
P.141
P.142
リム・フィヨルド
Limski kanal
Sv. Ivanac
Žminj
Plomin
Haludovo
Selce
Šilo
Nedeščina
Porozina
ロヴィニュ
Rovinj
Kanfanar
Brestova
Porat
Malinska
Novi Vindolski
Golaš
Svetvinčenat
Labin
Dragozetići
Beli
Rabac
Brzac
クルク島
Krk
P.10

オーストリア
Leibnitz
Straden
Dávisháza Hodos
Grad
Pertoča
D
Gleinstätten
66
Domanješevci Domonkofsa
St. Oswald ob Eibiswald
Wies
Halbenrain
Cankova
Spielfeld
68
Mureck
Bad Radkersburg
Moravci
Eibiswald
Arnfels
69
Leutschach
Gornja Radgona
Goderovci
Soboth
Velka
Jurij
Murska Sobota
Radenci
1
Zgornja
A1
437
Muta
Turnišče
Brezno
E57
3
A5
Dravograd
Vuzenica
Vuhred
Ožbalt
E59
Lenart v Sl. g.
Beltinci
Sv. Trojica v. Sl. g.
Dokležovje
Prevalje
Selnica ob Dravi
マリボル
Maribor
Sv. Jurij
Stara Nova Vas
Ribnica na Pohorju
Lovrenc na Pohorju
Ruše
A5
Hotiza
Ravne na Koroškem
Slovenj Gradec
P.323
ポホリェ
Pohorje
P.326
229
Ljutomer
Gomila
Janežovci
A4
Šmartno na Pohorju
Rače
P.331
Savci
Mislinja
230
Topolšica
Stražgonjca
プトゥイ
Ptuj
Slovenska Bistrica
4
Vitanje
Zreče
Ormož
プラゲルスコ
Pragersko
Velenje
9
Petrijanec
Slovenske Konjice
Ptujska Gora
P.98
2
Poljčane
Makole
Podlehnik
ヴァラジュディン
Varaždin
Studenice
Polzela
Šmartno
Vojnik
E59
P.101
P.334
ロガシュカ・スラティナ
Rogaška Slatina
Žetale
Boh. Maceli
トゥラコシュチャン城
Dvorac Trakošćan
35
A1
E57
ツェリエ
Celje
Podplat
Šmarje
Šentjur
Rogatec
Tužno
Lepoglava
Ivanec
2
3
P.328
Gorica
Trbovlje
Krapina
Žegar
P.89
Zagorje
Hrastnik
Laško
Atomske Toplice
Radoboj
Lobor
Novi Marof
ヴェリキ・タボル城
Dvor Veliki Tabor
Rimski Toplice
Mihovljan
ズィダニ・モスト
Zidani Most
Jurklošter
Pilštanj
クムロヴェツ
Kumrovec
Sutinske Toplice
Budinšćina
Krapinske Toplice
Zlatar
Sudovec
Radeče
P.330
Kozje
Preska
セヴニツァ
Sevnica
Bistrica ob Sotli
Klanjec
Zlater Bistrica
Donja Konjšćina
P.14
Podsreda
Šentjanž
Senovo
Zabok
Zaistovec
Pišece
Brestanica
Veliko Trgovišće
Marija Bistrica
A4
Mirna
5
Tržšče
Krško
Dubravica
Donja Stubica
Hrastje
Mokronog
Globoko
Stubičke Toplice
Sv. Ivan Zelina
Selovac
Raka
Trebnje
Park prirode Medvednica
E71
E65
Šmarske Toplice
Brežice
Jakovlje
Kašina
Dobrnič
E70
A1
41
Žužemberk
Zaprešić
Seveste
ノヴォ・メスト
Novo Mesto
Stojdraga
A3
Božjakovina
Podsused
Dubrava
Soteska
Straža
P.96
サモボル
Samobor
ザグレブ
Dugo Selo
Dolenjske Toplice
105
Rude
Zagreb
P.76
Ivanja Reka
Podturn
拡大図P.120～121
Sočice
Žumberak
A3
Perčec
Log
Gorica Svetojanska
V. Gorica
E70
Jezevo
216
Jugorje pri Metliki
Klnica Selo
Ivanič Grad
Vukovina
Črmošnjice
Semič
Jastrebarsko
Prevlaka
Metlika
Krašić
Kupinec
Starjak
Veleševac
Mala Buna
Dubravcak
Ozalj
Lulić
Koprivnik
Buševec
E71
E65
30
Dunranec
Črnomelj
Ribnik
Kravarsko
Pisarovina
6
Bencetići
Lekenik
A1
Jamnička Kiselica
Adlešiči
P.103
Šisljavić
P.14
Netretić
カルロヴァツ
Karlovac
Sisak
Vinica
Prilišće
3
Lasinjski Sjeničak
Duga Resa
1
Cerovac Tušilovićki
Severin na Kupi
Bosiljevo
E65
Pračno
Toplice Lešće
Barilović
Tušilović
A6
Vrbovsko
42
Generalski Stol
Trošmarija
1
Vojnić
Blina
Perjasica
23
Ogulin
Gornji Budački
4
Ključ
Tounj
216
Perjasički Veljum
Jasenak
Skočići
Oštarije
Krstina
Kloke
10
20km
Josipdol
E71
Zrin
Drežnica
Gor. Primišlje
A1
32
Modruš
Cetingrad
Vrnograč
Donji Zirovac
C
P.11
Slunj
Mala Kladuša
D
P.8-9
スロヴェニア
P.14-15
クロアチア
P.10-11
P.12-13

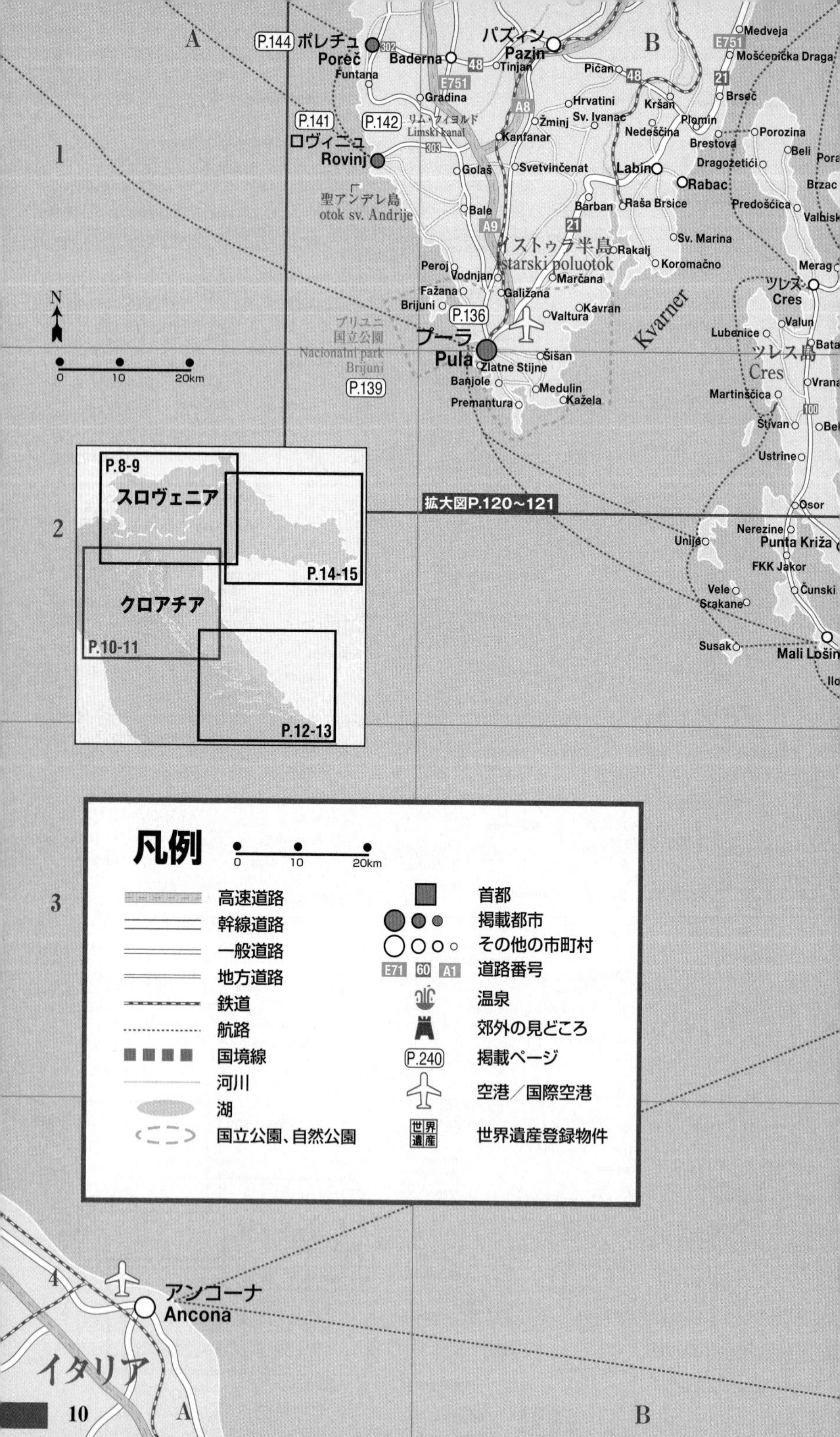

A
B
1
2
3
4
P.144 ポレチュ
Poreč
Funtana
Baderna
48
E751
パズィン
Pazin
Tinjan
Pićan
48
Medveja
E751
Mošćenička Draga
21
Brseč
Gradina
A8
Hrvatini
Kršan
P.141
P.142
リム・フィヨルド
Limski kanal
Žminj
Sv. Ivanac
Plomin
ロヴィニュ
Rovinj
Kanfanar
Nedeščina
Brestova
Porozina
303
Beli
Golaš
Svetvinčenat
Labin
Dragožetići
Rabac
Brzac
聖アンデレ島
otok sv. Andrije
Bale
Barban
Raša Brsice
Predošćica
A9
21
Valbiska
Sv. Marina
イストゥラ半島
Istarski poluotok
Rakalj
Koromačno
Peroj
Vodnjan
Marčana
Merag
Fažana
Galižana
ツレス
Cres
Brijuni
P.136
Kavran
Valtura
Kvarner
Valun
ブリユニ
国立公園
Nacionalni park
Brijuni
プーラ
Pula
Šišan
Lubenice
ツレス島
Cres
Zlatne Stijne
Banjole
Medulin
Kažela
Vrana
P.139
Premantura
Martinšćica
100
Stivan
Ustrine
Osor
P.8-9
スロヴェニア
P.14-15
クロアチア
P.10-11
P.12-13
拡大図P.120〜121
Unije
Nerezine
Punta Križa
FKK Jakor
Vele
Srakane
Čunski
Susak
Mali Lošinj
N
0
10
20km
凡例
0
10
20km
高速道路
幹線道路
一般道路
地方道路
鉄道
航路
国境線
河川
湖
国立公園、自然公園
首都
掲載都市
その他の市町村
E71
60
A1
道路番号
温泉
郊外の見どころ
P.240
掲載ページ
空港／国際空港
世界遺産
世界遺産登録物件
アンコーナ
Ancona
イタリア

Kraljevica
Ogulin
Gornji Budački
Topusko
Jadranovo
Jasenak
Tounj
Ključ
Perjasički Veljum
Krstina
Oštarije
Skočići
Kostelj
Kloke
Gejkovac
Crikvenica
Mošune
Josipdol
Gor. Primišlje
Velika Kladuša
Selce
Šilo
Drežnica
Modruš
Cetingrad
Vrnograč
Novi Vindolski
Tobolić
Slunj
Mala Kladuša
クルク島
Krk
Plaški
Varoška Rijeka
Jezerane
Plavča
Pecigrad
Punat
Krviput
Križpolje
Šturlić
Krakača
P.130
P.133
Lipice
Senj
Lička Jesenica
Rakovica
Tržac
Čoralići
バシュカ
Baška
Saborsko
Grabovac
Stara Baška
Žuta Lokva
Mala Kapela
Dabar
Cazin
プリトゥヴィツェ湖群国立公園
Nacionalni park Plitvička jezera
Sv. Juraj
Poljanak
P.105
Ostrožac
ボスニア・ヘルツェゴヴィナ
Nacionalni park Sjeverni Velebit
Otočac
Plitvice
Ličko Petrovo Selo
ロパル
Lopar
Lukovo
Zalužnica
S. Marino
Prozor
Vrhovine
Kuterevo
Kampor
Donja Klada
Babin Potok
Plitvicki Ljeskovac
Prijeboj
Sinac
Krasno Polje
Ličko Lešće
ラブ島
Rab
ラブ
P.134
Starigrad
Bihać
Rudnika
Borje
Lipovo Polje
Zavalje
Barbat na Rabu
Krš
Čanak
Korenica
Stinica
Gornji Kosinji
Mišnjak
Kruščica
Lun
Bielopolje
Crni Padež
Bačvica
Bunić
Debelo Brdo
Donje Pazarište
Perušić
Gramače
Klanac
Stara Novalja
Prizna
Lički Osik
ノヴァリャ
Novalja
Podlapača
Cesarica
Smiljan
Mekinjar
Časka
Gospić
Karlobag
Vrebac
Udbina
パグ島
Pag
Kolan
Mažurani
Mogrić
Šimuni
Lukovo Šugarje
Ondić
Dobroselo
Maun
P.164
パグ
Medak
Gornja Ploča
Košljun
Kukljić
Silba
Olib
Bruvno
Premuda
Dinjiška
Barić Draga
Lovinac
Rudpolje Bruvanjsko
パクレニツァ国立公園
Nacionalni park Paklenica
Povljana
Tribanj
Sv. Rok
Premuda
Ričice
Vlašići
Skarda
Vir
Ist
Gračac
Starigrad Paklenica
Ražanac
Privlaka
Vrsi
Zapuntel
Molat
Ljubac
Cerovac
Sučevići
Molat
P.162
ニン
Nin
Zadarski kanal
Polijica
Petrčane
Posedarje
Obrovac
Zrmanja Vrelo
Poličnik
Novigrad
Božava
P.156
Bilišane
Veli Rat
Soline
Murvica
Palanka
Dragove
Ugljan
ザダル
Zadar
世界遺産
Kaštel Žegarski
Dolni Zemnunik
Smilčić
Ervenik
Brbinj
Preko
Donje Biljane
Donji Karin
Medviđa
Kali
Mokro Polje
Iž
Kukljica
Sukošan
Gorica
Rodaljice
Dugi otok
Sv. Petar na moru
Benkovac
Raduč
Turani
Macure
Luka
Miranje
Sv. Filip i Jakov
Kistanje
Žman
Zaglav
Pašman
Lišane Ostrovičke
Sali
Biograd na moru
Tkon
Bribir
Talaščica
Pakoštane
Stankovci
Drage
Rupe
Širitovci
Žut
Banjevci
Vrgada
P.167
クルカ国立公園
Nacionalni park Krka
P.166
Vrulje
コルナティ国立公園
Nacionalni park Kornati
Kornati
Murtsrski more
ムルテル
Murter
Pirovac
スクラディン
Skradin
Murter
Tijesno
Zaton
ロゾヴァツ
Lozovac
Sovlje
Tribunj
世界遺産
シベニク
Šibenik
P.168
Kaprije
Kaprije
Zlarin
Zirje
Žirje
Krapanj
Jadrtovac
0
10
20km
N
C
D
1
2
3
4

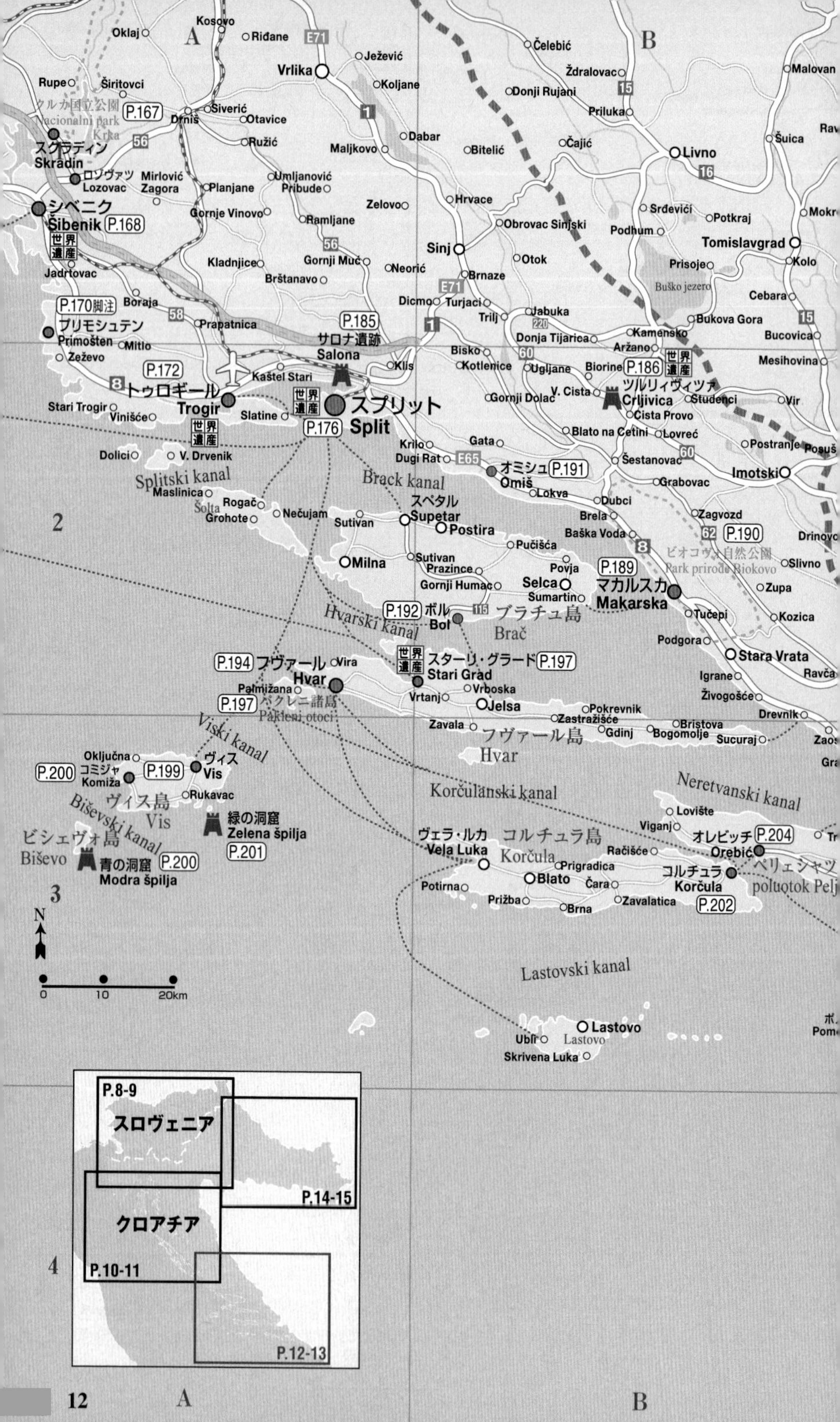

A
B
Kosovo
Oklaj
Riđane
E71
Ježević
Vrlika
Koljane
Čelebić
Ždralovac
Malovan
Rupe
Širitovci
Donji Rujani
クルカ国立公園
Nacionalni park
Krka
P.167
Drniš
Siverić
Otavice
Priluka
1
15
Dabar
Šuica
Maljkovo
Bitelić
Čajić
スクラディン
Skradin
Ružić
56
Livno
16
ロゾヴァツ
Lozovac
Mirlović
Zagora
Umljanović
Ribude
Planjane
シベニク
Šibenik
P.168
Zelovo
Hrvace
Srđevići
Potkraj
Mokro
Gornje Vinovo
Ramljane
Obrovac Sinjski
Podhum
世界遺産
Sinj
Tomislavgrad
Kladnjice
Gornji Muć
Neorić
Otok
Prisoje
Kolo
Jadrtovac
Brštanavo
Brnaze
Buško jezero
P.170脚注
Boraja
E71
Cebara
Dicmo
Turjaci
Trilj
Jabuka
58
220
プリモシュテン
Primošten
Prapatnica
P.185
Kamensko
Bukova Gora
Bucovica
Mitlo
サロナ遺跡
Salona
Donja Tijarica
Aržano
Zeževo
Bisko
Kotlenice
60
Mesihovina
P.172
Klis
Ugljane
Biorine
P.186
8
トゥロギール
Trogir
Kaštel Stari
V. Cista
ツルリィヴィツァ
Crljivica
Studenci
Vir
Stari Trogir
Gornji Dolac
Vinišće
Slatine
スプリット
Split
Cista Provo
P.176
Blato na Cetini
Lovreć
Krilo
Gata
Postranje
Posuš
Dolici
V. Drvenik
Dugi Rat
E65
60
オミシュ
Omiš
P.191
Šestanovac
Imotski
Splitski kanal
Brack kanal
Maslinica
Lokva
Grabovac
Šolta
Rogač
Grohote
Nečujam
スペタル
Supetar
Dubci
2
Sutivan
Postira
Brela
Zagvozd
Baška Voda
62
P.190
Drinovci
Pučišća
Milna
Sutivan
8
ビオコヴォ自然公園
Park prirode Biokovo
Prazince
Povlja
P.189
Slivno
Gornji Humac
Selca
マカルスカ
Makarska
Zupa
Sumartin
P.192
ボル
Bol
115
ブラチュ島
Brač
Tučepi
Kozica
Hvarski kanal
Podgora
P.194
フヴァール
Hvar
Vira
スターリ・グラード
Stari Grad
P.197
Stara Vrata
Ravča
Palmižana
Igrane
P.197
パクレニ諸島
Pakleni otoci
Vrtanj
Vrboska
Jelsa
Živogošće
Pokrevnik
Zastražišće
Drevnik
Zavala
Gdinj
Bogomolje
Bristova
Sucuraj
Zaos
Viski kanal
フヴァール島
Hvar
Oključna
ヴィス
Vis
P.200
コミジャ
Komiža
P.199
Gra
Rukavac
Korčulanski kanal
Neretvanski kanal
ヴィス島
Vis
Lovište
Biševski kanal
緑の洞窟
Zelena špilja
Viganj
P.204
ビシェヴォ島
Biševo
P.201
ヴェラ・ルカ
Vela Luka
コルチュラ島
Korčula
オレビッチ
Orebić
Račišće
P.200
青の洞窟
Modra špilja
Prigradica
コルチュラ
Korčula
ペリェシャツ
poluotok Pelj
Potirna
Blato
Čara
3
Prižba
Brna
Zavalatica
P.202
N
Lastovski kanal
0
10
20km
Lastovo
Ubli
Lastovo
Skrivena Luka
Pom
P.8-9
スロヴェニア
P.14-15
クロアチア
4
P.10-11
P.12-13
A
B

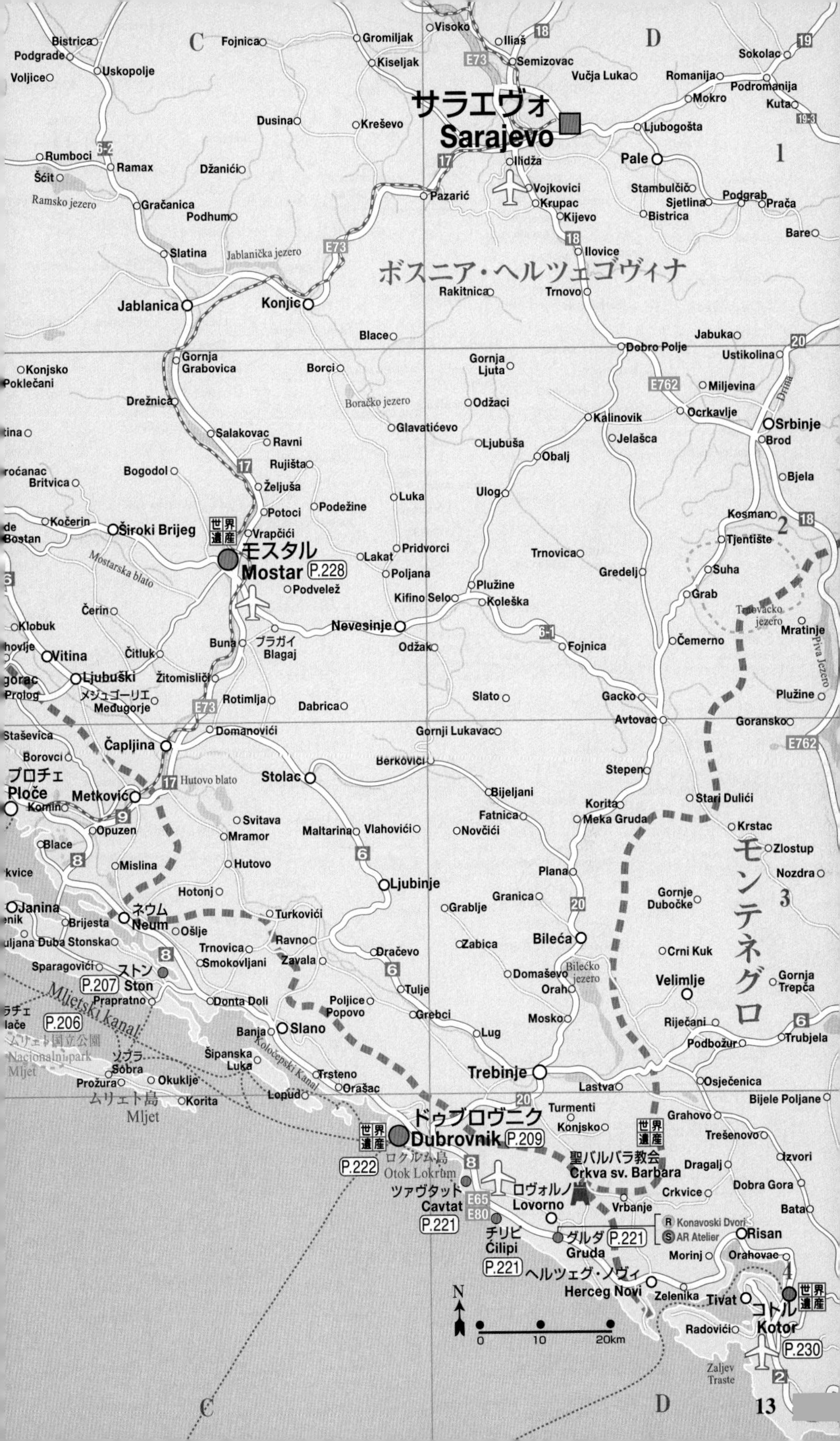

サラエヴォ
Sarajevo
ボスニア・ヘルツェゴヴィナ
モスタル
Mostar
P.228
ブラガイ
Blagaj
メジュゴーリエ
Međugorje
プロチェ
Ploče
ネウム
Neum
ストン
Ston
P.207
P.206
ムリェト島
Mljet
ドゥブロヴニク
Dubrovnik
P.209
P.222
ロクルム島
Otok Lokrum
ツァヴタット
Cavtat
P.221
チリピ
Čilipi
ロヴォルノ
Lovorno
グルダ
Gruda
聖バルバラ教会
Crkva sv. Barbara
ヘルツェグ・ノヴィ
Herceg Novi
コトル
Kotor
P.230
Tivat
Trebinje
モンテネグロ
Konjic
Jablanica
Pale
Srbinje
Nevesinje
Stolac
Čapljina
Metković
Ljubuški
Široki Brijeg
Ljubinje
Bileća
Slano
Risan
Konavoski Dvori
AR Atelier
0
10
20km

A
B
1
2
3
4
Varaždinske Toplice
Novi Marof
Rasinja
Botovo
Gyékényes
Berzence
Nagystád
Nagykorpád
Kakarkút
Bós
Koprivinca
Petranec
Gola
Ždala
Boldogazsszo
Apatovac
Hlebine
Bregi
V. Mučna
Glogovac
Sudovec
Lad
Sv. Petar Orehovec
Jagnjedovac
Novigrad Podravski
Molve
Háromfa
ハンガリー
Carevdar
Gorni Mosti
Virje
Csokonyavisonta
Merenye
Zaistovec
Križevci
Donji Mosti
Ferdinandovac
Đurđevac
Babósca
Szulok
Čvrstec
Šemovci
Kalinovac
Szigetvár
Raven
Topolovac
Hampovica
Kloštar Podravski
Istvándi
Selovac
Kapela
Darány
Sv. Ivan Žabno
Rovišće
Pitomača
Barcs
Gradec
Stari Gradac
Potony
Vrbovec
Farkaševac
Bjelovar
Šandrovac
Sedlarica
Lukač
Rušani
Drávafok
Špišić Bukovica
Severin
Bedenik
Stara Gradina
Narta
V. Pisanica
Virovitica
Štefanje
Nova Rača
Suhopolje
Drávaszt
Sopje
Ivanska
Stara Ploščica
V. Grđevac
Lončarica
Perčec
Kloštar Ivanić
Čazma
Berek
Cabuna
Bakić
Dolanec
Ivanič Grad
Donji Mikloš
Pavlovac
Medinc
Samarica
Grubišno Polje
Slatina
V. Zdenci
Dubravcak
Hercegovac
Popovac
Miokovićevo
Nova Bukovica
Palešnik
Donja Vrijeska
V. Pašijan
Voćin
Čeralije
Mikl
Humlja
Kuticina
Daruvar
Mahovo
Popovača
Bršljanica
Dežanovac
Novo Zvěcevo
パプク自然公園
Park prirode Papuk
Kaniška Iva
Uljanik
Sirač
Slatibski
Drenovac
Badljevina
Sisak
Kutina
Pakračka Poljana
Gaj
Prelošćica
Dragović
Bučje
Vučjak Kamenski
Pračno
Medurić
Pakrac
Kamensko
Velika
Banova Jaruga
Lipnik
Radovanci
Biškupci
Kaptol
Lipovljani
Pasikovci
Donji Čaglić
Lonja
Blina
Strmen
Strmac
Ferov
Novska
Busnovi
Svinica
Brestovac Požeski
Požega
Slovinci
Trnakovac
Rajić
Cernik
Šaš
Krapje
Pleternica
Okučani
Jasenovać
Hrvatska Kostajnica
Nova Gradiška
Dubovac
Bosanska Kostajnica
Slabinja
Hrvatska Dubica
Drakesnić
Staro Petrovo Selo
Lovčić
Zrin
Orahova
Novi Varoš
Batrina
Bosanska Dubica
Štivica
Brodsk
Divuša
Bistrica
Bosanska Gradiška
Lužani
Stubnik
Čitluk
Međuvođe
Han Knežica
Bjelajci
Vrbaška
Dvor
Srbac
Bosanski Kobaš
Bosanski Novi
Gornji Podgradci
Rovine
Razboj
Blagaj
Cerovljani
Nova Topola
Mrakovica
Donja Lepenica
Kukulje
Vilusi
Prijedor
Kozarac
Ušari
ボスニア・ヘルツェゴヴィナ
0
10
20km
N
P.8-9
スロヴェニア
P.14-15
クロアチア
P.10-11
P.12-13
Kriskovci
Donji Dubovnik
Verići
Laktaši
Imovita
Ivanskaja
Klašnice
Puraći
Dragočaj
Prnjavor
Hrvaćani
Bistrica
Slatina
Vučijak
Bronzani Majdan
バニャ・ルカ
Banja Luka
Vrbanja
Donji Vijačani
Dragolovci
Dubrava
Kulaši
Jagare
Čelinac Donji
Kola
Čečava
Rekavice
Šnjegotina V.
Dobrnja
Osivica
Kotor Varoš
Krupa na Vrbasu
Javorani
Klupe
Pribinić
Teslić
Velagići
Vrbanjci
Gornje Ratkovo
Agino Selo
Masolovare
Ključ
Borci
E661
E70
A3
A4

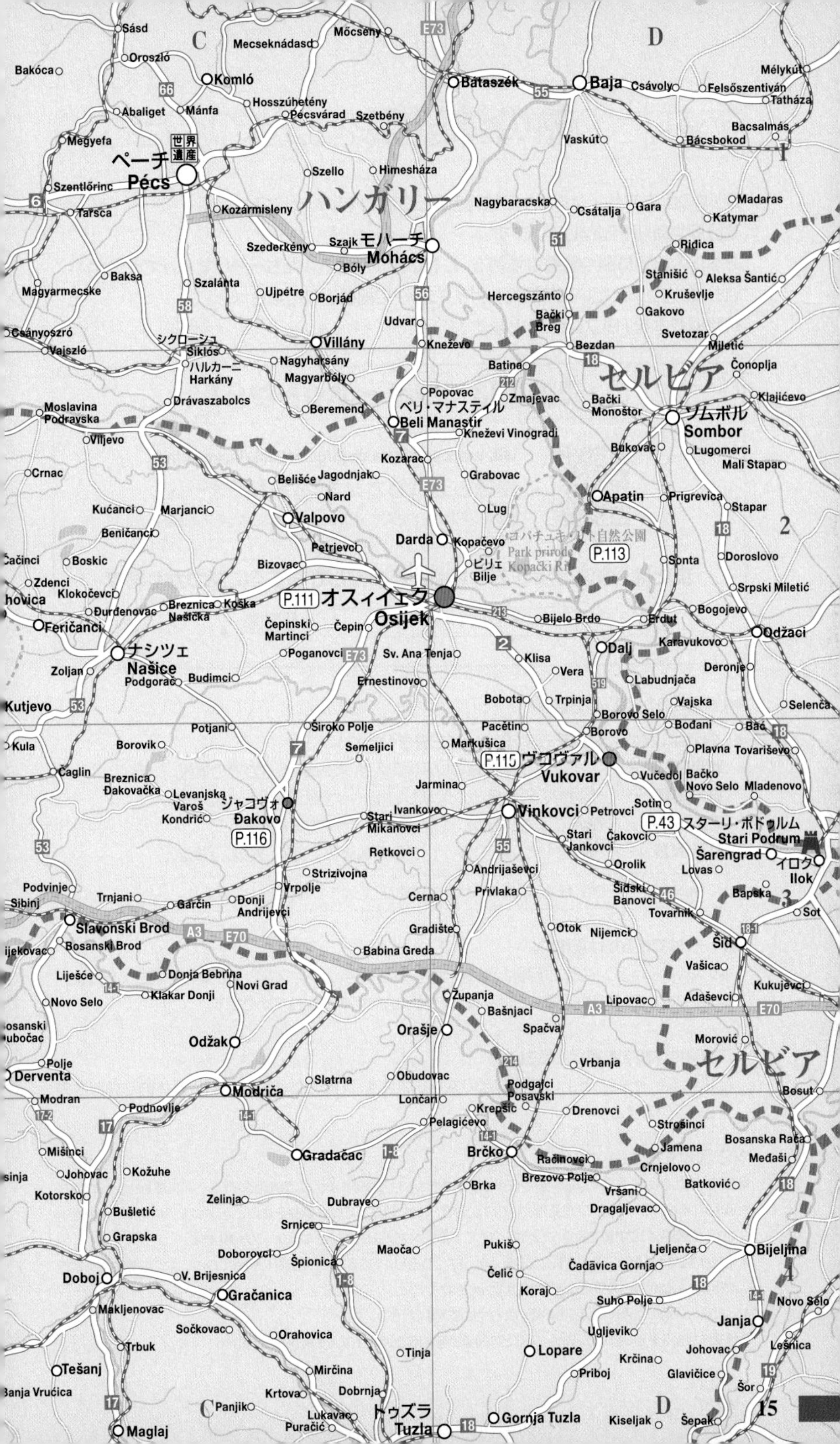

ハンガリー
セルビア
ペーチ
Pécs
世界遺産
モハーチ
Mohács
ベリ・マナスティル
Beli Manastir
オスィイェク
Osijek
P.111
ナシツェ
Našice
ソムボル
Sombor
コパチュキ・リト自然公園
Park prirode Kopački Rit
P.113
ヴコヴァル
Vukovar
P.115
ジャコヴォ
Đakovo
P.116
スターリ・ポドゥルム
Stari Podrum
P.43
イロク
Ilok
シクローシュ
Siklós
ハルカーニ
Harkány
ビリェ
Bilje
トゥズラ
Tuzla
Baja
Vinkovci
Slavonski Brod
Brčko
Bijeljina
Doboj
Gradačac
Modriča
15

あなたの**旅の体験談**をお送りください

「地球の歩き方」は、たくさんの旅行者からご協力をいただいて、
改訂版や新刊を制作しています。
あなたの旅の体験や貴重な情報を、これから旅に出る人たちへ分けてあげてください。
なお、お送りいただいたご投稿がガイドブックに掲載された場合は、
初回掲載本を1冊プレゼントします！

ご投稿はインターネットから!

URL www.arukikata.co.jp/guidebook/toukou.html
画像も送れるカンタン「投稿フォーム」
※左記のQRコードをスマートフォンなどで読み取ってアクセス！

または「地球の歩き方　投稿」で検索してもすぐに見つかります

地球の歩き方　投稿  

▶投稿にあたってのお願い

★ご投稿は、次のような《テーマ》に分けてお書きください。

《新発見》――ガイドブック未掲載のレストラン、ホテル、ショップなどの情報
《旅の提案》――未掲載の町や見どころ、新しいルートや楽しみ方などの情報
《アドバイス》――旅先で工夫したこと、注意したこと、トラブル体験など
《訂正・反論》――掲載されている記事・データの追加修正や更新、異論、反論など

※記入例「○○編20XX年度版△△ページ掲載の□□ホテルが移転していました……」

★データはできるだけ正確に。
ホテルやレストランなどの情報は、名称、住所、電話番号、アクセスなどを正確にお書きください。
ウェブサイトのURLや地図などは画像でご投稿いただくのもおすすめです。

★ご自身の体験をお寄せください。
雑誌やインターネット上の情報などの丸写しはせず、実際の体験に基づいた具体的な情報をお待ちしています。

▶ご確認ください

※採用されたご投稿は、必ずしも該当タイトルに掲載されるわけではありません。関連他タイトルへの掲載もありえます。
※例えば「新しい市内交通パスが発売されている」など、すでに編集部で取材・調査を終えているものと同内容のご投稿をいただいた場合は、ご投稿を採用したとはみなされず掲載本をプレゼントできないケースがあります。
※当社は個人情報を第三者へ提供いたしません。また、ご記入いただきましたご自身の情報については、ご投稿内容の確認や掲載本の送付などの用途以外には使用いたしません。
※ご投稿の採用の可否についてのお問い合わせはご遠慮ください。
※原稿は原文を尊重しますが、スペースなどの関係で編集部でリライトする場合があります。

クロアチアとスロヴェニアの魅力

クロアチアとスロヴェニアはカルスト地形で、湖沼がたくさんある。マス料理は名物のひとつ

クロアチア&スロヴェニア 最旬ニュース

News

1 リュブリャーナが ユネスコ世界遺産に 登録

2021年にリュブリャーナがユネスコの世界文化遺産に登録された。登録名は『リュブリャーナのヨジェ・プレチュニクの作品群 ー人間中心の都市設計』で、20世紀初頭にリュブリャーナの都市計画を行ったヨジェ・プレチュニクの複数の作品が構成遺産となっている。優雅で独創的な造形美をもつ三本橋をはじめ、プロムナードや教会、修復され生まれ変わったローマ時代の城壁などが含まれている。町の南にはプレチュニクの家も残されている。現在はプレチュニク博物館として利用されており、彼の生涯とその作品についていろいろと学ぶことができる。

町の中心からプレチュニクの家に向かう途中にあるトゥルノヴォ橋は、世界遺産の構成資産のひとつ

古代ローマ時代の城壁も、プレチュニクによって新たなモニュメントとして生まれ変わった

リュブリャーナの中心部から3kmほど南に行った郊外に建っている聖ミハエル教会

リュブリャーナの中心を流れるリュブリャニツァ川と、プレチュニクの傑作三本橋

2 ボスニア・ヘルツェゴヴィナ領を迂回するペリェシャツ橋が完成！

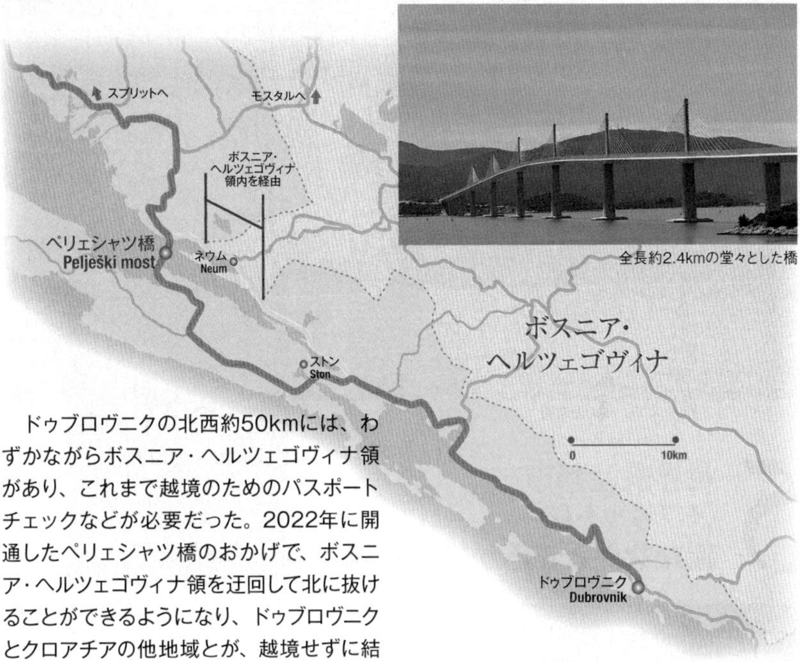

全長約2.4kmの堂々とした橋

スプリットへ
モスタルへ
ボスニア・ヘルツェゴヴィナ領内を経由
ペリェシャツ橋
Pelješki most
ネウム
Neum
ストン
Ston
ボスニア・ヘルツェゴヴィナ
0
10km
ドゥブロヴニク
Dubrovnik

ドゥブロヴニクの北西約50kmには、わずかながらボスニア・ヘルツェゴヴィナ領があり、これまで越境のためのパスポートチェックなどが必要だった。2022年に開通したペリェシャツ橋のおかげで、ボスニア・ヘルツェゴヴィナ領を迂回して北に抜けることができるようになり、ドゥブロヴニクとクロアチアの他地域とが、越境せずに結ばれるようになった。

3 クロアチアがユーロを導入

2023年1月1日からクロアチアは欧州単一通貨ユーロに参加、20番目のユーロ導入国になった。ユーロは紙幣は共通だが、硬貨の裏は各国ごとに独自のデザインがされており、€2硬貨はクロアチアの地図、€1はイタチ科の動物テン、50、20、10セント硬貨はニコラ・テスラ、5、2、1セント硬貨はグラゴール文字がそれぞれ描かれている。これによって、これまで使われていたクーナは廃止された。

€1硬貨にデザインされるテンは、旧通貨クーナの語源だった

4 スプリットとリュブリャーナに空港新ターミナル完成

2019年7月にはスプリット空港の新ターミナルが完成。アドリア海リゾートの拠点であるスプリットは、クロアチアでもザグレブと並び最も利用者の多い空港で、かねてより空港ターミナルの拡張が望まれていた。新ターミナルは旧ターミナルに比べ3倍の大きさを誇っている。2021年7月にスロヴェニアの首都であるリュブリャーナ空港も新ターミナルが完成。新しくモダンな印象の空港に生まれ変わった。

スロヴェニアの玄関リュブリャーナ空港

美しくライトアップされたスプリットの旧市街

5 世界遺産都市スプリットに新たな見どころが続々登場

海沿いのプロムナードに世界遺産マークが刻まれている

アドリア海沿いの中心都市スプリットは、ローマ皇帝ディオクレティアヌスの宮殿が町の起源になった歴史ある世界遺産都市。新たな見どころもオープンし、町としての魅力をさらに増している。

旧市街内にある民族博物館内からアクセスする、ヴェスティブル・テラスは旧市街の入口間近の展望スポット。大聖堂を間近に眺め、円形の前庭（ヴェスティブル）を上からのぞき込むことができる（落下注意）。大聖堂の近くでは、モザイク・エリアが開放され、ローマ時代のモザイクが見られるようになった。VR再現アトラクションのディオクレティアヌス・ドリームでは、VRで再現された宮殿内を散策しながら、ディオクレティアヌス帝時代の様子を体験することができる。

1ヴェスティブル・テラスから眺める大聖堂　2ヴェスティブル・テラスから前庭を見下ろす　3VR施設でローマ時代が体験できるディオクレティアヌス・ドリーム　4大聖堂の近くにあるモザイク・エリア

6 ノヴァ・ゴリツァが 2025年欧州文化首都に！

欧州文化首都（European Capital of Culture）とは、欧州連合が実施する文化事業で、毎年文化首都を選出し、1年を通じて数々なイベントを開催するというもの。2025年の文化首都には、スロヴェニアのノヴァ・ゴリツァが選ばれた。ノヴァ・ゴリツァのノヴァとは「新しい」という意味で、イタリアの町ゴリツァと接する双子都市。欧州文化首都は、ゴリツァとノヴァ・ゴリツァが共同で選出されており、両方の町で数々の文化イベントが企画されている。

国境線上にあるノヴァ・ゴリツァ駅前の広場

7 ザダルの城壁に プロムナードオープン

ザダルでは、2020年11月に城壁上に遊歩道がオープンした。城壁の上にある道というと、細い路地を想像しがちだが、ザダルのものはとても広々。所どころにベンチも置かれており、のんびりと散策が楽しめる。

整備されたザダルの城壁

8 ドゥブロヴニクの町を 見下ろすジップラインが登場

ドゥブロヴニクは、旧市街の背後に山がそびえており、上から眺める旧市街とアドリア海のパノラマは、クロアチアを代表する絶景として有名だ。近年はただ眺めるだけでなく、ジップラインで山の上から滑空するアトラクションが大人気。最高に美しい景色をバックに超高速で駆け抜けるという忘れられない体験が楽しめる。

ツアーで訪れる
定番スポット

7日間＋αの旅 誌上シミュレーション

クロアチア、スロヴェニアってどんなところ？ 何が見られるの？
そんな疑問に答えるべく、多くのパッケージツアー商品を解析。
代表的な見どころをピックアップして紹介している。
個人でもバスなどを使って旅ができるので参考にしてほしい。

ブレッド湖

スロヴェニア

リュブリャーナ

ポストイナ鍾乳洞

シュコツィヤン鍾乳洞

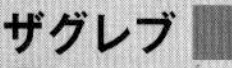

ザグレブ

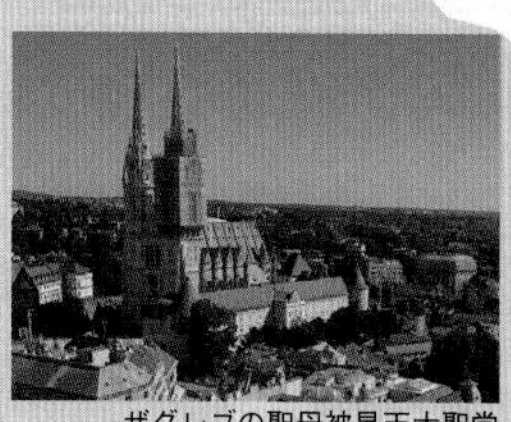

ザグレブの聖母被昇天大聖堂

イストゥラ半島

Day 3

プリトゥヴィツェ湖群国立公園

イストゥラ半島ではトリュフハンティングも楽しめる

ボスニア・ヘルツェゴヴィナ

クロアチア

シベニク

トゥロギール

スプリット

ブラーチュ島

ボル

フヴァール

フヴァール島

コルチュラ

青の洞窟

フヴァール島の城塞

Day 1 リュブリャーナ ＋ ポストイナ or シュコツィヤン

➡P.253 ➡P.316 ➡P.319

半日リュブリャーナ観光、半日は鍾乳洞へ。エンターテインメント性が高いポストイナか、世界遺産のシュコツィヤン、どちらか一方を訪れる。

リュブリャーナのシティ・クルーズ

Day 2 ブレッド湖

➡P.277

スロヴェニアの観光の目玉のひとつがブレッド湖。アルプスの瞳といわれる風光明媚な観光地だ。ボートで島の教会を訪ねたり、湖畔の城へ上ったり、1泊して楽しもう。

小さな島が愛らしいブレッド湖

Day 3 イストゥラ半島

➡P.118

イストゥラ半島の旅は、沿岸の町をひとつ選んで宿泊し、内陸へは日帰りで訪れるパターンが多い。公共のバスの便は悪く、個人ではタクシー利用になるだろう。

丘の上に建つモトヴンの町

Day 4 ザグレブ ＋ プリトゥヴィツェ

➡P.76 ➡P.105

朝からプリトゥヴィツェ湖群国立公園を訪れ、戻ってザグレブの町歩きを楽しみ宿泊。時間が限られている場合は、ザグレブに戻らず、スプリットに移動してもよい。

緑が美しいプリトゥヴィツェ

Day 5 スプリット ＋ シベニク ＋ トゥロギール

➡P.176 ➡P.168 ➡P.172

5日目はアドリア海沿岸の主要都市スプリットに宿泊。シベニクとトゥロギールは日帰りで無理なく両方訪れることができる。夏なら連泊をして日帰りで島を訪れよう。

スラム風の町並みが広がるボスニア・ヘルツェゴヴィナのモスタル

アドリア海観光の拠点、スプリット

Day 6 ドゥブロヴニク ＋ ストン

➡P.209 ➡P.207

朝、カキの名産地ストンへ足を延ばす。ランチはここでシーフード尽くしを。ドゥブロヴニクへ戻り、町歩き。見どころ満載の町だが、小さいので半日ですべて回れる。

ドゥブロヴニクの旧市街

Day 7 モスタル or コトル

➡P.228 ➡P.230

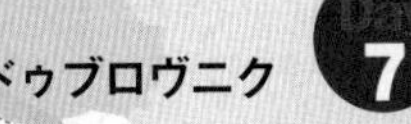

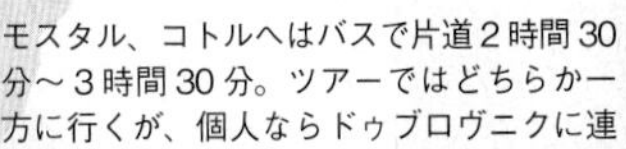

モスタル、コトルへはバスで片道2時間30分～3時間30分。ツアーではどちらか一方に行くが、個人ならドゥブロヴニクに連泊して両方訪れるのがおすすめ。

城壁から眺めるコトルの町並み

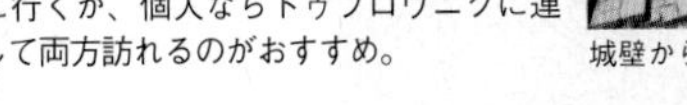

DAY 1

リュブリャーナから、南西部のカルスト地方の鍾乳洞を訪ねる。バスで片道1時間〜1時間30分ほどのドライブだ。スロヴェニアの首都リュブリャーナ旧市街は徒歩で1時間もあれば回れるコンパクトでかわいい町。

Ljubljana リュブリャーナとカルスト地方

リュブリャーナ
Ljubljana ➡P.253
1ケーブルカーで上れば城からは市内が見渡せる 2竜の橋には4匹の竜がいる 3リュブリャニッツァ川と遊覧船

Gourmet

内陸のリュブリャーナでは、肉料理がおいしい。ハンガリーの影響を受け、ゴラーシュ（グヤーシュ）も広く親しまれている。アイスクリームの名店が多い町としても有名だ。

memo

リュブリャーナのシンボルは竜。この作品は障害のある子どもたちが製作したマスコット。市の支援を受けて観光案内所などで販売されている。ここではほかにも粘土細工の竜など、かわいいおみやげが置いてある。

ポストイナ鍾乳洞
Postojnska jama
➡P.317
1絶壁に建つ洞窟城 2洞窟の奥へはトロッコ列車で入る 3天井から細い鍾乳石が垂れ下がるスパゲティと名付けられた岩

シュコツィヤン鍾乳洞
Škocjanske jame ➡P.319
4世界遺産に登録されただけあって洞窟の深さや規模は迫力満点 5深い緑に覆われているヴェリカ渓谷。この下100～200mほどのところに鍾乳洞が広がる

DAY

2 Blejsko jezero ブレッド湖

スロヴェニア随一の景勝地ブレッド湖へ。リュブリャーナからは北西へ1時間ほどの旅だ。湖畔を見下ろすように建つ城からは、絵はがきのような美しい景色が広がる。湖畔で1泊、のんびりと散策を楽しみたい。

1

ココが
ブレッド城

ブレッド湖
Blejsko jezero ➡P.277
1 アルプスの瞳と称されるブレッド湖。聖母被昇天教会の建つブレッド島へ渡ることもできる
2 湖畔の断崖に建つブレッド城へは徒歩や馬車で行こう 3 ブレッド城ではシーリングスタンプを押した訪問証書や16世紀頃の活版印刷のデモンストレーションがある

memo

ブレッド城には小さな博物館やレストランが併設されているが、ショップ巡りも楽しい。ワインの試飲や鍛冶屋で記念コインづくりなど素朴な企画がたくさんある。カフェからは湖の絶景が撮影できる。

ヴィントガル渓谷 Soteska vintgar ➡P.280
4 ブレッド湖から北へ5kmほどのところにある渓谷。遊歩道が整備され、2時間ほどのハイキングを楽しめる。澄んだ水面に連続する小さな滝など、変化に富んだ自然が手軽に楽しめる人気のルートだ

Gourmet

近隣の清流で養殖されたマス料理などが食べられる。ブレッド城内のレストランで、眺めを楽しみながら食事をするのもおすすめ。天気がよければテラス席が最高だ。ブレイスカ・クレムナ・レズィーナというカスタードクリームの焼き菓子もこの地方の名物。生クリームたっぷりの濃厚な味わい。

1

DAY 3

ブレッド湖を離れイストゥラ半島へ。ヴェネツィア共和国の影響を色濃く残すアドリア海沿岸の町でリゾート滞在を楽しみたい。海の幸はもちろん、オリーブやワインなど里の食材も良質なことで知られている。

Istrski poluotok イストゥラ半島

リエカのシンボル、モルチッチ

2

3

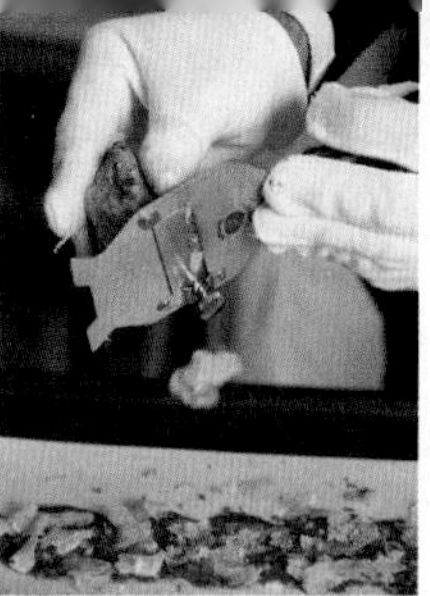

memo

イストゥラ半島はトリュフの産地として有名なところ。しかもフランスやイタリアよりもリーズナブルに食べられるとあってシーズンには大勢のグルマンが訪れる。トリュフハンティングのツアーに参加することも可能だ。

イストゥラ半島 Istrski poluotok

1 ヴェネツィア風の鐘楼が建つロヴィニュ Rovinj ➡P.141 2 カラフルな家が並ぶピラン Piran ➡P.303 3 近隣の小さな町より、古くからリゾート地として栄えたポルトロージュ Portorož ➡P.306 にツアーで利用可能な大型ホテルが多い 4 イストゥラ半島はトリュフの産地として有名で、リヴァデLivade ➡P.151 では毎年秋にトリュフ祭りが行われる 5 ローマ時代の円形劇場が残るプーラ Pula ➡P.136 6 霧に包まれた高台の町モトヴン Motovun ➡P.148 7 黄金のモザイク、世界遺産エウフラシウス聖堂があるポレチュ Poreč ➡P.144 8 リエカ Rijeka ➡P.122 のトゥルサット城 9 人工の入り江が美しいオパティヤ Opatija ➡P.126 10 ピラン Piran ➡P.303 旧市街のタルティーニエフ広場

5

6

7

8

9

10

名物のハチミツ
瓶もかわいい

DAY 4

イストゥラ半島を離れ、車で２～３時間走り世界遺産のプリトゥヴィツェへ。グリーンブルーのグラデーション、自然の美しさを満喫したら、クロアチアの首都ザグレブへ。旧市街のかわいらしい町並みを歩こう。

Zagreb ザグレブ

ザグレブ Zagreb ➡P.76
1イェラチッチ総督広場の衛兵行進 2紅葉が美しいミロゴイ墓地。万聖節（11月1日）の頃は墓参りの人で賑わう 3クリスマス前のイェラチッチ総督広場。マンドゥシェヴァツの泉もおめかし 4ザグレブ市民の台所ドラツの青空市場。野菜や果物が並ぶ

Gourmet

カルスト地形のプリトゥヴィツェは湧き水が豊富で、昔からマスの養殖が行われてきた。鉄板の上で焼く調理法と、網焼きがある。写真は詰め物をして網焼きにした料理。プリトゥヴィツェにレストランは少なく、ホテルやロッジの併設レストランで食べることが多い。
下の写真はザグレブ風カツレツ。シュニッツェル（薄いカツレツ）にチーズとハムが挟んであるのが特徴。内陸のザグレブではオーストリア風の料理も親しまれている。

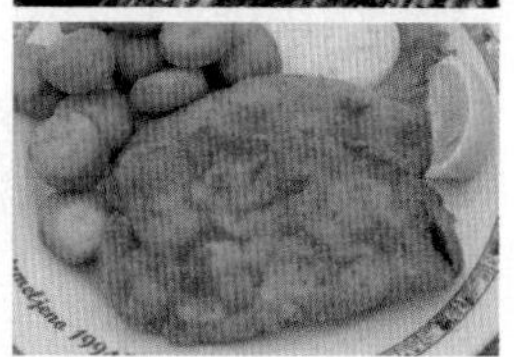

memo

ハートの形をしたアイテムは、リツィタルと呼ばれ、もとはクリスマス用のクッキーに色付けしたもの。近年はマグネットやアクセサリーなど、おみやげ用にさまざまな種類の製品が作られるようになった。真ん中に鏡があるのが伝統。

プリトゥヴィツェ湖群国立公園
Nacionalni park Plitvička jezera
➡P.105
1 大小16の湖と92の滝が織りなす景観はユネスコの世界遺産に登録されている
2 遊歩道のコースは何パターンもあり、1時間30分程度から楽しめる
3 湖を渡るボート

旅も中盤、アドリア海沿岸の町へ入ってきた。スプリットを基点に世界遺産を巡ろう。リゾートと歴史そしてシーフードグルメ。これぞ旅の醍醐味。忘れられない思い出となるはずだ。

DAY 5 Split スプリット

1大聖堂の鐘楼がひときわ美しいスプリット Split ➡P.176 2スプリットではアカペラ合唱「クラッパ」が披露されることも
3シベニク Šibenikの聖ヤコブ大聖堂 ➡P.169 も世界遺産
4聖ヤコブ大聖堂の洗礼室に施された見事な彫刻

Gourmet

魚介のトマト煮込みブルデットは、もとは家庭の味。雑魚や貝類など材料はその日にあるもので調理する。気取らずに、骨や殻は手も使って豪快に食べるとおいしい。

1トゥロギール Trogir ➡P.172 聖ロヴロ大聖堂のファザードにある獅子とイヴの像 2聖ロヴロ大聖堂 ➡P.173 の3層の鐘楼はそれぞれ窓の装飾が異なる 3ローマ時代の遺跡が残るザダル Zadar ➡P.158 の中心フォーラム

夏に旅をするなら、美しいアドリア海の島へぜひ足を延ばしてほしい。ラベンダー畑の向こうに広がる青い海やビーチに青の洞窟、自然はいくつもの楽しみを旅に添えてくれる。

DAY +

Otoci u Jadranskom moru アドリア海の島

1ラベンダー畑と海のコントラストが楽しめるのはフヴァール島 Hvarならでは ➡P.194 2スプリットから2時間ほどかかるがヴィス島 Vis ➡P.199 は人気のリゾートアイランド。ヴィス島を基点にビシェヴォ島Biševoの青の洞窟Modra špilja ➡P.200 へ行くツアーが大人気だ

3コルチュラKorčula ➡P.202 に残る伝統芸能モレシュカは夏の間、週に1～2度公演がある

Gourmet

アドリア海の島では、ぜひシーフードを試してみたい。フヴァール島が発祥とされる魚介の煮込みグレガダなど、地元のレストランで味わうことができる。ランチならシーフードパスタやリゾットなどが手軽でおいしい。イタリアの影響もあり、日本人にもなじみやすい料理が多い。

1

DAY 6

旅の最終章はドゥブロヴニク旧市街。城壁に囲まれた六角形のエリアに、オレンジ色の瓦屋根が並ぶ風景は旅の強烈な印象となるだろう。さまざまなアングルから町並みを眺め、その美しさを堪能したい。

Dubrovnik ドゥブロヴニク

memo

ドゥブロヴニクはクルーズ船の寄港地としても人気が高い。クルーズのお客さんは午前中に観光をするので、旧市街はたいへん混雑する。ゆっくりするなら午後からがベスト。夜のライトアップもおすすめだ。

2

ドゥブロヴニクDubrovnik ➡P.209
1城壁の北西にあるミンチェタ要塞から旧市街を眺める 2スルジ山からは旧市街のシルエットがきれいに見える 3 4城壁はゆっくり歩いて1周1時間30分ほどかかる。海側の景色も抜群だ 5スルジ山へはロープウエイで登ることができる 6スルジ山へは登山道もある。石が多い悪路だが、旧市街を見ながら下山できる

Gourmet

ドゥブロヴニクのあるダルマチア地方は南北に広く、チーズや生ハム、カキ、エビ、イカ、タコといった魚介類など食材が豊富なことで知られている。ダルマチアン・ハーブとして知られるハーブミックスは、これらの素材をいっそう引き立てる。素材を活かしたシンプルな調理法で飽きずに食べられるのもうれしいポイントだ。

ストンSton ➡P.207
7ペカという鉄鍋を熱い灰に埋めて蒸し焼きにする調理法 8ペカに入れる食材は羊肉やタコなど。他の食材の味を吸ったジャガイモが絶品 9カキは近郊のストンが名産。ストンでは毎年春分の日頃にカキ祭りが行われる 10塩田と城壁、そしてカキの養殖で有名な町ストン

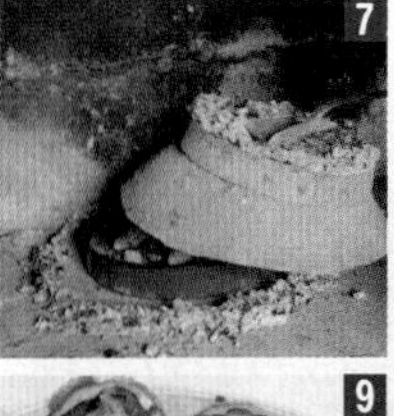

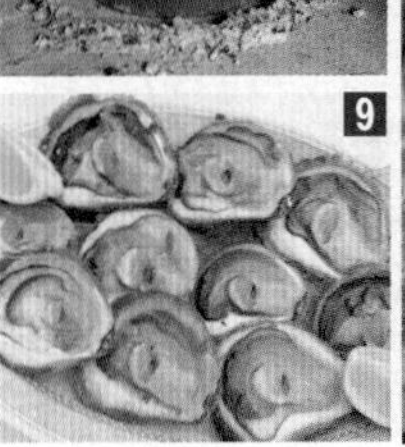

ドゥブロヴニクからのエクスカーションでは、ボスニア・ヘルツェゴヴィナのモスタルかモンテネグロのコトルのどちらかに寄ることが多い。どちらも魅力的な町、できれば両方訪れておきたい。

DAY 7 Mostar i Kotor モスタルとコトル

Gourmet

モスタルはオスマン朝時代の影響が強く残り、町並みなどにもオスマン朝の面影がある。写真の料理は具材をブドウの葉で巻いてトマト味で煮たもの。これもトルコ料理に似たものがある。

モスタルMostar ➡P.228
1ネレトゥヴァ川に架かるスターリ・モスト（橋）。ユーゴスラヴィア紛争の時代に破壊されたが2004年にユネスコの協力で再建を果たし、その後世界遺産に登録された 2ライトアップされたスターリ・モスト。すっかり平和になり、周囲はみやげ物店が並ぶ 3コスキ・メフメット・パシナ・ジャーミヤ。美しいオスマン様式の礼拝堂 4太鼓橋スターリ・モストはツルツルの石畳の急坂。滑りやすいので足下には注意しよう

コトルKotor ➡P.230

1 深く入り組んだ天然の良港に加え、切り立った崖は要塞として利用された 2 聖トリプン大聖堂はローマ・カトリックに属するロマネスク様式の教会 3 旧市街にある時計塔 4 城壁に上れば眼下に絶景が広がる。途中狭いところ、急な坂もあるのでスニーカーで歩こう。

memo

モスタルもコトルも国境を越えるのでパスポートを忘れずに。公共のバスはモスタルへ 3 時間 30 分、コトルへは 2 時間 30 分～3 時間 30 分ほどかかる。1 日数便しかないので、夏期ならドゥブロヴニク発の往復ツアーを利用するのがおすすめだ。

ユーロ高に負けない 旅のテクニック

時代は世界的な物価高。
加えて円安ユーロ高に見舞われている。
クロアチア、スロヴェニアを賢く旅する
テクニックを伝授しよう。

食べる

レストランの食事を昼も夜も食べていたら、とても高くつくし、お腹ももたれる。どちらかをチェンジしてお財布もカラダも軽やかに旅をしよう!

Technique 1 ホテルで朝食を食べない

　ホテルの朝食ビュッフェは楽しみなもの。しかし€10～15と意外に高いので、朝食なしのプランにすれば節約になる。旅行中に朝食を付けるのはリゾートホテルの1回だけ、あとは無しというものアリ。もちろん朝食を付けたなら、ガッツリ食べて観光へGO!

　ちなみにリゾートホテルの朝食ビュッフェでスパークリングワインが置いてあるところもあり、のんべえさんは、こちらのほうが節約になるかも?

メニューは似たりよったり。一度食べたらカフェ朝食もいいね

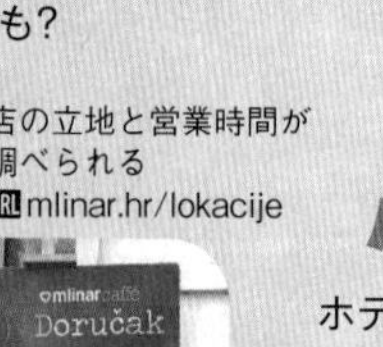

店の立地と営業時間が調べられる
URL mlinar.hr/lokacije

クロアチアのパン屋の全国チェーン、ムリナル。目玉焼きの付いた朝食セットが**驚きの€1.59**(海辺の店舗はもっと高い)

Technique 2 パン屋でサンドイッチ

　ホテルの朝食ビュッフェを食べないならどうする?　いちばん簡単なのはパン屋で**惣菜パンを買って食べる**こと。パンの種類は多く、野菜中心のラップサンドや、ソーセージ入りのパン、ピザなど種類は多い。

　店内で食べるスペースがなくても、ドリンクしか出さない**カフェでは持ち込みが可能**なのでちゃんと座って食べられる。パン屋は朝早くから夜遅くまでやっているため、このテクはランチにも応用可能。

Tips おやつパン

食べ歩きできる、ひとくちパンも人気。いろいろ選べて値段は100g単位の重量制。観光の合間やバスを待つ間などに、パクリ!

レストランのエビ入りラップ

Croatia & Slovenia 物価ランキング ＜ハイシーズンで比較＞

		ホテル	食事	シーズン
1位	ドゥブロヴニク	€185～	€40～	3～10月、トップシーズンは6～9月
2位	アドリア海リゾート	€220～	€30～	6～9月、トップシーズンは7～9月
3位	ブレッド湖など観光地	€160～	€34～	5～9月、トップシーズンは7～9月
4位	リュブリャーナ	€120～	€27～	通年適期で夏がピーク、12～2月は寒い
5位	ザグレブ	€110～	€25～	通年適期で夏がピーク、12～2月は寒い
6位	スロヴェニア諸都市	€95～	€21～	通年適期で夏がピーク、12～2月は寒い
7位	クロアチア内陸部	€75～	€17～	通年適期で夏がピーク、12～2月は寒い

ホテルは3つ星、シングル、朝食付きの比較。ドゥブロヴニクの3つ星は立地や設備面で他都市より劣るため値段的には安くなったが、同等の設備で比べれば€250以上のレベル。食事は観光ポイントに近い中級レストランにおける生ハムの前菜とイカ唐揚げのメイン料理の値段で比較。いずれも目安。

Technique 3
ホテルの部屋で食べる

4つ星以上のホテルにはたいてい**ケトルがある**。湯を沸かせば**カップ麺**やカップスープが食べられる。ベトナム風麺、中華風などいろいろだが、味は好みが分かれるかも。フォークやスプーンは有料。

各€2

ザ・定番のカップヌードル

各€0.59

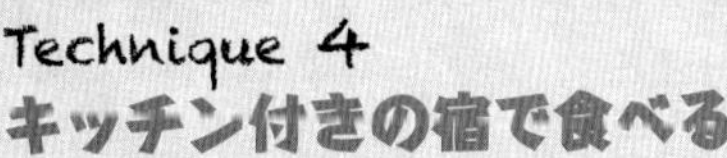

Technique 4
キッチン付きの宿で食べる

部屋貸し「ソベ SOBE」に**小さいキッチン**が付いていることがある。**アパートホテル**ならキッチンとリビングがあり、**冷蔵庫**も使えるから本格的な自炊も可能だ。ただし、食器や調理器具は揃っているが**調味料はない**。短期間の滞在では**食材も余る**し、片付けも大変なので、自炊は現実的ではないだろう。

おすすめは、**スーパーマーケット**で惣菜を買うこと。ハムやチーズも**量り売り**で買うことができる。

メインのツナサラダは日本なら2人前ぐらいの量で€3.12。チーズ2種は€4.51と€9.19。2人で3食分ほどあり、1食分当たりの費用は€4.56。イチゴは1パック€2.49の1/3量として€0.83。小さいパン€1も入れて2人分€9.51＝**ひとり€4.75**となった。野菜が食べたい時は、丸かじりできるパプリカやトマトがスーパーで1個から買える。

€2.45 €4.51 €2.99

ランチを
レストランで
食べるなら
日替わり定食が
安いよ
→P.64

Technique 5
レストランのテイクアウト

コロナ禍で、多くの飲食店がテイクアウトに対応するようになった。基本的には店と同じ値段で持ち帰りができるので、**料理代金の節約にはならないが**、お酒を飲む人は、店で飲まなくていいのでそのぶん安くなる。**ワインはスーパーで買うと激安**。レストランならグラスで€5前後するが、スーパーなら**同じ値段でボトルが買える**。

チェヴァピとサラダを1人前ずつ注文し2人分に取り分けた。

1人€7.50

移動する

クロアチアもスロヴェニアも、長距離移動のメインはバス。より安く移動するなら鉄道という選択肢もあるが、便数が少なく、遅れることも多いので、時間の限られる旅では使いにくい。

Technique 6
チケットは事前購入がお得

バスのチケットの買い方をまとめてみよう。

バス会社のウェブサイトでの事前購入が原則として最も安心。ただし遅延や欠便になったときに、他社便に振り替えることができないので、最悪の場合は**買い直し**に。キャンセルの払い戻しができない会社もある。

バスターミナルで**購入**する場合は、会社に関係なくチケットが買える。バスターミナルでは、昼休憩を取って買えなかったり、バスターミナル**使用料を上乗せ**することもある。

途中のバス停から乗車したり、チケット売場に寄る時間がないときは、**バス車内で購入**することもできる。おつりがなかったり、多少の**上乗せ料金**となることもある。

日帰りで足を延ばすようなときは**往復割引**がないかどうかチェック！ 同じ会社の便に限られるなどフレキシブルには使えないので注意。

スプリットの市内バスはこの券売機で買えば**驚きの半額**に→P.178

Uberのアプリは日本語対応なので、地図も配車状況もよくわかる

Technique 7
Uber & Bolt

クロアチアもスロヴェニアも流しのタクシーが少ないので、必要なときにホテルやレストランで呼んでもらうのが一般的。駅前などで客待ちをしているタクシーは、**割高な請求**のトラブルが報告されているので注意しよう。また、クロアチアにはUberやBoltなどの配車サービスがある。一般タクシーより**通常は割安**だが、夜間や悪天候のときは高くなることも。

観光する

観光でかさむのは入場料。なかなか節約の難しいところだが、割引もある。

Technique 8
ピークシーズンをはずす

シーズンオフはドゥブロヴニクの城壁ウオーク**€ 35** が **€ 15** に、プリトゥヴィツェの入場料も **€ 23.50** が **€ 10** に！　海のリゾート感にこだわらなければおすすめ。

Technique 9
割引の王道、学割

学割はISIC発行の**国際学生証**の提示が必要なところが多い。65歳以上なら**シニア割引**があるところがほとんどなので、年齢を証明できるものを持ち歩こう。

Technique 10
シティパスを使う

主要都市では、該当都市内の交通や博物館などの見どころの一部が**無料または割引**になるカード（パス）を発行している。ただ、パス自体が高いので、モトが取れるか十分に検討すること。

ドゥブロヴニクパスは、1日有効で€ 35と高額だが、城壁ウオークをするつもりなら、**それだけでモトが取れる**。

お得な情報は観光案内所で教えてくれるので、最初に訪れることをおすすめする。

宿泊費は旅の現地予算の大部分を占めるといってもいい。ここが節約できれば大きいので、旅のスタイルに合わせて工夫してみよう。

Technique 11
ホテル予約の大原則

ホテルは必ず予約したほうがいい。このところの観光ブームで、どこも宿泊施設が足りない。シーズンオフは閉まるところも多く、選択肢が少なくなるので、やはり予約は必要だ。

近年は**ダイナミック・プライシング**（空室状況で日々料金が変わる）を採用しているホテルが多く、希望のホテルが決まっているならマメにチェックするのもひとつの方法だ。

直前割引を除けば、**早めの予約のほうが安く予約**できる。ホテル予約のサイトではなく、ホテルのウェブサイトやアプリから**直接予約**すると割引になることがある。

Technique 12
ホステルの個室を狙う

ドミトリー（相部屋）のある安い宿泊施設がホステルだが、実は**個室があるホステル**は少なくない。シャワーとトイレもちゃんと部屋にあり、普通のシングルルームと**変わらないのに割安**。これは穴場だ。

Technique 13
予約サイトで探して直接予約

目当てのホテルがないならば、ホテル予約サイトでホテルを探す。良さそうなところが見つかったら、**ホテルに直接メール**をして値段を聞くといい。メールアドレスはホテル名で検索し、ホテルのウェブサイトから探す。

ホテルが予約サイトに手数料を払わなくて済む分、**10 ～ 15%程度割引**してくれる場合がある。

Technique 14
ボランティアでお得

ザグレブのユースホステルでは約７割がボランティアを活用している。ホステル・ビューロー（→ P.91）の場合、１日最長５時間、週５日働いて２日が自由時間。２週間以上の滞在が必要で、**ベッドと朝食が無料**になる。応募はホステルに直接のほか、Worldpackers（URL www.worldpackers.com）経由で。スプリットやフヴァールなどでも、ユースホステルやカフェのウエイターなどのボランティアがあるようだ。**宿代を浮かせながらの旅**、若いうちに経験してみてはどうだろうか。

クロアチアもスロヴェニアも、クレジットカードが日本以上に使えるので、ユーロの現金化は最小限でいいだろう。さて、どこで両替する?

Technique 15
両替手数料は一律ではない

ユーロの現金を手にするために、もっとも一般的なのはクレジットカードでのキャッシング。ATM で簡単に引き出せて、とても便利だが、**レートも手数料も設置各社でバラバラ**。おおまかにいえば銀行系がお得で、両替商の ATM はレートが悪い。銀行系は「〇〇 banka」の表記があるので確認して。

スプリット空港のATMで€200の引き出しを試したら、手数料は**€4.35～€5.75の違い**が出た

今、世界が注目！

クロアチアのワイナリー紹介

クロアチア・ワインの革命児、トラパン氏

クロアチア人の食卓に今も昔もワインは欠かせない。この地でワイン造りが始まったのは紀元前5世紀頃。現在のフヴァールやヴィス、コルチュラのギリシア植民都市から伝わり、歴史も長い。ユーゴスラヴィア時代は他国に輸出されることは少なかったが、独立後は個性的なワイナリーが増え、現在はワインの国際コンペでも賞を獲得するほど。

クロアチア固有のブドウ種

各地方でクロアチア固有のブドウは栽培されている。おもにアドリア海岸では赤ワインが有名で、内陸ではスラヴォニア地方を中心に白ワインが多く造られている。

プラヴァツ・マリ *Plavac Mali*

クロアチアで最も権威のある赤ワインで愛好家も多い。フルボディだが酸味と渋味のバランスがよく、香りもフルーティー。牛や羊のグリルとよく合う。

おもな生産地:
ダルマチア地方、ペリェシャツ半島（ディンガチDingač、ポストゥプPostupなど）

テラン *Teran*

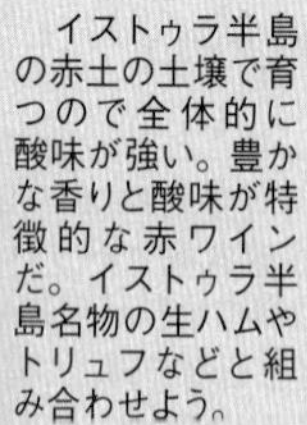

イストゥラ半島の赤土の土壌で育つので全体的に酸味が強い。豊かな香りと酸味が特徴的な赤ワインだ。イストゥラ半島名物の生ハムやトリュフなどと組み合わせよう。

おもな生産地:
イストゥラ半島、スロヴェニア西部（アドリア海岸）

グラシェヴィナ *Graševina*

クロアチアで白といえばこれ。内陸で造られており、ドイツのリースリングとよく似ている種。全体的にさっぱりとした味わいのワインだ。食事に合わせるならチキンや白身魚がベスト。

おもな生産地:
スラヴォニア地方東部（イロクIlokなど）

編集室おすすめのワイナリー

イギリス王室の祝典御用達

スターリ・ポドゥルム

Stari Podrum

セルビア国境沿いの町、イロクに位置する大きなワイナリー。敷地内には15世紀と18世紀に造られたワインセラーをもち、ツアーではヴィンテージワインなども見られる。ワイナリーにはホテルやレストラン、ワインショップを併設しており、1泊2日でのんびりと過ごすのもおすすめ。

広大なワインセラーをもつ

🚌ヴコヴァル（→P.115）経由が便利。ヴコヴァルから1日1～6便（週末減便）、所要約1時間、€4.50。ザグレブからも1日1便ある。時刻はURL cazmatrans.hrで検索。
住Šetalište O.M. Barbarića 4, Ilok
TEL (032)590088　URL www.ilocki-podrumi.hr
開10:00～20:00（9人以上の見学ツアーは要予約）
休12/25　料€3～8（見学ツアー）　Map P.15-D3

ひと味違うワインを求めるなら

トラパン・ワイン・ステーション

Trapan Wine Station

2005年にブルノ・トラパンBruno Trapan氏によって創設された新進気鋭のワイナリー。ワインのテーマは「ロックンロール」でオーガニック製法にこだわりつつも、今までにないおいしさを追求している。独特なデザインのラベルが特徴で、会社のロゴに日本語を使用している。

モダンなテイスティング・ルーム

🚌プーラ（→P.136）近郊のシシャンŠišanにある。プーラからシシャンまでは市内バス25b番で1日6便（日曜減便）、所要約30分、€2.50。
住Giordano Dobran 63, Šišan　📱091 5817281
URL trapanwines.com　開11:00～21:00（11～4月～19:00）、テイスティングは予約推奨）　休祝、5～10月の日曜
料€20～30（5～7種試飲）　Map P.120-B3

ブラチュ・ストーン風のラベルが特徴

スティナ・ヴィノ

Stina Vino

2009年オープンのワイナリー。ボル中心部に広大なセラーを所有しており、スタイリッシュなワインバーでは各種ワインがグラス（€5.20～17.60）で楽しめる。ブドウはすべてブラチュ島で栽培されたもので、特にプラヴァツ・マリやポストゥプは定評がある。ラベルは島名産のブラチュ・ストーンをイメージしたもの。よく見ると銘柄や製造年などが掘られており、とてもおしゃれ。

スタッフはていねいに説明してくれる

ボル（→P.192）の中心部にある。　住Riva 16
TEL (021)306220　URL www.stina-vino.hr
開11:00～20:00　休11月～復活祭　料見学ツアー（所要約1時間、軽食・3～4種の試飲付き、金曜を除く17:00と18:00発）€28.50～38.50　Map P.192-B

船乗りが造る王道ワイン

シュカル・ワイナリー

Škar Winery

400年以上前から使用されている造船所を改装したワイナリー。オーナーは船乗りで、仕事の合間にワイン造りを行っている。オーナー一家はペレシャツ半島にブドウ畑を所持しており、上質なプラヴァツ・マリで造ったワイン、レクリLekriがいち押し。敷地内ではワインのほかにもラキヤを蒸留している。星型のガラス瓶に入れてくれるので、おみやげにもぴったり。

ワインのほかラキヤの種類も豊富

ドゥブロヴニク（→P.209）のグルージュ地区にある。
住Lapadska obala 17　📱098 787705
URL www.lekri.eu　開見学ツアーは火・木・土18:00～（要予約）　休11月、1月～復活祭
料€40（見学ツアー）　Map P.210-B1

info シュカル・ワイナリーは2021年にドゥブロヴニク旧市街内にもワインバーをオープン。ワイン3杯の試飲と軽食、ラキヤが付いたグルージュ港から旧市街へのサンセットクルーズ（€53）も人気。

お手軽に大自然を満喫！ ユリアンアルプスを歩く

スロヴェニアでぜひ体験してほしいのがハイキング。
ユリアンアルプスから流れ出る水は独特な地形を造り出し、
この地を訪れるハイカーたちを魅了する。
澄んだ空気と美しい風景を楽しみながらのんびりと歩こう。

ヴィントガル渓谷の遊歩道は大迫力！

ルート1

ヴィントガル渓谷

→P.280

起点となる町:ブレッド湖（➡P.277）

最大の見どころは渓流沿いの遊歩道！　エメラルドグリーンの川を眺めながら歩いて行く

モデルコース（渓谷ルート＋グリーンルート）

ブレッド湖の美しい風景を楽しんだあと、近郊にある渓谷をお散歩するコース。7・8月はバスが出ているが、それ以外の時期は徒歩か自転車で。

9:07	ブレッド湖を出発
9:20	ヴィントガル渓谷入口に到着。ここから徒歩開始
10:20	聖カタリーナ教会到着。ここから山道に入る
11:35	渓谷入口到着。バスに乗車
11:47	ブレッド湖到着

0　500

N

チケット売り場

渓谷沿いの川はエメラルドグリーン

ここが中間地点

ブレッド湖行きのバス

チケット売り場

Sebenje-Podhom

Start & Goal

聖カタリーナ教

Sv. Katar

Zasipの町
バスに乗
ブレッド湖
戻ることもで

初心者にもおすすめのコースよ

聖カタリーナ教会が見えてきたら今度は森の遊歩道へ

ルート2

ヴェリカ・プラニナ →P.270

起点となる町:カムニク (➡P.268)

東側には牛飼いの集落が広がっている。かわいらしい家々を眺めながらのんびりしよう!

モデルコース

起点となる町はカムニク。バスで移動したあと、麓からロープウエイとチェアリフトを乗り継いで行く。春秋の平日はチェアリフト減便。

11:30	カムニクを出発
12:00	ロープウエイ乗り場に到着。ここから高原へ
13:00	カフェに到着。ここでひと休み
14:00	牛飼いの集落に到着。牧歌的な雰囲気を満喫
16:00	ロープウエイ乗り場に到着。バス乗り場へ戻ろう
17:35	ヴェリカ・プラニナのバス乗り場を出発
17:55	カムニクに到着

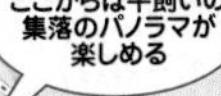

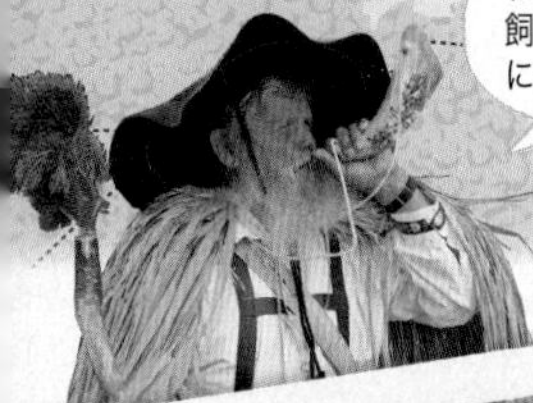

麓からはロープウエイで

牛もたくさんいるモ〜!

高原植物も多く見られ、この周辺でしか咲かない花もある

ヴェリカ・プラニナからの眺望は抜群! 遊歩道からはカムニクの町や周辺の山々を見渡せる

※記載の時刻は2023年4月のもの。日帰り可能なバスは17:35のみなのでロープウエイとの接続が悪い。夏は増便するので旅程がよりスムーズになる。

プランニングアドバイス

日本からのアクセス

クロアチア、スロヴェニアとも、2023年10月現在、日本からの直行便は運航されていないので、近隣諸国を経由する。乗り継ぎがスムーズなのはフランクフルト経由やミュンヘン経由など。夏期はスプリットやドゥブロヴニク行きなど便が増える。

日本からアクセスのよい便がある航空会社

ルフトハンザ・ドイツ航空 (LH) URL www.lufthansa.com フランクフルト経由の乗り換えは比較的スムーズ。	**LOTポーランド航空 (LO)** URL www.lot.com/jp/ja ザグレブまで所要17時間30分と乗り継ぎがよい。
ブリティッシュ・エアウェイズ (BA) URL www.britishairways.com ロンドン経由なら便も多く、乗り換えも便利。	**エールフランス (AF)** URL www.airfrance.co.jp 羽田・成田発は1日2～3便あるのでプランも組みやすい。
ターキッシュ エアラインズ (TK) URL www.turkishairlines.com イスタンブール経由でザグレブ、リュブリャーナ、ドゥブロヴニクなどへ。	**オーストリア航空 (OS)** URL www.austrian.com 中欧各地への便が発着するウィーン経由。夏期のみ週3～5便程度の運航。
全日空 (NH) URL www.ana.co.jp 羽田空港深夜発でウィーン乗り換えでザグレブには早朝に到着。	**フィンエアー (AY)** URL www.finnair.com ヘルシンキ経由で夏期は週最大6便ドゥブロヴニクへの便がある。

乗り継ぎを楽しむ パリ フランス

エールフランスは日本からは深夜便、昼便と多発しており、滞在時間の調整もラク。パリでは美術館巡りやカフェでのんびりしたり、楽しみ方もいろいろ。

欧州域内で便利な航空会社

ライアンエア Ryanair URL www.ryanair.com

イージージェット easyJet URL www.easyjet.com

ウィズエア Wizz air URL wizzair.com

ユーロウイングス Eurowings URL www.eurowings.com

乗り継ぎを楽しむ イスタンブール トルコ

ターキッシュ エアラインズで成田から約12時間10分。ヨーロッパとアジアのはざまにあり、オリエンタルな雰囲気があふれる町並みが魅力。

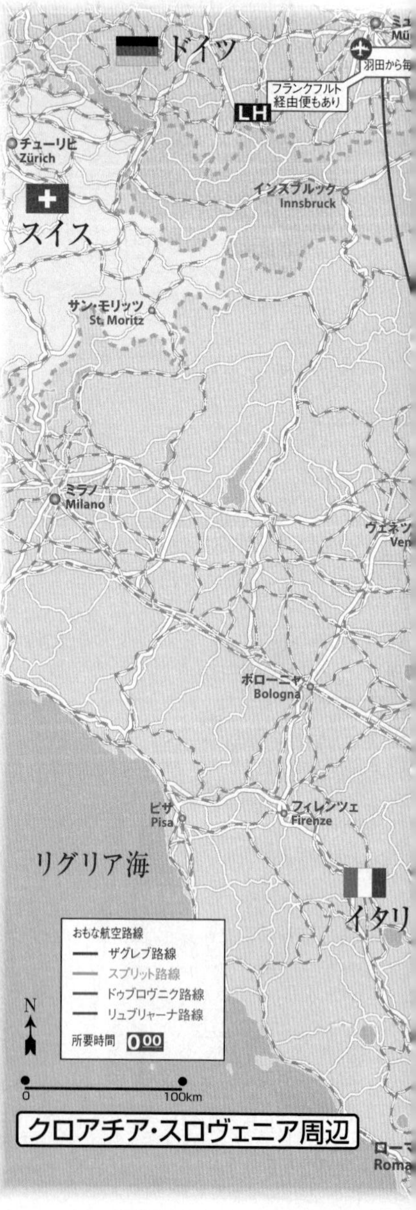

クロアチア・スロヴェニア周辺

ドイツ
ミュンヘン München
羽田から毎
フランクフルト経由便もあり
LH
チューリヒ Zürich
スイス
インスブルック Innsbruck
サン・モリッツ St. Moritz
ミラノ Milano
ヴェネツ Ven
ボローニャ Bologna
ピサ Pisa
フィレンツェ Firenze
リグリア海
イタリ
ローマ Roma
おもな航空路線
ザグレブ路線
スプリット路線
ドゥブロヴニク路線
リュブリャーナ路線
所要時間 0:00
N
0 100km

INFO 2023年7月に日本・クロアチア航空協定が締結された。定期直行便の運航など今後のさらなる利便性の向上が期待される。

乗り継ぎを楽しむ **ミュンヘン** ドイツ

ドイツ第3の大都市でバイエルン州の州都。新市庁舎があるマリエン広場やバイエルン王家の宮殿、レジデンツなど見どころも多い。

乗り継ぎを楽しむ **フランクフルト** ドイツ

ドイツ経済の中心としてヨーロッパでも最大級の空港をもつ。高層ビルが多く並ぶモダンな町並みだが歴史も深く、文豪ゲーテの故郷でもある。

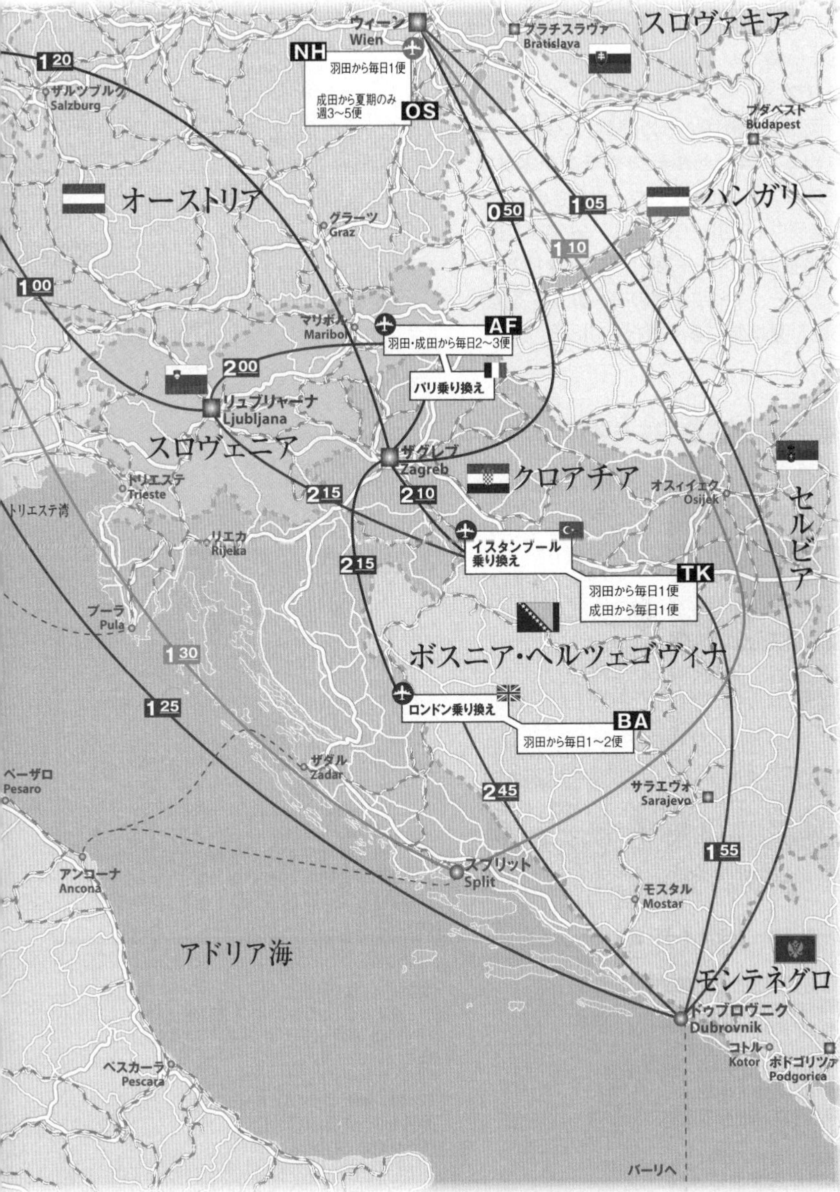

ウィーン Wien
NH 羽田から毎日1便
成田から夏期のみ週3〜5便 OS
ブラチスラヴァ Bratislava
スロヴァキア
ザルツブルク Salzburg
ブダペスト Budapest
オーストリア
ハンガリー
グラーツ Graz
1 20
0 50
1 05
1 10
1 00
マリボル Maribor
AF 羽田・成田から毎日2〜3便
パリ乗り換え
2 00
リュブリャーナ Ljubljana
スロヴェニア
ザグレブ Zagreb
クロアチア
トリエステ Trieste
トリエステ湾
2 15
2 10
オスィイェク Osijek
セルビア
リエカ Rijeka
イスタンブール乗り換え
TK 羽田から毎日1便
成田から毎日1便
2 15
プーラ Pula
1 30
ボスニア・ヘルツェゴヴィナ
1 25
ロンドン乗り換え
BA 羽田から毎日1〜2便
ザダル Zadar
ペーザロ Pesaro
2 45
サラエヴォ Sarajevo
1 55
アンコーナ Ancona
スプリット Split
モスタル Mostar
アドリア海
モンテネグロ
ドゥブロヴニク Dubrovnik
コトル Kotor
ポドゴリツァ Podgorica
ペスカーラ Pescara
バーリへ

info エミレーツ航空（深夜発でドバイ3.5時間の待ち合わせで同日午後着）やカタール航空（深夜発でドーハ2時間の待ち合わせで同日午後着）も便利なわりにリーズナブル。

プランニングアドバイス 周辺諸国からのアクセス

●鉄道

クロアチアとスロヴェニアには、モンテネグロを除いて隣接する各国から国際列車が発着している。特にオーストリアのウィーン、ハンガリーのブダペストなどとを結ぶ便は使い勝手がよい。

●バス

両国とも隣国からの国際バス路線が多数出る。特にセルビアやモンテネグロ、ボスニア・ヘルツェゴヴィナなどの旧ユーゴスラヴィア圏からの便は、鉄道より速く時間も正確。オーストリア、イタリア、ハンガリー、ドイツなどのヨーロッパ各地からも、夏は特に多く運行している。

●船

イタリアからはアンコーナとスプリットを結ぶフェリーが通年運航しており、夏期にはヴェネツィアやバーリからも便がある。

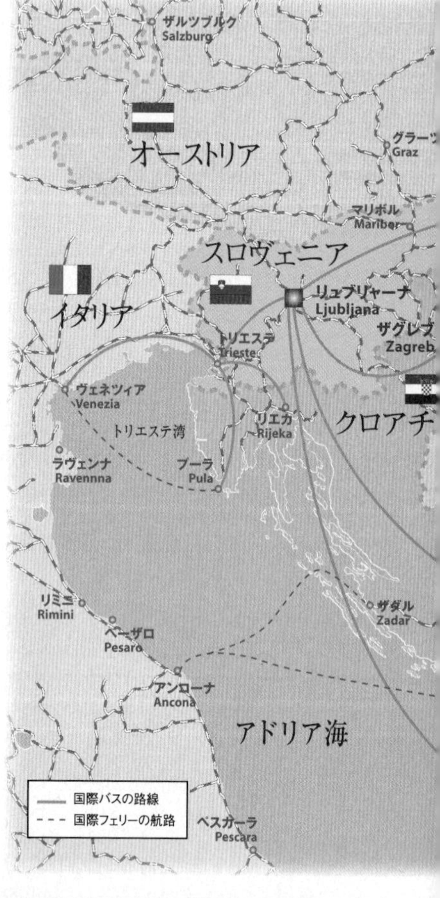

船で行く周辺都市 **ヴェネツィア** イタリア

「アドリア海の女王」とたたえられ、運河が町中に張り巡らされている水の都。夏期はスロヴェニアのピランをはじめ、クロアチアのポレチュやプーラ、オパティヤなどからも日帰りツアーが催行されている。

ユースフルインフォメーション

■近隣諸国からの国際列車
URL int.bahn.de
各国の国際列車が検索できる

●オーストリア〜スロヴェニア
ウィーン〜リュブリャーナ　1日1便
EC151　所要:6時間2分

●ハンガリー〜スロヴェニア
ブダペスト〜リュブリャーナ　1日2便
IC246　所要:7時間35分
IC 310　所要:8時間43分

●スイス〜スロヴェニア
チューリヒ〜リュブリャーナ　1日1便
EN 40466（国際夜行列車）所要:11時間29分

●ハンガリー〜クロアチア
ブダペスト〜ザグレブ　1日1便
EE 204　所要:約6時間35分

●スイス〜クロアチア
チューリヒ〜ザグレブ　1日1便
EN 40465（国際夜行列車）所要:13時間59分

info 夏の国際列車は混雑するので、座席指定チケットを事前購入したほうがよい。連結している車両が途中で切り離されて、異なる国や町へ進む場合もあるので、車両入口に貼ってある行先は必ず確認しよう。

鉄道で行く周辺都市 **ザルツブルク** オーストリア

モーツァルト生誕の地として知られる町。毎年、夏に音楽祭が開かれることでも有名。意外なことにスロヴェニアのリュブリャーナからは鉄道で約4時間20分で行ける。

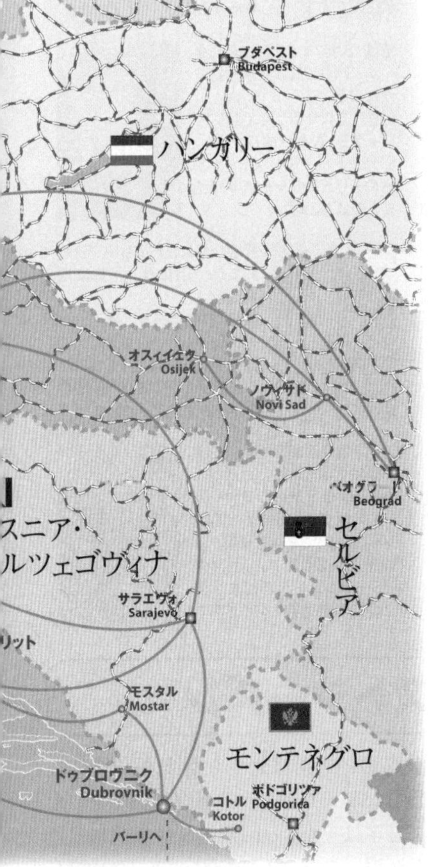

鉄道で行く周辺都市 **グラーツ** オーストリア

オーストリア第2の都市グラーツはムーア川のほとりに広がる美しい町。旧市街は世界遺産にも登録されており、町のシンボルは丘の上にある時計塔だ。スロヴェニアのマリボルからは鉄道で1時間ほど。

鉄道で行く周辺都市 **ブダペスト** ハンガリー

ドナウ川沿いに発展した美しい町。ブダの丘にそびえる王宮やくさり橋も見事だが温泉も有名で、町には50近くの浴場が点在する。クロアチアのザグレブからは鉄道で約6時間30分。

バスで行く周辺都市 **サラエヴォ** ボスニア・ヘルツェゴヴィナ

サラエヴォは多様な民族、宗教、文化が交じり合う町。中心部にはさまざまな宗教施設が並び、独特な雰囲気をつくり出している。ザグレブからバスで約6時間15分。

バスで行く周辺都市 **ベオグラード** セルビア

バルカン半島の交通の要衝で、町の歴史は古い。歴史的建造物は少ないが、サヴァ川とドナウ川の合流する丘にあるカレメグダン公園からの眺めは最高。ザグレブからはバスで約6時間。

■近隣諸国の鉄道会社

●オーストリア連邦鉄道（ÖBB）
URL www.oebb.at
●ハンガリー鉄道（MÁV Start）
URL elvira.mav-start.hu
●セルビア鉄道（ŽS）
URL www.zeleznicesrbije.com
●ボスニア・ヘルツェゴヴィナ連邦鉄道（ŽFBH）
URL www.zfbh.ba

■クロアチアの長距離バス

●クロアチア国内長距離バス・国際長距離バスの時刻検索
URL www.buscroatia.com
●ザグレブのバスターミナル
URL www.akz.hr

■スロヴェニアの長距離バス

●リュブリャーナのバスターミナル
URL www.ap-ljubljana.si

■国際路線をもつおもなフェリー会社

●ヤドゥロリニヤ Jadrolinija
URL www.jadrolinija.hr
●SNAV
URL www.snav.it
●ヴェネツィア・ラインズ Venezia Lines
URL www.venezialines.com

info ヨーロッパの移動なら最大の路線網をもつFlixBusが便利。国際路線はもちろん、クロアチアでは国内長距離バスとしても走っている。URL global.flixbus.com

地域＼月	12	1	2	3	4	5
日出／日没	7:31 16:12	7:33 16:38	7:00 17:21	6:09 18:02	6:10 19:43	5:25 20:21
ザグレブ、スラヴォニア地方	 **気候**：氷点下になる日も多く、とても寒い。都市部でも雪が降ることもある。 **服装**：ダウンなどの防寒具が必要。滑りにくく水たまりでも平気な靴を用意しよう。 **観光アドバイス**：ホテルなどは比較的すいている。			**気候**：4月はシャワーと呼ばれる通り雨がある日が多い。晴れると日差しが強くなるので、紫外線対策が必要。 **服装**：半袖でもOKな日が増える。脱ぎ着できるような服装を。 **観光アドバイス**：3月の最終日曜からサマータイムになる。		
イストゥラ半島とクヴァルネル地方	**気候**：雨は多いが、沿岸部で雪が降ることはない。 **服装**：防水加工のジャケットや雨具を用意していこう。 **観光アドバイス**：沿岸のリゾートホテルは冬期休業が多い。2月にはリエカのカーニバルが行われる。 			**気候**：5月になるまでは雨も多いが、晴れの日は気候も穏やかになる。 **服装**：夜になると冷えるので、ジャケットなどが欲しい。 **観光アドバイス**：イストゥラ半島のトリュフのシーズンが始まるのはこの頃。 		
ドゥブロヴニク、スプリットなどダルマチア地方	 **気候**：雨が多く曇りがち。0℃以下になることはないが寒い。 **服装**：雨が多いので防水加工の上着と雨具が必要。フリースジャケットなども忘れずに。 **観光アドバイス**：沿岸のリゾート地のホテルやレストランは休業していることが多い。			**気候**：4月はまだ少し寒い日もあるが、5月になると気候は夏に近い。 **服装**：日焼け対策、帽子、サングラスは春でも必要。 **観光アドバイス**：5月下旬になると観光シーズンが始まり、クルーズやツアーも始まる。		
スロヴェニア（ユリアンアルプス）	**気候**：冷え込みが厳しく、積雪も多い。平均気温は常に氷点下だと思っていい。 **服装**：コートや手袋など防寒具の用意は万全に。 **観光アドバイス**：ユリアンアルプスの山々ではスキー場がオープンする。 			**気候**：日中は暖かいが、日没後は寒くなる。 **服装**：朝晩は寒いのでジャケットの用意を。日によってはシャツ1枚でOKなことも。 **観光アドバイス**：トレッキングのシーズンが始まるがまだ寒いので防寒対策を忘れずに。 		

プランニングアドバイス　旅のベストシーズン

旅のベストシーズンは6〜9月。どの地域もこの時期が旅行しやすく、雨も比較的少ないので観光に適している。

●クロアチア中央部、スラヴォニア地方 スロヴェニア東部

ザグレブなどの内陸は大陸性気候で、夏は暑く冬は寒い。特に冬は最低気温がマイナス10℃を下回る日もある。夏でも降雨や風が吹いて肌寒いときがあるので、長袖シャツを1枚用意しておこう。

●アドリア海沿岸

ドゥブロヴニクなどを代表とするアドリア海沿いの町は地中海性気候。夏は乾燥した晴天が続き、晩秋まで穏やか。ただし冬はそれなりに寒い。基本的に日差しが強いので、帽子やサングラスは用意しておいたほうがいい。

●ユリアンアルプス

ブレッド湖などを中心としたユリアンアルプスは高原地帯なので夏は涼しく、冬は寒さが厳しい。夏でも冬でも防水加工の上着は用意しよう。冬に高原地域に行く場合は、よりしっかりとした防寒対策が必要となる。

※日出／日没のデータはザグレブ

6	7	8	9	10	11
5:05 / 20:48	5:21 / 20:43	5:56 / 20:04	6:34 / 19:07	7:13 / 18:10	6:56 / 16:25

気候:夏は比較的涼しいが、それでも35℃近くまで気温が上がる日もある。
服装:半袖だと昼間はいいが、夜は寒く感じることも。長袖のシャツや薄手のジャケットを1枚用意しておこう。
観光アドバイス:観光シーズンなので、ザグレブではさまざまなイベントが催行される。衛兵のパレードなどは夏期のみ。

気候:そろそろ肌寒くなり、雨天の日も増えてくる。日本の秋よりもやや寒い。
服装:長袖のシャツやフリース、薄手のジャケットを準備しよう。
観光アドバイス:10月後半〜11月頃に紅葉が楽しめる。10月最終日曜にサマータイムが終わる。

気候:30℃を超える日は1ヵ月弱だが、沿岸のリゾート地は過ごしやすい気候になる。
服装:海に行くのなら水着の用意を。内陸に入るのなら、薄手のジャケットは用意しておきたい。
観光アドバイス:観光シーズンなので、ツアーやクルーズも真っ盛り。

気候:1年で最も雨が降るシーズン。朝晩は冷え込むので注意。
服装:薄手のジャケット、雨具などは必ず持っていこう。
観光アドバイス:イストゥラ半島は白トリュフのシーズンなのでこの時期に訪れることができたらラッキー。山間部には霧が出て幻想的。

気候:6月になると30℃近くまで気温が上がる。雨も少なく、滞在するには適したシーズン。
服装:リゾートウエアや水着を忘れずに。
観光アドバイス:ツアーやクルーズ、ナイトライフにコンサートとありとあらゆる楽しみにあふれる。

気候:海風が冷たくなり、雨の日が増え始める。気温は日本と変わらない。
服装:長袖のシャツか、薄手のジャケット、雨具の用意も必要だ。
観光アドバイス:リゾートホテルは閉めていることもある。11月からオフシーズンに入り料金は安い。

気候:日中は暑いが、日没後は涼しくて快適。雨もわりに多い。
服装:長袖のシャツのほうが無難。薄手のジャケットも持っていこう。
観光アドバイス:トレッキングに適した時期。山には美しい花が咲いている。ボヒニュ鉄道も夏期のみの運行なので、ぜひ乗車してみよう。

気候:日中は暖かいこともあるが、基本的に肌寒い。11月になると寒さは本格的になる。
服装:フリースジャケットやコートの用意をしておこう。
観光アドバイス:ブレッド湖の大型ホテルですら閉まるところもあるので、事前に確認しておこう。

プランニングアドバイス イベントカレンダー

1/17 〜 2/14('24)
リエカのカーニバル Riječki karneval ➡P.122
URL visitrijeka.hr

2/2・3(毎年) ドゥブロヴニク ➡P.218
聖ヴラホ祭 Festa svetog Vlaha

2/8(毎年) クラニュ ➡P.271
プレシェーレン祭 Prešernov smenj

2/3 〜 13('24)
プトゥイのカーニバル Ptuj karneval ➡P.332
URL kurentovanje.net

3/28('24/聖週間の洗足木曜) フヴァール ➡P.194
十字架に従いて Za križen

5/26 〜 6/10('23、'24は未定) プーラ ➡P.136
古典の日 Dani antike

6/1('24) シュコフィヤ・ロカ ➡P.274
歴史祭り Historial Škofja Loka

6/14 〜 16('24/6月第3週末)
イドゥリヤ・レース・フェスティバル
Festival idrijske čipke ➡P.297
URL www.festivalidrijskecipke.si

7/10 〜 8/25(毎年)
ドゥブロヴニク・サマーフェスティバル
Dubrovačke ljetne igre ➡P.209
URL www.dubrovnik-festival.hr

7/12 〜 14('24) スプリット ➡P.176
ウルトラ・ヨーロッパ Ultra Europa
URL ultraeurope.com

7/17 〜 7/21('24) ザグレブ ➡P.76
国際民俗フェスティバル
Međunarodna smotra folklora Zagreb
URL msf.hr

8/29 〜 31('24) スプリット ➡P.176
ディオクレティアヌス物語 Storije Dioklecijana
URL visitsplit.com/en/5739/stories-of-diocletian

9/15('24/9月第3月曜) ボヒニュ湖 ➡P.285
牛玉祭り Kravji Bal

12/2('23) 〜 1/7('24) ザグレブ ➡P.76 ほか各地
クリスマス・マーケット Božićni sajam
URL www.adventzagreb.hr

地球の歩き方 関連書籍のご案内

クロアチア、スロヴェニアとその周辺諸国をめぐるヨーロッパの旅を「地球の歩き方」が応援します！

地球の歩き方 ガイドブック

A01 ヨーロッパ ¥1,870

A09 イタリア ¥1,870

A10 ローマ ¥1,760

A11 ミラノ　ヴェネツィア ¥1,870

A12 フィレンツェとトスカーナ ¥1,870

A13 南イタリアとシチリア ¥1,870

A14 ドイツ ¥1,980

A15 南ドイツ　フランクフルト　ミュンヘン　ロマンティック街道　古城街道 ¥2,090

A16 ベルリンと北ドイツ　ハンブルク　ドレスデン　ライプツィヒ ¥1,870

A17 ウィーンとオーストリア ¥2,090

A18 スイス ¥2,200

A24 ギリシアとエーゲ海の島々 & キプロス ¥1,870

A25 中欧 ¥1,980

A26 チェコ　ポーランド　スロヴァキア ¥1,870

A27 ハンガリー ¥1,870

A28 ブルガリア　ルーマニア ¥1,980

A34 クロアチア　スロヴェニア ¥2,200

地球の歩き方 aruco

15 aruco チェコ ¥1,320

17 aruco ウィーン　ブダペスト ¥1,320

18 aruco イタリア ¥1,760

20 aruco クロアチア　スロヴェニア ¥1,430

28 aruco ドイツ ¥1,430

地球の歩き方 Plat

06 Plat ドイツ ¥1,320

14 Plat マルタ ¥1,540

地球の歩き方 旅と健康

地球のなぞり方 旅地図 ヨーロッパ編 ¥1,430

※表示価格は定価（税込）です。改訂時に価格が変更になる場合があります。

クロアチア
Croatia

クロアチア随一の観光地ドゥブロヴニク。
旧市街を囲む城壁の上を歩くことができる

ジェネラルインフォメーション

クロアチアの基本情報

▶旅の言葉
→P.232

国　旗
赤・白・青の3色旗に国章が加えられたもの

正式国名
クロアチア共和国Republika Hrvatska

国　歌
Lijepa Naša Domovina
（われらが美しき祖国）

面　積
約5万6542km²（九州の約1.5倍）

人　口　約387万1000人（2021年）

首　都
ザグレブZagreb

元　首
ゾラン・ミラノヴィッチ
Zoran Milanović

政　体
共和制（2013年7月からEUに加盟）

民族構成
クロアチア人89.6%、セルビア人4.5%。そのほかハンガリー人、スロヴェニア人、イタリア人、アルバニア人など。

宗　教
ローマ・カトリックが88%。そのほかセルビア正教など。

言　語
公用語はクロアチア語（スラヴ語派）。セルビア語、ボスニア語とは、方言程度の違いしかない。文字はラテン文字を使用。外国語はドイツ語、英語がよく通じる。

通貨と為替レート

通貨単位はユーロ（€、EURO、EURとも略す）、補助通貨単位はセント（¢、CENT）。それぞれのクロアチア語読みは「エウロ」と「ツェント」となる。€1＝100セント＝約156.3円（2023年10月現在）。

紙幣の種類は5、10、20、50、100、200。硬貨の種類は1、2、5、10、20、50セント、1、2ユーロ。

クロアチア独自のユーロ硬貨裏面の絵柄は、クロアチアの地図やグラゴール文字、ニコラ・テスラなど。

1ユーロ

2ユーロ

5ユーロ

10ユーロ

20ユーロ

50ユーロ

100ユーロ

200ユーロ

1セント

2セント

5セント

10セント

20セント

50セント

電話のかけ方

日本からクロアチアへかける場合　㊞ザグレブの（01）1234567へかける場合

事業者識別番号
0033（NTTコミュニケーションズ）
0061（ソフトバンク）
携帯電話の場合は不要
＋ 国際電話識別番号 ※010 ＋ クロアチアの国番号 385 ＋ 市外局番（頭の0は取る）1 ＋ 相手先の電話番号 1234567

※携帯電話の場合は010のかわりに「0」を長押しして「+」を表示させると国番号からかけられる
※NTTドコモは事前にWORLD CALLに登録が必要。

info 旧通貨クーナの併記は2023年12/31に終了する。以前にクロアチアを旅行してクーナを持っている人は、2024年以降はクロアチア国立銀行（ザグレブ本店→MapP.79-C2）でユーロに換金できる(2025年末まで)。

出入国

ビザ　シェンゲン協定実施国。180日以内、合計90日までの観光目的の滞在ならビザは不要。

パスポート

パスポートの残存有効期間は出国時に3ヵ月以上。

免税で持ち込めるもの

たばこ200本または葉巻50本、ワイン2ℓ、蒸留酒1ℓ、香水50g。オードトワレ250mℓなど。

クロアチアへの外貨持ち込みおよび持ち出しについては、金額に特別な制限はないが、€1万を超える通貨を持ち込む場合には通関時に申告する必要がある。

日本からのフライト時間

▶日本からのアクセス→P.46

2023年8月現在、日本とクロアチアを結ぶ直行便はなく、ヨーロッパなどの大都市で最低一度は乗り換える。フライト時間の目安は、日本から周辺諸国まで14～15時間。周辺諸国からクロアチアまで1～3時間。日本を午前中に出発し、フランクフルトやミュンヘンなどの都市で乗り継げばその日のうちにザグレブに到着できる。

気候

内陸に深く入り込む地域は大陸性気候、アドリア海に沿った地域は地中海性気候という気候区分がある。アドリア海沿岸は晩秋まで穏やかな気候が続き冬も肌寒い程度だが、内陸部の冬は寒さが厳しい。晴天率の高いアドリア海沿岸の夏でも、夜は風が強く肌寒いときがあるので、長袖シャツを1枚用意しておこう。

ザグレブと東京の気温と降水量

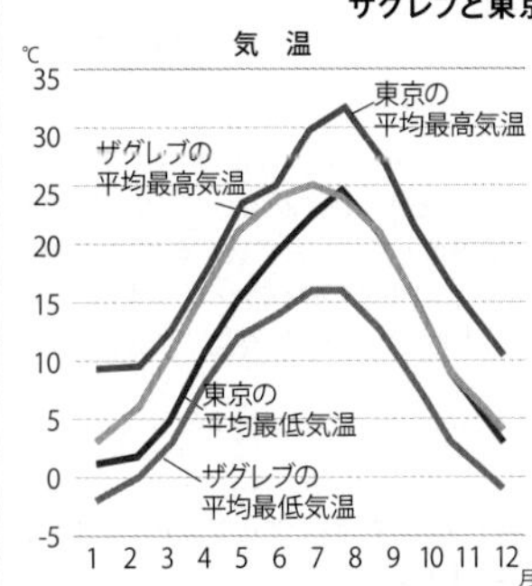

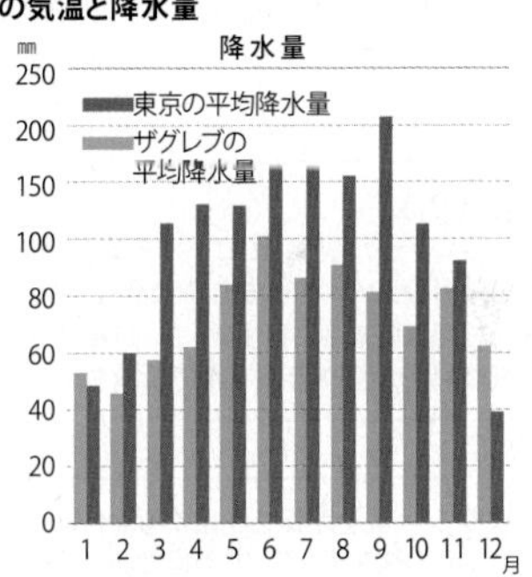

時差とサマータイム

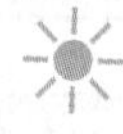

日本より8時間遅れ。つまり、日本が20:00のとき、クロアチアは12:00。サマータイム時は7時間遅れになり、日本が20:00のとき、クロアチアは13:00。

サマータイム実施期間は、3月最終日曜のAM2:00（＝AM3:00）～10月最終日曜のAM3:00（＝AM2:00）。

クロアチアから日本へかける場合　例 (03) 1234-5678 または (090) 1234-5678へかける場合

国際電話識別番号		日本の国番号		市外局番と携帯電話の最初の0を除いた番号※2		相手先の電話番号
00※1	＋	81	＋	3 または 90	＋	1234-5678

※1 ホテルの部屋からは、外線につながる番号を頭につける
※2 携帯電話などへかける場合も、「090」「080」などの最初の0を除く

▶**クロアチア国内通話**　市内へかける場合は市外局番は不要。市外へかける場合は市外局番からダイヤルする。

▶**公衆電話のかけ方**
①受話器を持ち上げる
②テレホンカードを、カードに示された矢印の方向に入れる
③相手先の電話番号を押す
④テレホンカードの残りが画面に表示される。通話が終わったら、受話器を置き、カードを取る

info クロアチアの電話番号で航空会社や鉄道、バスターミナル、郵便局、タクシーなどの番号が060など06で始まる場合は、通信料金のほかに情報料金が課金される。

ビジネスアワー

以下は一般的な営業時間の目安。

銀　行
月～金曜は7:30～19:00、土曜は8:00～12:00、日曜と祝日は休業。

郵便局
郵便局は平日7:00～19:00、土曜は時間短縮、日曜休業。ザグレブ中央駅横にある郵便局は7:00～24:00まで。

商店
月～金曜は8:00～20:00、土曜は～13:00、日曜と祝日は休業が一般的。

レストラン
開店時間は8:00～12:00とまちまち。閉店は深夜のところが多い。

祝祭日（おもな祝祭日）

年によって異なる移動祝祭日（※印）に注意。

1/1		元日
1/6		公現祭
3/31 ('24) 4/20 ('25)	※	復活祭（イースター）
4/1 ('24) 4/21 ('25)	※	復活祭の翌月曜
5/1		メーデー
5/30		建国記念日
5/30 ('24) 6/19 ('25)	※	聖体節
6/22		反ファシスト闘争記念日
8/5		解放の日
8/15		聖母被昇天祭
10/8		独立記念日
11/1		万聖節
11/18		祖国防衛戦争戦没者追悼記念日
12/25・26		クリスマス

電圧とプラグ

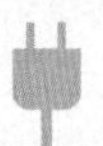

電圧は230ボルト（V）で周波数50ヘルツ（Hz）、プラグはC型。日本の電化製品を使う場合、変圧器とプラグアダプターを持参のこと。

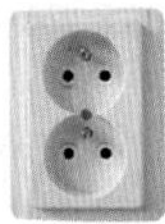

ビデオ方式

DVD方式
クロアチアのテレビ・ビデオ方式（PAL）は日本やアメリカの方式（NTSC）と異なるので、現地のビデオテープ、DVDは一般的な日本国内用デッキでは再生できない。また、DVDのリージョンコードは2で日本と同じだが、ビデオ同様に映像の出力方式が異なるため、一般的な家庭用DVDデッキでは再生できない。

チップ

タクシー　短距離を利用する場合はおつりの小銭をチップとする程度。

レストラン　高級レストランでサービスに満足したときには、料金の10％程度が一般的。

ホテル　ルームサービスの利用時や、ポーターに荷物を運んでもらった場合、€1～3程度。

トイレ　公衆トイレの数は少なく、€0.50～1程度の使用料を払わねばならない。レストランやカフェでは無料で使えることが多い。

飲料水

水道水は基本的に飲まないほうがいい。ミネラルウオーターを買おう。スーパーやキオスクで500mℓのペットボトルが€0.60～で買える。

郵　便

▶郵便と通信
→P.343

郵便局はHP(Hrvatska pošta）と呼ばれており、どんな小さな町にもたいていある。郵便の事故はほとんどないようだ。

郵便料金
日本までの航空郵便の料金は、はがき€1.70、封書（50gまで）€2.20。日本へのエアメールは4～7日で着く。1kgの小包（パケットPaket）€28.89、EMS（国際スピード郵便）は最初の500gまで€26.55、1kgまで€28.67、2kgまで€50.97、5kgまで€63.71。最大30kgまで対応している。

info 観光地のみやげ物店以外の一般商店、スーパーマーケットなどは土曜の午後と日曜祝日は休業する。困ったときは大手のガソリンスタンドの売店に、ちょっとした食べ物や日用品がある。

インターネット事情

SIMカード

空港のほか、携帯電話店などで購入可能。T-Mobile（ドイツ）やA1（オーストリア）など大手通信会社のSIMカードが便利。e-SIM対応端末ならSIMカードを入れ替えずに使える。

Wi-Fi

Wi-Fiを導入するホテルやカフェが多く、ほとんどが無料で利用できる。チェーン系の高級ホテルは有料のところもある。また、町によっては、中心部で公共の無線LANが導入されている。

税　金

クロアチアでは商品の代金にPDVと呼ばれる25%の付加価値税がかかっている。一度に€99以上の買い物をした場合のみ一部が還付される。なかには還付されない商品もあるので要注意。

手続きの方法は、まず免税の取り扱いをする店で専用の用紙をもらって記入し、出国の際に空港などの税関で証印を押してもらう。たばこ、オイル類は対象外であり、ワインは1本まで申請できる。証印をもらった用紙はクロアチアの空港内にある郵便局か、日本の空港内にあるキャッシュリファンドカウンターに提出して還付を受ける。

安全とトラブル

▶旅のトラブル
→ P.347

クロアチアは周辺諸国と比べても治安はかなりよい。ただし、日本人観光客の増加にともなって、日本人を狙ったスリや置き引き、ニセ警官詐欺なども報告されている。荷物は常に目の届く範囲で管理し、深夜の外出は控えるといった最低限の自衛策は常に講じよう。警察はポリツィアPolicijaという。

スリ

バスやトラムなど公共交通の車内、観光地やチケット売り場ではスリに注意。

置き引き

ホテルのロビーやレストランでは置き引きに注意。荷物を置いたまま席を離れないように注意しよう。

偽警官

警官を装い、パスポートを提示させ、身体検査や財布の中身をチェックするなどと言ってお金をだまし取る詐欺。パスポートのコピーを持ち歩く、大金を持ち歩かない分散所持をするなどして心がけることが大事。

地雷

クロアチアの中央陸部から一部の中部海岸付近にかけての地域および東スラヴォニア地域（セルビアとの国境付近）は、紛争地域であったことから、紛争当時埋設された地雷が残存している。主要道路沿いは、すでに撤去作業は完了しているが、山野や脇道などでは、まだ作業の済んでいない場所もあるので、廃屋や、舗装道路以外の場所には立ち入らないこと。「地雷注意」の標識を見かけたら、必ず引き返そう。

警察　192

消防　193

救急　194

緊急通報共通番号　112
（警察・消防・救急）

年齢制限

18歳未満の酒類とたばこの購入は不可。レンタカーは空港などで借りることはできるが、年齢制限があり、身分証明書代わりにクレジットカードの提示を求められる場合もある。

度量衡

日本の度量衡と同じで距離はメートル、重さはグラム、キロ、液体はリットル。服や靴のサイズは日本とは異なり、メンズ、レディスによっても異なるので注意が必要。

そのほか

喫煙

クロアチアでは2009年5月に禁煙法が施行された。特別に設けられた喫煙スペースを除き、原則として屋内での喫煙は違法となり、違反者には罰金€140が科せられる。

トイレ　WC（ヴェーツェー）

トイレの表示は男性がGospodaまたはMuški、女性がGospođeまたはŽenski。

クロアチアの世界遺産

クロアチアは美しいアドリア海とその沿岸の古い町並みが魅力の観光立国。沿岸には"アドリア海の真珠"と呼ばれるドゥブロヴニクをはじめとして中世より海洋交易の要衝として栄えた都市がいくつも点在し、世界遺産に登録されている物件も多い。内陸ではプリトゥヴィツェ湖群国立公園を代表とする豊かな自然も見逃せない。

ドゥブロヴニクはクロアチアを代表する世界遺産

世界遺産❶
ポレチュ歴史地区のエウフラシウス聖堂建築群

Eufrazijeva bazilika u Poreču ➡P.145

ポレチュはイストゥラ半島に位置し、古代ローマの都市設計に基づく町並みが美しい。エウフラシウス聖堂は6世紀に建てられ、教会堂と中庭、洗礼室、礼拝堂などからなる。内壁を彩る金箔のモザイクや彫刻は、宗教美術の最高峰ともいえる。

世界遺産❷
プリトゥヴィツェ湖群国立公園

Nacionalni park Plitvička jezera ➡P.105

ザグレブから南へ110kmに位置する国立公園。大小16の湖の間を92ヵ所の滝が流れ落ち、その美しい景観を求めて数多くの人々が訪れている。約200km²という広大な面積の大部分が森林に覆われており、クマやオオカミ、多様な鳥類など、数多くの野生動物が生息している。

世界遺産❸
シベニクの聖ヤコブ大聖堂

Katedrala sv. Jakova u Šibeniku ➡P.169

15～16世紀、北イタリア、ダルマチア、トスカーナの3つのエリアの盛んな文化的交流によりゴシック様式とルネッサンス様式が出合い、生まれたのが聖ヤコブ大聖堂。石材だけを用いて建てられており、アーチ形の屋根がかけられ、高度な技術を保持していたことを示している。建物の周囲にある彫像も独特なものが多い。

世界遺産 4
古都トゥロギール

Romanički grad Trogir ➡P.172

紀元前385年頃にギリシアの植民地として建設された。町には歴史的建築物が多く残り、特に13世紀に建てられた聖ロヴロ大聖堂は、ロマネスク様式とゴシック様式の調和した美しい教会。

世界遺産 8
中世墓碑ステチャクの残る墓所群

Stećci-srednjovjekovni nadgrobni spomenici ➡P.186

ボスニア・ヘルツェゴヴィナ国境付近に点在する中世の墓碑。クロアチアで登録されているのは、スプリット郊外のツルリィヴィツァと、ドゥブロヴニク郊外のコナヴレ地方にある聖バルバラ教会の2ヵ所。

世界遺産 5
スプリットの史跡群とディオクレティアヌス宮殿

Split s Dioklecijanovom palačom ➡P.176

アドリア海沿岸有数の港町スプリット。古代ローマ皇帝ディオクレティアヌスが300年頃に造ったディオクレティアヌス宮殿は、7世紀のスラヴ人の侵略を機に、時代を経て徐々に一般市民が住みつくようになり、中世には宮殿の資材を利用した建築も多く造られ、宮殿は町へと姿を変えていった。

世界遺産 6
ドゥブロヴニク旧市街

Stari grad Dubrovnik ➡P.209

アドリア海に突き出した城塞都市、ドゥブロヴニク。町を囲む城壁は8世紀頃に建築が始まり、町の拡張とともに広がっていった。この城壁の上は歩いて1周することができ、"アドリア海の真珠"とも呼ばれる美しい町並みを眺めることができる。

世界遺産 7
スターリ・グラード平原

Starogradsko polje ➡P.197

スターリ・グラードとは「古い町」という意味で、紀元前384年に古代ギリシア人によって築かれた港町。周辺ではその当時からブドウやオリーブの栽培などが行われており、現在もその名残が平原に見られる。特に区画を定める石垣などは現在も使用されている。

世界遺産 9
16、17世紀のヴェネツィアの防衛施設

Venecijanski obrambeni sustav 16. i 17. stoljeća
➡P.156、P.171

貿易によって莫大な富を築いた海洋国家ヴェネツィア共和国が外敵から身を守るため16、17世紀に建てた防衛施設。6ヵ所が世界遺産に登録されており、クロアチアにあるのは、ザダルの城壁と、シベニクの聖ニコラ要塞の2ヵ所。

info ヨーロッパ18ヵ国にまたがる世界遺産「カルパチア山脈とヨーロッパ地域の古代及び原生ブナ林」。クロアチアではザダル近郊のパクレニツァ国立公園（Map➡P.11-D3）内の2つのエリアが構成遺産として登録されている。

旅の基礎知識 クロアチアの国内交通

◆◆◆◆◆ 都市間移動 ◆◆◆◆◆

飛行機

クロアチア航空　クロアチア航空の国内線が、ザグレブとオスィイェク、プーラ、ザダル、スプリット、ドゥブロヴニク間、プーラとザダル間、スプリットとドゥブロヴニク間（夏期のみ）を運航している。ザグレブとプーラ間の便はザダルを経由するので、少し時間がかかる。

ザグレブ空港

トレード・エア　クロアチア航空より便数は少ないが、リエカ、オスィイェク、スプリット、プーラ、ドゥブロヴニクなどを結ぶ。

クロアチア航空
URL www.croatiaairlines.com

トレード・エア
URL www.trade-air.com

鉄道

　クロアチア国内の鉄道は、おもに貨物輸送手段として使われており、旅客用の列車は多くない。バスより運賃は安いが、遅延や出発時刻の変更、代替バスでの運行など旅行者には必ずしも使い勝手がよくない。そのなかではザグレブ～オスィイェクなどスラボニア地方への路線、スロヴェニアへの国際路線は比較的おすすめできる。

列車の種類　普通「**プトゥニチュキ**Putnički」、快速「ブルズィ Brzi」、急行「エクスプレスニEkspresni」、特急「インターシティ InterCity」、ザグレブ～スプリット間のICN（インターシティナギヴニ）の5種類。

ザグレブ中央駅の構内

クロアチア国内交通図

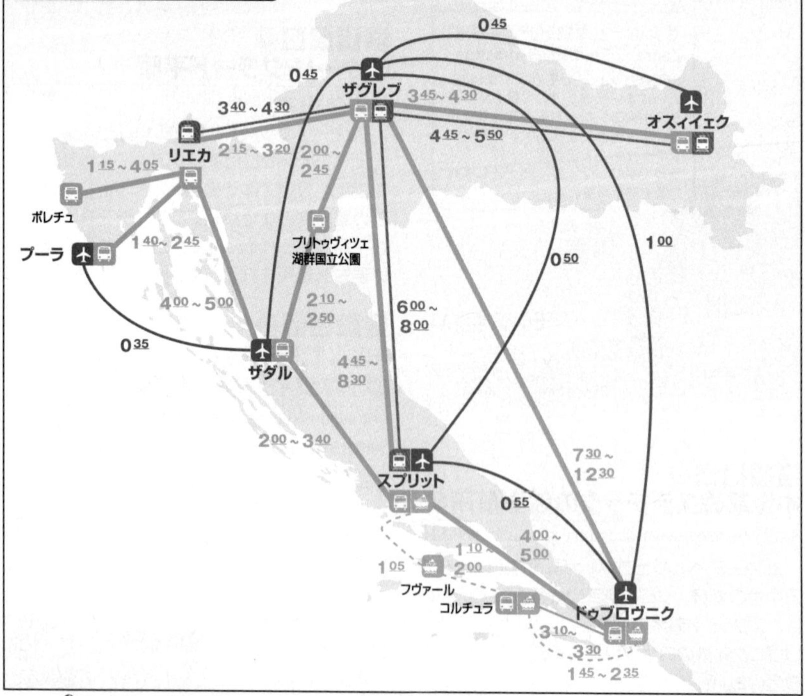

ザグレブ　オスィイェク　リエカ　ポレチュ　プーラ　プリトゥヴィツェ湖群国立公園　ザダル　スプリット　フヴァール　コルチュラ　ドゥブロヴニク

0:45　0:45　3:40～4:30　3:45～4:30　4:45～5:50　2:15～3:20　2:00～2:45　1:15～4:05　1:40～2:45　4:00～5:00　0:35　2:10～2:50　6:00～8:00　4:45～8:30　0:50　1:00　2:00～3:40　7:30～12:30　0:55　4:00～5:00　1:10～2:00　1:05　3:10～3:30　1:45～2:35

info バスなどの公共交通機関は、学生の通学と夏期の旅行者需要に対応していることが多い。通学便は朝7:00～9:00、13:00～17:00は多いが、その他の時間帯はぐっと便数が減る。土・日・祝日、学校休暇中も減便になる。

e-チケットの見方（鉄道）

HŽPP E-karta

Datum ispostavljanja: 26.09.2023 05:09
Broj e-karte: 70052609235670
Ime i prezime:
Adresa: Tokyo, Japan,JP

Vaša karta vrijedi od **27.09.2023.** do **28.09.2023.**
（9/27～28まで有効）

ODLAZAK **Razred**
Od: **Zagreb Glavni kol.** ザグレブ中央駅
Do: **Rijeka** リエカ Putnički 2. razred
Via: - 2等

・Zapadni kolodvor（西駅）
・Glavni kolodvor（中央駅）
・Zagreb Klara（ザグレブ・クララ駅）
ザグレブには3つ駅があるので、選択するときに注意しよう

Cijena: 7,72 €
Cijena: 58,17 kn
(Osnovica: 6,18 €)
(PDV 25%: 1,54 €)
Tečaj 1€ = 7,53450kn

PUTNICI
1 Akcijska cijena

e-チケットの見方（バス）

Putna karta / e-ticket
Kartu ste obavezni pokazati voznom osoblju prilikom ulaska u autobus.
Please show this e-ticket to the driver.
Prijevoz prtljage se naplaćuje. Dozvoljena su 2 komada prtljage, max. 25 kg/kom.
All luggage is charged. It is allowed to carry 2 pieces of luggage, max 25 kg each.

arriva a DB company
Info center: Tel. +385 (0)72 660 660
E-mail: info@arriva.com.hr
Web: www.arriva.com.hr

Polazak/Out bound →

Ime i prezime/Name and Surname 氏名 **Ayumu Chikyuu**	Broj karte/Ticket No. **16723097266-1**	
Vrsta karte/Fare Type 券種 **Jednosmjerna karta** 片道切符	Broj nar./Order No. **193313329806**	
Relacija/Route 路線	Datum/Date 出発日	Vrijeme/Time 出発時刻
Split スプリット **Trogir** トゥロギール	**24.05.2023.** 日.月.年	**09:00**
Prijevoznik/Carrier バス会社 **Autotrans d.d.**	Sjedalo/Seat No. 座席番号 **39**	Peron/Platform 乗り場
Linija/Line **SPLIT-RIJEKA**	Tip karte/Ticket Type 券種 **Jedan smjer** 片道	Cijena/Total Fare 運賃 **3,90 €**
Kooperacija/Coop.	Vrijedi do/Valid Through	

座席の等級　客席は1等と2等があり、1等の料金は2等の約1.5倍。チケットは前日までにオンラインか窓口で買っておけば安心。窓口ではクレジット・カードもおおむね使える。

クロアチア鉄道
URL **www.hzpp.hr**

カルロヴァツ・ツェンタル駅

Hint

鉄道のバス代行運行

クロアチアの鉄道は老朽化しており、線路のメンテナンス工事などが多い。バス代行となる区間が出た場合、出発時刻が早まることがある。チケット購入時に窓口で教えてくれる(小さな駅ではチケット売り場窓口は30分程度休憩となる場合があるので事前に買うのがおすすめ)。公式サイトではクロアチア語でしか案内がないので要注意。

バスターミナルのチケット窓口

バス

長・中距離路線とも充実している。ただし、イストゥラ半島内の村を結ぶ路線は非常に少ないので注意が必要。アドリア海沿岸の都市間は、オフシーズンでも頻繁に運行されている。ザグレブ～スプリット間には高速道路が通っており、これらを走る長距離バスに乗れば、比較的早く都市間を移動できる。シートの座り心地がよく、発着の遅れも始発地はほとんどない。

チケット　バスのチケットは主要都市のバスターミナルで買えるが、Arriva、FlixBus、GetbyBusなどの会社はオンラインやアプリで購入、スマホ提示で乗車できるので便利。ただし旅程が変わった場合は違う会社のバスには乗れない。

バスターミナル窓口で購入すると、少額のターミナル利用料や予約料がかかる場合

フヴァール島の町を結ぶ島内バス。乗客が少ないとミニバンが使用される

オスィイェクの長距離バスターミナル

がある。なお、途中から乗車する際は、運転手から切符を購入することも可能。座席は指定席もあるが、混んでいない場合は、空席であればどこに座ってもOK。途中乗車のときも座席指定はない。

荷物を預ける場合、別途€1～2を払う。

おおむね3時間を超える路線は、トイレ休憩を取る。出発を告げるアナウンスもなく急に発車するので、乗り遅れないためにも運転手に出発時刻を確認しておこう。

Arriva
URL **www.arriva.com.hr**
FlixBus
URL **www.flixbus.hr**
GetbyBus
URL **getbybus.com**

長距離バスのトランクに荷物を預けるのは基本的に有料

Hint

ガルデローバ(荷物預かり)

鉄道駅やバスターミナルには、ガルデローバgarderobaと呼ばれる手荷物預け場所があることが多い。コインロッカーは少ない。手荷物預け場所は、夜間や30分ほどの休憩時間には出し入れできない。

ヤドゥロリニヤのフェリー

フェリー・高速船

フヴァール島やヴィス島など、アドリア海の島々に行くときに使う。車を積み込めるフェリーと歩行者のみ乗れる高速船(カタマラン船)がある。チケットはターミナルまで行かずともオンラインや港のブースで購入できることが多い。

おもな船会社　本書ではクロアチアを代表する船会社ヤドゥロリニヤJadrolinijaのブースを◈で示した。

スプリット～トゥロギール間を運航するブラ・ラインやドゥブロヴニク～コルチュラを結ぶTPライン、スプリットを起点にブラチュ島やフヴァール島を結ぶクリロといった会社もある。

ヤドゥロリニヤ
URL **www.jadrolinija.hr**
ブラ・ライン
URL **buraline.com**
TPライン
URL **www.tp-line.hr**
クリロ
URL **www.krilo.hr**

ドゥブロヴニクのフェリーターミナル

レンタカー

ハーツやAVIS、ヨーロッパカーなど、日本で予約しておけば空港ですぐに利用できる。オートマ車は少ない。事前に国外運転免許証を取得しておくこと。

◆◆◆◆◆ 市内の移動 ◆◆◆◆◆

公共交通

市内の公共交通は市内バスのみという町が一般的。ザグレブとオスィイェクではトラム(路面電車)も走っている。切符は、バス停や駅周辺のキオスクなどで売っている。町によっては車内でも買える場合がある。車内で買う場合は事前に買う場合に比べて料金が少し高く設定されていることが多い。

乗車すると、運転席の横などに刻印機が設置されているので、自分で刻印を行う。

ドゥブロヴニクの市内バス

タクシー

市内を流しているタクシーは少ない。タクシー乗り場から乗るか、電話で呼び出すのが一般的。

配車アプリ

ザグレブのほか、スプリットなどアドリア海沿岸の街では、配車アプリUberを使える町が多い。日本出国前にスマホにアプリをインストールしてクレジットカードを設定しておけばよい。料金は、雨の日や週末の夜などは通常のタクシーより高額になる事が多いが、通常は割安。

Uber
URL **www.uber.com**
Bolt
URL **bolt.eu**

ザグレブではBoltも使える

旅の基礎知識　クロアチアのホテル

近年の観光人気の高まりにより、ホテルの数は増加傾向にあり、最新の設備を備えるところが増えてきた。アドリア海沿岸では、夏期は多くの観光客が訪れるため、料金は高く設定され、10月半ばからイースターまでの間は閉まるところも多い。

チェックインの際には、身分証明書の提示が必須。減少傾向だが、チェックアウトの支払いまで身分証明書を預かる宿泊施設もあるので、忘れないように返してもらおう。宿泊前日までにパスポートスキャンを送ったり、必要事項を入力する事前チェックインを求める宿泊施設も増えてきた。

主要都市や海岸沿いの観光地では、一般家庭の空き部屋に泊まるプライベートルームも多い。「ソベSobo」と呼ばれ、❶や旅行会社で紹介してもらえ、インターネットの予約サイトでも予約できる。

プライベートルームのプレート

ホテル

クロアチアのホテルは1つ星〜5つ星と星の数による格づけがされている。4つ星、5つ星のホテルは、社会主義時代からの大型ホテルを外国資本が改装したものが多い。設備、サービスとも優れており、料金は1泊€100以上するところがほとんど。2つ星、3つ星の中級ホテルは、社会主義時代のまま大幅な改装が加えられていないホテルや、新たに建てられたものなどさまざま。ホテルによる設備とサービスに大きな差があるので、当たり外れが多いといえる。1泊の料金は€50〜100程度。1つ星ホテルはほとんど存在しないので、経済的な宿泊施設に泊まりたい人は、プライベートルームを利用しよう。また、各地の旧市街内の宿泊施設はエレベータがなく階段のみの物件も多い。

プライベートルーム(SOBE)

近年はホテル予約サイトなどで予約ができ、便利になったが、オーナーはプライベートルームとは別の場所に住んでいることも多く、鍵の受け渡しやセルフチェックインの方法をメールか電話でやり取りする必要がある。チェックアウト後に荷物を預かってもらえないなど、ホテルとサービスが異なるので注意。

3泊以下では受け付けない場合や、1泊だと20〜30％の追加料金を取られる場合もある。朝食は含まれない場合がほとんど。料金は季節、バスやトイレが室内にあるか共同かなどで大きく異なっている。コロナ後の観光ブームで宿泊施設の値段は高騰している。プライベートルームでも夏期の海辺は1泊€300を超えることもある。

政府認可のプライベートルームは、青地にSOBEという文字とベッドマークが書かれたプレートを掲げている。

快適なプライベートルームも多い

アパルトマン

プライベートルーム(SOBE)とアパルトマンのおもな違いは、キッチン、ダイニング、リビングスペースの有無。アパルトマンは寝室やトイレが複数ある場合もある。長期滞在に向いている宿泊施設だ。

プライベートルームと同様、政府認可のものについては、青地にAPARTMANという文字とベッドのマークが書かれたプレートを掲げている。

ホステル

国際ユースホステル協会加盟のユースホステルと、そうではない独立系のホステルの2種類に大別される。

国際ユースホステル加盟のユースは、クロアチアではHI Croatiaといい、ユースホステル会員証を提示すれば、割引料金が適用される。

独立系のホステルは、近年の観光人気のために増加傾向にある。多くのホステルは、町の中心部にあるマンションの数部屋を利用しており、ホステルの総ベッド数が20以下という小規模なものがほとんど。ランドリーやキッチンなどの設備をもたないところも多い。

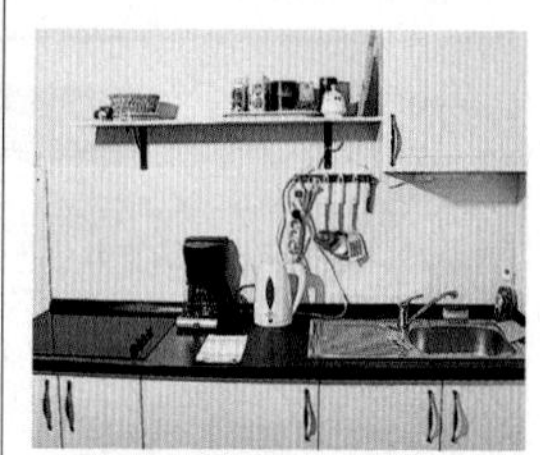
アパルトマンのキッチン

info クロアチアのホテルでは5つ星でも歯磨きセットやパジャマがないところがほとんど。5つ星ではスリッパやバスローブ、シャンプーなどのアメニティはついている。

旅の基礎知識 クロアチアのレストラン

食事はどこで食べるの？

クロアチア料理は実にバラエティ豊富。食事をする場所は、雰囲気のいいレストランから手軽に食べられるファストフード店まで幅広い。

クロアチアはイタリアに近く、レストランのメニューにもピザやパスタなどが並ぶほどにイタリア料理の影響が強い。郷土料理が食べたいのなら、ゴスティオニツァやコノバといった名前がついた店に行くのがいちばん。

ランチタイムには日替わり定食（内陸部ではガブレツgablec、海岸地方ではmarendaマレンダと呼ばれる）を提供するところも多い。

レストラン Restoran

一般的にはレストランと呼ばれる飲食店は中華料理、イタリア料理なども含まれており、特にジャンルが設定されていない。パスタやピザを中心としたイタリア料理をおいていることが多い。値段はピンキリ。

ゴスティオニツァ Gostionica

郷土料理が食べられる気軽な食堂。ビジネスマンのランチから、グループで集まって食べるディナーまでゴスティオニツァの用途は幅広い。値段は基本的には安価で、ランチのセットなどはボリュームたっぷり。

コノバ Konoba

ダルマチア風のシーフードレストランのことをコノバという。ワインなどのアルコール類を用意しており、新鮮な魚介類と一緒に味わえる。観光地には雰囲気のいい店が多く、値段は普通のレストランに比べて高め。

カヴァナ Kavana

カフェのこと。カフェバー Cafebarもほぼ同じ。基本的に飲み物のみでコーヒー、ジュースや瓶ビールなどをおいている。最近はケーキや軽食を出す店も増えてきた。食べ物を提供しないカフェではパンなどを持ち込んでもOK。

スラスティチャルナ Slastičarna

ケーキ専門店。カヴァナでもケーキを出すところがあるが、スラスティチャルナでは逆にドリンクを出さないところもたまにある。内陸部ではケーキだけ食べて、飲み物は水という人も見かける。

ペカラ Pekara

パン屋のことで、クロアチア人の生活に欠かせないもの。サンドイッチから菓子パン、ピザまで種類は豊富。テーブルや椅子を用意している店もあるので、昼食などにも利用できて何かと便利。

番外編 スーパーマーケット Supermarket

スーパーマーケットの総菜も旅人の強い味方。パンと一緒に購入すればそれだけで夕食代わりになるだろう。クロアチアの代表的なスーパーといえばコンズムKonzumで、国内に700店舗もあり、身近で利用しやすい。本書では地図にⓀで表している。

どんな料理が食べられるの？

過去にハンガリーやオーストリア、イタリアといった隣国の影響下にあったため、料理にも周辺各国の特徴が見られる。

内陸部では肉料理やパプリカを使った煮込み料理、アドリア海沿岸地方ではイタリア料理の影響が強い。

生ハム Pršut
ダルマチア産やイストゥラ産の生ハムは前菜の定番。

ザグレブ風カツレツ Zagrebački Odrezak
ヴィーナー・シュニッツェルの中にチーズとハムが入っている。

オーストリア料理の影響（カツレツなど）

■ザグレブ

ハンガリー料理の影響（パプリカを使ったグラーシュなど）

スラヴォニア地方

イストゥラ半島

イタリア料理の影響（トマトソースを使った料理やパスタ、ピザなど）

ダルマチア地方

ブルデット Brudet
魚介類と野菜をトマトで煮込んだ料理。

シーフードリゾット Rizoto s plodovima mora
シーフードリゾットはアドリア海沿岸部の定番メニュー。

Information 空港で買える定番みやげ

クロアチアには魅力的なおみやげがいっぱいで、何を買っていいか悩んでしまうかもしれない。

ここではクロアチアみやげとして人気があり、空港でも購入できるものを紹介した。これを持ち帰れば、喜ばれること間違いなし！

その他の特産品については各地域のイントロダクションを参照のこと。

チョコレート
クラシュは1911年創業という、クロアチアのチョコレートブランドの老舗（→P.95）

ハーブティー
クロアチア全土でハーブは栽培されており、組み合わせによって効果も違う

クロアタのネクタイ
ネクタイ発祥の地、クロアチア。上品な光沢を放つ本場のネクタイは柄も独特（→P.95）

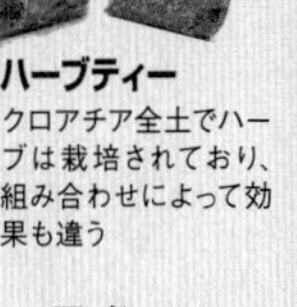
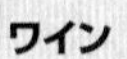

トリュフ
ズィガンテはトリュフで有名な食品メーカー。トリュフ製品の種類も豊富

ワイン
土地ごとにさまざまな銘柄がある。いろいろ試して、お気に入りを見つけよう

クロアチアン ガストロノミー 美食の産地を訪ねて

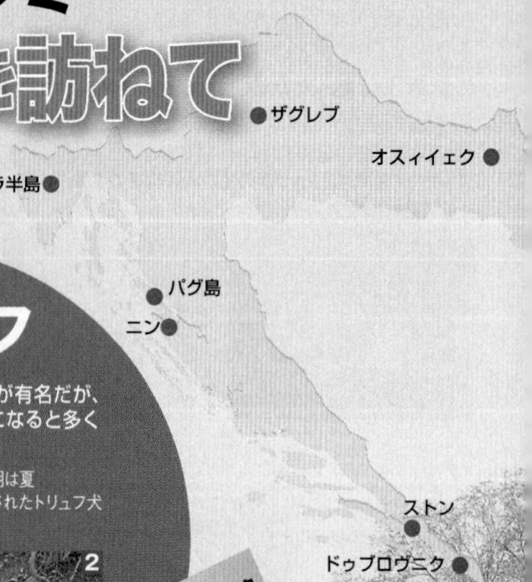

ザグレブ
オスィイェク
イストゥラ半島
パグ島
ニン
ストン
ドゥブロヴニク

トリュフ

トリュフはフランスやイタリアが有名だが、クロアチアでもよく取れる。秋になると多くのトリュフハンターが活躍する

1 黒トリュフの収穫時期は夏
2 トリュフ狩りは訓練されたトリュフ犬で

イストゥラ半島（→P.117）

パグ（→P.164）

チーズと羊

パグの羊は塩分を多く含んだ草を食べているので、独特の風味がある。ハードタイプのパグチーズは前菜に欠かせないクロアチアの味

1 潮風が当たる険しい丘で育つ羊のミルクからチーズができる
2 ひとつ3kgほどもある
3 何度も洗っては乾かし熟成させる

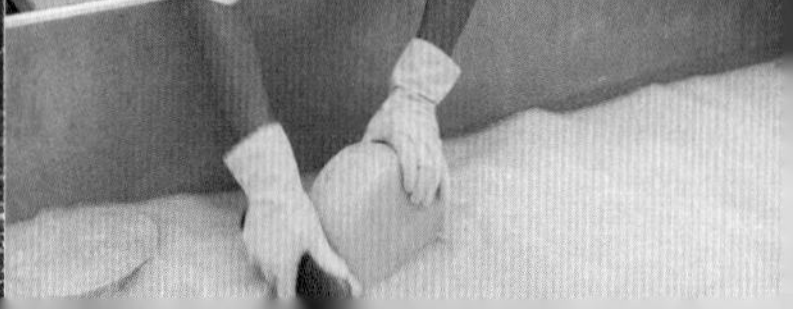

アドリア海沿岸の市場には新鮮なシーフードが並ぶ！

クロアチア全土

ハチミツ

Honey

養蜂はクロアチア全土で盛ん。巣蜜やコスメなど日本よりも安くて上質なものが手に入る

1 巣箱を見せてくれるジェリコさん
2 瓶詰やラベル張りも夫婦で行う小規模な養蜂家も多い

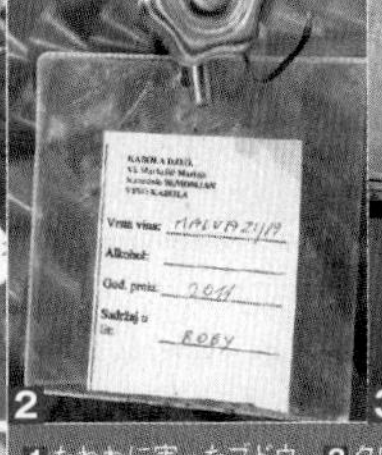

1 たわわに実ったブドウ　2 クロアチアで人気のマルヴァジヤ種のタンク　3 カボラのワイナリー（→P.151）

ワイン

クロアチア全土

クロアチアでは各家庭で自家用ワインを造るほどワインが親しまれている。ヨーロッパで人気なのはプラヴァツ・マリPlavac Maliという銘柄

塩

ストン（→P.207）、ニン（→P.162）、パグ（→P.164）

塩田に海水を引き、太陽光で蒸発させ、下流の塩田へと移し替えていく。そうやって濃度を上げる。ローマ時代から続く伝統的技法で作られた塩はミネラルたっぷり

1 「塩の華」と呼ばれる高品質な塩の結晶は手作業で収穫、食卓での仕上げ塩に利用される　2 塩づくりは雨の降らない夏に行われる

カキ、ムール貝

ストン（→P.207）

1年を通じてカキやムール貝の養殖が行われているので、どの時期も新鮮でおいしい

1 アドリア海のカキは3月が身が一番太っておいしい　2 ムール貝は家庭の味。ニンニク風味のワイン蒸しが定番

オリーブ

クロアチア全土

パグ島北部のルンLunでは2000年以上前の原種に近いオリーブを育てている。ほかの地域でもオリーブは主要農産物で高品質

1 ルンのオリーブ畑を案内してくれたゾランさん　2 収穫1ヵ月ほど前のオリーブ　3 放牧された羊とこの地方独特の石垣　4 古代の種に近いもの(右)と現代のオリーブ

料理図鑑

クロアチアはアドリア海沿岸の新鮮な海の幸、イストゥラ半島のトリュフ、パグ島のチーズなど、地方によって、さまざまな名産品があり、地域ごとに特色ある料理が楽しめる。

アドリア海を挟んで対岸にあるイタリア料理との共通点も多く、日本人の味覚にもよく合う。ピザやパスタなどを出すレストランも多いので、慣れない食べ物で困ることはないだろう。

ほかにも内陸部ではオーストリアに影響を受けたものが多く、カツレツやシチューなどの肉料理のバリエーションも豊富。

チーズ Sir スィール
クロアチア各地にチーズを作る工房があるが、パグ島産のものは塩分がよく利いていておいしい

ヤギのチーズ
Kozji sir コジ・スィール
牛のチーズに比べて少しクセがあるものの、味は濃厚でワインによく合う

ハムやサラミ、薫製の盛り合わせ
Naresci ナレスツィ
ダルマチア産の生ハムやサラミ、薫製をひととおり楽しめる、お得なセット

生ハム Pršut プルシュト
ダルマチア産やイストゥラ産の生ハムは前菜の定番。キリっと冷えた白ワインと一緒にどうぞ

タコのサラダ
Salata od hobotnice サラタ・オド・ホボトニツェ
ダルマチア名物の冷菜。素材の新鮮さが命のシンプルな料理

生カキ Kamenice カメニツェ
ストン産のものが最も有名。ストンはドゥブロヴニクに近いので、レストランでは1年をとおして新鮮なカキが食べられる

トリュフ入りオムレツ
Omlet s tartufima オムレットゥ・ス・タルトゥフィマ
イストゥラ産トリュフを贅沢に使ったオムレツ。トリュフの風味が口に広がる

フィッシュスープ
Riblja juha リブリャ・ユハ
白身魚を煮た出汁がきいたスープ。魚の身と米が少し入っている

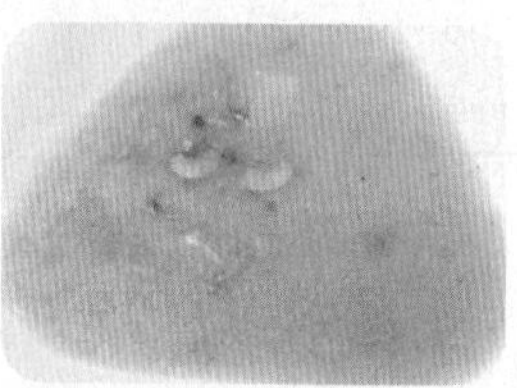

マッシュルームスープ
Juha od gljiva ユハ・オド・グリヴァ
クロアチア全土で食べられるキノコのスープ。素朴な味だが定番

前菜・スープ

前菜として定番なのは、タコのサラダSalata od hobotnice。アドリア海の新鮮なタコを皿にのせた贅沢な一品。そして、アドリア海に浮かぶパグ島のチーズ。潮風を浴びた草を食べて育った羊のチーズは絶妙な風味をつくり出す。

ダルマチア地方やイストゥラ半島名産の生ハム、プルシュトPršutも前菜には欠かせない。内陸部にはハムŠunkaや薫製生ハムのシュペックŠpekのほか、イストゥラ半島のパンチェタPančeta(豚バラ肉の塩漬け)も有名だ。

イストゥラ半島の山間部で取れるトリュフTartufiも時期が合えばぜひ挑戦してみたい。トリュフはリゾットやパスタに使われ、オムレツに入れてもおいしい。

ドゥブロヴニク近郊の町ストンではカキの養殖が盛ん。ここで取れるカキはヒラガキ。鮮度もいいので、レモン汁をかけ、そのまま食べるのが一番おいしい食べ方だ。

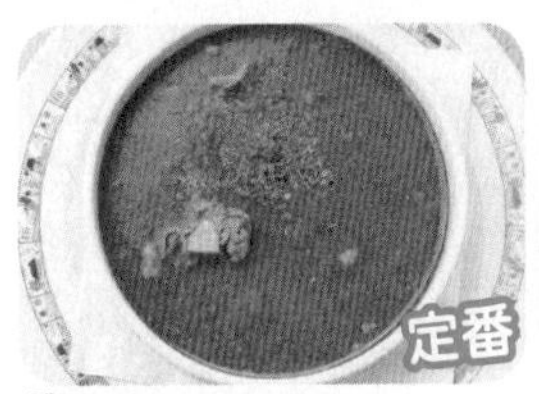

グラーシュ
Gulaš グラーシュ
ハンガリーでは定番のパプリカのシチュー。内陸部ではよく食べられる

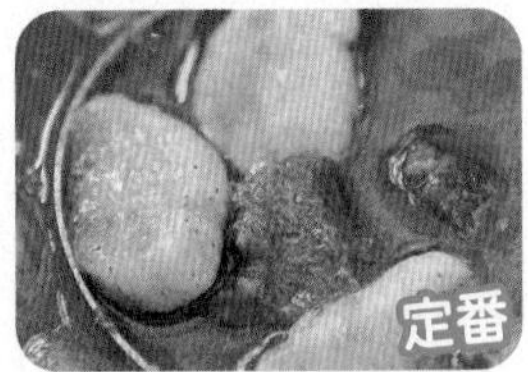

チョバナツ Čobanac チョバナツ
スラヴォニア地方の郷土シチュー。豚、肉、ジビエなど数種の肉と野菜をパプリカでじっくり煮込み、濃厚な味わい

サルマ Sarma サルマ
米入りの肉だねを塩漬けキャベツで巻いたロールキャベツのトマト煮込み。家庭料理の定番で、クロアチア全土で食べられる

チェヴァピ Ćevapi チェヴァピ
バルカン半島全体に見られるミニハンバーグ。クロアチアでも定番のファストフード。チェヴァプチチともいう

牛肉のステーキ Biftek ビフテック
ステーキはクロアチアでも人気メニュー。トマトソースやクリームソースなどをかけて食べるとおいしい

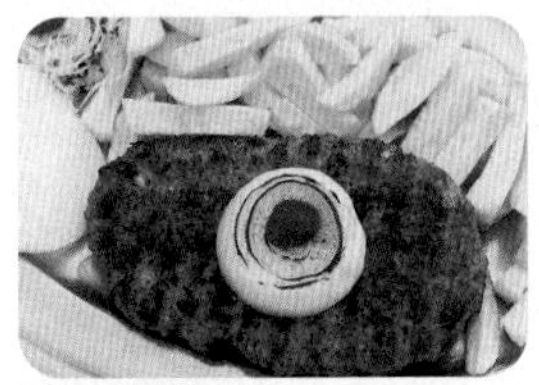

プレスカヴィツァ
Pljeskavica プレスカヴィツァ
チェヴァピと同じく、バルカン半島で人気のハンバーグ

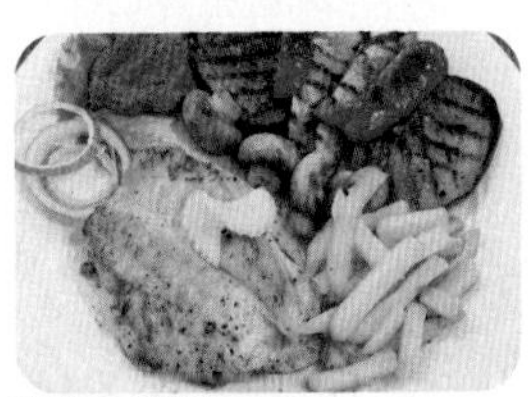

鶏肉のグリル
Piletina na žaru ピレティナ・ナ・ジャル
塩とコショウでシンプルに焼いた鳥の胸肉を使った一品。手頃さが魅力

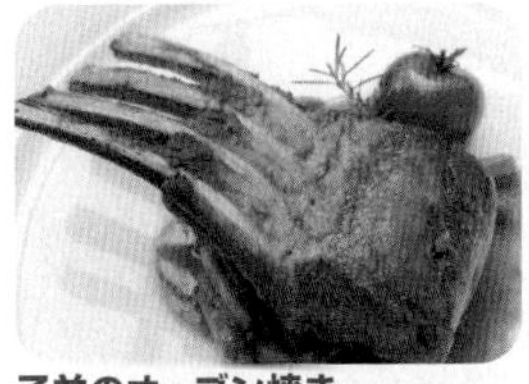

子羊のオーブン焼き
Pečena janjetina ペチェナ・ヤニェティナ
オーブンでミディアムレアに焼き上げられた羊肉

ピーマンの肉詰め
Punjena paprika プニェナ・パプリカ
パプリカの肉詰めをトマトソースで煮たもの。つけ合わせはマッシュポテトが定番

ザグレブ風カツレツ
Zagrebački odrezak ザグレバチュキ・オドレザク
チーズとハムを肉で挟んで揚げたカツレツ。肉は仔牛肉のほか、豚、鳥、七面鳥などが使われる

子羊と子牛の鉄鍋グリル(ペカ)
Janjetina i teletina pod pekom
ヤニェティナ・イ・テレティナ・ポド・ペコム
鉄鍋に材料を入れ、炭火で調理したもの

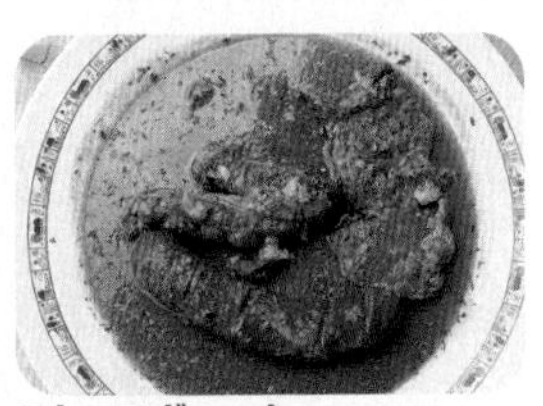

コトゥロヴィーナ
Kotlovina コトゥロヴィーナ
ソーセージや骨付き豚肉をパプリカで煮込んだもの

肉料理

　内陸部では肉料理がよく食べられ、特にオーストリアやハンガリーの影響が色濃い。例えばザグレブ風カツレツZagrebački odrezakはウィーン名物のヴィーナー・シュニッツェルの応用で、チーズとハムを巻いた料理。オスィイェクなどクロアチア東部のスラヴォニア地方ではハンガリーの影響でパプリカを利用した料理が多い。名物は肉料理ならグラーシュやチョバナツ。アドリア海を代表する肉料理といえば、パシュティツァダpašticada。牛肉を濃厚なソースで煮込んだ料理だ。肉のグリルには、アイバルajvarと呼ばれる赤パプリカとナスのペーストが定番。

　チェヴァピĆevapiはバルカン半島全体で見られる料理で、小ぶりの皮なしソーセージといったところ。パンに挟んで食べるファストフードの定番でもある。

マスのグリル
Pastrva na žaru パストゥルヴァ・ナ・ジャル
地元で取れた新鮮なマスを焼いたもの。プリトゥヴィツェ湖群国立公園の名物

アカザエビのグリル
Škampi na žaru スカンピ・ナ・ジャル
アドリア海産のアカザエビを使って焼いたもの

小エビのから揚げ
Pržene kozice プルジェネ・コズィツェ
ダルマチア地方でよく見られる小エビのから揚げ

イカのグリル
Lignje na žaru リウニェ・ナ・ジャル
アドリア海岸の町ではイカ料理が人気。グリルにすると軟らかさがグッと増す

イカのから揚げ
Pržene lignje プルジェネ・リグニェ
小ぶりの軟らかいイカを揚げたもの。ビールに抜群に合う

ムール貝のワイン蒸し
Dagnje na buzaru ダグニェ・ナ・ブザル
イストゥラ半島産のムール貝を白ワインで蒸したもの。味はさっぱりとしている

ブルデット Brudet ブルデット
海岸部各地でよく食べられるトマト煮込み。季節によって使用される魚は変化する。素朴でおいしい家庭料理

スズキのグリル
Brancin na žaru ブランツィン・ナ・ジャル
外側をカリッと焼き上げ、ハーブで味つけをしたもの

小魚のから揚げ
Pržene ribice プルジェネ・リビツェ
アドリア海岸の町で見かけるメニュー。屋台でも売られていることがある

タラのフィレ、黒トリュフ添え
Filet od bakalara s crnim tartufima
フィレ・オドゥ・バカララ・ス・ツルニム・タルトゥフィマ
トリュフを使ったタラ料理

シーフードスパゲッティ
Špageti s plodovima mora
シュパゲティ・ス・プロドヴィマ・モーラ
新鮮なシーフードと一緒にどうぞ

シーフードピザ
Pizza s plodovima mora
ピッツァ・ス・プロドヴィマ・モーラ
ピザはファストフードの定番

魚料理

アドリア海沿岸では漁業が盛んで魚介類が頻繁に食卓に上がる。海の幸が豊富に入ったシーフードリゾットRižot od plodova moraやスカンピ（アカザエビ）Škampiのグリルも定番料理。その他、イカのから揚げPržene lignjeも定番で、お酒のおつまみにもなる。

魚は季節によって取れるものが異なるが、レストランではグリル、レショ（水煮）、ブルデット（トマト煮込み）といった調理法から選べる。添え物にはよくブリトゥヴァ Blitva（スイス・チャードとも呼ばれるフダンソウ）が使われる。日本人の口に合う食材としてはカジキ。沿岸部のレストランでは切り身を焼いてステーキにして出す店も多い。干しタラのバカラルBakalarも料理によく使われる伝統食材だ。

内陸部では淡水魚を使った料理が多く、プリトゥヴィツェ湖群国立公園ではマスが名物でグリルにして食べる。

シーフードリゾット
Rižoto s plodovima mora
リジョット・ス・プロドヴィマ・モーラ
沿岸部の町で食べられる人気料理

イカスミのリゾット
Crno rižoto ツルノ・リジョット
沿岸部の町でよく出される定番メニュー。おいしいけど、歯が汚れるのが少し難点

クレムシュニテ
Kremšnite クレムシュニテ
ザグレブ近郊のサモボルの名物。ふわふわとした食感が魅力のデザート

パラチンケ Palačinke パラチンケ
ジャムなどの具材をクレープで包んだもの。クロアチアのみならず中欧各地で食されるデザートの定番

シュトゥルドゥラ
Štrudla シュトゥルドゥラ
チーズやジャム、果物などを挟んだケーキで、手作りデザートの定番

チーズケーキ
Kolač od sira コラーチ・オド・スィーラ
食後のお口直しにはチーズケーキがベスト。さっぱりとした甘さが口に広がる

ダルマチア風プディング
Rožata ロジャータ
ダルマチア地方の伝統の味で、濃厚なカスタードプディング

トリュフ入りアイスクリーム
Sladoled s tarutufima
スラドレッド・ス・タルトゥフィマ
トリュフを使った贅沢なアイスクリーム

リンゴのフリッター
Jabuke u šlafroku ヤブケ・ウ・シュラフロク
中はモチモチ、外はカリッとした食感の揚げリンゴ

ワイン Vino ヴィノ
人気のワイン種は赤だとプラヴァツ・マリPlavac Mali(左)、白だとマルヴァズィヤMalvazija(右)などが人気

ラキヤ Rakija ラキヤ
ワインと同様に家庭でもよく造られるクロアチアの国民的なお酒。プラムを使ったものが一般的

ビール Pivo ピヴォ
オジュイスコOžujskoの普通味（右）とレモン味（左）。カルロヴァチュコKarlovačkoという銘柄もよく飲まれる。

スイーツ

中欧全体で食べられるクレープのパラチンケPalačinkeやダルマチア風プディングのロジャータRožataなどが定番。イタリア風のジェラートもよくみかける。サモボルのクレムシュニテKremšniteなどご当地スイーツもある。

アルコール類

クロアチアワインは質がよいことで知られ、ダルマチア地方やイストゥラ半島をはじめクロアチア全土がワインの産地。肉料理に合わせるなら、ダルマチア地方産のプラヴァツ・マリPlavac MaliやバビッチBabićのブドウを使った赤ワインがおすすめ。魚料理に合わせるなら、イストゥラ半島産のマルヴァズィヤMalvazijaなどの白ワインがいい。

ラキヤはプラムなどの果実で造った蒸留酒。クロアチアの国民的なお酒で材料により味が異なる。

ビールはラガーが多く、クラフトビールも人気。

旅の情報収集

観光案内所

クロアチアの主要都市や、アドリア海沿岸の観光地には、公営の❶がある。地図、パンフレットを用意しているほか、町によっては、ホテルやプライベートルームの紹介、ローカルツアーなども受け付けていて頼れる存在だ。

スプリットの❶

旅行会社

首都ザグレブは通年営業だが、アドリア海の観光地などはシーズン以外は時短または営業停止することがある。シーズン中は、スタンドが出ており、日帰りツアーやボートツアーを申し込める。

マナー

教会は信仰の場所なので、暑いときでも肌の露出は控え、帽子は脱ぎ、静かに鑑賞すること。ミサの時間帯の

教会など宗教施設に入る前は服装に注意

見学は制限される場合が多いが、逆にミサの時間しか開門しないところもある。

階数の数え方

日本とは違い、1階をグランドフロア（表示はPR）と呼び、2階から1階が始まる。

喫煙

クロアチアでは禁煙法が施行されており、特別に設けられた喫煙スペースを除き、原則として屋内での喫煙は違法で罰金が科せられる。テラス席に灰皿の置かれているカフェもあり、そこで喫煙できる。

店内では原則喫煙不可

お酒

基本的にビールやワインなどのアルコール類は日本よりも安い。日本と同じく、スーパーマーケットや酒屋などで購入可能。

治安

スプリットやドゥブロヴニク、ザグレブなどではスリや置き引きなど、観光客を狙った犯罪が散見される。荷物から目を離さない、夜間に人どおりのない道を歩かないといった基本的な注意を払えば未然に防げるはずだ。

現地通信事情

無線LANはほとんどのホステルやホテル、多くのカフェ、レストランで利用できる。レセプションや店のスタッフにパスワードを確認しよう。

スマートフォンのSIMフリー端末があるなら、空港のキオスクや通信会社のショップでプリペイドのSIMカードを購入すればよい。日本の通販サイトでヨーロッパ用のSIMカードやeSIMを手配しておくのもおすすめ。

ユースフルアドレス

【日本での情報収集】

●クロアチア共和国大使館

住〒150-0012　東京都渋谷区広尾3-3-10
TEL (03)5469-3014　FAX (03)5469-3015
開14:00～16:00（領事業務）
休土・日、日本とクロアチアの祝日

【緊急時】

●救急病院　Klinička bolnica Merkur

住Zajčeva 19, Zagreb　TEL (01)2431390
URL www.kb-merkur.hr
開24時間

【在外大使館】

●在ザグレブ日本大使館　**Map P.80-B2**

Veleposlanstvo Japana u Republici Hrvatskoj

住Boškovićeva 2
TEL (01)4870650　FAX (01)4667334
URL www.hr.emb-japan.go.jp
開8:30～12:00、13:00～17:00　休土・日・祝

【そのほか】

●ザグレブの郵便局

・規模が大きく営業時間が長い郵便局
住Branimirova 4　**Map P.80-B2**
開7:00～24:00 休:無休

・記念切手が買える郵便局
住Jurišićeva 5
開8:00～20:00　土8:00～13:00　休日・祝

●クロアチア航空

住Zrinjevac 17　URL www.croatiaairlines.com
開8:00～12:00　休土・日・祝

ザグレブとクロアチア中央部

ロトゥルシュチャク塔から旧市街を望む。2020年の地震で聖マルコ教会も被害を受けた

ザグレブとクロアチア中央部、プリトゥヴィツェ
Zagreb i Središnja Hrvatska, Plitvička Jezera

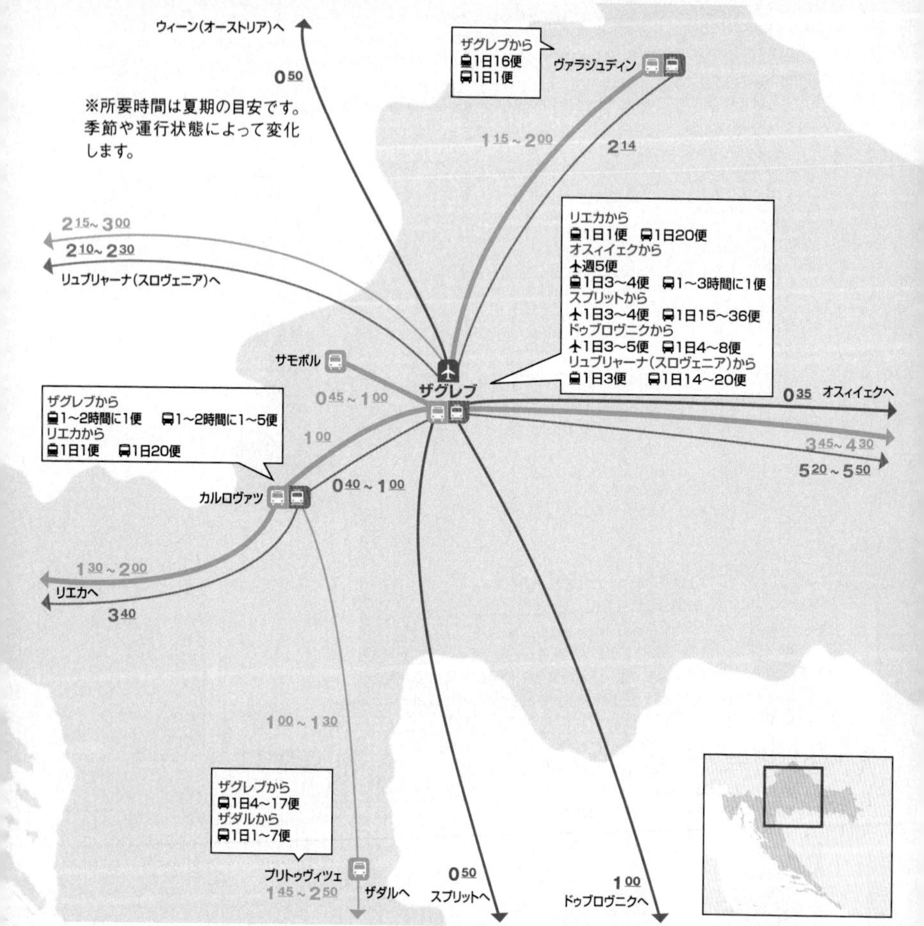

ウィーン(オーストリア)へ 0 50

ザグレブから
1日16便
1日1便
ヴァラジュディン 1 15 ~ 2 00 2 14

※所要時間は夏期の目安です。季節や運行状態によって変化します。

2 15 ~ 3 00
2 10 ~ 2 30
リュブリャーナ(スロヴェニア)へ

リエカから
1日1便 1日20便
オスィイェクから
週5便
1日3~4便 1~3時間に1便
スプリットから
1日3~4便 1日15~36便
ドゥブロヴニクから
1日3~5便 1日4~8便
リュブリャーナ(スロヴェニア)から
1日3便 1日14~20便

サモボル 0 45 ~ 1 00
ザグレブ
0 35 オスィイェクへ
3 45 ~ 4 30
5 20 ~ 5 50

ザグレブから
1~2時間に1便 1~2時間に1~5便
リエカから
1日1便 1日20便

1 00
カルロヴァツ 0 40 ~ 1 00
1 30 ~ 2 00
リエカへ
3 40

1 00 ~ 1 30

ザグレブから
1日4~17便
ザダルから
1日1~7便

プリトゥヴィツェ
1 45 ~ 2 50
ザダルへ
0 50 スプリットへ
1 00 ドゥブロヴニクへ

● 地理

ザグレブを中心としたクロアチア中央部は、西に広がるアドリア海岸沿岸部と東のスラヴォニア地方とを結ぶ地域。アドリア海岸の諸都市がイタリアの影響を色濃く残しているのに対して、首都ザグレブを中心とする、いかにも中央ヨーロッパ風のたたずまいをもつこの地域の町並みは、ハンガリーやオーストリアの影響を強く感じさせ、沿岸部とはまた違った魅力にあふれている。なだらかな丘が続き、夏でも涼やかな自然も、この地域のもつ魅力のひとつ。特にサモボルは、ザグレブからも近いので、週末には多くの人が訪れている。

サモボルの展望台からの眺め

● 気候

ザグレブ周辺は温暖湿潤気候に属しており、日本と同じく、四季がはっきりとしている地域。夏は30℃を超える日もあるが、冬は0℃を下回る日も多く、雪も降る。日本と違う点といえば降水量で、春から秋にかけて雨が多い。服装はそれぞれの季節に合わせた格好で十分だが、どの時期も雨は降るのでレインコートなどを用意しておこう。

● ルート作り 1 ザグレブから日帰り旅行

1日目:サモボルへ。サモボルでは手軽にハイキングを楽しむことができる。ハイキングが終わったら、サモボル名物のサモボルスケ・クレムシュニテという名物スイーツを堪能しよう。おみやげはクロアチアを代表する工芸品でもあるクリスタルが人気。

2日目:ヴァラジュディンへ。クロアチアの首都でもあったヴァラジュディンには、かつての邸宅が博物館として公開されている。おみやげは公設市場で、ハニーブランデーや巣蜜などのハチミツ製品が手頃な値段で購入できる。

● ルート作り 2 ザグレブからアドリア海へ

1·2日目:サモボルとヴァラジュディンへ日帰り旅行。

3〜5日目:ザグレブ市内を観光。ザグレブ・カード(→P.82)を購入すれば、公共交通機関や一部の博物館や美術館は無料で利用できる。

6日目:プリトゥヴィツェ湖群国立公園へ。2日かけてのんびり自然を楽しみたい。まずは比較的すいている上湖群を歩こう。

7日目:朝一番のすいている時間帯に下湖群を見て回ろう。見学後、名物ランチのマス料理を楽しんで、ザダルなどアドリア海方面へバスで移動する。

メルヘンティックな町並みがかわいいヴァラジュディンのトミスラヴ王広場

遊歩道が整備されているプリトゥヴィツェ湖群国立公園

● おみやげ

ハチミツ製品
ヴァラジュディンの公設市場やザグレブの青果市場では、地元で取れたハチミツ製品が販売されている。花粉やプロポリス、ローヤルゼリー入りの健康食品も人気

ハートのアイテム
「リツィタル」と呼ばれる赤いハートのオーナメントは伝統菓子のクッキーに由来しており、そのレシピと技術はユネスコの無形文化遺産に登録されている。ザグレブやヴァラジュディンなどの町ではハートをモチーフとしたアクセサリー(写真左、中央)やマグネット(写真右)を購入することができる

フェルト製品
フェルト製の帽子や靴など、冬でも暖かく過ごせるアイテムはもちろん手作り。ザグレブのみやげもの屋で買うことができる

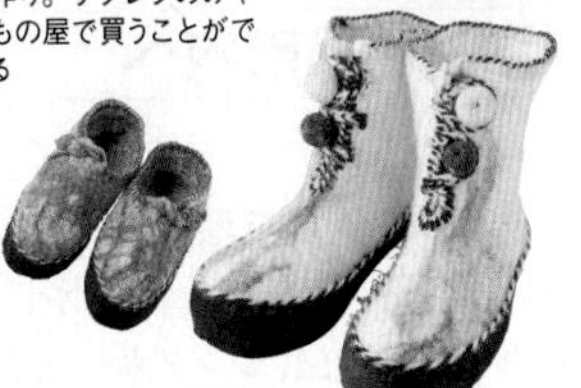

木製のおもちゃ
カラフルな色使いが印象的な木製のおもちゃ、ドゥルヴェネ・イグラチュケ・フルヴァツコグ・ザゴリヤDrvene igračke Hrvatskog zagorjaは、ヴァラジュディン郊外のザゴリェ地方が発祥。このおもちゃ作りもユネスコの無形文化遺産に登録されている

空港で買える定番みやげは→P.65

ゴルニィ・グラードからの眺め

現代と過去が融合する都市

ザグレブ
Zagreb

Map P.9-D3

ザグレブ中央駅前に広がるトミスラヴ王広場と芸術パビリオン

■ザグレブへの行き方

ウィーン（オーストリア）、ブダペスト（ハンガリー）などからの国際便や、国内各都市から便がある。

ヨーロッパ主要都市、国内各都市から便がある。

●リュブリャーナ（スロヴェニア）から

直通列車は8:30、14:45、18:37発、所要2時間10分～2時間30分、€9。

1日14～20便、所要2時間15分～3時間、€15～30。

●カルロヴァツから

1～2時間に1～2便、所要40分～1時間、€4.56～9.24。

1～2時間に1～5便、所要1時間、€5.50～12。

●リエカから

13:58発。所要4時間30分、€8.42～13。

1～2時間に1～3便、所要2時間15分～3時間、€6.50～17。

●プリトゥヴィツェから

6時台～18時台に4～12便運行（土・日減便）、所要2時間～2時間40分、€12.60～15。

●ヴァラジュディンから

3:13発。所要2時間20分、€8.15。

7時台～20時台に4～16便（土・日減便）、所要1時間30分～2時間、€5～12。

●ザダルから

週3～7便、所要約40分、冬期減便。

3時台～22時台に16～29便運行（土・日減便）、所要約3時間30分、€12～22。

●スプリットから

1日3～4便、所要約50分。

直通列車は8:14、14:09発の2便のみ（夏期は20:59、22:18もあり）、所要7～9時間、€15～38。

1日15～36便、所要4時間45分～8時間、€20～30。

●ドゥブロヴニクから

1日3～5便、所要約1時間。

3時台～23時台に4～8便運行（土・日減便）、所要8時間15分～10時間、€33～60。

クロアチアの首都ザグレブは、丘の上に建てられたカプトルとグラデツ（現ゴルニィ・グラード）というふたつの中世都市がその起源。カプトルは1094年にハンガリー王ラディスラヴ1世（ハンガリー名ラースロー）がローマ・カトリックの司教座として建設した宗教都市で、一方のグラデツは、1242年、ハンガリー王ベーラ4世によって自由都市として認められた商工業の町であった。

17世紀にはふたつの町を合わせてザグレブと呼ぶようになっていたが、正式に合併したのは、19世紀になってからのこと。以来町は急速に発展し、第2次世界大戦後には、サヴァ川南岸のノヴィ・ザグレブまで拡張した。

現在のザグレブは政治経済の中心地であり、ヨーロッパで最も成長著しい都市のひとつ。カプトルとグラデツという中世以来の町並みに加え、数多くの博物館や美術館、劇場などがあり、クロアチア文化の発信地でもある。現代のクロアチアを知る上で欠くことのできない町だ。

ザグレブ到着から市内へ

飛行機で着いたら

ザグレブ・フラニョ・トゥジュマン国際空港は市の中心部から南へ約17km。到着ロビーは1階、出発ロビーは2階にあり、日本円の両替も可能な両替商、ATM、レンタカー会社のカウンター、ザグレブ観光局の*i*がある。無料Wi-Fi利用可能。

info 2020年3月の大地震の影響でザグレブ中心部の観光施設を含む建物は、2023年夏現在も改修中のところが多く、以前の姿を取り戻すにはまだしばらく時間がかかりそうだ。

◆空港から市内への行き方◆

●空港バス Autobus

プレソ・プリイェヴォズ社Pleso Prijevozのバスが、空港とザグレブ市内の長距離バスターミナル間を往復している。空港からは6:00～21:00は30分毎、以降はフライト到着に合わせて運行。到着階出口右奥から発着、切符は運転手から買う。長距離バスターミナル（1階発着）から空港へは4:00～20:30の間に30分毎。所要35～40分、片道€8。

●市バス ZET bus

290番の市バスが中心部のやや東、クヴァテルニコフ広場Kvaternikov trg(Map P.79-D1)まで35分毎の運行。所要約30分。切符は車内で運転手から買うと30分券€0.80、60分券€1.33。市内でトラムに乗り換え後も同じチケットが有効。

●タクシー Taksi

到着ロビーの出口を出た左奥で客待ちをしている。料金はメーター制で、空港から市街までは€30～40。

鉄道で着いたら

国際列車は、すべてザグレブ中央駅に発着する。駅から町の中心イェラチッチ総督広場Trg bana Josipa Jelačićaまで徒歩15分ほどだが、駅前にはタクシー乗り場もある。

●ザグレブ中央駅 Zagreb Glavni kolodvor

ザグレブ中央駅は、地上2階建ての建物。駅構内の1階には、鉄道のインフォメーションカウンター、国内・国際線切符売り場、両替所、ATM、パン屋、キオスクなどがある。

正面出入口を出ると、トミスラヴ王広場Trg kralja Tomislavaが目の前にある。駅を背にして右側にはPoštaと大きく書かれた中央郵便局があり、左側には噴水越しにホテル・エスプラナーデが見える。ホテルと駅の間には地下のショッピングアーケードImportanne Centarがあり買い物に便利。

バスで着いたら

長距離バスは、ザグレブ中央駅から南東に徒歩約20分のバスターミナルAutobusni kolodvorに着く。ターミナルは3階建てで、1階がバス乗り場とパン屋、スーパー、カフェ、2階には、案内所や切符売り場、ファストフード店、郵便局、ATM、両替商などがある。各バスの行き先は電光掲示板で確認できる。

◆長距離バスターミナルから市内への行き方◆

鉄道のザグレブ中央駅まで徒歩で行くには、長距離バスターミナルを出てドゥルジッチ通りAvenija Marina Držićaを左へ進み、ブラニミル公通りKneza Branimiraを左折して直進する。ターミナル前から発着するトラム2、6番に乗れば中央駅まで約5分。6番は駅を過ぎたらイェラチッチ総督広場に向かう。

ザグレブ空港行きのバスは長距離バスターミナルの1階に発着する

■ザグレブ・フラニョ・トゥジュマン国際空港
住Rudolfa Fizira, Velika Gorica
TEL(01)4562170
URLwww.zagreb-airport.hr

■空港バス
●プレソ・プリイェヴォズ
TEL(01)6331982
URLwww.plesoprijevoz.hr
切符のオンライン購入可能

■ザグレブ中央駅
Map P.80-B3
住Trg kralja Tomislava 12
開24時間

■中央駅のコインロッカー
開24時間
料€2（トークンを購入する）

ザグレブ中央駅構内

■長距離バスターミナル
Map P.79-D2
住Avenija Marina Držića 4
TEL072-500400（国内）
TEL(01)6471100（国外）
URLwww.akz.hr
ウェブサイトで長距離バスの主要路線の時刻表と運賃の検索、チケット購入が可能。

■長距離バスターミナルの荷物預かり所
開6:00～22:00
料4時間まで毎時€0.8、以降毎時€0.4、1日€5。40キロを超える荷物や自転車は毎時€1.33。最長30日間。

ユニークなデザインの荷物預かり所

info 空港でスマホの配車アプリUberを利用する場合は、到着ロビーから外に出て、上階の出発ロビーから呼び出す。料金は需要と供給の関係で上下するが一般的にタクシーより安く€20～。

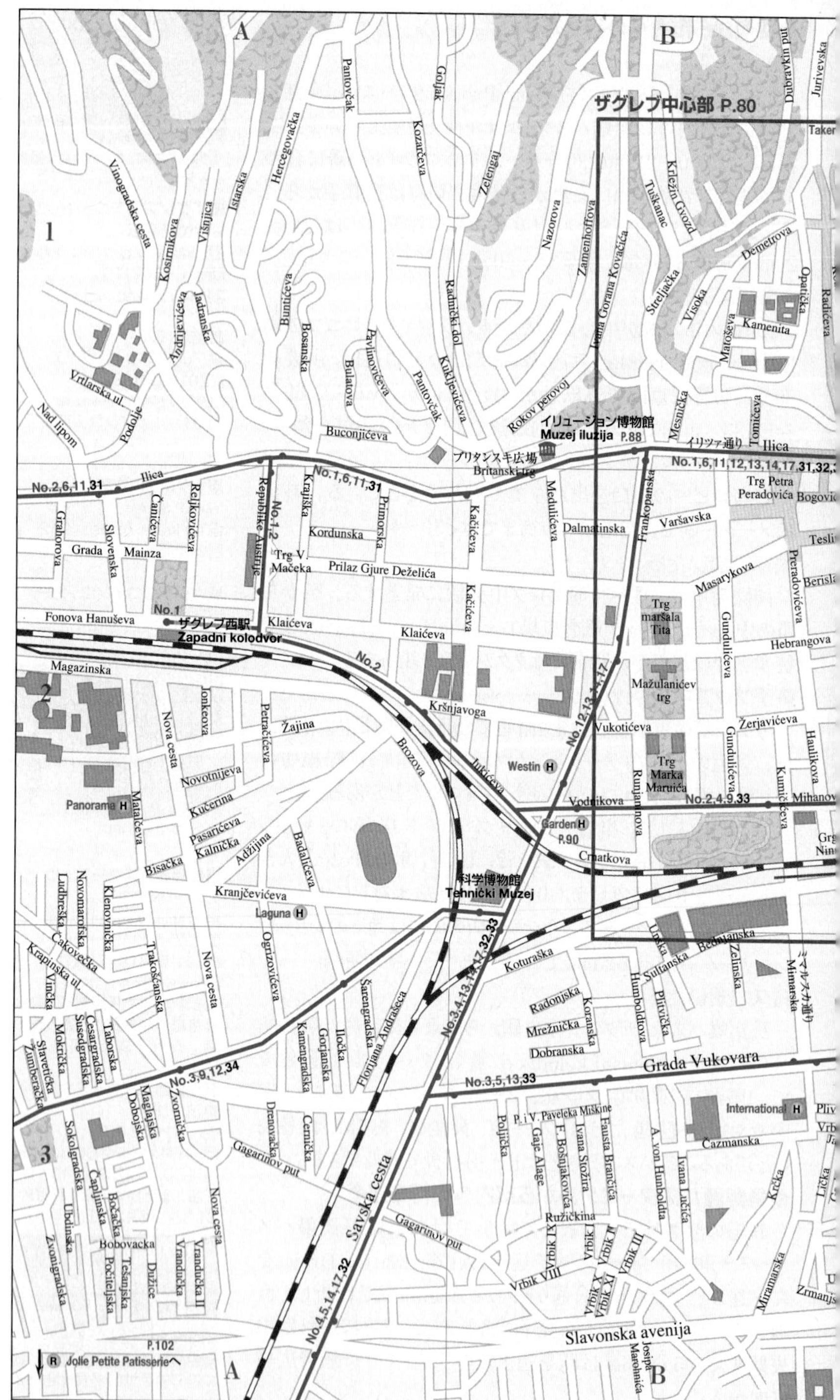

ザグレブ中心部 P.80
イリュージョン博物館
Muzej iluzija P.88
ブリタンスキ広場
Britanski trg
イリツァ通り Ilica
ザグレブ西駅
Zapadni kolodvor
科学博物館
Tehnički Muzej
Westin
Garden P.90
Panorama
Laguna
International
Jolie Petite Patisserie へ P.102
ミマルスカ通り
Trg maršala Tita
Mažulanićev trg
Trg Marka Marulića
Trg Petra Preradovića
Trg V. Mačeka
Savska cesta
Grada Vukovara
Slavonska avenija
No.2,6,11,31
No.1,6,11,31
No.1,6,11,12,13,14,17,31,32
No.1,2
No.2
No.12,13,14,17
No.2,4,9,33
No.3,4,13,14,17,32,33
No.3,9,12,34
No.3,5,13,33
No.4,5,14,17,32

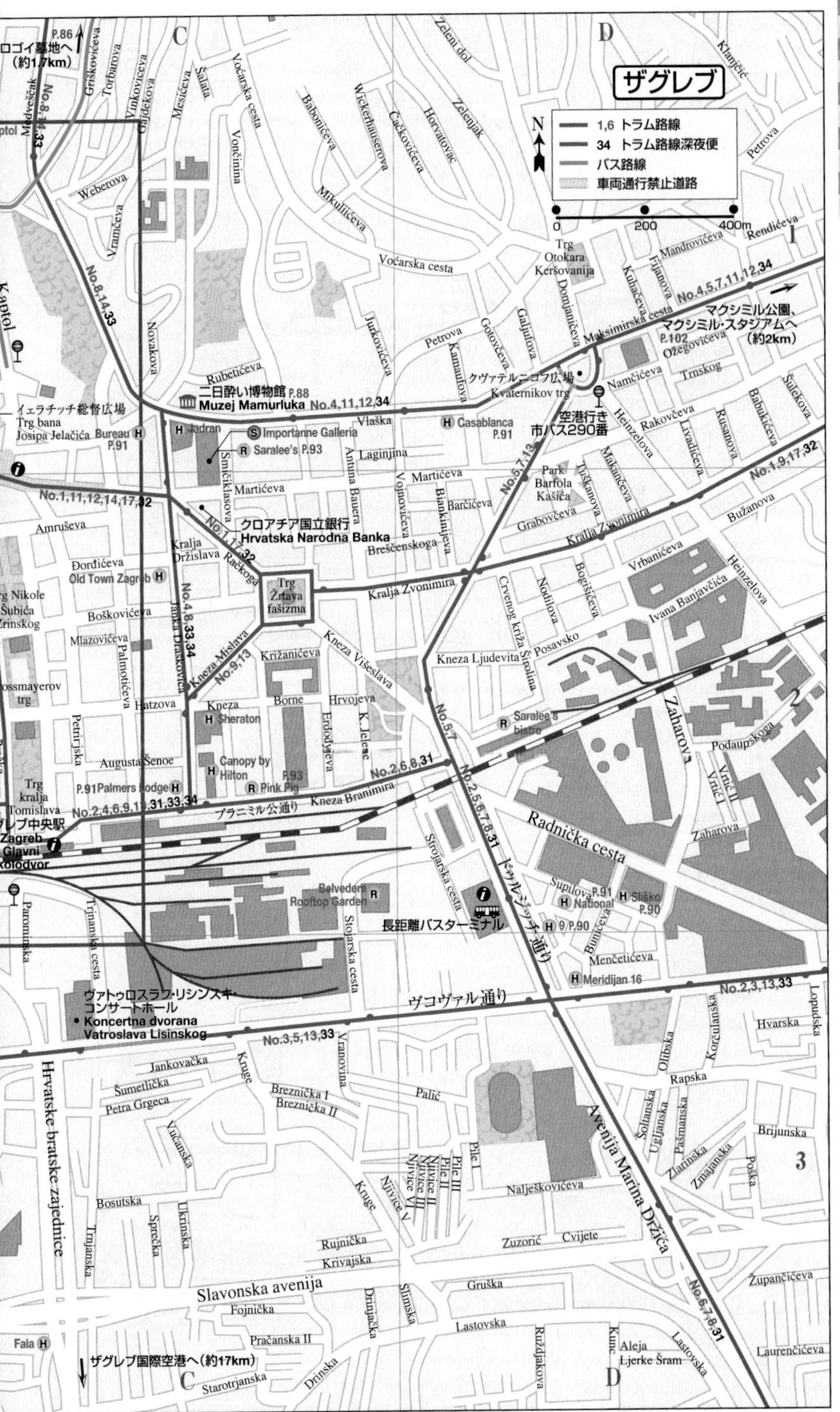

ザグレブ
1,6 トラム路線
34 トラム路線深夜便
バス路線
車両通行禁止道路
0
200
400m
ミロゴイ墓地へ（約1.7km）
P.86
マクシミル公園、マクシミル・スタジアムへ（約2km）
P.102
二日酔い博物館 P.88
Muzej Mamurluka
イェラチッチ総督広場
Trg bana Josipa Jelačića
Bureau P.91
Jadran
Importanne Galleria
Saralee's P.93
Casablanca P.91
クヴァテルニコフ広場
Kvaternikov trg
空港行き市バス290番
Trg Otokara Keršovanija
Park Barfola Kašića
クロアチア国立銀行
Hrvatska Narodna Banka
Old Town Zagreb
Trg Žrtava fašizma
Trg Nikole Šubića Zrinskog
Strossmayerov trg
Sheraton
Canopy by Hilton
P.93
Pink Pig
P.91 Palmers Lodge
Saralee's bistro
Trg kralja Tomislava
ブラニミル公通り
ザグレブ中央駅
Zagreb Glavni kolodvor
Belvedere Rooftop Garden
長距離バスターミナル
ドルジッチ通り
Supilova P.91
National
Sliško P.90
9 P.90
Meridijan 16
ヴァトゥロスラフ・リシンスキ・コンサートホール
Koncertna dvorana Vatroslava Lisinskog
ヴコヴァル通り
Fala
ザグレブ国際空港へ（約17km）
No.8,14,33
No.4,11,12,34
No.1,11,12,14,17,32
No.1,17,32
No.4,8,33,34
No.9,13
No.5,7,13
No.4,5,7,11,12,34
No.1,9,17,32
No.2,6,8,31
No.2,4,6,9,13,31,33,34
No.5,7
No.2,5,6,7,8,31
No.2,3,13,33
No.3,5,13,33
No.6,7,8,31
Kaptol
Medveščak
Vlaška
Maksimirska cesta
Kralja Zvonimira
Kneza Branimira
Radnička cesta
Avenija Marina Držića
Slavonska avenija
Hrvatske bratske zajednice
C
D
1
2
3

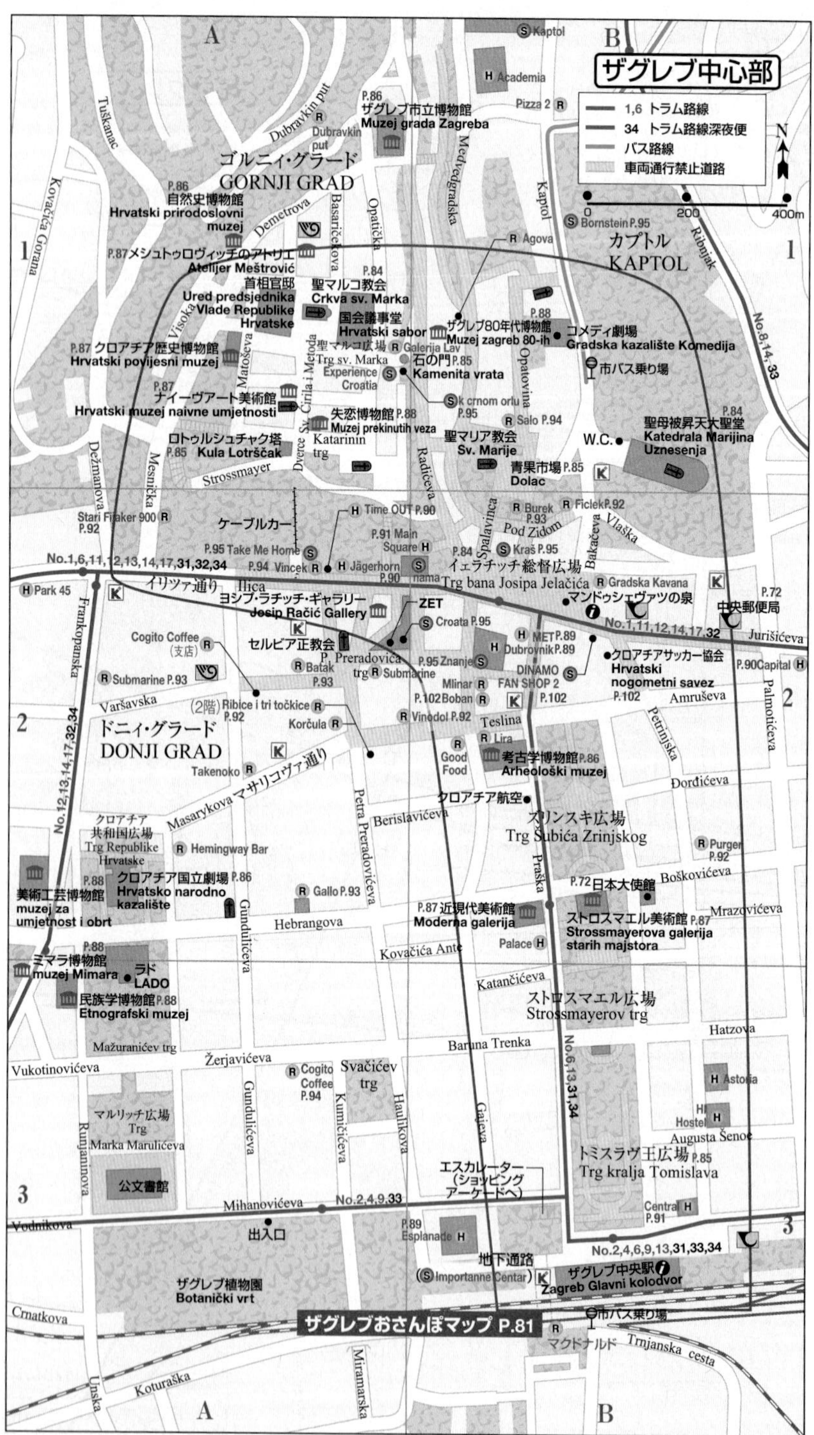

ザグレブ中心部
1,6 トラム路線
34 トラム路線深夜便
バス路線
車両通行禁止道路
0
200
400m
N
A
B
1
2
3
ゴルニィ・グラード
GORNJI GRAD
カプトル
KAPTOL
ドニィ・グラード
DONJI GRAD
P.86
ザグレブ市立博物館
Muzej grada Zagreba
P.86
自然史博物館
Hrvatski prirodoslovni muzej
P.87 メシュトゥロヴィッチのアトリエ
Atelijer Meštrović
首相官邸
Ured predsjednika Vlade Republike Hrvatske
P.84
聖マルコ教会
Crkva sv. Marka
国会議事堂
Hrvatski sabor
P.87 クロアチア歴史博物館
Hrvatski povijesni muzej
聖マルコ広場
Trg sv. Marka
Galerija Lav
Experience Croatia
石の門 P.85
Kamenita vrata
P.87
ナイーヴアート美術館
Hrvatski muzej naivne umjetnosti
失恋博物館 P.88
Muzej prekinutih veza
ロトゥルシュチャク塔
P.85 Kula Lotrščak
Katarinin trg
P.88
ザグレブ80年代博物館
Muzej zagreb 80-ih
コメディ劇場
Gradska kazalište Komedija
市バス乗り場
k crnom orlu P.95
Salo P.94
聖マリア教会
Sv. Marije
W.C.
P.84
聖母被昇天大聖堂
Katedrala Marijina Uznesenja
青果市場 P.85
Dolac
Burek P.93
Ficlek P.92
Pod Zidom
Vlaška
Stari Fijaker 900
P.92
ケーブルカー
Time OUT P.90
P.91 Main Square
P.95 Take Me Home
P.94 Vincek
Jägerhorn P.90
Kraš P.95
P.84 イェラチッチ総督広場
Trg bana Josipa Jelačića
Gradska Kavana
マンドゥシェヴァツの泉
P.72 中央郵便局
No.1,6,11,12,13,14,17,31,32,34
No.1,11,12,14,17,32
Park 45
イリツァ通り
Ilica
ヨシプ・ラチッチ・ギャラリー
Josip Račić Gallery
ZET
Croata P.95
Cogito Coffee (支店)
セルビア正教会
P. Preradovića trg
Batak P.93
P.95 Znanje
Submarine
MET P.89
Dubrovnik P.89
DINAMO FAN SHOP 2
P.102
クロアチアサッカー協会
Hrvatski nogometni savez
P.102
P.90 Capital
Submarine P.93
Mlinar
P.102 Boban
Varšavska
(2階) Ribice i tri točkice P.92
Korčula
Vinodol P.92
Teslina
Lira
Good Food
考古学博物館 P.86
Arheološki muzej
Takenoko
Masarykova マサリコヴァ通り
クロアチア航空
Berislavićeva
ズリンスキ広場
Trg Šubića Zrinjskog
Purger P.92
クロアチア共和国広場
Trg Republike Hrvatske
Hemingway Bar
P.88
クロアチア国立劇場 P.86
Hrvatsko narodno kazalište
美術工芸博物館
muzej za umjetnost i obrt
Gallo P.93
P.87 近現代美術館
Moderna galerija
P.72 日本大使館
ストロスマエル美術館 P.87
Strossmayerova galerija starih majstora
Palace
P.88
ミマラ博物館
muzej Mimara
ラド
LADO
民族学博物館 P.88
Etnografski muzej
ストロスマエル広場
Strossmayerov trg
Mažuranićev trg
Baruna Trenka
Hatzova
Astoria
HI Hostel
Vukotinovićeva
Žerjavićeva
Cogito Coffee P.94
Svačićev trg
マルリッチ広場
Trg Marka Marulićeva
公文書館
Augusta Šenoe
トミスラヴ王広場 P.85
Trg kralja Tomislava
エスカレーター(ショッピングアーケードへ)
Mihanovićeva
No.2,4,9,33
Central P.91
Vodnikova
出入口
P.89 Esplanade
No.2,4,6,9,13,31,33,34
地下通路
Importanne Centar
ザグレブ中央駅
Zagreb Glavni kolodvor
ザグレブ植物園
Botanički vrt
市バス乗り場
Crnatkova
ザグレブおさんぽマップ P.81
マクドナルド
Trnjanska cesta
Koturaška
Unska
Miramarska
No.12,13,14,17,32,34
No.6,13,31,34
No.8,14,33
Tuškanac
Kovačića Gorana
Dubravkin put
Demetrova
Basaričekova
Opatička
Medvedgradska
Kaptol
Ribnjak
Visoka
Matoševa
Mesnička
Dežmanova
Strossmayer
Dverce
Sv. Ćirila i Metoda
Radićeva
Opatovina
Spalavinca
Bakačeva
Frankopanska
Jurišićeva
Amruševa
Petrinjska
Palmotićeva
Đorđićeva
Praška
Boškovićeva
Mrazovićeva
Petra Preradovićeva
Gundulićeva
Hebrangova
Kovačića Ante
Katančićeva
Gajeva
Kumičićeva
Hailikova
Rujaninova
Agova
Academia
Pizza 2
Kaptol
Bornstein P.95

ザグレブおさんぽマップ

このエリアにはピザやパンなど、食べ歩きにピッタリなファストフードや、おみやげとしておすすめの雑貨屋さんが多いから、町歩きを楽しみながら気になるお店をのぞいてみよう。

ザグレブの市内交通

共通乗車券の料金		
	事前購入	車内購入
30分券	€0.53	€0.80
60分券	€0.93	€1.33
90分券	€1.33	€1.99
1日券	€3.98	

刻印できる改札機は車両の先頭と最後尾に設置されている

ザグレブ市内の公共交通は、トラムとバス、ケーブルカー(→P.83欄外)の3種類。それぞれの停留所には路線図があり、トラムには電光掲示もあるので旅行者にも使いやすい。

3つの公共交通の乗車券は共通で、紙の切符とプリペイドカードがあり、いずれもキオスク(Tisakか iNovineのみ)で販売している。

紙の切符の打刻機は一番前のドア付近にある。新型の低床トラムの場合は、車両最後尾ドアにも打刻機がある。

紙の切符は同一ルートの往復はできないが、プラスチックのプリペイドカードvrijednosna karta(カード本体の料金€1.33、運賃分は別購入)やアプリは有効時間内であれば同一ルートの往復も可能。1日券は24時間ではなく、最初の打刻から翌朝4時まで有効。

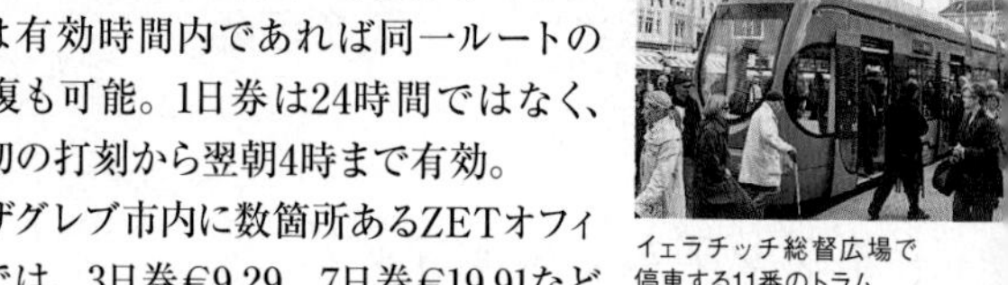

イェラチッチ総督広場で停車する11番のトラム

ザグレブ市内に数箇所あるZETオフィスでは、3日券€9.29、7日券€19.91なども購入できる。キオスクで追加のチャージも可能。車内のタッチパネル式の改札機で必要な乗車パターンを選ぶ(右ページ参照)。どの場合でも、乗車したらすぐ改札すること。検札も頻繁にある。罰金は€66~107。

●トラム Tramvaj

トラム(路面電車)はザグレブ市街を中心に、19(日中15、深夜4)の路線がある。なかでもイェラチッチ総督広場周辺を通る路線は10系統あり一番多い。路線図は❶で無料配布されている。

●バス Autobus

ザグレブの郊外に宿泊するときや、ミロゴイ墓地など中心部から少し離れた見どころへ行くときは市内バスが重宝する。主要なバス停はザグレブ中央駅の南側にある。

●タクシー Taksi

流しのタクシーは少ない。電話で呼ぶか、中央駅やバスターミナルで客待ちしている車を利用する(割高な料金を請求されることがある)。料金はメーター制。初乗り料金は約€1.90で会社によって異なる。走行中は1km当たり€0.90前後。

■トラム、バス

URL www.zet.hr

4:00~24:00の運行。0:00~4:00の深夜トラムは、昼間の路線とは異なる。

■タクシー

●ラジオ・タクシー

TEL 1717

URL taxi1717.hr

●エコ・タクシー

TEL 1414

URL ekotaxi.hr

●タクシー・カメオ・ザグレブ

TEL 1212

URL cammeo.hr

上記タクシー会社はいずれも専用スマホ用アプリでも呼び出し可能。そのほか、クロアチアでは配車アプリのウーバーUberやBoltも利用できる。

■ザグレブの❶

URL www.infozagreb.hr

●旧市街

Map P.80-B2

住 Trg bana Josipa Jelačića 11

TEL (01)4814051

開 9:00~20:00
(土・日・祝10:00~18:00)

休 1/1、復活祭、11/1、12/25

ザグレブの❶のメインオフィス。日本語のパンフレットを含め、観光に必要な情報はほとんど手に入る。

●ロトゥルシュチャク塔

Map P.80-A1

住 Strossmayerovo šetalište 9

TEL (01)4851510

開 4~9月10:00~20:00
(土・日11:00~20:00)
10/1~12/30 9:00~19:00
(土・日10:00~19:00)
12/31 10:00~15:00
1~3月9:30~18:00
(土・日10:00~17:00)

休 月、1/1、復活祭、11/1、12/25

●ザグレブ国際空港

地図外

住 Rudolfa Fizira, Velika Gorica

TEL (01)6265091

開 7:00~22:00

休 1/1、復活祭、11/1、12/25

■ザグレブ・カード

指定区域内のトラムやケーブルカー、バスが乗り放題となるほか、提携博物館や美術館の入場料が無料になる。購入は下記ウェブサイトから。

URL shop.zagreb.citycardsolutions.com

料 24時間€20
72時間€26

Info ZETの専用アプリmoj ZETは、最低€1単位で課金して料金を支払える(2人以上も可能)。トラムやバスに乗ったら、購入したいチケットの種類を選んで、入口横に貼ってあるQRコードをスキャンする。

プリペイドカードの使い方

1 キオスクを探す

まずは町のキオスクでカードを購入しよう。カードを扱うキオスクはティサックTisakかイノヴィネiNovineのみ

2 カードを購入

プリペイドカードは1枚€1.33。キオスクでチャージすることもできる。短期間の滞在でも便利

3 カードを使う

何も押さずにカードをタッチすると、Zone1の90分券とみなされ、€1.33が課金される。中心部内の移動なら€0.53の30分券が一番安価に済むので、30MINUTAというボタンを押し、設定を変える。郊外へ行くときや複数での利用など、設定の方法は下記を参照

言語選択
英語にも設定できるので、旅行者でも使いやすい

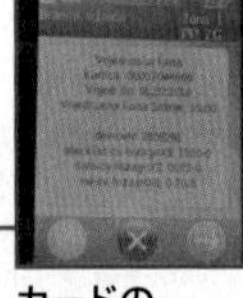

カードの残額表示
このボタンを押したあと、カードをタッチすると残額が表示される

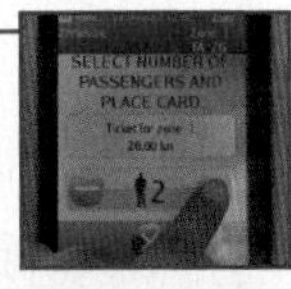

ゾーンと人数選択
30分券、60分券、1日券を利用するときやZone2〜4の郊外に移動する場合は設定する。1枚のカードで2名以上の料金を支払うことも可能

4 カードをタッチ

上記の設定を終えたら、読み取り機にカードをタッチする。これで終了だ

歩き方

ザグレブのおもな見どころは中央駅から北へ広がっている。中央駅から**イリツァ通りIlica**(Map P.78-A2〜B1)までの新市街（ドニィ・グラードDonji grad)は整然としており、大小の通りが縦横に走っている。旧市街は、メインの❶がある**イェラチッチ総督広場Trg bana Josipa Jelačića**から小高い丘へと広がる北側の地区を指し、東のカプトル地区Kaptolと西のゴルニィ・グラード地区Gornji gradに大きく分かれている。中央駅からイェラチッチ総督広場までは徒歩15分ほど。旧市街は半日あれば歩いて回ることができるだろう。

イェラチッチ総督広場から旧市街へ向かうには、いくつかのルートがある。代表的なものは、①ケーブルカーに乗って、旧市街西側のゴルニィ・グラード地区へ出る。②広場東のバカチェヴァ通りBakačevaを進み、聖母被昇天大聖堂方面へ向かう。③花売りが立ち並ぶスパラヴニツァ通りSpalavnicaから階段を上り、青果市場Dolacへ出る。

■ゴルニィ・グラード地区へのケーブルカー
イェラチッチ総督広場からイリツァ通りを西へ200mほど行くと、右側に「Zet Uspinjača」と書かれた乗り場が見えてくる。ケーブルカーの路線は、高低差約20m。片道30秒ほどで着く。
圓6:30〜21:50頃の10分に1便
休無休
料片道€0.66
市内交通の切符、プリペイドカードも利用可能。

イェラチッチ総督広場を行進する衛兵

■衛兵交替式
4月中旬から10月初旬の間に不定期で、正午のイェラチッチ総督広場を中心に衛兵交替式が行われる。詳しい日時については「zagreb time machine」で検索すると、ザグレブ市観光局のサイト内で調べられる。
URL www.infozagreb.hr

■聖母被昇天大聖堂
住 Kaptol 31
TEL (01)4814727
地震後無期限閉鎖中。

聖母被昇天大聖堂ではここ数年、補修工事が行われている

■聖マルコ教会
聖マルコ広場周辺は政府機関が集中しており、テロの警戒からエリア全体のアクセスを制限しているため、観光客の立ち入りはできない。

屋根に描かれた紋章が印象的

おもな見どころ

イェラチッチ総督広場
Trg bana Josipa Jelačića トゥルグ・バナ・ヨスィパ・イェラチチャ
Ban Josip Jelačić Square
Map P.80-B2

多くの人でにぎわう広場

ザグレブ市街のヘソともいえる中心の広場で、旧市街カプトル地区へ上る玄関口でもある。サッカー場ほどの大きさがある広場には大勢の人が集まり、深夜になっても活気がある。広場周辺にはカフェやレストラン、ショップが1階部分に入ったビルが建ち並び、まるで壁のようだ。これらの建物は20世紀以後に造られたものだが、広場そのものは17世紀から形づくられたとされ、「ザグレブ」発祥の地でもある。

「ザグレブ」とは“堀”や“溝”という意味で、丘の上に広がった旧市街から見ると、広場やイリツァ通りが“溝”に当たるというのが地名の由来といわれる。また、イェラチッチ総督が戦いから戻った際、広場にあるマンドゥシェヴァツの泉Fontana Manduševacのほとりで美しい娘に「ザグラビ（水をくんで）」と言ったから、「ザグレブ」と名づけられたという説もある。

聖母被昇天大聖堂
Katedrala Marijina Uznesenja カテドゥラーラ・マリィイナ・ウズネセーニャ
The Cathedral of Assumption of the Blessed Virgin Mary
Map P.80-B1

13世紀から18世紀にかけて建てられた、ザグレブのシンボルでもある美しい大聖堂。カプトル地区に建つこの大聖堂には、高さ100m以上の尖塔がふたつあり、市街のいたるところから見ることができる。現在の外観は、1880年の地震後に修復されたもので、ネオゴシック様式を取り入れて再建された。内部には、ルネッサンス様式の祭壇やバロック様式の説教壇、16世紀にオスマン朝の軍隊がザグレブに攻め入ったときに、オスマン朝軍と戦ったクロアチアの勇者の墓石が安置されている。また、大聖堂を囲む白い塀は、オスマン朝軍から守るために造られたものだ。

聖マルコ教会 Crkva sv. Marka
ツルクヴァ・スヴェトグ・マルカ
Church of St. Mark
Map P.80-A1

ゴルニィ・グラード地区の象徴といえる教会。イリツァ通りにある乗り場からケーブルカーで上まで行くと、前方にドゥヴェルツェ通りDverceの狭い路地があり、聖キリル&メトディウス通りSv. Ćirila i Metodaに続く。この道を150mほど進むと、屋根のモザイクが印象的な聖マルコ教会に到着する。

聖マルコ教会はその美しい屋根が特徴。群青色と赤茶色のタイルを使い、大きくふたつの紋章がデザインされている。向かって左はクロアチア王国、ダルマチア地方、スラヴォニア地方を表す紋章、右側はザグレブ市の紋章だ。教会そのものは13世紀からあったといい、現在の建物や屋根に施された紋章は、1880年に改築工事を行ったとき、新たに加えられた。また、教会内にはクロアチア出身の彫刻家、イヴァン・メシュトゥロヴィッチIvan Meštrovićの作品が飾られている。

ロトゥルシュチャク塔 Kula Lotrščak クーラ・ロトゥルシュチャク
Lotrščak Tower

Map P.80-A1

ケーブルカーでゴルニィ・グラードに上ると最初に目に入る塔。13世紀に旧市街グラデツを囲む城壁の南門を守る要塞として建設、19世紀に2階が増築され現在の高さになった。毎日正午に打ち鳴らされる大砲の音は、びっくりするほど大きい。

石の門 Kamenita vrata カメニタ・ヴラタ
Stone Gate

Map P.80-A1

ゴルニィ・グラードは中世にはグラデツという王国自由都市で、敵の侵入を防ぐために、城壁で囲まれていた。石の門は、当時のグラデツの数少ない出入口のひとつで、当初は木造だったが、18世紀に石で固められ現在の姿となった。門の内部には、聖母マリアの肖像がおさめられた礼拝堂があり、ろうそくや花をささげて祈る人々の姿が絶えない。城門が1731年の大火で焼け落ちたときにも、このマリア像だけは無傷だったといわれている。

青果市場 Dolac ドラツ
Dolac Farmer's Market

Map P.80-B1

新鮮な果物が並ぶ

"ザグレブの胃袋"とも呼ばれている青果市場は、1926年から旧市街にあり、現在ザグレブに残っている市場のなかでは最も古いもの。屋内エリアには肉や魚、乳製品、ワインの量り売り、発酵キャベツやピクルスなどがある。市場周辺では雑貨や民芸品屋が並ぶ。

トミスラヴ王広場
Trg kralja Tomislava トゥルグ・クラーリャ・トミスラヴァ
King Tomislav Square

Map P.80-B3

ザグレブ中央駅の正面玄関を出ると、目に飛び込んでくるのがこの広場だ。青々とした芝生が広がり、花壇には美しい花が植えられている。この広場は19世紀末に形づくられたもので、中央にクロアチアの初代国王、トミスラヴの騎馬像が立っている。

■ロトゥルシュチャク塔
住Strossmayerovo šetalište 9
TEL(01)4851768
URL gkd.hr/kula-lotrscak
開4〜9月10:00〜20:00
(土・日11:00〜20:00)
10/1〜12/30 9:00〜19:00
(土・日10:00〜19:00)
12/31 10:00〜15:00
1〜3月9:30〜18:00
(土・日10:00〜17:00)
休月、1/1、復活祭、11/1、12/25
料€3

堂々とそびえるロトゥルシュチャク塔

■石の門
住Kamenita
開随時　休無休　料無料

石の門内の礼拝堂

■青果市場
住Dolac
開7:00〜15:00
(土〜14:00、日〜13:00)
※店舗、売れ行きによって早じまいあり。
休祝

りりしい姿のトミスラヴ王像

■クロアチア国立劇場
Trg Republike Hrvatske 15
TEL(01)4888415
URLwww.hnk.hr
チケットオフィス
開月～金10:00～19:00
　土10:00～13:00
　土･日 開演の1時間30分前～
休無休
9～6月のほぼ毎日18:00～20:00から開演。

クロアチア国立劇場

Hrvatsko narodno kazalište フルヴァツコ・ナロドゥノ・カザリシュテ

Croatian National Theatre

Map P.80-A2

クロアチア共和国広場前に建つ国立劇場

クロアチア共和国広場に面して建つ。1894年に、ウィーン出身のヘルメルとフェルネルのふたりの建築家によって建てられた劇場で、黄一色の外観が太陽の光を反射して美しく華やか。

■ミロゴイ墓地
聖母被昇天大聖堂前のバス停から市内バス106番で約10分、ミロゴイMirogoj下車。
住Mirogoj 10
TEL(01)4696700
URLwww.gradskagroblja.hr
開夏期6:00～20:00
　冬期7:30～18:00
休無休　料無料

ミロゴイ墓地 Groblje Mirogoj グロブリェ・ミロゴイ

Mirogoj Cemetery

Map P.79-C1外

イェラチッチ総督広場から北へ約2.5kmの所にある。19世紀に造られた、ヨーロッパで最も美しい墓地のひとつといわれ、ツタの絡まる聖堂や回廊もある。墓地にはクロアチアの著名人以外に一般市民も埋葬されているので、日曜は多くの市民が訪れる。

紅葉の時期のミロゴイ墓地

ザグレブの博物館と美術館

ザグレブ市立博物館　Muzej grada Zagreba ムゼイ・グラダ・ザグレバ

Map P.80-A1

17世紀に建てられた修道院を修復した博物館。昔の調度品や家具などの民俗的な展示物をはじめ、先史時代から1995年までを歴史、宗教、都市計画、政治システムなど47のテーマに分けて展示している。先史時代の土器から紋章旗、宗教彫刻、イェラチッチ総督の軍服や19世紀のブルジョワの家具、社会主義時代まで、ザグレブの歴史のさまざまな側面がわかるようになっている。

住Opatička 20
TEL(01)4851361
URLwww.mgz.hr
開10:00～18:00
　(日～14:00)
休月･祝
料€5　学生€3

宗教彫刻も迫力がある

自然史博物館　Hrvatski prirodoslovni muzej フルヴァツキ・プリロドスロヴニ・ムゼイ

Map P.80-A1

クロアチアに生息する動植物の標本を展示する博物館。鉱物や化石などの展示品もあり、クロアチアの固有種の剥製も多数ある。特にウバザメの標本は圧巻。

住Demetrova 1　TEL(01)4851700
URLwww.hpm.hr(クロアチア語)
地震の影響により休館中（再開未定）。

考古学博物館　Arheološki muzej アルヘオロシュキ・ムゼイ

Map P.80-B2

先史時代から中世までのクロアチア文化の歴史を解説しており、なかでもクロアチア東部ヴコヴァル近郊で見つかったハト形の土器（写真）が有名。この土器は紀元前3000年～同2000年頃にドナウ流域で栄えたヴチェドル文化を代表する発掘品で、20クーナ札にも描かれていた。かつて地中海で使用されていてた硬貨や、古代エジプトのコレクションなども評価が高い。

住Trg Šubića Zrinskog 19
TEL(01)4873000
URLwww.amz.hr
開10:00～18:00
　(木～20:00、日～13:00)
休月･祝
※地震の影響により常設展は休業中（再開未定）。一部スペースで随時企画展を開催、料金は企画により異なる。

4階にあるハト形の土器

クロアチア歴史博物館　Hrvatski povijesni muzej フルヴァツキ・ポヴィイェスニ・ムゼイ　Map P.80-A1

18世紀末に建てられたバロック様式の館を利用している博物館。収蔵品は14万点を超すほどの充実度を誇る。展示は企画展のみ。移転する計画があるが、移転先は2023年11月現在未定。

住Matoševa 9
TEL(01)4851900　URLwww.hismus.hr
地震の影響により休館中（再開未定）。

近現代美術館　Moderna galerija モデルナ・ガレリヤ　Map P.80-B2

19世紀と20世紀の200年にわたるクロアチアの絵画を展示する美術館。クロアチア出身の画家は残念ながら日本にはあまり紹介されていないが、それだけに、知られざる傑作の宝庫ともいえる。

住Hebranga 1　TEL(01)6041040
URLnmmu.hr　地震の影響により休業中（再開未定）。分館ヨシプ・ラチッチ・ギャラリー Josip Račić Gallery Map P.80-A2 はオープン。

ストロスマエル美術館　Strossmayerova galerija starih majstora ストロスマエロヴァ・ガレリヤ・スタリフ・マイストラ　Map P.80-B2

キリスト教に関するテーマが多い

カトリックの司教であり、政治家でもあったストロスマエル司教の美術コレクションを基にしている。14～19世紀のイタリアやオランダの作品を中心に展示。

住Trg Šubića Zrinskog 11
TEL(01)4895111
URLsgallery.hazu.hr
地震の影響により休館中（再開未定）。

ナイーヴアート美術館　Hrvatski muzej naivne umjetnosti フルヴァツキ・ムゼイ・ナイヴネ・ウミェトゥノスティ　Map P.80-A1

クロアチアをはじめとする旧ユーゴスラヴィアの国々では、素朴な絵画ナイーヴアートが盛ん。クロアチアン・ナイーヴアートは、ガラスの裏側から油絵の具で自然を細密に描写することが特徴。館内ではイヴァン・ラブズィンIvan Rabuzinやイヴァン・ラツコヴィッチ・クロアタIvan Lacković Croataの作品など、クロアチアを代表する作家のナイーヴアートを展示している。常設展はない。

住Sv. Ćiril i Metoda 3
TEL(01)4851911
URLwww.hmnu.hr
開9:00～17:00
（土10:00～14:00）
休日・祝
料€5.50　学生€3

ナイーヴアート画家の有名作品が多く並ぶ

メシュトゥロヴィッチのアトリエ　Atelijer Meštrović アテリエ・メシュトゥロヴィッチ　Map P.80-A1

20世紀前半に活躍した、クロアチアを代表する彫刻家イヴァン・メシュトゥロヴィッチのアトリエだった館を利用した美術館。このアトリエは1920～1942年に実際に使われていた。同氏の作品は中庭やアトリエなどに多数展示している。また、旧ユーゴスラヴィアのさまざまな場所で同氏の作品を目にすることができる。

住Mletačka 8
TEL(01)4851123
URLwww.mestrovic.hr
開地震の影響により常設展は休業中（再開未定）。企画展のみ随時開催、料金は企画により異なる。

「海辺の女」（左）「母と子」（中央）「福音記者ルカ」（右）

Information　イヴァン・メシュトゥロヴィッチ

イヴァン・メシュトゥロヴィッチ（1883～1962年）はクロアチアを代表する彫刻家。名門ウィーン美術アカデミーで学び、1905年には若くして個展を開いた。

作風はロダンやセセッション（分離派）の影響を強く受け、力強いモニュメントをユーゴスラヴィア各地やアメリカで制作した。代表作はスプリットにあるグルグール・ニンスキの像（→P.180）や、クロアチア国立劇場（→P.86）前の『生命の泉』などが挙げられる。

同氏の作品の多くはザグレブのアトリエ（→P.87）や、スプリットにあるメシュトゥロヴィッチ美術館（→P.184）に展示されている。

クロアチア国立劇場前にある『生命の泉』

美術工芸博物館 Muzej za umjetnost i obrt ムゼイ・ザ・ウミェトゥノスト・イ・オブルト Map P.80-A2

クロアチア内外の装飾美術、工芸品を展示する美術館。建物は19世紀末のもの。収蔵品は、家具、陶磁器、グラス、タペストリーなど多岐にわたる。様式もゴシック、アールヌーヴォー、アールデコ、モダンアートと幅広く、まさに中世から現代までの「ものから眺めたクロアチアの歴史」といった内容になっている。

住Trg Republike Hrvatske 10
TEL(01)4882111
URLwww.muo.hr
地震の影響により休館中（再開未定）。

建物は改修工事中

ミマラ博物館 Muzej Mimara ムゼイ・ミマラ Map P.80-A3

アンテ・ミマラ氏が寄付したコレクションを展示する博物館。グラスや陶磁器、織物などの展示品は、ヨーロッパはもとより中近東やインド、中国や日本のものと、国際色豊かだ。ラファエロやジョルジオーネらをはじめとするイタリア・ルネッサンスの作品や、レンブラント、ルーベンス、ゴヤなど、ヨーロッパの近代画家の作品も数多く集められている。

住Rooseveltov trg 5
TEL(01)4828100
URLwww.mimara.hr
地震の影響により休館中（再開未定）。

再開が待たれるミマラ博物館

民族学博物館 Etnografski muzej エトゥノグラフスキ・ムゼイ Map P.80-A3

伝統的な習俗や生活文化を紹介する博物館。クロアチアを中心にラテンアメリカやアフリカなどさまざまな展示がある。クロアチア各地の伝統衣装を着たマネキンがずらりと並んでいる。

住Trg Mažuranića 14
TEL(01)4826220 URLwww.emz.hr
開10:00～18:00（土・日～13:00）
休月・祝 料€4 学生€2.65 ⊗

失恋博物館 Muzej prekinutih veza ムゼイ・プレキヌティフ・ヴェザ Map P.80-A1

失恋にまつわるアイテムを展示している。展示品は世界中から寄付という形で集められた。それぞれの解説には、かつての持ち主よりせつないエピソードやシリアスな愛憎のエピソードが添えられている。ヨーロピアン・ミュージアム・オブ・ザ・イヤーの特別賞を受賞したこともある。

個々の展示品にエピソードがある

住Sv. Ćiril i Metoda 2
TEL(01)4851021
URLbrokenships.com
開6～9月9:00～22:00
10～5月9:00～21:00
休1/1、11/1、12/24・25、復活祭
料€7 学生€5.50

失恋博物館のオリジナルグッズも人気だ

イリュージョン博物館 Muzej iluzija ムゼイ・イルゥジィヤ Map P.78-B1

写真撮影が楽しい

トリックアート（だまし絵）が並ぶ博物館。目の錯覚が引き起こす不思議な空間が楽しめる。ショップでは世界各国のパズルなども販売。

住Ilica 72
☐095-878-7107
URLwww.muzejiluzija.com
開9:00～22:00
休12/25（1/1は短縮）
料€9 学生€8
⊗

チケット売り場&ショップ

ザグレブ80年代博物館 Muzej Zagreb 80-ih ムゼイ・オラムデセテイフ Map P.80-B1

1980年代、旧ユーゴ時代のザグレブのアッパーミドルクラスの実際の住宅に、当時の家電、家具、衣類、雑貨、食器などを再現・展示。レトロな暮らしぶりは興味深い。展示品を手に取ったり、展示車に乗ったりもできる。

住Radićeva 34
☐099-3881982
URLwww.zagreb80.com
開11:00～21:00
休1/1、復活祭、12/25・31
料€5.40 学生€4

二日酔い博物館 Muzej Mamurluka ムゼイ・マルムルルカ Map P.79-C1

二日酔いをテーマにした博物館。2019年12月オープン。痛飲の翌日気が付いたら持ち帰っていた様々なモノがエピソード（英語）を添えて展示されている。販売されているお酒を飲みながら見て回ることができる。見終わった後のサプライズ・ドリンクも1杯含まれている。

住Vlaška 55
☐097-6184905
URLwww.museumofhangovers.com
開10:00～22:00
休1/1、復活祭、11/1、12/25
料€8 学生€7

エクスカーション

ヴェリキ・タボル城 Dvor Veliki Tabor ドゥヴォル・ヴェリキ・タボル
Veliki Tabor Castle

Map P.9D-2

ザグレブ近郊の村デスィニチの小高い丘に建つ城塞。後期ゴシック様式の五角形の城を中心として、それを取り囲むように4つのルネッサンス様式の塔が加えられている。ツェリエ伯フリドリック2世（1378-1454）によって建てられ、その後増築を重ね現在見られるような形になった。城内は博物館として公開されており、城の歴史や城内で発掘された遺物などの展示を行っている。

モコモコした外観がかわいらしい

■ヴェリキ・タボル城
長距離バスターミナルからデスィニチDesinić行きのバスが1日7便（土・日減便）。所要約2時間、€8.30。デスィニチから城までは上がり坂を徒歩で片道約40分。
TEL (049)374970
URL www.veliki-tabor.hr
開 3～10月9:00～17:00
（土・日～18:00）
11～2月9:00～16:00
休 月、1/1、復活祭、11/1、12/24～26・31
料 €5　学生€4

ザグレブのホテル

日本からの電話のかけ方　事業者識別番号（→P.54）＋010＋385（クロアチアの国番号）＋1（0を取った市外局番）＋番号

クロアチアの首都ザグレブは、世界的なチェーン系高級ホテルから中級ホテル、さらにユースホステルもあり、選択肢、数ともに多い。プライベートルームはいくつかの旅行会社で紹介をしているが、夏期と12月は非常に混み合い満室のことが多いので、早めに予約しよう。

エスプラナーデ
Esplanade Zagreb

Map P.80-B3

★★★★★　高級　室数:208

オリエント・エクスプレスの乗客のために1925年に建てられた。格調の高さと最新設備を併せもつ。各国大使館主催のパーティ会場などとしても利用される。
全館　EV あり

URL www.esplanade.hr
Mail info@esplanade.hr
住 Mihanovićeva 1
TEL (01)4566666
S/W A/C €169～410
A D M V

メット
Met Boutique Hotel

Map P.80-B2

★★★★★　高級　室数:26

2023年7月に開業したイェラチッチ総督広場から徒歩1分に位置するスタイリッシュな5つ星ホテル。全室ミニバー、ネスプレッソ、ケトル完備。
全館　EV あり

URL methotel.hr
Mail info@methotel.hr
住 Praška 4
TEL (01)5572200
S A/C €172～325
W A/C €216～375
A D M V

ドゥブロヴニク
Hotel Dubrovnik

Map P.80-B2

★★★★　高級　室数:222

イェラチッチ総督広場のすぐそばに建っている近代的な高層ホテル。広場に面した客室からは、聖母被昇天大聖堂が見えて景色がいい。
全館　EV あり

URL www.hotel-dubrovnik.hr
Mail reservations@hotel-dubrovnik.hr
住 Gajeva 1
TEL (01)4863555
S A/C €97～
W A/C €123～
A D M V

キャピタル
Amadria Park Hotel Capital

Map P.80-B2

高級　室数:109

イェラチッチ総督広場から徒歩4分の便利な立地の、ヘリテージホテル。スペーシャスなレストランやカフェのほか、宿泊客用のジムあり。

全館　EVあり

URL www.amadriapark.com
Mail hotel.capital@amadriapark.com
住 **Jurišićeva 22**
TEL (01)5562700
/ A/C €130〜549
A D M V

ホテル9
Hotel 9

Map P.79-D2

★★★★　中級　室数:20

バスターミナル近くにあるブティックホテル。各階ごとに壁紙や家具のカラーが違い、内装はモダンな雰囲気で包まれている。1階にはバーもある。駐車場1泊€10。

全館　EVあり

URL www.hotel9.hr
Mail info@hotel9.hr
住 **Avenija Marina Držića 9**
TEL (01)5625040
A/C €110〜150
A/C €130〜170
A D M V

タイムアウト
Time OUT heritage hotel Zagreb

Map P.80-A2

★★★★　中級　室数:49

イェラチッチ総督広場から徒歩3分の好立地。ロトゥルシュチャク塔が見えるルーフトップバーも人気。にぎやかな界隈なので騒音が気になる人は注意。　全館　EVあり

URL out.city
Mail time@out.city
住 **Ilica 16**
098-1600123
A/C €80〜150
A/C €90〜170
D M V

ガーデン
Hotel Garden

Map P.78-B2

★★★★　中級　室数:39

町の中心部に近い手頃なホテル。客室はシンプルで清潔感がある。直接予約で割引あり。鉄道中央駅から徒歩圏内、2番のトラム駅も近く。

全館　EVあり

URL www.gardenhotel.hr
Mail info@gardenhotel.hr
住 **Vodnikova 13**
TEL (01)4843720
A/C €75〜95
A/C €85〜105
A D M V

スリシュコ
Hotel Sliško

Map P.79-D2

★★★　中級　室数:49

バスターミナルから徒歩5分。客室は設備が新しく、広々としている。客室はコンフォートとスタンダードの2種類が用意されている。

全館

EVあり(3階へは階段)

URL slisko.hr
Mail hotel@slisko.hr
住 **Bunićeva 7**
TEL (01)6184777
A/C €69〜90
A/C €84〜106
A D M V

イェーゲルホルン
Hotel Jägerhorn

Map P.80-A2

★★★　中級　室数:18

イリツァ通りから小さなアーケードを入った奥にある、居心地のいいホテル。噴水があるテラスも気持ちいい。一部バスタブあり。

全館　EVなし

URL www.hotel-jagerhorn.hr
Mail info@hotel-jagerhorn.hr
住 **Ilica 14**
TEL (01)4833877
A/C €100〜130
A/C €110〜200
M V

ツェントゥラル
Hotel Central

Map P.80-B3

★★★　中級　室数:61

ザグレブ中央駅の目の前にある。部屋はさほど広くないが、機能的な造りになっており、日本のビジネスホテルに近い印象を受ける。
全館　EVあり

URL www.hotel-central.hr
Mail info@hotel-central.hr
住 Kneza Branimira 3
TEL (01)4841122
€90～120
€97～137
A D M V

ナショナル
Hotel National

Map P.79-D3

★★★　中級　室数:21

長距離バスターミナルから徒歩2分。客室、共用スペースともにベーシックだが、新しく清潔感がある。小さなバーや中庭にはカフェもある。
全館　EVなし

URL www.national.hr
Mail info@national.hr
住 Supilova 8
TEL (01)7057570　091-6057570
€78～116
€97～117
A D M V

カサブランカ
Boutique B&B Casablanca

Map P.79-D1

ゲストハウス　室数:13

ロビーや緑に囲まれたダイニングスペースはプチホテルを思わせる。空港からの路線バス乗り場から徒歩10分、サウナは予約制(2人まで€20)。館内にはバーもある。
全館　EVなし

URL www.casablancazagreb.com
Mail info@casablancazagreb.com
住 Vlaška 92
TEL (01)4641418
€50～70
€70～100
M V

ビューロー
Bureau Hostel

Map P.79-C1

ユースアコモデーション　ベッド数:97

男女混合の4～8ベッドのドミトリーのほか、浴室付き個室が5室あり、キッチンも使用できる。ボランティア歓迎(P.41参照)。
全館　EVなし

URL www.hostel-bureau.eu
Mail info@hostel-bureau.eu
住 Vlaška 40
TEL (01)5510517
DOM €20～30 (8人部屋)
DOM €27～42 (4人部屋)
€70～95　D M V

メイン・スクエア
Main Square Hostel

Map P.80-B2

ユースアコモデーション　ベッド数:48

2021年開業したきれいなホステル。ビルの4階にあり、4～8人のドミトリー(女性専用は1室)のほか、専用浴室付き客室も2室ある。
全館　EVなし

URL www.hostel-mainsquare.com
Mail info@hostel-mainsquare.com
住 Tkalčićeva 7　099-3350592
DOM €30～46
D J M V

パルマーズ・ロッジ
Palmers Lodge Zagreb

Map P.79-C2

ユースアコモデーション　ベッド数:34

中央駅から徒歩5分。4人、6人、8人部屋は各部屋に浴室付き。4人部屋の1室は女性専用。専用浴室付きプライベートルームも2室ある。
全館　EVなし

hostelpalmerslodge
Mail bookings@pelmerslodge.com.hr
住 Branimirova 25
095-3420120
DOM €20～40
M V

ザグレブのレストラン

ザグレブ市街には、郷土料理から各国料理、ベーシックなレストランからミシュラン1つ星までさまざまなレストランがある。カジュアルなレストランでは、ガブレツGablecと呼ばれる手ごろな日替わりランチを提供するところが多い。

スターリ・フィヤケル900
Stari Fijaker 900

Map P.80-A2

クロアチア料理

ザグレブ周辺やスラヴォニアの肉メインの郷土料理が多いが、魚料理もある。メニューは一部写真付き。メインは€7.50～27。ザグレブ風カツレツ（牛）は€14、日替わりシチューVarivoは€5.50。予約が好ましい。

URL starifijaker900.hr
住 Mesnička 6
TEL (01)4833829
開 11:00～23:00（日・祝～22:00）
休 無休
カード A D J M V

プルゲル
Gostionica Purger

Map P.80-B2

クロアチア料理

ズリンスキ広場、ストロスマエル広場の近くにあるレストラン兼カフェ。店内の雰囲気もよく常連客も多い。肉料理のメニューが豊富で、パプリカの肉詰めやキャベツの肉詰めが通年食べられる。旅行者にも人気で日本語メニューもある。

URL www.purger.hr
住 Petrinjska 33
TEL (01)4810713
開 7:00～23:00
休 日、1/1、12/25
カード D M V

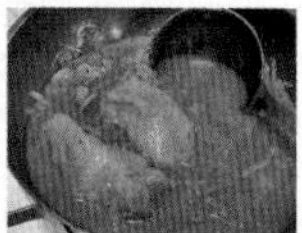

ヴィノドル
Restaurant Vinodol

Map P.80-A2

クロアチア料理

考古学博物館の近くにある郷土料理レストラン。石造りの太い柱がいくつも立つ重厚な雰囲気。料理の量が比較的少なく日本人にも食べやすい。メインは€12～35。ザグレブ風カツレツ（牛）は€21。夏期はテラス席もある。

URL www.vinodol-zg.hr
住 Teslina 10
TEL (01)4811427
開 12:00～24:00
休 1/1、復活祭、12/25
カード D J M V

リビツェ・イ・トゥリ・トチュキツェ
Ribice i tri točkice

Map P.80-A2

シーフード

シーフードがお手頃価格で食べられるレストラン。通り沿いのカジュアルな店舗のほか、建物2階にも食事スペースがある。タコのサラダなど冷菜は€11～、イカのグリルなどメインは€8～17。パスタやリゾットもある。

URL ribice-i-tri-tockice.eatbu.hr
住 Nikole Tesle 17
携帯 098-9372186
開 12:00～23:00
休 無休
カード M V

フィツレク
Gostionica Ficlek

Map P.80-B2

ザグレブ家庭料理

イェラチッチ総督広場から徒歩1分。ドラツ市場の食材を用いたザグレブ地域の伝統的な家庭料理を食べることができる。温かみのあるシンプルなインテリアで地元の人にも人気。要予約。料理のラストオーダーは1時間前。

f GostionicaFiclek
Mail gostionica@ficlek.hr(予約)
住 Pod Zidom 5
携帯 099-4958909
開 11:00～23:00
日11:00～17:00
休 月、1/1、復活祭、12/25・26 カード M V

バタク
Batak Grill Centar Cvjetni

Map P.80-A2
クロアチア料理、セルビア料理

多くの支店をもつグリル専門店。ショッピングモールのフードコートにあり、入口は少しわかりづらい。セルビアのレスコヴァツ風チェヴァピ（写真右）が名物で、1個単位でも注文可。メインは€5.90～13。

URL www.batak.hr
住 Trg Petra Preradovića 6
☎ 091-4622334
開 11:00～23:00
休 1/1、復活祭、12/25
カード D M V

ガッロ
Gallo Restaurant

Map P.80-A2
イタリア料理

ヘブランゴヴァ通りからビルを突っ切った中庭にある。クロアチア首相とマクロン仏大統領の会食が行われたほか、ローラ・ブッシュ元米大統領夫人も訪れた高級店。シーフード中心のメイン料理は€20～。

住 Hebrangova 34
TEL (01)4814014
開 12:00～24:00
休 日
カード D J M V

サラリーズ
Saralee's Thai Street Food

Map P.79-C1
タイ料理

Importanne Galleriaの敷地内。タイ人女性が経営する店で店の前に食べられるスペースがある。パッタイや焼き飯など€9.80～。長距離バスターミナル近くには2号店がある。

f thaifoodZagreb
住 Trg Drage Iblera 10
開 11:00～18:00
休 日・月・祝
カード M V

ピンク・ピッグ
Pink Pig Cuisine Japanese

Map P.79-C2
日本料理

日本人女性シェフが切りもりする居心地のよい家庭風居酒屋。素材にこだわった一品一品ていねいに作られた料理が楽しめる。料理は季節によって変わる。要予約。

f pinkpig.jdoo
Instagram pinkpig_cuisinejapanese
住 kneza Branimira 33
開 18:00～21:00
休 日～水
カード 不可

ブレク・ドラツ
Burek Dolac

Map P.80-B2
ファストフード

ドラツ青果市場の中2階で長年営業するブレク専門の人気店。店の前のテラス席で食べられるほか、テイクアウトもできる。ひき肉またはチーズ€2.25、リンゴ€1.60の3種類ある。

URL burek.business.site
f burek.dolac
住 Dolac 2
TEL (01)4816326
開 8:00～15:00
※昼過ぎには売り切れる場合あり。
休 日・祝　カード 不可

サブマリン・バーガー
Submarine Burger

Map P.80-A2
ファストフード

ボリュームたっぷりのハンバーガーとクラフトビールで人気の店。ハンバーガーは€7.20～、ザグレブ市内11店舗、リエカ、スプリット、ザダルにも展開中。

URL submarineburger.com
住 Bogovićeva 7
TEL (01)6272690
開 11:00～23:00
（金・土～24:00）
休 12/25
カード A D M V

サロ
Salo

Map P.80-B1

カフェ・レストラン

クロアチアの伝統的な軽食をモダンにアレンジしたシンプルなブランチ屋さん。サワードゥやオリジナル惣菜パンが人気。可能な限り自家栽培野菜を利用するため、食材やメニューは季節によって変わる。写真のスクランブルエッグは10分程度待つ。

salo_dolac
住Opatovina 13
開8:00〜16:00
休日〜火、1/1、復活祭、11/1、12/25
MV

ヴィンツェク
Slastičarnica Vincek

Map P.80-A2

スイーツ

イリツァ通りにある老舗のケーキ店。2代目が引き継ぎ、定番のザグレブ・シュニテは卵と甘さ控えめのミルククリーム風になった。店内の立ち食いスペースは、さっと食べて立ち去る人御用達。ケーブルカー横にはグルテンフリーの姉妹店もある。

URL www.vincek.com.hr
住Ilica 18
TEL (01)4833612
開8:30〜23:00
休日・祝
MV

Information クロアチアのカフェ文化

カフェの中庭ではおしゃべりの花が咲く

◆カフェの楽しみ

クロアチアの食文化は歴史的にオーストリアやイタリアの影響を強く受けている。カフェで飲むコーヒーはエスプレッソとそのバリエーションが基本(アメリカーノはエスプレッソを薄めたもの)だ。

ザグレブにもカフェはたくさんある。オーストリア風の古い建物をぼんやり眺めながらテラスで楽しむコーヒーは、旅の疲れをいやしてくれるだろう。

地元っ子にとってカフェはおしゃべりを楽しむ社交の場でもある。これだけ生活にコーヒーが欠かせないのにスターバックスが進出していないというのも面白いところ。その分、個性的なカフェが多く、自分好みのいきつけのカフェを探す楽しみもある。

◆家で飲むコーヒー

コーヒー好きの人々ゆえ、もちろん家でもコーヒーを飲む。ただし、そのコーヒーはトルココーヒー。細挽きの粉を煮出してカップに注ぎ、上澄みを飲むというものだ。クロアチアはかつてオスマン朝の侵攻を受けた。トルココーヒーはその置きみやげというわけ。

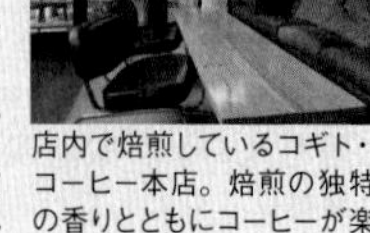
店内で焙煎しているコギト・コーヒー本店。焙煎の独特の香りとともにコーヒーが楽しめる

トルココーヒーがメニューにあるカフェはほとんどない。でも家では一般的。東西文化の狭間にあるクロアチアが、コーヒー1杯からも見て取れる。

コギト・コーヒー Cogito Coffee

Map P.80-A3

こだわりの自家焙煎豆でコーヒー好きに人気のカフェ。ザグレブに直営店4軒、ドゥブロヴニク旧市街1軒のほか、国外でも展開中。その日のコーヒー豆のほか、コロンビア、エチオピア、ブラジルなどから選べる。ノスタルジックな雰囲気の本店横には焙煎スペースも併設。本店は通りから中庭に入ったところにある。エスプレッソ€1.90〜。

コギト・コーヒーのカウンター

URL www.cogitocoffee.com
住Jurja Žerjavića 7/2 (本店)
住Varšavska 11 (花の広場近く)
開9:00〜22:00 (土〜17:00)
休日・祝 MV

ザグレブのショッピング

イェラチッチ総督広場から大聖堂へ向かうエリアやイリツァ通り、ラディチェヴァ通りRadićevaマサリコヴァ通りMasarykovaを中心とするエリアにはさまざまなショップが並んでいる。みやげ物もほとんどこのあたりで買うことができるだろう。

クロアタ
Croata

Map P.80-A2
ファッション

クロアチアは知る人ぞ知るネクタイ発祥の地。上品な光沢を放つ本場のネクタイを手に入れよう。グラゴール文字をデザインした伝統柄が人気。女性用のスカーフやショールもある。

URL www.croata.hr
住 Ilica 5
TEL (01)6457052
開 9:00～20:00（土～15:00）
休 日・祝
カード A D M V

ク・ツルノム・オルル
Gornjogradska ljekarna K crnom orlu

Map P.80-B1
薬局

1355年から現在に至るまで営業を続けるザグレブ最古の薬局。石の門すぐ近く。歴史的建物と鷲の紋章が目印。オリジナルハンドクリーム€5とリップバーム€2.20～3はここでしか買えない。

住 Kamenita 9
TEL (01)4852109
開 8:00～16:00
休 土・日・祝
カード M V

テイク・ミー・ホーム
Take Me Home

Map P.80-A2
雑貨

有名デザイナーから若手までクロアチア出身のアーティストのアイテムを多く取り扱っている。キッチン用品から文房具まで、どれも個性的。

URL www.takemehome.hr
Mail info@takemehome.hr
住 Tomićeva 4　TEL (01)7987632
開 9:30～20:00（土10:00～15:00）
休 日・祝　カード D M V

ボーンスタイン
Vinoteka Bornstein

Map P.80-B1
ワイン

れんが造りの建物の地下室を利用している。約400本以上のワインは全世界から取り寄せている。館内にはワイン・バーも併設しており、試飲は3杯€20～。

URL www.bornstein.hr
Mail bornstein@bornstein.hr
住 Kaptol 19　TEL (01)4812361
開 ショップ10:00～20:00
ワインバー10:00～23:00（金・土～24:00）
休 日・祝　カード M V

クラシュ
Kraš

Map P.80-B2
お菓子

クロアチアを代表するチョコレートブランドの直営店で、職場などへのばらまき土産にぴったり。ザグレブの直営店は7店ある。併設のカフェでは軽食も食べられる。

URL www.kras.hr
住 Trg bana J. Jelačića 5
TEL (01)2396041
開 ショップ8:00～21:00（日～15:00）
カフェ8:00～22:00（日～16:00）　休 祝
カード A D J M V

ズナニェ
Znanje

Map P.80-B2
書籍

ホテル・ドゥブロヴニクの横にある。英語など洋書の品揃えが豊富。クロアチアに関する地図やガイドブックを販売している。

URL znanje.hr
住 Gajeva 1　TEL (01)5577953
開 8:00～21:00（土9:00～20:00）
休 日・祝　カード A D M V

できたてのクレムシュニテを食べよう

サモボル
Samobor

サモボル ザグレブ
Map P.9-D3

レストランやカフェが並ぶトミスラヴ王広場

ザグレブから西へ約**20km**。スロヴェニアとの国境近くの山々に抱かれた町がサモボルだ。ザグレブからちょっと足を延ばしてのどかな風情に浸るのにちょうどよい。クレムシュニテとガーリックサラミ**Češnofka**が有名。鉱夫ケーキ**Rudarska Greblica**はクロアチア無形文化財登録されている。

歩き方

長距離バスターミナルから南西へ15分ほど歩くと、**トミスラ**

■サモボルへの行き方
●ザグレブから
1時間に1～4便、所要45分～1時間、€4.50。

■サモボルの i
Map P.96拡大図
住 Trg kralja Tomislava 5
TEL (01)3360044
URL www.samobor.hr
Mail visit@samobor.hr
開 8:00～16:00
休 土・日・祝

HOTEL ホテル

ラヴィツァ
Lavica Hotel
Map P.96拡大図
住 **Ferde Livadića 5**
TEL (01)3368000
URL www.lavica-hotel.hr
Mail info@lavica-hotel.hr
料 S A/C €46
W A/C €68
CC D M V

■鉱夫ケーキ
Rudarska Greblica
トミスラヴ王広場から徒歩1分ほど通りを入ったベーカリーNiklで買える。1個€1.70。
●ベーカリー Nikl
住 **Trg kralja Tomislava 8D**
開 6:00～14:00
（日7:00～12:00）

トミスラヴ王広場から見た聖アナスタズィア教会

スターリ・グラードへはちょっとしたウオーキングコースになっている

ヴ王広場**Trg kralja Tomislava**へ出る。ここが町の中心で、ⓘやカフェが軒を連ねている。トミスラヴ王広場と川を挟んで建つのは**聖アナスタズィア教会Crkva sv. Anastazije**。教会で右折し、さらに坂を上ると古城、**スターリ・グラードStari grad**へと続く道との分岐点に出る。右側の細い山道を歩けばスターリ・グラードへ出る。

サモボルではハイキングを楽しむことができ、片道1～2時間のちょっとしたハイキングコースがいくつかある。朝早くザグレブを出れば日帰りでハイキングを楽しむこともできるし、時間があるなら1泊してゆっくりするのもいいだろう。

■サモボル博物館
Map P.96拡大図
住Livadićeva 7
TEL(01)3361014
URL www.samobor.hr/muzej
開火・水・金9:00～16:00
木8:00～19:00
土・日10:00～18:00
休月・祝
料€3.50　学生€3
2階不可

サモボルのレストラン

トミスラヴ王広場周辺にはサモボル名物のスイーツ、サモボルスケ・クレムシュニテ**Samoborske kremšnite**を出す名店がある。カスタードクリームがたっぷり入ったふわふわした食感が楽しい。休憩がてらカフェやレストランに入ったらぜひ注文してみよう。

ガブレク1929
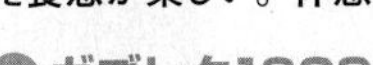
Gabreku 1929.

Map P.96
クロアチア料理

スターリ・グラード近くにある郷土料理の店。仔牛料理を得意としており、グリルや煮込みなど種類豊富だが、特にローストが人気。メインは€15～20。

URL www.gabrek.hr
住**Starogradska 46**
TEL(01)3360722
開12:00～22:00
休火、12/24・25
ADMV

ウ・プロラズ
U Prolazu

Map P.96拡大図
カフェ

トミスラヴ王広場に面したカフェ。さまざまな種類のケーキを取り揃えているが、なかでもサモボルの名物、サモボルスケ・クレムシュニテ（写真、€2）を出す店として評判が高い。

住**Trg kralja Tomislava 6**
TEL(01)3366420
開7:00～23:00
休祝
不可

リヴァディチ
Livadić

Map P.96拡大図
カフェ

ウ・プロラズと人気を二分する、サモボルスケ・クレムシュニテ（€2.20）の名店で、濃厚な味が特徴。ホテル部門は🚹€56.10～、🚹🚹€72.20～で、どの部屋も落ち着いた雰囲気。

URL www.hotel-livadic.hr
住**Trg kralja Tomislava 1**
TEL(01)3365850
開夏期8:00～23:00
冬期8:00～22:00
休12/25、イースター
不可

サモボルのショッピング

クリスタル・サモボル
Kristal Samobor

Map P.96
クリスタル

サモボルのクリスタルはクロアチアを代表する工芸品としても知られている。製品の研磨はダイヤモンドではなく石の粉を固めたものを使用するので独特の輝きを放つ。ワイングラスは€24～。

URL www.kristalsamobor.com
住**Milana Langa 63**
TEL(01)3367101
開月～金8:00～20:00
土9:00～14:00
休日・祝　DMV

ヴァラジュディン
Varaždin

ハートの飾り、リツィタル

トミスラヴ王広場で行われる衛兵交替式

ザグレブの北80kmに位置するヴァラジュディンは、ザグレブとウィーンを結ぶ通商路と、ザグレブとブダペストを結ぶ通商路が交わる交通の要衝として栄えた町。13世紀初頭には自由都市としての認可を得、18世紀には、一時的ながらクロアチアの首都にもなった。そんな歴史豊かなヴァラジュディンは、別名がバロックの都と呼ばれるように、バロック様式の建築物がいっぱい。毎年8月中旬から9月にかけては、野外音楽祭のシュパンツィルフェストが、9月末から10月にかけてはバロック音楽祭が開催される。小さいながらも文化の香りが漂うヴァラジュディンは、ザグレブから日帰りで足を延ばすにはぴったりの所だ。

歩き方

鉄道駅は町の東、長距離バスターミナルは町の南西に位置しており、ともに町の中心まで徒歩で行くことができる。町の中心は**トミスラヴ王広場Trg kralja Tomislava**。ⓘはトミスラヴ王広場からクラニュチェヴィッチ通りKranjčevićaを北上して左折したイヴァン・パドヴァツ通り Ivana Padovca沿い。その北東にはセルマージュ邸があり、北西には見張り塔を越えた先にスターリ・グラードがある。**公設市場Gradska tržnica**では、地元の農産物や特産品を販売している。

地元の新鮮な食材が集まる公設市場

■ヴァラジュディンへの行き方
●ザグレブから
🚃22:00発。所要2時間14分、€8.15。
🚌1日16便、所要1時間15分～2時間、€6～12。

■ヴァラジュディンのⓘ
Map P.99-A1
住Ivana Padovca 3
TEL(042)210987
URL www.visitvarazdin.hr
開8:00～16:00
（土10:00～13:00）
シュパンツィルフェスト開催時
8:00～21:00
休日・祝（シュパンツィルフェスト開催時を除く）

■ヴァラジュディンのイベント
●シュパンツィルフェスト
Špancirfest
URL spancirfest.com
●バロック音楽祭
Varaždinske barokne večeri
URL vbv.hr

■愛のクリノリン
クリノリンとは、スカートを膨らませるために用いられた骨組みの下着のこと。ヴァラジュディンを舞台とした恋愛小説にちなみ、永遠の愛の象徴として、南京錠をかけられるようになっている。南京錠の鍵は、スターリ・グラードの中庭にある井戸に投げ入れる。

数多くの南京錠がかかっている

おもな見どころ

トミスラヴ王広場 Trg kralja Tomislava トゥルグ・クラリャ・トミスラヴァ
King Tomislav Square

Map P.99-A1

町の中心であるトミスラヴ王広場はにぎやかな広場。町のシンボルの**市庁舎Vijećnica**は広場の北側に建っている。市庁舎は1523年の創建で、ヴァラジュディンではスターリ・グラードに次いで古い建物だが、ほかのヴァラジュディンの建物と同様に、1776年の火事により大きな被害を受け、その後の改築により現在見られるような姿になった。市庁舎の入口には、衛兵が常駐しており、4～9月の毎週土曜の11:00～12:00に、衛兵交替式が行われる。

町の中心トミスラヴ王広場

■ヴァラジュディンの博物館共通券

ヴァラジュディン市立博物館はスターリ・グラードの文化・歴史部門、セルマージュ邸の美術部門、ヘルツェル邸の昆虫学部門という3部門から成り立っている。チケットは個別でも購入できるが、3館共通券なら€12（学生€7）と割安。いずれの博物館でも購入できる。

名物のハニー・ブランデーにはさまざまな形の容器のものがある

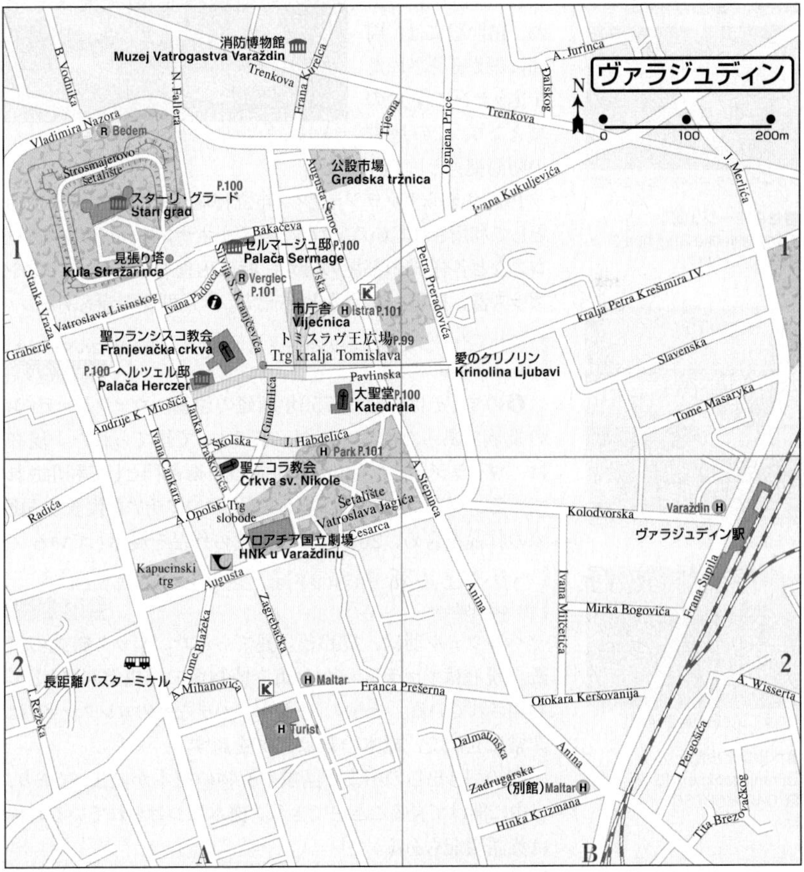

ヴァラジュディン

N
0 100 200m

消防博物館 Muzej Vatrogastva Varaždin
スターリ・グラード Stari grad P.100
見張り塔 Kula Stražarinca
R Bedem
セルマージュ邸 P.100 Palača Sermage
R Verglec P.101
市庁舎 Vijećnica
H Istra P.101
トミスラヴ王広場 P.99 Trg kralja Tomislava
聖フランシスコ教会 Franjevačka crkva
P.100 ヘルツェル邸 Palača Herczer
大聖堂 P.100 Katedrala
愛のクリノリン Krinolina Ljubavi
公設市場 Gradska tržnica
H Park P.101
聖ニコラ教会 Crkva sv. Nikole
Trg slobode
クロアチア国立劇場 HNK u Varaždinu
Kapucinski trg
長距離バスターミナル
H Maltar
H Turist
（別館）Maltar H
Varaždin H
ヴァラジュディン駅

B. Vodnika
N. Fallera
Vladimira Nazora
Strosmajerovo šetalište
Trenkova
Frana Kurelca
Tijesna
Ognjena Price
A. Jurinca
Dalskog
J. Merlića
Ivana Kukuljevića
Augusta Šenoe
Bakačeva
Uska
Silvija S. Kranjčevića
Ivana Padovca
Vatroslava Lisinskog
Stanka Vraza
Graberje
Petra Preradovića
kralja Petra Krešimira IV.
Slavenska
Tome Masaryka
Pavlinska
Andrije K. Miošića
Janka Draškovića
I. Gundulića
Školska
J. Habdelića
Ivana Cankara
Radića
A. Opolski
Šetalište Vatroslava Jagića
Cesarca
A. Stepinca
Kolodvorska
Augusta
Anina
Ivana Milčetića
Mirka Bogovića
Frana Supila
Tome Blažeka
Zagrebačka
A. Mihanovića
I. Režeka
Franca Prešerna
Otokara Keršovanija
A. Wisserta
I. Pergošića
Dalmatinska
Zadrugarska
Hinka Krizmana
Tita Brezovačkog
1 2 A B

豪華な装飾の大聖堂の祭壇

■大聖堂
住Pavlinska 5
URL www.biskupija-varazdinska.hr
開7:00～12:00、17:00～20:00
休無休　料無料

■スターリ・グラード
住Strossmayerovo šetalište 1
TEL(042)658773

■市立博物館共通
スターリ・グラード、セルマージュ邸、ヘルツェル邸はウェブサイト、開館時間、料金などは下記共通。
URL www.gmv.hr
開9:00～17:00（土～13:00）
7・8月の土9:00～17:00
休月・祝　料€5 学生€3

スターリ・グラードのバロックの間

■セルマージュ邸
住Trg Miljenka Stančića 3
TEL(042)214172

美術館として利用されているセルマージュ邸

セルマージュ邸の絵画展示

■ヘルツェル邸
住Franjevački trg 10
TEL(042)658760

大聖堂 Katedrala カテドゥラーラ
Cathedral
Map P.99-A1

ヴァラジュディンの中心部には、数多くの教会が建ち並ぶが、最も見応えがあるのが大聖堂で、バロック音楽祭では、メイン会場としても利用される。

17世紀の中頃にイエズス会によって建てられた初期バロック様式の教会で、薄いオレンジ色をしたファサードが特徴的だ。比較的シンプルな外観とは対照的に、内部は非常に凝った装飾がなされ、特に祭壇と天井部分は見応えがある。

スターリ・グラード Stari grad スターリ・グラードゥ
Old Castle
Map P.99-A1

町の北西に建つヴァラジュディン最古の建物。もともとは、13世紀に砦として建てられたものだが、以降改築を重ね、16世紀には、周囲に堀が巡らされたルネッサンス様式の城となり、この地方の防衛拠点として活躍した。

ヴァラジュディンの防衛を何百年も担ってきた

1925年からヴァラジュディン市立博物館の文化・歴史部門として利用されている。ゴシックやルネサンス、バロック、ロココなど各様式の部屋のほか、特に19世紀のファッションやガラス器、陶器、時計などが充実。伊万里焼の壺もある。

セルマージュ邸 Palača Sermage パラチャ・セルマージェ
Sermage Palace
Map P.99-A1

❶のすぐそばに建つ1759年創建の建物。ヴァラジュディンの貴族であったセルマージュ家によって建てられた。現在は、ヴァラジュディン市立博物館の美術部門として利用されている。ヴコヴァツやシュラガイなどクロアチアを代表する画家の作品を含め、20世紀から現代の作品を展示している。

ヘルツェル邸 Palača Herczer パラチャ・ヘルツェル
Herczer Palace
Map P.99-A1

ヘルツェル邸は、1795年に建てられたバロック様式の宮殿。現在はヴァラジュディン市立博物館の昆虫学部門として利用されている。チョウ、トンボ、ハチなどのコレクションは非常に立派で、標本の数は4500を超す。

棚の引き出しの中まで昆虫や植物の標本が詰まっており、自由に開けて見ることができる。標本につけられている名称は英語表記もある。

エクスカーション

トゥラコシュチャン城 Dvorac Trakošćan ドゥヴォラツ・トゥラコシュチャン
Trakošćan Castle

Map P.9-D2

城内には多くの家具が配されている

ヴァラジュディンから車で約1時間。スロヴェニアとの国境に近い山間に美しい城が見えてくるだろう。トゥラコシュチャンの丘には13世紀には既に砦が築かれていたが、現在のようなネオ・ゴシック様式の城になったのは19世紀頃。16世紀にクロアチア総督を務めたユライ・ドゥラシュコヴィチJuraj Draškovićに与えられ、その後はドゥラシュコヴィチ家の当主がこの城を引き継いでいった。城内では、当時使用されていた家具や武具、絵画などを見ることができる。

■トゥラコシュチャン城
5時台～22時台に2～9便運行(日曜運休)、所要1時間～1時間20分、€5.10。URL www.ap.hrのPretraga linijaでPolazište(出発地)にVaraždin、odredište(目的地)にTrakošćanを入れて検索。
TEL (042)796281
URL www.trakoscan.hr
開 夏期10:00～18:00
冬期9:00～16:00
休 無休 料 €7

湖のそばにたたずむ壮麗な城

ヴァラジュディンのホテル

日本からの電話のかけ方 事業者識別番号(→P.54)+010+385(クロアチアの国番号)+42(0を取った市外局番)+番号

ヴァラジュディンの宿泊施設は、バスターミナルから鉄道駅にかけての、町の中心からやや南に点在している。数はあまり多くないので、夏期には予約が望ましい。

イストゥラ
Hotel Istra

Map P.99-A1

★★★ 高級 室数:11

市庁舎のすぐそばにある絶好のロケーション。全室バスタブ付き。ダブルルームはツインベッドへの変更も可能。
全館 EVあり

URL www.istra-hotel.hr
Mail reservations@istra-hotel.hr
住 Ivana Kukuljevićeva 6
TEL (042)659659
S A/C €67
W A/C €86 D J M V

パーク
Park Boutique Hotel

Map P.99-A1

★★★★ 高級 室数:19

公園に隣接するスタイリッシュで機能的なホテル。バスタブ付きの部屋もあり、サウナ・ジャクージも利用できる(時間制で要予約)。併設のレストラン・カフェ(宿泊客は10%割引)は地元客にも人気。
全館 EVあり

URL www.park-boutique-hotel.eu
Mail recepcija@park-boutique-hotel.eu
住 J. Habdelića 6
TEL (042)420300
S A/C €90～95
W A/C €115～120
D M V

ヴァラジュディンのレストラン

ヴェルグレツ
Restoran Verglec

Map P.99-A1

クロアチア料理

店内は奥行きがあり、中庭にテラス席もある。ヴァラジュディンの郷土料理€10.40～12のほか、シュトゥルクリや家庭料理、肉・魚・ピザなど幅広い。メインは€9.30～。平日ランチは日替わり定食もある。

URL gastrocom-ugostiteljstvo.com
住 Kranjčevićeva 12
TEL (042)211131
開 10:00～22:00
(金10:00～23:00、
土11:00～23:00、
日11:00～22:00)
休 1/1、12/25、復活祭 D M V

Information ザグレブでクロアチア・サッカー関連スポットを巡る

クロアチアは人口約400万の小国ながら、2018年のサッカーW杯で準優勝、2022年3位など、サッカーに関しては押しも押されぬ大国。日本とは縁深く、W杯で3度も対戦してるので、赤と白の市松模様のユニフォームを記憶している人も多いことだろう。

ザグレブでは、クロアチアサッカーに関する見どころが点在しているので、サッカーファンはぜひ訪れてみたい。往年の名選手がオーナーを務める店もある。

◆クロアチアサッカー協会
マルチメディア・インフォメーションセンター
Informativno-multimedijski Centar Hrvatskog Nogometnog Saveza
Map P.80-B2 住Petrinjska 2
開10:00～18:00 休日・月・祝 料無料

クロアチアサッカー協会の博物館

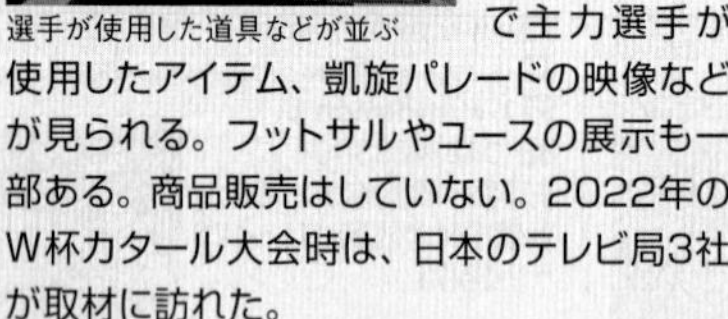
選手が使用した道具などが並ぶ

サッカーファンなら、決して見逃してはならないのがクロアチアサッカー協会公式センター。

W杯で着用した歴代クロアチア代表のユニフォームやメダルのレプリカ、ロシア大会で主力選手が使用したアイテム、凱旋パレードの映像などが見られる。フットサルやユースの展示も一部ある。商品販売はしていない。2022年のW杯カタール大会時は、日本のテレビ局3社が取材に訪れた。

◆マクシミル・スタジアム
Stadion Maksimir Map P.79-D1 外
住Maksimirska cesta 128
URL gnkdinamo.hr/en

クロアチア代表チームとクラブチームのディナモ・ザグレブが本拠地にしているスタジアム。試合の予定やチケット購入は公式サイトで(アカウント登録が必要)。料金は€5～。

数々の名試合が生まれたスタジアム

クロアチアのサポーターは、ときにフーリガンと化して、暴力騒ぎとなることもあるので、高いチケットを買っておいたほうが安心。酔っぱらったサポーターは避けること。

◆ディナモ・ファンショップ2
DINAMO FAN SHOP 2 Map P.80-B2
住Jurišićeva 2a
開9:00～21:00 (土～20:00、日～15:00)
休無休

クロアチア最強クラブといわれる

モドリッチ選手をはじめ、クロアチア代表選手を多く輩出する名門クラブ、ディナモ・ザグレブの公式ショップ。カズこと三浦知良選手も1999年に在籍していた。カタール大会でゴールキーパーを務めたリヴァコヴィッチ選手も所属しており、同選手のサイン入りグローブも展示されている。ファンショップは本拠地のマクシミル・スタジアムにもある。

RESTAURANT レストラン

ボバン Boban Map P.80-B2
URL www.boban.hr
住Gajeva ul. 9 TEL (01)4811 549
開12:00～24:00 休1/1、復活祭、12/25

れんが造りの重厚な内装

ACミランに10年以上在籍し、1998年のフランスW杯では銅メダル獲得に貢献したズヴォニミール・ボバンがオーナーを務めるイタリアン・レストラン。ザグレブ中心部で20年以上営業を続ける老舗で、地元の人々に愛されている。

ジョリー・プティ・パティスリー
Jolie Petite Patisserie Map P.78-A3外
f joliepetitepatisserie
住Ujevićeva 17
☐099 527 4437
開8:00～22:00 休無休

かわいいスイーツがいっぱい

サンフレッチェ広島で9年間活躍したミハエル・ミキッチ選手がトップモデルの奥様と経営するスイーツショップ。トラム4、5、14、17番でヴェスラチュカVeslačka下車、徒歩約8分。

カルロヴァツ

Karlovac

ザグレブ
カルロヴァツ

Map P.9-C4

町を流れるコラナ川

紅葉に染まる町の中心、イェラチッチ総督広場

カルロヴァツはザグレブとイストゥラ半島やダルマチア地方を結ぶ幹線道路沿いに位置し、ザグレブから南西に約**56km**離れた場所にある。町の歴史は**1579**年、オーストリア=ハンガリー帝国のオスマン朝に対する防衛拠点として造られたことに始まる。六角形の星形の要塞**Karlovačka Zvijezda**の守りは堅く、オスマン朝の包囲を何度も退けた。クロアチアを代表するビールの銘柄カルロヴァチュコ**Karlovačko**の生産地としても知られ、8月の5日間はカルロヴァツビール祭り**Karlovački Dani Piva**が開かれる。

※2023年7月現在、旧市街中心部は2020年に起きた地震の大規模な修復工事中。正常化には1～2年かかる予定。

■カルロヴァツへの行き方

●ザグレブから

🚃1～2時間に1便、所要40分～1時間、€4.56～9.24。

🚌1～2時間に1～5便、所要1時間、€5.50～12。

●リエカから

🚃13:58発。所要3時間40分、€11.58。

🚌1日20便、所要1時間30分～2時間、€10～15。

■カルロヴァツのⓘ

Map P.103-B

住Petra Zrinskog 3

TEL(047)615115

URL visitkarlovac.hr

開6～8月8:00～20:00
（祝9:00～13:00）
9～5月8:00～16:00
（土9:00～13:00）

休日、冬期の祝

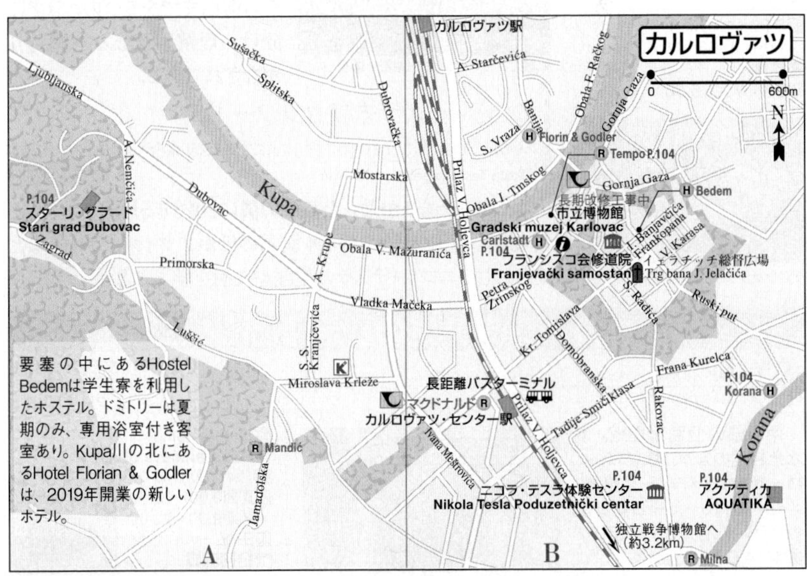

info 事前に公式サイトからカルロヴァツのIQMパス（無料）を入手しておくと、アクアティカやスタリ・グラード、独立戦争博物館の料金が割引になる。

HOTEL ホテル

コラナ Hotel Korana
Map P.103-B
住Perivoj Josipa Vrbanića 8
TEL (047)609090
URL hotelkorana.hr
料 €108～140
€138～165
ADJMV

カールシュタット Hotel Carlstadt
Map P.103-B
住Vraniczanyeva 1
TEL (047)611111
URL carlstadt.hr
料 €42
€62
DMV

■スターリ・グラード
開6～9月10:00～19:00
10～5月10:00～18:00
休月・祝
料€1.33 学生€0.66

■アクアティカ
住Branka Čavlovića Čavleka 1A
TEL (047)659112
URL aquariumkarlovac.com
開夏期9:00～19:00
冬期9:00～17:00
休1/1、復活祭、12/25
料€8 学生€5.30

■ニコラ・テスラ体験センター
住Rakovac 6
TEL (047)674746
URL ntec.hr
開9:00～19:00
（日・祝10:00～18:00）
休無休
料€8 学生€5.50

テスラが使った物理実験具

歩き方

旧市街の中心は、星形の要塞跡の中にある**イェラチッチ総督広場Trg bana J. Jelačića**。長距離バスターミナルや鉄道駅からはホリェヴァツ通りV. Holjevcaを進み、トミスラヴ王通りKr. Tomislavaで東に曲がるとイェラチッチ総督広場に着く。

イェラチッチ総督広場周辺には❶や市庁舎、**市立博物館Gradski muzej**がある。現在の要塞の城壁跡は公園となっており、市民の憩いの場になっている。

おもな見どころ

スターリ・グラード Stari grad Dubovac スターリ・グラードゥ・ドゥボヴァツ
Old Castle
Map P.103-A

町の西に建つスターリ・グラード

イェラチッチ総督広場から西へ約2.5kmの所にある、13世紀に建てられた城塞。小高い丘の上に建っており、町を一望することができる。併設レストランBistro Kastelも人気。

アクアティカ AQUATIKA アクアティカ
AQUATIKA
Map P.103-B

水槽でプリトゥヴィツェ湖群を再現

クロアチア最大かつ唯一の淡水水族館。固有種約20種を含むクロアチアや内外の淡水魚を見ることができる。急流から河口までを5つのエリアに分け、理解が深まる水槽作りがなされている。

ニコラ・テスラ体験センター
Nikola Tesla Poduzetnički centar ニコラ・テスラ・ポドゥゼトニチュキ・ツェンタル
Nikola Tesla Experience Center
Map P.103-B

ニコラ・テスラが通った高校の隣に2023年5月オープンした博物館。短編映像やパネル展示のほか、クイズ、ゲームなどをとおしてニコラ・テスラの生涯や人柄を学ぶことができる。

カルロヴァツのレストラン

テンポ Restoran Tempo
Map P.103-B
クロアチア料理

中心部の便利な立地。淡水魚料理のほか、肉、パスタ、バーガーなどメニューは豊富。メインは€10～。平日は日替わりランチ定食€5～7.50がある(14:00まで)。

f restorantempo
住Mažuranićeva obala 1
TEL (047)600168
開夏期9:00～23:00
冬期9:00～22:00
休日・祝
ADMV

info 中心部から南に4kmほどのところに独立戦争博物館 Muzej Domovinskog rata Karlovac - Turanjがある。1991～1995年の旧ユーゴスラヴィアからの独立戦争時の戦車や戦闘機を展示している。URL mgk.hr

エメラルドグリーンに輝く

プリトゥヴィツェ湖群国立公園

Nacionalni park Plitvička jezera

Map P.11-D1〜2

なだらかな滝と湖の間を歩く

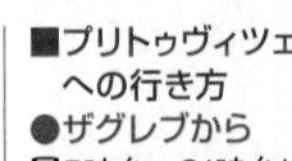

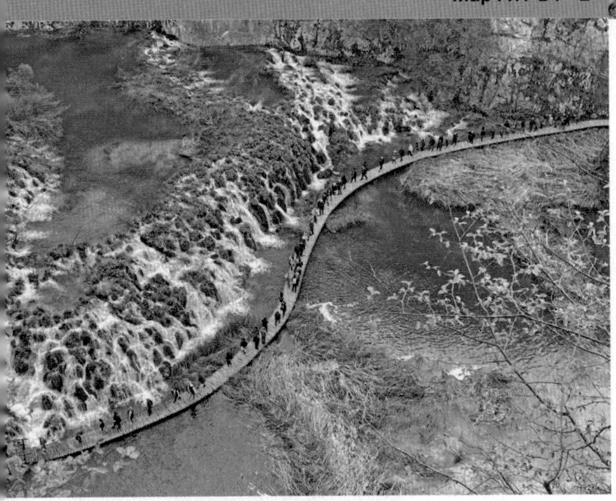

湖と滝が織りなす美しい風景

ザグレブから南へ約110kmの所に位置するプリトゥヴィツェ湖群国立公園は、大小16の湖と92ヵ所の滝をもつ国立公園で、1979年にユネスコの世界遺産に登録された。

エメラルドグリーンのプリトゥヴィツェ川は、森の中をぬうように蛇行しながら静かに流れ、コラナ川との合流点では落差78mのヴェリキ滝となり、ふたつの川がひとつの湖に流れ込む。16の湖は最も高い位置にあるもので標高約640m。そこから一番低い位置にある標高約500mの湖までを階段状の滝が結んでおり、その躍動的な姿はまさに大自然の芸術といえる。

歩き方

入口2（→P.106）の❶

公園にはふたつの入口とバス停がある。それぞれのバス停近くには❶があり、チケットの販売を行っている。❶のチケット売り場近くには、無料の荷物預かり所がある。大きな荷物がある時は入口1（→P.107）がおすすめ。モデルコースは、アルファベットで表され、公園内の道標でも、順路がわかるようになっている。混雑する時期は、対面通行が難しい場合もあるので、モデルコースに従って歩こう。詳細な地図は、❶近くの売店で販売している。

■プリトゥヴィツェへの行き方

●ザグレブから

🚌5時台〜21時台に4〜17便運行（土・日減便）、所要2時間〜2時間40分、€12.60〜15。戻りのバスのチケットは、オンライン購入、バス停で事前購入、バス内でしか買えないものの3パターンがある。事前購入した場合は、購入した会社の便にしか乗れない。早く来て時間調整をせず早く行ってしまう場合もあるので、15分程度早めに行こう。遅延も多いので気長に待つしかない。ザグレブへ行く場合は、エントランス2から、ザダルやスプリット方面へ行くには、エントランス1から乗ったほうがよい。

●ザダルから

🚌8時台〜18時台に1〜7便運行（土・日減便）、所要1時間30分〜2時間40分、€13〜14.50。

■プリトゥヴィツェ湖群国立公園

TEL (053)751015

URL www.np-plitvicka-jezera.hr

開 夏期7:00〜20:00
冬期8:00〜16:00
※時期によって変動。

休 無休（積雪が多い日は閉鎖）

料 4・5・10月€23.50、学生€14.50
11〜3月€10、学生€6.50
6〜9月€39.80、学生€26.50
※6〜8月の16:00以降、9月の15:00以降は€26.50、学生€16.50。

●入場制限に注意

チケットは公園入口でも購入することができるが、自然保護のため、1時間当たりの入場者数上限が決められている。売り切れるとその時間帯は入場できない。訪問日時が決まったら、できるだけ早くウェブサイトでチケットを購入しよう。

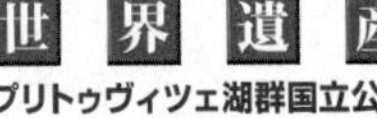

プリトゥヴィツェ湖群国立公園
Nacionalni park Plitvička jezara
1979、2000年登録

●チケットは捨てないで
公園内でエコロジーバスや遊覧船に乗るときにチケットをチェックされることもあるので携帯しておきたい。

混雑時は列が進まないことも。公園内ではスリにも注意しよう

園内は広いので、徒歩以外の交通手段としてエコロジーバスと遊覧船がある。滝や湖を観賞するのはもちろん、豊かな森の中のハイキングコースを歩くのも楽しい。

1 ヴェリキ・プルシュタヴツィ

上湖群　公園西側の標高の高いエリアを上湖群と呼ぶ。穏やかな湖にベールのように美しく流れ落ちる滝が多く、特にヴェリキ・プルシュタヴツィ Veliki Prštavciは公園内で最も優美な滝といっても過言ではない。冬期は閉鎖される。

下湖群　中心にある大きな湖、コズィヤク湖Jezero Kozjakから流れる段上の滝が続くエリアが下湖群。湖群の最も東、**入口1**の近くには最大の見どころであるヴェリキ滝Veliki slapがある。入口2からヴェリキ滝へは徒歩では遠いので、遊覧船かエコロジーバスを利用するのが一般的。

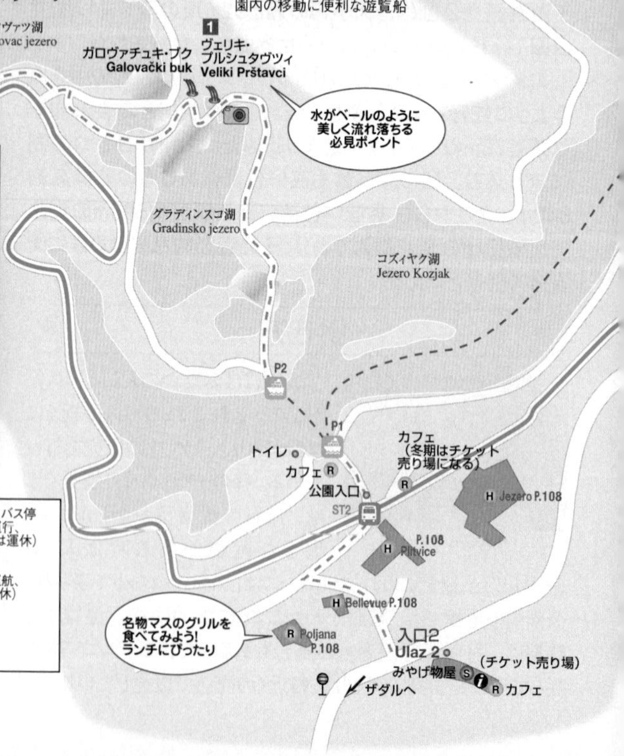

ツィギノヴァツ湖 Ciginovac jezero
ST3
カフェ R
トイレ
オクルグリャク湖 Okrugljak jezero
バティノヴァツ湖 Batinovac jezero
上湖群
ガロヴァツ湖 Galovac jezero
ガロヴァチュキ・ブク Galovački buk
1 ヴェリキ・プルシュタヴツィ Veliki Prštavci
水がベールのように美しく流れ落ちる必見ポイント
グラディンスコ湖 Gradinsko jezero
コズィヤク湖 Jezero Kozjak
P2
P1
トイレ
カフェ R
公園入口
ST2
カフェ（冬期はチケット売り場になる）
H Jezero P.108
H Plitvice P.108
H Bellevue P.108
名物マスのグリルを食べてみよう! ランチにぴったり
R Poljana P.108
入口2 Ulaz 2
みやげ物屋 S
（チケット売り場）
R カフェ
ザダルへ

園内の移動に便利な遊覧船

上湖群は下湖群に比べてプランクトンが多いので湖の色も濃い

エコロジーバス路線、バス停（20～30分おきに運行、冬期はST2～3までは運休）
遊覧船航路、埠頭（20～30分おきに運航、冬期はP1～P2は運休）
おすすめ散策ルート
滝　撮影スポット

Information　おすすめウオーキングコース

下湖群中心のお手軽コース
所要時間3～4時間（公園内のルート表示:F）

ザグレブからの日帰りにおすすめ。P1から遊覧船でP3まで移動して徒歩で下湖群を巡る。入口1近くの展望スポットも忘れずに。

ST3
P3
ヴェリキ滝
ST1
入口1
P2
P1
ST2
入口2

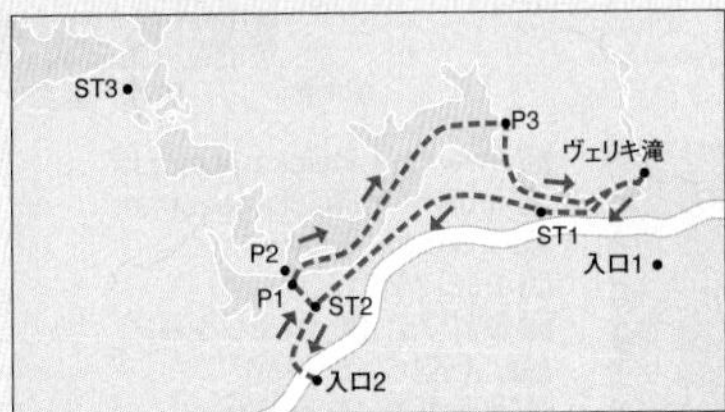

すべての湖を巡る贅沢コース
所要時間5～6時間（公園内のルート表示:H）

時間に余裕があればすべての湖を巡ってみよう。徒歩のルートは全体の半分くらいなので、ゆっくりと楽しみたい人におすすめ。

ST3
P3
ヴェリキ滝
ST1
入口1
P2
P1
ST2
入口2

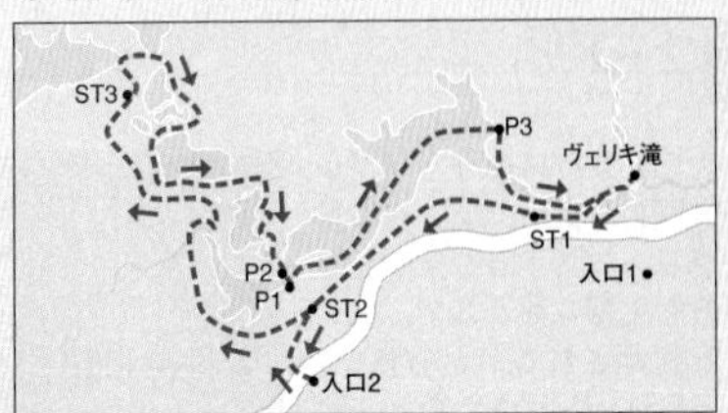

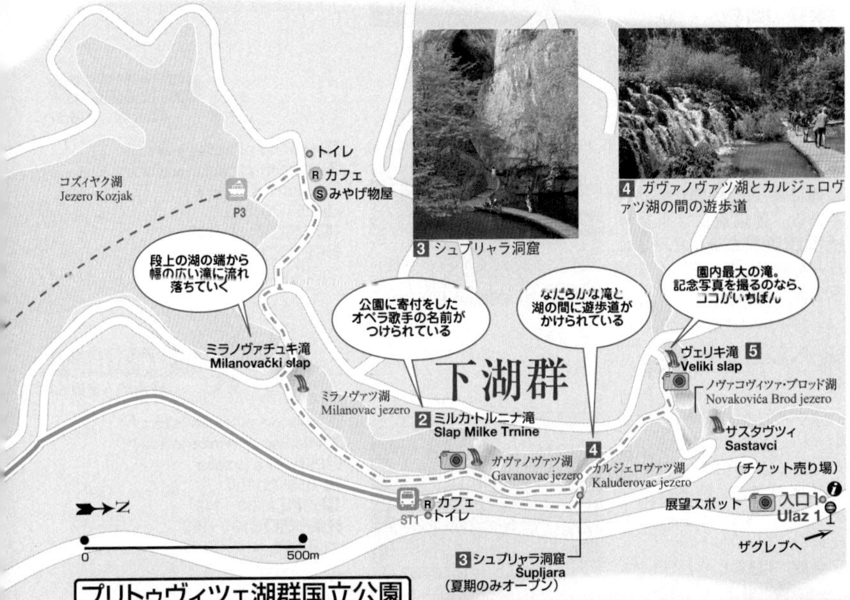

トイレ
R カフェ
S みやげ物屋
コズィヤク湖
Jezero Kozjak
P3
段上の湖の端から幅の広い滝に流れ落ちていく
公園に寄付をしたオペラ歌手の名前がつけられている
なだらかな滝と湖の間に遊歩道がかけられている
園内最大の滝。記念写真を撮るのなら、ココがいちばん
ミラノヴァチュキ滝
Milanovački slap
ミラノヴァツ湖
Milanovac jezero
下湖群
2 ミルカ・トルニナ滝
Slap Milke Trnine
ヴェリキ滝 5
Veliki slap
ノヴァコヴィツァ・ブロッド湖
Novakovića Brod jezero
サスタヴツィ
Sastavci
4
ガヴァノヴァツ湖
Gavanovac jezero
カルジェロヴァツ湖
Kaluđerovac jezero
(チケット売り場)
展望スポット
入口1
Ulaz 1
ST1
R カフェ
トイレ
Z
0
500m
ザグレブへ
3 シュプリャラ洞窟
Šupljara
(夏期のみオープン)

3 シュプリャラ洞窟

4 ガヴァノヴァツ湖とカルジェロヴァツ湖の間の遊歩道

プリトゥヴィツェ湖群国立公園

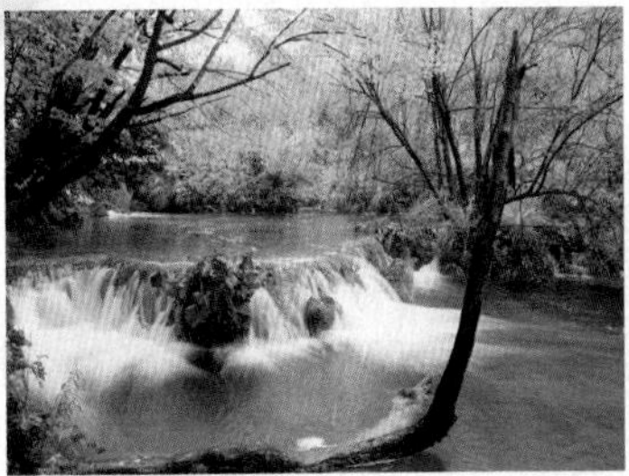

2 ミルカ・トルニナ滝

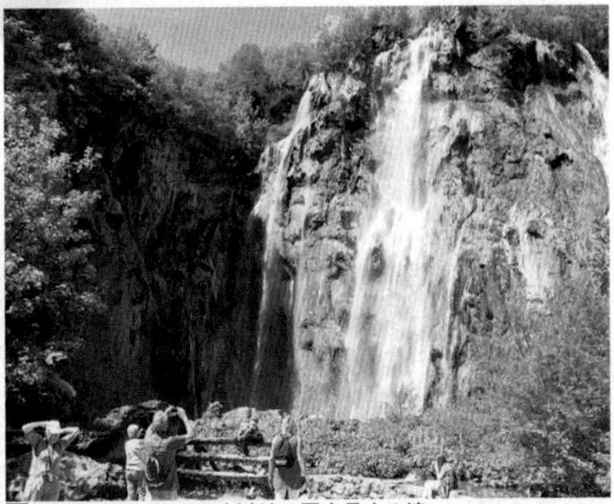

5 落差78mのヴェリキ（大）滝は園内最大の滝

プリトゥヴィツェ湖群国立公園のホテル

日本からの電話のかけ方　事業者識別番号（→P.54）+010+385（クロアチアの国番号）+53（0を取った市外局番）+番号

下記の3軒は国立公園公式ホテル。公式ホテルに泊まると最初の1日分だけ公園入園チケットを購入すると、翌日以降は滞在期間中ずっと延長してもらえる。春と秋には入園チケット込みのお得なプランも販売している。

イェゼロ
Hotel Jezero

Map P.106

★★★　中級　室数:224

入口2のバス停からザグレブ方面に500mほど。3つ星ながら、プリトゥヴィツェでは最も高級なホテルで、ツアーで利用されることも多い。レストランやサウナなど、設備も充実している。バスタブ付きの部屋もある。

全館　EVあり

URL www.np-plitvicka-jezera.hr
Mail info@np-plitvicka-jezera.hr
住 Plitvička jezera
TEL (053)751015
TEL (051)751100（レセプション）
S €115～456
W €144～570
DMV
※レセプションに連絡するとバス停や公式レストランに迎えにきてくれる。

プリトゥヴィツェ
Hotel Plitvice

Map P.106

★★　経済的　室数:52

バス停のある通りから西へ入ってすぐ。部屋は大きさと設備によって3種類に分かれている。各部屋には衛星放送視聴可能なテレビやミニバーを完備している。

全館　EVなし

URL www.np-plitvicka-jezera.hr
Mail info@np-plitvicka-jezera.hr
住 Plitvička jezera
TEL (053)751200
S €112～162
W €141～204
DMV

ベルビュー
Hotel Bellevue

Map P.106

★★　経済的　室数:63

ホテル・プリトゥヴィツェの向かいにある。客室はシンプルだが、清潔にされている。設備は最低限。朝食は上記のホテル・プリトゥヴィツェで出している。

全館　EVなし

URL www.np-plitvicka-jezera.hr
Mail info@np-plitvicka-jezera.hr
住 Plitvička jezera
TEL (053)751800
S €80～149
W €101～150
DMV

プリトゥヴィツェ湖群国立公園のレストラン

ポリャナ
Restaurant Poljana

Map P.106

クロアチア料理

ホテル・ベルビューの隣にある大型レストラン。内部はレストラン、セルフサービスの食堂、カフェバーに分かれている。名物は地元産の新鮮なマスのグリル（€20.57）。レストランと食堂のどちらでも食べることができる。

住 Plitvička jezera
TEL (053)751092
開 7:00～19:00
※時期により変動。
休 無休
DMV

スラヴォニア地方
Slavonija

オスィイエクには20世紀初頭のアール・ヌーヴォー建築が数多く残る

スラヴォニア地方 Slavonija

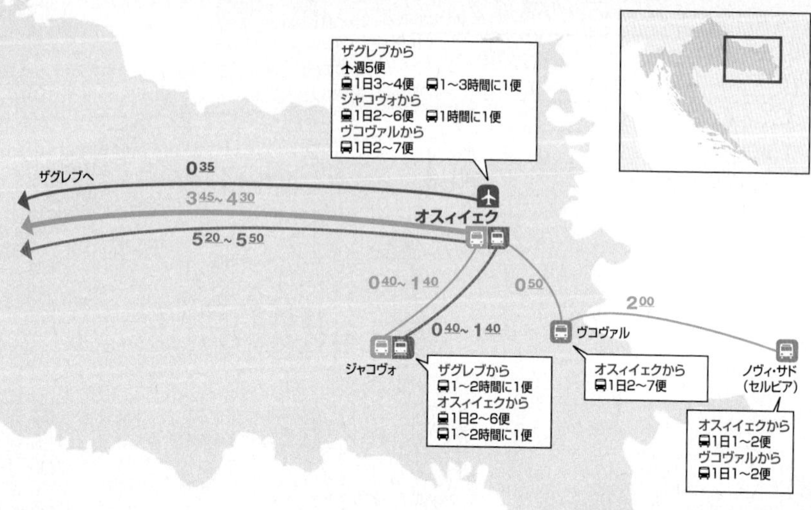

※所要時間は夏期の目安です。季節や運行状態によって変化します。

● 地理

クロアチアの東部にあたるスラヴォニア地方は東をドナウ川、北をドゥラヴァ川、南をサヴァ川に挟まれており、肥沃な土地が広がる、クロアチアの穀倉地域だ。

不幸にも、1991年の戦争では激しい戦闘が繰り広げられ、特にヴコヴァルの包囲戦は、最大の激戦となってしまった。今ではだいぶ復興はすすんだが、戦火の爪跡を残すところもあり、戦争の悲惨さをいまに伝えている。

独立戦争の激戦区となったヴコヴァル

● 気候

春から秋は穏やかだが冬期になると積雪も多く、川も凍るほど冷える。夏と冬は、昼と夜の寒暖差も大きい。旅のベストシーズンは春～秋。

● 料理

スラヴォニア地方は、歴史的、地理的にハンガリーとのつながりが強く、料理もハンガリー料理との共通点が多い。ハンガリー料理と同様にパプリカが欠かせないことから、クロアチアの地方料理のなかでは、最も辛いといわれる。クーレンkulenと呼ばれるピリ辛サラミなど、ほかの地方とひと味違った料理をぜひとも試してみたい。

もうひとつの楽しみはスラヴォニアワイン。白が人気で、国際ワインコンクールで受賞したワイナリーもある。

パプリカを使った料理がメイン

● ルート作り

1日目:ザグレブからオスィイェクへ移動。オスィイェクを起点にスラヴォニア地方を回ろう。1日目は市内観光。旧市街に残るバロック様式の建築物を巡る。

2日目:オスィイェクから日帰りでジャコヴォへ。町には壮大な大聖堂があることで有名。

3日目:市内からレンタカーかサイクリングでオスィイェク郊外のコパチュキ・リト自然公園へ。多くの野鳥を観察できる場所として知られている。

スラヴォニア地方の中心

オスィイエク
Osijek

Map P.15-D2

独立戦争で勇敢な行動をした市民を称える赤いフィーチョ

トゥヴルジャ地区の中心、聖トゥロイストヴ広場

ドゥラヴァ川沿いに築かれた町、オスィイエクはスラヴォニア地方の主要都市。町の起源はローマ時代まで遡り、当時はムルサ**Mursa**という名前で呼ばれていた。現在では工業都市として知られているが、18〜19世紀のハプスブルク帝国時代に建てられたバロック様式建築物が数多く残る美しい町でもある。20世紀初頭に建てられたアールヌーヴォー、セセッション建築もある。

歩き方

鉄道駅、バスターミナルはいずれも町の中心部から南に位置している。鉄道駅から真っすぐ北に延びる**ステパン・ラディッチ通りStjepana Radića**を800mほど進むと、東西に延びる**エウロプスカ通りEuropska avenija**と交差する。ここからエウロプスカ通りを500mほど西に行くと、**アンテ・スタルチェヴィッチ広場Trg Ante Starčevića**にいたる。広場の南には聖ペテロ・パウロ教会、その先は🅘や国立劇場がある町の中心部だ。エウロプスカ通りを東に行くと歴史地区のトゥヴルジャ地区にいたる。徒歩でも十分回れるが、トラムも3路線ある。1番線はエウロプスカ通りを東西に走っており、アンテ・スタルチェヴィッチ広場とトゥヴルジャ地区を結ぶ。2番線はバスターミナルからアンテ・スタルチェヴィッチ広場を経由して、町の南東部とを結ぶ。3番線はバスターミナル、鉄道駅、アンテ・スタルチェヴィッチ広場を巡回する。

■オスィイエクへの行き方
✈ザグレブから便がある。
🚆ザグレブ、ジャコヴォなどからの便がある。
🚌国内便以外にも、セルビアのベオグラード、ノヴィ・サドからも便がある。
●ザグレブから
✈週5便、所要約35分。
🚆中央駅から1日3〜4便、所要5時間20分〜5時間50分、2等€15.50〜、1等€26〜。
🚌1〜3時間に1便程度、所要3時間45分〜4時間30分、€17.90〜18.80。
●ジャコヴォから
🚆1日2〜6便、所要40分〜1時間40分、2等€3.42。
🚌1時間に1便程度、所要40分〜1時間40分、€5.10〜。
●ヴコヴァルから
🚌1日2〜7便、所要約50分、€4.50〜。

■トラムのチケット
トラムのチケットは€1.46で、車内で購入する。60分の有効期限内なら、乗り換え可能。

■トラム2番線
トラムの2番線はバスターミナルから鉄道駅を経由し、アンテ・スタルチェヴィッチ広場まで行くが、アンテ・スタルチェヴィッチ広場から鉄道駅、バスターミナルへは行かず、町の南東へ行くので注意が必要。アンテ・スタルチェヴィッチ広場からバスターミナル、鉄道駅へ行くときはトラムの3番線に乗ること。

■オスィイエクの🅘
Map P.112-A1
住Županijska 2
TEL(031)203755
URL www.tzosijek.hr
開8:00〜16:00
(土9:00〜12:00)
休日・祝

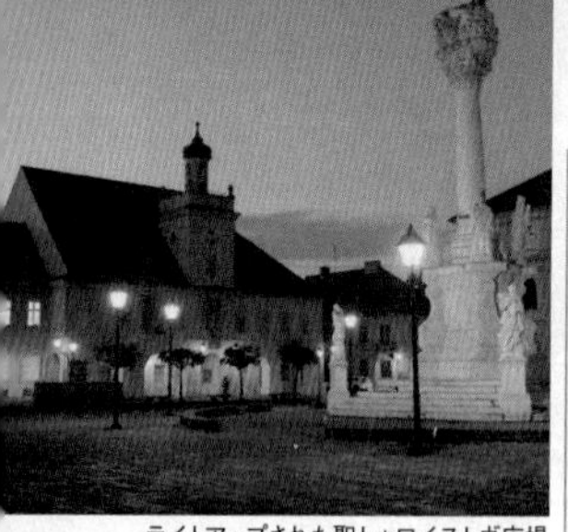

ライトアップされた聖トゥロイストヴ広場

■聖ペテロ・パウロ教会
住Trg Pape Ivana Pavla II 2
開早朝～夕方（日12:00～）
休月　料無料

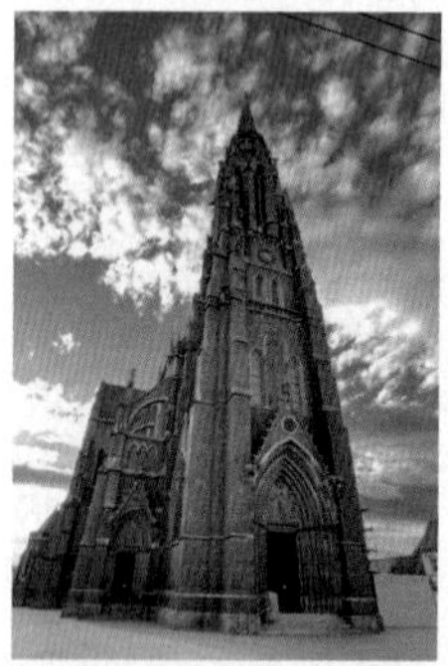

高い尖塔は町の外からもよく見える

おもな見どころ

トゥヴルジャ地区 Tvrđa トゥヴルジャ

Tvrđa

Map P.112-B1

トゥヴルジャは、12世紀以来の歴史をもつオスィイエクの旧市街。オスィイエクは、中欧の覇権を争ったオスマン朝とハプスブルク帝国双方にとって重要な拠点であり、かつては堅固な城壁がこの地区を囲んでいた。しかし、17世紀以降のオスマン朝の弱体化にともなって、トゥヴルジャも、軍事的重要性は弱まり、バロック調の建物が並ぶ商業地区へと変わっていった。地区の中心は**聖トゥロイストヴ広場Trg sv. Trojstva**。中央にペスト記念柱が建ち、南東はスラヴォニア博物館、西は考古学博物館など、美しい建物に囲まれている。

聖ペテロ・パウロ教会

Župna crkva sv. Petra i Pavla ジュプナ・ツルクヴァ・スヴェティフ・ペトゥラ・イ・パヴラ

The Parish Church of St. Peter & Paul

Map P.112-A1

アンテ・スタルチェヴィッチ広場の南に建つネオ・ゴシック様式の教会。1894年から1898年にかけて建造されており、ひときわ高い尖塔と、赤いれんがが非常に印象的だ。尖塔の高さは90mあり、ザグレブにある聖母被昇天大聖堂に次ぐ、クロアチア第2の高さを誇っている。

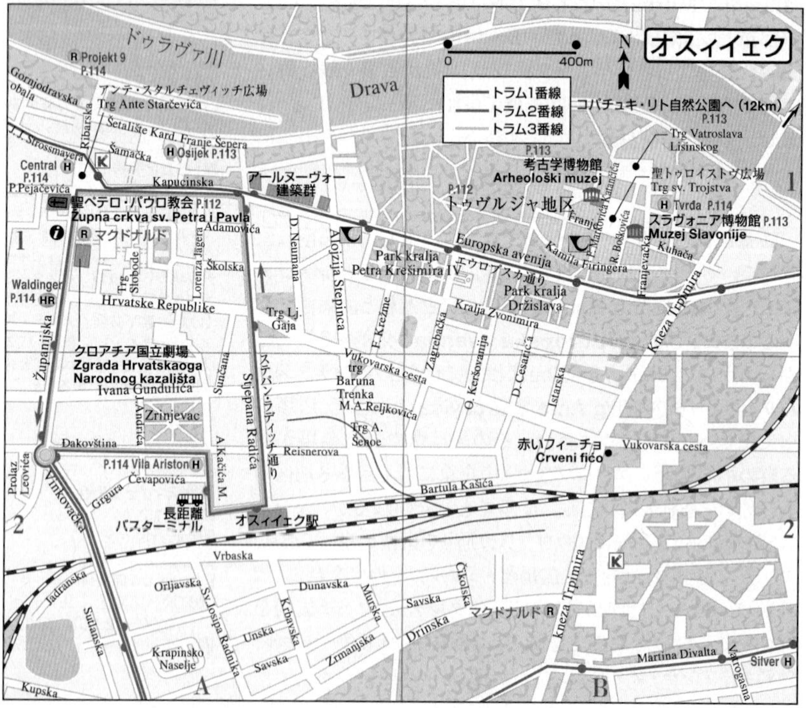
オスィイエク
0 400m
N
ドゥラヴァ川
Drava
トラム1番線
トラム2番線
トラム3番線
コパチュキ・リト自然公園へ（12km）P.113
Projekt 9 P.114
Gornjodravska obala
アンテ・スタルチェヴィッチ広場
Trg Ante Starčevića
Ribarska
Šetalište Kard. Franje Šepera
J.J. Strossmayera
Šamačka
Osijek P.113
Central P.114
P.Pejačevića
Kapucinska
アールヌーヴォー建築群
聖ペテロ・パウロ教会 P.112
Župna crkva sv. Petra i Pavla
マクドナルド
Adamovića
D. Neumana
Alojzija Stepinca
Waldinger P.114
Trg Slobode
Lorenza Jagera
Školska
Hrvatske Republike
Trg Lj. Gaja
Županijska
クロアチア国立劇場
Zgrada Hrvatskaoga Narodnog kazališta
Ivana Gundulića
J. Andrića
Sunčana
Zrinjevac
ステパン・ラディッチ通り
Stjepana Radića
Đakovština
A. Kačića M.
P.114 Vila Ariston
Čevapovića
Prolaz Leovića
Vinkovačka
Gruga
長距離バスターミナル
オスィイエク駅
Reisnerova
Trg A. Šenoe
Bartula Kašića
P.113 考古学博物館
Arheološki muzej
P.112 トゥヴルジャ地区
Trg Vatroslava Lisinskog
聖トゥロイストヴ広場
Trg sv. Trojstva
Tvrđa P.114
スラヴォニア博物館 P.113
Muzej Slavonije
Franje
F. Markovića
R. Boškovića
Kuhača
Franjevačka
Europska avenija
エウロプスカ通り
Kamila Firingera
Park kralja Petra Krešimira IV
Park kralja Držislava
Kralja Zvonimira
Kneza Trpimira
F. Krežme
Zagrebačka
O. Keršovanija
D. Cesarića
Istarska
Vukovarska cesta
trg Baruna Trenka
M.A Reljkovića
赤いフィーチョ
Crveni fićo
Vrbaska
Jadranska
Orljavska
Sv. Josipa Radnika
Dunavska
Krbavska
Murska
Savska
Čkolska
マクドナルド
Sutlanska
Unska
Zrmanjska
Drinska
Krapinsko Naselje
Savska
Kupska
Martina Divalta
Vatrogasna
Silver
A
B
1
2

スラヴォニア博物館 Muzej Slavonije ムゼイ・スラヴォニイェ

Museum of Slavonia

Map P.112-B1

聖トゥロイストヴ広場の南東にある、スラヴォニア地方を代表する博物館。1702年に建造されたトゥヴルジャ地区最古のバロック様式の館を利用しており、建築物としても興味深い。開館は1877年で、スラヴォニア地方にまつわる歴史的な品が多く並ぶ総合博物館。常設展のほかに特別展も行われ、季節ごとにテーマを変え、展示している。解説は大部分がクロアチア語だが一部英語もある。

考古学博物館 Arheološki muzej アルヘオロシュキ・ムゼイ

Archaeological Museum

Map P.112-B1

聖トゥロイストヴ広場にあるバロック様式の建物を利用している博物館。展示の中心は4世紀以降の中世ヨーロッパにおける民族移動についてで、そのほかに特別展も行っている。

考古学博物館

エクスカーション

コパチュキ・リト自然公園 Park prirode Kopački rit パルク・プリロデ・コパチュキ・リトゥ

Kopacki Rit Natural Park

Map P.15-D2

オスィイェクの北東約12kmにあるコパチュキ・リト自然公園は、ドナウ川とドゥラヴァ川が合流する地域に広がる、ヨーロッパ最大級の湿地帯。多種多様な動植物が生息し、特にアカシカが多いことで知られる。298種にも及ぶ野鳥が生息する鳥の楽園でもあり、湿地帯独特の貴重な生態系を有することから、1967年に自然公園に指定された。

■スラヴォニア博物館
住Trg sv. Trojstva 6
TEL(031)250730
URL www.mso.hr
開10:00～18:00
休日・月・祝
料€1.99　学生無料

■考古学博物館
住Trg sv. Trojstva 2
TEL(031)232132
URL www.amo.hr
開10:00～16:00
休日・月・祝
料€2.65　学生1.33

コパチュキ・リト自然公園への行き方

タクシーで片道約€20
TEL(031)200200
■コパチュキ・リト自然公園ビジターセンター
TEL(031)445445
URL pp-kopacki-rit.hr
開4～10月　9:00～17:00
　11～3月　8:00～16:00
休無休　料€6.60
●ボートツアー
開通年10:00、12:00、14:00、16:00発（メールで要予約）
料9～6月€10.60
　7・8月€11.90

公園内の遊歩道

クロアチア

オスィイェク

オスィイェクのホテル

日本からの電話のかけ方　事業者識別番号（→P.54）＋010＋385（クロアチアの国番号）＋31（0を取った市外局番）＋番号

スラヴォニア地方の中心都市だけあり、宿泊施設の数は、ほかの町に比べると多い。ただし、ビジネスの会合などが開かれることも多く、そのようなときは宿がいっぱいになるので、事前に宿を予約しておいたほうが無難。週末は料金を低く設定しているホテルが多い。

オスィイェク Hotel Osijek

Map P.112-A1

★★★★　高級　室数:146

町で最高級のホテル。客室は3種類あり、いずれもエアコン、ミニバーなどを完備。一部バスタブ付き。宿泊客はサウナ、ジャクージなどが無料で利用可。
全館　EVあり

URL www.hotelosijek.hr
Mail info@hotelosijek.hr
住Šamačka 4
TEL(031)230333
€84～500
€115～515
ADMV

ワルディンゲル
Hotel Waldinger

Map P.112-A1

★★★★ 高級 室数:16

一人ひとりに気を配ったサービスが自慢。サウナやフィットネスも完備。併設のレストランも評価が高い。ホテルの奥は同系列のペンション。
全館 EVなし

URL waldinger.hr
Mail info@waldinger.hr
住 Županijska 8
TEL (031)250450
€90～100
€100～130
ADMV

トゥヴルジャ
Boutique Hotel Tvrđa

Map P.112-B1

★★★★ 高級 室数:15

2018年12月開業のスタイリッシュなブティックホテル。歴史地区トゥヴルジャ地区の好立地。屋上にサウナ、ジャクージ、プールあり。
全館 EVあり

URL www.hoteltvrdja.hr
Mail info@hoteltvrdja.hr
住 Franjevačka 7
TEL (031)201555
€92～105
€108～120
DMV

ヴィラ・アリストン
Hotel Vila Ariston

Map P.112-A2

★★★ 中級 室数:10

バスターミナルから徒歩3分、市内の観光みどころにも徒歩圏内。施設は最低限だが全室テレビ、冷蔵庫付き。バスタブ付きの部屋もある。 全館 EVなし

URL www.hotelaristonosijek.hr
Mail info@hotelaristonosijek.hr
住 Zrinjevac, Kačićeva 6
TEL (031)251351
€60～
€80～
ADJMV

ツェントゥラル
Hotel Central

Map P.112-A1

★★ 経済的 室数:32

建物はやや老朽化しているが、立地もよく、市内博物館や国立劇場の割引特典ほか、直接予約かつ鉄道チケット提示で宿泊料金が15%割引き。バスタブ付きやエアコン付きの部屋も。 全館 EVなし

URL www.hotel-central-os.hr
Mail info@hotel-central-os.hr
住 Trg Ante Starčevića 6
TEL (031)283399
€51～58
€72～78
DMV

オスィイェクのレストラン

ワルディンゲル
Waldinger

Map P.112-A1

インターナショナル

ホテル併設レストラン。上質な地元の素材を使ったクロアチア各地の定番料理を提供する。サービスともに高級感がある。牛ほほ肉の煮込み(写真右、24€)が人気。

URL waldinger.hr
f waldinger.hr
住 Županijska 8
TEL (031)250470
開 7:00～23:00
休 祝
ADMV

プロジェクト9
Projekt 9

Map P.112-A1

郷土料理

ドゥラヴァ川に浮かぶレストラン。パイクパーチsmuđやヨーロッパオオナマズsomなど淡水魚のスラヴォニア伝統料理も食べられる。肉料理€8～13、淡水魚料理€9～12。

URL www.projekt9.hr
f projekt9.osijek
住 Gornjodravska obala bb
TEL (031)283500
開 11:00～23:00 休 祝
ADMV

ヴコヴァル
Vukovar

Map P.15-D3

ヴチェドル文化博物館の展示

ヴコヴァル市立博物館になっているエルツ城

オスィイェクから東にバスで50分ほど。ドナウ川西岸に面するヴコヴァルは、クロアチアの東端に位置する町。かつては、ドナウ川沿いに広がるバロックの町として知られていたが、1991年の戦争では壊滅的な被害を受けた。現在は住民も戻り、復興もかなり進んでいる。

歩き方

ヴコヴァルは、ヴカ川Vukaを境に南北に分かれており、バスターミナルは北側に位置する。バスターミナルを出て東にしばらく進んだ道が町のメインストリートで、🅘、**ヴコヴァル市立博物館Gradski muzej Vukovar**、ヴコヴァル病院などはすべてこの道沿い。ヴコヴァル病院内には、**戦時病院博物館Mjesto sjećanja Vukovarska bolnica 1991**があり、1991年にヴコヴァルがユーゴスラヴィア連邦軍に100日間包囲されていた時期の様子を、映像やマネキンなどを使って再現。

町から約6km南には、5000年ほど前にこの地で栄えた古代文明を紹介する**ヴチェドル文化博物館Muzej Vučedolske Kulture**がある。

戦時病院博物館 P.115 Mjesto sjećanja Vukovarska bolnica 1991
ドナウ川 Dunav
ヴコヴァル市立博物館 P.115 Gradski muzej Vukovar
Kardinala Alojzija Stepinca
Županijska
2 04. Vukovarske Brigade
Lav P.115
J. J. Strossmayera
Frankopanska
長距離バスターミナル
ヴカ川 Vuka
Trg Republike Hrvatske
Vukovarska vina
フランシスコ会修道院 Franjevački samostan
Bogdanovačka
Preradvića
0 300m
ヴコヴァル給水塔へ P.115（約400m）
ヴチェドル文化博物館へ P.115（約6km）
ヴコヴァル

■ヴコヴァルへの行き方
🚌セルビアのベオグラード、ノヴィ・サドからも便がある。
●オスィイェクから
🚌1日2〜7便程度、所要約50分、€4.50。

■ヴコヴァルの🅘 Map P.115
住J. J. Strossmayera 15
TEL(032)442889
URL www.turizamvukovar.hr
開7:00〜15:00
（土8:00〜13:00） 休日・祝

■ヴコヴァル市立博物館
Map P.115
住Županijska 2
TEL(032)638475
URL www.muzej-vukovar.hr
開10:00〜18:00
休月・祝 料€6 学生€5

■戦時病院博物館
Map P.115
住Županijska 37
開8:00〜15:00
休土・日・祝 料€2.65
※ビデオ撮影不可。

■ヴチェドル文化博物館
Map P.115外
住Arheološki lokalitet Vučedol
TEL(032)373930
URL vucedol.hr
開10:00〜18:00
休月・祝 料€6 学生€5

■ヴコヴァル給水塔
Vukovarski vodotoranj
Map P.115外
1968年に建設された給水塔。独立戦争で640発もの直撃弾を受けながら現存するクロアチア統一の象徴。
住Bana Josipa Jelačića 3
TEL(032)639999
URL vukovarskivodotoranj.hr
開9:00〜21:00
休1/1、復活祭、12/25
料エレベータ€10 階段€8.50

HOTEL ホテル

ラヴ Hotel Lav Map P.115
住**J. J. Strossmayera 18**
TEL(032)445100
URL www.hotel-lav.hr
料S A/C €60〜85
W A/C €110〜160
C/C D M V

ジャコヴォ
Đakovo

Map P.15-C3

馬術の名馬で知られるリピッツァナー種の飼育でも有名

19世紀の教会建築の傑作、ジャコヴォの大聖堂

ジャコヴォは、オスィイェクの南西38kmにある地方都市。見どころはあまり多くないが、壮大な大聖堂は、クロアチア中によく知られている。毎年6月下旬から7月上旬の2週間、民族祭Đakovački vezoviが開かれ、民族舞踊や民族音楽が披露される。7月最初の週末は特ににぎわいを見せる。

歩き方

バスターミナルは町の中心に近く、3分ほど西へ歩くと、町最大の見どころである**大聖堂Katedrala**にたどり着く。

大聖堂と通りを挟んで北隣に建っているのは、**ストロスマエル記念博物館Spomen - muzeja biskupa Josipa Jurja Strossmayera**。

そのほか、町の北には、**ジャコヴォ地方博物館Muzej Đakovštine**、東には**ジャコヴォ種馬飼育場Državna Ergela Đakovo**がある。

■ジャコヴォへの行き方
●ザグレブから
🚌1〜2時間に1便、所要3時間5分〜3時間35分、€16.50〜17.20。
●オスィイェクから
🚆1日2〜6便、所要40分、2等€3.42。
🚌1〜2時間に1便程度、所要40分〜1時間30分、€5.10。

■ジャコヴォのℹ
Map P.116-1
住Kralja Tomislava 3
TEL(031)812319
URL visitdjakovo.com
開7:00〜15:00
休土・日・祝

■ストロスマエル記念博物館
Map P.116
住Luke Botića 2
TEL(031)802357
開8:00〜18:00（土〜13:00）
休日・祝　料€2　学生€1

■ジャコヴォ地方博物館
Map P.116
住Ante Starčevića 34
TEL(031)813254
URL www.muzej-djakovstine.hr
開9:00〜13:00
（月13:00〜19:00）
※夏期の開館時間はウェブサイトで要確認。
休祝　料€1.33　学生€0.66

■ジャコヴォ種馬飼育場
Map P.116外
1972年には英国エリザベス2世女王が、2016年にはカミラ英王妃が訪問した。
住A. Šenoe 45
TEL(031)822535
URL www.ergela-djakovo.hr
開3〜10月7:00〜17:00
（土・日9:00〜13:00）
11〜2月7:00〜15:00
休祝、11〜2月の土・日
料€3.98　学生€2.65

クヴァルネル地方とイストゥラ半島
Kvarner i Istra

丘の上の教会とカラフルな町並みが印象的なロヴィニュ

クヴァルネル地方とイストゥラ半島 Kvarner i Istra

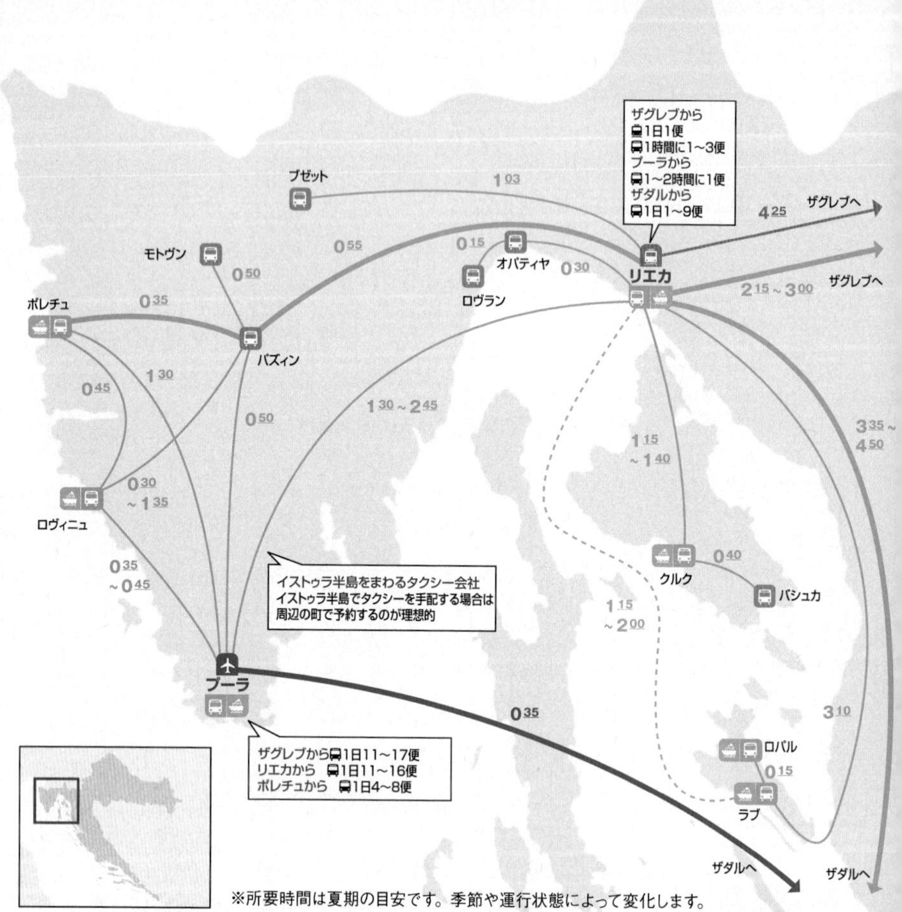

ザグレブから
1日1便
1時間に1～3便
プーラから
1～2時間に1便
ザダルから
1日1～9便
ブゼット
1 03
4 25
ザグレブへ
モトヴン
0 55
0 15
オパティヤ
0 30
リエカ
0 50
ロヴラン
2 15～3 00
ザグレブへ
ポレチュ
0 35
パズィン
1 30
0 45
0 50
1 30～2 45
3 35～4 50
1 15～1 40
0 30～1 35
ロヴィニュ
クルク
0 40
バシュカ
0 35～0 45
イストゥラ半島をまわるタクシー会社
イストゥラ半島でタクシーを手配する場合は
周辺の町で予約するのが理想的
1 15～2 00
プーラ
0 35
3 10
ロパル
0 15
ザグレブから 1日11～17便
リエカから 1日11～16便
ポレチュから 1日4～8便
ラブ
ザダルへ
ザダルへ

※所要時間は夏期の目安です。季節や運行状態によって変化します。

● 地理

クヴァルネル地方とイストゥラ半島は、スロヴェニア、イタリアに近い。この地方の中心となる都市は、クロアチア屈指の港町リエカ。クロアチアの西の玄関となっている。リエカからは、クルク島、ラブ島へもバスの直通便があり、イストゥラ半島にもすぐ。リエカのそばにあるオパティヤは、オーストリア統治時代以来160年もの伝統があるリゾート地。町は豪華なホテルからプライベートルームまで多数の宿泊施設がある。バスの便は少々悪いが、旅行会社が近郊のツアーを催行している。

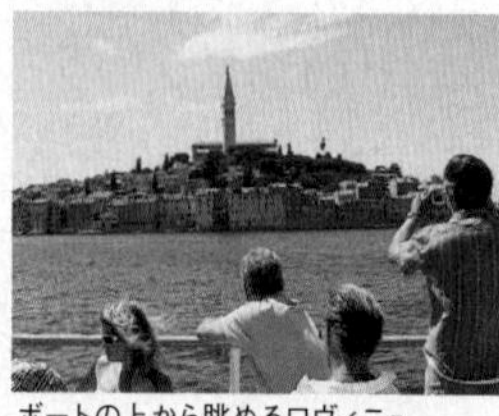

ボートの上から眺めるロヴィニュ

● 気候

この地域は地中海性気候に属するので、夏は乾燥して冬に雨が降る。沿岸部の町は夏になると晴れの日が続いて過ごしやすい反面、夜になると冷え込むので、重ね着で調節できる服装が好ましい。冬になると沿岸部の町は雪こそ降らないが冷え込むので、日本の冬と同じようにフリースやダウンジャケットなどを用意しよう。

おみやげ

ラキヤ
果物などから造る蒸留酒。農家やレストラン自家製のラキヤがみやげ物屋や露店に並ぶ。40度くらいあるので要注意

トリュフ
世界3大珍味のひとつであるトリュフはイストゥラ半島の名産品。クロアチアを代表するトリュフメーカーのズィガンテ本店があるのがイストゥラ半島のリヴァデ。ショップにはペーストやオイルなど、さまざまなトリュフ製品がある。おみやげ用に小さなサイズが揃う。ほかの村やザグレブでも手に入る

ワイン
イストゥラ半島でのみ栽培されているテランTeranとクルク島のジュラフティナŽlahtinaなどが有名

ハチミツ製品
ハチミツはクロアチア各地で産出するが、イストゥラ半島ではブゼット村も名産地。おみやげ用の小さな瓶がかわいらしい。左はプロポリス配合のリップクリーム

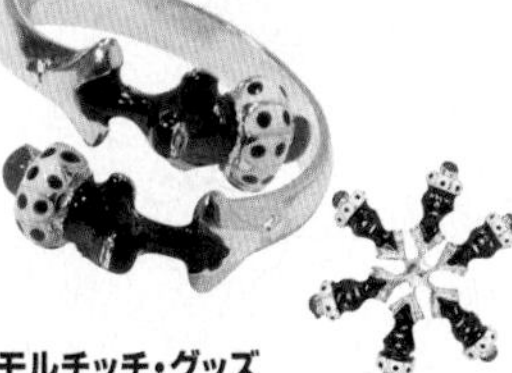

モルチッチ・グッズ
モルチッチはリエカのシンボル。船員や漁師の航海安全の祈願のためのアイテム。ピアスやペンダントヘッド、ブローチなどアクセサリーがおみやげ向け

リエカ・カーニバル

リエカでは毎年1～2月にカーニバルが開かれ、100近くのグループがパレードを行う。特徴的なのはモルチッチと呼ばれるターバンを巻いた黒人の扮装をしたグループ。モルチッチはカーニバルの主役で、期間中さまざまなイベントに登場する。

モルチッチの置物

ルート作り

1日目:ザグレブからリエカ経由でオパティヤに移動。ホテルに荷物を置いたら、町を散策しよう。
2日目:オパティヤからプーラへ。中心部に残るローマ時代の円形劇場やアウグストゥス神殿などを巡る。
3日目:日帰りでロヴィニュへ。丘の上に建つ聖エウフェミヤ教会を見学したあとは、リム・フィヨルド行きのボートツアーに参加してみよう。
4日目:パズィン経由でモトヴンへ。パズィンからのバスの便は少ないので、なるべく午前中に移動しよう。モトヴンから周辺の村へ行く公共交通機関はないので周辺を巡るにはタクシーのチャーターかレンタサイクルで。おみやげ屋でトリュフを購入したあとは、トリュフ料理を満喫。
5日目:パズィン経由でポレチュへ移動。世界遺産にも登録されているエウフラシウス聖堂は見逃せない。
6日目:現地の旅行会社でイタリアのヴェネツィア、もしくはスロヴェニアのポストイナへの日帰りツアーに参加。ただし、ツアーは夏の間しか催行されないので注意。
7日目:ザグレブに戻ってもよいが、夏期はポレチュからスロヴェニアのピランへ行く船もあるので、そのまま北上するプランも検討したい。

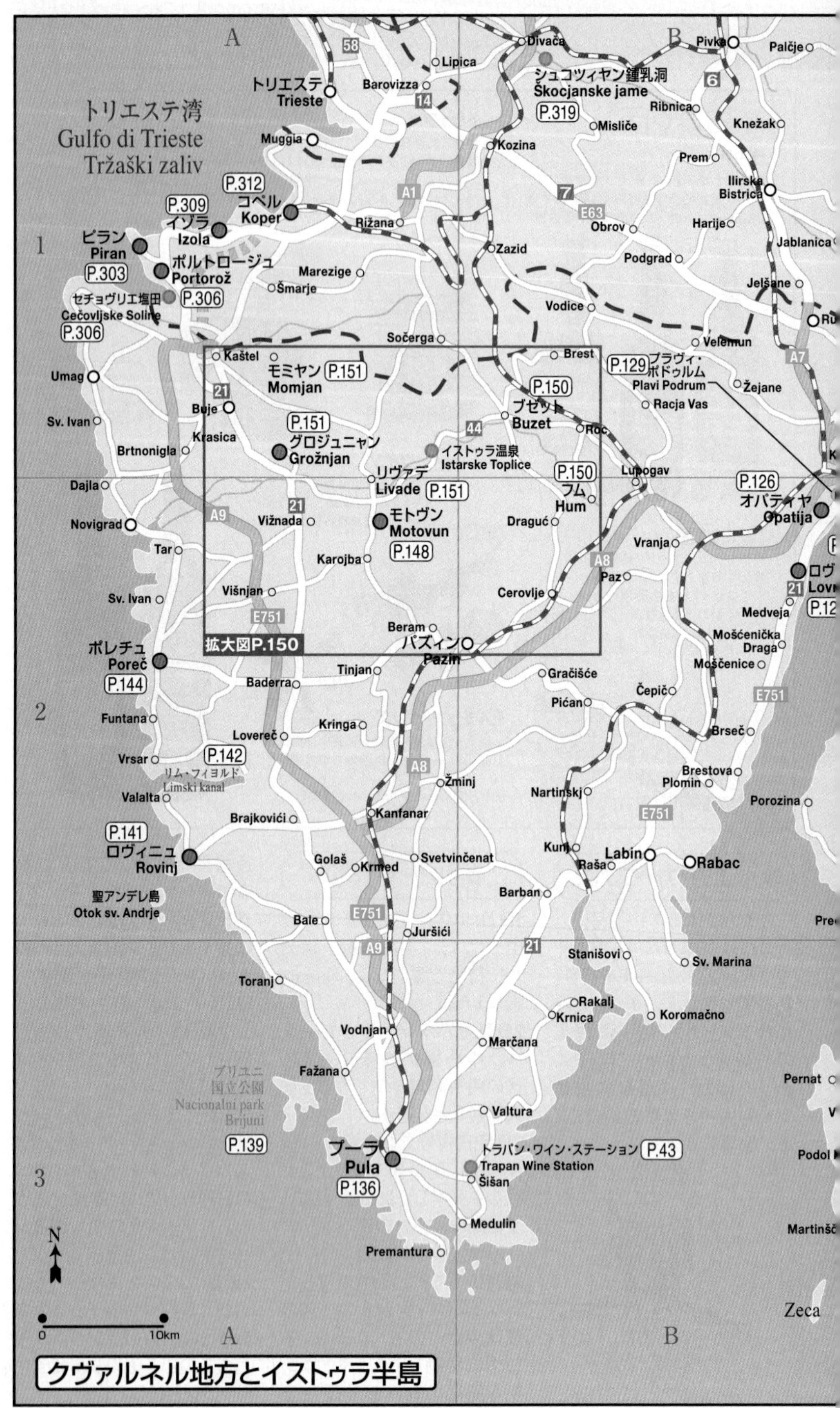

クヴァルネル地方とイストゥラ半島
トリエステ湾
Gulfo di Trieste
Tržaški zaliv
トリエステ
Trieste
Muggia
Lipica
Barovizza
Divača
シュコツィヤン鍾乳洞
Škocjanske jame
P.319
Pivka
Palčje
Ribnica
Knežak
Misliče
Kozina
Prem
Ilirska Bistrica
P.312
コペル
Koper
P.309
イゾラ
Izola
ピラン
Piran
P.303
ポルトロージュ
Portorož
セチョヴリエ塩田
Cečovljske Soline
P.306
Rižana
Obrov
Harije
Zazid
Jablanica
Podgrad
Marezige
Šmarje
Jelšane
Vodice
Sočerga
Velemun
Kaštel
モミヤン
Momjan
P.151
Brest
P.129
プラヴィ・ポドゥルム
Plavi Podrum
Žejane
Umag
Buje
P.150
ブゼット
Buzet
Racja Vas
Sv. Ivan
Krasica
Roc
グロジュニャン
Grožnjan
イストゥラ温泉
Istarske Toplice
Brtnonigla
リヴァデ
Livade
フム
Hum
Lupogav
P.126
オパティヤ
Opatija
Dajla
Novigrad
Vižnada
モトヴン
Motovun
P.148
Dragući
Vranja
Tar
Karojba
Paz
Medveja
Višnjan
Cerovlje
Beram
Mošćenička Draga
拡大図P.150
パズィン
Pazin
Mošćenice
ポレチュ
Poreč
P.144
Tinjan
Baderra
Gračišće
Čepič
Funtana
Pićan
Loverec
Kringa
Brseč
Vrsar
P.142
リム・フィヨルド
Limski kanal
Brestova
Plomin
Valalta
Žminj
Nartinskj
Porozina
Brajkovići
Kanfanar
P.141
ロヴィニュ
Rovinj
Golaš
Krmed
Svetvinčenat
Kunj
Labin
Raša
Rabac
聖アンデレ島
Otok sv. Andrje
Barban
Bale
Juršići
Stanišovi
Sv. Marina
Toranj
Rakalj
Krnica
Koromačno
Vodnjan
Marčana
Fažana
ブリユニ国立公園
Nacionalni park Brijuni
P.139
Valtura
プーラ
Pula
P.136
トラパン・ワイン・ステーション
Trapan Wine Station
P.43
Šišan
Pernat
Podol
Medulin
Martinšć
Premantura
Zeca
0
10km
N

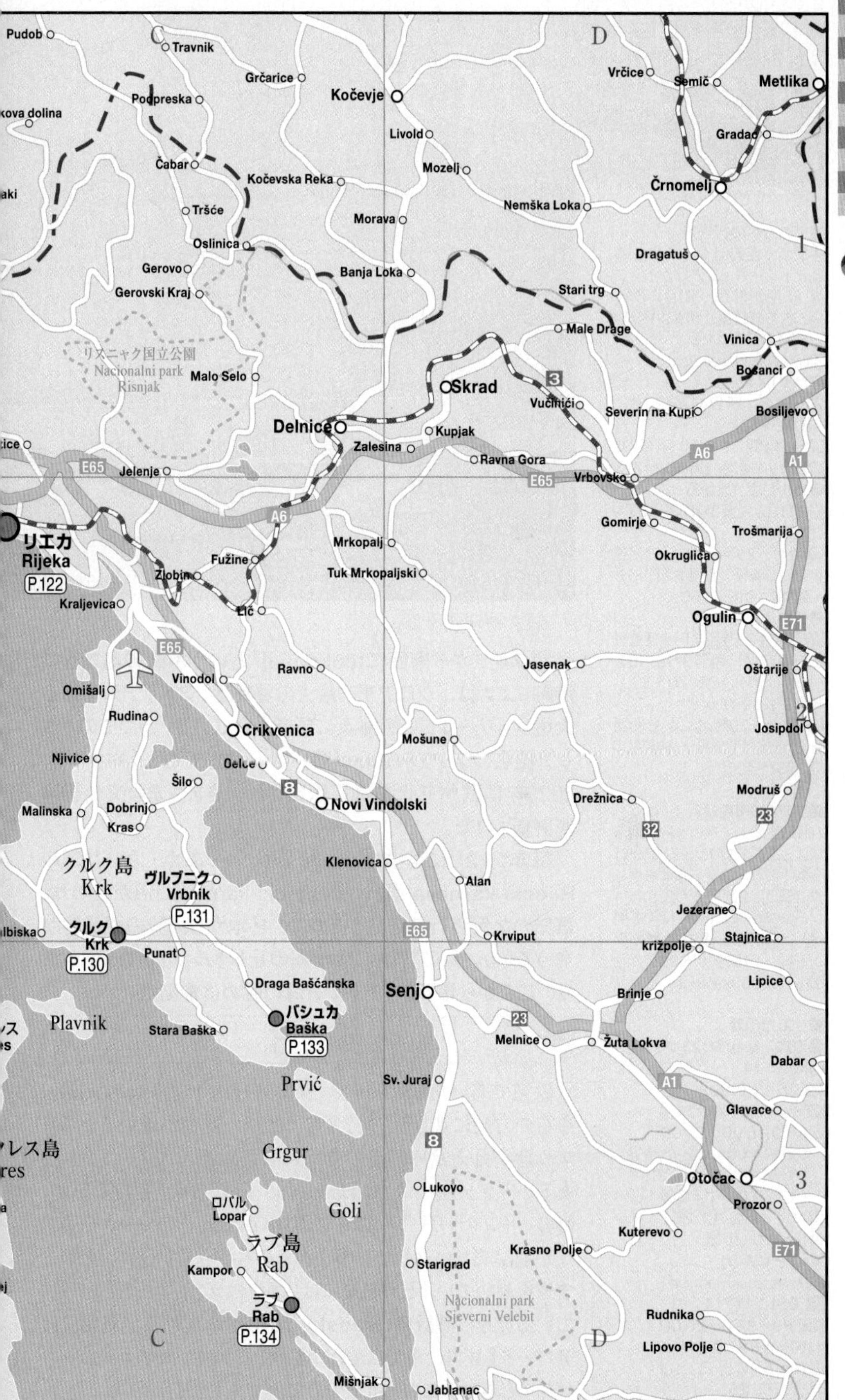
C
D
Pudob
Travnik
Grčarice
Kočevje
Vrčice
Semič
Metlika
Podpreska
kova dolina
Livold
Gradac
Čabar
Mozelj
aki
Kočevska Reka
Črnomelj
Tršće
Nemška Loka
Morava
Oslinica
1
Dragatuš
Gerovo
Banja Loka
Gerovski Kraj
Stari trg
Male Drage
リスニャク国立公園
Nacionalni park
Risnjak
Vinica
Bosanci
Malo Selo
3
Skrad
Vučinići
Severin na Kupi
Bosiljevo
Delnice
Kupjak
Zalesina
A6
Ravna Gora
A1
E65
Jelenje
E65
Vrbovsko
A6
Gomirje
Trošmarija
リエカ
Rijeka
P.122
Mrkopalj
Fužine
Okruglica
Zlobin
Tuk Mrkopaljski
Kraljevica
Lič
Ogulin
E71
E65
Jasenak
Ravno
Oštarije
Vinodol
Omišalj
Rudina
2
Crikvenica
Josipdol
Mošune
Njivice
Šilo
8
Modruš
Novi Vindolski
Drežnica
Malinska
Dobrinj
Kras
23
32
クルク島
Krk
Klenovica
ヴルブニク
Vrbnik
P.131
Alan
Jezerane
クルク
Krk
P.130
E65
Krviput
Stajnica
križpolje
Punat
Lipice
Draga Baščanska
Senj
Brinje
バシュカ
Baška
P.133
23
Plavnik
Stara Baška
Melnice
Žuta Lokva
Dabar
A1
Prvić
Sv. Juraj
Glavace
8
レス島
Grgur
Otočac
3
Lukovo
Prozor
ロパル
Lopar
Goli
Kuterevo
ラブ島
Rab
Krasno Polje
Kampor
Starigrad
E71
ラブ
Rab
P.134
Nacionalni park
Sjeverni Velebit
Rudnika
C
D
Lipovo Polje
Mišnjak
Jablanac

新鮮な魚介が並ぶ公設市場

クロアチア最大の貿易港

リエカ

Rijeka

Map P.8-B4

リエカ港から見た町並み

■リエカへの行き方

✈リエカ空港はクルク島にある。トレード・エア社からスプリット便が月（4～10月のみ）・火・木の1日1便、ザダル便が4～10月の日曜に1便。

URL www.trade-air.com

●ザグレブから

🚆8:18発。所要4時間24分、€8.42～13。

🚌1～2時間に1～3便、所要2時間15分～3時間、€6.50～17。

●カルロヴァツから

🚆9:14発。所要3時間30分、€11.58。

🚌1時台～20時台に14～21便運行（土・日減便）、所要1時間35分～2時間、€11～14.60。

●ザダルから

🚌7時台～23時台に1～9便運行（土・日減便）、所要3時間35分～4時間50分、€21.70～30。

●スプリットから

🚌5時台～20時台に4～7便運行、所要6時間50分～8時間35分、€31～40。

■リエカの市内バス

18路線あり、チケットは距離によって1～4のゾーンに分けられており、1ゾーンはキオスクで買うと2回券が€2.52、1ゾーンのみの1日券（24時間券）は€3.19。車内で運転手から買うと1回券が€2。

URL www.autotrolej.hr

■リエカの❶

●市内　Map P.123-A1

住 Korzo 14

TEL (051)335882

URL www.visitrijeka.hr

開 6～9月8:00～20:00
（祝～14:00）
10～5月8:00～20:00
（土・祝8:00～14:00）

休 1/1、11/1、12/25

●トゥルサット城
Map P.123-B1

住 Partizanska put 9a

TEL (051)217714

開 6～9月9:00～20:00
10～5月9:00～17:00

休 10～5月の土・日、1/1、11/1、12/25

ザグレブから南西に185km、"川"という意味の名をもつ港町リエカは、クロアチア最大の貿易港。アドリア海を渡る大型フェリーはここを拠点に運航されている。かつてのイタリア語名のフィウメFiume（同じく川の意）でもよく知られる。2020年は欧州文化首都に選出され、さまざまな文化行事が開催された。

毎年1～2月には中世から続くというリエカ・カーニバルRiječki karneval（URL www.rijecki-karneval.hr）が行われ、華やかな仮装行列を見るために、各地から大勢の観光客がやってくる。町の背後には城塞の丘トゥルサットTrsatがあり、ここから見下ろすアドリア海の眺めは最高だ。

歩き方

鉄道で着いたら駅を出て、クレシミロヴァ通りKrešimirovaを右の方向に進もう。約7分歩くと、大型船が浮いているリエカ港が見え始め、港のそばには長距離バスターミナルがある。ヤドゥランスキ広場Jadranski trgから東へ延びる道が、町のメインストリートの**コルゾ通りKorzo**。ブティックやカフェが並ぶ美しい通りだ。❶があるのもこの通り沿い。そのまま道を歩いていくと、左側にはリエカのランドマークといわれている黄色い**時計塔Gradski Toranj**が現れる。右側にはデパートもあり、多くの人でにぎわっている。リエカ・カーニバルのときは、この通りを中心にパレードが行われる。

トゥルサット聖母教会

時計塔をくぐり、北へ進むと聖ヴィード大聖堂に出る。教会の背後にある大通りの向かいは、博物館地区だ。

丘の上のトゥルサット地区へは、フィウマラ通りFiumaraから2番のバスに乗りTrsat crkva下車。また、ちょっとたいへんだが、チトー広場Titov trgから、巡礼者が上るペタル・クルジッチの階段Trsatske stube Petra Kružićaからも行くことができる。

おもな見どころ

聖ヴィード大聖堂
Katedrala sv. Vida カテドゥラーラ・スヴェトグ・ヴィーダ
St. Vitu's Cathedral
Map P.123-A2

17世紀にイエズス会によって建てられた円形の教会で、クロアチアの100クーナ札にも描かれている。主祭壇に祀られているゴシック様式のキリスト磔刑像は、石が当たったとき、血を流したという伝説が残る奇跡の像だ。

トゥルサット城 Trsatska gradina トゥルサツスカ・グラディナ
Trsat Castle
Map P.123-B1

ケルト人が丘の上に建てたトゥルサティカTrsaticaは町の起源でもあり、ローマ時代には、異民族の侵入を防ぐ防衛拠点だった。現在の城は、中世にローマ時代の砦の上に建てられ、19世紀に大改築された。城内には🛈やカフェがある。城からは、町とクヴァルネル湾を見渡せる。

■フェリー会社ヤドゥロリニヤ
Jadrolinija　Map P.123-A2
住Riječki lukobran b.b.
TEL(051)666111
URL www.jadrolinija.hr

■トゥネルリTunelRi
Map P.123-A2
第2次世界大戦中に、市民の避難場所としてイタリア軍によって掘られたトンネル。長さ330m。聖ヴィード大聖堂横とドラツ小学校横に出入口がある。
開夏期のみ10:00〜18:00

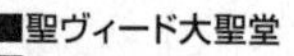

■聖ヴィード大聖堂
住Trg Grivica 11
開冬期6:00〜12:00、15:00〜17:00（土・日6:00〜12:00）
夏期6:00〜13:00
※時期により変動。
休祝　料無料

聖ヴィード大聖堂内部

■トゥルサット城
開随時

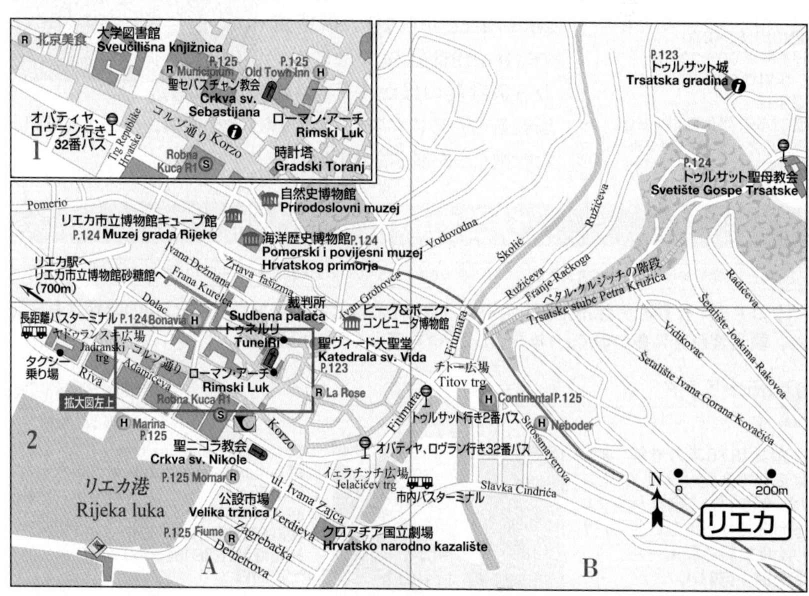

トゥルサット聖母教会の主祭壇

■トゥルサット聖母教会
開随時　休不定期　料無料

海洋歴史博物館の展示

■海洋歴史博物館
住Trg Riccarda Zanelle 1
TEL(051)213578
URL ppmhp.hr
開9:00～20:00
(月～16:00、日～13:00)
休祝
料€3.98　学生€1.99

■リエカ市立博物館
URL www.muzej-rijeka.hr
●キューブ館
住Zanelle 1
TEL(051)351090
開12:00～18:00
休日･月･祝
料€3.90、学生€2.60
●砂糖館
住Krešimirova 28
TEL(051)554270
開夏期11:00～20:00
冬期11:00～18:00
休月･祝
料€7.90、学生€3.90
英語のオーディオガイドあり(有料)。

トゥルサット聖母教会 Svetište Gospe Trsatske スヴェティシュテ･ゴスペ･トゥルサツケ

Our Lady of Trsat Church

Map P.123-B1

トゥルサット聖母教会は、1291年5月10日、天使によってイスラエルのナザレからイエス・キリストが暮らしたとされる聖家が運ばれてきたという伝説が残る場所に建てられた。1294年までこの地にあった聖家は、その後同じく天使の手によって、イタリアのアンコーナ近くにあるロレートまで運ばれたとされ、現在もその地にある。聖遺物はロレートに移ってしまったものの、奇蹟が起きた土地として、毎年5月10日には、世界中から数多くの信者が訪れる巡礼地。主祭壇にある聖母マリアの絵は、1367年に時の教皇ウルバヌス5世から贈られたものだ。隣接するフランシスコ会修道院の回廊には、聖母マリアの生涯を描いた連作の絵が描かれている。

海洋歴史博物館 Pomorski i povijesni muzej Hrvatskog primorja ポモルスキ･イ･ポヴィイェスニ･ムゼイ･フルヴァツコグ･プリモリィア

Martime & History Museum

Map P.123-A1

町の北部は博物館地区になっている。海洋歴史博物館は、この地区で最大の博物館で、1876年開館というリエカ最古の博物館。クロアチアにおける航海の発展を中心に、考古学や民俗学的史料、近代の家具など幅広いコレクションを誇る。

リエカ市立博物館 Muzej grada Rijeke ムゼイ･グラダ･リエケ

Rijeka City Museum

Map P.123-A1

企画展のみのキューブ館と2020年にオープンした壮麗なバロック様式の**砂糖館Palača šećera**などからなる。砂糖館では18～19世紀のリエカにまつわる常設展のほか、リエカ劇場装飾のためにグスタフ・クリムトとその弟、友人が作成した絵画などが展示されている。

砂糖館の大理石ホール

リエカのホテル

日本からの電話のかけ方　事業者識別番号（→P.54）＋010＋385（クロアチアの国番号）＋51（0を取った市外局番）＋番号

クロアチア有数の大都市だが、ホテルの数はそれほど多くない。カーニバルの時期はもちろん、観光客が常に多いので、1年を通して予約しておくことが望ましい。

ボナヴィア

Hotel Bonavia Plava Laguna

Map P.123-A2

★★★★　高級　室数:120

創業1876年の老舗。客室は広めで全室バスタブ、ミニバー付き。6・7階はバルコニー付きですばらしい眺め。サウナは無料で利用可能。
全館　EVあり

URL www.plavalaguna.com
Mail bonavia@plavalaguna.com
住Dolac 4
TEL(051)357100
€105～151
€131～163
D M V

コンチネンタル
Hotel Continental

Map P.123-B2

★★★ 中級 室数:75

コルゾ通り東の突き当たりを左折、運河に架かる橋を渡ってすぐ。1888年に建てられた老舗。約半数の客室にバスタブあり。
全室 EVあり

URL www.jadran-hoteli.hr
Mail continental@jadran-hoteli.hr
住 **Šetalište Andrije Kašića Miošića 1**
TEL (051)372008
S €90～97
W €113～122
カード MV

オールド・タウン・イン
Old Town Inn

Map P.123-A1

★★★ 中級 室数:5

時計塔から北に3分の立地に加え、センスのよい客室、リーズナブルな価格で人気。16:00以降はセルフチェックイン。近くに系列ホテルあり。
全室 EVなし

URL oldtown.rest
Mail info@oldtown.rest
住 **Pod Voltun 13**
091-6202400
S/W €45～120
カード 不可

マリーナ
Botel Marina

Map P.123-A2

★★★ 経済的 室数:35

桟橋に係留された船を利用したホテルで、バスターミナルからも近い。レストランやワインバーを併設。朝食は別途€13.50。2食付きプランは€34.50追加。
全室 EVなし

URL www.botel-marina.com
Mail info@botel-marina.com
住 **Adamićev gat**
TEL (051)410162
S €59～70
W €79～111
カード MV

リエカのレストラン

ムニツィピィウム
Municipium Fine Grill

Map P.123-A1

グリル

アドリア海で取れた新鮮な魚を使った料理を出すシーフードレストラン。魚料理は€9.30～。肉料理などメインは€8.60～。

URL finegrillmunicipium.com
住 **Trg 128. brigade Hrvatske vojske**
TEL (051)212677
開 10:00～24:00 (11～5月～23:00)
土・日12:00～22:00
休 祝 カード MV

モルナール
Bistro Mornar

Map P.123-A2

シーフード

公設市場と港に近い人気店。ランチや夕食時には予約がおすすめ。メインは€12～37。写真はシーフード盛り合わせ€23。リゾットやパスタ、肉料理もある。

URL bistro-mornar.business.site
f bistromornar
住 **Riva Boduli 5b**
TEL (051)312222
開 8:00～24:00
(冬期～23:00)
休 無休 カード MV

フィウメ
Buffet Fiume

Map P.123-A2

バラエティ

公設市場近くの気取らない家族経営のレストラン。地元の人にも人気。スパゲティやリゾット€8～、魚料理€7.30～、肉料理€7～。

住 **Vatroslava Lisinskog 12B**
TEL (051)312108
開 7:00～18:00 (土～15:00)
休 日・祝
カード MV

オパティヤ
Opatija

Map P.8-B4

ヴィラ・アンジョリーナ

■オパティヤへの行き方
●リエカから
🚌イェラチッチ広場から32番のバスが25～55分に1便程度、所要約30分。切符は3ゾーンので往復€4.25。車内で購入すると片道€3。
詳細はURL www.autotrolej.hr のsuburban routesで検索。
●ザグレブから
🚌0時台～20時台に4～8便運行（土・日減便）、所要2時間50分～3時間20分、€16.10～18.80。
●プーラから
🚌5時台～20時台に5～11便運行（土・日減便）、所要約2時間、€10～13.10。
■オパティヤの*i*
Map P.126-2
住 Maršala Tita 146
TEL (051)271310
URL www.visitopatija.com
開 7・8月8:00～21:00
春・秋期8:00～19:00
（日9:00～15:00）
冬期9:00～16:00
休 1/1、11/1、12/25、冬期の日・祝

バカンス客で賑わうオパティヤの海岸

リエカの西**13km**に位置するオパティヤは、オーストリア＝ハンガリー帝国の時代から王侯貴族が訪れていた、クロアチアでも屈指の高級リゾート地。海岸沿いの通りには、数多くの瀟洒なホテルが建ち並び、その様子から“クロアチアのリヴィエラ”とも称されている。元旦の正午に行われる寒中水泳には多くの人が集まる。ダイビングなどの各種マリンスポーツはもちろん、イストゥラ半島や、プリトゥヴィツェ湖群国立公園、さらにポストイナなどへ日帰りツアーで行くことも可能だ。

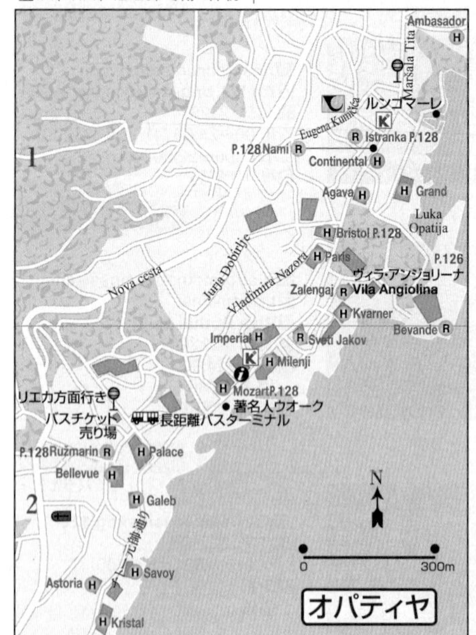

歩き方

町は中心を**チトー元帥通りMaršala Tita**が貫いており、*i*やホテル、旅行会社など、観光に必要な施設はすべてこの通り沿いに揃っている。夏になると多くのリゾート客でにぎわう。

おもな見どころ

ヴィラ・アンジョリーナ
Vila Angiolina ヴィラ・アンジョリーナ
Villa Angiolina
Map P.126-1

ヴィラ・アンジョリーナは、それまで小さな漁村に過ぎなかったオパティヤが、現在のようなクロアチア有数のリゾート地になる転機になった建物。

1844年にリエカの豪商であるイジニオ・スカルパによって建てられており、アンジョリーナという名は、彼の妻の名前にちなんだものだ。周りには庭園が広がっており、美しい花が競うように咲き乱れているほか、日本や中国、オーストラリアなど世界各地から集められた樹木も植えられている。

イジニオ・スカルパは、クロアチアの軍人であり政治家のヨシップ・イェラチッチやオーストリア皇帝フェルディナント1世の妻、マリア・アンナといったえりすぐりの人物を賓客としてこの館に招き、それが、高級リゾートとしての名前を高めることにつながったといわれる。現在のヴィラ・アンジョリーナは、観光を視点としたオパティヤ歴史博物館として利用されている。

エクスカーション

ロヴラン Lovran ロヴラン

Lovran

Map P.120-B2

聖ユーリの家に残る聖ゲオルゲの竜退治のレリーフ

ロヴランはオパティヤから南に5kmほど行った所にある高級リゾート地。オパティヤに追随するかのように、ロヴランも19世紀以降にリゾート地として発展した町。オパティヤがそれ以前は小さな漁村に過ぎなかったのに対して、ロヴランのほうは、7世紀以来の歴史をもつ由緒ある町だった。1599年と1614年の2度にわたり火災に見舞われているが、それでも中世の雰囲気が漂う町並みが今も残されている。

旧市街広場に建つ**聖ユーリ教会Crkva sv. Jurja**は、ファサードこそバロック様式に改装されているが、建物の基礎部分は14世紀のまま保持されており、内部は美しいゴシック風のフレスコ画で彩られている。

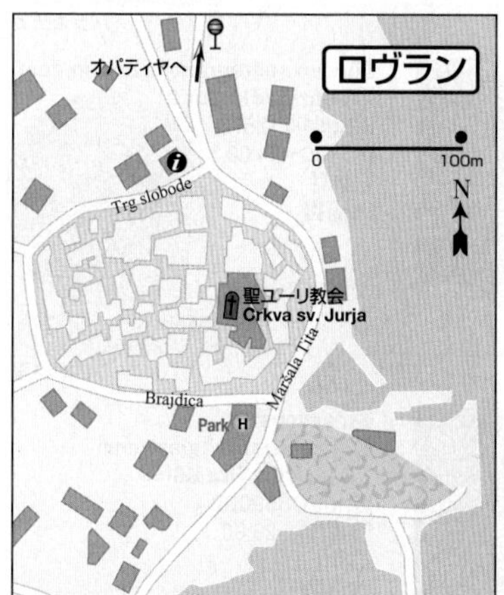

また、ロヴランは栗の産地としても知られており、毎年10月の第2週末には、栗の収穫を祝うマルナーダMarunadaという祭りが開かれる。

■ヴィラ・アンジョリーナ
住Park Angiolina 1
URL hrmt.hr
※2023年夏現在、改修工事中。再開未定。

■ルンゴマーレ遊歩道
Lungomare

乙女とカモメの像は人気の記念撮影スポット

オパティヤを中心に、北はヴォロスコから南はロヴランまで10kmにわたり続く人気の海辺沿いの遊歩道。正式名称はフランツ・ヨーゼフ1世遊歩道。2011年に百周年を迎えた。

■著名人ウォーク
Hrvatska ulica slavnih
各界を代表する世界的に著名なクロアチア人の名前や功績分野が書かれたプレートが埋め込まれたオパティヤ中心部の海沿いの散歩道。日本でも知られているのは、ニコラ・テスラ（科学者）、ヤニツァ・コステリッチ（スキー）、ゴラン・イヴァニシェヴィッチ（テニス）など。

ブランカ・ヴラシッチ（高跳び）のプレート

ロヴランへの行き方

●オパティヤから
バス32番のバスが20～55分に1便程度の運行、所要約20分。切符はキオスクで2ゾーンのもので往復€3.38、車内で購入すると片道で€2.50。

●リエカから
バスイェラチッチ広場のバス停から32番のバスが20～55分に1便程度の運行、所要約50分。切符はキオスクで4ゾーンのもので往復€4.78。車内で購入すると片道で€3.50。

■ロヴランのi
住Trg slobode 1
TEL (051)291740
URL www.visitlovran.com
開夏期8:00～21:00
（日・祝9:00～13:00）
冬期8:00～14:30
（土～13:00）
休祝、冬期の日曜

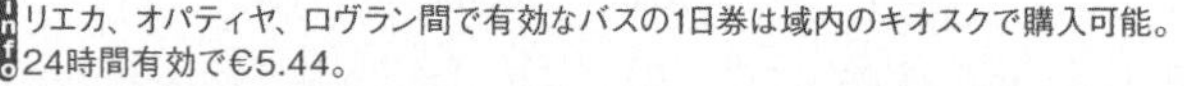
info リエカ、オパティヤ、ロヴラン間で有効なバスの1日券は域内のキオスクで購入可能。24時間有効で€5.44。

オパティヤのホテル

日本からの電話のかけ方　事業者識別番号（→P.54）＋010＋385（クロアチアの国番号）＋51（0を取った市外局番）＋番号

　ホテル数は多いが、夏期はそれ以上の観光客が押し寄せるので、予約は必須。プライベートルームも夏期は当日に紹介してもらえると期待しないほうがいい。夏期に希望の宿に泊まりたい人はできるだけ早くインターネットで予約するか、現地の旅行会社と連絡を取ろう。

モーツァルト
Hotel Mozart

Map P.126-2

★★★★　高級　室数:27

　1894年建造の建物を利用したブテッィクホテル。客室数が少ないぶんサービスが行き届き、スパセンターやジャクージ、サウナも併設。
全館　EVあり

URL www.hotel-mozart.hr
Mail info@hotel-mozart.hr
住 Maršala Tita 138
TEL (051)718260
S A/C €99〜503
W A/C €101〜505
M V

ブリストル
Hotel Bristol

Map P.126-1

★★★★　高級　室数:78

　黄色い外観が印象的な高級ホテル。海岸には面していないが、客室は広めで、バルコニー付きの客室からは海が見える。
全館　EVあり

URL bristol.hr
Mail bristol.reception@luminor-hotels.com
住 Maršala Tita 108
TEL (051)706300
S A/C €65〜200
W A/C €78〜237
D M V

オパティヤのレストラン

イストゥランカ
Istranka

Map P.126-1

クロアチア料理

　イストゥラ半島の郷土料理を出すレストラン。メニューはアドリア海のシーフードやパスタ€16.50〜などバラエティ豊か。

住 B. Milanovića 2
TEL (051)271835
開 夏期10:00〜23:00
　冬期12:00〜22:00
休 月、12/24
M V

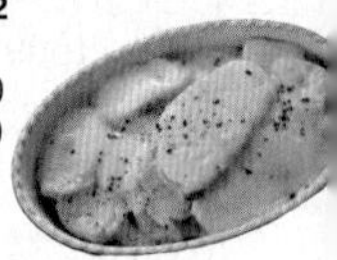

ルージュマリン
ružmarin restaurant

Map P.126-2

バラエティ

　バス停から徒歩2分。観光客に大人気のスタイリッシュな雰囲気のレストラン。パスタ、サラダ、グリル、シーフード、ピザ、ベジタリアン（各種€10〜）など幅広い。ピーク時には予約マスト。

URL www.restaurant-ruzmarin.com
住 Veprinački put 2
TEL (051)712673
開 11:00〜24:00
休 無休
M V

ナミ
Nami Sushi Restaurant

Map P.126-1

日本料理

　オパティヤ中心部で、クロアチア在住20年以上の日本人シェフの日本食が食べられる。刺身€20〜、野菜天ぷら€16のほか、ラーメンや餃子などメニューは多彩。

f namiopatija
Mail nami.opatija@gmail.com
住 Maršala Tita 86
TEL (051)559000
開 12:00〜23:00
休 月
M V

旅のグルメ　オパティヤから足を延ばして

ソムリエとしても知られるプラヴィ・ポドゥルムのダニエラさん

各国のセレブが集うオパティヤには、美食が似合う。野心的なフュージョンも、伝統料理のひと皿も共通項は素材のよさ。ていねいに手作りされたオリーブや生ハムなどイストゥラ半島の幸。近くの港から直送されるアドリア海の幸も1時間以内に店に並ぶ。なんと贅沢なロケーション。これでおいしくないわけがない。

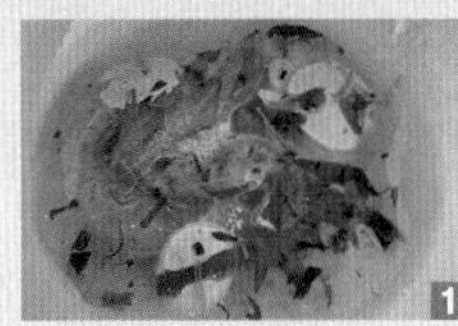

1小さな港が目の前にあるテラス席もおすすめだが、適度にカジュアルな店内もよい　2アカザエビとアンコウの串焼き。ターメリック風味のリンゴソースにトリュフが添えられている　3黒いのはイカスミであえたオーツで白はカリフラワーのソース。イクラとメレンゲで色を添えたアミューゼ　4ダニエラさんがリエカの市場で目利きした魚　5シーバス（スズキ）のフィレの根菜添え松の実ソース。トルテッリーニ、メレンゲ、上には大きなフォアグラがのる

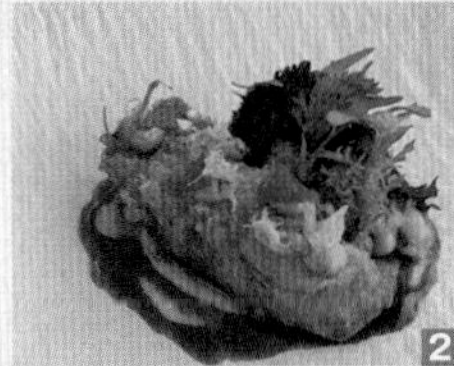

1ジュエリーのように美しいシーフードサラダ　2ホウボウのフライは衣はサックリで身はふわふわ　3なんといってもこの景色がごちそう。ワインもさらにおいしく感じる

創作料理

ネボ Nebo Restaurant

Map P.120-B2
URL neborijeka.com
住 Opatijska 9
TEL (051)600119
開 17:00～23:00
休 日、冬期の月曜
カード A D M V

地元の小規模生産者から取り寄せた厳選食材を利用した創作コース料理€152の店。ヒルトンホテル最上階にあり、全面ガラス張りの客席からはアドリア海の絶景が楽しめる。

シーフード

プラヴィ・ポドゥルム Plavi Podrum

Map P.120-B2
URL www.plavipodrum.com
Mail info@plavipodrum.hr
住 Frana Supila 12
TEL (051)701223
開 12:00～23:00
休 不定休　カード A D M V

ワインに合う料理を追及したら、自分の店をもつことになったというバイタリティあふれるダニエラさん。食材の仕入れから季節ごとのメニューの決定。ランチもディナーもお客さんと味談義にと大忙し。見た目も味も文句なしの逸品揃い。

クルク
Krk

Map P.11-C1

クルーズ船で周辺の島々へ

東側から眺めたクルクの旧市街

クルク島はアドリア海沿岸で最大の島。島の起点となる町は、島名と同じクルク。旧市街は小さいながらも、細い路地や、城塞、大聖堂など見どころに富んでおり、ゆっくりと散策するのにぴったり。この町を起点として、島内のほかの見どころや、周辺の島へクルーズに出かけるのも楽しい。

歩き方

バスターミナルは旧市街の南西300mほどの所にある。バスターミナルから旧市街にかけては、船が発着するマリーナになっており、近郊の島を回る遊覧船が停泊している。ビーチは町の周辺にもあるが、近郊ツアーでも行ける。島の中央にある**ヴルブニク Vrbnik**の町は幅が43cmという「世界一狭い路地」があることで有名。町にはワイナリーもあるので、時間があったらぜひ訪れたい。

ヴルブニクにある世界一狭い路地

おもな見どころ

大聖堂 Katedrala(Uznesenja Marijina) カテドゥラーラ
Cathedral

Map P.131-2

大聖堂はクルクの旧市街で最大の見どころ。もともとは、ローマ時代の公共浴場があった場所に建てられており、5～6世紀に、初期キリスト教会として利用され始めた。

■クルクへの行き方

✈クルク島にある空港はリエカに近いことから、名称はリエカ空港になっている。トレード・エア社からスプリット便が月（4～10月のみ）・火・木の1日1便、ザダル便が4～10月の日曜に1日1便

URL www.trade-air.com

🚌クルク島は島といっても、本土と橋でつながっているので、バスが主要な移動手段になっている。

●ザグレブから

🚌7時台～17時台に1～5便運行、所要3～4時間、€23～24.40。リエカ乗り換え便も便利。

●リエカから

🚌6時台～21時台に7～13便運行（土・日減便）、所要1時間15分～1時間40分、€9。

■リエカ空港

住 Hamec 1, Omišalj

URL www.rijeka-airport.hr

空港シャトルバスはリエカ市内（イェラチッチ広場）発着。片道€10。スケジュールはフライトの運行状況にあわせて毎月ウェブサイトに掲出される。

■クルクの❶

Map P.131-2

住 J. J. Strossmayera 9

TEL (051)220226

URL www.tz-krk.hr

開 8:00～20:00（冬期～15:00）
日8:00～13:00
※季節により変動。

休 11～4月の土・日・祝

クルクの観光案内所

大聖堂の内部

現在の大聖堂の中心部分は、11〜12世紀に建てられたロマネスク様式の教会だが、主祭壇近くの北側にある柱は、5世紀のもので、魚をついばむ鳥という初期キリスト教のシンボルが彫られている。そのほかにも大聖堂内には、1450年に中世のクルクの統治者であったフランコパン家によって増設されたゴシック様式の礼拝堂や、主祭壇の天井に描かれたバロック様式の天井画など、さまざまな時代にわたる建築様式や、装飾美術が交じり合っており、非常に興味深い。また、西側の建物は教会博物館になっており、大聖堂の所有する宝物を展示している。

プラス1の旅 ワイナリー訪問

クルクから東へ約10kmほど行った東岸のヴルブニクは古い町並みも魅力だが、何といってもワインで知られている。気候は温暖で周辺には平原が広がり、ここで栽培されるブドウはバランスのよい酸味をつくり出すという。町にはレストランもあり、地元産のラムやシーフードなどと一緒に味わうこともできる。

ゴスポヤPZ Gospojaワイナリー直営のレストラン。試飲や販売もOK

ヴルブニクには150haのブドウ畑が広がる

フランコパン城塞

■フランコパン城塞
住Trg Kamplin
開夏期9:00〜21:00
休日、冬期
料€4、学生€3.50
12〜15世紀クルク島を統治したフランコパン家によって12〜15世紀に建てられた城塞。

■大聖堂
住A. Mahnića
開随時（8:00と19:00のミサの時間帯を除く）
休無休　料無料
※教会博物館は2023年夏現在休業中。

主祭壇の天井画

ヴルブニクへの行き方

●クルクから
1日2便運行（土・日運休）、所要約40分、€4.60。
URL www.arriva.com.hrで検索。

■ゴスポヤ（ワイナリー）
PZ Gospoja
住Frankopanska 1, Vrbnik
TEL (051)857142
URL www.gospoja.hr
バス停から5分。ワインの試飲や販売のほか、レストラン、ホテルも経営。ワインの試飲・販売直営店はリエカとツリクヴェニツァ Crikvenicaにもある。

ジュラフティナ種の白ワイン

クルクのホテル

日本からの電話のかけ方　事業者識別番号（→P.54）＋010＋385（クロアチアの国番号）＋51（0を取った市外局番）＋番号

クルクのホテルは、旧市街から東に500～600mほど行った所に固まって存在している。ホテルの数自体はあまり多くはないが、プライベートルームは多く、旅行会社で紹介してもらえる。ほとんどのホテルは4～10月の営業で、冬期は休業する。

マリナ
Hotel Marina

Map P.131-2

★★★★　高級　室数:9

正面は海に面したプロムナード、背後は旧市街。観光には便利な立地。内装はモダンでシックな家具で落ち着いた雰囲気。レストランも併設。1･2月休業。
全館　EVあり

URL hotelikrk.hr
Mail marina@hotelikrk.hr
住 Obala Hrvatske Mornarice 8
TEL (051)221128
S €168～347
W €179～390
カード M V

マリティム
Maritime Hotel

Map P.131-2

★★★★　高級　室数:12

全室シービュー（一部の部屋はサイドビュー）。レストランのほか屋上にプール（5～9月のみ）もある。ホテル直接予約で現金支払い5%割引。1月休業。　全館　EVあり

URL www.hotel-maritime.hr
Mail info@hotel-maritime.hr
住 Lukobran 2
TEL (051)499049
S €105～313
W €132～392
カード D M V

クルクのレストラン

シメ
Konoba Šime

Map P.131-2

シーフード

海に面したオープンテラス席が人気。店の入口は旧市街に入った所にあり、石造りの店内も素朴な感じで雰囲気がよい。

住 Obala Hrvatske Mornarice 3
TEL (051)220042
開 10:00～24:00
(11･3月～23:00)
休 12～2月
カード D M V

ガリヤ
Konoba-Pizzeria Galija

Map P.131-1

バラエティ

冬期休業のレストランが多いが、ここは通年営業している数少ない店で地元の人気店。店内は広く、料理はグリル、シーフードなど、バラエティ豊か。ピザは各種€7.80～。

URL www.galijakrk.com
住 Frankopanska 38
TEL (051)221250
開 11:00～22:00
(冬期～20:00)
休 1/1、11/1、12/25　カード M V

カーサ・デル・パドロン
Casa del Padrone

Map P.131-2

カフェ&バー

マリーナに面した立地のカフェ&バー。ケーキの種類が豊富で€3.50～。バクラヴァ€3.50など、伝統的なスイーツも用意している。アイスクリームも人気。

URL krcki-dvori.hr
f casadelpadronekrk
住 Šetalište Svetog Bernardina 2A
携帯 099-7022720
開 8:00～22:00
(夏期～翌3:00)
休 日　カード M V

Information　リゾート地バシュカに残るグラゴール文字

芸術アカデミーに展示されているバシュカ石碑

バシュカの郊外にある聖ルチア教会

聖ルチア教会の内部から碑文が発見された

　クルクから南東へ約20km、バシュカは100年以上の歴史をもつ、クロアチアでも有名なリゾート地。約2kmにわたる長いビーチは、アドリア海で最も美しいビーチと称されており、周辺を巡るトレッキングコースも多い。リゾートとして申しぶんない環境に加え、バシュカは文化遺産の面でもクロアチア全土に広く知られている。

◆バシュカ石碑

　町の名を冠したバシュカ石碑は、1100年頃にグラゴール文字を使ったクロアチア語で書かれており、クロアチア語がつづられた最古の例のひとつだ。グラゴール文字とは8世紀に考案されたもので、ロシアやセルビアなどで使われているキリル文字の原型となった。現在のクロアチア語はラテン表記だがその成立にも影響を与えており、近代まで使用されていた地域もある。

　この石碑は、バシュカの町から北西2.5kmほどの所に位置する聖ルチア教会Crkva sv. Lucijeで発見された。本物はザグレブに移されており、教会に置かれているものはそのレプリカ。聖ルチア教会は初期ロマネスク様式で、教会建築としても十分見応えがある。

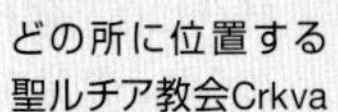
聖ルチア教会★印の所から碑文が見つかった。現在はレプリカが置かれている

■バシュカの行き方

●リエカから

🚌6時台～19時台に4～8便運行（土・日減便）、所要約2時間15分、€11.70。

●クルクから

🚌9時台～21時台に4～11便運行（土・日減便）、所要約40分、€4～5.40。

■バシュカの*i*

住Kralja Zvonimira 114
TEL(051)856817　URL www.visitbaska.hr
開6～9月7:30～21:00（土9:00～19:00）
10～5月7:30～15:30（土9:00～14:00）
休日、11～3月の土、10～5月の祝

本物のバシュカ碑文はザグレブの芸術アカデミーに置かれている

クロアタ（→P.95）ではグラゴール文字を模様にしたネクタイが人気商品のひとつ

ビューポイントから港を見下ろす

ラブ
Rab

•ザグレブ
ラブ
Map P.11-C2

ラブ旧市街を眺めながらの海水浴

ラブ島の中心都市で、島の西岸に位置している。町の起源は紀元前15世紀、リブルニア人の集落にまで遡り、ローマ時代には、初代ローマ皇帝アウグストゥスによって自治を認められ、繁栄を謳歌した。毎年7月25～27日は、クロアチアで最古かつ最大の中世祭、ラブスカ・フィエラRabska fjeraが開催され、中世の雰囲気に包まれる。

歩き方

旧市街は港の南側の半島部分。バスターミナルは港のすぐ北にあるので、まず海まで出て、それから海沿いの道を

■ラブへの行き方
⛴リエカからの高速船は、ラブを経由し、パグ島Pagのノヴァリャ Novajlaへ行く。本土のスティニツァ Stinicaとは島の東端にあるミシュニャクMišnjakとフェリーで結ばれている。
●リエカから
🚌1日1～2便運行（日曜運休）、所要約3時間10分、€17.40。
⛴ヤドゥロリニヤ社の高速船が1日1～2便、所要1時間15分～2時間、€12.68～25。
●ロパルから
🚌6時台～20時台に4～7便運行（日曜減便）、所要約23分、€3.40。

■ラブの i
Map P.134-B
住 Trg Municipium Arba 8
TEL (051)724064
URL www.rab-visit.com
開 6・9月8:00～20:00
7・8月8:00～21:00
10～5月8:00～15:00
（土・日～13:00）
※春・秋は変動あり。
休 11～3月の土・日・祝

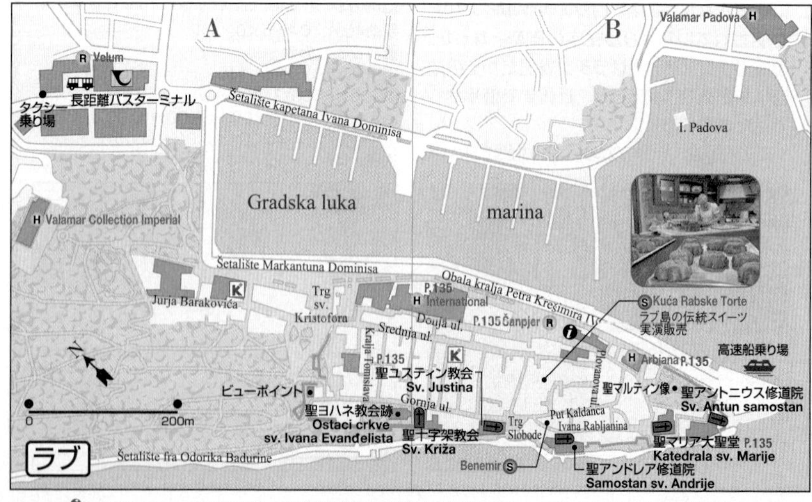

info ベネミルBenemirはベネディクト会修道院の修道女が運営するショップ。ハンドメイドの効能別クリームやリキュール、ハーブティー、ジャム、オイル、アクセサリーなどを販売している。

進むと🅘のある**ムニツィピウム・アルバ広場Trg Municipium Arbe**に出る。旧市街は、海を背にして上り坂になっており、下からドニァ・ウリツァ Donja ul.(下の道)、スレドゥニャ・ウリツァ Srednja ul. (中の道)、ゴルニャ・ウリツァ Gornja ul. (上の道)という3本の道が海岸線と並行して延びている。

🅘から坂を上ると、スロボダ広場Trg Slobodeにいたる。ここにある**聖ユスティン教会Sv. Justina**は、現在は博物館として、ラブの宗教美術品を展示。この広場からゴルニャ・ウリツァを北に行くと、7世紀頃に建てられた**聖ヨハネ教会跡Ostaci crkve sv. Ivana Evanđelista**があり、南に行くと、**聖マリア大聖堂Katedrala sv. Marije**がある。12世紀にローマ教皇アレクサンデル3世が建てたもので、内部ではプレ・ロマネスクの主祭壇や、町の守護聖人である聖クリシュトフォルの聖遺物などが見られる。近くに建つロマネスク様式の鐘楼は高さが25mあり、ラブにある4つの鐘楼のなかで最大のものだ。

■ラブの旅行会社
ロシニュ島やクルク島、パグ島、プリトゥヴィツェ湖群国立公園などへ行く日帰りツアーが人気。夕方になると海辺の遊歩道沿いに数多くのボートやスタンドが出て、翌朝出発便が予約できる。

■聖ユスティン教会
Map P.134-B
TEL (051)724195
開20:30～22:30
休10～5月　料€3

■聖マリア大聖堂
Map P.134-B
開20:30～22:30
休冬期
料大聖堂無料、鐘楼€3
撮影 大聖堂内不可、鐘楼可

ラブのホテル

日本からの電話のかけ方　事業者識別番号（→P.54）＋010+385（クロアチアの国番号）＋51（0を取った市外局番）＋番号

ラブは町の中心近くに100人以上収容する大型ホテルが何軒かあり、宿泊事情はかなりよい。一方で、プライベートルームは、町の中心には少なく、少し離れた所にあるものが多い。

アルビアナ
Arbiana Heritage Hotel

Map P.134-B
★★★★　高級　室数:30

1924年創業でクロアチア大統領や首相など政府要人の常宿。バルコニー付きの部屋が多く眺めもいい。温水屋外プールやレストランも併設。
Wi-Fi 全館　EV あり

URL www.arbianahotel.com
Mail sales@arbianahotel.com
住 Obala Kralja Petra Krešimira IV 12
TEL (051)775900
S €90～270
W €100～300
カード D M V

インターナショナル
Hotel International

Map P.134-B
★★★　中級　室数:130

旧市街の中心に位置する便利な立地で海沿いのホテル。3室以外バスタブ付き。屋外プール（夏期のみ）やレストランも併設。10～4月は休業。
Wi-Fi 全館　EV あり

URL hotelirab.hr
Mail info@hotelirab.hr
住 Obala Kralja Petra Krešimira IV. 4
TEL (051)602000
S €55～183
W €86～420
カード D M V

ラブのレストラン

シャンピエル
Šanpjer

Map P.134-B
シーフード

魚屋併設で、新鮮で上質なシーフードを良心的な価格で提供。地元の人にも人気。夏は長い行列ができるので、予約がマスト（15分遅れるとキャンセルされるので要注意）。

Instagram sanpjer.rab
住 Obala Kralja Petra Krešimira IV 6
TEL (051)724183
開12:00～23:00
休9月中旬～復活祭
カード M V

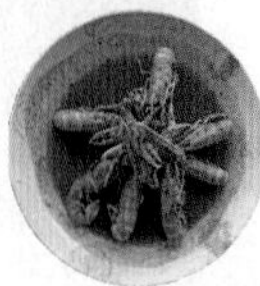

ローマ時代から残るセルギ門

ローマ時代の繁栄をしのぶ

プーラ

Pula

Map P.10-B1～2

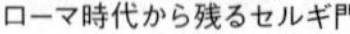

■プーラへの行き方

●ザグレブから

🚌6時台～23時台に11～17便運行（土・日減便）、所要3時間30分～6時間、€25.70～30。

●リエカから

🚌0時台～21時台に11～16便運行（土・日減便）、所要1時間30分～2時間45分、€15.10～17.60。

●ロヴィニュから

🚌4時台～21時台に12～21便運行（土・日減便）、所要35～45分、€7.10～8.30。

●ポレチュから

🚌6時台～22時台に4～8便運行（土・日減便）、所要約1時間30分、€8.30～9。

■プーラ空港

TEL (052)550926

URL www.airport-pula.hr

空港から市内へは、発着に合わせてバスターミナルへ行くバスがある。€6。

■プーラの🅘

Map P.137-2

住 Forum 3

TEL (052)219197

URL www.pulainfo.hr

開 4・5月8:00～16:00
（土・日10:00～16:00）
10月8:00～20:00
（日10:00～18:00）
6～8月8:00～21:00
9月9:00～21:00
11～3月9:00～16:00
（土・日10:00～16:00）

休 無休

※時期により変動あり。

ローマ遺跡が数多く残るプーラのシンボル円形劇場

イストゥラ半島の南端部に位置するプーラは、ギリシア神話のイアソンとメディアによって奪われた黄金の羊毛を取り返しに派遣されたコルキスの民が築いたという伝説が残る町。ローマ時代には通商の中継地として栄えた港町で、1世紀に建てられた円形劇場やアウグストゥス神殿など往時の繁栄をしのぶ多くの遺跡が残っている。近郊に足を延ばせば多くのビーチがあり、ここを中心にイストゥラ半島を巡るのも楽しい。

歩き方

バスターミナル、鉄道駅ともに町の北にある。プーラ駅から中心へはそのまま南へ。バスターミナルの場合は、一度西に向かい、**フラヴィイェヴスカ通りFlavijevska**を左折し南西へと進んでいこう。途中左側にローマ時代の円形劇場が見えてくる。さらにイスタルスカ通りIstarskaを南へ進んでいくと、右側に**セルギ門Slavoluk Sergijevaca**が見える。ここが旧市街への入口だ。門をくぐって真っすぐ進んでいくと、**フォーラムForum**という広場に出る。🅘はこの広場にあり、ここで観光情報や、地図、ガイドブックなどが手に入る。フォーラムの北にあるふたつの建築物は、左が1世紀に初代ローマ皇帝によって建てられたアウグストゥス神殿。右

フォーラムに並ぶ市庁舎とアウグストゥス神殿

が13世紀に建てられた市庁舎Gradska palačaだ。旧市街は小さいながらもローマ時代の遺跡から中世の教会、ヴェネツィア共和国統治時代の要塞（現イストゥラ歴史博物館）など、数多くの見どころが集まっている。旧市街の北の先にあるふたご門Dvojna vrataをくぐると、丘の上にはイストゥラ考古学博物館がある。

おもな見どころ

円形劇場 Amfiteatar アムフィテアタル
Amphitheatre

Map P.137-1

現在でも5000人収容可能

1世紀に建てられた、プーラの象徴的存在。ローマ時代には、闘技場として使われ、剣闘士たちの血なまぐさい闘いがここを舞台に繰り広げられ、市民たちを熱狂させた。劇場は楕円形で、長径130m、短径100mあり、2万5000人を収容できた。今でもときおりオペラやコンサート、映画の上映などが行われ、現役の劇場として利用されている。

ブリユニ諸島行きのボート乗り場

■円形劇場
住Amfiteatarska
TEL(052)210718
開4月8:00〜20:00
5·6·9月8:00〜21:00
7·8月8:00〜23:00
10月9:00〜19:00
11〜3月9:00〜17:00
※イベント開催時は短縮。
休1/1
料€10　学生€5

夏のシーズン中には円形劇場でコンサートが行われることも

■乗り降り自由の観光バス
プーラ中心部からヴェルデラ地区の広域エリアの8か所の停留所を巡回する観光バス。4〜10月中旬の毎日4〜8便。1周50分。日本語オーディオガイドもある。
料€16（24時間有効）
チケットはバスのドライバーのほか、円形劇場前のスタンドで購入可能。

円形劇場前にある、観光バスのチケット売り場

■魚の島
プーラ沖のブリユニ国立公園にあるガズ島Gazはかわいらしい魚の形。チャーターヘリで空から見ると、魚が海で泳いでいるように見える。

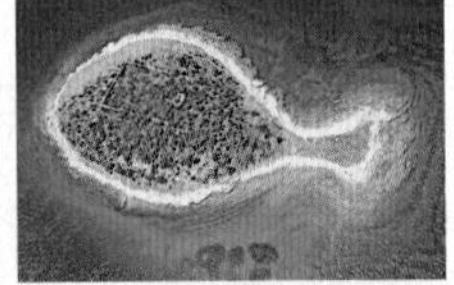
真上から見たガズ島

アウグストゥス神殿 Augustov hram アウグストヴ・フラム

Temple of Augustus

Map P.137-2

■アウグストゥス神殿
住Forum
開4・10月9:00～19:00
　5～9月9:00～20:00
休11～3月　料€2　学生€1

フォーラムに建つこの美しい神殿は、紀元2～14年にかけて、初代ローマ皇帝アウグストゥスの治世をたたえるために建てられた。すっと伸びたコリント式の円柱がひときわ印象的なこの神殿の姿は、後の大建築家パッラーディオの建築に影響を与えたともいわれている。

さまざまな施設として利用されてきたアウグストゥス神殿

神殿は、ローマ帝国がキリスト教を受け入れ、以前から信仰されてきた宗教が衰退すると教会に姿を変え、その後、さらに食物の貯蔵庫などに使われたこともあったという。現在は考古学博物館の別館として、ローマ時代の彫刻などを展示している。

イストゥラ考古学博物館

Arheološki muzej Istre アルヘオロシュキ・ムゼイ・イストゥレ

Archaeological Museum of Istria

Map P.137-2

■イストゥラ考古学博物館
住Carrarina 3
TEL(052)351300
URL www.ami-pula.hr
※2023年5月現在閉館中。

モザイクの床や硬貨、壺、金属製品など、イストゥラ半島で発掘された先史時代から中世にかけてのさまざまなものを展示している博物館。ローマ時代に関する展示が最も充実している。

イストゥラ歴史海洋博物館

Povijesni i pomorski muzej Istre

ポヴィイェスニ・イ・ポモルスキ・ムゼイ・イストゥレ

History & Maritime Museum of Istria

Map P.137-2

■イストゥラ歴史海洋博物館
住Gradinski uspon 6
TEL(052)211566
URL www.ppmi.hr
開5～9月9:00～21:00
　10～4月9:00～17:00
休無休
料€6　学生€3

物見の塔には上ることもできる

プーラの丘にあるプーラ城は、有史以前からの歴史をもつ。1630年に町と港を守るために星形の稜堡式城郭に造り替えられた。現在は歴史博物館として、イストゥラ半島の中世から近代にかけての海洋史や軍事史を中心とした展示を行っている。

博物館が建つ丘の下にツェロシュトラッセZerostrasseと呼ばれる地下トンネルがある。オーストリア=ハンガリー帝国の重要な軍事港だったプーラに避難所および軍備倉庫として造られた。全長約400メートル、約6千人を収容することができた。現在は各種企画展を行っている。

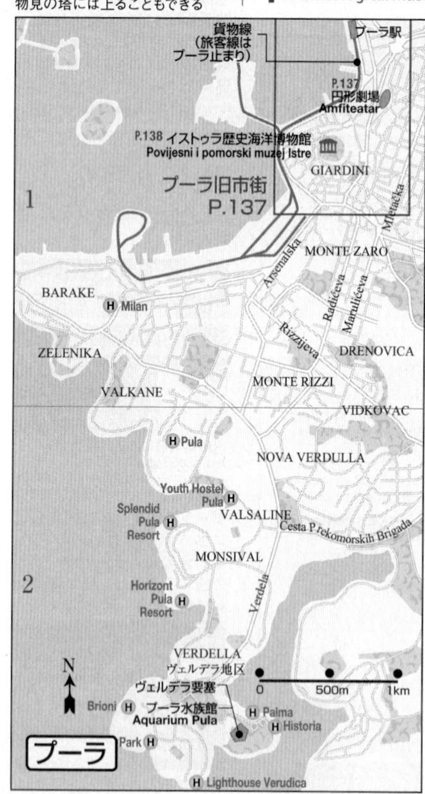

info 19世紀に建てられたヴェルデラ要塞（Map P.138-2）内にはプーラ水族館がある。海洋生物の公開だけではなく、漁業に使われる道具などの展示も興味深い。周囲には美しいビーチもある。

イストゥラ・オリーブオイル・ハウス
Museum Olei Histriae ムゼウム・オレイ・ヒストリエ
House of Istrian olive oil

Map P.137-2

イストゥラ地方はオリーブオイルの国際的評価が高い産地。ここではローマ時代から現代までの製法に関する展示（オーディオガイド付き）がある。試飲レクチャーでは質の見分け方が学べる。ショップはオイルのほか、オリーブ材雑貨などが充実している。

■イストゥラ・オリーブオイル・ハウス
住Istarska 30
TEL(052)661235
URL www.oleumhistriae.com
開夏期10:00〜18:00
冬期10:00〜17:00
休無休
料展示見学と試飲レクチャー50分で€15〜。
試飲室不可

品揃え充実のミュージアムショップ

エクスカーション

ブリユニ国立公園
Nacionalni park Brijuni ナツィオナルニ・パルク・ブリユニ
Brijuni National Park

Map P.120-A3

プーラの北西7kmに位置するブリユニ諸島は、大小14の美しい島々からなる。島にはローマ時代の遺跡が残り、豊かな植生から、国立公園にも指定されている。全14島中、ヴェリキ・ブリユン島Veliki Brijunとマリ・ブリユン島Mali Brijunが上陸を許されている。

観光列車に乗って島巡り

夏期にプーラのリヴァ通りRiva沿いの海岸には、いくつもの小型のボートがブリユニ諸島への日帰りツアーのため待機している。ブリユニへは上陸せずに周辺を遊覧後別の島で遊泳するツアーや、日没時のドルフィンツアー、食事やドリンク込みのツアーなど、ボートによってプログラムはいろいろある。

ヴェリキ・ブリユン島は古くから人が住んでおり、ローマ時代からビザンツ時代にかけての古い遺跡もある。意外に広いのでサイクリングコースもいくつか設定されている。

ブリユニ国立公園への行き方

プーラの北にある港、ファジャナFažanaから船が出ている。ファジャナへはバス21番が1日3〜10便運行、所要約25分、€2。公園事務所で船、島の観光列車、ガイド付きのツアー€35〜40に参加する（最低1日前までに要予約）。連絡船は1日3〜12便ある。所要15分。プーラから出ているボートツアーは、島に上陸せずに島巡りをするタイプ。旅行会社が催行しているツアーに申し込むか、リヴァ通り沿いに停泊しているボートに直接申し込む。なお、冬期はほぼすべて運休。料金はツアーによって異なるが、€50〜。

■ブリユニ国立公園事務所
TEL(052)525882
URL www.np-brijuni.hr

Information ローマのモザイク

保存状態のよいモザイク

プーラには、円形劇場やアウグストゥス神殿など、古代ローマの遺跡がたくさん残る。建物のように目立たないが、ディルケの懲罰と呼ばれる床モザイクは必見だ。魚や鳥、花をモチーフにした幾何学模様の12×6mのモザイク。その中心にあるのがギリシャ神話のディルケが戒めに雄牛に縛り付けられているシーン。3世紀頃の邸宅の床を飾っていたと考えられており、ディテールが細かく、保存状態もよいのでぜひ見てみよう。

●ローマ時代のモザイク（Rimski Mozaik）
Floor mosaic The Punishment of Dirce
Map P.137-2
住Ul. Sergijevaca

info プーラ水族館のあるヴェルデラ地区やファジャナへ行くなら、乗車毎のチケットのほか、24時間券€4、72時間券€10がある。近郊を回るならお得。

プーラのホテル

日本からの電話のかけ方　事業者識別番号（→P.54）＋010＋385（クロアチアの国番号）＋52（0を取った市外局番）＋番号

宿泊施設の数はあまり多くないので、夏期には予約が望ましい。周辺にはリゾートホテルも数多くある。

ガリヤ
Hotel Galija

Map P.137-2

★★★／★★★★　中級　室数:28

評判のよいシーフードレストランが併設されたホテル。旧館（3つ星）と新館（4つ星）にわかれており、料金も異なる。全室冷蔵庫付き。1室のみジャクージ付き。

全館　EV新館のみ

URL www.hotelgalija.hr
Mail info@hotelgalija.hr
住 Epulonova 3
TEL (052)383802
S €65～101
W €98～145
カード D J M V

アムフィテアタル
Hotel Amfiteatar Pula

Map P.137-2

★★★　中級　室数:18

円形劇場のそばにある。1階のレストランでは地元産の食材を使った料理を出している。朝食は€10。

全館　EVあり

URL www.hotelamfiteatar.com
Mail info@hotelamfiteatar.com
住 Amfiteatarska 6
TEL (052)375600
S €52～75
W €84～185　カード D M V

スカレッタ
Hotel Scaletta

Map P.137-1

★★★　経済的　室数:12

バスターミナルから円形劇場へ向かう途中にある。部屋はミニバーやドライヤーなども完備、一部はバスタブ付き。

全館　EVなし

URL www.hotel-scaletta.com
Mail info@hotel-scaletta.comr
住 Flavijevska 26
TEL (052)541599
S €70～104
W €80～130　カード M V

プーラのレストラン

プーラではフォーラム周辺にレストランが多く、よく店員が声をかけてくる光景が見られる。こういった店はシーフードが中心の店が多く、料金はやや割高。しかし、大聖堂からセルギ門、あるいはセルギ門の東側にも店は多いので、じっくり比べてみよう。

フリア
Furia

Map P.137-2

シーフード

公設市場2階の気軽なシーフードレストラン。地上階の魚市場から仕入れた新鮮な魚介類を手頃な価格で提供。12:00～14:00は行列ができる(予約不可)。

住 Narodni Trg 9
携帯 097-6839992
開 10:00～18:00（10～5月～15:00）
休 祝、10～5月の日曜
カード M V

ウリクス
Caffe Bar "Uliks"

Map P.137-2

バー

作家ジェイムス・ジョイスは、ダブリンを離れて1904～05年に、ここで英語教師をしていた。バーのテラスには椅子に座った彼の銅像がある。各種クラフトビールは330mℓが€4.20。

住 Trg Portarata 1
TEL (052)219158
開 夏期7:00～翌2:00
冬期7:00～24:00
（金・土 7:00～翌2:00）
休 無休　カード M V

ロヴィニュ
Rovinj

・ザグレブ
☆ロヴィニュ

Map P.10-A1

迷路のような旧市街

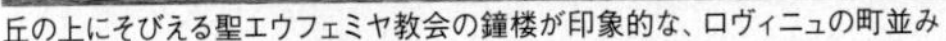
丘の上にそびえる聖エウフェミヤ教会の鐘楼が印象的な、ロヴィニュの町並み

ロヴィニュはポレチュとプーラの間に位置する人気の観光地。旧市街は中世の雰囲気をよく残しており、そぞろ歩きが楽しい。

ローマ時代にはルビニウムと呼ばれた歴史ある町だが、ヴェネツィア共和国の時代、16世紀から急激に発展していく。町は島に作られた後に海峡が埋め立てられて半島となり、城壁を巡らせて要塞となった。今も残る城門にはヴェネツィアのシンボル、サン･マルコのレリーフが刻まれている。現在でもイタリアとのつながりが深く、ロヴィーニョ Rovignoと呼ばれる町の名前をはじめ、標識などにイタリア語が併記されている。

歩き方

バスターミナルは旧市街の東400mほどにある。カレア通りCarreraを西に進むと、モスト広場Trg na mostuにいたり、その南に位置する大きな広場がチトー元帥広場Trg M. Titaだ。ここからサン・マルコのレリーフが彫られたバルビ門Balbijev lukをくぐって旧市街に入る。

おもな見どころ

聖エウフェミヤ教会 Crkva sv. Eufemije ツルクヴァ・スヴェテ・エウフェミイェ
Church of St. Euphemia

Map P.142-A1

ロヴィニュの旧市街は中央部が盛り上がった丘になっており、その頂上には教会が鎮座している。これが聖エウフェミヤ教会だ。主祭壇右奥には、コンスタンティノープルから流れ着いたとされる聖エウフェミヤの遺物が収められた石棺のほ

■ロヴィニュへの行き方
●ザグレブから
🚌7時台～23時台に9～11便運行（土・日減便）、所要3時間～5時間20分、€21～30。
●プーラから
🚌5時台～21時台に10～18便運行（土・日減便）、所要35～45分、€7.10～8.30。
●ポレチュから
🚌5時台～22時台に4～9便運行、所要約45分、€5～6.70。
■ヴェネツィア行き高速船
⛴5～9月の月・水・金曜。ロヴィニュ7:45発、ヴェネツィア17:00発、所要3時間、往復€85～95、片道€79～89。Kompas社窓口のほか、ダイレクトフェリーズのウェブサイトで購入可能（要パスポート）。
URL www.directferries.jp
●Kompas
Map P.142-A1
住 Trg. M. Tita 5
TEL (052)813211
開 7･8月9:00～22:00
5･6･9月9:00～21:00
10～4月9:00～15:00
休 10～4月の土･日、1/1、12/25

■ロヴィニュの ⓘ
Map P.142-A1
住 Trg na mostu 2
TEL (052)811566
URL www.rovinj-tourism.com
開 8:00～20:00
※10～4月は短縮。
休 11～3月の日･祝
■Sonny to Go
石畳の歩行者天国エリアの宿泊施設送迎サービス。片道€15（現金のみ）。事前予約。4～10月に運行。
URL sunnytogo.hr
📱091-6183919
■聖エウフェミヤ教会
住 Trg sv. Eufemije
TEL (052)815615
開 10:00～18:00
11～4月はミサの前後のみ。
休 無休　料 €4（鐘楼）

ライトアップされた教会

1736年創建のバロック様式教会

聖エウフェミヤが描かれた絵画

聖エウフェミヤの石棺

リム・フィヨルドへの行き方

🚌⛴ロヴィニュやポレチュ発のボートツアーを利用する。ポレチュとロヴィニュを結ぶバスはフィヨルドの上を通ることもあるので、車窓からも見える。

か、聖エウフェミヤを舐めるライオンが描かれた絵画が展示されている。

ひときわ高くそびえる鐘楼は高さ60mある。展望エリアは高さ41メートル、階段189段。先端には聖エウフェミアの像が立ち、町を見下ろしている。

エクスカーション

リム・フィヨルド Limski kanal リムスキ・カナル
Lim Fjord

Map P.120-A2

ロヴィニュの北5kmほどの所に広がる美しいフィヨルド。ロヴィニュからボートツアーに参加して下から眺めることができる。

また、谷の上からフィヨルドを望むと、まったく違った美しい風景が広がる。

このあたりはカキの養殖も行われている海域でもある。新鮮なシーフードは、ロヴィニュでも楽しめるが、フィヨルドの北岸の集落にあるレストランも新鮮なシーフード自慢の店が並んでいる。

上から眺めたリム・フィヨルドとフィヨルドを行くボートツアー

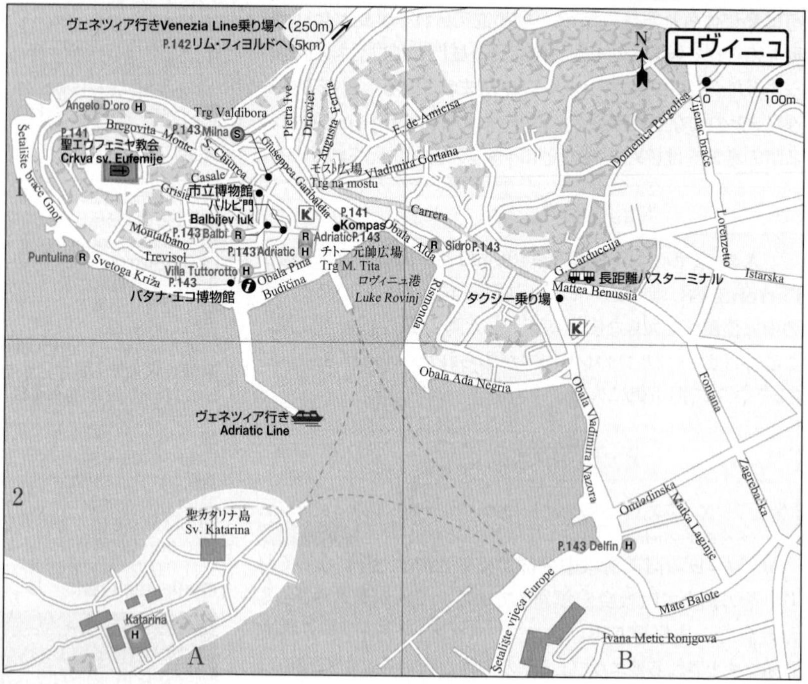

ロヴィニュ

ヴェネツィア行きVenezia Line乗り場へ(250m)
P.142リム・フィヨルドへ(5km)
P.141 聖エウフェミヤ教会 Crkva sv. Eufemije
市立博物館
バルビ門 Balbijev luk
P.141 Kompas
P.143 Milna
P.143 Balbi
P.143 Adriatic
Adriatic P.143
Sidro P.143
Angelo D'oro
Puntulina
Villa Tuttorotto P.143
バタナ・エコ博物館
モスト広場 Trg na mostu
チトー元帥広場 Trg M. Tita
ロヴィニュ港 Luke Rovinj
長距離バスターミナル
タクシー乗り場
ヴェネツィア行き Adriatic Line
聖カタリナ島 Sv. Katarina
Katarina
P.143 Delfin
Trg Valdibora
Šetalište braće Gnot
Obala Ada Negria
Obala Vladimira Nazora
Šetalište vijeća Europe

ロヴィニュのホテル

日本からの電話のかけ方　事業者識別番号（→P.54）＋010＋385（クロアチアの国番号）＋52（0を取った市外局番）＋番号

宿泊施設の数はあまり多くないので、夏期には事前の予約が必須。長距離バスターミナルから東側のエリアには手頃なペンションが点在しており、こちらに泊まるのもおすすめ。

ヴィラ・トゥットロット
Villa Tuttorotto

Map P.142-A1

★★★★　中級　室数:7

16世紀のヴェネツィア様式の邸宅を利用したホテル。バスタブ付きの部屋もある。送迎カートあり。レセプションは7:00～22:00。

全館　EVあり

URL www.villatuttorotto.com
Mail info@villatuttorotto.com
住 Dvor Massatto 4
TEL (052)815181　099-4898000
€93～294
€146～435
D M V

アドリアティック

Hotel Adriatic

Map P.142-A1

★★★★　高級　室数:18

チトー元帥広場に面したブティックホテル。デザインは14人のアーティストが担当し、洗練された雰囲気。

全館　EVあり

URL www.maistra.com
Mail adriatic@maistra.hr
住 Trg Maršala Tita 5
TEL (052)803510
€116～2000
A D M V

デルフィン
Hotel Delfin

Map P.142-B2

★★★★　中級　室数:12

2017年開業。バスターミナルから徒歩5分。6室あるシービューの客室からは旧市街が見える。11～3月休業。

全館　EVあり

URL hoteldelfin.hr
Mail info@hoteldelfin.hr
住 Obala Vladimira Nazora 4
TEL (052)811464
€140～470
M V

ロヴィニュのレストラン＆ショッピング

スィドゥロ
Gostionica Trattoria Sidro

Map P.142-B1

バラエティ

港の目の前にあるレストラン。シーフードの評判がよい。チェヴァプチチなどのメニューがあり、前菜も充実。

住 Alda Rismondo 14
TEL (052)813471
開 11:00～23:00（夏期～24:00）
※7・8月は15:00～18:00休み
休 11～3月　M V

バルビ
Restaurant Balbi

Map P.142-A1

地中海料理

地中海料理のカジュアルレストラン。パスタ€15～、メイン€12～40。ロヴィニュでは良心的な料金設定で人気。予約不可。

balbi_rovinj
住 Veli trg 1
開 8:00～23:00
休 11～3月
M V

ミルナ

Traditional Store Podravka Eva Mirna

Map P.142-A1

魚缶詰

1877年からロヴィニュ郊外で魚の缶詰を製造しているミルナ社魚缶直営店。アドリア海産のイワシ缶にはご当地デザインもある。

住 G. Garibaldi 16a
099-4486818
開 7～9月7:00～22:00
10～6月7:00～14:30
休 祝、10～5月の日曜
M V

Info 2023年の冬からチトー元帥広場の工事が実施されると、広場周辺のホテルは通年営業でも休業する可能性があるので注意。

ネプチューン神殿跡

ポレチュ
Poreč

Map P.8-A4

アドリア海沿岸の美しい港町

イストゥラ半島の西岸に位置するポレチュは、はるかローマ時代からイストゥラ半島の政治的中心として栄えてきた。

ローマ時代以降はビザンツ帝国、ヴェネツィア共和国、オーストリア=ハンガリー帝国と、さまざまな国家の支配を受けてきた。旧市街は、ローマ時代の古代都市を土台として、さまざまな時代にわたる数多くの遺跡、歴史的建造物が残っている。なかでもビザンツ帝国時代に建てられたエウフラシウス聖堂は世界遺産にも登録されており、この町最大の見どころ。

長い歴史をもつポレチュは、現在イストゥラ半島における観光の中心地。毎年何十万人もの観光客が集まるリゾート地としてにぎわいを見せている。

歩き方

長距離バスターミナルは町の南東に位置している。長距離バスターミナルから出たら、まずは西に向かって海側に出よう。ポレチュの旧市街は半島になっているので、あとは海沿いの道を北に進めば旧市街にたどり着く。

旧市街にはエウフラシウス聖堂のほか、地方博物館やロマネスクハウス、ネプチューン神殿跡などの見どころがある。

旧市街の路地

■ポレチュへの行き方

●ザグレブから

🚌1時台〜23時台に1〜9便運行(土減便)、所要3時間50分〜4時間30分、€21〜24.30。

●リエカから

🚌4時台〜20時台に5〜7便運行(土・日減便)、所要1時間15分〜1時間40分、€14.10。

●プーラから

🚌9時台〜19時台に4〜8便運行(土・日減便)、所要約1時間30分、€8.70〜9。

●ロヴィニュから

🚌10時台〜20時台に4〜9便運行、所要約45分、€5〜6.70。

●ヴェネツィア(イタリア)行き高速船

⛴ポレチュから5〜9月の週1〜5便運行、所要3時間、片道€71〜。日帰りツアーもある。

■ポレチュのi

Map P.146-B

住Zagrebačka 9
TEL(052)451293
URL www.myporec.com
Mail info@myporec.com
開11〜3月8:00〜15:00
(土〜13:00)
4・10月8:00〜18:00
5・9月8:00〜21:00
6〜8月8:00〜22:00
休10〜5月の日・祝

旧市街の中心スロボダ広場に建つゴスペ・オド・アンジェラ教会

世界遺産

ポレチュ歴史地区のエウフラシウス聖堂建築群

Eufrazijeva bazilika u Poreču

1997年登録

見どころ Pick up

世界遺産 ポレチュ

エウフラシウス聖堂
Eufrazijeva bazilika エウフラズィイェヴァ・バズィリカ

エウフラシウス聖堂はビザンツ様式で建てられた教会で、内部に飾られた美しいモザイクが最大の見どころ。4世紀から6世紀にかけて建て増しながら造られており、初期キリスト教の文化をいまに伝えている。

教会内の黄金に輝くモザイク画や、精巧な石膏細工は目を奪われんばかりの美しさだ。エウフラシウス聖堂のモザイクは6世紀頃に作られたもので、海を挟んだ向かいにあるラヴェンナの聖ヴィターレ教会などにあるモザイクとよく似ている。聖堂のもととなる形ができあがったのもこの時代のこと。はじめはビザンツ帝国の支配下にあったポレチュは、やがてビザンツ帝国から離脱する。このため、8世紀から始まる聖像破壊運動の影響を受けずに当時の姿が現在でも見られる。

隣には博物館があり、この教会が建てられる以前にあった教会の跡が保存され、モザイクの床を見ることができる。また、館内では、モザイクや彫刻、衣装など古代から中世までのキリスト教にかかわりがある品々が展示されている。18世紀に付け足された鐘楼からポレチュの旧市街を見渡せる。

■エウフラシウス聖堂　Map P.146-A
住Eufrazijeva 22
開4～6・9月9:00～18:00
7・8月9:00～21:00　10月9:00～17:00
11・3月9:00～16:00（土～14:00）
12～2月10:00～14:00
（12/26～1/6　9:00～16:00）
休日、カトリックの祝日、1・2月の土
料€10　学生€5

1教会の入口に描かれた黄金のモザイク 2現在見られる建物は15世紀に完成した 3聖堂内部は祭壇や連続するドームなど、内部にもビザンツ建築の特徴をよく残している 4博物館に展示されている聖人像 5聖堂にある鐘楼から眺めた旧市街 6博物館に展示されているモザイク

ポレチュのホテル

日本からの電話のかけ方　事業者識別番号（→P.54）＋010＋385（クロアチアの国番号）＋52（0を取った市外局番）＋番号

旧市街には高級ホテルは何軒かあるが、訪れる観光客の量に比べると少ない。ペンションは町の外に点在しているが、プーラやロヴィニュからの日帰りも十分可能。

BOホテル・パラッツォ
BO Hotel Palazzo

Map P.146-A

★★★★　高級　室数:83

1910年創業のホテルを改装し、2009年に開業した。屋外プールやスパなど設備は充実。バスタブ付きの部屋もある。11月～復活祭休業。
全館　EVあり

URL www.bohotel.com
Mail info@bohotel-porec.com
住 Obala maršala Tita 24
TEL (052)858800
€113～385
€127～425
D M V

Information　4・5世紀に栄えたビザンツ美術

ローマ帝国にキリスト教が浸透した4～6世紀頃、キリスト教の宗教美術は新たな段階に入る。モザイクは教会を彩る重要な役割をもつようになり、天上の美しい世界を表すために新たな技法を獲得する。それは石に代わってガラスや陶片を素材として採用したことだ。宗教画はさらに光を通す鮮やかな色に満ちあふれるようになった。

しかし8世紀、当時のビザンツ帝国の皇帝レオン3世が宗教画は偶像崇拝を禁じるキリスト教にふさわしくないとして、破棄する命令を出した。これが聖像破壊運動であり、100年以上にわたって断続的に続いた。この運動によって、この時代の古い聖像が現代までほとんど残らなかったが、ポレチュはビザンツ帝国から離れていたイタリアのラヴェンナとともに、初期ビザンツ美術を残す希有な町になった。

ラヴェンナのサン・ヴィターレ教会（イタリア）

ビザンツ帝国の首都であったコンスタンティノープル（現イスタンブール）にあるアヤソフィアは、ビザンツ建築の最高傑作と評されている

マルティス・フォーラム
Martis Forum Heritage Hotel & Residence

Map P.146-A

★★★★ 高級 室数:19

ネプチューン神殿跡にほど近いヘリテージホテル。1世紀の石畳がエントランス部分に残っている。客室はミニバー、コーヒーメーカー完備。

全館 EVあり

URL www.martisforum.hr
Mail info@martisforum.hr
住 Trg Marafor 9
TEL (052)401550
€117～
€125～
ADMV

デュア・レジデンス
Hotel Dua Residence

Map P.146-A

★★★★ 高級 室数:28

旧市街内のナロドゥニ広場の便利な立地。海沿いのレストランもリゾート気分を盛り上げる。部屋にミニバー完備。バスタブ付き客室あり。

全館 EVあり

URL dua.hr
Mail info@dua.hr
住 Narodni trg 5
091-6180913
€60～130
€90～160
DMV

ポレチュ
Hotel Poreč

Map P.146-B外

★★★ 中級 室数:54

バスターミナルのすぐそばにあり、便利な立地。旧市街にもビーチにも近い。全室バルコニー付きで、部屋によっては、少し海が見える。3泊未満の場合20%増し。

全館 EVあり

URL www.hotelporec.com
Mail info@hotelporec.com
住 Rade Končara 1
TEL (052)451811
€68～138
€94～332
DMV

ポレチュのレストラン

ペテロクトゥナ・クーラ
Restoran Peterokutna Kula

Map P.146-B

クロアチア料理

歴史的建築物である五角形の塔を改装。屋上での食事は気持ちがいいが、下の階でも雰囲気は抜群。メイン料理は€21～55。カキ3個€12、席料€3.50。

URL www.kula-porec.com.hr
住 Decumanus 1
TEL (052)451378
開 12:00～24:00
休 無休
MV

スヴェティ・ニコラ
Sv. Nikola

Map P.146-A

地中海料理

歴代クロアチア大統領やアーノルド・シュワルツェネッガーなど有名人も来訪。イカのグリル€13.80、フィレステーキ€28.80など。夏は予約を推奨。

URL www.svnikola.com
住 Obala M Tita 23
TEL (052)423018
開 11:00～翌1:00 (11:30～15:00、17:30～19:30はセットメニューあり)
休 無休 DMV

カントゥン
Kantun Grill Corner & Brunch

Map P.146-B

ファストフード

ボリュームたっぷりのグリルとブランチメニューが楽しめる店。チェヴァプチチ€10～、バーガー€10.70～、サラダ€6～、各種ブランチメニュー€6～。

住 8. Marta 4
TEL (052)616327
開 9:00～22:00
日13:00～2100
休 無休 DMV

モトヴン
Motovun

Map P.8-A4

丘の頂上に建つ聖ステパノ教会

モトヴンの丘に並ぶ家並み

丘の斜面に沿うように建物が建ち並ぶモトヴン。この町並みは**13～16**世紀にできあがり、今もほぼそのままの形をとどめている。周りには「トリュフの森」との別名もあるモトヴンの森やブドウ畑の緑が取り囲む。豊かな緑が生み出すトリュフやワイン、オリーブをいただくのも、モトヴンの楽しみだ。

■モトヴンへの行き方

🚌モトヴンへの直行便はなく、パズィンPazinで乗り換える。パズィンから1日3便（通学用のため土・日・祝、夏休みの6月中旬～9月上旬、冬休みのクリスマス～1月上旬は運休）、所要30～50分、€4.70。

URL www.arriva.com.hr

■パズィンへの行き方

●ザグレブからパズィンへ

🚌1時台～23時台に8～10便運行（土・日減便）、所要約3時間40分、€21～26.15。

●リエカからパズィンへ

🚌4時台～21時台に6～8便運行（土・日減便）、所要約55分、€9～10.50。

●プーラからパズィンへ

🚌5時台～16時台に5～6便運行（土・日減便）、所要約50分、€8.40～9.80。

●ロヴィニュからパズィンへ

🚌9時台～16時台に3～8便運行（土・日減便）、所要30分～1時間35分、€6.30～6.60。

●ポレチュからパズィンへ

🚌7時台～20時台に4～7便運行（土・日減便）、所要約35分、€5.90～7.10。

■パズィンからモトヴンへのタクシー

タクシー会社により片道€40～50。いずれも要予約。

●Artis Travel Taxi

📱091-2204955

Mail artis.taxi@inet.hr

●Moj Kodeks

📱091-5761135

●2S d.o.o

📱098-1634333

Mail 2spazin@gmail.com

■できれば足は自分で確保

イストゥラ半島の内陸部では公共のバスはほとんどなく、タクシーも当日手配するのは難しい。上記のタクシー会社に、あらかじめ行きたい場所を伝えてメールで相談するか、宿泊予定であればホテル等に手配を依頼する。大きな都市からレンタカー、体力があればサイクリングで回る方法もある。

歩き方

モトヴンの長距離バス乗り場は丘の麓にある。頂上までは徒歩20〜30分。旧市街の近くまで有料のシャトルバスが運行しているので、重い荷物を持っている人は便利。ホテル・カシュテルに宿泊すれば麓まで迎えに来てくれる。

町の頂上にそびえる**聖ステパノ教会Crkva sv. Stjepana**はモトヴンの象徴的な存在。16世紀にルネッサンス後期の建築家、アンドレア・パッラーディオにより設計された。教会を取り囲むように眼下に城壁が巡らされているが、これは12〜13世紀にかけて建設されたさらに古いものだ。2018年から街壁の上を約500m、ほぼ1周できるようになった。ゆっくり歩いて所要15分、ブドウ畑が眼下に広がる。

プラス1の旅 トリュフ狩り

イタリア、スロヴェニアと国境を接するイストゥラ半島はトリュフの里として世界的に知られている。ブゼット村周辺の森では犬とともにトリュフを探す、トリュフ狩りが体験できるツアーもある。狩りのあとは、新鮮なトリュフを使った料理が楽しめる。トリュフを使用したオムレツやチーズなど、どれもトリュフがたっぷり。贅沢なひとときを楽しもう。

イストゥラ半島産のトリュフ

トリュフは土に埋まっているので犬の嗅覚で探す

■モトヴンの🅘 Map P.148
住Trg Andrea Antico 1
TEL(052)681726
URL www.tz-motovun.hr
開6〜8月9:00〜20:00
4·5·9月9:00〜18:00
3·10·11月9:00〜16:00
休12〜3月中旬

■聖ステパノ教会
Map P.148
住Trg Andrea Antico
TEL(052)815615
開10:00〜18:00
(7〜9月〜21:00)
休11〜3月 料無料(高さ27m、115段の鐘楼は€4)

■街壁の遊歩道
料€5 学生€3 チケットは🅘で購入、🅘が閉まっている時間帯は無料。入場料にアートギャラリー「ペット・クラ」も込み。

■トリュフ狩りの手配
●Karlić Tartufi
トリュフ狩り許可をクロアチア国有林から購入して、トリュフ狩りを行っている。イストゥラ半島各地からのタクシーも手配可能。
住Paladini 14, Buzet
TEL(052)667304
URL www.karlictartufi.hr
開8:00〜18:00(冬期〜16:00)
料トリュフ博物館€5
試食€55
トリュフ狩り€85
※トリュフ狩り1時間30分＋試食1時間30分で計3時間。要予約。

古い道具などを展示、香りを試す講座もある(要予約)

Information 霧のモトヴン

緑に覆われた夏のモトヴンもいいものだが、秋冬のモトヴンはまた違った風情になる。特によく晴れた日の翌朝、霧が出たらとてもラッキー。モトヴンの森やブドウ畑が霧ですっぽりと覆い隠され、青い空の下に山のてっぺんだけが突然現れる。モトヴンがまるで空に浮かんだ町のように見える。このときは頂上からの眺めもまた格別。昨日まではっきり見えていた緑の代わりに、一面に雲のように霧が流れているのが見え、まるでおとぎの国の世界にいるかのような錯覚に陥る。

なぜこんな幻想的な景色が見られるかというと、前日の昼と放射冷却が起きた早朝の温度差が大きいとき、水分が霧となって谷沿いに発生するため。地元の人によると、天候しだいだが、秋冬(11〜2月)に見ることができる確率は50%ほどとのこと。

まるでモトヴンの町が天空に浮いているよう

●モトヴンから足を延ばしたい小さな村●

ブゼットへの行き方

🚌バス停から旧市街まで徒歩20分。ブゼットからモトヴンへは公共の交通手段はないので、レンタカーやタクシーなどを利用するしかない。リエカ、ザグレブ、トリエステからは週1～3便ほど運行している。

フムへの行き方

周辺の村からの公共の交通機関はなく、最も近いブゼットからも14kmほど離れているので車で移動するしかない。

フムは、ハチミツが名物

ブゼット Buzet ブゼットゥ

Buzet

Map P.150-B1

丘の上に位置する小さな村

スロヴェニアとの国境付近にある村。ブゼット村は丘の上にあり、中心部にはホテルや博物館があるだけだが、周辺はトリュフ農家や養蜂所などがある。イストゥラ半島のグルメを楽しむのならここがおすすめ。

フム Hum フム

Hum

Map P.150-B1･2

ブゼットから14kmほど離れた小さな村。ギネス世界記録に「世界で一番小さい村」として登録されており、人口も28人。みやげ物屋3軒と食堂とバー、ギャラリーが各1軒あるだけだが、のどかな雰囲気が最大の魅力。

時計塔は16世紀に建てられたもの

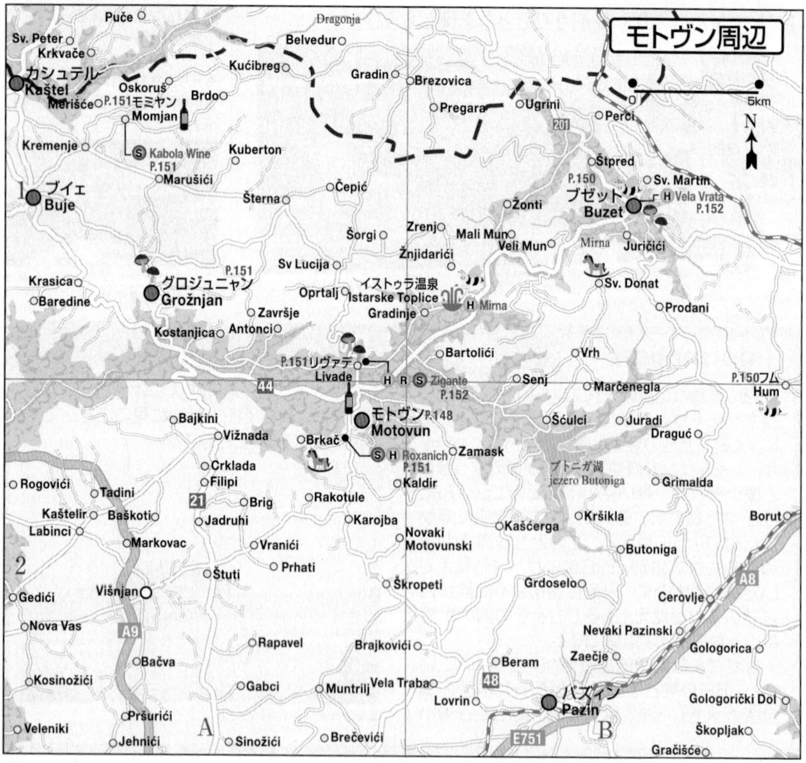

モトヴン周辺

0 5km N

Puče Dragonja Sv. Peter Krkvače Belvedur Kućibreg カシュテル Kaštel Oskoruš Brdo Gradin Brezovica Merišće P.151モミヤン Momjan Pregara Ugrini Perci 201 Kremenje Kabola Wine P.151 Kuberton Štpred Marušići Čepić P.150 ブゼット Buzet Sv. Martin Vela Vrata P.152 1 ブイエ Buje Šterna Žonti Zrenj Mali Mun Veli Mun Šorgi Žnjidarići Mirna Juričići P.151 グロジュニャン Grožnjan Sv Lucija Krasica Baredine イストゥラ温泉 Istarske Toplice Oprtalj Mirna Sv. Donat Prodani Gradinje Završje Kostanjica Antonci Bartolići Vrh P.151リヴァデ Livade Zigante P.152 Senj P.150フム Hum 44 Marčenegla Bajkini モトヴンP.148 Motovun Šćulci Juradi Dragući Vižnada Brkač Roxanich P.151 Zamask ブトニガ湖 jezero Butoniga Crklada Filipi Rogovići Kaldir Grimalda Tadini 21 Brig Rakotule Kaštelir Baškoti Jadruhi Karojba Kršikla Borut Labinci Novaki Motovunski Kašćerga Markovac Vranići Butoniga 2 Prhati A8 Štuti Škropeti Grdoselo Gedići Višnjan Cerovlje Nova Vas A9 Nevaki Pazinski Rapavel Brajkovići Zaečje Gologorica Bačva Beram Kosinožići Gabci Muntrilj Vela Traba 48 パズィン Pazin Lovrin Gologorički Dol Pršurići Veleniki A Škopljak Jehnići Sinožići Brečevići E751 B Gračišće

リヴァデ Livade リヴァデ

Livade

Map P.150-A1

リヴァデにあるズィガンテの直営店

クロアチアのトリュフ製品の販売を行っているズィガンテZiganteの直営店があり、レストランではトリュフ尽くしも味わえるほか、ショップでは試食もできる。9月中旬から11月中旬の週末はトリュフ祭りが行われる。秋のシーズン中は5日前までに予約すればトリュフ狩りデモンストレーションも楽しめる。

グロジュニャン Grožnjan グロジュニャン

Grožnijan

Map P.150-A1

中心部は石造りの路地が続く

グロジュニャンは、標高228mの山の頂上にあり、イストゥラ半島の美しい町としてモトヴンと並び称される。長い間ヴェネツィア共和国の支配下で発展してきたが、産業革命以降、1902年にパレンジャーナ鉄道（→P.314）が開通するまで時代の波から取り残されていた。このため、町はほとんどヴェネツィア時代の面影を残したままの姿をいまに伝えている。

町には今もなおイタリア系の人が多く暮らしている。小さな町なので隅々まで歩いても15分ほど。あちこちにギャラリーがあるので、気になった所に入ってみるのも楽しい。気ままにぶらぶら散策するのがこの町の楽しみ方だ。

モミヤン Momjan モミヤン

Momjan

Map P.150-A1

スロヴェニア国境近くの小さな村。カボラKabolaと呼ばれるワイナリーがあることで有名。100年以上前からワインを造っており、現在はイストゥラ半島を代表する銘柄となっている。村は小高い丘になっており、のどかな風景が美しい。

リヴァデへの行き方

モトヴンからは車を利用すれば10分ほどだが、公共の交通手段はない。山を下りて北へ向かい、ミルナ川を渡って15分ほど直進すると村の中心の十字路に出る。

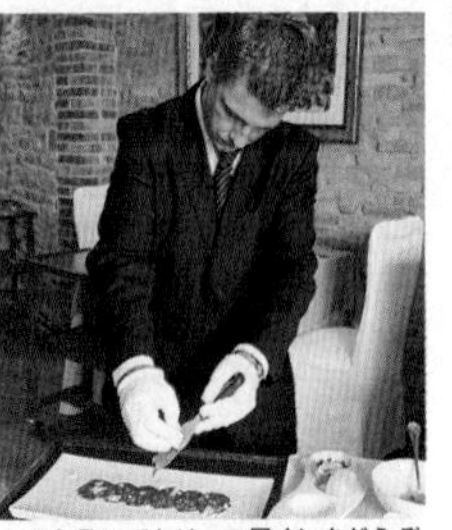
レストランでトリュフ尽くしをどうぞ

グロジュニャンへの行き方

🚌主要都市から直行のバスはない。ブイェ Bujeからブゼットへのバスで途中下車し、徒歩約3km。ブイェからタクシーを利用すれば、片道€16。

●Jimm（ブイェのタクシー会社）

📱098-254031

モミヤンへの行き方

周辺の町からの公共の交通機関はなく、最も近いブイェ Bjeからも3kmほど離れている。

■カボラ・ワイン Map P.150-A1

住Kanedolo 90

TEL (052)779208

URL www.kabola.hr　💳M V

カボラのワイナリーにはショップや古いワイン造りの道具を展示する博物館もある。試飲は要予約。ワイン3杯と軽食付きで€7～11。

Information　ワインの里イストゥラを堪能

モトヴンのふもとにあるロジャニッチRoxanich

イストゥラ半島は、鉄分の豊富な赤い土テラロッサが豊富で、寒暖差の大きい気候、起伏に富み日の当たる地形と、ブドウ栽培に適した土地だといわれている。中欧ワインが世界的に注目されるようになり、クロアチアでも評価の高いワイナリーがたくさん出てきた。宿泊施設を備えたワイナリーもある。

■ロジャニッチ Map P.150-A2

住Kanal 30, Motovun

TEL (052)205700

URL www.roxanich.com

ワイン5種と軽食付きワイナリーツアー€43もある（要予約）。宿泊も可能。

モトヴンと周辺のホテル

日本からの電話のかけ方　事業者識別番号（→P.54）＋010＋385（クロアチアの国番号）＋52（0を取った市外局番）＋番号

宿泊施設の数はあまり多くない。モトヴンにあるホテルは以下に挙げるホテル・カシュテルのみだが、プライベートルームは町に点在している。車があれば選択肢はぐんと広がる。

カシュテル モトヴン
Hotel Kaštel

Map P.148

★★★　中級　室数:33

丘の頂上にある。一部の客室の窓からはモトヴンの森の眺めを楽しむことができる。プールやサウナ（有料）など設備も充実。1～3月は休業。
全館　EVあり

URL www.hotel-kastel-motovun.hr
Mail info@hotel-kastel-motovun.hr
住 Trg Andrea Antico 7
TEL (052)681607
S €86～94
W €148～156
MV

ヴィラ・ボルゴ モトヴン
Villa Borgo

Map P.148

中級　室数:16

展望スポットのすぐ側に建つペンション。駐車場完備。すばらしい眺望のテラスでは、朝食が食べられるほか、カフェとしても利用できる。向かいに新館がある。
全館　EVなし

URL www.villaborgo.com
Mail info@villaborgo.com
住 Borgo 5
TEL (052)681708
S €95～105
W €109～129
MV

ヴェラ・ヴラタ ブゼット
Vela Vrata

Map P.150-B1

中級　室数:27

ブゼット村のプチホテル。本館のほか、近くに分館が2軒ある。本館にはジャクージやサウナがある。無料駐車場あり。緑の大地を眺めながらテラスで食べるランチもすてき。全館　EVなし

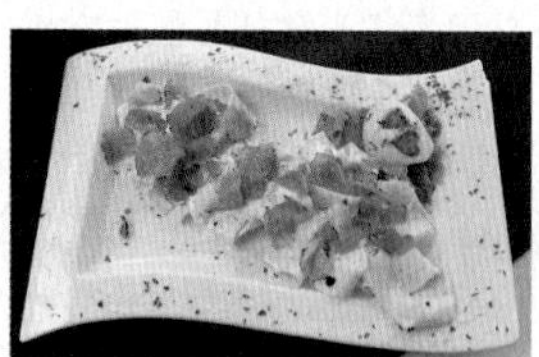

URL www.velavrata.net
Mail booking@velavrata.net
住 Šetalište Vladimira Gortana 7
TEL (052)494750
S €78～118
W €108～178
MV

モトヴンのレストラン

モンド モトヴン
Konoba "Mondo"

Map P.148

クロアチア料理

モトヴンの城壁のすぐ下にある。オリーブ、キノコ、チーズなど、地元の食材を使ったリゾット€15～や自家製パスタ€16～が人気。メイン料理は€20前後。追加の黒トリュフは€10。

URL konoba-mondo.com
Mail klaudio@sundance.hr
住 Barbacan 1
TEL (052)681791
開 12:00～22:00
休 11～5月の水
1月、12/25
DJMV

ズィガンテ リヴァデ
Restaurant Zigante

Map P.150-A1

クロアチア料理

トリュフ会社ズィガンテが経営。トリュフ尽くしコースは4品 €100、6品 €155。アラカルトのメインは€29～48。3室の客室のほか、トリュフ製品のショップ併設。

URL www.restaurantzigante.com
Mail info@livadetetartufi.com
住 Livade 7, Livade
TEL (052)664302
開 12:00～22:00
休 1月中旬～3月中旬
ADMV

ダルマチア地方
Dalmacija

海岸線の長いクロアチアでは新鮮な魚介類が食べられる

ダルマチア地方 Dalmacija

● 地理

ダルマチア北部の主要都市はザダルで、周辺の国立公園はいずれも日帰りで訪れることができるので便利。コルナティ国立公園など、独特の風景を楽しめる。

南部の中心となる町は、ローマ皇帝ディオクレティアヌスの宮殿を起源にしたスプリット、そして、地中海貿易で繁栄した都市国家ドゥブロヴニク。このふたつの町に挟まれるようにして、アドリア沿岸のリゾート地が続く。

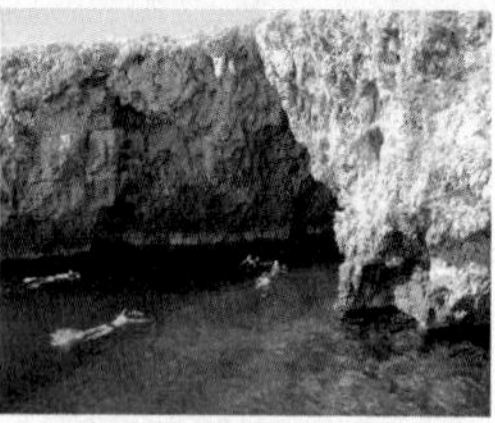

ヴィス島近くの緑の洞窟

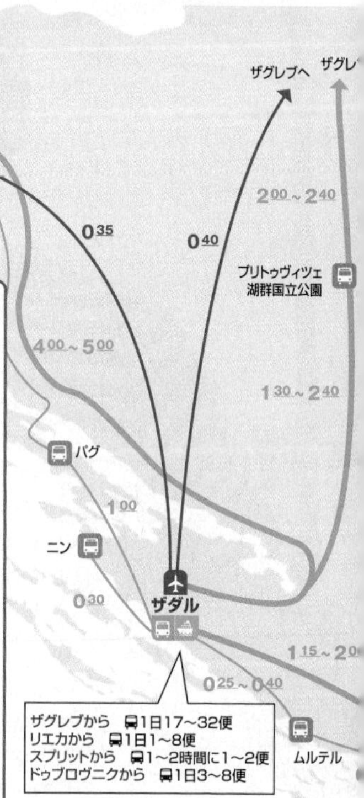

リエカ
プーラへ
ザグレブへ
ザグレ
4 00
0 35
0 40
2 00 ~ 2 40
プリトゥヴィツェ
湖群国立公園
4 00 ~ 5 00
1 30 ~ 2 40
パグ
1 00
ニン
0 30
ザダル
1 15 ~ 2 0
0 25 ~ 0 40
ムルテル
ザグレブから 1日17~32便
リエカから 1日1~8便
スプリットから 1~2時間に1~2便
ドゥブロヴニクから 1日3~8便

● おみやげ

ラベンダー製品

フヴァール島の名産品であるラベンダーはポプリやマッサージオイルなどに加工され、その香りを1年中楽しむことができる。おみやげにもぴったり

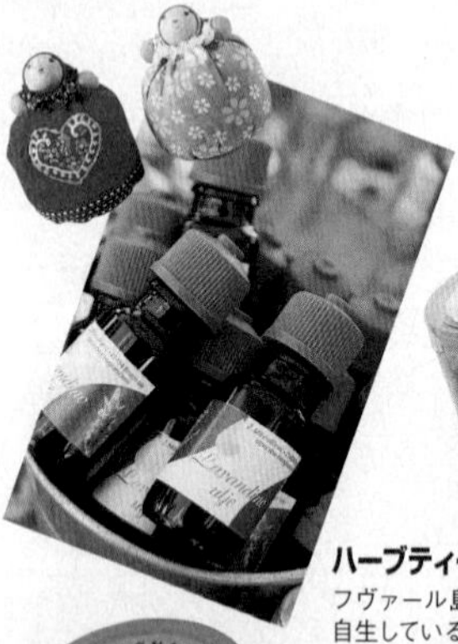

塩

クロアチアの塩はニン、パグ、ストンの3ヵ所で生産されている。ダルマチア特産のハーブをプラスしたハーブソルトもおすすめ

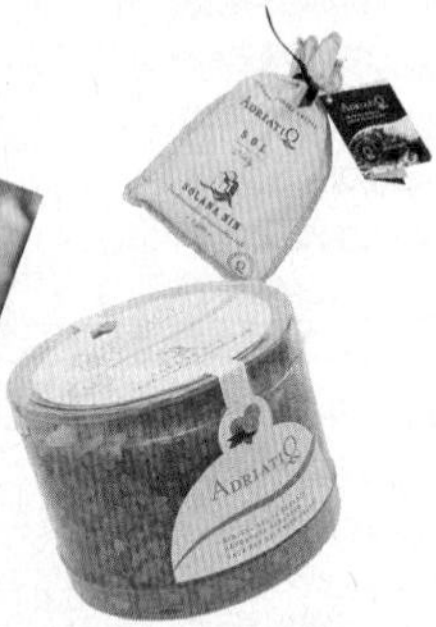

AdriatiQ

ハーブティー

フヴァール島では400種類ものハーブが自生しているといわれ、ハーブティー作りも盛ん。軽くて健康によい、みんなに喜ばれるおみやげだ

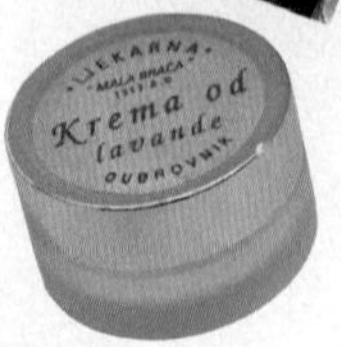

LJEKARNA
MALA BRAĆA
Krema od
lavande
DUBROVNIK

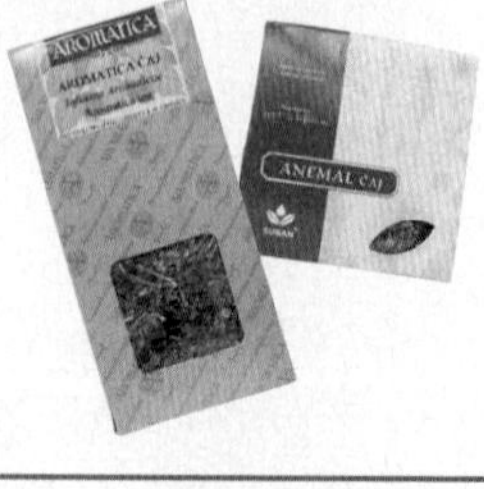

AROMATICA
ANEMAL ČAJ

コスメ

ドゥブロヴニクのマラ・ブラーチャ薬局（→P.227）のハーブ入りコスメ。14世紀から受け継ぐ配合もあるとか

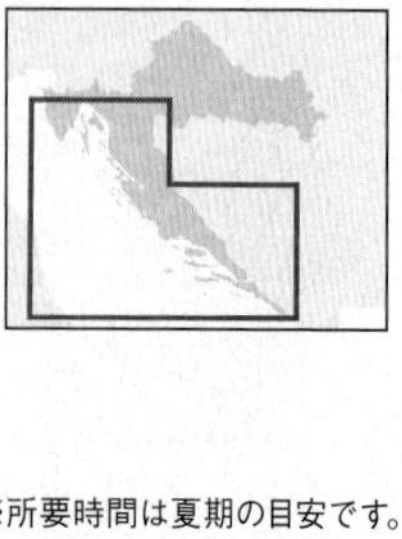

※所要時間は夏期の目安です。季節や運行状態によって変動します。

●気候

ダルマチア地方は1年を通じて穏やかな気候。夏は雨が少なく、乾燥している。日差しが強いので、サングラスや日焼け止めは必ず持っていこう。逆に冬は雨の日が長く、肌寒い日が続く。日本の冬と同じような服装で出かけるのが無難だ。

ブラチュ島のビーチで海水浴を満喫

●ルート作り 1 世界遺産巡り

1日目:ザグレブからスプリットへ飛行機で移動。世界遺産に登録されている旧市街を散策する。
2日目:トゥロギールとシベニクへはバスを使って日帰り。まずはシベニクで聖ヤコブ大聖堂をじっくりと見学したあと、トゥロギールへ移動。旧市街の聖ロヴロ大聖堂、カメルレンゴの砦などを観光。夜はスプリットへ戻り、シーフードを堪能しよう。
3日目:スプリットからドゥブロヴニクへ移動。海を楽しみたいなら、カタマラン（双胴船）の高速船でフヴァール島のフヴァールの町へ日帰りしてから移動するのもおすすめ。
4日目:ドゥブロヴニクで旧市街巡り。余裕があったら、国境を越えてモスタルやコトルへと足を延ばそう。
5日目:ザグレブへ戻る。

●ルート作り 2 アドリア海の島巡り

1日目:まずスプリットに移動してから旧市街を散策。
2日目:ブラチュ島（ボル）を日帰りで訪れる。ボルのズラトゥニ・ラトで海水浴を楽しむ。
3日目:フヴァール島にカタマラン（高速）船で渡る。フヴァールでは2日滞在。チェックイン後、まず島の観光へ。
4日目:フヴァールからツアーに参加し、青の洞窟を訪れる。
5日目:フヴァールからコルチュラ島へ。コルチュラ島の旧市街を楽しもう。
6日目:コルチュラからドゥブロヴニクへ移動する。半日ほど旧市街を徒歩で巡ろう。
7日目:ザグレブへ戻る。

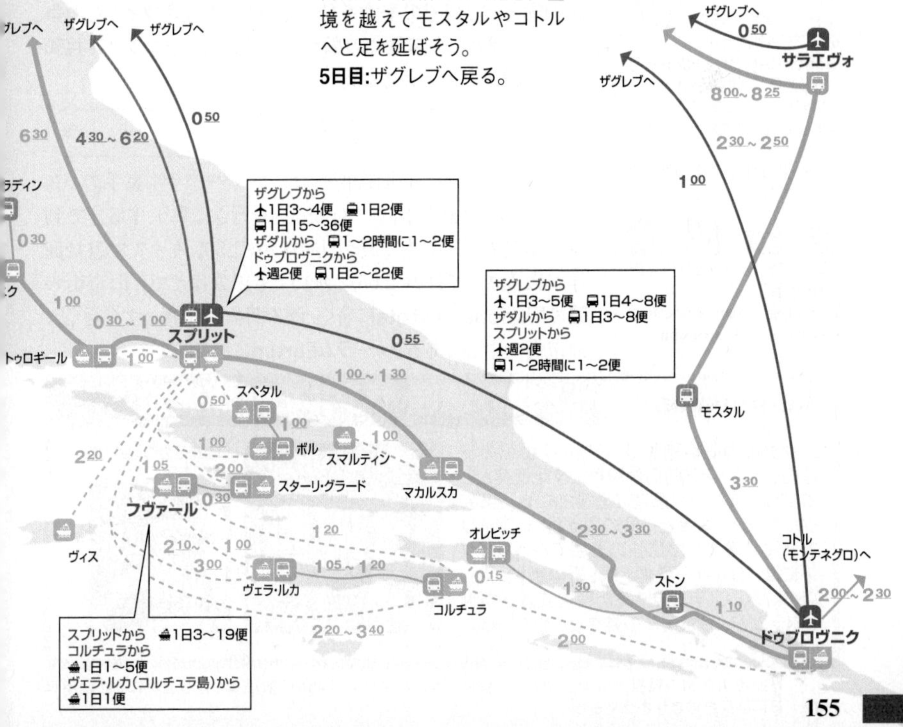

ザグレブへ　ザグレブへ　ザグレブへ　ザグレブへ　ザグレブへ
6 30　4 30～6 20　0 50　0 50　8 00～8 25　2 30～2 50　1 00
サラエヴォ　モスタル
ザディン　0 30　ク　1 00　0 30～1 00　トゥロギール　1 00　スプリット　0 55　1 00～1 30

ザグレブから
✈1日3～4便　🚂1日2便
🚌1日15～36便
ザダルから　🚌1～2時間に1～2便
ドゥブロヴニクから
✈週2便　🚌1日2～22便

ザグレブから
✈1日3～5便　🚌1日4～8便
ザダルから　🚌1日3～8便
スプリットから
✈週2便
🚌1～2時間に1～2便

スペタル　0 50　1 00　ボル　1 00　スマルティン　1 00　2 20　1 05　2 00　スターリ・グラード　0 30　マカルスカ　フヴァール　ヴィス　1 20　オレビッチ　2 10～　1 00　3 00　ヴェラ・ルカ　1 05～1 20　コルチュラ　0 15　2 30～3 30　1 30　ストン　1 10　3 30　コトル（モンテネグロ）へ　2 00～2 30　2 20～3 40　2 00　ドゥブロヴニク

スプリットから　⛴1日3～19便
コルチュラから
⛴1日1～5便
ヴェラ・ルカ（コルチュラ島）から
⛴1日1便

ザダルの美しい夕日

ヒッチコックも愛した夕日の町

ザダル
Zadar

Map P.11-C3

ダルマチア地方最大の大聖堂、聖ストシャ大聖堂

ザダルは、かつてダルマチア地方の中心として栄えた港湾都市。町の起源は紀元前9世紀のリブルニア人の集落にまで遡り、ローマ帝国の支配を経て、中世にはヴェネツィア共和国と競うほどの勢力を誇っていた。ヴェネツィアとの争いでは、第4次十字軍に攻撃され、その後ヴェネツィア共和国の支配下におかれていた。

歩き方

バスターミナルから旧市街へは、バスターミナル裏手のバス停から2番か4番の市内バスPoluotok行きに乗り、約5分で到着する(切符はバス内で買うと1回券が€1.59、キオスクでは2回券が販売されており€2.65)。歩いても15分ほどで、旧市街の**陸の門kopnena vrata**に着く。陸の門をくぐり真っすぐ行くと、旧市街の中心である**フォーラムForum**に出る。

■ザダルへの行き方

●ザグレブから

✈週3～7便、所要約40分、冬期減便。空港へのバスはフライト時刻の2時間前に出発。夏期は30分毎に1便。長距離バスターミナルを経由する。€4.65。

🚌6時台～19時台に17～32便運行(土・日減便)、所要約3時間30分、€12～25。

●リエカから

🚌6時台～15時台に1～8便運行(土・日減便)、所要3時間35分～4時間50分、€21.70～30。

⛴7～8月は7:00発ラブ、ノヴァリャ(パグ島)などを経由するヤドゥロリニヤ社の便が1日1便、所要4時間45分～6時間15分、€40。

●プリトゥヴィツェから

🚌7時台～17時台に1～7便運行(土・日減便)、所要1時間30分～2時間50分、€13～14.50。

●シベニクから

🚌6時台～22時台に13～26便運行(土・日減便)、所要1時間15分～2時間、€6.70～9.24。

●スプリットから

🚌1時台～21時台に2～38便運行(土・日減便)、所要2時間10分～3時間40分、€14.20～25。

●ドゥブロヴニクから

🚌3時台～23時台に3～8便運行(土・日減便)、所要7時間20分～9時間、€30～53。

世界遺産

16、17世紀のヴェネツィアの防衛施設
Venecijanski obrambeni sustav 16. i 17. stoljeća
2017年登録

Information 世界遺産 ザダルの防衛施設

ザダルの防衛施設は、16～17世紀の一連のヴェネツィア防衛施設群の文化遺産として、2017年に世界遺産に登録された。当時、ダルマチアの軍事と行政の要を担い、アドリア海域で最大かつ最強の要塞であったザダルには、6ヵ所の稜堡、4ヵ所の街門、2ヵ所の貯水システムを備えた稜堡式要塞防衛システムが、今なおその姿をとどめている。

旧市街陸の門(左)と聖マルコの獅子(下)

info 旧市街北側の城壁上は遊歩道として整備された。ノヴァ門の脇の階段などから上がれる。遊歩道には音声付きジオラマもある。

おもな見どころ

聖ドナト教会 Crkva sv. Donata ツルクヴァ・スヴェトグ・ドナタ

St. Donat's Church

Map P.157-A1

教会の内部は空洞でモダンアートが展示されている

9世紀に建てられたプレ・ロマネスク様式の円形教会で、ザダルのシンボル的存在。石材は、ローマ時代の神殿などから転用された部分もあり、円柱がそのまま教会の土台として使われたりしている。教会内は音響効果が高いこともあり、コンサートなどにも用いられる。

■ザダル空港
URL www.zadar-airport.hr
■ザダルと近郊のバス
URL liburnija-zadar.hr
■ザダルの*i* Map P.157-B2
住 Juria Barakovića 5
TEL (023)316166
URL www.zadar.travel
開 6・10月8:00～21:00
（土・日・祝9:00～20:00）
7～9月8:00～22:00
（土・日・祝9:00～22:00）
11～5月8:00～20:00
（土・日・祝9:00～14:00）
休 無休
■聖ドナト教会
開 4・11月9:00～14:00
5・10月9:00～19:00
6～9月9:00～21:00
休 12～3月　料 €3.50

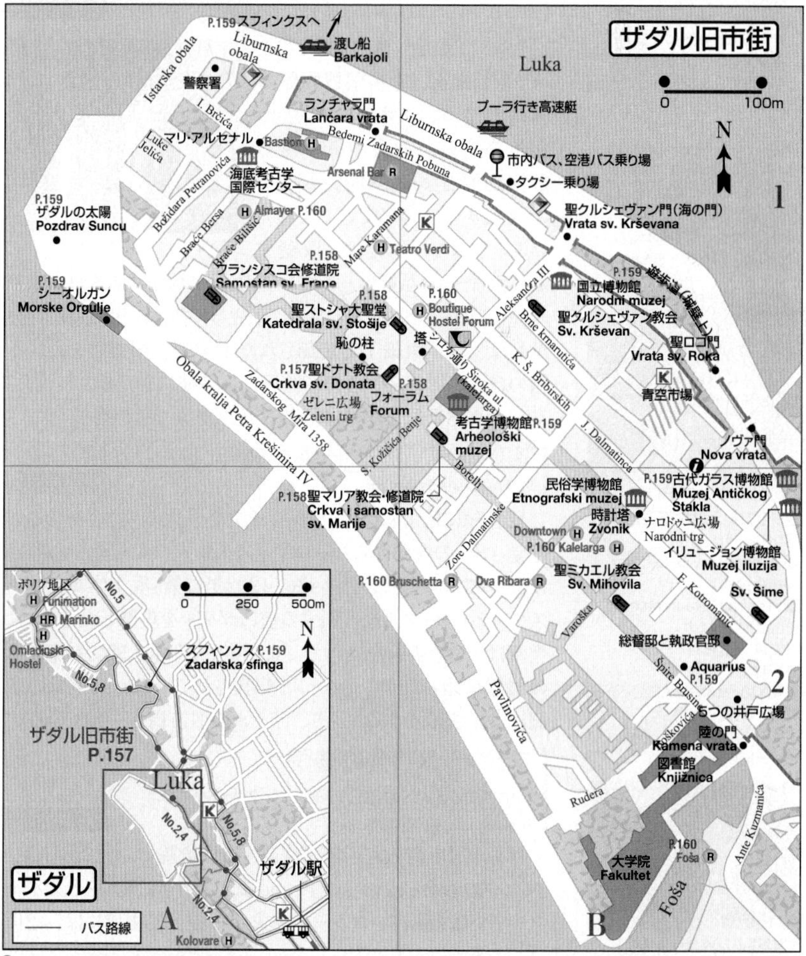

ザダル旧市街

Luka
0　100m
N
1
2
A
B
P.159 スフィンクスへ
渡し船 Barkajoli
Liburnska obala
Istarska obala
警察署
I. Brčića
ランチャラ門 Lančara vrata
Bedemi Zadarskih Pobuna
プーラ行き高速艇
市内バス、空港バス乗り場
タクシー乗り場
Luke Jeliča
マリ・アルセナル
Bastion H
海底考古学国際センター
Arsenal Bar R
Božidara Petranovića
P.159 ザダルの太陽 Pozdrav Suncu
H Almayer P.160
Braće Bersa
Braće Bilišić
Mate Karamana
H Teatro Verdi
聖クルシェヴァン門（海の門） Vrata sv. Krševana
P.158 フランシスコ会修道院 Samostan sv. Frane
P.159 シーオルガン Morske Orgulje
P.158 聖ストシャ大聖堂 Katedrala sv. Stošije
P.160 H Boutique Hostel Forum
Aleksandra III
P.159 国立博物館 Narodni muzej
遊歩道（城壁上）
聖クルシェヴァン教会 Sv. Krševan
Brne krnarutića
恥の柱
塔
シロカ通り Široka ul. (Kalelarga)
聖ロコ門 Vrata sv. Roka
P.157 聖ドナト教会 Crkva sv. Donata
P.158 フォーラム Forum
K. Š. Bribirskih
青空市場
Obala kralja Petra Krešimira IV
Zadarskog Mira 1358
ゼレニ広場 Zeleni trg
考古学博物館 Arheološki muzej P.159
S. Kožičića Benje
J. Dalmatinca
ノヴァ門 Nova vrata
Borelli
P.159 古代ガラス博物館 Muzej Antičkog Stakla
P.158 聖マリア教会・修道院 Crkva i samostan sv. Marije
民俗学博物館 Etnografski muzej
時計塔 Zvonik
ナロドゥニ広場 Narodni trg
Downtown H
P.160 Kalelarga H
Zore Dalmatinske
イリュージョン博物館 Muzej iluzija
聖ミカエル教会 Sv. Mihovila
P.160 Bruschetta R
Dva Ribara R
Sv. Šime
E. Kotromanić
Varoška
総督邸と執政官邸
Aquarius P.159
Pavlinovića
Špire Brusina
5つの井戸広場
陸の門 Kamena vrata
Poškovića
図書館 Knjižnica
Rudera
P.160 Foša R
Ante Kuzmanića
大学院 Fakultet
Foša

ザダル
ボリク地区
H Funimation
HR Marinko
H
Omladinski Hostel
No.5
No.5,8
0　250　500m
N
スフィンクス P.159 Zadarska sfinga
ザダル旧市街 P.157
Luka
No.2,4
No.5,8
K
ザダル駅
No.2,4
Kolovare H
バス路線

Info ザダル旧市街と対岸を結ぶ渡し船バルカヨリBarkajoliは、中世から続くザダルのシンボル。市民の足として利用されている。片道€1。

軽犯罪者が縛られた「恥の柱」

■聖マリア教会・修道院
住Trg Opatice Čike 1
TEL(023)250496
開夏期10:00～13:00、
17:00～19:00
冬期10:00～12:30、
17:00～18:30
休日・祝
料€5 学生€2

■聖ストシャ大聖堂
住Trg sv. Stošije
開春・秋期10:00～18:00
夏期9:00～19:00
冬期9:00～12:00
休無休 料€3

●塔
開4・10月10:00～17:00
5月10:00～19:00
6～9月9:00～22:00
休日、カトリックの祝日、
11～3月 料€3

塔の最上階からは町全体が見渡せる

■フランシスコ会修道院
住Trg sv. Frane 1
URL svetifrane.wixsite.com/sveti-frane
Mail svetifrane@europe.com
開20:00頃（ミサ）
休無休 料無料
●宝物館
開10:00～14:00
休10～4月、日・祝
料€3 学生€1.50
※メールで要予約。

宝物館には宗教美術品が並ぶ

フォーラム Forum フォルム
Forum

Map P.157-A1～B1

フォーラムとは、ローマ時代の広場のことで、行政、宗教、通商など、すべての市民生活にかかわる機能が集まる町の中心地。ザダルのフォーラムは、紀元前1世紀から紀元3世紀にかけて造られた。かつては、3柱のローマの神（ユピテル、ユノ、ミネルヴァ）にささげられた神殿が建っていた。

現在のフォーラムは、基礎部分を除いてほとんど破壊されてしまっているが、2本の柱だけが、いまだに残っている。そのうちの北西に立つものは、「恥の柱」と呼ばれるもので、中世には、軽犯罪を犯した者はこの柱に縛られて、嘲笑の的にされたという。

聖マリア教会・修道院
Crkva i samostan sv. Marije ツルクヴァ・イ・サモスタン・スヴェテ・マリエ
Church & Monastery of St. Mary

Map P.157-B1

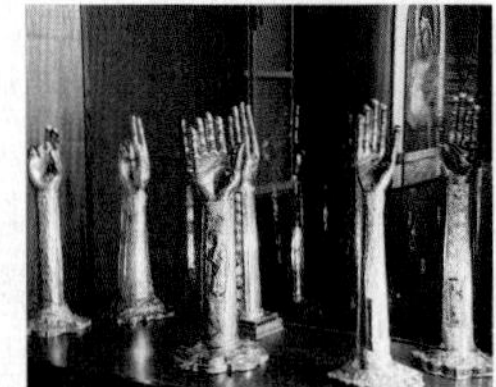
膨大なコレクションを誇る

聖マリア教会・修道院は、フォーラムの南東、考古学博物館の西隣に建つ、ベネディクト会の女子修道院。教会の隣の建物は宝物館となっており、「ザダルの金と銀」という名で親しまれている。クロアチアでは、収蔵する宗教美術の品を展示している教会が数多くあるが、ザダルのものは、そのなかでも量、質ともに抜きん出ている。展示品は、金、銀細工で装飾された十字架、聖遺物を入れる箱のほか、イコンや彫刻、絵画など多岐にわたり、年代も7世紀から18世紀までの1000年に及ぶ膨大なものだ。

聖ストシャ大聖堂 Katedrala sv. Stošije カテドラーラ・スヴェテ・ストシイェ
St. Anastasija Cathedral

Map P.157-A1～B1

12世紀に建てられた、ダルマチアで最大の大きさを誇る大聖堂。3つの身廊からなるロマネスク様式の大聖堂で、内壁にはフレスコ画が残っている。1202年に第4次十字軍がコンスタンティノープルを占領する前にザダルを攻撃したとき、大聖堂は大きな被害を受けた。また第2次世界大戦でも連合軍の爆撃に遭ったが、そのつど修復されている。大聖堂の南側には高さ56mの塔があり、ザダルの旧市街が一望できる。

フランシスコ会修道院
Samostan sv. Frane サモスタン・スヴェトグ・フラネ
Fransiscan's Monastery

Map P.157-A1

ザダル旧市街の北西部に位置する修道院で、中にある聖フランシスコ教会Crkva sv. Franeは、1280年に建てられたダルマチアでは最も古いゴシック様式の教会。宝物館には、12世紀に作られたロマネスク様式の十字架が収められている。また、1358年にヴェネツィア共和国とハンガリー王国との間でザダル条約が締結された場所でもあり、この条約によってダルマチアはヴェネツィア領からハンガリー王国領へと移った。

シー・オルガンとザダルの太陽

Morske orgulje i Pozdrav Suncu モルスケ・オルグリェ・イ・ポズドゥラヴ・スンツ

Sea Organ and The Greeting to the Sun

Map P.157-A1

旧市街北西部の海岸を歩いていると、不思議な音がどこからか聞こえてくる。これは**シー・オルガン**と呼ばれ、波の打ち寄せや潮の満ち引きでメロディを奏でるという仕組みになっている。この周辺は夕暮れになると、カップルや観光客が多く集まる。隣にある、日没後から夜間にかけて地面の電飾が光る**ザダルの太陽**も人気。「太陽」周辺には火星や地球など太陽系の惑星の電飾も埋め込まれている。

スフィンクス Zadarska sfinga ザダルスカ・スフィンガ

Sphinx

Map P.157-A2

20世紀初頭にザダルの遺跡保存修復家でもあった芸術家によって、別荘庭園に造られたスフィンクス。長さ5m、高さ3mの大きさはヨーロッパ最大。2022年に一般公開されると、フォトスポットとして人気の新名所となった。現在は公園で自由に見学可能。半島側の対岸に渡って旧市街から約2km、渡し船Barkajoliバルカヨリを利用すれば約1km。

■ザダルの旅行会社

●Aquarius Map P.157-B2
住Špire Brusine 13
TEL(023)212919
📱098-272667
開6～9月7:30～24:00
10～5月7:30～20:00
(土8:00～14:00)
休冬期の日・祝
コルナティ国立公園などへのツアー、プライベートルームの予約などが手配可能。

不思議な音を奏でるシー・オルガン

■スフィンクス
住Obala kneza Trpimira 24
URLzadarskasfinga.eu

ザダルの新名所

ザダルの博物館

考古学博物館 Arheološki muzej アルヘオロシュキ・ムゼイ

Map P.157-B1

展示品の配置にこだわっている

1832年に開館した、クロアチアでは2番目に古い博物館。展示のキュレーションで賞を獲得したこともある。3階は先史時代、2階はローマ時代、1階は中世に関する展示品が並ぶ。

住Trg Opatice Čike 1
TEL(023)250613 URLwww.amzd.hr
開4・5月9:00～15:00
6～9月 9:00～21:00
10月9:00～17:00
11～3月 9:00～14:00
(土～13:00)
休祝、10～5月の日・祝
料€5 ⊗

3階建ての博物館

国立博物館 Narodni Muzej ナロドゥニ・ムゼイ

Map P.157-B1

博物館は旧市街内に点在する。2023年現在開いているのは総督邸Kneževa Palača(主に19世紀の絵画や家具の常設展と企画展)と執政官邸Providurova palača(企画展)、ナロドゥニ広場時計塔下の民族学常設展やロッジア(民間の企画スペース)など。

TEL(023)251851 URLnmz.hr
開休料施設ごとに異なる⊗

古代ガラス博物館 Muzej Antičkog Stakla ムゼイ・アンティチコグ・スタクラ

Map P.157-B2

個性的なガラス壺

ガラスの歴史に焦点を当てた博物館。おもにローマ時代のガラスが多く、館内にはザダル周辺で発掘されたものが1500点ほど展示されている。

住Poljana Zemaljskog Odbora 1
TEL(023)363831
URLwww.mas-zadar.hr
開5～10月9:00～21:00 11～4月9:00～16:00
月～土の9:00～14:00はガラス吹きや、ビーズ造りワークショップあり。
休11～4月の日・祝 料€6 学生€3
常設展は撮影不可

info イリュージョン博物館 Muzej iluzija はトリックアート(だまし絵)が展示され、不思議な写真撮影が楽しめるスポット。ザグレブにも同系列の博物館(→P.88)がある。

ザダルのホテル

日本からの電話のかけ方　事業者識別番号（→P.54）+010+385（クロアチアの国番号）+23（0を取った市外局番）+番号

ザダルのホテルは旧市街の中心部からは離れており、ほとんどのホテルは、町の北にあるボリクBorikという地区に集まっている。

アルメイヤ
Almayer Art & Heritage Hotel

Map P.157-A1

★★★★　中級　室数:16

16世紀の修道院を改装したホテル。地元の素材を活用したレストランも評判。バルコニー付き、シービューの客室のほか、バスタブ付き客室も1室ある。1月休業。

全室　EV別館のみ

URL www.almayer.hr
Mail info@almayer.hr
住 **Braće Bersa 2**
TEL (023) 335357
S A/C €137～391
W A/C €138～393
カード D M V

カレラルガ
Art Hotel Kalelarga

Map P.157-B2

★★★★　中級　室数:10

ナロドゥニ広場から徒歩1分。日本食レストランNOMUがある。バスタブ付き客室もあり。同系列のバスティオンのサウナを利用可。11～3月休業。　全室　EVあり

URL www.arthotel-kalelarga.com
Mail info@arthotel-kalelarga.com
住 **Majke Margarite 1**
TEL (023) 233000
S A/C €156～255
W A/C €191～365
カード A D J M V

フォーラム
Boutique Hostel Forum

Map P.157-B1

ユースアコモデーション　ベッド数:96

フォーラムに面した立地でモダンでシンプルなデザインの規模の大きなホステル。ドミトリーのベッド数は4。1・2月は休業。

全室　EVなし

URL www.hostelforumzadar.com
Mail info@hostelforumzadar.com
住 **Široka ulica 20**
TEL (023) 250705
DOM A/C €26～40
S A/C €100～150
W A/C €110～170　カード D J M V

ザダルのレストラン

フォシャ
Seafood Restaurant Foša

Map P.157-B2

シーフード

シーフードの有名店。旧市街の陸の門近く、海の目の前にある。スカンピ（アカザエビ）のリゾット€21、魚料理メインは€26.5～。コース料理は5品で€78、8品€106。席料€4。

URL www.fosa.hr
住 **K. D. Zvonimira 2**
TEL (023) 314421
開 夏期12:00～翌1:00
冬期12:00～23:00
休 1/1、12/25
カード A D M V

ブルスケッタ
Restaurant Bruschetta

Map P.157-B2

地中海料理

クロアチア産の良質なオリーブオイルや小規模農家で生産された野菜、もちろん地中海の魚介など、素材にこだわっている。メインは肉料理€20.20～、魚料理€23.70～、ピザ€11.50～。

URL www.bruschetta.hr
住 **Mihovila Pavlinovića 12**
TEL (023) 312915
開 夏期12:00～23:00
冬期12:00～22:00
休 1/1、12/25
カード D J M V

info ダウンタウン・ホステル（Map P.157-B2）は、4～8ベッドのドミトリーのほか、バスルーム付きの個室もある。中心部で便利。URL sites.google.com/view/downtown-boutique-hostel

Information ヴェネツィア共和国とアドリア海岸

ザダルの旧市街正門にある聖マルコのライオン

聖マルコのライオン

クロアチアのアドリア海岸の町を歩くと、ところどころで翼の生えたライオンの像が目に留まる。翼の生えたライオンは、ヴェネツィアの守護聖人である聖マルコのシンボルであり、その像がある町は、かつてそこがヴェネツィア共和国の支配下にあったことを物語っている。実際、中世から近代にかけて、アドリア海岸の町のほとんどはヴェネツィア共和国の影響下にあり、そうでなかった都市は、ドゥブロヴニクとその周辺ぐらいだった。

聖マルコは、福音書の著者であると同時に、初期キリスト教の5大総主教座のひとつ、アレキサンドリア総主教座の初代主教であったともいわれており、もともとは、エジプトのアレキサンドリアに埋葬されていた。エジプトから聖マルコの遺体がヴェネツィア商人によってヴェネツィアに運ばれたのは828年のこと。世界的に知られるサン・マルコ寺院は、聖マルコの遺骸を収めるために建てられたものだ。

ヴェネツィア共和国の起源

ヴェネツィア共和国が誕生したのは、ローマ帝国が崩壊し、異民族が北イタリアに侵入してきた7世紀頃のこと。人々は、異民族が襲ってこられない沼地に逃げ込み、その上に町を築いていった。現在「水の都」とたたえられるヴェネツィアの町並みは、こうして生まれたのである。沼地は農業には向かない。貿易を国家繁栄の基礎に据えたのは、ほかに発展の道がなかったからでもあった。

アドリア海の制海権と第4次十字軍

地図を見るとすぐにわかるが、ヴェネツィアがあるのは、アドリア海北部の最も奥まった部分。つまり、地中海交易を行うには、まず、アドリア海を南へと進み、イオニア海に出なければならない。そのため、アドリア海の制海権を握ることは、ヴェネツィアにとって死活問題であった。そして11世紀初頭に、ヴェネツィア共和国は、念願のアドリア海の制海権を握る。

しかし、その後ザダルが、ハンガリー王国の保護下に入り、ヴェネツィアの影響下から抜け出してしまう。ザダルはアドリア海のちょうど中ほどにある都市で、ザダルを失うことは、ヴェネツィアにとって大きな痛手となる。そこで、ヴェネツィア共和国は1202年の第4次十字軍において、ザダルを十字軍によって攻撃させて、これを征服してしまう。同じカトリック同士で殺し合うことになったため、この十字軍はいっときローマ教皇から破門を宣告され、ヴェネツィア共和国はキリスト教世界での評判を著しく落とした。一方で、この事件は、ヴェネツィアがいかにアドリア海の制海権を握ることを重要視していたかをよく物語っているともいえるだろう。

その後、第4次十字軍は、ビザンツ帝国の首都コンスタンティノープルをも征服するなど、十字軍のなかでも最も暴力的なものとして後世に悪評を残した。一方、ヴェネツィア共和国の視点から見てみると、この十字軍の成果として、クレタ島やネグロポンテなど要衝の地を手に入れ、アドリア海の制海権のみならず、東地中海全域の制海権をも獲得することとなり、ヴェネツィアの繁栄を決定的なものにしたのであった。

クイーンズ・ビーチとラグーン

ニン
Nin

Map P.11-C3

■ニンへの行き方
●ザダルから
🚌5時台～22時台に4～23便運行（土・日減便）、所要約30分、€3～9。ザダルの長距離バスターミナル（URL liburnija-zadar.hr）のTime Table、suburban transport、Nin Zatonで検索。

■ニンの❶ Map P.163-B
住 Trg braće Radića 3
TEL (023)264280
URL www.nin.hr
開 6～9月8:00～20:00
11～2月8:00～15:00
（土～12:00）
3～5·10月8:00～16:00
休 11～2月の日・祝

❶ではマッド・スパの情報などが充実している

塩造りはローマ時代から続く産業

■マッド・スパ
7・8月の8:00～12:00は仮設の診療所ができる。まずは❶で情報収集をしてから出かけよう。高血圧や心臓血管系疾患がある人はセラピーを避けておきたい。

■アンセルム教区教会宝物殿
TEL (023)264162
開 9:00～12:00
休 9月中旬～6月中旬
料 €3

旧市街とを結ぶ橋の前に立つブラニミル公の像

ニンはザダルから15kmほど西に位置する小さな町。かつて初代クロアチア王国の王宮がおかれており、歴史的に重要な町である。現在は発掘調査が進められており、町には遺跡や博物館など見どころが多い。町の東は塩田。ラグーン（潟）の泥エステを目当てに夏期は多くの観光客が訪れる。

歩き方

見どころは旧市街に集まっており、6世紀に創建された**アンセルム教区教会 Župna crkva sv. Anselma**の塔を目印にするとわかりやすい。

ローマ神殿跡

おもな見どころ

マッド・スパ Ljekovito blato リイェコヴィト・ブラト
Medicinal mud
Map P.163-A

薬効泥は、本来はリウマチや代謝性骨疾患、筋骨格系疾患、皮膚疾患、婦人科系疾患など医療目的のほか、肌のはりを改善しセルライトを軽減するエステ目的で、医師の処方に従って利用される。

聖アンセルム教区教会
Župna crkva sv. Anselma ジュプナ・ツルクヴァ・スヴェトグ・アンセルマ
Parish church of St. Anselm
Map P.163-B

ニンの中心部に建つ教会で、石造りの鐘楼がひときわ印象的。その起源は6世紀まで遡り、18世紀に現在見られるような姿になった。宝物殿を併設しており、イエスを裏切る報酬としてユダが受け取ったと伝わる銀貨を収蔵している。

塩の博物館 Muzej soli ムゼイ・ソリ

The Museum of salt

Map P.163-B

オリジナルグッズが充実

ニンの塩田では、ローマ時代から伝わる手法で塩の生産を行っている。塩水を5つのプールに流し、だんだんと濃度を上げていくことで作られる塩は天然ヨウ素などミネラル豊富で風味豊か。近くには塩の製法を展示している博物館がある。館内のショップでは食用の塩のほか、バスソルトやコスメ製品なども売られている。

ニン歴史博物館 Muzej ninskih starina ムゼイ・ニンスキ・スタリナ

The Museum of Nin Antiquities

Map P.163-B

11世紀に利用されていた船

旧市街にあるニンで発掘された品々を展示する博物館。ローマ時代や初期キリスト教時代の遺物を展示している。11世紀に使用されていた船はニンを象徴するもの。旧市街入口の湾にもレプリカがある。

聖十字教会 Crkva sv. Križa ツルクヴァ・スヴェトグ・クリジャ

The Church of the Holy Cross

Map P.163-B

9世紀に建てられた教会で「世界で最も小さい大聖堂」とも呼ばれている。かつて教会の周囲には貴族の邸宅があり、当時の区画が今も残っている。

■塩の博物館
住Ilirska cesta 7
TEL(023)264764
URL www.solananin.hr
開5・10月8:00〜18:00
(土・日9:00〜18:00)
6・9月8:00〜20:00
(土・日9:00〜20:00)
7・8月8:00〜21:00
(土・日9:00〜21:00)
11〜4月8:00〜16:00
休11〜4月の土・日
料€5(見学ツアー€10)
ガイド付き見学ツアー(要予約)は5〜9月のみ。所要約45分。

■ニン歴史博物館
住Trg kraljevac 8
TEL(023)264160
開5・6・10月9:00〜14:00
7・8月9:00〜14:00、
18:00〜22:00
9/1〜9/15 9:00〜21:00
9/16〜9/30 9:00〜19:00
11〜4月9:00〜14:00(要予約)
休11〜4月の土・祝、5・6・10月の日 料€4

■聖十字教会
開随時 料無料

内部に司教の椅子(司教座)があり、大聖堂として使われていた

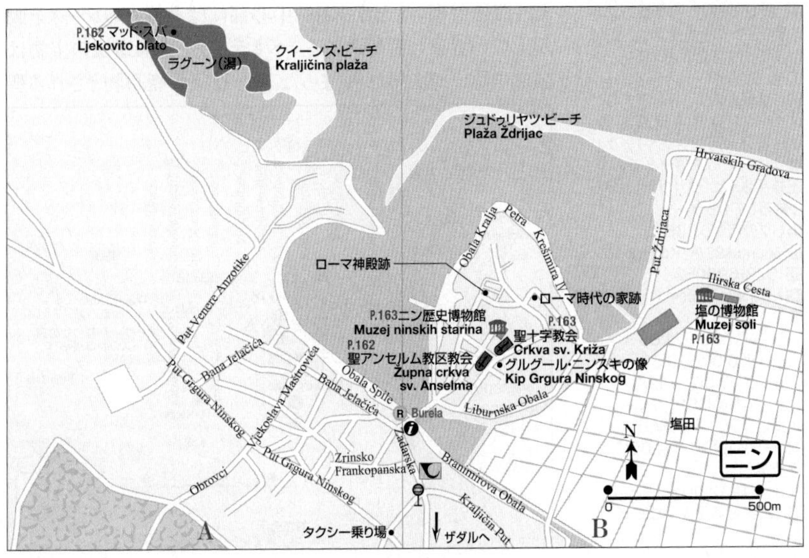

パグ
Pag

Map P.11-C2

ベネディクト会修道院の宝物展示

■パグへの行き方
●リエカから
🚌セニュ Senj乗り換え便が14:00発（日・祝のみ運行）、所要約4時間、€21.50。
●ザダルから
🚌8時台～20時台に3～10便運行（土・日減便）、所要約1時間、€8～11。

■パグの🅘 Map P.164
住Vela 18
TEL(023)611286
URL www.tzgpag.hr
開7・8月8:00～22:00
6・9月8:00～20:00
10～5月8:00～15:00
休10～5月の土・日・祝

■ベネディクト会修道院付属博物館 Map P.164
住Don Jose Felicinovica 2
TEL(023)611061
URL benedictus.hr
開夏期9:00～12:00、18:00～21:00
休夏期以外は要予約
料€3 ㊫

■スィラナ・グリゴラ
Map P.165-A1
塩気のある草を食べて育つ羊のチーズは美味で、パグ島の名物年間50トンの乳を使用し、40種以上のチーズを製造するチーズ工房。見学ツアーは所要40分。
🚌パグからノヴァリャ行きのバスで行く。1日7便（冬期減便、春・秋は運休の可能性あり）。グリゴラ社前にバス停があるので、運転手さんに「グリゴラ」と言って降ろしてもらう。
🚖パグの町から€35
住Figurica 22/A, Kolan
TEL(023)698052
URL www.gligora.com
●ショップ
開5～9月7:30～21:00
4・10月8:00～19:30
11～3月8:00～16:00
休10～4月の日曜
●見学ツアー（要予約）
開5～9月10:00～14:00の毎正時発
10～4月12:00発
休日、冬期の土祝 料€10

砂州によって作られた陸繋島が南北を結んでいるパグの町

国内の塩生産量の8割以上を占めるパグの塩田は、かつてヴェネツィア共和国時代はその富の1割を占めたともいわれ、18世紀には塩の取り引きの単位として「パグ」が使われたほど。また、パグの町ではレース編みを実演販売している女性を見かける。裁縫に使う細い針と枕のような台を使ったレース編みはユネスコの無形文化遺産にも登録されている。

歩き方

パグ　島の中心地はパグの町。旧市街には🅘やレース博物館（旧総督邸）などがあり、中心部には手編みのレースを販売している家も何軒かある。**ベネディクト会修道院**の宝物は2023年に一般公開が始まった。キリストの聖遺物とされる聖

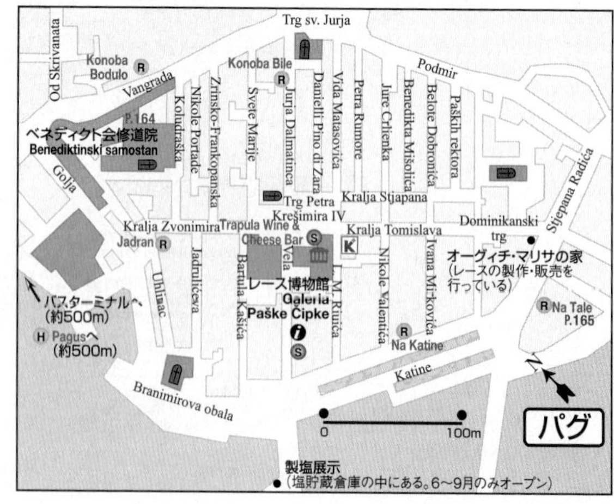

なる茨の棘や、巨匠マンテーニャ作の絵画などは必見。

バスターミナルは旧市街から西へ500mほど歩いた所にある。近郊にあるチーズ工場はレンタカーで行くのが現実的。

ノヴァリャ　リエカからの高速船やザダルからバスで行ける港町。ヨーロッパで有名なビーチパーティーの聖地、ズルチェ・ビーチへのアクセスとなるビーチリゾートで、サッカーのクロアチア代表選手2人（ラキティッチ選手とロヴレン選手）もホテルを所有。ノヴァリャから北西に約18km、パグ島北端近くにある**ルン・オリーブ園**は植物保護区に指定されており、約8万本のオリーブの木のうち、1500本は野生種。樹齢1600年以上で高さ5～8メートルにも及ぶ樹もある。

■ノヴァリャへの行き方
●ザダル、パグから
5時台～21時台にザダル発パグ経由便が3～13便運行（土・日減便）、ザダルから所要約1時間40分、€13.50。パグから所要約35分、€5.50～6。
●リエカ、ラブから
ヤドゥロリニヤ社のリエカ発ラブ経由便が1日1便（夏期増便）、リエカから所要2時間40分～4時間30分、€30。ラブから45分～2時間15分、€12。

パグのレストラン

ナ・ターレ
Na Tale

Map P.164
クロアチア料理

新鮮なシーフードを使った料理を多く用意している。パグ島のチーズを使用したリゾット€16など、メニューは豊富に揃っている。

住 Stjepana Radića 4
TEL (023)611194
開 12:00～24:00
休 冬期の日・祝、1月
ADMV

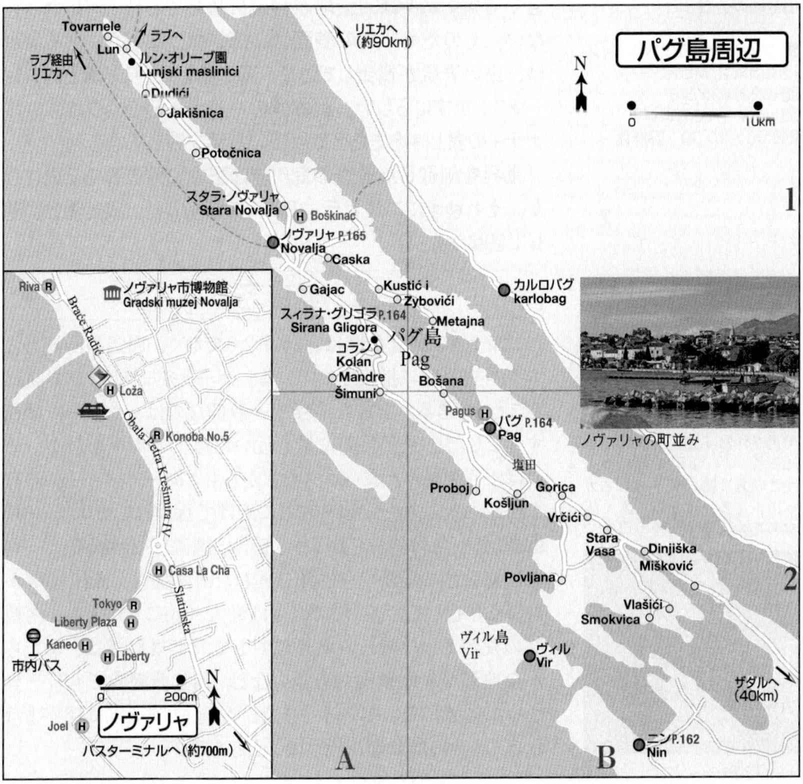

ノヴァリャの町並み

コルナティ国立公園

Nacionalni park Kornati

•ザグレブ
コルナティ国立公園

Map P.11-C4〜D4

白い島と青の海の対比が美しい

コルナティ国立公園には世界中からヨットファンが集う

89もの小さな島々が連なるコルナティ国立公園は、島が多いアドリア海のなかでも、特に島が密集した地域。石灰岩でできた島々は、土地が極端に痩せており、河川などもない。そのため、島の表面は、薄い緑がまばらにあるほかは、白い岩肌が露出しており、真っ青なアドリア海とのコントラストがすばらしい。劇作家のバーナード・ショウは、コルナティの美しさをたたえて以下の言葉を残している。

「世界を創造した最後の日、神は記念に冠を作ることにした。それゆえにコルナティの島々を創造した。涙と星と、そして息吹から」。

歩き方

コルナティ国立公園は、島ばかりでなく、周辺の海域も含めて国立公園に指定されている。ボートやヨットなどで訪れることもできるが、最も手軽で一般的なのは、ツアーに参加することだ。国立公園に最も近い町は、ムルテルだが、そのほか、ザダル、シベニクなどからもクルーズツアーが催行されている。ツアーは4〜10月にかけて行われており、6〜8月は週5回〜毎日催行されるが、10月は週に1〜3回程度。

国立公園のなかでも外洋に面した南西部は、断崖絶壁が数多く存在しており、崖の高さは最大80mにも達する。南西部の荒涼とした厳しい風景に対して、北東部では、なだらかな地形で、比較的緑も多いなど、同じ公園内でも若干異なった景観になっている。また、クルーズのときに運がよければイルカの群れが出没することもある。

■コルナティ国立公園への行き方

🚌コルナティ国立公園に最も近い町はムルテルMurter。
⛴ムルテルのほか、シベニク、ザダルなどからツアーが催行されている。

●シベニクからムルテルへ

🚌ムルテルへは1日4〜6便（週末は減便）、所要25〜45分、€3〜4.40。

■ムルテルの🛈

住Rudina bb
TEL(022)434995
URL www.tzo-murter.hr
開夏期8:00〜21:00
　冬期8:00〜15:00
休冬期の土・日

■コルナティ国立公園オフィス

住Butina 2, Murter
TEL(022)435740
URL www.np-kornati.hr
開8:00〜20:00　休無休

■ハートの島

コルナティ国立公園内にあるガレシュニャク島Galešnjakは上空から見るときれいなハート形に見える。1806年にナポレオンにより地図製作の命を受けた水路学者によって発見された。「愛の島」としても知られ、ハート形の形状からかこの島で結婚式を挙げるカップルも多いようだ。個人所有のため通常は上陸不可。

上空から眺めるとハートに見える

クルカ国立公園
Nacionalni park Krka

Map P.11-D4

湖に浮かぶフランシスコ会修道院

スクラディンスキ・ブクの滝

シベニクからクルカ川を遡った所にあるクルカ国立公園は、プリトゥヴィツェ湖群国立公園と同様、カルストによって造り出された風景が広がる自然公園。幾重にも連なる滝や周囲の自然は訪れる人を魅了してやまない。また、公園内には、湖に浮かぶ修道院など、文化遺産もいくつか残されている。

歩き方

クルカ国立公園の入口は5ヵ所あり、そのうちシベニクからバスで行けるのは、**ロゾヴァツLozovac**と**スクラディンSkradin**のふたつ。ともにバスの停留所から公園の入口までは離れており、スクラディンから入口までは遊覧船で、ロゾヴァツからはバスで行く。いずれも4〜10月の運行、料金は入場料に含まれている。公園内屈指の名所である滝、**スクラディンスキ・ブクSkradinski buk**へはスクラディンから片道3.4km、ロゾヴァツから875mの遊歩道があるほか、スクラディンスキ・ブクを起点とする約2キロの周遊ルートもある。

スクラディンスキ・ブク近くにある船着場から遊覧船のツアーが催行されており、湖に浮かぶフランシスコ会修道院がある**ヴィソヴァツVisovac**へ行く2時間のコースと、ヴィソヴァツに加えて、さらにクルカ川を遡った所にある滝、**ロシュキ滝Roški Slap**まで行く4時間のコースがある。このほか、ロシュキ滝にある船着場から、14世紀に建てられたセルビア正教会のクルカ修道院へ行く約2時間30分のツアーもある。冬期のツアーは天候によっては催行されない日もあるので注意。

■クルカ国立公園への行き方
シベニクやスプリットから日帰りツアーが催行されている。
●シベニクから
🚌9時台〜20時台に2〜6便運行（土・日減便）、ロゾヴァツまで約20分、€3.10。スクラディンまで約30分、€3.60。

■クルカ国立公園
TEL (022)201777
URL www.npkrka.hr
開6〜8月8:00〜20:00
5·9月8:00〜19:00
4月·10月上旬8:00〜18:00
3月·10月下旬9:00〜17:00
11〜2月9:00〜16:00
休12/24·31の午後、12/25·26
料11〜3月€7　学生€4
4·5月€15　学生€11.25
6〜9月€40　学生€28
10月€20　学生€15
●遊覧船（11〜3月運休）
スクラディンスキ・ブク〜ヴィソヴァツ〜スクラディンスキ・ブク
料€15
スクラディンスキ・ブク〜ヴィソヴァツ〜ロシュキ滝〜スクラディンスキ・ブク
料€20
ロシュキ滝〜クルカ修道院〜ロシュキ滝
料€15

国立公園へはボートで移動

HOTEL　ホテル

スクラディンスキ・ブク
Hotel Skradinski Buk
住**Burinovac 2**
TEL (022)771771
Mail skradinski-buk@si.t-com.hr
料 S/W A/C €62〜120
CC M V

聖ヤコブ大聖堂洗礼室の天井装飾

シベニク
Šibenik

Map P.11-D4

シベニクのシンボル、聖ヤコブ大聖堂

■シベニクへの行き方
●ザグレブから
🚌6時台～20時台に9～21便運行（土・日減便）、所要4時間15分～5時間30分、€21.10～24.40。
●ザダルから
🚌3時台～22時台に14～27便運行（土・日減便）、所要約1時間30分、€7.90～10.70。
●トゥロギールから
🚌5時台～23時台に14～24便運行（土・日減便）、所要約1時間、€6.70～9.24。
●スプリットから
🚌4時台～23時台に16～27便運行（土・日減便）、所要約1時間35分、€8.60～11.20。
■シベニクのi　Map P.170-A1
住Obala palih omladinaca 3
TEL(022)214411
URL www.sibenik-tourism.hr
開3･10月9:00～18:00
（土･日･祝9:00～14:00）
4･5月8:00～20:00
（土･日･祝9:00～14:00）
6･9月8:00～20:00
7･8月8:00～21:00
11～2月9:00～17:00
（土9:00～14:00）
休11～2月の日･祝

世界遺産
シベニクの聖ヤコブ大聖堂
Katedrala u Šibeniku
2000年登録

聖イヴァン要塞からの眺め

クロアチアのアドリア海岸のほぼ真ん中に位置するシベニクは、クルカ川**Krka**の河口に開けた歴史の古い町。町なかには数多くの教会が建ち並んでいる。特に聖ヤコブ大聖堂は、ゴシック様式とルネッサンス様式が見事に融合した大聖堂で、ユネスコの世界遺産にも登録されている。中世の町並みを色濃く残し細い路地が特徴的な旧市街は、ただ歩いているだけでも十分楽しい。

歩き方

シベニク駅があるのは町の東。駅を出て真っすぐ**フラ･イェロニモ通りFra Jeronima**を進むと広い通りに突き当たり、ここを左折して旧市街へ向かう。バスで着いた場合は、西へ向かえば旧市街に着く。海沿いに**フラニョ･トゥジュマン通りObala Dr. Franje Tuđmana**を歩いていくと、右側に大聖堂の屋根が見えてくる。iは大聖堂の近くにあり、ここでは地図などを配布している。iを出たら、階段を上って大聖堂のある**レプブリカ広場Trg Republike Hrvatske**に出よう。大聖堂と向かい合っている建物は**市庁舎Gradska vijećnica**。ここから真っすぐ延びる通りが**トミスラヴ王通りKralja Tomislava**で、その1本北に**ドン･クルスト･ストシッチ通りDon Krste Stošića**がある。この通りには数々の教会が建ち並んでおり、道の東端には劇場がある。レプブリカ広場から北へ坂を上っていくと、聖ミカエル要塞へいたる。

海沿いに広がるシベニクの町並み

info シベニクはナイアガラの水力発電に遅れることわずか2日、1895年にヨーロッパ初の水力発電で街灯が灯された。これはクロアチア出身でアメリカに帰化したニコラ･テスラの技術を導入したもの。

• 見どころ Pick up

世界遺産 シベニク

聖ヤコブ大聖堂 Katedrala sv. Jakova カテドゥラーラ・スヴェトグ・ヤコヴァ

シベニクのシンボルでもある大聖堂は、建築に1431年から1536年と100年以上かかっており、途中に幾度も建築責任者が変わっている。そのため、当初はゴシック様式で建設が進められたが、途中からルネッサンス様式へと変更されており、屋根の部分は、ルネッサンス風の半円形になっている。1991年にはユーゴスラヴィア人民軍の支援を受けたセルビア人部隊の爆撃を受け、大聖堂は甚大な被害を被った。しかし、現在は修復され、以前と同じような外観を取り戻している。

外観で特徴的なのは、教会の周囲に施されている71もの人間の頭部の彫刻で、建築当時の市民の有力者をモデルにしているといわれている。北側の入口に施された裸体のアダムとイヴの像も印象的だ。

大聖堂は、石材だけを用いて建てられており、中に入ると、半円形をした天井とドームが外からと同じように見える。教会の南東部の階段を下りた所にあるのは洗礼室。洗礼台に施された彫刻も見事だが、それにも増して、この部屋の天井部分の装飾は、息をのむほど美しい。

■聖ヤコブ大聖堂
Map P.170-A1
住Trg Republike Hrvatske
開春・秋期9:30～18:30
夏期9:30～19:30
冬期9:30～17:30
※いずれも日曜は12:00開門
休無休、イベント等の入場制限あり 料€5 学生€3（聖ヤコブ大聖堂解説センターとの共通券）

1大聖堂の正面 2北側の入口は「ライオンのドア」と呼ばれており、アダムとイヴやライオンの像などが彫られている 3洗礼室の天井には、天使や聖人の像が精巧に彫られている。聖ヤコブ大聖堂の最大の見どころ。貝のモチーフは聖ヤコブのシンボル、ホタテ貝にちなんだもの 4お祈りにきていた女の子とおばあちゃん 5大聖堂の周囲に彫られた71人もの人頭 6バラ窓と身廊。内部はゴシック様式とルネッサンス様式が融合している

info 聖ヤコブ大聖堂や聖イヴァン要塞、聖ニコラ要塞では世界的大ヒットドラマ『ゲーム・オブ・スローンズ』の撮影も行われた。ロケ地巡りのツアーなどもある。

おもな見どころ

聖ヤコブ大聖堂解説センター（ツィヴィタス・サクラ）

Civitas Sacra Interpretacijski Centar Katedrale Sv. Jakova

ツィヴィタス・サクラ・インテルプレタツィスキ・ツェンタル・カテドラレ・スヴェティ・ヤコヴァ

Civitas Sacra Interpretation Centre of St. James' Cathedral

Map P.170-A1

CGやビデオを多用した展示

聖ヤコブ大聖堂の建築技術および歴史の詳細や各種装飾彫刻ができあがるまでを、モデルやマルチメディアを駆使して展示。聖具などの宝物や聖職衣も展示されている。最上階にはレストランもあり、お土産ショップも充実している。

■聖ヤコブ大聖堂解説センター
住Kralja Tomislava 10
TEL(022)668522
URL www.civitassacra.hr
開6～10月8:00～20:00
　11～5月8:00～16:00
休日、カトリックの祝日
料€5　学生€3
(聖ヤコブ大聖堂と共通券)

通り沿いのミュージアムショップから入るとわかりやすい

大聖堂のドーム模型も間近に

シベニク市立博物館 Muzej grada Šibenika ムゼイ・グラダ・シベニカ

Šibenik City Museum

Map P.170-A1

最新の技術を用いた展示

聖ヤコブ大聖堂の南隣にある、ヴェネツィア時代の邸宅を利用した市立博物館。先史時代から18世紀末までのシベニクの町を紹介している。英語の解説あり。

■シベニク市立博物館
住Gradska vrata 3
TEL(022)213888
URL www.muzej-sibenik.hr
開夏期8:00～20:00
　(土・日10:00～20:00)
　冬期8:00～15:00
休日・祝　料€5　学生€2

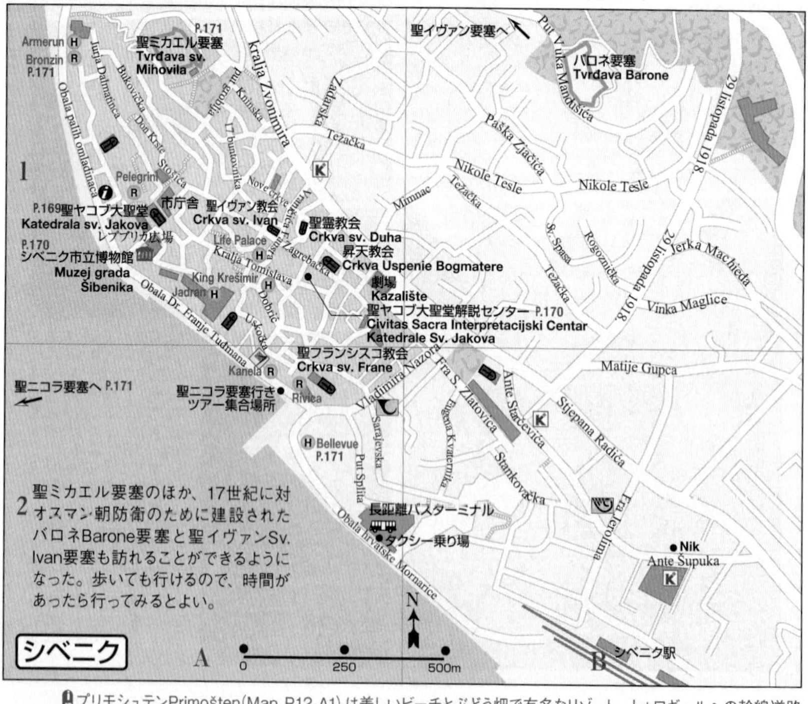

シベニク

聖ミカエル要塞のほか、17世紀に対オスマン朝防衛のために建設されたバロネBarone要塞と聖イヴァンSv. Ivan要塞も訪れることができるようになった。歩いても行けるので、時間があったら行ってみるとよい。

info プリモシュテンPrimošten(Map P12-A1)は美しいビーチとぶどう畑で有名なリゾート。トゥロギールへの幹線道路沿いにある。現在は本土とつながっているが、16世紀頃までは跳ね橋で結ばれていた小島だった。

聖ミカエル要塞 Tvrđava sv. Mihovila トゥヴルジャヴァ・スヴェトグ・ミホヴィラ
St. Michael's Fortress

Map P.170-A1

シベニクの町を見下ろせる

シベニクの町の北に建てられた要塞。

有史以前から人々が生活していたが、現在見られる要塞はヴェネツィア時代のもの。要塞は聖ヤコヴ大聖堂を含め、町全体を一望することができる絶景ポイントになっている。

聖ニコラ要塞 Utvrda sv. Nikole ウトゥヴルダ・スヴェトグ・ニコレ
St. Nicholas Fortress

Map P.170-A2外

いかにも堅牢そうな外観

聖ニコラ要塞は、アドリア海からシベニク湾に通じる海峡の入口に築かれた要塞。16世紀のヴェネツィア共和国時代に、オスマン朝からの防衛目的で建設された。シベニクに入港する船は、必ずこの要塞横を通過しなくてはならず、海上防衛において重要な役割を果たした。

■聖ミカエル要塞
URL tvrdjava-kulture.hr
開 春・秋期9:00～20:00
7～8月9:00～22:00
冬期9:00～17:00
休 不定期
料 要塞各€10 学生€6.50
3要塞共通券€11 学生€7.50
バロネ要塞と聖イヴァン要塞は12～3月無料。

世界遺産
16、17世紀のヴェネツィアの防衛施設
Venecijanski obrambeni sustav 16. i 17. stoljeća
2017年登録

■聖ニコラ要塞
4月末～10月初旬にかけてオーディオガイド付きボートツアーで行ける。所要約2時間。オンラインで予約・購入できる。
URL www.kanal-svetog-ante.com
開 ツアー出発時刻
4・5・9・10月 10:00、12:30
6/1～7/14 10:00、12:30、15:00
7/15～8/31 10:00、12:30、15:00、17:30
休 11～3月
料 4・5・10月€15、6～9月€21

シベニクのホテル

日本からの電話のかけ方　事業者識別番号（→P.54）+010+385（クロアチアの国番号）+22（0を取った市外局番）+番号

シベニクの中心部には、ホテルは5軒しかない。プライベートルームの数は多く、旅行会社や❶でも紹介してもらうことができる。

ベルビュー
Hotel Bellevue

Map P.170-A2

★★★★　高級　室数48

バスターミナルから旧市街へ行く途中の海沿いにある金色の外観のホテル。シービューや聖ヤコブ大聖堂が見える客室もある。地下にはサウナや小さなプール、フィットネスもある。　全室　EVあり

URL www.bellevuehotel.hr
Mail sales@bellevuehotel.hr
住 **Obala hrvatske mornarice 1**
TEL (022)646400
€110～378
€120～388
2食・3食付きプランあり
DJMV

シベニクのレストラン

ブロンジン
Restoran Bronzin

Map P.170-A1

モダンにアレンジしたダルマチア料理が人気。海沿いのテラス席および開放的な屋内も雰囲気がよい。魚料理€14～、肉料理€24～、1日前までに予約をするとペカ料理も食べられる(4人前～)。隣接する系列ホテル、アルメルンも評判がよい。

URL restoran-bronzin.eatbu.com
住 **Obala palih omladineca 5 B**
091-6023421
開 12:00～24:00
休 復活祭、クリスマス
MV

info 大聖堂の隣にあるペレグリーニPelegriniは、クロアチアを代表する名レストランとして要人賓客を迎えてきた。メニューはコースのみの高級店だが大聖堂を眺められるテラスでのディナーは格別だ。日曜定休。

本土とチオヴォ島に挟まれたトゥロギール

トゥロギール
Trogir

Map P.12-A2

中世の雰囲気が漂う町並み

■トゥロギールへの行き方
✈スプリット空港はトゥロギールの東2kmに位置している。37番のバスで所要約10分、€1.50。
●シベニクから
🚌6時台～21時台に14～23便運行(土・日減便)、所要約1時間、€6.70～9.24。
●スプリットから
🚌長距離バスターミナル発便は5時台～23時台に14～34便(土・日減便)、所要約30分、€2.40～10。
🚌近距離バスターミナルから37番のバスが20～30分に1便、所要約1時間、€2.50。
URL www.promet-split.hrのTime Table、Urban Areaで検索できる。
⛴ブラ・ライン社Bura Lineが夏期に1日4～7便、所要約1時間、€7。途中スラティネSlatineを経由する。

世界遺産

古都トゥロギール
Romanički grad Trogir
1997年登録

■トゥロギールの🅘
Map P.174-B2
住 Trg Ivana Pavla II 1
TEL (021)885628
URL www.visittrogir.hr
開 夏期8:00～20:00
春・秋期8:00～20:00
(土・日9:00～14:00)
冬期8:00～16:00
休 冬期の土・日・祝

聖ロヴロ大聖堂の鐘楼は1階がゴシック様式、2階がヴェネツィアンゴシック様式、3階が後期ルネッサンス様式で造られている

トゥロギールは周りを城壁に囲まれた小さな島で、本土とチオヴォ島とは橋で結ばれている。町の起源はギリシア時代にまで遡り、狭い島内にはさまざまな時代にわたる教会や歴史的建造物がひしめいている。なかでも聖ロヴロ大聖堂はクロアチアを代表する教会で、1997年にはユネスコの世界遺産にも登録された。トゥロギールはスプリットの西約20kmの所に位置しており、日帰りの旅にぴったりだ。

歩き方

バスターミナルは本土側にあるので、出たらすぐ橋を越えて、島へと渡ろう。橋を越えるとあるのが、**北門Sjeverna gradska vrata**。門の先にあるのがトゥロギール博物館だ。博物館の前の道を東へと進んでいくと、**イヴァン・パヴァオ・ドゥルギ広場Trg Ivana Pavla II**に出る。ここが観光の中心で聖ロヴロ大聖堂、市庁舎Gradska Vijećnica、時計塔Toranj gradskog Sataなどがひしめいている。🅘も市庁舎の中にある。広場から南に進むと、**南門Južna gradska vrata**がある。門を出て東には、チオヴォ島とを結ぶ橋があり、西はカメルレンゴの砦へと通じている。

バスターミナルにはスプリット～シベニクを結ぶバスが多く停車する

イヴァン・パヴァオ・ドゥルギ広場が町の中心

・見どころ Pick up

世界遺産 トゥロギール

聖ロヴロ大聖堂 カテドゥラーラ・スヴェトグ・ロヴレ Katedrala sv. Lovre

聖ロヴロ大聖堂は、トゥロギールを代表する建築物。建築が開始されたのは13世紀初頭だが、完成したのは17世紀になってのこと。そのため、教会内にはさまざまな建築様式が組み合わされている。鐘楼の窓を見てみると、各階層ごとに異なる様式になっているのがわかる。

アダムとイヴの像が両端に彫られているロマネスク様式の門は、13世紀に造られたクロアチア中世美術の傑作。大聖堂内も、ルネッサンス様式の聖イヴァン礼拝堂をはじめとして見どころが多い。天井や壁面の彫刻にユニークなものが多く、なかでも天井に逆さに作られた聖人像は珍しい。

そのほか聖堂内には宝物室もあり宗教美術品を展示している。鐘楼の高さは47m、階段は120段。

■聖ロヴロ大聖堂　Map P.174-B1
住Trg Ivana Pavla II
開3月中旬～4月
8:00～17:00（日12:00～15:00）
5・6・10月～11月中旬
8:00～18:00（日12:00～18:00）
7・8月8:00～20:00（日12:00～18:00）
9月8:00～19:00（日12:00～18:00）
11月中旬～3月中旬8:00～12:00
休11～3月中旬の日・祝　料€5 学生€4

❶イエス生誕 中央の天蓋の上、ベツレヘムの星の下に聖母マリアと幼子イエス。その下は体を清められるイエス。右は貢物をささげる東方の三博士。左は救い主の誕生を知り駆けつける羊飼い ❷イエスの生涯 受胎告知から復活、昇天までの諸場面。内側のレリーフの左下受胎告知をする大天使ガブリエル、右下は受ける聖母マリア ❸アダム像 罪の象徴 ❹獅子像 ヴェネツィアの聖マルコのシンボル。ドラゴンを制圧している ❺イヴ像 ❻獅子像 2匹の子羊を抱える羊を押さえている ❼聖人像 聖人と使徒。側面には外国の動物のほかケンタウロスなどのレリーフ ❽未完の十二宮 生活や寓話をテーマに、十二宮それぞれの月のシンボルを取り入れたユニークな作品。例えば右の柱には羊の毛を刈る若者が描写され4月を表す。一部の月しかないのは未完成のため ❾異教の民 柱を支える男はアラブ人やユダヤ人。キリスト教勝利のシンボル

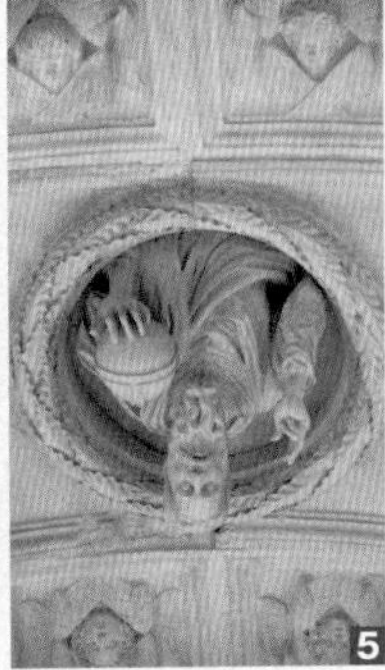

1 鐘楼の3階からの眺め。旧市街を見渡せる 2 ロマネスク様式の正門。聖書の場面が多く描かれているのが特徴 3 主祭壇の上の屋根は聖母マリアを象徴するユリの花をモチーフに作られている 4 内部に残る聖歌隊席。かつては金箔で覆われていたが、現在はわずかに残るだけ 5 天井には逆さになっている聖人の彫刻がある。上を眺めてみよう

■聖ニコラ修道院
住Gradska 2
開10:00～13:00、15:30～17:30
休5～10月の日・祝、11～4月
料€5 学生€4

■カメルレンゴの砦
開4・10・11月10:00～18:00
5・9月9:00～20:00
6～8月9:00～22:00
休12～3月ほか不定休
料7・8月€5 学生€2.50
4～6・9～11月€4 学生€2.50

重厚な外観

■トゥロギール博物館
住Gradska vrata 4
TEL(021)881406
URL muzej-grada-trogira.hr
開7・8月
10:00～13:00、18:00～21:00
6・9月
10:00～13:00、17:00～20:00
10～5月9:00～14:00
休10～5月の土・日、
6・9月の日・祝
料€4 学生€3

おもな見どころ

聖ニコラ修道院 Samostan sv. Nikole サモスタン・スヴェトグ・ニコレ
Convent of St. Nicholas
Map P.174-B2

聖ニコラ修道院は南門から北に50mほど行った所にあるベネディクト会の女子修道院。修道院内には小さな博物館があり、紀元前3世紀の制作といわれるカイロスのレリーフを展示していることで知られている。館内ではそのほか、金銀製品や、ミサの楽譜、レース編みなども展示している。

カメルレンゴの砦 Tvrđava Kamerlengo トゥヴルジャヴァ・カメルレンゴ
Fortress Kamerlengo
Map P.174-A2

15世紀、ヴェネツィア人によってそれまであった塔を改築して建てられた砦。1420年に始まるヴェネツィアのダルマチア支配に対して、トゥロギールの市民はしばしば反乱を起こしており、ヴェネツィア人にとってこの砦は外敵からだけでなく、市民から身を守ることも目的とされていた。砦からは町を見下ろすことができる。

トゥロギール博物館 Muzej grada Trogira ムゼイ・グラダ・トゥロギラ
Trogir Municipal Museum
Map P.174-B1

ガラグニン宮殿を利用しているトゥロギール博物館は、先史時代から近代までのトゥロギールに関する展示品を集めた博物館。コレクションは多岐にわたるが、特に2世紀から17世紀に及ぶ膨大な彫刻類のコレクションがすばらしい。建物の1階ではギリシア時代の城壁の跡も見られる。

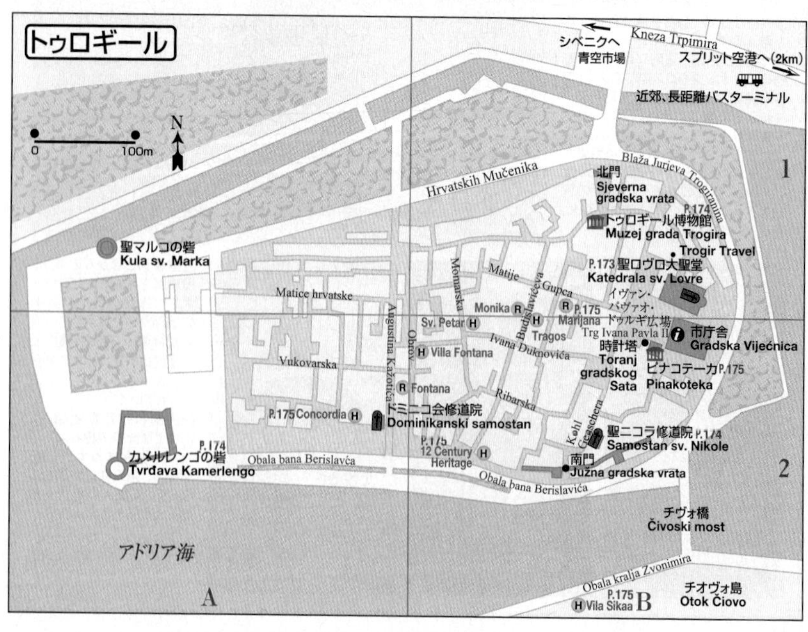

ピナコテーカ Pinakoteka ピナコテーカ
Pinakoteka

Map P.174-B2

聖ロヴロ大聖堂の南側に建つ聖イヴァン教会は、絵画館(ピナコテーカ)として、トゥロギール周辺から集められた宗教美術品の展示を行っている。収蔵品は14～15世紀のものが多く、聖ロヴロ大聖堂やチオヴォ島にある教会にかつて飾られていたものが多く含まれている。

館内には宗教画が多く並ぶ

■ピナコテーカ
住Trg Ivana Pavla Ⅱ
開7・8月8:00～22:00
(日12:00～18:00)
6・9月8:00～19:00
(日12:00～18:00)
休10～5月　料€3

トゥロギールのホテル

日本からの電話のかけ方　事業者識別番号(→P.54) +010+385 (クロアチアの国番号) +21 (0を取った市外局番) +番号

旧市街には古い建物を改装した小さなホテルが何軒か並んでおり、プライベートルームもある。スプリットやシベニクへは日帰りできる距離なのでトゥロギールを起点にするのもおすすめ。

12センチュリー・ヘリテージ
12 Century Heritage Hotel

Map P.174-B2

★★★★　高級　室数:15

2016年にオープン。12世紀建造の建物を改装して使用しており、壁は当時のまま残しつつ室内には個性溢れるインテリアを配している。11～3月は休業。
全館　EVなし

URL www.heritagehoteltrogir.com
Mail info@heritagehoteltrogir.com
住Mornarska 23
TEL (021)882835
091-6029299
S €95～300
W €120～350
ADMV

ヴィラ・シカア
Hotel Vila Sikaa

Map P.174-B2

★★★★　中級　室数:11

チオヴォ島にあり、窓からはトゥロギールの町並みが見渡せる部屋もある。各部屋には衛星放送が受信可能なテレビあり。ジャクージ付きの部屋も2室ある。
全館　EVなし

URL www.vila-sikaa-r.com
Mail info@vila-sikaa-r.com
住Obala kralja Zvonimira 13
TEL (021)881223
S €58～170
W €68～180
MV

コンコルディア
Hotel Concordia

Map P.174-A2

★★　中級　室数:11

海に面した300年以上の歴史をもつ建物を利用している。現金払いだと、宿泊料が10%割引きになる。11月中旬～3月は休業。
全館　EVなし

URL www.concordia-hotel.net
Mail concordiahotel95@gmail.com
住Obala bana Berislavića 22
TEL (021)885400
S €70～80
W €125～150
AMV

トゥロギールのレストラン

マリヤナ
Marijana

Map P.174-B1

グリル

炭火焼きの肉・魚などが食べられる。店内で炭を起こしているので、香りもほんのりとしておいしい。肉料理は€13.30～51.80。

URL www.restaurant-marijana.com
住Matije Gupca 13
TEL (021)885012
091-2009291
開10:00～23:00
休11月～3月中旬　MV

ペリスティルにいたローマ風の衛兵

ローマ皇帝の宮廷が起源

スプリット
Split

ザグレブ
スプリット

Map P.12-A2

マリヤン山から見下ろすスプリット港

■スプリットへの行き方

✈クロアチア国内のほか、ヨーロッパ各地から便がある。

🚢クロアチア国内のほか、イタリアのアンコーナ（通年週2～3便）とバーリ（5月～10月中旬週1便）が運航している。

●ザグレブから

✈クロアチア航空が1日3～4便、所要50分。

🚃直通は7:03、15:19の2便、所要約6時間30分、€26.35～38.33。

🚌2時台～23時台に15～36便運行（土・日減便）、所要4時間30分～6時間20分、€20～35。

●ザダルから

🚌3時台～22時台に4～37便運行（土・日減便）、所要2時間15分～3時間35分、€14.20～25。

●シベニクから

🚌4時台～21時台に15～27便運行（土・日減便）、所要約1時間30分、€8.60～11.20。

●オミシュから

🚌6時台～22時台に5～23便運行（土・日減便）、所要30～50分、€3.40～8。

●マカルスカから

🚌0時台～21時台に7～26便運行（土・日減便）、所要1時間～1時間30分、€8～15。

●フヴァールから

🚢1日3～19便（夏期増便）、所要約1時間、€6～24。フヴァール島のスターリ・グラードStari Gradから1日3～7便（夏期増便）、所要約2時間、€6～8.10。

●ボルから

🚢1日1～5便（夏期増便）、所要約1時間、€5.84～20。ブラチュ島のスペタルSpetarから1日7～14便（夏期増便）、所要約50分、€4.25～6.24。

●コルチュラから

🚢1日1～6便（夏期増便）、所要2時間20分～3時間40分、€10.11～30。コルチュラ島のヴェラ・ルカVela Lukaから1日2～3便、所要2時間10分～3時間、€7.17～10。

●ドゥブロヴニクから

🚌2時台～21時台に2～22便運行（土・日減便）、所要3時間35分～5時間10分、€19～30。

アドリア海沿岸最大の港町スプリットは、ローマ皇帝ディオクレティアヌス（245?～316?年）の宮殿がそのまま旧市街になったという珍しい起源をもつ町。その特殊な成り立ちと町並みにより、世界遺産にも登録されている。

そもそも宮殿であったスプリットに人が住み着くようになったのは、ローマ帝国が滅亡し、異民族が大挙してこの地に入り込んできた7世紀のこと。近郊のサロナから追われた人々が、頑強な城壁に囲まれている宮殿内に避難してきたことが発端だった。人々は宮殿の基礎部分はそのままに、その上から建物を増築する形で町を築いていったため、古代と中世の建物が複雑に絡み合うような独自の町並みが生まれることになった。

見応えある旧市街に加えて、日帰りで行ける近郊の見どころが多いのもスプリットの魅力のひとつ。数日かけてゆっくり滞在したい、そんな魅力あふれる町だ。

スプリット到着から市内へ

飛行機で着いたら

スプリット空港はスプリットの西20kmほどの所に位置している。空港から町の中心までの交通手段は、空港バス、近郊バスの37番、タクシーの3種類がある。空港バスは、クロアチ

国内線も多く就航するスプリット空港

info 夏期には毎日正午にペリスティルでイベントがある。通常はディオクレティアヌス帝に関する演目。フォークロアショーなども観光客に人気。

ア航空の便の到着に合わせて運行されており、所要約30分、運賃は€8。町の中心から空港へは長距離バスターミナルから出発する。時刻表は、スプリット長距離バスターミナルのウェブサイトで確認できる。近郊バスの37番は、平日は20分に1便、土・日・祝は30分に1便の運行で、空港と近郊バスターミナルとを結んでいる。所要50分〜1時間、運賃€3。タクシーなら町の中心部へは所要約30分、運賃は€44〜51。

鉄道で着いたら

スプリット駅は、旧市街と長距離バスターミナルの間にあり、旧市街までは徒歩5分ほど。

バスで着いたら

スプリットのバスターミナルは、ザグレブやドゥブロヴニクなどほとんどのバスが到着する長距離バスターミナルのほか、トゥロギール方面の便が発着する近郊バスターミナルの2種類がある。長距離バスターミナルは旧市街の南を港沿いに10分弱進んだ所にあり、近郊バスターミナルは、旧市街の北東、1kmほど離れた場所にある。

船で着いたら

ほとんどのフェリーは、旧市街のすぐ南にある港に到着し、旧市街までは徒歩で10分ほど。一部の大型フェリーは、長距離バスターミナルの斜め向かいに到着するが、いずれにしても旧市街に近い。チケットはフェリーターミナルまたはオンラインで購入可能だが、出発前ならフェリー乗り場近くにあるチケット売り場で購入することもできる。

フェリーターミナル

スプリットの市内交通

スプリットの市内バス

町の見どころは徒歩だけで十分回れる範囲にあり、市内バスを乗りこなす必要は特にない。一方で、スプリットからは日帰りで行ける見どころが多いため、近郊バスは利用価値が高い。距離によってゾーンに分かれ、料金もゾーンによって異なる。

歩き方

スプリットは、ローマ皇帝ディオクレティアヌスの宮殿の上に築かれた町。旧市街である宮殿の広さは南北が215m、東西が180mあり、周囲を厚さ2m、高さ約20mという巨大な壁によって囲まれている。宮殿内には東西南北にある門から

■スプリット空港
住Cesta Dr. Franje Tuđmana 1270
TEL(021)203589
URL www.split-airport.hr

■長距離バスターミナル
Map P.179-D3
住Obala kneza Domagoja 12
TEL(021)329180
TEL(060)327777 (有料)
URL www.ak-split.hr

■空港バス
TEL(021)2031190
URL www.plesoprijevoz.hr

■荷物預かり所
フェリー乗り場、バスターミナル、鉄道駅の周辺は荷物預かり所が数多くあるが、24時間営業ではないところが多いので、確認して預けること。鉄道駅のコインロッカーはユーロ切り替えのため閉鎖中。

■スプリットの市内交通
●Promet Split d.o.o.
TEL(021)407888
URL www.promet-split.hr
同一ゾーン内の車内購入€2、隣接ゾーン行き€2.50。料金は事前にバスターミナル窓口や専用アプリ、市内4ヵ所に設置されている自動券売機で購入すると車内購入の半額。スプリット空港はKaštelaゾーンを選ぶ。
●近郊バスターミナル
開6:30〜20:00 (土〜12:30)
休日・祝 　MV

■スプリットの❶
URL www.visitsplit.com
●Turistički Informativni centar Riva Map P.180-2
住Obala Hrvastkog Narodnog Preporoda 9
TEL(021)360066
開夏期8:00〜20:00
(日〜14:00)
冬期9:00〜16:00
(土〜14:00)
休冬期の日・祝
●Turistički Informativni centar Peristil Map P.180-1
住Peristil bb
TEL(021)345606
開春・秋期9:00〜16:00
(日〜14:00)
夏期8:00〜20:00
冬期9:00〜16:00
(日〜13:00)
休1/1、イースター、12/25

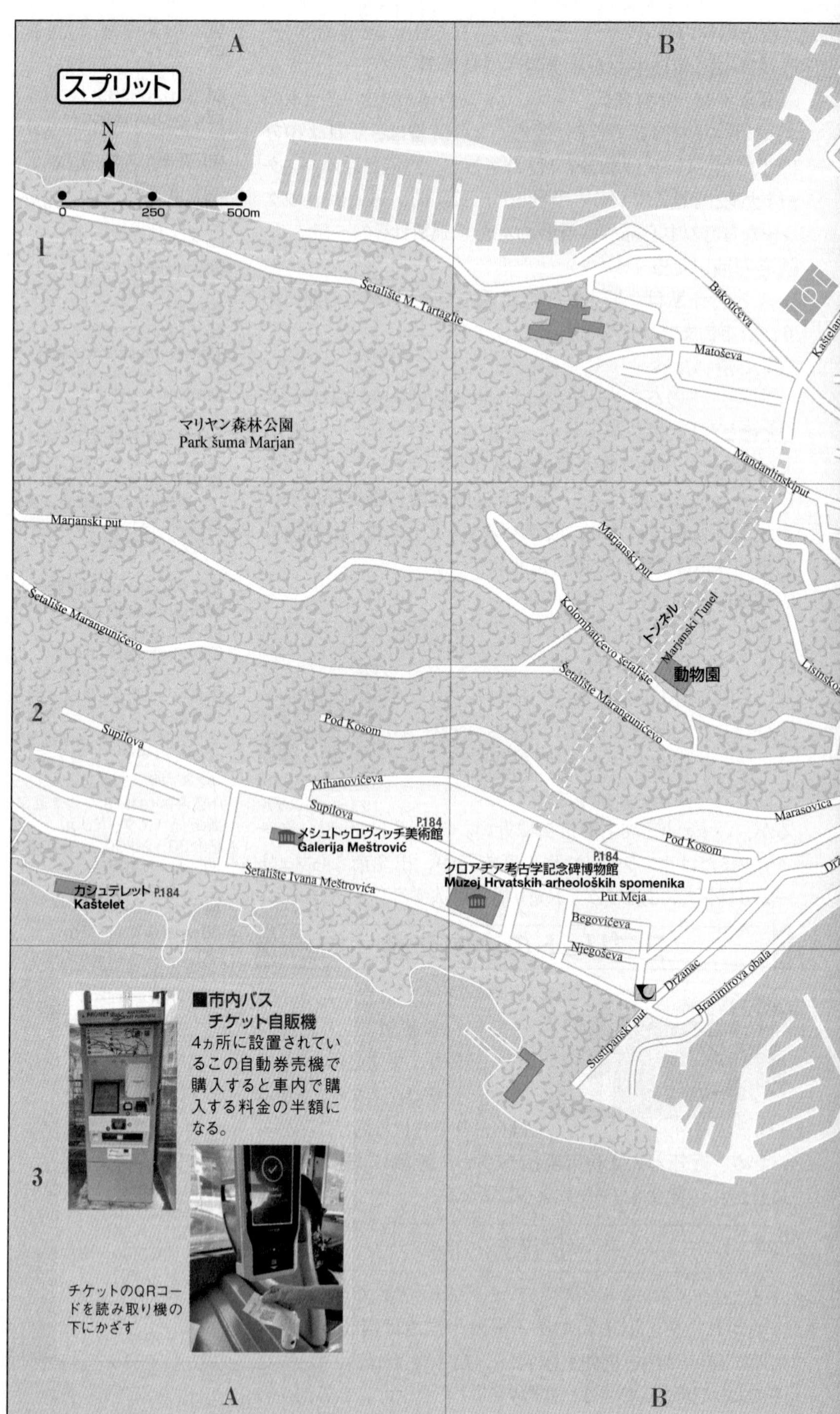
スプリット
N
0
250
500m
A
B
1
2
3
Šetalište M. Tartaglie
Bakotićeva
Matoševa
Mandanlinskiput
マリヤン森林公園
Park šuma Marjan
Marjanski put
Marjanski put
Šetalište Marangunićevo
Kolombatićevo šetalište
トンネル
Marjanski Tunel
動物園
Šetalište Marangunićevo
Pod Kosom
Supilova
Mihanovićeva
Supilova
Marasovica
P.184
メシュトゥロヴィッチ美術館
Galerija Meštrović
Pod Kosom
P.184
クロアチア考古学記念碑博物館
Muzej Hrvatskih arheoloških spomenika
Šetalište Ivana Meštrovića
カシュテレット P.184
Kaštelet
Put Meja
Begovićeva
Njegoševa
Držanac
Branimirova obala
Sustipanski put
■市内バス
チケット自販機
4ヵ所に設置されているこの自動券売機で購入すると車内で購入する料金の半額になる。
チケットのQRコードを読み取り機の下にかざす

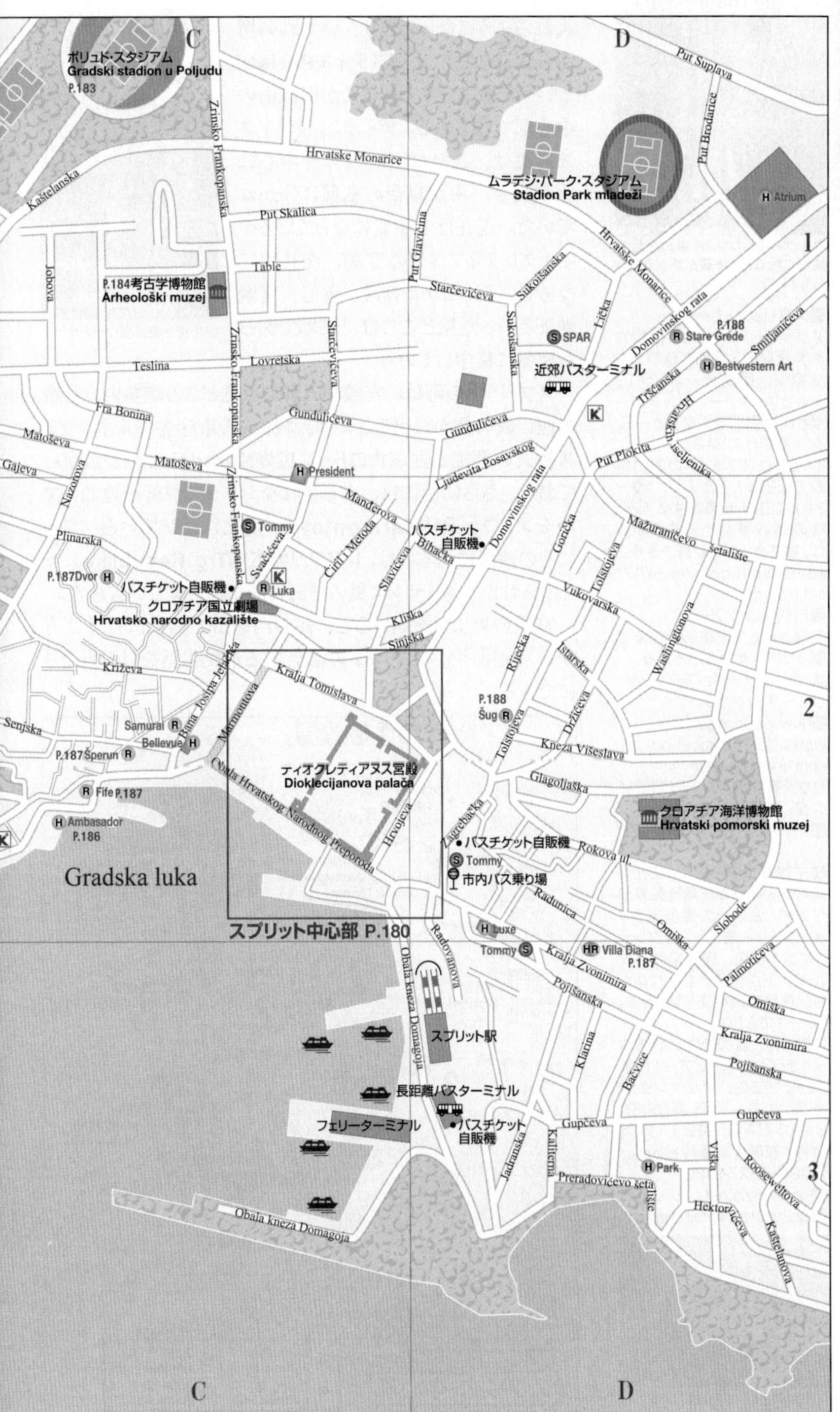
ポリュド・スタジアム
Gradski stadion u Poljudu
P.183
ムラデジ・パーク・スタジアム
Stadion Park mladeži
Atrium
P.184考古学博物館
Arheološki muzej
SPAR
P.188
Stare Grede
Bestwestern Art
近郊バスターミナル
President
Tommy
バスチケット自販機
P.187Dvor
バスチケット自販機
Luka
クロアチア国立劇場
Hrvatsko narodno kazalište
P.188
Šug
Samurai
Bellevue
P.187Šperun
ティオクレティアヌス宮殿
Dioklecijanova palača
Fife P.187
Ambasador
P.186
クロアチア海洋博物館
Hrvatski pomorski muzej
バスチケット自販機
Tommy
市内バス乗り場
Gradska luka
スプリット中心部 P.180
Luxe
Tommy
Villa Diana
P.187
スプリット駅
長距離バスターミナル
フェリーターミナル
バスチケット
自販機
Park
Put Supljava
Put Brodarice
Hrvatske Monarice
Kaštelanska
Zrinsko Frankopanska
Put Skalica
Table
Jobova
Put Glavičina
Starčevićeva
Sukoišanska
Domovinskog rata
Lička
Smiljanićeva
Teslina
Lovretska
Trščanska
Hrvatskih iseljenika
Fra Bonina
Gundulićeva
Matoševa
Gajeva
Nazorova
Ljudevita Posavskog
Put Plokita
Manderova
Plinarska
Ćiril i Metoda
Bihaćka
Svačićeva
Stavićeva
Gorička
Mažuranićevo šetalište
Tolstojeva
Vukovarska
Kliška
Sinjska
Križeva
Bana Josipa Jelačića
Kralja Tomislava
Marmontova
Washingtonova
Istarska
Rijećka
Držićeva
Senjska
Kneza Višeslava
Glagoljaška
Obala Hrvatskog Narodnog Preporoda
Hrvojeva
Zagrebačka
Rokova ul.
Radunica
Omiška
Slobode
Radovanova
Kralja Zvonimira
Pojišanska
Palmotićeva
Obala kneza Domagoja
Klarina
Bačvice
Gupčeva
Jadranska
Kaltera
Preradovićevo šetalište
Vinska
Roosweltova
Hektorovićeva
Kaštelanova
C
D
1
2
3

グルグール・ニンスキ像の左足の親指に触ると、幸運が訪れるといわれている

■スプリット・カード
スプリット・カードは、博物館や美術館の入場料が無料または割引、提携のレストラン、ショップ、ツアー、レンタカーなどが割引料金になるカード。有効期間は72時間。
4～9月はスプリットの宿泊施設で5泊以上した人が、10～3月は2日以上滞在する人が、宿の領収書などを提示すれば、❶でカードを取得できる。
URL visitsplit.com/en/407/split-card

■市内徒歩ツアー
英語ガイドで旧市街を徒歩で回るツアーがいろいろある。
●グル・ウォーク・スプリット・ウォーキングツアー
URL www.guruwalk.com/walks/39103-must-do-split-walking-tour
リヴァ東側の赤いSPLITサイン発。所要約1.5時間。
料 チップ制（1人€10～50程度）

■三輪車ツアー
乗客2人乗りの三輪自転車のツアー。海沿いの遊歩道リヴァ、フェリー港、ディオクレティアヌス宮殿、国立劇場、マルモントヴァ通りを回りながら、各地で説明をしてくれる。30分まで€30。
このほか、追加でウェストリヴァへ行くウェストツアー（所要60分、€50）、マリヤン公園周遊ツアー（所要160分、€100）がある。毎日9～24時催行。夜間は割増料金あり。
☎095-8827408
URL www.riksa.net
Mail split.riksa@gmail.com

自転車の運転手が解説をする

旧市街は港に面している

入れるようになっており、いずれの門から直進しても、**ペリスティルPeristil**という広場に達する。ここが旧市街の中心部で❶もある。ディオクレティアヌス宮殿は、このペリスティルを中心に北が兵舎、南が皇帝の私邸に分かれていた。現在は大聖堂になっているディオクレティアヌスの霊廟、洗礼室になっているユピテル神殿、前庭、宮殿地下といった見どころは、私邸であった南側に集中している。

スプリットの町は、宮殿の外側にも見どころが多い。宮殿の西、鉄の門から出るとゴシック様式の市庁舎やルネッサンス様式の邸宅が並ぶ**ナロドゥニ広場Narodni trg**が広がっており、さらに西には、おしゃれなショップが軒を連ねる**マルモントヴァ通りMarmontova**が南北に延びている。さらにその西隣にあるのは、**レプブリカ広場Trg Republike**。赤く塗られたルネッサンス風の回廊に囲まれた美しい広場だ。

宮殿の東に目を向けると、銀の門を出て南東に行けば青空市場があり、スプリットの活気ある市民生活を目の当たりにできる。

おもな見どころ

大聖堂 Katedrala sv. Duje カテドゥラーラ・スヴェトグ・ドゥイエ

Cathedral of St. Domnius

Map P.180-2

ペリスティルの東側にある大聖堂は、ディオクレティアヌス宮殿のなかでも最も見応えのある建物。もともとはディオクレティアヌス帝自身の霊廟として建てられたが、後にキリスト教の教会として利用されるようになった。

内部に入ると、8本のコリント式の柱が円形に並べられ、その柱の上には、さらに小さな8本の柱が載っかっている。上の柱の高さにある壁には彫刻が施されているが、メダリオンの中に描かれた人物像は、ディオクレティアヌス帝とその妻プリスカであるといわれている。かつては大聖堂の中央部にはディオクレティアヌス帝の石棺が置かれていたが、後に破壊されたため、現在では残っていない。

大聖堂の内部はさほど大きくはないが、中は貴重な宗教美術品で埋め尽くされている。そのうちのいくつかを挙げると、シベニクの聖ヤコブ大聖堂の建築家であるユライ・ダルマティナツが制作したソリンの聖アナスタシアの祭壇や、精緻な彫刻が施された木製の聖歌隊席など。また、入口の扉も見逃せないもののひとつ。13世紀に作られたクルミ材の扉は、受胎告知からキリストの昇天まで新約聖書の28の場面が彫り込まれており、ロマネスク様式の彫刻の傑作として名高い。

聖堂の宝物室はペリスティル西側に移され、金銀細工やイコン、写本などさまざまな時代にわたる宗教美術を展示している。また、大聖堂には中世に加えられたロマネスク様式の鐘楼が隣接しており、すばらしい眺めが楽しめる。

洗礼室 Jupiterov hram ユピテロヴ・フラム

Baptisitry

Map P.180-1

神聖な雰囲気が漂う洗礼室

洗礼室は、もともとはディオクレティアヌス帝によってユピテル神殿として建てられたものが、後に改築されたもの。天井部分は美しい文様の彫刻が施されており、中央に置かれている洗礼盤には、中世クロアチア王国の国王(クレシミル4世もしくはズヴォニミル)が彫られている。入って正面には、イヴァン・メシュトゥロヴィッチ作の洗礼者ヨハネの像が置かれている。

世界遺産

スプリットの史跡群とディオクレティアヌス宮殿
Split s Dioklecijanovom palačom 1979年登録

■大聖堂
開8:00～17:30
(日12:30～17:30) 休祝
※冬期の鐘楼は午前中のみ。
チケット売場は13:15～14:15休憩あり。
料大聖堂・宝物殿各€5、鐘楼€7、洗礼室・地下室各€3
宝物室不可

●大聖堂各種共通券
料青€9、赤€10、緑€12
黄€13、紫€15

	青	赤	緑	黄	紫
大聖堂	○	○	○	○	○
宝物殿		○	○	○	○
鐘楼			○	○	○
洗礼室	○	○		○	○
地下室	○	○			○

円形をした大聖堂内

鐘楼はスプリットのランドマーク

■洗礼室
開夏期8:00～17:00
冬期9:00～15:00
休無休 料€3

天井に施された彫刻も必見

info ペリスティルにいる衛兵と一緒に写真を撮るときはチップが必要。持っている剣でお客さんを刺すポーズを取ってくれたりとサービス満点の人もいる。状況に応じてチップは2人で€3～5ぐらいが相場。

■宮殿の地下
開4～6・10月8:30～20:00
7～9月8:00～20:00
11～3月9:00～17:00
休冬期の祝
料€7　学生€4　⊗

ペリスティルと青銅の門の間は、ショップが並ぶ通路になっている

ペリスティルと青銅の門の間の通路から脇に外に出ると、5世紀の古代後期のモザイクが見学できる

宮殿の地下 Podrumi ポドゥルミ
The Basement Halls

Map P.180-2

ディオクレティアヌスの宮殿の南半分は皇帝の私邸として使われていたが、その地下には巨大な空間が広がっている。建築上の地下室の役割は、宮殿の上部を支えることで、そのため地下と地上階は同じ造りになっている。つまり、中世の建物で埋め尽くされた感のある宮殿の本来のプランが、地下を見ることでわかるようになっているのだ。

地下の展示が近年充実してきた

中世になると、地下室は倉庫として使われたり、ワインやオリーブオイル造りなどにも用いられたが、都市化が進むにつれて、ごみ捨て場として使われるようになった。

地下室にはディオクレティアヌス帝の胸像やエジプトから持ち帰ったスフィンクスの一部、石棺などの遺物のほか、中世に使われたオリーブやブドウの圧搾機、歴史を紹介したパネルなどが置かれている。

Information　ディオクレティアヌス帝

3世紀のローマ帝国は、北は異民族の侵入、東はササン朝ペルシアとの戦いにより、国家存亡の危機に瀕していた時期であった。帝国を指導するべき皇帝は、軍の力を背景に軍人が実力で認めさせる、いわゆる軍人皇帝の時代で、皇帝になったものの数年で暗殺される者も多かった。ディオクレティアヌスも、もともと一介の軍人であった人物で、それまでの生涯のほとんどを戦場で過ごしていた。

284年、前皇帝の不慮の事故死に乗じて帝位に就いたディオクレティアヌスは、たび重なる外敵の侵入を受けている国境線は皇帝がひとりでは支えられないと判断。286年には軍の同僚であったマクシミアヌスを共同の皇帝へと引き上げるとともに帝国の西半分の統治を任せ、自らはニコメディア（現在のトルコのイズミット）を拠点として、帝国東の防衛にあたった。その6年後の292年には、皇帝をさらにふたり加え、東西の正帝、副帝4人で帝国を防衛する四分割統治へと変更を行った。これにより帝国は3世紀に起こった未曾有の危機を乗り越えることができたと考えられている。

軍事面以外にもディオクレティアヌス帝は、官僚制の整備、税制の改革といった政策を次々に推し進めていった。この一連の改革は、ローマ帝国の性質を大きく変容させ、一般に彼の統治を境にローマの帝政期は前期と後期に分けられている。また、統治の晩年である303年には後に大迫害といわれるキリスト教徒に対する弾圧を行ったことも、彼の政策を語るうえで外すことができない。

精力的に改革を行ったディオクレティアヌス帝が引退し、スプリットの宮殿に住むようになったのは、在位も20年を超した305年になってのこと。彼は自らの意志で引退した最初のローマ皇帝でもあった。

ディオクレティアヌスが亡くなったのは引退してから約10年が経過した316年頃と考えられている。皮肉なことに、在任時に行った政策の柱ともいえる四分割統治制は、彼の引退後すぐに崩れ、皇帝たちが互いに競い合う内乱の時代に突入し、大迫害を行ったキリスト教についても、313年に発布されたミラノ勅令によって、帝国内で公認されるようになっていた。

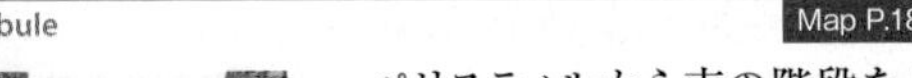

前庭 Vestibul ヴェスティブル

Vestibule

Map P.180-2

ペリスティルから南の階段を上がると円形の形をした広間に抜ける。この広間が前庭で、皇帝の私邸の玄関の役割をしていた場所だ。現在は天井に穴が開いているが、かつてはモザイクで装飾されたドームで覆われ、壁のところどころに開けられていたくぼみには、彫像が置かれていたという。

ドーム状で音が反響する

前庭近くでは男声合唱のクラッパ（アカペラのコーラス）など、さまざまなパフォーマンスが行われる

ディオクレティアヌス・ドリーム

Diocletians Dream

Map P.180-1

360°の3Dバーチャルリアリティ体験で西暦305年のディオクレティアヌス宮殿と当時の様子を15分間体験できる。クロアチア初の本格的VR博物館ということで、美しい映像は本格的。奴隷が案内する豪華な宮殿の再現だけでなく、市場などの町の様子も興味深い。30分の入れ替え制。英・独・仏・伊・クロアチア語が選べる。予約がおすすめ。

■ディオクレティアヌス・ドリーム
住Zagrebačka ul. 1
TEL(021)263040
URL diocletiansdream.com
開10:00～18:00
（夏期は～20:00）
休1・2月 料€12

フロッギーランド Froggyland フロッギーランド

Froggyland

Map P.180-1

1910～20年の間にハンガリー出身の剥製師が作り上げた507体のカエルの剥製を展示している。不気味なイメージだが、人間の日常生活をカエルで表現しており、それぞれミシンを使用していたり、トンカチを叩いていたり、子供の歯を抜いていたり……と、どこか哀愁が漂う。そのユニークさが話題となり、訪れる人々が増えつつある。

■フロッギーランド
住Kralja Tomislava 5
TEL098-264373
URL www.froggyland.net
開10:00～22:00
休11月中旬～2月
料€13 学生€11

巨大なカエルがお出迎え

Information スプリットのサッカーチーム

クロアチアのサッカーは、国際サッカー連盟（FIFA）のランキング6位（2023年9月現在）の強豪だ。2022年のW杯でも3位と実力をみせている。

スプリットを本拠地とするチームは、クロアチアNo.2の強豪チーム、ハイドゥク・スプリット。ホームスタジアムは市の北にあるポリュドPoljudだ。

スタジアムツアーは所要約30分。要予約。チケット購入および集合場所はスタジアム西に位置するファンショップ。

●ポリュド・スタジアム・ツアー
Poljud Stadium Tour Map P.179-C1
住8. Mediteranskih igara 2
f HajdukSplitStadiumTour
099-2552160

流線型の美しいスタンドは3万5000人収容

応援グッズやレプリカユニフォームが並ぶファンショップ。元クロアチア代表選手のカリニッチ選手のパネルも展示

スプリットの博物館&美術館

市立博物館 Muzej grada Splita ムゼイ・グラダ・スプリタ

Map P.180-1

宮殿の北西側にある市立博物館は、古代から現代にいたる町の発展の歴史を紹介している博物館。15世紀に建てられた後期ゴシック様式の邸宅、パパリッチ邸を利用している。展示物はゆったり配置され、建物がもっている空間の美しさを生かした造りとなっている。

住Papalićeva 1
TEL(021)360171
URL www.mgst.net
2023年現在改装のため休館中。

17〜18世紀の貴族の生活に関する展示

民族学博物館 Etnografski muzej エトゥノグラフスキ・ムゼイ

Map P.180-2

ダルマチア地方の民族衣装

前庭からペリスティルと反対に出て裏に回ったところに入口がある。1階は特別展、2階はスプリット周辺の民族衣装や装飾品、3階は19世紀から20世紀初頭にかけての衣装やレース、4階はダルマチア地方の民族衣装を展示している。

住iza Vestibula 4　TEL(021)344164
URL www.etnografski-muzej-split.hr
開6〜9月9:30〜19:00（土10:00〜17:00）
10〜5月10:00〜15:00（土〜14:00）
休日曜
料€3　学生€1.5
※スプリット・カード提示で無料。

ヴェスティブルテラス（下段欄外）の入口はこちらから

考古学博物館 Arheološki muzej アルヘオロシュキ・ムゼイ

Map P.179-C1

スプリットの考古学博物館は、1820年開館というクロアチア最古の博物館。入口の回廊部には、ローマ時代のモザイクや石棺、彫像、紀元前1400年の頭のないスフィンクスなどが並べられており、見応えがある。展示品は、石器時代から中世の初期までにわたる。

住Zrinsko Frankopanska 25　TEL(021)329340
URL www.armus.hr
開9:00〜14:00、15:00〜20:00
（10〜5月の土は9:00〜14:00のみ）休日・祝
料€8　学生€4
スプリット・カード提示で入場料半額。
サロナ遺跡との共通券、7日間有効€10 学生€5。

クロアチア考古学記念碑博物館 Muzej Hrvatskih arheološki Spomenika ムゼイ・フルヴァツキフ・アルヘオロシュキフ・スポメニカ

Map P.178-B2

おもな展示は2階に並ぶ

7〜12世紀の中世、特にクロアチア王国の時代のものが展示の中心になっている。広い館内には、教会を飾っていた祭壇や洗礼盤、彫刻などが並べられており、なかには、クロアチア王国の国王の姿を彫ったものや、グラゴール文字を使って書かれたクロアチア語の碑文などもある。

バス中心部から12番の市内バスで約10分
住Šetalište Ivana Meštrovića 18
TEL(021)323901　URL www.mhas-split.hr
開6/15〜9/15 9:00〜13:00、17:00〜20:00
（土〜14:00）
9/16〜6/14 9:00〜16:00（土〜14:00）
休日・祝　料無料

メシュトゥロヴィッチ美術館 Galerija Meštrović ガレリヤ・メシュトゥロヴィッチ

Map P.178-A2

イヴァン・メシュトゥロヴィッチ（1883〜1962年）はクロアチアを代表する芸術家。スプリットでは、金の門近くにあるグルグール・ニンスキの像や、ブラチャ・ラディッチ広場Trg Brace Radicにあるマルコ・マルリッチの像が彼の作品だ。

メシュトゥロヴィッチ美術館の建物は、もともとは彼自身の屋敷兼アトリエとして建てられたもので、建物の設計にも本人がかかわっている。

メシュトゥロヴィッチ美術館から西に400mほど行った海沿いにあるのがカシュテレットKaštelet。中に入ると、回廊の東側に聖十字架教会があり、教会の中は外壁を囲むようにメシュトゥロヴィッチが制作したイエスの生涯のレリーフが並べられている。祭壇にあるキリストの像も評価が高い。

バス中心部から12番の市内バスで約10分
住Šetalište Ivana Meštrovića 46
TEL(021)340800
URL www.mestrovic.hr
開夏期9:00〜19:00（日10:00〜15:00）
冬期9:00〜16:00（日10:00〜15:00）
休月・祝　料€12　学生€8
※URL 開 休はカシュテレットも同じ。
料金は2館共通券。
スプリット・カードで割引。

●カシュテレット
Map P.178-A2
住Ivana Meštrovića 39

上/メシュトゥロヴィッチ美術館
下/カシュテレットの聖十字架教会

Info 民族学博物館の入口から階段を上ると、ヴェスティブルテラスVestibil Terraceに出る。ぽっかり開いた天井を上から覗いたり、正面に鐘楼が見えたりユニークな体験（→P.20）。入場料は博物館で€1を払う。

エクスカーション

サロナ Salona サロナ

Salona

Map P.12-A2

初期キリスト教会跡

スプリットの北5kmにあるソリンSolinはローマ時代にサロナと呼ばれ、ダルマチア州の州都として栄えた町。ローマ皇帝ディオクレティアヌスが引退後の宮殿をスプリットに造ったのは、彼がサロナ近郊の出身であったからといわれており、宮殿であったスプリットの町としての起源も、異民族の侵入に悩まされたサロナの住民が、スプリットに避難してきたことが発端であるなど、スプリットとは関係の深い町だった。

イリュリア人の集落だったサロナがローマの支配下に入ったのは紀元前1世紀、ユリウス・カエサルの時代のこと。ローマ時代の繁栄ぶりは、町の中心に残る大浴場や西に建てられた1万7000人収容の大劇場からうかがい知ることができる。キリスト教が公認された4世紀になると、サロナはこの地域におけるキリスト教の中心地として栄えた。カエサル門の近くには、ふたつの聖堂、洗礼所、司教の館などが集まった初期キリスト教の複合施設が残っている。

遺跡の多くは基礎部分のみ残っている状態のため、それだけで当時の様子を想像するのは難しいかもしれない。しかし、個々の見どころの横には英語による遺跡の解説や当時の様子が描かれたパネルが置かれている。

サロナ遺跡への行き方

🚌スプリットから1番の市内バスが1時間に1～2便（週末は減便）、所要約25分。運賃は車中で購入すると片道€2.50、事前に購入すると€1.25。帰りは、サロナ遺跡の西端にある大劇場の南にある広い自動車道沿いのバス停から37番のバスで戻ることもできる。スプリットに戻るバスは地下道をくぐった、反対車線側のバス停から乗る。遺跡に近いほうの車線から37番バスに乗ると、トゥロギールへ行く。

■サロナ遺跡
TEL (021)212900
開 4･5･9月9:00～19:00
（日～13:00）
6～8月9:00～20:00
（日～14:00）
10月9:00～18:00
（日～13:00）
11～3月9:00～16:00
（土～14:00）
休 祝、11～3月の日曜
料 €8　学生€4
チケットはスプリット考古学博物館記念室でも販売している。

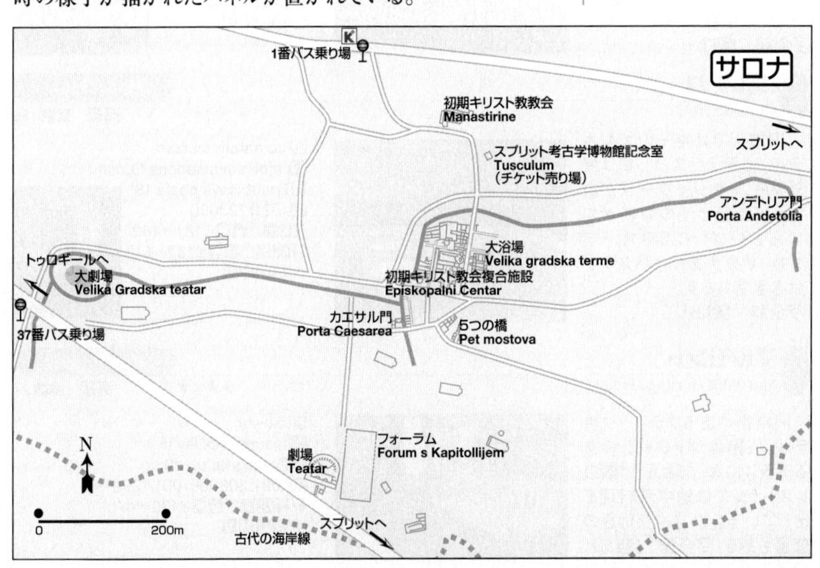

ツルリィヴィツァへの行き方

🚌スプリットから最寄りの町ツィスタ・プロヴォ Cista Provoまで1日1便、所要1時間5分、€7～11。ツィスタ・プロヴォからツルリィヴィツァまでは幹線道路を西へ2.5kmほど。バスはないので遺跡までは徒歩。

■ツルリィヴィツァ遺跡
開見学自由

世界遺産

中世墓碑ステチャクの残る墓所群
Stećci-srednjovjekovni nadgrobni spomenici
2016年登録

ツルリィヴィツァ Crljivica ツルリィヴィツァ

Crljivica

Map P.12-B2

人や動物が描かれている墓碑、ステチャク

スプリットの東60kmほどにあるツルリィヴィツァには、ステチャクStećakと呼ばれる墓碑が多く残っており、その数は90基を超える。表面には騎士や動物などが彫られており、それぞれに個性があって興味深い。ステチャクは12世紀中頃～16世紀初頭にかけて作られたもので、そのほとんどは、現在のボスニア・ヘルツェゴヴィナ領内にあるが、クロアチアでもここのほか、ドゥブロヴニク郊外の聖バルバラ教会Crkva sv. Barbaraに残されており、世界遺産に登録されている。

スプリットのホテル

日本からの電話のかけ方　事業者識別番号（→P.54）＋010＋385（クロアチアの国番号）＋21（0を取った市外局番）＋番号

経済的なホテルはほとんどないスプリットだが、プライベートルームの数は多く、ネットの予約サイトや旅行会社で予約可能。旧市街の車両通行禁止エリアにあるホテルは、事前に連絡しておけば、電動カートで荷物を運んでくれる。

アンバサダー
Hotel Ambasador

Map P.179-C2

★★★★★　高級　室数:101

ウエストリヴァのウォーターフロントにオープン。バスタブ付き客室やシービュー、テラスつき客室あり。サウナのほか、夏には大聖堂が見えるプールも利用できる。
Wi-Fi全館　EVあり

URL ambasadorsplit.com
Mail info@antique-split.com
住 **Poljana Grgura Ninskog 1**
TEL (021)785208
S A/C €260～
W A/C €280～
カード A D M V

コルナロ
Cornaro Hotel

Map P.180-1

★★★★★　高級　室数:156

旧市街では唯一の大型ホテル。6階テラスバーには屋外プールやジャクージがあり、旧市街と港の景色がすばらしい(11～23時オープン)。サウナあり。バスタブ付き客室もある。
Wi-Fi全館　EVあり

URL cornarohotel.com
Mail info@ambasadorsplit.com
住 **Trumbićeva obala 18**
TEL (021)293000
S A/C €181～442
W A/C €182～518
カード A D M V

マルモント
Marmont Heritage Hotel

Map P.180-1

★★★★　高級　室数:21

旧市街にあるブティックホテル。3階はジャクージのあるテラスになっており、1階のレストランでは地中海料理を出している。バスタブ付きの部屋もある。Wi-Fi全館　EVあり

URL dlhv.hr
Mail marmont@dlhv.hr
住 **Zadarska ul. 13**
TEL (021)308060/091-1290199
S/W A/C €130～470
カード A D M V

Info 宮殿内にもホテルがある。ローマ時代の壁をむき出しにしたインテリアや大聖堂の鐘楼が見える部屋がユニーク。ヴェスティブル・パレス、ペリステル、アンティーク・スプリットなどを検索してみよう。

ヴィラ・ディアナ
Villa Diana

Map P.179-D3

★★★ 中級 室数:6

旧市街から徒歩7分。客室にはドライヤー、ミニバー、DVDプレーヤーなどを完備。併設のレストランでは郷土料理を提供する。

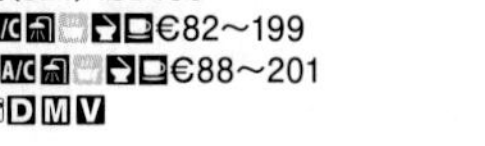

全館 EVなし

URL villadiana.hr
Mail info@villadiana.hr
住 **Kuzmanića 3**
TEL (021)482460
S A/C €82~199
W A/C €88~201
カード D M V

スラヴィヤ
Hotel Slavija

Map P.180-2

★★★ 中級 室数:25

旧市街にある、こぢんまりとしたホテル。入口は階段を上がった2階。客室内には城壁の一部が残っている。朝食はビュッフェスタイル。

全館 EVあり

URL www.hotelslavija.hr
Mail info@hotelslavija.hr
住 **Buvinina 2**
TEL (021)323840
S A/C €75~320
W A/C €90~440
カード M V

ドゥヴォル
Hostel Dvor

Map P.179-C2

ユースアコモデーション ベッド数:47

ドゥヴォルとは宮殿の意味で、大きな一軒屋を利用している。白を基調としたドミトリーは、モダンで清潔感がある。個室も多い。5~10月の営業。 全館 EVなし

URL www.hosteldvor.com
Mail hosteldvor@gmail.com
住 **Radmilovićeva 71**
携帯 091-5383620
DOM A/C €30~
S/W A/C €60~
S/W A/C €70~ カード D M V

デザイン・ホステル1
Design Hostel One

Map P.180-1

ユースアコモデーション ベッド数:130

旧市街にはある大型ホステルで客室は非常にシンプル。ドミトリーは男女混合で4~8ベッド。1階には別経営のカフェ・レストランあり。11~3月休業。 全館 EVあり

URL designhostelone.com
住 **Morpurgova Poljana 2**
TEL (021)332500/099-8397696
DOM A/C €25~
S/W A/C €65~
カード M V

スプリットのレストラン

フィフェ
Buffet Fife

Map P.179-C2

バラエティ

気軽に食事が楽しめる観光客に人気の食堂。おすすめはグラーシュ€13、イカのフライ€16、イカ墨リゾット€14、チェヴァプチチ€12など。料理はボリュームがある。

住 **Trumbićeva obala 11**
TEL (021)345223
開 夏期8:00~翌0:00
冬期8:00~22:00
休 祝、1~3月
カード D M

シュペルン
Šperun

Map P.179-C2

シーフード

ミッテラン元仏大統領も訪れたという郷土料理のレストラン。ブルデット€14.60、イカスミリゾット€13.30など。パスタやリゾット、肉料理もある。

住 **Šperun 3**
TEL (021)346999
開 9:00~23:00
休 月、1/1、復活祭、12/25
カード D M V

スターレ・グレデ
Konoba Stare Grede

Map P.179-D1

クロアチア料理

地元客で混み合うレストラン。建物は120年前のものを利用している。肉のミックスグリルは€15、イカの唐揚げ€11など。スパゲティは€8～。メニューは多彩。

住Domovinskog rata 46
TEL (021)643901
開9:00～24:00
土12:00～23:00
日・祝12:00～18:00
休1/1、復活祭、12/25
カード D M V

テイクアウトOK

シュグ
Restoran Šug

Map P.179-D2

創作地中海料理

モダンにアレンジした地中海料理の店。カジュアルな雰囲気で有名シェフ監修料理を食べられる。ランチタイム11:00～18:00は€11～とお得。メイン€21～、ランチ4品コース€40。写真はシュグ前菜プレート€19。

URL www.sug.hr
Mail sugrestaurant@gmail.com
住Tolstojeva 1a
☐099-4588994
開8:00～24:00
休日
カード M V

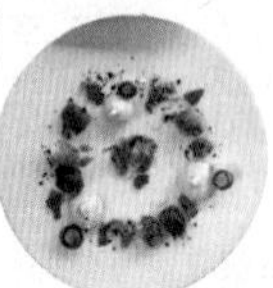

ツェントラル
Kavana Restaurant Central

Map P.180-1

カフェ

1776年に開業したスプリット最古のカフェ。朝食や自家製スイーツを提供する。市民生活の中心ナロドゥニ広場（通称ピヤツァ）に位置する地元の人の憩いの場。ホテルSanta Luciaも併設。屋上テラスで食事もできる。

URL hotelsantalucia-central.com
Mail info@hotelsantalucia-central.com
住Narodni trg 1
TEL (021)317835
開夏期　7:00～24:00
冬期　7:00～12:00
休無休
カード A D M V

エラズ
Ela's Gelateria Artigianale

Map P.180-1

アイスクリーム

素材にこだわった高品質ジェラートを良心的な価格で食べられる人気店。コーンも手作り。1スクープ€2。40種の中から日替わりで18種類を提供している。ヴィス島のイチゴやレモンなど地元ならではのフレーバーもある。

@elasgelateria
住Domaldova 1a
☐099-2148303
開10:30～23:00
休11～3月
カード D M V

スプリットのショッピング

迷路のような宮殿内は、どこを歩いてもショッピングスポット。下記のナダリーナのほか、オリーブオイルで有名なウィエUjeもスプリットが本拠地だ。

ナダリーナ
nadalina

Map P.180-1

チョコレート

ラベンダーやイチジク、イナゴマメ、オリーブオイルなど地元食材を取り入れた高品質チョコの草分け的存在。全国のグルメ食材店にもあるが、直営店はここだけで、各種プラリネが人気。各種板チョコ€3など。

URL www.nadalina.hr
住Dioklecijanova 6
TEL (021)355384
開夏期 8:00～20:00（土・日～14:00）
冬期 9:00～20:00
休冬期の土・日・祝
カード D M V

マカルスカ
Makarska

Map P.12-B2

美しい海岸が続くリゾート地、マカルスカ

夏期は観光船も運航される

マカルスカ・リヴィエラといわれる沿岸リゾート地域の中心。正面に広がるのは地中海全域でも最も汚染度が低い澄んだ海、背後にはビオコヴァ山がそびえる風光明媚な土地。ドゥブロヴニク、スプリットも日帰り圏内。リゾート滞在の拠点として理想的な町。時間に余裕があれば対岸のブラチュ島へも。

歩き方

海岸沿いにレストランやカフェが並ぶ

町の中心は海岸沿いの通り。バスターミナルと海岸沿いとは、**ズヴォニミル王通り Kralja Zvonimira**が結んでいる。海岸沿いには🅘や旅行会社、レストランなどが並び、港には、近郊のブラチュ島やフヴァール島への日帰りツアーの船が停泊している。ホテルは町の中心から少し西に集中しており、ホテル地区と町の中心の間にはビーチが広がっている。

おもな見どころ

マカルスカ博物館 Gradski muzej Makarska グラツキ・ムゼイ・マカルスカ
The Makarska Municipal Museum

Map P.190-A2

マカルスカ博物館は、🅘の西2軒隣に位置する博物館。規模は小さく、民族衣装や装身具などのほか、周囲で発掘された壺などを展示している。

■マカルスカへの行き方

●スプリットから
バス 2時台～21時台に7～26便運行（土・日減便）、所要1時間～1時間30分、€8～15。

●ドゥブロヴニクから
バス 5時台～21時台に0～15便運行（土・日減便）、所要2時間30分～3時間30分、€11～19。

●スマルティン（ブラチュ島）から
船 1日3～5便運行、所要約1時間、€3.72～5.84。

■マカルスカの🅘
Map P.190-A2
住 Obala kralja Tomislava 16
TEL (021)650076
URL www.makarska-info.hr
Mail info@makarska-info.hr
開 6～9月8:00～20:00
10～5月8:00～15:00
（土・日～11:00）
休 不定休

タッチパネル式案内端末もある🅘

■マカルスカ博物館
住 Obala kralja Tomislava 17/1
☐ 091-769-5532
開 6～9月9:00～13:00、
19:00～22:00
10～5月9:00～13:00
休 日・祝
料 €2、学生€1

展示品は少ないが英語の解説もある

貝殻博物館 Malakološki muzej マラコロシュキ・ムゼイ

Malacological Museum

Map P.190-B2

フランシスコ会修道院内の裏にある貝殻博物館は、アドリア海や地中海のみならず、世界中の貝殻を展示する博物館で、日本の貝殻も展示に含まれている。3000もの貝殻を展示。

エクスカーション

ビオコヴァ自然公園 Park prirode Biokovo パルク・プリロデ・ビオコヴァ

Biokovo Nature Park

Map P.12-B2

町の背後にそびえるビオコヴァ山は、高さ1762mと国内で2番目に高く、アドリア海沿岸では最高峰。豊かな自然環境と植生によって自然公園に指定されている。マカルスカからツアーを利用すると効率的。ツアーは各種あり、ミニバスとトレッキングを組み合わせたものもある。山の上から見下ろすアドリア海は美しく、天気がよければ対岸のイタリア半島まで見渡すことができる。クロアチアで初のスカイウォーク（車でのアクセス可）は海抜1228mに位置し、全面ガラス張りで崖の端から11m突き出している。

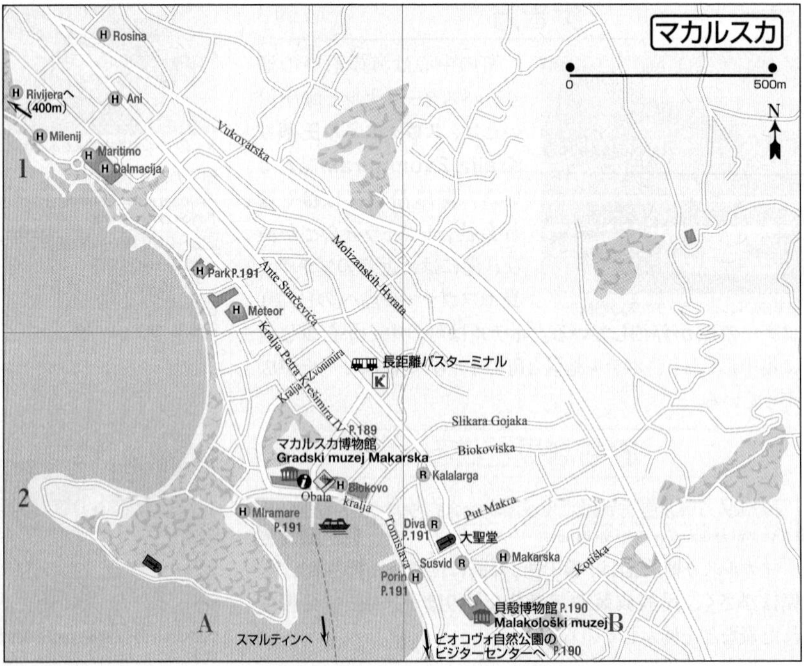

美しい岩山を眺めながら進む

■貝殻博物館
住Franjevački put 1
☐099-4639293
URL malakoloski-muzej-makarska.eu/en
開9:00～13:00、17:00～20:00
休月 料€6 学生€2.50

ビオコヴァ自然公園への行き方

公共交通機関はない。公園入口は、町の約西6km。Eバイクをレンタルできる旅行代理店もある。入場は1時間あたり車20台が上限。時間指定の入場券をオンラインまたはビジターセンターで事前に購入する（公園入口では購入不可）。

■ビオコヴァ自然公園
TEL (021)616924
URL www.pp-biokovo.hr
開4・9月7:00～19:00
5～8月6:00～20:00
10月8:00～18:00
※最終入場は1時間前。
休11～3月 料€8

■ビジターセンター
Map P.190-B2外
住Franjevački put 2A
開4～10月8:00～15:00
休日、11～3月はメールで要予約。ビオコヴァの自然に関する展示は€4（11～3月€2）。

マカルスカ

0 500m

Rosina
Rivijeraへ (400m)
Ani
Milenij
Maritimo
Dalmacija
Vukovarska
Park P.191
Meteor
Ante Starčevića
Molizanskih Hrvata
Kralja Petra Zvonimira
Kralja Krešimira IV
長距離バスターミナル
P.189
マカルスカ博物館
Gradski muzej Makarska
Slikara Gojaka
Biokoviska
Kalalarga
Biokovo
Obala kralja Tomislava
Miramare P.191
Put Makra
Diva P.191
大聖堂
Makarska
Susvid
Porin P.191
Kotiška
貝殻博物館 P.190
Malakološki muzej
スマルティンへ
ビオコヴァ自然公園のビジターセンターへ P.190

オミシュ Omiš オミシュ
Omiš

Map P.12-B2

スプリットとマカルスカの中間に位置するオミシュは、ツェティナ川Cetinaの河口に位置するリゾート地。町には中世に建てられた城塞が残り、細い路地が入り組んだ旧市街も雰囲気がよい。ツェティナ川の上流は渓谷になっており、町の旅行会社では、ラフティングのツアーを催行している。

オミシュへの行き方

●スプリットから
5時台〜21時台に5〜19便運行（土・日減便）、所要約30分、€3.40〜8。

●マカルスカから
6時台〜20時台に6〜18便運行（土・日減便）、所要30〜50分、€6.50〜8。

マカルスカのホテル

日本からの電話のかけ方　事業者識別番号（→P.54）＋010＋385（クロアチアの国番号）＋21（0を取った市外局番）＋番号

マカルスカはリゾートの中心地だけあり、ホテル、プライベートルームともに数が多い。

パーク
Hotel Park

Map P.190-A1

★★★★　高級　室数:113

マカルスカの最高級ホテル。部屋の設備は最新のものが揃えられている。レストラン、フィットネスセンター、サウナ、スイミングプールも完備。11〜3月は休業。
全館　EVあり

URL www.parkhotel.hr
Mail info@parkhotel.hr
住 Kralja Petra Krešimira IV 23
TEL (021)608200
S A/C €64〜229
W A/C €86〜300
D M V

ミラマーレ
Aparthotel Miramare

Map P.190-A2

★★★★　高級　室数:75

シービューの部屋からは、港越しに町とビオコヴォ山の絶景が広がる。プール、スパ、レストラン完備。バスタブ付きの部屋もある。11〜3月は休業。　全館　EVあり

URL www.sol.hr
Mail hotelmiramare@sol.hr
住 Šetalište sv. Petra 1
TEL (021)585700
S/W A/C €100〜462
D M V

ポリン
Heritage Hotel Porin

Map P.190-B2

★★★★　高級　室数:11

2022年開業。中心部の海岸沿いにある19世紀の邸宅を改装したホテル。スイートはテラスにジャクージあり。海辺に面したレストラン併設。
全館　EVあり

URL hotel-porin.hr
Mail info@hotel-porin.hr
住 Marineta 2
TEL (021)613744
S/W A/C €130〜800
M V

マカルスカのレストラン

ディヴァ
Gastro Diva

Map P.190-B2

シーフード

手軽な地元料理を提供する地元で人気のレストラン。11:00〜17:00に提供される日替わり定食（英語メニューあり）は€10〜12。雰囲気もよくスタッフも親切。通年営業（12/25はランチのみ）。

f artalargabygastrodiva
住 Kalalarga 22
TEL (021)330004
開 11:00〜24:00
休 無休
D M V

町の東側にあるドミニコ会修道院

ボル
Bol

Map P.12-B2

パンフレットの写真に頻繁に取り上げられるビーチ、ズラトゥニ・ラト

スプリットの南西に浮かぶブラチュ島**Brač**は、古くから良質の大理石を産することで知られてきた。

島内で最も大きな町は、本土にも近いスペタル**Supetar**だが、南に位置するボルにも世界中から多くのリゾート客が集まってくる。それというのも、ボルの周辺には全長**15km**にも及ぶビーチが広がり、そのなかには、"黄金の角"とも呼ばれる人気のビーチ、ズラトゥニ・ラトもあるからだ。ホテルに加え、プライベートルームの数も多く、夏はたいへんな混みようになる人気のデスティネーションだ。

■ボルへの行き方
ブラーチュ空港はボルから約16km。ザグレブのほか、ミュンヘン、グラーツ、ブラチスラバ便などヨーロッパ便がある。
URL www.airport-brac.hr

●マカルスカから
⛴ブラチュ島のスマルティンSumartinへのフェリーが1日3〜5便運行、所要約1時間、€3.72〜5.84。スマルティンからボルはへのバスはスペタルまたはゴルニィ・フマツGornji Humacで乗り換え。

●フヴァール島（イェルサ）から
⛴夏期のみフヴァールの町から1日1便、所要約50分、€20、イェルサJelsaからは通年1日1便、所要約20分、€6.71。

●スプリットから
⛴1日1〜5便（夏期増便）、所要約1時間、€5.84〜20。スペタルSpetarへ1日7〜14便（夏期増便）、所要約50分、€4.25〜6.24。

■ボルの*i* **Map P.192-B**
住 Porat Bolskih Pomoraca bb
TEL (021)635638
URL www.bol.hr
開 6〜9月8:30〜21:00
10〜5月8:30〜14:00
休 祝、10〜5月の土・日

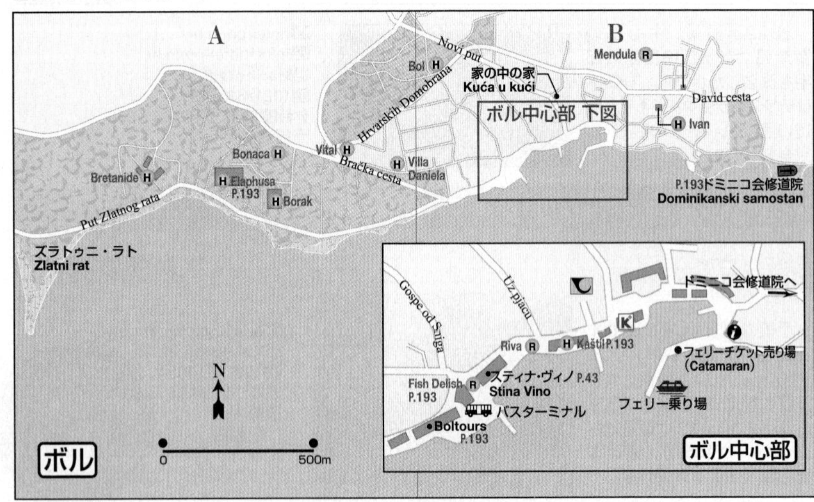

スペタルからボルへのバスは1日3〜11便、所要約1時間、€6〜7.20。
URL www.arriva.com.hrで検索。

歩き方

東西に広いボルの中央に位置するのは港で、フェリー乗り場、ⓘやバスターミナルは港の周辺にある。ここから西へ進むとリゾートホテルが並ぶ。角の形をした非常に珍しいビーチ、**ズラトゥニ・ラトZlatni rat**まで2kmほど。ズラトゥニ・ラトは両側合わせた全長は約800m。潮と波の影響で、形は常に変化している。海沿いの遊歩道を歩いていくのも楽しい。

町の中心近くにある**家の中の家Kuća u kući**は、その名の通り、家の中に家がある奇妙な建物。もともと中にある小さな家は取り壊す予定で、大きな邸宅を外壁から先に築いていったが、邸宅の建設が途中で頓挫してしまい、邸宅の外壁と中の家が残される形になった。町の東側にある**ドミニコ会修道院Dominikanski samostan**は1556年の建造。院内にある聖マリア教会は、聖歌隊席の天井に施された絵画がすばらしい。修道院内には博物館もあり、海に面した庭園も見学できる。

■ボルの旅行会社
●**Boltours Map P.192-B**
住Vladimira Nazora 18
TEL(021)635693
URL www.boltours.com
開6～8月9:00～2200
5・9・10月8:30～14:00、16:00～19:00
休11～4月
プライベートルームの紹介や島内ツアーの手配のほか、スプリット、フヴァール、ドゥブロヴニクへのツアーを催行。

家の中の家

■**ドミニコ会修道院**
Map P.192-B
開6～9月10:00～12:00、18:00～20:00
休10～5月

ボルのホテル

日本からの電話のかけ方 事業者識別番号（→P.54）+010+385（クロアチアの国番号）+21（0を取った市外局番）+番号

ビーチ沿いにはリゾートホテルが多いので、通年で営業している宿は少ない。のんびりと長期滞在をするというわけでなければ、スプリットからの日帰りでも十分。

エラフューザ
Bluesun Hotel Elaphusa

Map P.192-A
★★★★ 高級 室数:306

上質で贅沢な休暇を過ごしたい人向けのホテル。フィットネス&スパセンターやサウナ、ボウリング場もある。10月下旬～3月は休業。
全館 EVあり

URL www.bluesunhotels.com
Mail reservations@bluesunhotels.com
住**Put Zlatnog rata 46**
TEL(021)306200
S €96～300
W €113～353
（2食付きプランあり） DMV

カシュティル
Hotel Kaštil

Map P.192-B
★★★ 中級 室数:32

町の中心にある17世紀に建てられた邸宅を改装したホテル。グルメショップ併設。10月中旬～4月中旬は休業。
全館 EVなし

URL www.kastil.hr Mail kastil@kastil.hr
住**Frane Radića 1**
TEL(021)635995
S €46～149
W €66～161
DMV

ボルのレストラン

フィッシュ・デリッシュ
Fish Delish

Map P.192-B
シーフード

クロアチア海岸部の伝統食材を使ったカジュアルフードをコンセプトに国内各地に展開。シーフードのバーガーやパスタ、サラダなどを出す。

URL fish-delish.com
住**Vladimira Nazora 22**
099-2505348
開6月中旬～9月中旬8:00～24:00
5月～6月中旬・9月中旬～10月12:00～21:00
休11～4月 MV

ラベンダーは島の名産品

緑豊かなリゾート島

フヴァール

Hvar

Map P.12-A2

城塞から眺めるフヴァール港とパクレニ諸島

真っ青なアドリア海に浮かぶ緑豊かなフヴァール島は、世界でも有数のリゾートアイランド。島のあちこちには、リゾートホテルが建ち並び、夏期には数多くの有名人が訪れる。島の中心となる町は島名と同じフヴァール。小さいながらも、聖ステパノ大聖堂をはじめとする数々の歴史的建築物にあふれている美しい港町だ。

歩き方

フヴァールはコンパクトな町。ホテルや❶、旅行会社はフヴァール港沿いにある。フェリーが着くのは港の東南端。

町の中心はフェリー乗り場から真っすぐ北に行った所にある**聖ステパノ広場Trg sv. Stjepana**。17世紀に建てられた

■フヴァールへの行き方

●スプリットから

⛴1日3～19便（夏期増便）、所要約1時間、€6～24。スタリ・グラードStari Gradへ1日3～7便（夏期増便）、所要約2時間、€6～8.10。スターリ・グラード港からフヴァールの町へは、船の到着にあわせてバスが運行しているときもある。€4.70。

●コルチュラから

⛴1日1～5便（夏期増便）、所要約1時間20分、€7～24。ヴェラ・ルカVela Lukaから1日1便、所要約1時間、€5.18～7.37。

■フヴァールの❶

Map P.195-B1

住Trg sv. Stjepana 42

TEL(021)741059

TEL(021)742977

URL visithvar.hr

Mail info@visithvar.hr

開4～10月9:00～19:00
（土9:00～14:00、15:00～19:00
日10:00～14:00、15:00～18:00）
※7･8月は延長あり。
11～3月9:00～16:00

休11～3月の土･日･祝

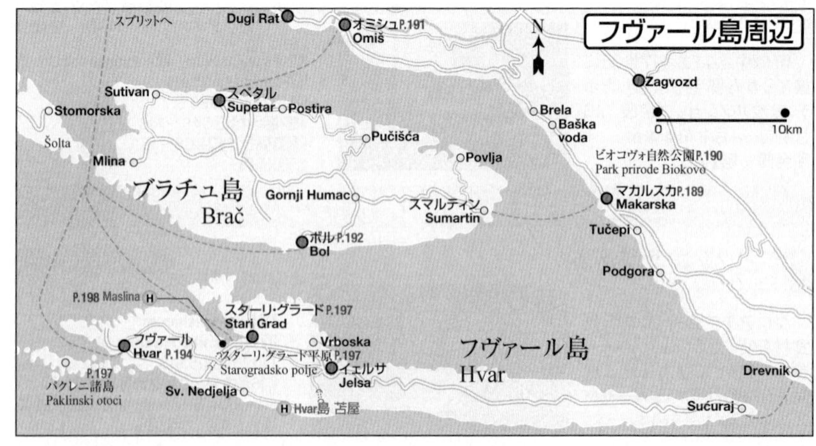

町の中心、聖ステパノ広場

アルセナルや聖ステパノ大聖堂など、歴史的建造物に囲まれている美しい広場だ。ここから東へ行くとすぐバスターミナルに着く。島の主要港であるスターリ・グラードStari Gradをはじめ、イェルサJelsa、ヴルボスカVrboskaといった島内の町へ行くバスが発着している。フェリー乗り場から南へと進んでいくと、小さなビーチがあり、その先にはフランシスコ会修道院がある。フヴァールの町の北は丘になっており、その頂上にある城塞からはフヴァール港全体を見渡すことができる。

■フヴァールの旅行会社
●Pelegrini Tours
Map P.195-B2
TEL (021)742743
f Pelegrini-Tours
開4～10月7:00～13:30、15:00～19:30
（日・祝8:00～13:30、14:00～19:30）
休11～3月は休業することが多い。
プライベートルームの紹介、近郊やビシェヴォ島の青の洞窟などへのツアーを催行。

おもな見どころ

アルセナル Arsenal アルセナル
Arsenal

Map P.195-B1

アルセナルの中にある劇場

聖ステパノ広場の南に建つアルセナルは、1579年から1611年にかけて建てられた、フヴァールを代表する建築物。主として船の保管や修理などに利用され

■アルセナル
TEL (021)741009
●アルセナル展示施設
開10:00～20:00
休11～4月
●劇場
開10:00～13:00、16:00～19:00
休11～4月
料アルセナル＋劇場€10
アルセナル＋劇場＋城塞共通券€15

フヴァール
ナポレオン要塞へ（約2.5km）
P.196 城塞 Tvrđava Fortica
Bože Domančića
ベネディクト会修道院 P.196 Benediktinski samostan
バスターミナル
聖マルコ教会 Sv. Marko
Dalmatino P.198 Hvar
H Palace
市庁舎
Petra Hektorovića
Palace Elizabeth P.198
聖ステパノ広場 Trg sv. Stjepana
司教博物館 Bishopski muzej
H Amfora
P.198 Adriana H
パクレニ諸島行きボート乗り場
アルセナル P.195 Arsenal
聖ステパノ大聖堂 Katedrala sv. Stjepana
R Junior P.198
Fabrika
Delfin H
Pelegrini Tours P.195
Jerka Mišetića
Riva H
Debonda（荷物預かり）
フヴァール港 Luka Hvar
フェリー乗り場
H Dalmacija
P.196 フランシスコ会修道院 Franjevački samostan
0 100m

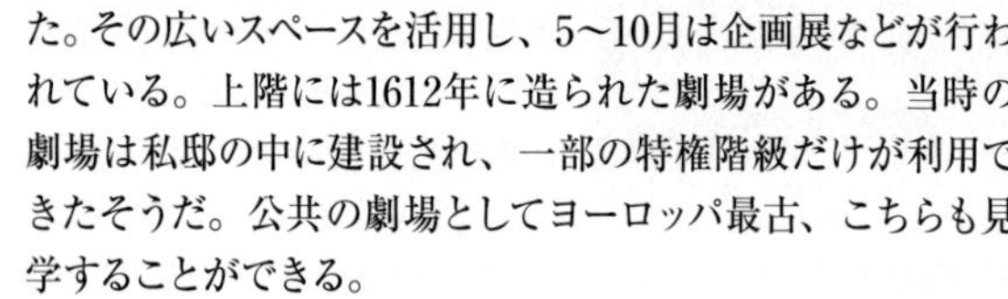

た。その広いスペースを活用し、5～10月は企画展などが行われている。上階には1612年に造られた劇場がある。当時の劇場は私邸の中に建設され、一部の特権階級だけが利用できたそうだ。公共の劇場としてヨーロッパ最古、こちらも見学することができる。

ベネディクト会修道院

Benediktinski samostan ベネディクティンスキ・サモスタン

Benedictine Monastery

Map P.195-B1

ベネディクト会修道院ができたのは1664年のこと。この女子修道院では、リュウゼツランの葉から取り出した繊維で編んだレースが広く知られており、レポグラヴァ、パグのレースとともに、ユネスコ無形文化遺産に登録されている。

レースの模様は修道女たちが独自に考え出したもので、修道院内にある博物館ではイコンなどの宗教美術品とともに、美しいレースも展示されており、希少な手工芸品として数点販売されている(€400～)。

フランシスコ会修道院

Franjevački samostan フラニェヴァチュキ・サモスタン

Franciscan Monastery

Map P.195-B2

町の中心から400mほど南に位置するフランシスコ会修道院は、15世紀に建てられた。充実した絵画コレクションを誇っており、特にマッテオ・インゴーリとパルマ・イル・ジョーヴァネによって描かれたといわれる『最後の晩餐』は必見。そのほか、教会の宝物や、海底から発掘されたローマ時代の遺物を展示する博物館がある。回廊では、シーズン中に週2～3回コンサートが開かれる。

城塞 Tvrđava Fortica トゥヴルジャヴァ・フォルティツァ

Fortress

Map P.195-B1

旧市街の北に建つ城塞の起源は、イリュリア人の集落にまで遡り、ローマ人もこの場所に砦を築いていたという。現在見られるのは、16世紀の中頃に築かれたものだ。城塞までの坂道はきついが、ここから見る景色はすばらしい。フヴァールの町並みはもちろんのこと、その先に広がるパクレニ諸島、さらにその奥にあるヴィス島まで見渡すことができる。城塞内にはカフェがあるので、ドリンクを楽しみながらゆっくりとアドリア海の島々の美しさを満喫したい。また、海底考古学の発掘品を収めた博物館や、牢獄の跡といった見どころもある。

劇場兼倉庫でもあるアルセナル

■ベネディクト会修道院
住Hvar
TEL(021)741052
開10:00～19:00
休5～10月の日曜、11～4月
料€5

修道院内には博物館もある

■フランシスコ会修道院
住Hvar
開9:00～15:00、17:00～19:00
休5月～10月中旬の日曜、10月中旬～4月
料€7

海辺に建つフランシスコ会修道院

■城塞
住Hvar
開9:00～19:00(季節により異なる)
休11～3月
料€10 アルセナル+劇場+城塞共通券€15

フヴァール旧市街の上にそびえる城塞

エクスカーション

スターリ・グラード Stari Grad スターリ・グラードゥ
Stari Grad
Map P.194

スターリ・グラードの町並み

スターリ・グラードとは「古い町」という意味で、その歴史はフヴァールの町よりも長い。もともとファロスFarosという名前の町で、紀元前384年に古代ギリシア人によって築かれた。町には16世紀の詩人、**ヘクトロヴィッチの城Tvrdalj Hektorovića**をはじめとして、中世以降に建てられた建築物が数多く残り、博物館や、修道院の宝物室などでは、古代ギリシア・ローマ時代の遺物が数多く展示されている。

スターリ・グラード平原 Starogradsko polje スタログラドゥスコ・ポリィエ
Stari Grad Plain
Map P.194

フヴァール島の中央部に位置するスターリ・グラード平原にはオリーブ畑や果樹園が広がっている。紀元前4世紀頃に古代ギリシア人によって町が築かれた頃から、この周辺ではブドウやオリーブの栽培などが行われていた。上空から平原を眺めると、ほぼ180m×900mずつ、耕地が石垣で区分されているのがよくわかる。これは当時からの区画で、保存状態がよいことから世界遺産に登録された。

パクレニ諸島 Paklinski otoci パクリンスキ・オトツィ
Paklinski Islands
Map P.194

パクレニ諸島は、フヴァールの町の南西に点在する島の総称。フヴァールとボートで結ばれているのは、**イェロリムJelolim、スティパンスカStipanska、パルミジャーナPalmižana、ヴラカVlaka**など。どの場所にも美しいビーチが多く、フヴァールから海水浴を楽しみに行くにはぴったりだ。

スターリ・グラードへの行き方

スターリ・グラードのフェリー乗り場は町の約2km西にある。フェリー乗り場から町の中心までは、夏期はフェリーの到着に合わせてバスが運行されており、€2.40。

●フヴァールから
1日3～10便、所要約30分、€4.70。

■スターリ・グラードの
Map P.197-B
TEL (021)765763
URL www.visit-stari-grad.com
開 夏期8:00～20:00
冬期8:00～14:00
休 冬期の土・日・祝

スターリ・グラード平原への行き方

●スターリ・グラードから
旅行会社でプライベートツアーを申し込むか、自力で回る以外に行く手段がない。

世界遺産
スターリ・グラード平原
Starigradsko polje
2008年登録

パクレニ諸島への行き方

●フヴァールから
各島へ行くボートはの横から出ている。9:00～14:00に行きのボートが出て、帰りは16:00～19:00。運賃は行き先によって往復€10～13。

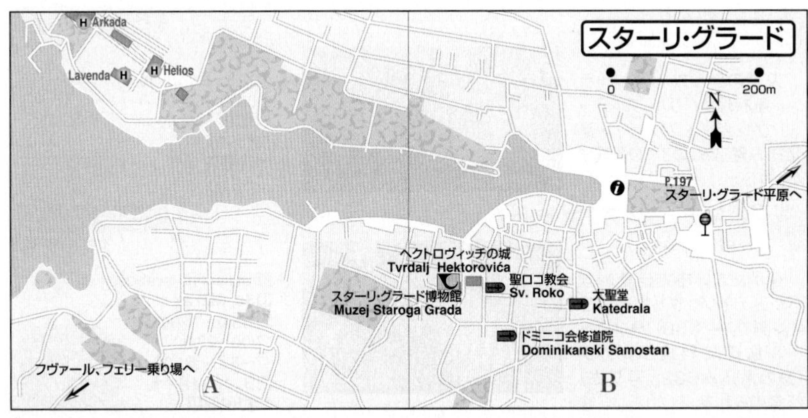

info フヴァール島内のバス時刻表はcazmatrans otok hvarで検索すると最新のものが URL cazmatrans.hrサイト内で見つかる。

フヴァールのホテル

日本からの電話のかけ方　事業者識別番号（→P.54）+010+385（クロアチアの国番号）+21（0を取った市外局番）+番号

フヴァールのホテルは高級リゾートホテルが多く、冬期になると閉鎖してしまう。町にはプライベートルームの数が多い。スターリ・グラードはホテルの数も少なく、設備面でもフヴァールよりも見劣りするところが多い。

パレス・エリザベート
Palace Elisabeth Hvar Heritage Hotel

Map P.195-B1

★★★★★　高級　室数:44

港の目の前にあるフヴァール最古のホテルが全面改装してオープン。インテリアはオーストリア皇妃エリザベートのモチーフでシックにまとめられている。屋内プール、サウナ、レストラン完備。ほとんどの客室はバスタブ付き。11～4月休業。　全館　EVあり

URL www.suncanihvar.com
Mail palace@suncanihvar.com
住 Trg Sv. Stjepana 5
TEL (021)750400
S/W A/C €400～170
ADMV

アドリアーナ
Adriana Spa Hotel

Map P.195-A1

★★★★　高級　室数:62

港沿いのスパホテル。館内にはタイ・マッサージやプール、ルーフバーなどが完備されている。11～3月休業。スイートはバスタブ付き。
全館　EVあり

URL www.suncanihvar.com
Mail adriana@suncanihvar.com
住 Obala Fablika 28
TEL (021)750200
S A/C €158～483
W A/C €173～493
ADMV

マスリナ　スターリ・グラード
Maslina Resort

Map P.194

★★★★★　高級　室数:53

スターリ・グラードのフェリー乗り場から約500m。SDGsにこだわって運営している。広い敷地に屋外温水プール2面、サウナ、スパ、レストラン、バー完備。木製レンタサイクル無料。11～4月休業。
全館　EVあり

URL www.maslinaresort.com
Mail relax@maslinaresort.com
住 Uvala Maslinica 11, Stari Grad
TEL (021)888700
S/W A/C €500～
DMV
※フェリー乗り場から送迎無料。

フヴァールのレストラン

ユニオール
Gostionica Junior

Map P.195-B1

シーフード

人気のシーフードレストラン。魚料理はグリル、ブルデット、グレガダ（フヴァール島発祥の煮込み）の3つの調理法から選ぶ。

住 Kroz Burak 10
☐ 099-1953496
開 12:00～24:00
休 11～3月
DMV

ダルマチーノ・フヴァール
Dalmatino Hvar

Map P.195-B1

クロアチア料理

ダルマチア地方伝統料理パシュティツァダ（牛肉のワイン煮込み　€30）やフヴァール島伝統料理グレガタ（魚の煮込み€32、写真右）が食べられる。

URL dalmatino-hvar.com
住 Sv. Marak 1
開 11:00～16:00、17:00～23:00（7～8月～翌1:00）
休 日、11～4月中旬
ADMV

info パレス・エリザベートは、オーストリア帝国皇妃エリザベート（愛称シシィ）がお気に入りのリゾート地フヴァールにホテルの建設投資をしたのが由来。皇妃自身はホテルの完成前に暗殺されたため宿泊することはなかった。

ヴィス
Vis

ザグレブ
ヴィス
Map P.12-A3

ヴィスの町並み

幻想的な空間が広がる、ビシェヴォ島の青の洞窟へはヴィス島が起点となる

ヴィス島はクロアチアのリゾートアイランドのなかでもフヴァール島と並んで人気の島。また、アドリア海の戦略的要所に位置するため、19世紀初めには80年間イギリス領、次いでオーストリア=ハンガリー帝国領として各国の支配を受けたほか、第2次世界大戦中にはチトーの隠れ家も作られた。これらの旧軍事施設を巡るツアーも人気。また、2018年夏に公開されたハリウッド映画『マンマ・ミーア! ヒア・ウィー・ゴー』はヴィス島各地でロケが行われた。

島内にはヴィスとコミジャというふたつの町がある。ヴィスはかつてイッサIssaと呼ばれ、ギリシアの植民市に起源

■ヴィスへの行き方
●スプリットから
1日2～5便、所要フェリー2時間20分、高速船1時間20分、€8.23～15。

■ヴィスの
Map P.199-B
住Šetaliste stare Isse 5
TEL(021)717017
URL www.tz-vis.hr
開6～9月8:00～20:00
10～5月8:00～14:00
休10～5月の土・日・祝

ローマ浴場跡

旧軍事施設を巡るツアーの看板

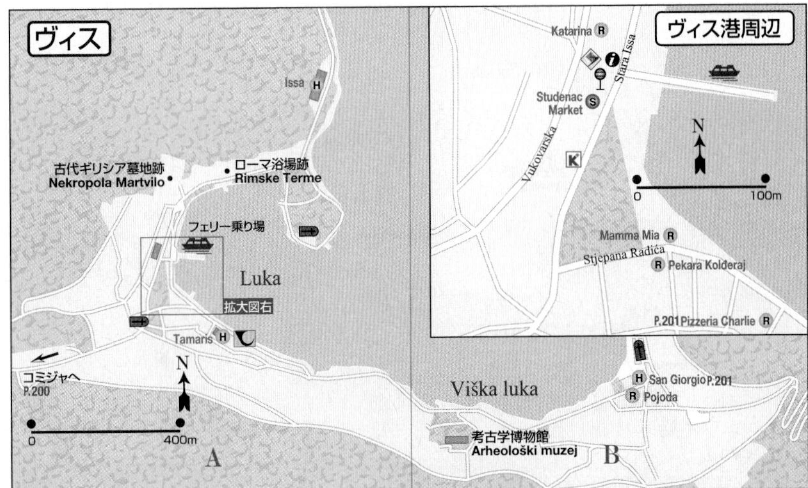

info ヴィス島への船便は、ヤドゥロリニヤ社Jadrolinijaが週1便フヴァールの町との直行便を通年運航。TPライン社TP Lineはマカルスカ～ヴィス便（ボル、フヴァール経由）を夏期のみ1日1便運航している。

コミジャへの行き方

●ヴィスから
🚌1日5〜7便（フェリーや高速船と連絡）、所要約20分、€8。
■コミジャの❶
TEL(021)713455
開夏期9:00〜21:00
冬期8:00〜14:00
休日

青の洞窟への行き方

⛴ヴィス、コミジャ、フヴァールなどにある旅行会社が、4〜10月の8:00〜9:00頃に出発し、17:00〜19:00頃戻るツアーを催行。開催は風や波の状況のほか、最少催行人数が集まるかによる。コミジャ発のみ2時間のショートツアーもある。旅行会社により、青の洞窟の入域料込みと別の場合がある。
■青の洞窟
URL www.modraspilja.hr
開4〜10月8:00〜15:00
（夏期7:00〜18:00）
休11〜3月
料€12（6/20〜9/10は€18）
●スピードラインチケット
青の洞窟に優先的に入場できる制度。ヴィス島の旅行会社のみ取り扱いがある。認可制になっており、コミジャの旅行代理店はほぼ認可を得ているが、ヴィスの旅行代理店は60〜70%程。購入する前に確認しよう。

をもつ歴史ある町だ。資金難のため発掘されていない遺跡も多い。

歩き方

ヴィスの町は、海に沿った馬蹄形になっており、端から端まで歩くと約30分かかる。フェリーが発着する埠頭には、❶、旅行会社、バス停などが集まっている。旅行会社では、プライベートルームの予約や、青の洞窟、緑の洞窟へのツアー、各種アクティビティやスクーターレンタルなどの手配が可能。

エクスカーション

コミジャ Komiža コミジャ
Komiža
Map P.200

ヴィス島の西端に位置する港町。港沿いの要塞を利用した**漁業博物館Ribarski muzej**のほかにこれといった見どころはないが、のんびりとした空気が流れる町だ。ここは青の洞窟への起点として訪れる人が多く、旅行会社の数も多い。ホテルは1軒しかないが、プライベートルームなら多い。

青の洞窟 Modra špilja モドゥラ・シュピリャ
Blue Cave
Map P.200

洞窟の入口は狭いので要注意

青の洞窟は、ヴィス島の南西にある小さな島、ビシェヴォ島にある洞窟。青の洞窟という名前は、洞窟の地下に太陽の光が入り込み、海水が青く輝くという自然現象からきている。ボートによってのみ入ることができるが、入

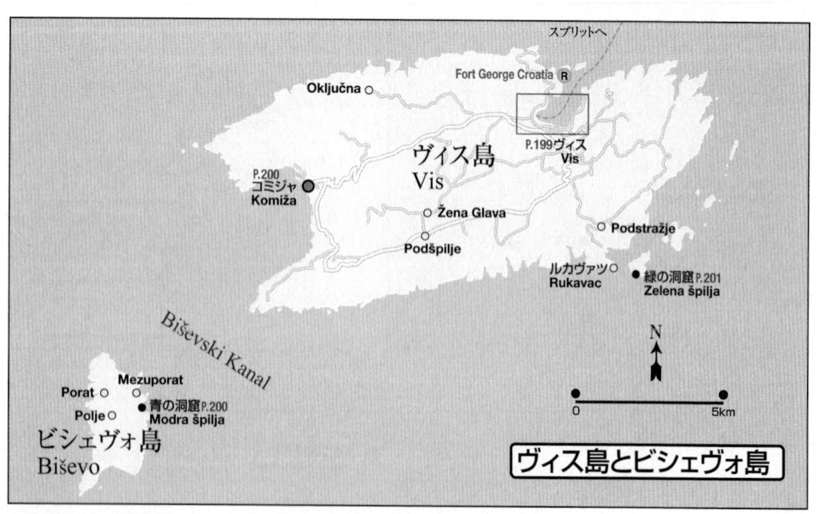

ほのかな光が洞窟全体を青に染める

口が非常に狭いため、体をかがめないと入場することすらできないほど。

青の洞窟は、波が高いときなどは入場できなくなってしまうので、日程に余裕をもって行動しよう。6〜8月は90%、4・5・9・10月は50%の確率で入場できる。

緑の洞窟 Zelena špilja ゼレナ・シュピリャ

Green Cave

Map P.200

ヴィス島のすぐそばに浮かぶ島には緑の洞窟と呼ばれる見どころもある。青の洞窟とは違い、太陽光が入る範囲が狭いので洞窟全体が緑に染まるというわけではないが、一筋の光が海面を照らし、深い緑に見えるのでこのように呼ばれる。薄暗い洞窟でほんのりと光り、とても幻想的だ。

緑の洞窟は太陽光に反射して海面が輝く

緑の洞窟への行き方

青の洞窟（→P.200）のツアーとセットになっていることが多く、ヴィス、コミジャ、フヴァールなどにある旅行会社からツアーが出ている。専用ボートに乗り換えるほか、泳いで洞窟に入ることもできる。入域料はツアー料金に含まれている場合もある。

■緑の洞窟
開5〜9月9:00〜17:00
休10〜4月
料5·6·9月€8、7·8月€12

対岸のルカヴァツからもボートが出ている

ヴィスのホテル

日本からの電話のかけ方　事業者識別番号（→P.54）＋010＋385（クロアチアの国番号）＋21（0を取った市外局番）＋番号

ヴィスの町にあるホテルの数は少ないが、夏期はプライベートルームも多く営業している。コミジャにもプライベートルームはあるが、夏期は予約したほうが無難だ。

サン・ジョルジョ
San Giorgio

Map P.199-B

★★★★　高級　室数:10

フェリー乗り場から徒歩約20分。200年前の邸宅を改装したブティックホテル。併設レストランを取り巻く壁はヴェネツィア共和国時代のもの。直接予約をすると到着時の港への迎えは無料。　全館　EVなし

URL hotelsangiorgiovis.com
Mail info@hotelsangiorgiovis.com
住 Petra Hektorovića 2
TEL (021)607630
S A/C €142〜401
W A/C €189〜448
AMV

ヴィスのレストラン

チャーリー
Pizzeria Charlie

Map P.199-B

バラエティ

テラス席もある人気店。窯焼きピザ（€10〜）が人気だが、ラザニアやパスタ、グリル料理、サラダなども提供する。コミジャにも支店がある。

f PizzeriaCharlyVis
住 Trg Klapavica 6
TEL (021)711269
開12:00〜22:00
休11月中旬〜3月
MV

コルチュラ
Korčula

Map P.12-B3

トミスラヴ王広場が旧市街の入口

半島の先端に広がるコルチュラの旧市街

ペリェシャツ半島に沿うように浮かぶコルチュラ島は、特色豊かな伝統文化が受け継がれ、リゾートとしての設備も整った人気の観光地。スプリットとドゥブロヴニクの中間に位置し、フヴァール島やムリェト島にも近い。さまざまな場所へ現地発のツアーで日帰りができるので、観光の拠点としてもおすすめだ。代表的な町は、島名と同じコルチュラ。旧市街は全長200mにも満たないが、さまざまな歴史的建築物で埋め尽くされた美しい町だ。

歩き方

コルチュラのバスターミナルは旧市街の南200mに位置している。右に港を見ながら北へと進むと、すぐに**トミスラヴ王広場Trg kralja Tomislava**に到着。銀行や郵便局、スーパーマーケット、旅行会社などはすべてこの広場に集中している。門を入り、真っすぐ進むと旧市街の中心、**聖マルコ広場Trg sv. Marka**。広場には聖マルコ大聖堂やコルチュラ博物館が建ち、マルコ・ポーロの塔もすぐそばにある。ℹはから徒歩2分ほど行くとビューポイントがある。

■コルチュラへの行き方

⛴コルチュラのほかに、コルチュラ島の西端にあるヴェラ・ルカVela Lukaにも船が発着する。ヴェラ・ルカからコルチュラまではバスに乗り換えて、所要1時間5分～1時間20分、€6。船とバスが連絡していない場合もある。バス時刻表はURL www.arriva.hr.comで。

●ザグレブから

🚌1日1便夜行バス、所要約10時間30分、€40～48.10。

●スプリットから

⛴1日1～6便（夏期増便）、所要2時間20分～3時間40分、€10.11～30。ヴェラ・ルカVela Lukaへ1日2～3便、所要2時間10分～3時間、€7.17～10。

●フヴァールから

⛴1日1～5便（夏期増便）、所要約1時間20分、€7～24。ヴェラ・ルカVela Lukaへ1日1便、所要約1時間、€5.18～7.37。

●ドゥブロヴニクから

🚌9時台～17時台に0～3便運行（土・日減便）、所要約3時間、€13～。

⛴4～10月ヤドゥロリニヤ社Jadrolinija、クリロ社Krilo、TPライン社TP lineが7時台～16時台に1～3便運行、所要約2時間、€22～23。

■コルチュラのℹ

Map P.203-A2

住Trg 19. travnja 1921. br. 40
TEL(020)715701
URL www.visitkorcula.eu
開5・10月8:00～18:30
（土9:00～15:00）
6～9月8:00～20:00
11～4月8:00～15:00
休10～5月の日・祝、
11～4月の土

■コルチュラの旅行会社

●Korkyra Info

Map P.203-A2

住Trg Petra Šegedina 3a
TEL(020)711750
開5～10月8:00～20:00
休11～4月
各種ツアーのほか、クリロ社Kriloの高速船チケットも販売。

おもな見どころ

マルコ・ポーロの塔 Kuća Marka Pola クチャ・マルカ・ポーラ
Tower of Marko Polo
Map P.203-B1

旧市街の一角にあり、町を一望できる建物はマルコ・ポーロの塔と呼ばれている。真偽のほどは定かではないが、彼の生家であったと伝えられている建物。内部には絵画や地図など、マルコ・ポーロにまつわる展示スペースもある。

聖マルコ大聖堂 Katedrala sv. Marka
カテドゥラーラ・スヴェトグ・マルカ
St. Mark's Cathedral
Map P.203-B1

聖マルコ広場に建つ、町のランドマーク的存在。15世紀に建てられたこの大聖堂は、イタリア人やコルチュラ島出身の石工による装飾が施され、訪れる人々の目を楽しませてくれる。特にファサードにあるバラ窓や切妻部分、正面入口に施されたライオンの像やアダムとイヴの像などはゆっくりと堪能したい。大聖堂内にはルネッサンス、ヴェネツィア派の巨匠ティントレットの手による宗教画が2点展示されている。また、教会に隣接する**宝物館Opatska Riznica**では、教会のコレクションを公開している。塔にものぼれる。

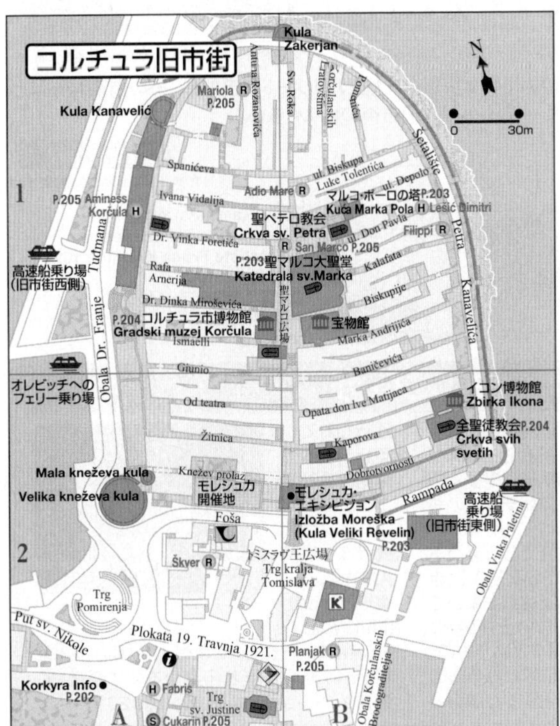

■マルコ・ポーロの塔
住Depolo
☎099-7122668
開6～9月9:00～21:00
休10～5月（要予約）
料€8　学生€3

■聖マルコ大聖堂
住Trg sv. Marka
開5～9月9:00～19:00
　10月9:00～17:00
休日、11～4月　料€3
●宝物館
料€3
※先に宝物殿に入場すると大聖堂も追加料金なしで入場可。
●鐘楼
開5～9月9:00～21:00
休10～4月　料€5

旧市街の中心にそびえる

■モレシュカ・エキシビジョン
Map P.203-B2
住Trg kralja Tomislava
URL moreska.hr
開7～9月9:00～21:00
休10～6月　料€3
旧市街の入口であるヴェリキ・レヴェリン塔では、コルチュラの伝統的舞踊モレシュカに関する小規模な展示を行っている。館内は衣装や写真のパネルなどが並ぶ。

塔からは町全体が眺められる

■全聖徒教会とイコン博物館
住Trg svih svetih
URL www.bssko.com
開6～10月9:00～14:00
休日、9～5月
料€4

■コルチュラ市博物館
住Trg sv. Marka bb
TEL (020)711420
URL www.gradskimuzej-korcula.hr
開6～10月10:00～21:00
11～5月10:00～14:00
休日、11～5月の土・祝
料€6

全聖徒教会 Crkva svih svetih ツルクヴァ・スヴィフ・スヴェティフ

All Saint Church

Map P.203-B2

旧市街の南東端に位置しており、向かいにある**イコン博物館Zbirka Ikona**とは2階部分でつながっている。入口はイコン博物館側。イコン博物館では14～16世紀制作の貴重なイコンがあるほか、教会内には、ピエタ像や、スケールの大きな天井画があり、見応えがある。

コルチュラ市博物館 Gradski muzej Korčula

グラツキ・ムゼイ・コルチュラ

Korčula City Museum

Map P.203-A1

16世紀建造のルネッサンス様式の館を利用した博物館。建物は4階建てで、石細工や造船などコルチュラの産業に関する展示や、19世紀の生活用品の展示などを行っている。

エクスカーション

オレビッチへの行き方

コルチュラ旧市街西側から小型のフェリーが1日2～8便(夏期1時間に1便)、所要約15分、€2.12。
URL www.gv-zadar.com

オレビッチ Orebić オレビッチ

Orebić

Map P.12-B3

ペリェシャツ海峡を挟んだ対岸のオレビッチは、コルチュラから船でわずか15分。町の東には美しいビーチが広がり、背後にたたずむイリヤ山へ徒歩3時間のハイキングを楽しめる。

コルチュラのホテル

日本からの電話のかけ方　事業者識別番号(→P.54)＋010＋385(クロアチアの国番号)＋20(0を取った市外局番)＋番号

コルチュラのホテルは、町の中心には少なく、大型のリゾートホテルが、町の南西1kmほどの所に集まっている。プライベートルームは、旧市街の中にも多い。

マルコ・ポーロ

Marko Polo Hotel by Aminess

Map P.202

★★★★　高級　室数:103

設備の調ったホテルで、屋内屋外プール、フィットネスセンターなどを併設している。客室はややシンプル。10月下旬～3月下旬は休業。
全館　EVあり

URL www.aminess.com
Mail reservations@aminess.com
住Šetalište Frana Kršinića 102
TEL (020)726100
S A/C €57～149
W A/C €113～297
ADMV

Information モレシュカ

モレシュカとは、ふた組の集団が剣を両手に持って舞う伝統的な踊り。もともとはスペインやコルシカ島など地中海沿岸の多くの国に存在した踊りだったが、コルチュラのものだけが現在まで残っている。

踊りの設定は、イスラム教徒である黒い王(黒い衣装)が、キリスト教徒である白い王(赤い衣装)の婚約者を誘拐。両王は軍を率いて戦闘を行い、7回戦い7度とも白い王が勝利、ついには白い王が姫を取り返すというもの。伝統的には毎年1回、7月29日に行われるものだが、現在では6月頃から9月頃まで週1～2回行われている。チケットは旅行会社やホテルのレセプションや公式サイトで購入できる。

モレシュカの踊り

◆モレシュカ
URL moreska.hr
開6月中旬～下旬・9月の木曜　7・8月の月・木曜
(開催時期は毎年若干異なるので要確認)
21:00～(ショーは約45分)　料€20

コーサル
Hotel Korsal

Map P.202

★★★★ 高級 室数:19

バスターミナルから徒歩5分の海に面した場所にあり、半数の客室がシービュー。伝統的なダルマチア料理を提供するレストランも併設。10月中旬〜4月は休業。

全館 EVなし

URL www.hotel-korsal.com
Mail info@hotel-korsal.com
住 **Šetalište Frana Kršinića 80**
TEL (020)715722
€131〜188
€174〜539
D M V

アミネス・コルチュラ
Aminess Korčula Heritage Hotel

Map P.203-A1

★★★★ 中級 室数:20

1912年建造の3階建ての建物。約半数の客室がシービュー。バルコニー付きの部屋もある。レストランも併設。通年営業。

全館 EVなし

URL www.aminess.com
Mail hotelkorcula@aminess.com
住 **Obala Dr. Franje Tuđmana 5**
TEL (020)797900
€69〜446
€92〜510
D M V

コルチュラのレストラン&ショッピング

サンマルコ
San Marco Steak & Pizza

Map P.203-B1

ピザ

聖マルコ広場の便利な立地。2022年にナポリピッツァ世界選手権第5位を獲得したアンジェオさんが火山岩の窯で焼き上げる本格ナポリピザ(€13〜)が食べられる。

住 **Trg sv. Marka**
091-6101956
開 10:00〜24:00
休 無休
M V

プラニャク
Restoran Planjak

Map P.203-B2

地中海伝統料理

地元の人に人気のシンプルなレストラン。新鮮な魚介類を使った地中海の伝統料理が得意。ワインはコルチュラ島やペリェシャツ半島産を提供。日替わりランチは€9〜11。

f restoranplanjak
住 **Plokata 19. travnja 1921. br.20**
TEL (020)205272
開 8:00〜24:00
休 冬期の日・祝
M V

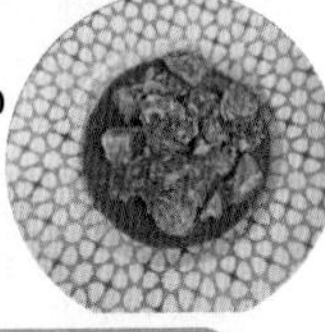

マリオラ
Mariola Wine Bar

Map P.203-A1

ワインバー

コルチュラ島やペリェシャツ半島産のワインが飲める。生産量が少なく入手困難な有名ワイン、ルンバルダ(コルチュラ島)のワイナリー BireのGrk種のワインもグラスで飲める。

mariola.winebar
住 **Kanonika A. Rozanovića 13**
098-9070095
開 5〜8月16:00〜24:00
休 9〜4月
M V

ツカリン
Cukarin

Map P.203-A2

スイーツ

メディア露出の多い伝統スイーツ専門店。オリジナル商品のほか、ドゥブロヴァチュカ・クチャの伝統スイーツやナダリーナ社チョコなど、こだわりのセレクションもそろう。

f cukarin.korcula
住 **Hrvatske bratske zajednice bb**
TEL (020)711055
開 8:30〜13:00、17:00〜20:00
休 日
M V

公園内ではカヌーのレンタルもできる

ムリェト国立公園
Nacionalni park Mljet

Map P.13-C3

深い緑に包まれたムリェト国立公園

■ムリェト国立公園への行き方
ドゥブロヴニク、コルチュラなどから日帰りツアーが催行されている。

●ドゥブロヴニクから
🚢ポラチェ Polačeへ はTPライン社、ポメナPomenaへはTPライン社とクリロ社が、4～10月の間、1日各1便運行。所要1時間30分～1時間50分。€11～20。

●コルチュラから
🚢ポメナPomenaへTPライン社とクリロ社が、4～10月の間、1日各1便運行。所要30～40分。料金€15。その他、ムリェト島東部ソブラSobraへは通年ヤドゥロリニヤ社がペリェシャツ半島のプラプラトゥノPrapratno間、TPライン社がドゥブロヴニク間を運行している。
URL www.tp-line.hr
URL krilo.hr
URL www.jadrolinija.hr

■ムリェト国立公園
TEL (020)744041
URL np-mljet.hr
料 1～5月€9　学生€6
6～9月€25　学生€14
10～12月€15　学生€8
※小島へのボート往復と修道院訪問が料金に含まれる。
ドゥブロヴニク・パス7日券（→P.214）で割引

●ベネディクト会修道院へ行くボート
開 春・秋期は金～日のみ運航、4～9月は毎日運航　休 冬期

ドゥブロヴニクの西**30km**、コルチュラ島の南東**20km**ほどに位置しているムリェト島は、ホメロスの『オデュッセイア』で主人公オデュッセウスが**10**年にわたる故郷への旅のうち、**7**年を過ごした「カリュプソの島」だといわれる島。アレッポマツが生い茂る緑豊かな島で、島の西側、全体の3分の1ほどが国立公園に指定されている。

歩き方

ムリェト国立公園の起点は、ムリェト島西端にあるポメナPomenaとポラチェ Polače。どちらからも国立公園のハイライトともいえる**マロ・イェゼロMalo jezero**と**ヴェリコ・イェゼロVeliko jezero**というふたつの湖へは、数kmの距離。ヴェリコ・イェゼロに浮かぶ小島には、15世紀に建てられたベネディクト会修道院Benediktinski samostanが残っている。

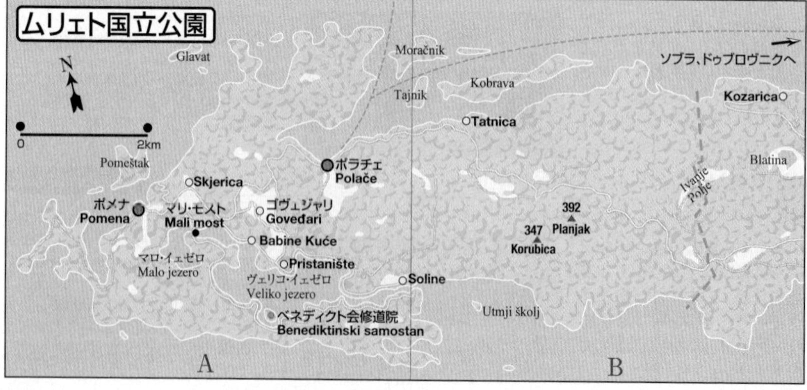

ストン
Ston

ストン側の城壁から見たマリ・ストンの町

ストン産のカキは絶品！

ストンはドゥブロヴニクから北西に**35km**、コルチュラ島と向かい合う細長いペリェシャツ半島の付け根にある。この小さな町を有名にしているのは、隣町マリ・ストン**Mali Ston**へと続く長大な城壁だ。イギリスにあるハドリアヌスの城壁に次ぐヨーロッパ第**2**位の長さを誇るという。城壁は保存状態もよく、山の稜線に沿うようにどこまでも続いている。

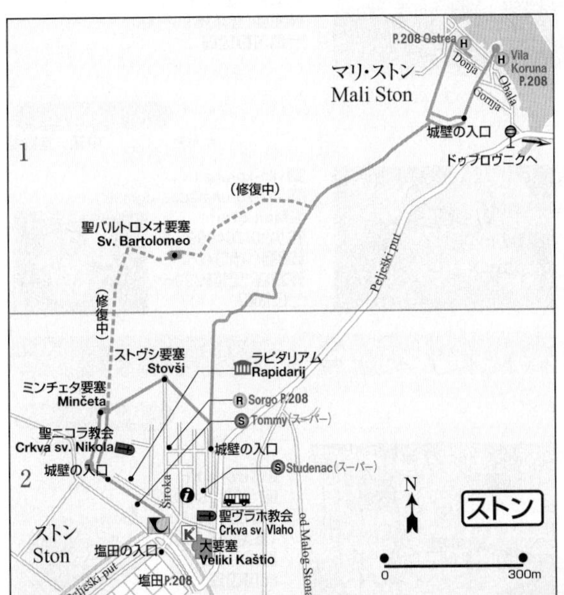

■**ストンへの行き方**
🚌コルチュラ島とドゥブロヴニクを結ぶバスの便は、ストンを経由する。空いていれば乗車も可能だが夏は混み合うのでほぼ不可能。スプリットとドゥブロヴニクを結ぶバスは、ストン経由の便とストンを経由しない便が両方ある。

●**ドゥブロヴニクから**
🚌近郊バス15番が10:45（日祝運休）、15:15（日祝運休）、20:30に運行、所要約1時間10分、€8.50～。
URL www.libertasdubrovnik.hrのpregradski vozni red zapad参照

■**ストンの**ⓘ
Map P.207-2
住 Pelješki put 1
TEL (020)754452
URL www.ston.hr
開 夏期8:00～19:00
冬期8:00～14:00
（時期によって変動あり）
休 冬期の土・日

■**城壁**　**Map P.207-1～2**
2023年現在歩ける最長ルートの距離は2.5km、所要約1時間。高低差があり、足場が悪いので歩きやすい靴で。夏場は水必携。チケットは事前にオンラインでも購入可能。
URL dpds.hr/walls-of-ston
開 4・10月8:00～18:30
5月・8月中旬～9月
8:00～19:00
6～8月上旬8:00～19:30
11～3月9:00～15:00
休 冬期の土・日
料 €10　学生€5
ドゥブロヴニク・パス（→P.214）で割引

■**ストンのカキ**
マリ・ストンはカキの主要生産地でもある。ドゥブロヴニクからバスで来ると、右側に入り組んだ海岸線が見える。ここではカキやムール貝の養殖がさかん。毎年3月19日前後にはカキフェスティバルが開催される。

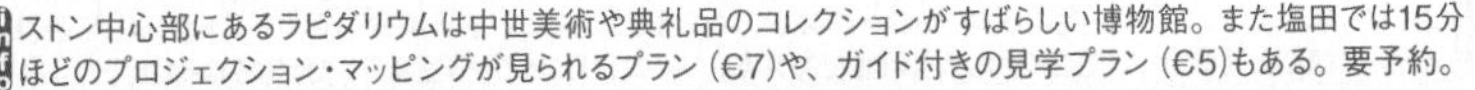
info ストン中心部にあるラピダリウムは中世美術や典礼品のコレクションがすばらしい博物館。また塩田では15分ほどのプロジェクション・マッピングが見られるプラン（€7）や、ガイド付きの見学プラン（€5）もある。要予約。

塩田で作られた塩はおみやげとして売られている

■塩田　Map P.207-2
住Pelješki put 1
TEL(020)754017
URL www.solanaston.hr
Mail info@solanaston.hr
開6～9月8:00～19:00
10～5月8:00～16:00
休12/25　料€4

歩き方

ドゥブロヴニクからの日帰りが可能。バスは、まずマリ・ストン、次にストンという順に停車する。ふたつの町は、1kmほど離れているが、一本道なので迷うことはない。城壁の上を歩いて町間を移動することもでき、遊歩道からふたつの町を眺めるとその壮大さに感動すること間違いなしだ。

ストンを囲む城壁が造られたのは、14世紀から16世紀にかけてのこと。当時、この地を所有していたラグーサ共和国（ドゥブロヴニク）にとって、本土とペリェシャツ半島とをつなぐ要衝であったのに加え、この町にある**塩田Solane**産の塩が貴重な輸出品であったためだ。塩は現在でも中世の頃と同じ製法で作られており、ミネラルの多い粗塩として人気がある。

ストンのホテル

日本からの電話のかけ方　事業者識別番号（→P.54）＋010＋385（クロアチアの国番号）＋20（0を取った市外局番）＋番号

ホテルは、ストンにはなく、マリ・ストンに2軒あるのみ。プライベートルームは、ストン、マリ・ストンともに多数存在する。

オストレア
Hotel Ostrea

Map P.207-1
★★★　中級　室数:14

古い家系のクラリィ家が運営する3つ星ホテルで1階はレストラン。徒歩1分のところにある人気レストランKapetanova Kućaカペタノヴァ・クチャ（船長の家）も経営。
全館　EVなし

URL www.ostrea.hr
Mail ostrea.info@ostrea.hr
住**Mali Ston**
TEL(020)754555
S A/C €67～87
W A/C €95～110
ADJMV

ヴィラ・コルナ
Vila Koruna

Map P.207-1
★★★　中級　室数:6

海に面した小規模なホテル。2室バスタブあり。12～3月中旬は休業。1階にあるレストランは人気の魚介料理店で、特に新鮮なカキが自慢。
全館　EVなし

URL vila-koruna.hr
Mail vila-koruna@du.t-com.hr
住**Mali Ston**
TEL(020)754999
S A/C €70～
W A/C €90～
DMV

ストンのレストラン

ソルゴ
Restaurant Sorgo

Map P.207-2
バラエティ

ラグーサ共和国の貴族、ソルゴ家の館を利用したレストラン。メニューは魚介類を中心に、肉料理やスパゲティ、ピザなどバラエティ豊か。メインは€14～75。

住**Široka bb**
TEL(020)754666
開8:00～22:00
（夏期は延長あり）
休12/25·26
DMV

Info ヴィラ・コルナのレストラン内にはロブスターや魚、カキの生簀がある。ホテル宿泊客はレストラン10％割引。ストンの塩田と同系列で、塩田の塩が同料金で買える。ソルゴにはB&Bが4室あり。1室2名で€100～。

"アドリア海の真珠"

ドゥブロヴニク

Dubrovnik

ザグレブ● ドゥブロヴニク Map P.13-C4

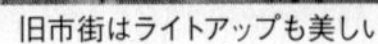

旧市街はライトアップも美しい

アドリア海と旧市街が織りなす絶景

“アドリア海の真珠”とたたえられるドゥブロヴニクは、クロアチア観光のハイライト。オレンジ色で統一された屋根が並ぶ旧市街は、高く重厚な城壁に囲まれており、どこから見ても絵になる光景だ。

訪れる人を魅了してやまないドゥブロヴニクだが、過去には幾度も大きな被害を受けてきた。最も甚大な被害を被ったのは1667年の大地震のときで、町の中心プラツァ通り沿いにある建物で残ったのはスポンザ邸のみ、それ以外はすべてがれきと化したほどだったという。また、1991年のユーゴスラヴィア連邦軍による攻撃も、町の歴史を語るには避けられない悲劇的なできごとだった。このとき「危機にさらされている世界遺産リスト」に載るほど町は破壊されたが、その後、精力的な修復がなされ、1994年にはリストから削除されている。2010年にはスルジ山のロープウエイも復旧して、現在は紛争の傷跡は町ではほぼ見られなくなった。このような苦難を乗り越えただけあって、ドゥブロヴニクの人々の町に対する誇りは非常に高い。彼らの不断の努力により修復された町並みを、じっくりと見て回ろう。

人通りが絶えないプラツァ通り

■ドゥブロヴニクへの行き方

✈クロアチア国内のほか、ヨーロッパ各地から便がある。

🚌クロアチア各地からのほか、モンテネグロのコトル、ヘルツェグ・ノヴィ、ボスニア・ヘルツェゴヴィナのサラエヴォ、モスタルなどからの便がある。スプリット方面からドゥブロヴニクへ向かう場合はボスニア・ヘルツェゴヴィナ領のネウムを通過する場合もある。

⛴イタリアのバーリとを結ぶフェリーが運航されている。

●ザグレブから

✈1日3～5便、所要約1時間。

🚌6時台～23時台に4～8便運行（土・日減便）、所要8時間15分～10時間、€33～60。

●ザダルから

🚌6時台～13時台に3～8便運行（土・日減便）、所要7時間20分～9時間、€30～53。

●スプリットから

✈トレード・エアのスプリット便が月(4～10月のみ)・火・木の1日1便、所要55分、このほかクロアチア航空が不定期運行。

🚌2時台～21時台に2～22便運行（土・日減便）、所要3時間35分～5時間10分、€19～30。

⛴ヤドゥロリニヤ社、クリロ社、TPライン社の高速船が4～10月の7時台～15時台に1～3便運行、所要4時間30分～6時間、€38～45。

●マカルスカから

🚌3時台～18時台に1～13便運行（土・日減便）、所要2時間30分～3時間30分、€12～23。

●コルチュラから

🚌6時台～15時台に3便程度運行（土・日減便）、所要約3時間、€13～。

⛴ヤドゥロリニヤ社、クリロ社、TPライン社が4～10月の9時台～19時台に1～3便運行、所要約2時間、€22～23。

●ストンから

🚌近郊バス15番が5:20、12:00（日・祝運休）、19:00に運行、所要約1時間10分、€8.50～。

info クロアチアのシェンゲン圏加盟に伴い、国境検査が厳しくなり、バスの遅延が多発している。スプリット方面からドゥブロヴニクへ向かう場合は、基本ペリェシャツ橋を通って国境は迂回するが、便によってはネウム経由でボスニア・ヘルツェゴヴィナ国境を通過する場合もある。念のためパスポートを準備しておこう。

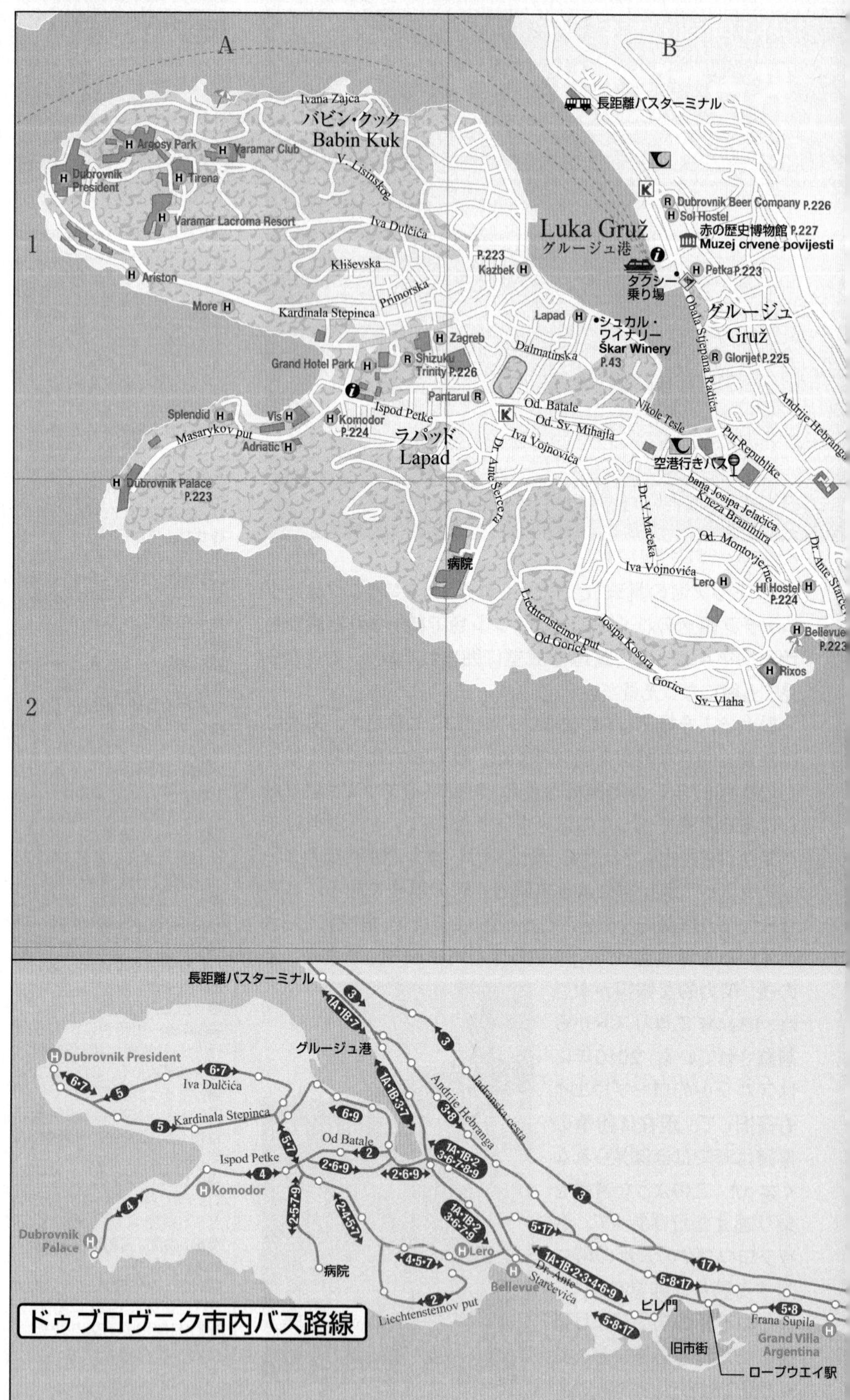

ドゥブロヴニク市内バス路線

読者投稿 クロアチア内でもドゥブロヴニクは物価が高いので、ザグレブなどほかの地域で買いたいおみやげがあれば、買っておいたほうがいいです。(神奈川県　小川えり　'19年夏)

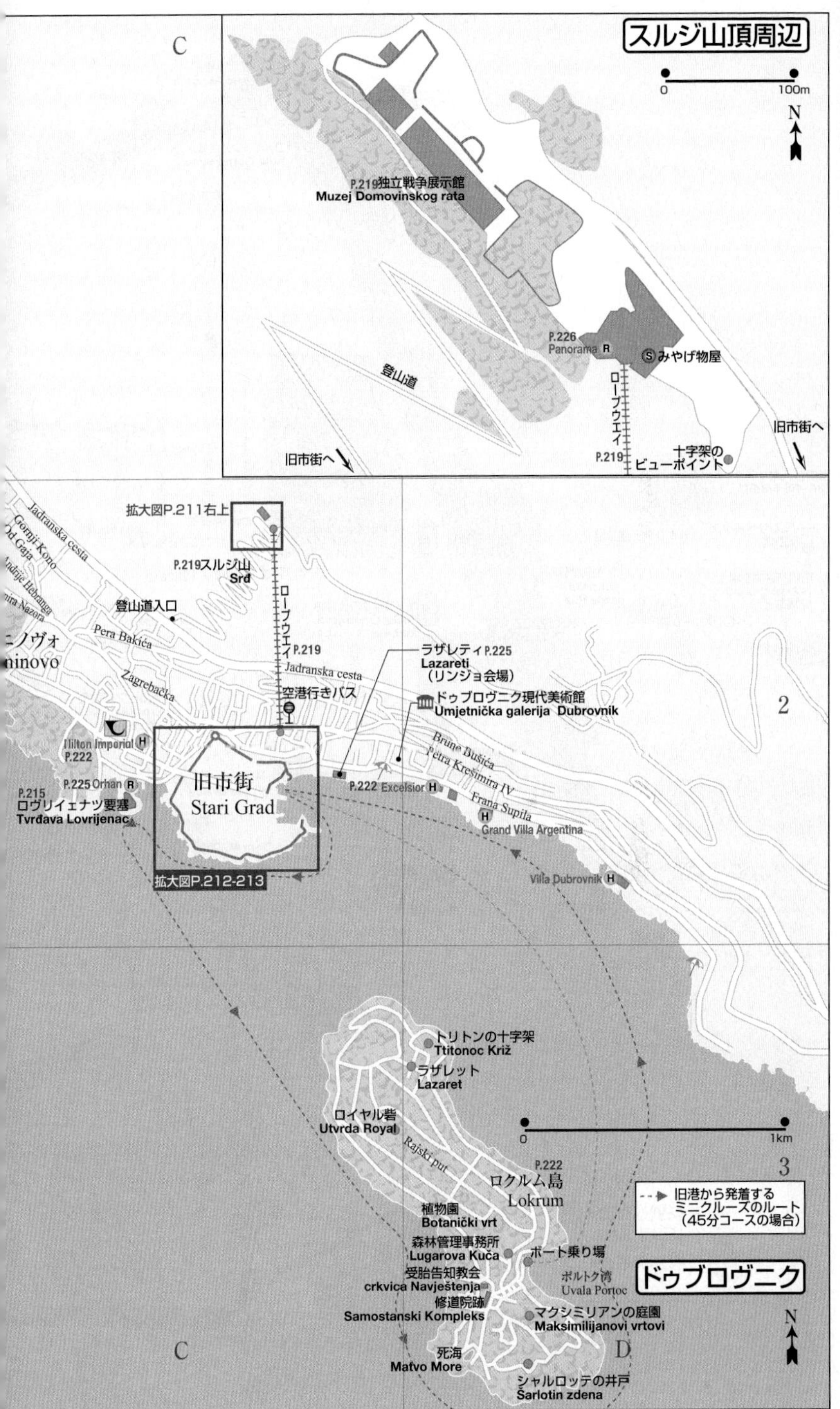

読者投稿 ドゥブロヴニクから船で1時間ほどで行けるロプド島Lopudは、ドゥブロヴニクより静かでビーチも空いており、おすすめです。泊まってもよいかもしれません。(M.O.　'19年夏)

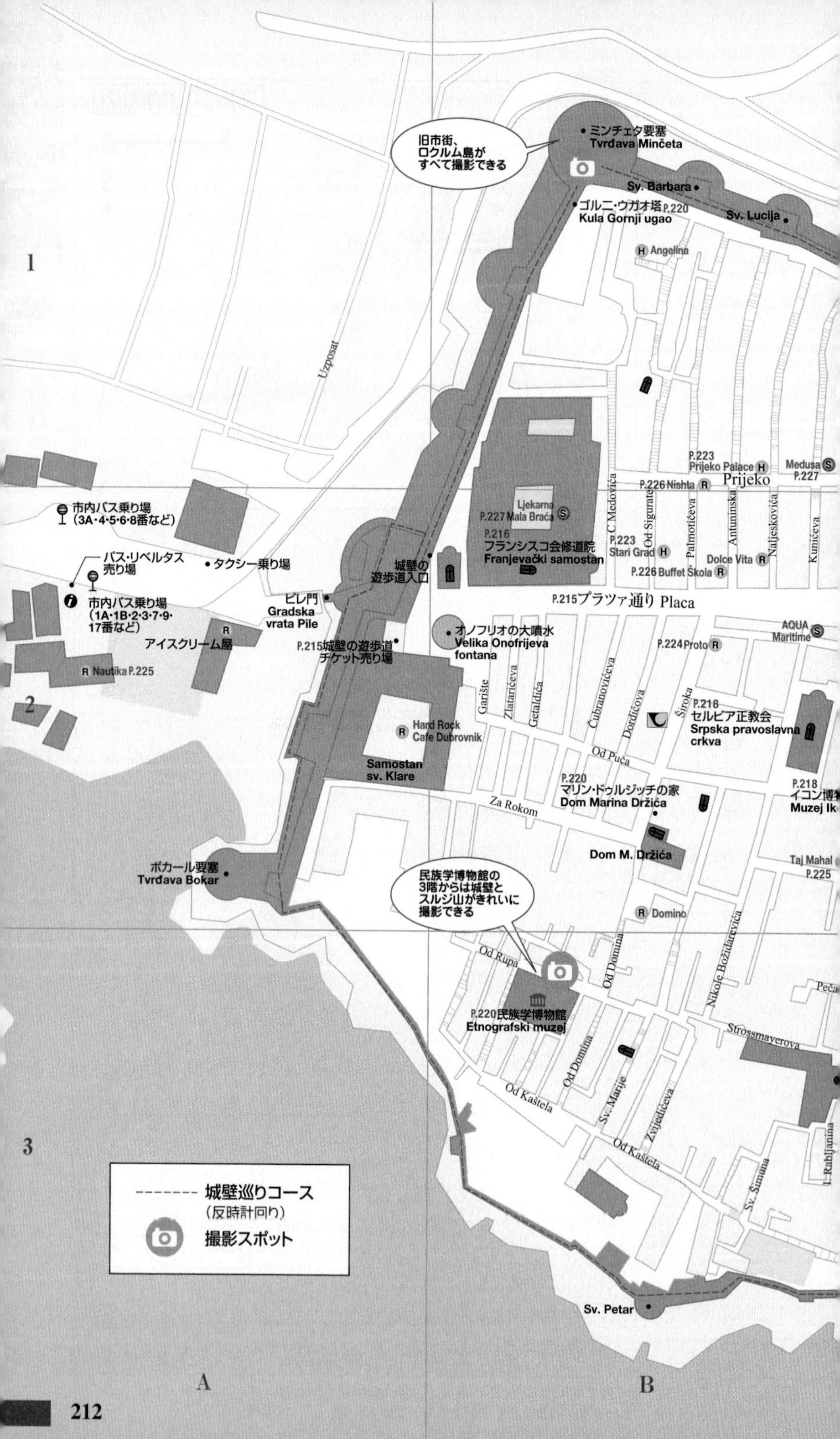
旧市街、
ロクルム島が
すべて撮影できる
ミンチェタ要塞
Tvrđava Minčeta
Sv. Barbara
ゴルニ・ウガオ塔 P.220
Kula Gornji ugao
Sv. Lucija
Angelina
1
Uzposat
P.223
Prijeko Palace
Medusa
P.227
P.226 Nishta
Prijeko
Ljekarna
P.227 Mala Braća
P.216
フランシスコ会修道院
Franjevački samostan
C Medovića
Od Sigurate
P.223
Stari Grad
Palmotićeva
Antuninska
Najeskovića
Kunićeva
Dolce Vita
P.226 Buffet Škola
市内バス乗り場
(3A・4・5・6・8番など)
バス・リベルタス
売り場
タクシー乗り場
城壁の
遊歩道入口
市内バス乗り場
(1A・1B・2・3・7・9・
17番など)
ピレ門
Gradska
vrata Pile
P.215 プラツァ通り Placa
アイスクリーム屋
P.215 城壁の遊歩道
チケット売り場
オノフリオの大噴水
Velika Onofrijeva
fontana
AQUA
Maritime
P.224 Proto
Nautika P.225
2
Gariště
Zlatarićeva
Getaldića
Čubranovićeva
Dordićeva
Široka
Hard Rock
Cafe Dubrovnik
P.218
セルビア正教会
Srpska pravoslavna
crkva
Od Puča
Samostan
sv. Klare
P.220
マリン・ドゥルジッチの家
Dom Marina Držića
P.218
イコン博
Muzej Ik
Za Rokom
Dom M. Držića
Taj Mahal
P.225
ボカール要塞
Tvrđava Bokar
民族学博物館の
3階からは城壁と
スルジ山がきれいに
撮影できる
Domino
Od Rupa
Od Domina
Nikole Božidarevića
Peča
P.220 民族学博物館
Etnografski muzej
Strossmayerova
Od Domina
Sv. Marije
Od Kaštela
Zvijedićeva
Od Kaštela
3
Sv. Šimuna
I. Rabljanina
城壁巡りコース
(反時計回り)
撮影スポット
Sv. Petar
A
B

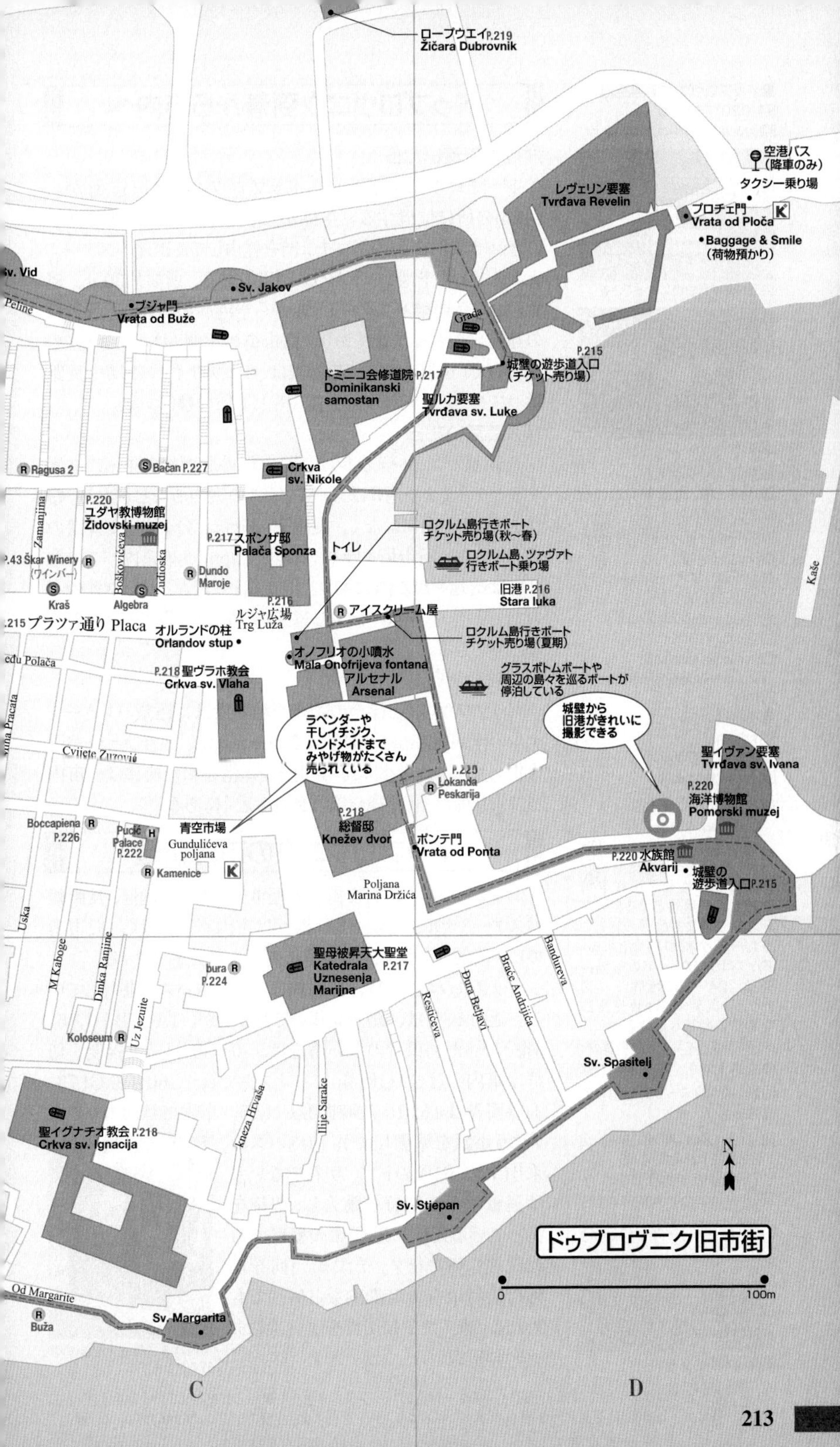
ロープウエイ P.219
Žičara Dubrovnik
空港バス（降車のみ）
タクシー乗り場
レヴェリン要塞
Tvrđava Revelin
プロチェ門
Vrata od Ploča
Baggage & Smile（荷物預かり）
Sv. Vid
Sv. Jakov
ブジャ門
Vrata od Buže
Peline
Grada
城壁の遊歩道入口（チケット売り場） P.215
ドミニコ会修道院 P.217
Dominikanski samostan
聖ルカ要塞
Tvrđava sv. Luke
Ragusa 2
Bačan P.227
Crkva sv. Nikole
P.220
ユダヤ教博物館
Židovski muzej
Zamanjina
Boškovićeva
Žudioska
P.217 スポンザ邸
Palača Sponza
トイレ
ロクルム島行きボート チケット売り場（秋～春）
ロクルム島、ツァヴァト行きボート乗り場
P.43 Škar Winery（ワインバー）
Dundo Maroje
旧港 P.216
Stara luka
Kaše
Kraš
Algebra
P.216
ルジャ広場
Trg Luža
アイスクリーム屋
P.215 プラツァ通り Placa
オルランドの柱
Orlandov stup
ロクルム島行きボート チケット売り場（夏期）
Među Polača
オノフリオの小噴水
Mala Onofrijeva fontana
アルセナル
Arsenal
グラスボトムボートや周辺の島々を巡るボートが停泊している
P.218 聖ヴラホ教会
Crkva sv. Vlaha
Prijeko Pracata
ラベンダーや干しイチジク、ハンドメイドまでみやげ物がたくさん売られている
城壁から旧港がきれいに撮影できる
Cvijete Zuzović
聖イヴァン要塞
Tvrđava sv. Ivana
P.220
Lokanda Peskarija
P.220
海洋博物館
Pomorski muzej
Boccapiena P.226
Pucić Palace P.222
青空市場
Gundulićeva poljana
P.218
総督邸
Knežev dvor
ポンテ門
Vrata od Ponta
P.220 水族館
Akvarij
城壁の遊歩道入口 P.215
Kamenice
Poljana Marina Držića
Uska
M Kaboge
Dinka Ranjine
Uz Jezuite
Buža
bura P.224
聖母被昇天大聖堂
Katedrala Uznesenja Marijna P.217
Restićeva
Đura Beljavi
Braće Andrijića
Bandureva
Koloseum
Sv. Spasitelj
kneza Hrvaša
Ilije Sarake
聖イグナチオ教会 P.218
Crkva sv. Ignacija
N
Sv. Stjepan
ドゥブロヴニク旧市街
0
100m
Od Margarite
Buža
Sv. Margarita
C
D

ドゥブロヴニク到着から市内へ

飛行機で着いたら

ドゥブロヴニク空港は、ドゥブロヴニクの旧市街から24kmの所に位置する。空港から市内へは、飛行機の到着に合わせて旧市街のプロチェ門を経由して長距離バスターミナルまで行く空港シャトルバスが出ている。所要約30分、運賃€10。長距離バスターミナルから空港へのバスも、飛行機の運航に合わせて出ており、旧市街の北側（ロープウエイの駅の近く）を経由する。時刻表は、ウェブサイトのほか、長距離バスターミナル内の発券窓口やピレ門のⓘにある。

バスで着いたら

長距離バスターミナルは、旧市街の北西約2.5kmに位置する。ターミナル内にはATMやバスの案内所などがある。ⓘはターミナル内にはなく、徒歩5～8分ほどのグルージュ港の近くにある。旧市街やラパッド地区Lapadへの市内バスの乗り場は敷地を出た所にあり、旧市街へは1A、1B、3番のバスで、ラパッド地区へは少し遠回りになるが7番のバスで行くことができる。

船で着いたら

ドゥブロヴニクとほかの都市を結ぶ港は長距離バスターミナルの南東300mほどにある**グルージュ港**、もうひとつが旧市街の中にある旧港だ。グルージュ港を出た所には、市内バス乗り場があり、ⓘや旅行会社も近くにある。

ドゥブロヴニクの市内交通

ドゥブロヴニクの旧市街、大型ホテルの多い地区、長距離バスターミナル、グルージュ港へは市内バスで行く。旧市街のピレ門前は各地域に向かう市内バスが集まっている。

ドゥブロヴニクには、10路線ほどの市内バスが運行している。運行頻度は、路線によって異なるが、1Aや1B、4、6、8番といった利用者の多い路線は、10～30分に1便程度。切符は車内では€2（1回券）、キオスクで買うと60分券€1.73、24時間券は€5.31、72時間券€11.95。車内ではおつりのないよう小銭を準備しよう。市内バスの乗り口は、先頭のドア。切符のない人は運転手から切符を購入し、切符を持っている人は、運転席の横にある改札機に切符をタッチする。1回券以外の切符は有効時間内なら何度でも乗れる。乗るたびに切符を改札機にタッチすること。

市内バスに乗ったらまず切符をタッチする

■ドゥブロヴニク国際空港
TEL (020)773100
URL www.airport-dubrovnik.hr

空港バスは自由席になっている

空港のシャトルバスチケットブース

■空港シャトルバス
料 片道€10、15日間有効の往復チケット€14
URL platanus.hr/shuttle-bus

■フェリー会社
●ヤドゥロリニヤ Jadrolinija
Map P.210-B1
住 Stjepana Radića 40
TEL (020)418000
URL www.jadrolinija.hr
開 フェリーの運航時間による
休 無休
●高速船クリロ
URL krilo.hr
●高速船（TPライン）
URL www.tp-line.hr

■ドゥブロヴニク・パス
Dubrovnik Pass
各種特典の付いた旅行向けパス。提示すると城壁や総督邸、海洋博物館、民族学博物館などが無料となるほかストンの城壁など近郊の見どころも一部が割引料金となる。ドゥブロヴニク・パスの有効期限は、24～168時間。バスチケット入手または観光施設を最初に利用した時点からスタートする。オンラインのほか、ⓘで購入でき、スマホまたは印刷したQRコードを提示して利用する。
料 1日券（24時間）€35
3日券（72時間）€45
7日券（168時間）€55
URL www.dubrovnikpass.com

市内バスの60分券

info ドゥブロヴニク市では旧市街でキャスター付きのバッグを引きずって運ぶことを止めるよう勧告している。また、旧市街は石畳のうえ階段が多く、もとよりスーツケースなどを自力で運ぶのは体力がいる。➡

歩き方

ほとんどの観光地が旧市街の城壁の中にある。旧市街への入口は、西の**ピレ門Gradska vrata Pile**、北の**ブジャ門Vrata od Buže**、東の**プロチェ門Vrata od Ploča**の3ヵ所。このなかでピレ門は近くに市内バス停留所や❶があり、旧市街のメインゲートとなっている。旧市街の目抜き通りはピレ門を入ると真っすぐ延びている**プラツァ通りPlaca**。通りを突き当たった所にあるのが、町の中心ルジャ広場Trg Lužaだ。旧市街はそれほど大きくないが、見どころが集まっているので、じっくり見たら丸1日あっても足りないほど。❶はピレ門近くのほか、グルージュ港近くと、ラパッド地区にもある。

おもな見どころ

城壁 Gradske zidine グラツケ・ズィディネ
City Wall

Map P.212-213

ミンチェタ要塞から眺めた旧市街

ドゥブロヴニクを取り囲む城壁は、全長1940mあり、高さは最高で25mに達する。城壁の途中にはミンチェタ要塞を代表に、要塞や見張り塔、稜堡が築かれており、見るからに堅牢だ。旧市街の大部分を破壊した1667年の大地震の際も、城壁だけはほとんど被害がなかったというのもうなずける。ドゥブロヴニクが城壁に囲まれたのは、町の誕生間もない8世紀のこと。現在見られるような形になったのは、15世紀から16世紀にかけての大工事によってだ。

城壁の遊歩道に上り、旧市街の周囲を反時計回りに歩くことができる。入口は、ピレ門の脇、聖イヴァン要塞、聖ルカ要塞の3ヵ所。城壁からの眺めはアドリア海の青と瓦屋根のオレンジが対比されて、非常に美しい。入場料には旧市街の西側にある**ロヴリイェナツ要塞Tvrđava Lovrijenac**や城壁北西の**ゴルニ・ウガオ塔Kula Gornji ugao**も含まれている。

プラツァ通り Placa プラツァ
Placa

Map P.212-B2～P.213-C2

旧市街の入口ピレ門から、中心部ルジャ広場まで続く200m余りの目抜き通り。通りの両側には、銀行、旅行会社、ショップ、カフェが並び、狭い路地が網の目のように延びている。路地に足を踏み入れると、人々の生活音が耳に届き、はるかなる昔にタイムスリップしたような錯覚を覚えるだろう。

世界遺産
ドゥブロヴニク旧市街
Stari grad Dubrovnik
1979年・1994年登録

■ドゥブロヴニクの❶
URL www.tzdubrovnik.hr
●ピレ
Map P.212-A2
住 Brsalje 5
TEL (020) 312011
開 夏期8:00～21:00
冬期8:00～19:00
(日10:00～16:00)
春・秋期8:00～20:00
休 冬期の祝日
●グルージュ
Map P.210-B1
住 Obala Ivana Pavla II 1
TEL (020) 417983
開 夏期8:00～20:00
冬期8:00～15:00
休 冬期の日・祝
●ラパッド
Map P.210-A1
住 Masarykov put 3
TEL (020) 437460
開 10:00～16:00
休 日曜、11～4月

■城壁の遊歩道
URL citywallsdubrovnik.hr
開 夏期8:00～19:30
冬期9:00～15:00
※季節によって変動する。
休 12/25
料 3～10月€35　学生€15
11～2月€15　学生€5
ドゥブロヴニク・パスで無料

城壁の通路にはいくつか検問があり、チケットのチェックを行っている

旧市街を貫く通り、プラツァ通り

info ➡空港シャトルバスをプロチェ門で降りると、目の前にバゲージサービスがある。旧市街のホテルまでのポーターサービス、日帰りの場合は荷物預かりも行う。Baggage & Smile (Map P.213-D1 ☐095-7371678)

この通りはかつては水路であり、ここより南側が本来の旧市街だった。ピレ門をくぐってすぐ右側にある建造物は、1438年に造られた**オノフリオの大噴水Velika Onofrijeva fontana**。浄水処理された水なのでペットボトルに汲んで飲む人もいる。

フランシスコ会修道院前にある小さな台。この上に乗ってTシャツを脱ぐと願いがかなうとか

ルジャ広場 Trg Luža トゥルグ・ルジャ

Luža Square　Map P.213-C2

ルジャ広場は、プラツァ通りの東端にある広場。周囲はスポンザ邸、聖ヴラホ教会などに囲まれ、非常に華やかな雰囲気。広場の中心には、**オルランドの柱Orlandov stup**が立っている。オルランド（ローラン）は、8世紀にフランク王国のカール大帝に仕えた伝説上の騎士で、ヨーロッパの自由都市には、自由の象徴として、この像が立てられた町が多かった。ラグーサ共和国の時代には、この像の上にドゥブロヴニクの旗がはためいていたが、共和国の消滅とともに、旗も降ろされた。現在ではドゥブロヴニク・サマー・フェスティバル開催中に旗が掲揚されるようになっている。また、ルジャ広場の南側にある噴水は**オノフリオの小噴水Mala Onofrijeva fontana**。大噴水と同時期に造られたものだ。

観光客でにぎわうルジャ広場

旧港 Stara luka スターラ・ルカ

Old Port　Map P.213-D2

旧港はドゥブロヴニクでも最も古い歴史を誇る場所。かつてはこの小さな港に世界各地とを結ぶ交易船がひしめき合い、ドゥブロヴニクの繁栄を支えていた。北は聖ルカ要塞Tvrđava sv. Luke、南は聖イヴァン要塞Tvrđava sv. Ivanaに挟まれており、防衛にも万全を期していたことがうかがえる。ふたつの埠頭の間にある建物は、**アルセナルArsenal**という造船所。かつては巨大な複合施設を形成していたが、現在見られるのは3つのアーチのみになっている。

現在、主要港としての役割はグルージュ港へと移っており、旧港には、ロクルム島Lokrumへ行くボートや、ツァヴタットCavtatやエラフィティ諸島Elaphiti otociへ向かう観光用の船が発着している。

数多くのボートが停泊する旧港

■旧港からのミニクルーズ
夏期になると、旧港からはさまざまなクルーズ船が出ている。ロクルム島（→P.222）へ行く1時間ほどのお手軽コースから、隣町のツァヴタット（→P.221）まで行く2〜3時間ほどのクルーズなど、いろいろと選べるのがうれしい。夕方のクルーズは混むので昼間に予約をしておくのがベスト。おすすめはアンティーク船でロクルム島あたりまで行くミニクルーズ。

ロクルム島行きのボート

フランシスコ会修道院 Franjevački samostan フラニェヴァチュキ・サモスタン

Franciscan Monastery　Map P.212-B2

14〜15世紀にかけて建てられたこの修道院は、もともとは城壁の外部にあったが、外敵から守るために14世紀にピレ門の入口近く（現在の場所）に移されたという。修道院内のロマネスク様式の回廊の壁には、病める人々を癒やす修道士の姿が描かれている。現在の建物は1667年の大地震のあとに再建されたものだが、中庭は14世紀のままで、柱に施された彫刻が美しい。

修道院内には、1391年に開業したヨーロッパで3番目に古い薬局（マラ・ブラーチャ薬局→P.227）があり、現在でも営業を続けている。また、修道院の博物館では、2万個以上の薬の瓶や手書きの処方せんが保存されているほか、宗教画や聖具などが展示されている。

聖母被昇天大聖堂

Katedrala Uznesenja Marijna カテドゥラーラ・ウズネセーニャ・マリィイナ

The Cathedral of Assumption of the Blessed Virgin Mary

Map P.213-C3

外部は壮麗な装飾が施されている

総督邸の南側にたたずむ聖母被昇天大聖堂は、もともとは1192年に英国のリチャード王が創建したと伝えられるが、17世紀にバロック様式で再建された。

聖堂内の宝物殿には、ドゥブロヴニクが中世に貿易都市として繁栄していた当時を回想させる財宝の数々が保存されている。大理石などを使った祭壇もすばらしく、その奥にはヴェネツィア派の巨匠ティツィアーノが16世紀に描いた『聖母被昇天』が飾られている。

スポンザ邸 Palača Sponza パラチャ・スポンザ

Sponza Palace

Map P.213-C2

ルジャ広場に面するスポンザ邸は、1516年に建てられた当初、貿易都市ドゥブロヴニクを出入りする物資や財の管理所だった。17世紀になり税関としての役割が減ると、学者や知識人の集まる文化サロンへと変わった。1667年に起きた大地震の被害を受けなかった数少ない建築物で、ドゥブロヴニクの歴史文書や自治都市をめぐる裁判記録などが焼失されず残った。現在はそれら貴重な古文書を保管する古文書館となっている。入れるのは中庭程度で内部の一般公開はしていない。

ドミニコ会修道院 Dominikanski samostan ドミニカンスキ・サモスタン

Dominican Monastery

Map P.213-C1

プロチェ門Vrata od Pločaの西にある立派な建物。1228年にドゥブロヴニクに入ってきたドミニコ会により15世紀に造られた。ロマネスクやゴシック、ルネッサンスなどの様式を取り入れた修道院内は宗教美術館となっており、11世紀に作られた銀製の聖遺物入れや、15～16世紀の宗教画などを展示している。

修道院内にある教会

■フランシスコ会修道院
住Placa 30
TEL(020)321410
開4～10月9:00～18:00
　11～3月9:00～14:00
休12/25、1/1
料€6　学生€3
ドゥブロヴニク・パスで無料

かつて使われた薬の瓶などを展示している

■聖母被昇天大聖堂
住Kneza Damjana Jude 1
開8:00～17:00
　（日11:00～17:00）
休無休（宝物殿のみ冬期休業）
料無料　宝物殿€4
宝物殿撮影不可

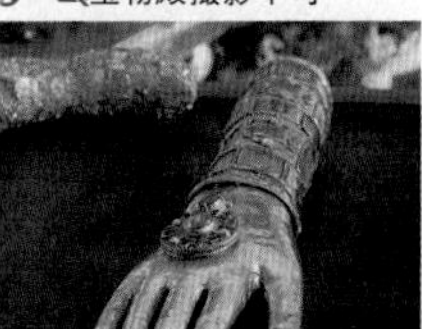
大聖堂内の宝物殿には財宝が並び、当時の繁栄が垣間見られる

■スポンザ邸
住Trg Luža
開夏期9:00～18:00
　冬期9:00～15:00
休無休　料無料

夏に特別展が行われることもある

■ドミニコ会修道院
住Sv. Dominika 4
TEL(020)322200
開夏期9:00～18:00
　冬期9:00～17:00
休無休
料€5　学生€3
※教会部分は修復中。2023年クリスマスには再開予定。

聖ヴラホ教会 Crkva sv. Vlaha ツルクヴァ・スヴェトグ・ヴラハ

St. Blaise's Church

Map P.213-C2

聖ヴラホは、ドゥブロヴニクの守護聖人。彼の名を冠した聖ヴラホ教会は、ルジャ広場に面しており、旧市街でも最高の立地を誇る教会だ。現在の教会は、18世紀に建て直されたバロック様式のもの。教会の主祭壇には、銀製の聖ヴラホの像があり、その手にはドゥブロヴニク旧市街の模型を載せている。この像は15世紀に作られたもので、町の模型は現在の旧市街ではなく、1667年の大地震で崩壊する前のドゥブロヴニク旧市街のものになっている。

聖イグナチオ教会 Crkva sv. Ignacija ツルクヴァ・スヴェトグ・イグナツィヤ

Jesuit Church of St. Ignatius

Map P.213-C3

石造りの祭壇が見事な聖イグナチオ教会は、1699～1725年にローマの聖イグナシオ教会をモデルに、バロック様式で建てられたもの。祭壇の天井には、スペイン出身の画家ガエタナ・ガルシアのフレスコ画が一面に描かれており、見応えがある。

セルビア正教会 Srpska pravoslavna crkva スルプスカ・プラヴォスラヴナ・ツルクヴァ

Serbian Orthodox Church

Map P.212-B2

ドゥブロヴニクにはセルビア正教徒が古くから住んでいたが、旧市街内に正教の教会を建てるのをラグーサ共和国の時代には禁止されていたため、建てられたのは、ラグーサ共和国消滅後の1877年になってのこと。教会のすぐ近くには**イコン博物館Muzej Ikona**があり、15世紀から19世紀にダルマチアをはじめ、ギリシアやロシア、モンテネグロなどで作られた貴重なイコンが多数展示されている。

総督邸 Knežev dvor クネジェヴ・ドゥヴォル

Rector's Palace

Map P.213-C2

ロココの間。総督邸での暮らしが再現されている

総督邸は、ラグーサ共和国の総督の住居であったと同時に、大評議会、小評議会、元老院など共和国の行政を司るすべての機関が集まったドゥブロヴニクの心臓部。

ラグーサ共和国の総督は、ヴェネツィア共和国の総督が終身制だったのに対して、任期はわずか1ヵ月で、元首ではあるものの、非常に象徴的な意味合いが強い役職であった。任期中は特別な儀式などがないかぎり、総督が総督邸の外に出ることはできなかったという。

総督邸は、15世紀の初め、当時の有名建築家、オノフリオ・デッラ・ツァッヴによって建てられたゴシック様式の邸だったが、完成から30年後、近くに置いてあった火薬の爆発によって大きな被害を受け、ルネッサンス様式による補修作業がなされた。その結果、ゴシックとルネッサンスとが融合し、ダルマチ

■聖ヴラホ教会
住Trg Luža
開礼拝前後　休無休　料無料
撮影不可

ファサードの頂上には、聖ヴラホの像が立っている

■聖イグナチオ教会
住Poljana Ruđera Boškovića
開随時　料無料　撮影不可

聖イグナチオ教会の祭壇

■セルビア正教会
住Od Puča 8
開夏期8:00～20:00
冬期8:00～14:00
休日曜、冬期の土・日
料無料

■イコン博物館
2023年現在、改装のため休業中。

周辺はネコのたまり場になっているセルビア正教会

■総督邸
住Pred dvorom 3
URL www.dumus.hr
開夏期8:00～18:00
冬期8:00～16:00
休11～3月の水、1/1、2/3、12/25　料€15　学生€8
共通券→P.220下段欄外参照。
ドゥブロヴニク・パスで無料

柱頭のレリーフはそれぞれ異なる

ア地方で最も魅力あふれる建物とまで評される、独特な建物となった。さらに、1667年の大地震後の修復は、建物にさらにバロックの装飾まで加えることになった。

現在、総督邸は文化歴史博物館として使われている。ロココの間、ルイ16世様式の間など、異なる様式の家具で飾られた部屋や、壁に飾られた多数の絵画などは、ラグーサ共和国が誇った経済力の一端を現代に伝えている。武器や硬貨など、多彩な展示だが、薬を入れる陶磁器のコレクションなどもあり、いかにも薬学が発達していたドゥブロヴニクらしい。

スルジ山 Srđ スルジュ

Srđ Mountain

Map P.211-C2

旧市街を一望することができる標高412mのスルジ山。山頂にある十字架は独立戦争後に立て直されたもので、夜になるとライトアップされ、旧市街からよく見える。山頂から眺めるアドリア海と旧市街の眺めはすばらしい。

展望台からの眺めはまさに絶景

登山道があり旧市街から歩いても行ける。石がゴロゴロしているので足元に注意。おすすめはなんといってもロープウエイ。山頂駅にはカフェレストランがあり、館内に飾られた昔のロープウエイの写真も興味深い。また、戦争の際に破壊された砦は独立戦争展示館となっている。

■ロープウエイ
Map P.213-C1
URL www.dubrovnikcablecar.com
開 夏期9:00～24:00
冬期9:00～16:00頃
30分おき（混雑時は15分おき）に運行。
休 1・2月
料 往復€27　片道€15

■独立戦争展示館
Map P.211-D1
URL mdrd.hr
開 4～9月8:30～22:00
10月9:00～20:00
11～3月9:00～17:00
休 無休
料 €3.98　学生€1.99

パネルや映像で独立の歩みを展示

読者投稿 タクシーでスルジ山
スルジ山のケーブルカーが運休になっており、タクシーで向かいました。くねくねした道を、アドリア海を眼下に向かうので、それもそれでとても楽しめました。（神奈川県　小川えり　'19年夏）

Information ドゥブロヴニクの歴史

ドゥブロヴニクの起源

ドゥブロヴニクの誕生は614年のこと。当時は西ローマ帝国が崩壊したことにより、異民族が旧帝国領に流入しており、その襲撃から逃れるために、エピダウルス（現在のツァヴタット）に住んでいた人々が、移り住んできたのがその起源になっている。ドゥブロヴニクとはスラヴ語の名称で、ラテン語ではラグーサという。やがてスラヴ人も移り住むようになる。

ヴェネツィア共和国とオスマン朝

ラグーサは大国の宗主権を認め、貢納金を支払うことで、自治を維持することを基本方針にしていた。1203年にヴェネツィア共和国の実効支配を受けることになるが、1358年にはハンガリー王国の宗主権下に移され、自治を回復し、ラグーサ共和国となった。

1389年にラグーサ共和国はオスマン朝にも貢納金を納めるようになる。オスマン朝に交易を認められたことはラグーサ共和国にとって大きな飛躍を意味する。17世紀まで続く最盛期の始まりである。

ラグーサ共和国の最盛期と衰退

最盛期を迎えたラグーサ共和国だが、1667年に突然起こった地震によって国力が疲弊した。地震後の混乱に乗じて、ヴェネツィア共和国が国境を侵犯することを警戒し、自国領であったネウムの周辺をオスマン朝に割譲して、ヴェネツィア共和国との緩衝地帯にした。現在でも残るこの国境線は、大地震後の政治情勢の結果生まれたものだったのである。

旧市街はその後復旧されたが、かつての繁栄を取り戻すことはついになかった。ラグーサ共和国は1808年にナポレオン率いるフランス帝国に服従したことで消滅。ナポレオンの没落後に開かれたウィーン会議でも復国することはなく、その支配はオーストリアに移り、その後1918年になって、ユーゴスラヴィアの領土となった。

info スルジ山のロープウエイは強風など悪天候の時は休止となる。チケットは乗り場のほか、ブジャ門北の売店（手数料€1.32）やオンラインで購入可。ただし事前購入していても優先乗車はできないので行列必至。

ドゥブロブニクの博物館

海洋博物館　Pomorski muzej ポモルスキ・ムゼイ　Map P.213-D2

聖イヴァン要塞は現在海洋博物館として使用されている

聖イヴァン要塞を利用しており、ドゥブロヴニクの繁栄を海洋史から解説している。展示は要塞の2～3階にわたっており、2階では、町の起源にはじまり、地中海貿易での繁栄、ラグーサ共和国の解体までを。3階部分は、共和国が解体してから産業革命を経て、造船業で再び活気を取り戻すまでの展示。要塞の1階部分は水族館Akvarijになっているが、規模は小さい。

住Tvrđava sv. Ivana
TEL(020)323904
URL www.dumus.hr
開4～10月9:00～18:00
　11～3月9:00～16:00
休水、1/1、2/3、12/25
料€10　学生€7
共通券→下段欄外参照
ドゥブロヴニク・パスで無料
●水族館　Map P.213-D2
住Damajana Jude 12
開4～10月10:00～19:00
　11～3月10:00～16:00
休月　料€10 学生€5

海底からの発掘物を展示

水族館の入口

民族学博物館　Etnograhic Muzej エトゥノグラフスキ・ムゼイ　Map P.212-B3

坂の上に位置するので眺めもいい

かつての穀物庫を利用した博物館。1階はチケット売り場と企画展。2階には農業や漁業、ワイン造り、養蜂などの道具の展示。3階部分は民族衣装、楽器、織物などの展示が並んでいる。建物の穀物倉庫の構造や建築に関するビデオも興味深い。

住Od Rupa 3
TEL(020)323013
URL www.dumus.hr
開4～10月9:00～18:00
　11～3月9:00～16:00
休4～10月の火、
11～3月の水、12/24の午後、
12/25、12/31の午後、1/1、2/3
料€8 学生€5
共通券→下段欄外参照

ドゥブロヴニク・パスで無料

ドゥブロヴニクの伝統的な暮らしを紹介している

マリン・ドゥルジッチの家　Dom Marina Držića ドム・マリナ・ドゥルジチャ　Map P.212-B2

マリン・ドゥルジッチは、シェイクスピアより1世代前に活躍した、ドゥブロヴニク出身の劇作家。『ドゥンド・マロイェ』をはじめとする彼の喜劇は、ルネッサンス期の喜劇の最高傑作と評され、ヨーロッパ中で上演されている。ここでは彼の生涯や作品の魅力について、映像などをとおして知ることができる。

住Široka 7　TEL(020)323242
URL muzej-marindrzic.eu
開夏期9:00～22:00
　冬期9:00～20:30
休月・祝　料€20　学生€10
共通券→下段欄外参照
ドゥブロヴニク・パスで無料

年代ごとに足跡を紹介

ゴルニ・ウガオ塔　Kula Gornji ugao クラ・ゴルニ・ウガオ　Map P.212-B1

ミンチェタ要塞のすぐ側にあるのがゴルニ・ウガオ塔。フランシスコ会修道院横の階段を北上するとバスケットコートが広がるが、その奥が塔の入口となっている。出口はピレ門のそば。2005年から発掘調査が行われ、1667年の地震以前には鋳造所があったことが判明した。当時の遺構が塔の下に残っており、現在は展示館として開放されている。

住Peline
開夏期8:00～19:30
　冬期9:00～15:00
※季節によって変動。
休12～2月
料€35　学生€15
（11月€15　学生€5）
※城壁と共通。

塔の内部に遺構が残っている

ユダヤ教博物館　Židovski muzej ジドヴスキ・ムゼイ　Map P.213-C2

貿易で繁栄したドゥブロヴニクには、ユダヤ人も数多く住んでおり、博物館周辺はかつてゲットー（ユダヤ人地区）であった。

彼らの多くは、セファルディムと呼ばれるスペイン系ユダヤ人だった。建物は15世紀に建てられたもので、2階には博物館の展示、3階はシナゴーグになっている。館内には、13世紀から17世紀にわたるさまざまなトーラー（モーセ五書）の巻物をはじめとして、ユダヤ教の儀式に使われるさまざまな道具が展示されている。

住Židovska 5
開夏期　9:00～20:00
　冬期　10:00～13:00
休1・2月　料€10
シナゴーグは可。

博物館は2階にある

トーラーをおさめる聖櫃

info 総督邸、海洋博物館、民族学博物館、マリン・ドゥルジッチの家、考古学博物館、自然史博物館、現代アート美術館など10の施設の共通チケット€20、学生€10（7日間有効）がある。

Information 素朴な魅力 コナヴレ地方Konavleを巡ろう

ドゥブロヴニク周辺はコナヴレ地方と呼ばれ、切り立った山々のすぐそばにアドリア海が面している地域だ。海岸から内陸に少し入ると素朴な村々の暮らしが垣間見られ、ドゥブロヴニク、ツァヴタットなどの沿岸部の都市とはまた違う風景が見られる。

コナヴレ地方は刺繍の盛んな地で、その技法はお母さんから女の子へ代々受け継がれてきた。自然の色で染めた絹糸を使い、幾何学的な模様を作り上げていく。これらはテーブルクロスやクッションなどに使われており、ドゥブロヴニクの定番のおみやげとなっている。

刺繍
ドゥブロヴニクの旧市街でよく売られている幾何学模様の手芸品は、コナヴレ地方の伝統的技法。アル・アテリエのアントニアさん（下）は伝統文化継承のためアンティークの刺繍飾り（右）を集めている

アル・アテリエ
AR Atelier
Map P.13-D4（グルダ村内）
URL www.antoniaruskovic.com
住 Gruda 49
TEL (020)791355
開 9:00〜20:00
休 日

ロヴォルノ村（MAP P.13-D4）でも、若い世代に踊りや民族音楽が受け継がれている。下はチリピ村で週末に行われる踊り

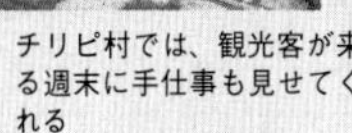

チリピ村では、観光客が来る週末に手仕事も見せてくれる

民族舞踊
チリピ村の日曜市で披露されることで有名。ドゥブロヴニクの旧市街でもたまに見かける

コナヴレ料理
ペカと呼ばれる鉄鍋に材料を入れ、炭火で調理したものはクロアチア全土で食べられる伝統的なコナヴレ料理のひとつ。写真はすべてグルダ村のレストラン、コナヴォスキ・ドゥヴォーリ

ツァヴタット Cavtat
Map P.13-D4

町の歴史は古く、紀元前6世紀にはギリシア人によってすでに都市が築かれていた。現在はドゥブロヴニクからほど近い小さな港町で、のどかな雰囲気の旧市街にはレストランやショップが並ぶ。

■アクセス
夏期のみ旧港からボートが1〜2時間おきに運航している。往復€20。
市内バスは所要30分、€4。

チリピ村 Ćilipi
Map P.13-D4

ドゥブロヴニク空港から近いチリピ村では、復活祭〜10月末の日曜に市が開かれる。村人たちのハンドメイドのおみやげなどが売られ、伝統的衣装を来た人々が民族舞踊を披露する。

■アクセス
ドゥブロヴニクからチリピを結ぶバスは少ない。ドゥブロヴニクの旅行会社が催行するツアーに参加しよう。
URL www.libertasdubrovnik.hr/en/cilipi-folklore

RESTAURANT レストラン
コナヴォスキ・ドゥヴォーリ
Konavoski Dvori
Map P.13-D4（グルダ村内）
URL www.esculaprestaurants.com
住 Ljuta Gruda, Konavle
TEL (020)791039
開 11:00〜23:00
休 1・2月
カード DMV

グルダ村にあるコナヴレ地方の伝統料理を出すお店。スタッフも民族衣装を着ている。

ロクルム島への行き方

⛴ロクルム島へは、ボートが30分おきに運航(4～11月)。出発は9:00～19:00の間、またロクルム島からの帰りの便は10:15～20:00。夏期以外は減便。
ボート乗り場は、旧市街のルジャ広場にある時計塔の下をくぐり、右折したところにある。
料往復€27 学生€10。ロクルム特別保護区への入園料が含まれる。チケットは、ルジャ広場東側の売り場(8:00～18:00)またはオンラインで購入する。チケットは購入日から3日間有効(入場は1回のみ)。
ドゥブロヴニク・パス3日券提示で大人料金の20%割引、7日券は30%割引。学割は当年度在学中の証明も必要。
URL www.lokrum.hr

エクスカーション

ロクルム島 Otok Lokrum オトック・ロクルム

Lokrum Island

Map P.211-C3～D3

夏期は海水浴が楽しめる

旧市街の約700m沖合にあり、3つの美しいビーチをもつリゾートアイランド。ドゥブロヴニクの旧港から夏期はボートが頻発しており、日帰りのエクスカーションには絶好の場所だ。島の歴史は古く、十字軍の時代からの伝説が残っている。その後、ベネディクト会修道院がおかれ、ナポレオンに解散されるまで活動を続け、ハプスブルク帝国の支配下になると、島は皇族たちに愛された。ベネディクト会修道院跡や植物園など、見どころも多く、夏にはレストランやカフェもオープンする。

ドゥブロヴニクのホテル

日本からの電話のかけ方　事業者識別番号(→P.54)+010+385(クロアチアの国番号)+20(0を取った市外局番)+番号

クロアチア屈指の観光地だけあってホテル、プライベートルームともに豊富。ビーチで遊んだりリゾートの雰囲気を楽しむのなら新市街のラパッド地区Lapadやバビン・クック地区Babin Kukがベスト。旧市街にホテルはほとんどないが、プライベートルームは多い。

プチチ・パレス

The Pucić Palace

旧市街　Map P.213-C2

★★★★★　高級　室数:19

旧市街に2つしかない認可ホテルのうちのひとつ。かつては貴族の邸宅で、1892年にドゥブロヴニク初のホテルとして開業した。レストランあり。1月休業。
Wi-Fi全館　EVあり

URL www.thepucicpalace.com
Mail reception@thepucicpalace.com
住 **Od Puča 1**
TEL (020)326222
S/W A/C 🚿 📺 ☕ 🍳 €150～1150
💳 D M V

エクセルシオール

Hotel Excelsior

Map P.211-D2

★★★★★　高級　室数:158

旧市街の東600mほどの場所にあり、ラウンジやテラスからの旧市街の眺めがよい。各国要人も宿泊する町を代表する高級ホテル。屋内プールやサウナあり。
Wi-Fi全館　EVあり

URL www.adriaticluxuryhotels.com
Mail reservations@alh.hr
住 **Frana Supila 12**
TEL (020)353000
S A/C 🚿 📺 ☕ 🍳 €223～1002
W A/C 🚿 📺 ☕ 🍳 €225～1005
💳 A D M V

ヒルトン・インペリアル

Hilton Imperial Dubrovnik

Map P.211-C2

★★★★★　高級　室数:147

ピレ門のすぐそばにあり、旧市街を眺められる部屋もある。19世紀の建物を利用しており、雰囲気がいい。屋内プールやサウナもある。
Wi-Fi全館　EVあり

URL www.hilton.com
Mail sales.dubrovnik@hilton.com
住 **Marijana Blažića 2**
TEL (020)320320
日本での予約先 TEL (03)6679-7700
S A/C 🚿 📺 ☕ 🍳 €156～868
W A/C 🚿 📺 ☕ 🍳 €179～891
💳 A D J M V

ドゥブロヴニク・パレス
Hotel Dubrovnik Palace

Map P.210-A2

★★★★★ 高級 室数:308

ピレ門前のバス停から4番のバスに乗り終点で下車する。全室バルコニー付きのシービューで、リゾート感いっぱい。ロビーの大きな窓からの眺めもいい。

全館 EVあり

URL www.adriaticluxuryhotels.com
Mail reservations@alh.hr
住 Masarykov put 20
TEL (020)430000
S A/C €173～529
W A/C €176～582
A D M V

ベルビュー
Hotel Bellevue Dubrovnik

Map P.210-B2

★★★★★ 高級 室数:91

旧市街の西1kmほどに位置しており、客室はクロアチア出身のアーティストによる写真や絵画が飾られている。裏からビーチに降りられる。11～3月は休業。 全館 EVあり

URL www.adriaticluxuryhotels.com
Mail reservations@alh.hr
住 Pera Čingrije
TEL (020)330000
S A/C €183～827
W A/C €186～859
A D M V

カズベク
Kazbek

Map P.210-B1

★★★★★ 高級 室数:13

16世紀に建設された貴族の邸宅を改装したプチホテル。客室にはアンティークが置かれている。バスタブ付きの部屋もある。12～3月は休業。

全館 EVあり

URL www.kazbekdubrovnik.com
Mail info@kazbek.hr
住 Lapadska 25
TEL (020)362999
S A/C €125～359
W A/C €143～377
A D M V

スターリ・グラード
Boutique Hotel Stari Grad

旧市街 Map P.212-B2

★★★★ 高級 室数:8

旧市街にある全8室の小規模なホテル。朝食は旧市街を一望できる人気の屋上レストランで提供される。11～3月は休業。

全館 EVなし

URL www.hotelstarigrad.com
Mail info@hotelstarigrad.com
住 Od Sigurate 4
TEL (020)322244
S A/C €326～625
W A/C €330～629
A D M V

プリイェコ・パレス
Prijeko Palace

旧市街 Map P.212-B1

ホテルカテゴリーではないが4つ星相当 高級 室数:9

16世紀の貴族の邸宅を改装したヘリテージホテル。客室は世界各国のアーティストの個性的なデザイン。1室のみバスタブあり。12～2月休業。

全館 EVあり

URL www.prijekopalace.com
Mail info@prijekopalace.com
住 Prijeko 22
TEL (020)321145
S/W A/C €130～580
A M V

ペトゥカ
Hotel Petka

Map P.210-B1

★★★ 中級 室数:104

グルージュ港のフェリー乗り場の目の前にある大型ホテル。市内バスのメイン路線に面しており便利。客室はベーシック。WiFiは遅い。

全館 EVあり

URL www.hotelpetka.hr
Mail info@hotelpetka.hr
住 Obala Stjepana Radića 38
TEL (020)410500
S A/C €60～130
W A/C €78～172
D M V

コモドル
Hotel Komodor

Map P.210-A1

★★★　経済的　室数:113

ラパッド地区では手ごろなホテル。シービューやバスタブ付き客室もある。2～3食付きもできる。スーパーも至近。12～2月休業。 全館
EV本館あり、別館なし

URL www.hotelsindubrovnik.com
Mail reservations@hotelimaestral.com
住 Masarykov put 3E
TEL (020)433633/433500
€47～176
※本館はエアコンなし。
DMV

HIホステル
HI Hostel

Map P.210-B2

ユースアコモデーション　ベッド数:82

バスターミナルと旧市街の間にあり、ターミナルから徒歩20分ほど。建物までは長い階段がある。ドミトリーは男女別で、ひと部屋に4～6ベッド。10月中旬～2月休業。
全館　EVなし

URL www.hicroatia.com
Mail dubrovnik@hicroatia.com
住 Vinka Sagrestana 3
099-2117303
DOM €16～28
MV

ドゥブロヴニクのレストラン

旧市街には、レストランやカフェバーが数多くあり、特に夏は深夜まで賑わっている。新鮮なシーフードをウリにするレストランのほか、ピザなどの軽食屋も多い。料金は人気観光地ということもあり、ほかの町よりもかなり高い。ランチはサンドイッチで軽くするなど工夫しよう。

プロト
Proto

Map P.212-B2

シーフード

著名人も多く訪れる旧市街の高級レストランのひとつ。ドゥブロヴニクきっての有名店だが、店の前のテーブルや、上階のテラス席の敷居は高くない。コース料理は€100とさすがに高いが、アラカルトメニューも豊富なので、新鮮なシーフードとクロアチアワインを楽しもう。ストン産の生ガキは6個で€26、タコのグリルは€35。

店内はシックなインテリア

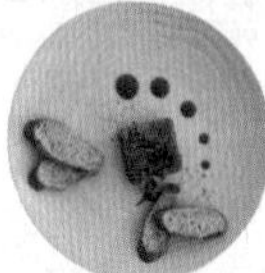
ツナのタルタル€27

ブラックリゾット€34

URL www.esculaprestaurants.com
住 Široka 1
TEL (020)323234
開 11:00～23:00
休 無休（冬期の営業は未定）
ADJMV

店頭のテラス席

ブラ
Bistro bura

Map P.213-C3

創作地中海料理

オーナーのマリンさん「おすすめワインをどうぞ」

ハーブやオリーブオイルなど地元の食材を用いた地中海料理をヨーロッパの都市系ストリートフード風に提供したいと、ワイン好きのオーナーが始めたビストロ。イワシのブリュスケッタや鶏レバーのパテ、セビーチェなどタパス風の前菜€15～が人気。

大衆魚のイワシをひと工夫

大聖堂裏の広場が心地よい

f burabistrodubrovnik
住 Bunićeva poljana
091-4677673
開 6～11月11:00～24:00
12・3～5月
10:00～19:00
休 12/24～2月
DMV

ブザーラは€59（2人前から）

ロカンダ・ペスカリヤ
Konoba Lokanda Peskarija

Map P.213-D2
シーフード

旧港にある人気のシーフードレストラン。テラス席もよいが、屋内も雰囲気がよい。シーフードリゾット€30、メインは€25～40。夏の19時以降は予約が望ましい。

住Na Ponti bb
TEL(020)324750
開夏期10:00～24:00
　冬期10:00～22:00
休11/10～2/28
━MV

オルハン
Restaurant Orhan

Map P.211-C2
クロアチア料理

ロヴリイェナツ要塞の足下近くにあり、テラス席からは海を望むことができる。メニューの中心はシーフードだが、肉料理も各種取り揃えている。シーフードリゾット€18、メインは€17～33。

URL www.restaurant-orhan.com
住Od Tabakarije 1
TEL(020)414183
開12:00～22:00
休11中旬～3月
━DMV

グロリイェット
Bistro Glorijet

Map P.210-B1
クロアチア料理

グルージュ港から海沿いに少し南へ行った所にある。石造りの重厚な雰囲気のレストランで、観光客よりも地元の人の利用者が多い。メインは€11～38。

Mail glorijet@gmail.com
住Obala Stjepana Radića 16
TEL(020)419788
📱099-4901016
開10:00～23:00
休日
━DMV

タージ・マハル
Taj Mahal

Map P.212-B2
ボスニア料理

名前はインド料理店のようだが、おもにボスニア料理を出している。人気はチェヴァプチチ€16～20。ブレクは挽肉入りで€10～、牛の串焼き€22.50。

URL www.tajmahal-dubrovnik.com
住Nikole Gučetića 2
TEL(020)323221
開10:00～24:00
休無休
━ADMV

Information 民族ダンスを見よう

民族舞踊団リンジョ

ドゥブロヴニクを拠点に活動を行う民族舞踏団リンジョは、クロアチア各地に伝わる民族ダンスや民族音楽の公演を5～7月上旬、8月下旬～10月中旬にかけて週2～5回程度行っている。公演場所は、プロチェ門を出て200mほど進んだラザレティ Lazareti。21:30前後に開始され、公演時間は約1時間30分。料金はひとり€25（ドゥブロヴニク・パスで10%割引）。7月上旬から8月下旬は、ドゥブロヴニク・サマー・フェスティバルに参加しており、別の会場などで、公演を行っている。

華やかな踊りが繰り広げられる

■リンジョ Linđo
Map P.211-C2（ラザレティ）
URL lindjo.hr　Mail lindjo@lindjo.hr
TEL(020)324023　📱099-8330679

info ピレ門近くにあるナウティカRestaurant Nautika(Map P.212-A2)は、ドゥブロヴニク有数のレストラン。海と旧市街を同時に眺められるテラスで記念日を祝う人も多い。コースは€132～164。冬期休業。

ニシュタ
Nishta

Map P.212-B1

ベジタリアン

ドゥブロヴニクでも数少ないベジタリアン専門店。メインはファラフェルやチェヴァピ、カレー、タコスなど€15〜16.50。ホームメイドのスムージー€6。ビールやワインなどアルコール類もある。

URL www.nishtarestaurant.com
住 Prijeko bb
TEL (020)322088
開 11:30〜22:00
(11〜2月〜17:00)
休 日、12/20〜1/31
カード M V

パノラマ
Panorama

Map P.211-D1

地中海料理&カフェ

スルジ山のロープウエイ乗り場内。サンドイッチ€15.80〜、メインは€27.10〜。ドリンク€5.10〜だけでも利用できる。夏場は人気なので早めに予約しよう。

URL nautikarestaurant.com
住 Srđ　TEL (020)312664
開 夏期9:00〜24:00
※季節により最短で16:00閉店。詳細はウェブサイト参照。
休 12/24〜3/10
カード A D M V

シズク・トリニティ
Shizuku Trinity

Map P.210-A1

日本・アジア料理

日本人夫妻が営むアジア料理店。観光客だけではなく、地元の人々も訪れる人気店。巻き寿司セットが€4.70〜20、餃子€6.30、生春巻き€5.10〜、タイカレー€14.60〜、サモサ€6.10。

住 Mata vodopica 2A
TEL (020)311493
開 12:00〜24:00
休 月、1/1、復活祭、12/25
カード D J M V

ビュッフェ・シュコーラ
Buffet Škola

Map P.212-B2

ファストフード

プラツァ通りから小道を少し入った場所にあるファストフード店。生ハムなどを挟んだサンドイッチ€4.80〜6.60が人気。パスタサラダやイワシのパテもある。

住 Antuninska 1
TEL (020)321096
開 夏期8:00〜24:00
冬期8:00〜17:00
休 11・12月
カード M V

DBCドゥブロヴニク・ビア・カンパニー
Dubrovnik Beer Company

Map P.210-B1

クラフトビール

オリジナルビールのほか、クロアチア各地のクラフトビールも楽しめる醸造所。4種飲み比べ、軽食込みの醸造所ツアー(所要約40分、€55)も人気。ビール小€5〜。

URL www.dubrovackapivovara.hr
Mail info@dubrovackapivovara.hr
住 Obala pape Ivana Pavla II, 15
携帯 095-3569620
開 5〜12月11:00〜23:00
2〜4月15:00〜23:00
休 1月　カード M V

ボッカピエナ
Boccapiena

Map P.213-C2

アイスクリーム

2021年開業。店名は「口いっぱいの幸せ」というイタリア語。イタリアのジェラート大学で学び、ドゥブロヴニク旧市街内の工房で手作りしている16種類のジェラートは、1スクープ€3.50から。

URL boccapiena.com
住 Od Puča 3
携帯 095-7462976
開 11:30〜20:00
6〜9月
10:00〜23:30
休 11〜3月
カード D M V

読者投稿 レストランのおつりで、違う国の通貨(アラブ首長国連邦のディルハム硬貨など)が紛れていたり、額が違う場合があったりしたので、注意が必要です。(神奈川県　小川えり　'19年夏)

ドゥブロヴニクのショッピング

バチャン
Bačan

Map P.213-C1
刺繍

バチャン一家によるハンドメイドの刺繍専門店。刺繍は花や猫の足跡などいろいろなパターンがある。コースター€8、ランチョンマット€19～。柄の細かさなどで値段は変わる。

Mail lena.janjalija@dubrovnikportal.com
Mail suveniri.bachan@hotmail.com
住Prijeko 6　TEL(020)321121
開9:30～19:00 (11～4月～17:00)
休1月、11～3月の日曜、12/25、復活祭
カード不可 (ユーロ、日本円、ドル現金のみ)

メドゥーサ
Medusa

Map P.212-B1
おみやげ

クロアチアらしいみやげ物が見つかる店。セレクトのセンスがよく、人形や刺繍、ブラチュ島産の石で作られた置物など、ほとんどの製品はハンドメイド。

URL www.medusa.hr
住Prijeko 18　TEL(020)322004
開夏期9:00～19:00
　冬期10:00～17:00
※時期により短縮あり。
休10～6月の日曜　カード M V

マラ・ブラーチャ薬局
Ljekarna Mala Braća

Map P.212-B2
コスメ

ヨーロッパで最古級といわれる薬局。フランシスコ会修道院(→P.216)に併設され、後年一般にも販売するようになった。天然のハーブで作ったローションやクリーム€11～などが人気。

住Placa 30
TEL(020)321411
開7:00～19:30 (土7:30～13:00)
休日・祝
カード A D J M V

Information　クロアチアと社会主義時代

社会主義時代

美しいアドリア海のリゾートとして人気のあるクロアチアだが、かつては社会主義の時代があった。第2次世界大戦後、ユーゴスラヴィア社会主義連邦共和国が成立。初代首相、その後大統領となったのは、人民解放軍(パルチザン)の総司令官であったチトーだった。

ユーゴスラヴィアの社会主義は、官僚的で集権的なソ連型とは異なり、労働者の自主管理を基礎に置いたものだった。チトーの治世に経済は成長し、社会主義国初の冬季オリンピック誘致にも成功している。

ダイニングキッチン。食器や洗剤も当時のものが置いてある

寝室から繋がる鏡台のあるコーナー。80年代のレコードジャケットがレトロな雰囲気

各地に誕生「懐かしの博物館」

ここ数年、社会主義時代の生活文化を展示する施設が各地にできてきた。ドゥブロヴニクに赤の歴史博物館、ザグレブに80年代博物館(→P.88)といった具合。また、社会主義時代の遺構を案内するツアーもある。身近なところから、40年ほど前のクロアチアに思いを馳せてみるのも興味深いものだ。

リビングのテレビは古いが、ほかの家具は今でも使えそう

■赤の歴史博物館 Muzej crvene povijesti
Map P.210-B1
URL www.redhistorymuseum.com
Mail info@redhistorymusuem.com
住Svetog Križa 3
☎091-5287744
開4～10月10:00～20:00
　11～3月11:00～17:00
休11～3月の火・水
料€9　学生€7.20

モスタル
Mostar

Map P.13-C2

石畳の旧市街はみやげ物屋が並ぶ

モスタルのシンボル、スターリ・モストのライトアップ

ネレトゥヴァ川が中央を流れ、その両岸を美しいアーチを描いた橋、スターリ・モストStari mostによってつながれている町モスタル。ボスニア語でモスタルとは「橋の守り人」という意味。その名のとおりモスタルはこの橋を中心に発展してきた町だ。そんな町の象徴であるこの橋も、紛争中の1993年11月に破壊されてしまった。ユネスコの協力で復元されたのは、2004年になってのこと。町にはオスマン朝時代の影響が色濃く残り、オリエンタルな香りが漂う。クロアチアのドゥブロヴニクからはバスで4～5時間。西ヨーロッパの影響が強いアドリア海沿岸の町からやってきた旅行者は、町の雰囲気や物価の違いにきっと驚くことだろう。

歩き方

駅とバスターミナルは町の北に位置している。旧市街までは約1km。チトー元帥通りMarsala Titaを南へ進んでいくと、右側にスターリ・モストが見えてくるはずだ。ⓘは橋を渡った最初の道を右折してすぐ。町はネレトゥヴァ川を挟んで、東側はボシュニャク人、西側はクロアチア人と住み分けがされている。両地域を分けるスターリ・モストの周りは雰囲気のよいレストランやみやげ物屋が軒を連ねている。

スターリ・モスト博物館から観光客でにぎわう橋を眺める

■モスタルへの行き方

●ドゥブロヴニクから

🚌8時台～17時台に1～3便運行（土・日減便）、所要約3時間30分、€22～。国境管理で遅延することが多い。夏期にはドゥブロヴニクから日帰りツアーも催行。ボスニア・ヘルツェゴヴィナへの入国となるので、**パスポート**は忘れずに。データ通信のローミングにも注意。

■ボスニア・ヘルツェゴヴィナの基本情報

●首都　サラエヴォ

●出入国　90日以内の観光目的の滞在ならビザは不要。パスポートの残存有効期間は滞在日数以上あること。

●通貨と為替レート

通貨単位はコンベルティビルナ・マルカ（KM）で、補助通貨はフェニングFening（複数形はフェニンガFeninga）。為替レートは2023年10月現在、1KM＝約80円。

●言語

ボスニア語、セルビア語、クロアチア語

●時差　クロアチアと同じ

●日本からの電話のかけ方

事業者識別番号+010
+387（国番号）+0を取った市外局番+番号

●緊急連絡先

警察 TEL122　消防 TEL123
救急 TEL124

世界遺産

モスタル旧市街のスターリ・モストと周辺
Stari most i stari dio grada Mostara
2005年登録

■モスタルのⓘ

Map P.229-2

住Rade Bitange 5
TEL(036)580275
URL www.hercegovina.ba
開夏期10:00～22:00
　秋・春期8:00～16:00
休秋・春期の土・日、イスラームの祝日（年2日、移動祝日）

info クロアチアのシェンゲン圏加入を受けて国境管理が厳しくなった。ドゥブロヴニクからのバスがペリェシャツ橋を渡らずネウムを経由する場合は国境通過が片道3回あり、長距離バスは渋滞がない時期でも国境1ヵ所で約30分かかる。

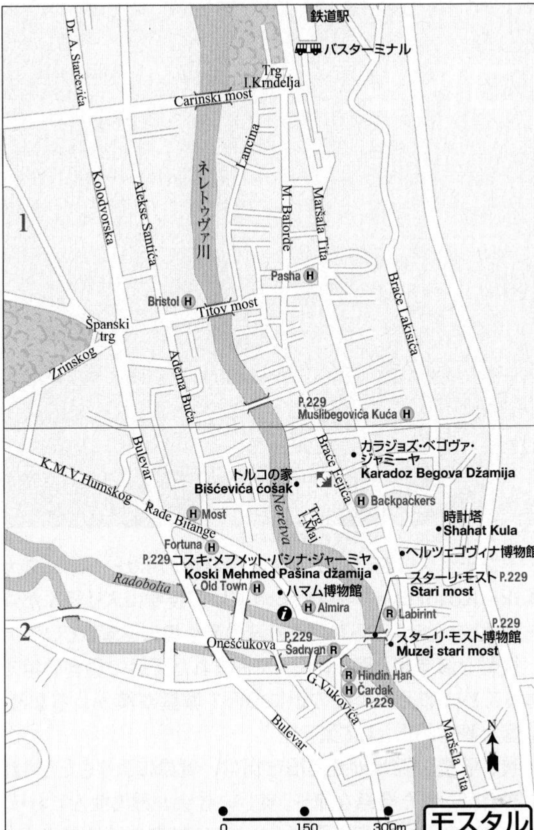

おもな見どころ

スターリ・モスト Stari most スターリ・モストゥ

Old Bridge

Map P.229-2

モスタルを象徴する橋。1566年、オスマン朝支配下の時代に建てられた。橋脚を用いず、両岸からアーチ状に架かる橋からは、見た目の美しさはもとより、当時の建築技術の高さをうかがい知ることができる。橋の両端には、塔がそびえており、東岸の塔は**スターリ・モスト博物館Muzej stari most**として使われている。地下には考古学の展示や、内戦後の橋復元プロジェクトに関する展示もある。

コスキ・メフメット・パシナ・ジャーミヤ Koski Mehmed Pašina džamija コスキ・メフメット・パシナ・ジャーミヤ

Koski Mehmed Pasina Mosque

Map P.229-2

1618年に建てられたイスラム寺院。その庭はスターリ・モストを撮影する絶好のスポットになっており、河岸間近にそびえ立つ尖塔からの眺めもよい。

HOTEL ホテル

ムスリベゴヴィチャ・クチャ
Muslibegovića Kuća
Map P.229-1
URL www.muslibegovichouse.com
Mail muslibegovichouse@gmail.com
住 **Osmana Đikića 41**
TEL (036)551379
料 S A/C €75
W A/C €100
M V

チャルダク
Villa Čardak
Map P.229-2
URL www.pansion-cardak.com
Mail info@pansion-cardak.com
住 **Jusovina 3**
TEL (036)578249
料 S/W A/C €50～100
不可

RESTAURANT レストラン

シャドゥルヴァーン
Šadrvan
Map P.229-2
住 **Jusovina 11**
TEL 061-891189
開 9:00～23:00
休 無休 M V

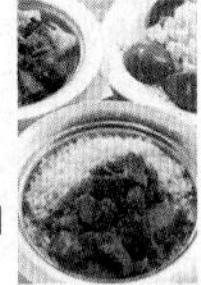

■スターリ・モスト博物館
住 Stari most
開 10:00～18:00
6～8月の土・日・祝8:00～16:00 休 冬期
料 10KM 学生5KM

美しい装飾も印象的なコスキ・メフメット・パシナ・ジャーミヤ

■コスキ・メフメット・パシナ・ジャーミヤ
住 Mala Tepa 16
開 9:00～日没
※礼拝時は15分ほど内部に入場できないが、尖塔や庭には入れる。
休 無休 料 8KM(€4)、尖塔込み14KM(€7)

info バスターミナルから旧市街に向かう場合、バス通りのチトー元帥通りよりも西側に平行に走る路地を南へ歩くのがおすすめ。交通量が少なくカフェなどがあって歩きやすい。

旧市街の正門を入った先にある時計塔

コトル
Kotor

Map P.13-D4

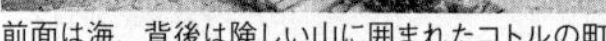

前面は海、背後は険しい山に囲まれたコトルの町

モンテネグロ西部、アドリア海沿岸のボカ・コトルスカ **Boka Kotorska**と呼ばれる地域は、複雑に入り組んだ湾を形成しており、コトルはその湾の最も奥に位置している。

複雑な海岸線と険しい山々に囲まれた天然の要害の地であることに加え、背後の山に沿って城壁が築かれるなど、堅固な要塞都市として栄えた。

狭い石畳の路地が走る旧市街は、貿易によりもたらされた富で築かれた豪華な館や、美しい教会が建ち並んでおり、ユネスコの世界遺産に登録された。1979年には地震によって多大な被害を受けたが、ユネスコなどの協力による復旧作業により、かつての姿を取り戻した。

歩き方

バスターミナルは町の南に位置している。旧市街まで徒歩5分ほどで、城壁に沿った市場を過ぎると、旧市街の正門にたどり着く。旧市街はそれほど広くはないので、少し歩けばすぐに地理をつかめるだろう。山の上へと延びる城壁は、旧市街の北東と南東の2ヵ所から登れるようになっている。

おもな見どころ

聖トリプン大聖堂
Katedrala sv. Tripuna カテドゥラーラ・スヴェトグ・トゥリプーナ
St. Tryphon Cathedral

Map P.231-1～2

コトルはローマ・カトリック文化圏と東方正教会文化圏の境界にあり、町には両方の教会が建つ。聖トリプン大聖堂はローマ・カトリックに属する。ロマネスク様式の教会は、塔以外の部分

■コトルへの行き方
●ドゥブロヴニクから
🚌7時台～20時台に1～8便運行（土・日減便）、所要2時間～2時間30分、€24～。夏期は国境審査が混雑し、遅れることが多い。ドゥブロヴニクからは日帰りツアーも催行。モンテネグロへの入国となるので、**パスポート**は忘れずに。データ通信のローミングにも注意。

■モンテネグロの基本情報
●首都　ポドゴリツァ
●出入国　観光目的で最初に入国した日から6ヵ月以内で、合計90日以内の滞在であればビザは不要。パスポートの残存有効期間は6ヵ月以上あることが望ましい。
●通貨と為替レート
通貨単位はユーロで、補助通貨はセント。それぞれのツルナゴーラ語（モンテネグロ語）での読みは「エウロ」と「ツェント」となる。
●言語　ツルナゴーラ語（モンテネグロ語）。文字はキリル文字とラテン表記を併用。
●時差　クロアチアと同じ。
●日本からの電話のかけ方
事業者識別番号+010
+382（国番号）+0を取った市外局番+番号
●緊急連絡先
警察 TEL122　消防 TEL123
救急 TEL124

世界遺産
コトルの自然と文化ー歴史地域
Priodni i Kulturno-istorijski region grada Kotor
1979年登録

16、17世紀のヴェネツィアの防衛施設
Venecijanski obrambeni sustav 16. i 17. stoljeća
2017年登録

■コトルのⓘ **Map P.231-1**
TEL (032)325950
URL kotor.travel
開 夏期8:00～20:00
冬期8:00～18:00　休 無休

info コトルのバスターミナルから出発する時は、施設使用チケットを購入すること。行き先によって料金は異なるが、ドゥブロヴニク行きは€2。

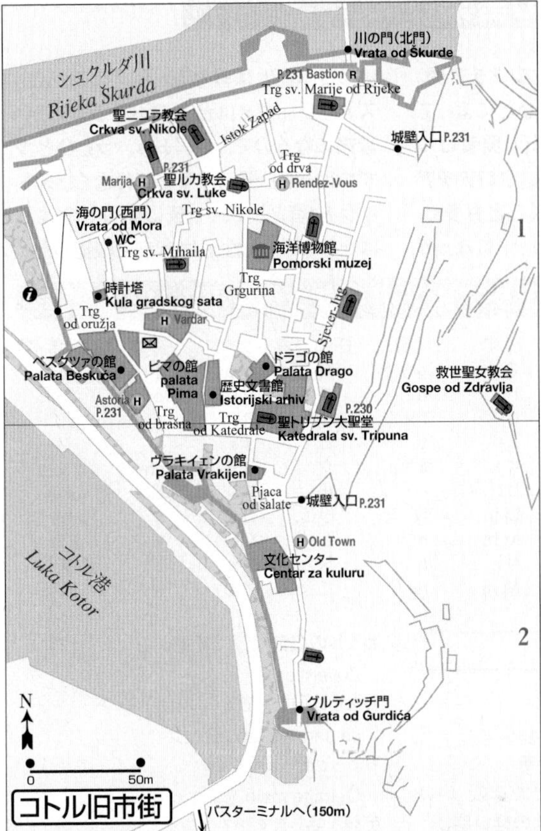

は1160年の創建当時の姿をとどめているが、内部は1667年と1979年の地震のあとに改修された。身廊と側廊の間に架かるアーチに残されたフレスコ画などが、中世の雰囲気を感じさせる。2階には聖遺物や聖具、祭服などが展示されている。

聖ルカ教会 Crkva sv. Luke ツルクヴァ・スヴェトグ・ルケ

Serbian Orthodox Church of St. Luke

Map P.231-1

聖ニコラ広場Trg sv. Nikoleに建つふたつの教会のうち、小さいほう。1195年の創建で、入ってすぐ右側にフレスコ画が少しだけ残っている。イコノスタスは教会の正面のものよりも、左奥にあるもののほうが見応えがある。

城壁 Zidine grada ズィディネ・グラダ

City Wall

Map P.231-1~2

旧市街の背後にそびえる山に沿って築かれた城壁は高さが最高で20m、長さは4.5kmにも及ぶ。中腹には、15世紀に建てられた小さな救世聖女教会Crkva gospe od Zdravljaが建っている。頂上からはコトルの町とコトル湾、近郊の町などを見渡せ、すばらしい景色が広がっている。

HOTEL ホテル

アストリア
Hotel Astoria
Map P.231-1
住 Trg od pošte
TEL (032)302720
URL www.astoriamontenegro.com
Mail kotor@astoriamontenegro.com
料 S A/C €100~165
W A/C €145~240
M V

RESTAURANT レストラン

バスティオン
Bastion
Map P.231-1
住 Stari grad
TEL (032)322116
開 10:00~22:30
(夏期延長あり)
休 1~2月上旬 M V

■聖トリプン大聖堂
住 Trg od katedrale
TEL (032)322315
開 5~10月9:00~19:00
11~4月9:00~16:00
休 無休 料 €4

■聖ルカ教会
住 Trg sv. Nikole
TEL (032)325826
開 夏期9:00~21:00
春・秋期9:00~19:00
休 11~3月 料 無料

■城壁
開 8:00~20:00
休 無休 料 €8

城壁の途中に建てられた救世聖女教会とコトルの町並み

旅の言葉 クロアチア語会話

クロアチアの公用語はクロアチア語。単語の語尾が性、数、格などによって変化し、文法は少々複雑だ。発音はつづりどおりに読めばよいが、クロアチア語の単語は子音が3つ続くことも多く、子音と母音がひとつずつセットになっている日本語とは異なる。例えばZdravoズドゥラーヴォはzdraズドゥラまでが1音節になるので、ズ、ドゥ、ラとひとつずつはっきり発音するのではなく、ズドゥラを1音として、一気に発音しなければならない。女性形は赤字で表記した。

クロアチア語　アルファベット

文字	発音	日本語	文字	発音	日本語	文字	発音	日本語
A a	a	ア	G g	g	グ	O o	o	オ
B b	b	ブ	H h	h	ホゥ	P p	p	プ
C c	ts	ツ	I i	i	イ	R r	r	ル
Č č	ch	チュ(強い)	J j	y	ユ	S s	s	ス
Ć ć	ch	チュ(弱い)	K k	k	ク	Š š	sh	シュ
D d	d	ドゥ	L l	l	ル	T t	t	トゥ
Dž dž	dj	ジュ	Lj lj	ly	リュ	U u	u	ウ
Đ đ	j	ジュ	M m	m	ム	V v	v	ヴ
E e	e	エ	N n	n	ヌ	Z z	z	ズ
F f	f	フ	Nj nj	ny	ニュ	Ž ž	zh	ジュ

基本会話

はい／いいえ
ダー　ネー
Da ／ Ne

やあ
ボグ
Bog.

おはようございます
ドブロ　ユトゥロ
Dobro jutro.

こんにちは
ドバル　ダン
Dobar dan.

こんばんは
ドブラ　ヴェチェル
Dobra večer.

おやすみなさい
ラク　ノチュ
Laku noć.

さようなら
ド　ヴィジェニャ
Do viđenja.

ありがとう
フヴァラ
Hvala

お願いします
モリム
Molim

どういたしまして
モリム
Molim

いいえ、けっこうです
ネ　フヴァラ
Ne hvala.

すみません
オプロスティテ
Oprostite

乾杯！
ジィヴィェリ
Živjeli

OKです
(大丈夫です、いいですよの軽い感じ)
ウ　レドゥ　イェ
U redu je.

わかります
ラズミイェム
Razumijem.

わかりません
ネ　ラズミイェム
Ne razumijem.

知りません
ネ　ズナム
Ne znam.

(あなたは)誰ですか？
トゥコ　ステ　ヴィ
Tko ste vi?

何時ですか？
コリコ　イェ　サティ
Koliko je sati?

お元気ですか？
カコ　ステ
Kako ste?

元気です
ドブロ　サム
Dobro sam

いくらですか？
コリコ　コシュタ
Koliko košta?

○○が欲しいのですが
ジェリム
Želim ○○.

わたしの名前は○○です
ゾヴェム　セ
Zovem se ○○.

わたしは日本人です
ヤ　サム　イズ　ヤパナ
Ja sam iz Japana.

ちょっと待ってください
チェカイテ　マロ
Čekajte malo.

英語を話しますか？
ゴヴォリテ　リ　エングレスキ
Govorite li engleski?

(地図などを出して)ここに書いてください
モリム　ナピシィテ　オヴディエ
Molim napišite ovdje.

移動

○○はどこですか？
グディエ　イェ
Gdje je ○○?

ここはどこですか？
グディ　セ　ナラズィモ
Gdje se nalazimo?

地図に印をつけてください
モリム　ヴァス　ナズナチテ　ト　ナ　カルティ
Molim vas, naznačite to na karti.

○○に行きたい
ジェリム　イチイ　ウ
Želim ići u ○○?

○○行きを1枚ください
モリム　ヴァス　イェドゥヌ　カルトゥ　ザ
Molim vas, jednu kartu za ○○.

○○までいくらですか
コリコ　コシュタ　ド
Koliko košta do ○○?

何時に出発／到着しますか？
カダ　クレチェモ　スティジェモ
Kada krećemo / stižemo?

タクシー乗り場はどこですか？
グディェ イェ タクスィ スタニツァ
Gdje je taksi stanica?

この住所へお願いします。
モリム ヴァス ナ オヴ アドレス
Molim vas, na ovu adresu.

町の中心までお願いします。
モリム ヴァス ド ツェントゥラ グラダ
Molim vas, do centra grada.

この写真が撮れる場所に行きたい
ジェリム イチ グディエ モ グ スリカティ オ ヴ スリク
Želim ići gdje mogu slikati ovu sliku.

何分ぐらいかかりますか？
コリコ ヴレメナ ビ トレバロ
Koliko vremena bi trebalo?

いくらぐらいですか？
コリコ モジェ コシュタティ
Koliko može koštati?

宿泊

このあたりに安いホテルはありますか？
イマ リ イェフティン ホテル ウ ブリズィニ
Ima li jeftin hotel u blizini?

予約した○○です
イマム レゼルヴァツィユ ナ イメ
Imam rezervaciju na ime ○○.

空室はありますか？
イマテ リ スロボドゥヌ ソブ
Imate li slobodnu sobu?

1泊いくらですか？
コリコ コシュタ イェドゥノ ノチェニエ
Koliko košta jedno noćenje?

何泊する予定ですか？
コリコ ダナ オスタイェテ
Koliko dana ostajete?

部屋を見せてください
モグ リ ポグレダティ ソブ
Mogu li pogledati sobu?

朝食は何時からですか？
オドゥ コリコ サティ イェ ドルチャク
Od koliko sati je doručak?

無線LANのパスワード（SSID）を教えてください
コ ヤ イェ ロズィンカ ザ ウィフィ
Koja je lozinka za Wifi?

○○号室の鍵をください
ダイテ ミ クリュチュ ザ ソブ
Dajte mi ključ za sobu ○○.

お湯が出ません
ネ マ トプレ ヴォデ
Nema tople vode.

ドアの鍵が開けられません
ネ モ グ オトゥクリュチャティ ヴ ラ タ
Ne mogu otključati vrata.

荷物を預かってもらえますか？
モグ リ オスタヴィティ ストゥヴァリ
Mogu li ostaviti stvari?

食事

このあたりにいいレストランはありますか？
イマ リ ドバル レストラン ウ ブリズィニ
Ima li dobar restoran u blizini?

ふたり用のテーブルをお願いします
モリム ヴァス ストル ザ ドゥヴィイェ オソベ
Molim vas, stol za dvije osobe.

メニューを見せてください
モリム ヴァス イェロヴニク
Molim vas, jelovnik.

これは何ですか？
シュト イエ オヴォ
Što je ovo?

○○をください
モリム ヴァス
Molim vas ○○.

これにします（メニューを指さしながら）
ウゼト チュ オヴォ
Uzet ću ovo.

名物料理が食べたいです
ジェリム イェスティ ロカルニ スペツィヤリテトゥ
Želim jesti lokalni specijalitet.

これは頼んでいません
ニ サ ム ト ナルチオ ナルチラ
Nisam to naručio(naručila).

まだ注文が来ていません
モ ヤ ナルジュバ ヨシュ ニイェ スティグラ
Moja narudžba još nije stigla.

おいしいです
フィノ イェ
Fino je.

トイレはどこですか？
グディエ イエ ヴェ・ツェ
Gdje je WC?

お勘定をお願いします
モリム ヴァス ラチュン
Molim vas, račun.

タクシーを呼んでください
モジェテ リナズヴァティ タクスィ ザ メ ネ
Možete li nazvati taksi za mene?

（食べ残したものを）お持ち帰りに包んでくれますか？
モジェテ リ ナ ム ザパキラティ ザ ド マ
Možete li nam zapakirati za doma?

（複数人でひと皿をシェアしたいとき）シェアします
ミ チェ モ ポディエリティ
Mi ćemo podijeliti

（カフェで）たばこを吸ってもいいですか？
モ グ リ プシティ
Mogu li pušiti?

買い物

見ているだけです
サ モ グレ ダ ム
Samo gledam.

試着してもいいですか？
モグ リ プロバティ オヴォ
Mogu li probati ovo?

それを見せてください
モリム ポ カ ジ テ ミ オ ノ
Molim pokažite mi ono.

これにします
ウゼトゥ チュ オヴォ
Uzet ću ovo.

ほかのものはありますか？
シュト ヨシュ イマテ
Što još imate?

もっと大きな／小さな物はありますか？
イ マ テ リ ヴェチ マニィイ
Imate li veći / manji?

この地方名産のワイン／チーズはどれですか？
コイェ イェ ロカルノ ヴィノ コイェ イェ ロカルノ スィール
Koje je lokalno vino / Koji je lokalni sir ?

レジはどこですか？
グディェ イェ ブラガイナ
Gdje je blagajna?

クレジットカードで払えますか?
プリマテ リ クレディトネ カルティツェ
Primate li kreditne kartice?

1個だけください
サ モ イェダン モ リ ム ヴァス
Samo jedan, molim vas.

選んでもいいですか?
モ グ イザブラティ
Mogu izbarati?

10ユーロ分ください
ザ デセット エウロ モ リ ム ヴァス
Za deset euro, molim vas.

半キロください
ポ ラ キ レ モ リ ム ヴァス
Pola kile, molim vas.

味見できますか?
モ グ プロバティ
Mogu probati?

旬の野菜はどれですか?
コイェ ポヴルチェ イェ サ ダ ウ ナイボリョイ セ ゾ ニ
Koje povrće je sada u najboljoj sezoni?

郵便、電話、両替

郵便局はどこですか?
グディェ イェ ポシュタ
Gdje je pošta?

日本までの切手をください
ダイテ ミ マルケ ザ ヤパン
Dajte mi marke za Japan.

航空便でお願いします
モ リ ム ヴァス アヴィオノム ズラコプロヴォム
Molim vas, avionom (zrakoplovom).

テレホンカードはありますか?
イマテ リ テレフォンスク カルティツ
Imate li telefonsku karticu?

両替はできますか?
モ グ リ プロミイェニティ
Mogu li promijeniti?

観光

市内地図はありますか?
イマテ リ プラン グラダ
Imate li plan grada.

開館時間は何時からですか?
オドゥ コ リ コ サティ ラディテ
Od koliko sati radite?

入場料はいくらですか?
コリコ コシュタ ウラズニツァ
Koliko košta ulaznica?

学生割引はありますか?
イ マ テ リ ストゥデンスキ ポ プ ト ゥ
Imate li studenski popust?

写真を撮ってもいいですか?
モグ リ スリカティ
Mogu li slikati?

緊急、医療

助けて!
ウ ポ モ チ ュ
U pomoć!

泥棒!
ロ ポ ヴ
Lopov!

~を盗まれました
ウクラデン ミ イェ ~
Ukraden mi je ~.

道に迷いました
イズグビオ イズグビラ サ ム セ
Izgubio(Izgubila) sam se.

警察!
ポリツィヤ
Policija!

日本大使館に連絡してください
コンタクティライテ ヴェレポスランストヴォ ヤ パ ナ
Kontaktirajte Veleposlanstvo Japana.

気分が悪いです
ロ シェ ミ イェ
Loše mi je.

病院はどこですか?
グディェ イェ ボルニツァ
Gdje je bolnica ?

~が痛い
ボ リ メ ~
Boli me~.

医者を呼んでください
ゾ ヴィ テ ルイエチュニカ
Zovite liječnika.

薬をください
ダイテ ミ リイェク
Dajte mi lijek.

いりません
ネ トゥレバ
Ne treba.

■**数字**

1	イェダン (イェドゥナ イェドゥノ) jeden (jedna, jedno)
2	ドヴァ (ドゥヴィェ) dva(dvije)
3	トゥリ tri
4	チェティリ četiri
5	ペトゥ pet
6	シェストゥ šest
7	セ ダ ム sedam
8	オ サ ム osam
9	デヴェトゥ devet
10	デセトゥ deset
11	イェダナエストゥ jedanaest
12	ドゥヴァナエストゥ dvanaest
13	トゥリナエストゥ trinaest
14	チェトゥルナエストゥ četrnaest
15	ペトゥナエストゥ petnaest
16	シェスナエストゥ šesnaest
17	セ ダ ム ナ エ ス ト ゥ sedamnaest
18	オサムナエストゥ osamnaest
19	デヴェトゥナエストゥ devetnaest
20	ドゥヴァデセトゥ dvadeset
21	dvadeset(i)jeden (イェドゥナ、イェドゥノ) (jedna, jedno)
22	ドゥヴァデセトゥ (イ) ドゥヴァ(ドゥヴィェ) dvadeset(i)dva(dvije)
23	ドゥヴァデセトゥ (イ) トリ dvadeset(i)tri
30	トゥリデセトゥ trideset
40	チェトゥルデセトゥ četrdeset
50	ペ デ セ ト ゥ pedeset
60	シェズデセトゥ šezdeset
70	セ ダ ム デ セ ト ゥ sedamdeset
80	オ サ ム デ セ ト ゥ osamdeset
90	デヴェデセトゥ devedeset
100	ス ト sto
101	sto jeden (イェドゥナ、イェドゥノ) (jedna, jedno)
110	ス ト デ セ ト ゥ sto deset
200	ドゥヴィェスト dvjesto
300	トゥリスト tristo
400	チェティリスト četiristo
500	ペトゥスト petsto
600	シェスト šesto
700	セ ダ ム ス ト sedamsto
800	オ サ ム ス ト osamsto

900 devetsto（デヴェトゥスト）
1000 tisuću（ティスチュ）
1万 deset tisuća（デセトゥ ティスチャ）
10万 sto tisuća（スト ティスチャ）

■曜日

月曜日 ponedjeljak（ポネディェリャク）
火曜日／水曜日 utorak（ウトラク）／srijeda（スリイェダ）
木曜日／金曜日 četvrtak（チェトゥヴルタク）／petak（ペタク）
土曜日／日曜日 subota（スボタ）／nedjelja（ネディェリャ）

■月

1月／2月 siječanj（スィイェチャニュ）／veljača（ヴェリャチャ）
3月／4月 ožujak（オジュヤク）／travanj（トゥラヴァニュ）
5月／6月 svibanj（スヴィバニュ）／lipanj（リパニュ）
7月／8月 srpanj（スルパニュ）／kolovoz（コロヴォズ）
9月／10月 rujan（ルヤン）／listopad（リストパドゥ）
11月／12月 studeni（ストゥデニ）／prosinac（プロスィナツ）

■基本単語

誰 tko（トゥコ）
いつ／どこ kada（カダ）／gdje（グディェ）
何／なぜ što（シュト）／zašto（ザシュト）
どのように kakav (kakva, kakvo)（カカヴ（カクヴァ カクヴォ））
昨日 jučer（ユチェル）
今日／明日 danas（ダナス）／sutra（スゥトラ）
午前／午後 prijepodne（プリイェポドゥネ）／popodne（ポポドゥネ）
朝／昼／夜 jutro（ユトゥロ）／podne（ポドゥネ）／noć（ノチュ）
毎日 svaki dan（スヴァキ ダン）
暑い vruć (vruća, vruće)（ヴルチゥ（ヴルチャ ヴルチェ））
寒い hladan (hladna, hladno)（フラダン（フラドゥナ フラドゥノ））
暖かい topao (topla, toplo)（トパオ（トプラ トプロ））
涼しい prohladan (prohladna, prohladno)（プロフラダン（プロフラドゥナ プロフラドゥノ））
よい dobar (dobra, dobro)（ドバル（ドブラ ドブロ））
悪い loš (loša, loše)（ロシュ（ロシャ ロシェ））
右／左 desno（デスノ）／lijevo（リイェヴォ）
上／下 gore（ゴレ）／dole（ドレ）
前／後 ispred（イスプレドゥ）／iza（イザ）

■移動に役立つ単語

飛行機／ボート avion（アヴィオン）／brod（ブロドゥ）
列車／バス vlak（ヴラク）／autobus（アウトブス）
タクシー／トラム taksi（タクスィ）／tramvaj（トラムヴァユ）
自動車／自転車 auto（アウト）／bicikl（ビツィクル）
空港 aerodrom（アエロドゥロム）
鉄道駅 željeznički kolodvor（ジェリェズニチュキ コロドゥヴォル）
バスターミナル autobusni kolodvor（アウトブスニ コロドゥヴォル）
急行／快速 ekspresni（エクスプレスニ）／brzi（ブルズィ）
各停（鈍行） putnički（プトゥニチュキ）
1等／2等 prvi razred（プルヴィ ラズレドゥ）／drugi razred（ドゥルギ ラズレドゥ）
切符 vozna karta（ヴォズナ カルタ）
時刻表 vozni red（ヴォズニ レドゥ）
発券窓口 blagajna（ブラガイナ）
到着／出発 dolazak（ドラザク）／odlazak（オドゥラザク）
入口／出口 ulaz（ウラズ）／izlaz（イズラズ）
運転手 šofer（ショフェル）

■宿泊に役立つ単語

部屋／シャワー soba（ソバ）／tuš（トゥシュ）
バスタブ kada za kupanje（カダ ザ クパニェ）
トイレ zahod（ザホドゥ）
朝食 doručak（ドルチャク）
鍵／税金 ključ（クリュチュ）／porez（ポレズ）
ホテル hotel（ホテル）
プライベートルーム privatna soba（プリヴァトゥナ ソバ）
レセプション recepcija（レツェプツィヤ）
エレベーター dizalo（ディザロ）
階段 stepenice（ステペニツェ）
水／お湯 voda（ヴォダ）／topla voda（トプラ ヴォダ）
テレビ televizija（テレヴィズィヤ）
ベッド／毛布 krevet（クレヴェトゥ）／deka（デカ）
電球 sijalica（スィヤリツァ）
窓／ドア prozor（プロゾル）／vrata（ヴラタ）
うるさい bučan (bučna, bučno)（ブチャン（ブチュナ ブチュノ））
静か tih (tiha, tiho)（ティフ（ティハ ティホ））
狭い uzak (uska, usko)（ウザク（ウスカ ウスコ））
広い širok (široka, široko)（シロク（シロカ シロコ））
汚い／きれい prljav（プルリャヴ）／čist（チストゥ）
暗い mračan (mračna, mračno)（ムラチャン（ムラチュナ ムラチュノ））
明るい svijetao (svijetla, svijetlo)（スヴィイェタオ（スヴィイェトゥラ スヴィイェトゥロ））

■食事に役立つ単語

メニュー／朝食 jelovnik（イェロヴニク）／doručak（ドルチャク）
昼食／夕食 ručak（ルチャク）／večera（ヴェチェラ）
テーブル／ナイフ stol（ストル）／nož（ノジュ）
フォーク／スプーン vilica（ヴィリツァ）／žlica（ジュリツァ）
ウエーター konobar（コノバル）
ウエートレス konobarica（コノバリツァ）
肉／魚 meso（メソ）／riba（リバ）
野菜 povrće（ポヴルチェ）
鶏肉／豚肉 piletina（ピレティナ）／svinjetina（スヴィニェティナ）
牛肉／羊肉 govedina（ゴヴェディナ）／janjetina（ヤニェティナ）
パン／ライス kruh（クルフ）／riža（リジャ）
スープ juha（ユハ）
飲み物 piće（ピーチェ）
酒／ジュース alkoholno piće（アルコホルノ ピチェ）／sok（ソク）
コーヒー／紅茶 kava（カヴァ）／čaj（チャイ）
ビール／ワイン pivo（ピヴォ）／vino（ヴィノ）
デザート desert（デセルトゥ）
勘定書 račun（ラチュン）

■買い物に役立つ単語

大きい／小さい velik（ヴェリク）／mali（マリ）
赤色／青色 crvena（ツルヴェナ）／plava（プラヴァ）
黄色／緑色 žuta（ジュタ）／zelena（ゼレナ）
黒色／白色 crna（ツルナ）／bijela（ビイェラ）
茶色 smeđa（スメジャ）
あれ／これ ono（オノ）／ovo（オヴォ）

■郵便、電話、両替に役立つ単語

切手 marka（マルカ）
はがき razglednica（ラズグレドゥニツァ）
エアメール zračna pošta（ズラチュナ ポシュタ）
国際電話 međunarodni telefon（メジュナロドゥニ テレフォン）
携帯電話 mobitel（モビテル）
両替所 mjenjačnica（ミィェニャチュニツァ）
小包 paket（パケトゥ）

■観光に役立つ単語

地図 karta（カルタ）
博物館／美術館 muzej（ムゼイ）／galerija（ガレリヤ）
教会 crkva（ツルクヴァ）
修道院 samostan（サモスタン）
川／山 rijeka（リイェカ）／planina（プラニナ）
通り／広場 ulica（ウリツァ）／trg（トゥルグ）
門 vrata（ヴラタ）
公園／市場 park（パルク）／tržnica（トゥルジュニツァ）
観光案内所 turističke informacija（トゥリスティチュケ インフォルマツィイェ）
旅行代理店 turistička agencija（トゥリスティチュカ アゲンツィヤ）
荷物預かり所 garderoba（ガルデロバ）

■緊急・医療に役立つ単語

頭／顔 glava（グラヴァ）／lice（リツェ）
手／足 ruka（ルカ）／noga（ノガ）
目／鼻 oko（オコ）／nos（ノス）
口／歯 usta（ウスタ）／zub（ズブ）
のど／耳 grlo（グルロ）／uho（ウホ）
腹／胃 trbuh（トゥルブフ）／želudac（ジェルダツ）
背中／腸 leđa（レジャ）／crijevo（ツリイェヴォ）
救急車 vozilo hitne pomoći（ヴォズィロ ヒトゥネ ポモチィ）
薬局 ljekarna（リェカルナ）
医者 liječnik（男）（リイェチュニク）／lijecnica（女）（リイェチュニツァ）

#【クロアチアの歴史】

ローマ時代に建てられたプーラの円形劇場

◆スラヴ化以前のクロアチア

現在のクロアチアには、クロアチア人が入ってくるはるか前、イリュリア人と呼ばれる民族が住んでいた。紀元前4世紀頃には、ケルト人とギリシア人が進出してくる。ヴィス(イッサ)やフヴァール島のスターリ・グラード(ファロス)は、このときに建設された。

紀元前2世紀になると、ローマ人がこの地を征服し、ローマの属州になる。この時代の遺跡はクロアチア各地に残っているが、特に有名なものとして、プーラの円形劇場や、スプリットのディオクレティアヌス帝の宮殿が挙げられる。

◆クロアチア王国の誕生

現在のクロアチアに南スラヴ人が移住してきたのは6世紀頃のこと。この南スラヴ人は、やがてブルガリア、セルビア、クロアチア、スロヴェニアの4民族へと発展する。クロアチア人は9世紀以降、ビザンツ帝国の派遣した宣教師の影響でキリスト教を受け入れ、スラヴ語による典礼やグラゴール文字を使用していたが、11世紀の東西教会分裂以降はローマ・カトリック地域となる。

最初の独立国家クロアチア王国は、10世紀初頭に建国された。彼らはダルマチアから支配領域を広げていき、バルカン半島西部へと勢力を拡大。トミスラヴが初代クロアチア王として戴冠した。

◆ハプスブルク帝国の支配

クロアチア王国は1102年まで独立を保ち続けるが、ハンガリー王ゲーザ1世の妹を王妃に迎えたクロアチア国王ズヴォニミルが殺されると、ハンガリー国王がクロアチア国王を兼ねることになった。1526年にモハーチの戦いでハンガリーの王位はオーストリアのハプスブルク家に受け継がれ、クロアチアの王位もハプスブルク家が兼ねるようになる。

また、モハーチの戦いでクロアチアの大部分はオスマン朝の領土となった。ハプスブルク帝国は、オスマン朝との戦線を軍事国境地帯として、オスマン朝から逃げてきたセルビア人を入植させ、防衛に当たらせた。これが、クロアチアにおけるセルビア人居住区の起源となった。

1683年の第2次ウィーン包囲が失敗に終わって以降、オスマン朝は撤退を重ねるようになり、ハプスブルク帝国下のクロアチアは以前の領土を回復していった。

◆ユーゴスラヴィアの誕生

フランス革命とナポレオンの登場は、クロアチア人に民族意識を芽生えさせ、第1次世界大戦でオーストリア=ハンガリー帝国が崩壊すると、1918年には「セルビア人・クロアチア人・スロヴェニア人の王国」が建国された。しかし、国家はうまく機能しないまま1929年、セルビア人主導の最初のユーゴスラヴィア王国へと強引に改称された。

1939年にチェコスロヴァキアが侵略されると、ユーゴスラヴィアは枢軸国の独伊側についた。そして、1941年、ナチス・ドイツはパベリッチ総統を元首とする傀儡政権「クロアチア独立国」を組織した。このようなファシズム体制下のクロアチアで活躍したのが、チトー率いるパルチザン部隊(共産党)だった。パルチザン部隊は戦争終結まで、ナチス・ドイツの支配に抵抗し続けた。

ヴァラジュディンにはハプスブルク帝国時代に造られたバロック様式の建造物が多く残る

1945年、ドイツが降伏した後のユーゴスラヴィアは社会主義国となった。当初は親ソ連的であったが、1948年以降は大統領チトーの指導の下、ユーゴスラヴィア独自の自主管理社会主義、非同盟などに取り組んだ。

◆クロアチア共和国の誕生

1980年のチトー大統領死後のユーゴスラヴィア連邦では、民族運動が頻発するようになる。かつてのパルチザンの軍人フラニョ・トゥジマンを議長としたクロアチア民主連盟が1990年の選挙で圧勝し、国民投票での支持を得て1991年6月に独立宣言を発表。しかし、クロアチアの人口の12%に当たる52万人のセルビア人の多くがこの独立に異議を唱え、同国内に自治区を設定、セルビアへの併合を求めた。

その後、国内のセルビア人を保護するという名目でユーゴスラヴィア連邦軍がクロアチアに進軍、ドゥブロヴニクをはじめ多くの都市が被害を受けた。1992年1月15日、クロアチア共和国は正式に独立が認められたが、戦闘は1995年まで続けられた。独立後は順調に経済発展を続け、2013年にはEUに加盟し、2023年にシェンゲン協定加盟、同年、通貨をユーロへ移行した。

歴史年表

B.C.4C頃	ケルト人やギリシア人が現在のクロアチア付近に進出
B.C.2C頃	ローマの属州となる
↑ B.C. A.D. ↓	
284	ダルマチア出身のディオクレティアヌスがローマ帝国の皇帝に即位
305	ディオクレティアヌスがローマ皇帝を引退 現在のスプリットに宮殿を造る
395	ローマ帝国、東西に分裂
6C頃	南スラヴ人の南下。クロアチアに定住する
9C頃	クロアチア人の間にキリスト教が広まる
10C初期	**クロアチア王国**の誕生
1054	東西教会の分裂。 クロアチアはローマ・カトリック地域となる
1102	ハンガリー王がクロアチア国王を兼任
1358	ラグーサ共和国(**ドゥブロヴニク**)がハンガリー王国から独立
1526	モハーチの戦いでハンガリー国王ラヨシュ 2世が死亡
16C以降	ハプスブルク家とオスマン朝の対立。 国境付近にセルビア人が入植する
1808	ナポレオンのダルマチア遠征。ラグーサ共和国が廃止
1848	諸国民の春
1914	第1次世界大戦勃発
1918	第1次世界大戦終結。 オーストリア=ハンガリー帝国の解体。 「セルビア人・クロアチア人・スロヴェニア人の王国」の建国
1929	ユーゴスラヴィア王国へと改称
1939	第2次世界大戦勃発
1941	ナチス・ドイツの傀儡国家「クロアチア独立国」が建国
1945	第2次世界大戦終結。 チトー率いるパルチザンによって 「ユーゴスラヴィア社会主義連邦共和国」が建国
1948	ユーゴスラヴィアがコミンフォルムを追放される
1980	チトー死去
1989	ベルリンの壁崩壊
1991	クロアチアが独立宣言。**クロアチア紛争**が勃発
1992	クロアチア共和国が正式に独立が認められる
1995	クロアチア紛争終結
2013	EUに加盟
2023	シェンゲン協定加盟、通貨をクーナからユーロに変更

スプリットはディオクレティアヌス帝の宮殿を利用してつくられた町

初代クロアチア王国の王宮があったニン

ドゥブロヴニクは東西から物品が集まる通商都市だった

最激戦区のヴコヴァルは特に大きな被害を受けた

地球の歩き方 旅の図鑑シリーズ

見て読んで海外のことを学ぶことができ、旅気分を楽しめる新シリーズ。
1979年の創刊以来、長年蓄積してきた世界各国の情報と取材経験を生かし、
従来の「地球の歩き方」には載せきれなかった、
旅にぐっと深みが増すような雑学や豆知識が盛り込まれています。

W01 世界244の国と地域
¥1760

W07 世界のグルメ図鑑
¥1760

W02 世界の指導者図鑑
¥1650

W03 世界の魅力的な奇岩と巨石139選
¥1760

W04 世界246の首都と主要都市
¥1760

W05 世界のすごい島300
¥1760

W06 世界なんでもランキング
¥1760

W08 世界のすごい巨像
¥1760

W09 世界のすごい城と宮殿333
¥1760

W11 世界の祝祭
¥1760

W10 世界197ヵ国のふしぎな聖地&パワースポット ¥1870
W13 世界遺産　絶景でめぐる自然遺産　完全版 ¥1980
W16 世界の中華料理図鑑 ¥1980
W18 世界遺産の歩き方 ¥1980
W20 世界のすごい駅 ¥1980
W22 いつか旅してみたい世界の美しい古都 ¥1980
W24 日本の凄い神木 ¥2200
W26 世界の麺図鑑 ¥1980
W28 世界の魅力的な道 178 選 ¥1980
W30 すごい地球！ ¥2200
W12 世界のカレー図鑑 ¥1980
W15 地球の果ての歩き方 ¥1980
W17 世界の地元メシ図鑑 ¥1980
W19 世界の魅力的なビーチと湖 ¥1980
W21 世界のおみやげ図鑑 ¥1980
W23 世界のすごいホテル ¥1980
W25 世界のお菓子図鑑 ¥1980
W27 世界のお酒図鑑 ¥1980
W29 世界の映画の舞台&ロケ地 ¥2090
W31 世界のすごい墓 ¥1980

※表示価格は定価（税込）です。改訂時に価格が変更になる場合があります。

スロヴェニア

地名がカルスト地形の語源になったカルスト地方があるスロヴェニアで代表的なシュコツィヤン鍾乳洞（→P.319）は世界遺産

ジェネラルインフォメーション

スロヴェニアの基本情報

▶旅の言葉
→P.336

国　旗
白、青、赤のスラヴ3色にスロヴェニアの最高峰トリグラフ山と3つの星が描かれたスロヴェニアの紋章が加えられている。

正式国名
スロヴェニア共和国
Republika Slovenija

国　歌
Zdravljica(乾杯の詩)

面　積
約2万273km^2（四国とほぼ同じ）

人　口　約211万人（2022年）

首　都　リュブリャーナ Ljubljana

元　首
ナターシャ・ピルツ・ムサール大統領
Nataša Pirc Musar

政　体
共和制（2004年5月からEUに加盟）

民族構成
スロヴェニア人83.1%。セルビア人2%。

宗　教
ローマ・カトリックが57.8%、イスラム教2.4%、東方正教2.3%、ルター派0.8%。

言　語
公用語はスロヴェニア語（スラヴ語派）。外国語はドイツ語、英語、イタリア語がよく通じる。数ヵ国語を操る人も多い。

通貨と為替レート

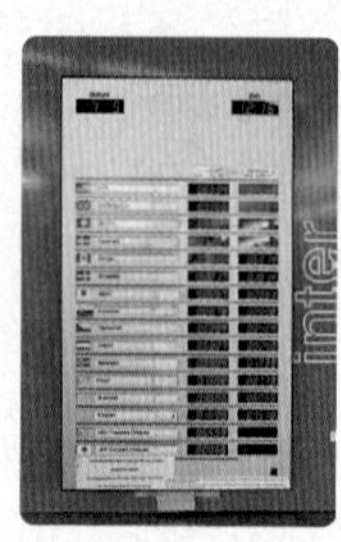

通貨単位はユーロ（€、EURO、EURとも略す）、補助通貨単位はセント（¢、CENT）。それぞれのスロヴェニア語読みは「エウロ」と「ツェント」となる。€1=100セント=約156.3円（2023年10月現在）。紙幣の種類は5、10、20、50、100、200ユーロ。硬貨の種類は1、2、5、10、20、50セント、1、2ユーロ。

スロヴェニア独自のユーロ硬貨裏面の絵柄は、国民的詩人プレシェーレンやスロヴェニア最高峰のトリグラフ山など。

1ユーロ

2ユーロ

5ユーロ

10ユーロ

20ユーロ

50ユーロ

100 ユーロ

200ユーロ

1セント　2セント　5 セント　10セント　20セント

50セント

電話のかけ方

日本からスロヴェニアへかける場合　㊄リュブリャーナの（01）1234567へかける場合

事業者識別番号		国際電話識別番号		スロヴェニアの国番号		市外局番（頭の0は取る）		相手先の電話番号
0033（NTTコミュニケーションズ） 0061（ソフトバンク） 携帯電話の場合は不要	+	※010	+	386	+	1	+	1234567

※携帯電話の場合は010のかわりに「0」を長押しして「+」を表示させると国番号からかけられる
※NTTドコモは事前にWORLD CALLに登録が必要。

出入国

ビザ

シェンゲン協定加盟国。180日以内に合計90日までの観光目的の滞在ならビザは不要。

パスポート

パスポートの残存有効期間は、出国時に3ヵ月以上必要。

免税で持ち込めるもの

たばこ200本または葉巻50本、ワイン2ℓ、蒸留酒は1ℓ、コーヒー500g、香水50g。オードトワレ250mℓなど。

日本からのフライト時間

現在、日本とスロヴェニアを結ぶ直行便はなく、イスタンブール、フランクフルト、ミュンヘン、パリ、アムステルダムなどの都市で最低一度は乗り換える必要がある。日本からのフライト時間の目安は、周辺諸国まで14～15時間。周辺諸国からスロヴェニアまで1～3時間。

気　候

アルプス型、大陸型、地中海型の3つの気候区分があり、地域によって気温、降水量ともに差がある。夏はどこも過ごしやすいが、冬の山岳地帯は降雪が続き、リュブリャーナなどの内陸地域では平均気温が0度以下となる。降水量は春と秋に多く、年間降水量は800～3000㎜と地域により大きく異なる。

ベストシーズンは夏。5～9月が快適な気候だ。スキーシーズンの冬も人気。ブレッド湖など内陸部では夏でも夜間は涼しいので、長袖シャツ、薄手のカーディガンが必要。どの季節もフレキシブルに対応できるような服を用意しよう。

リュブリャーナと東京の気温と降水量

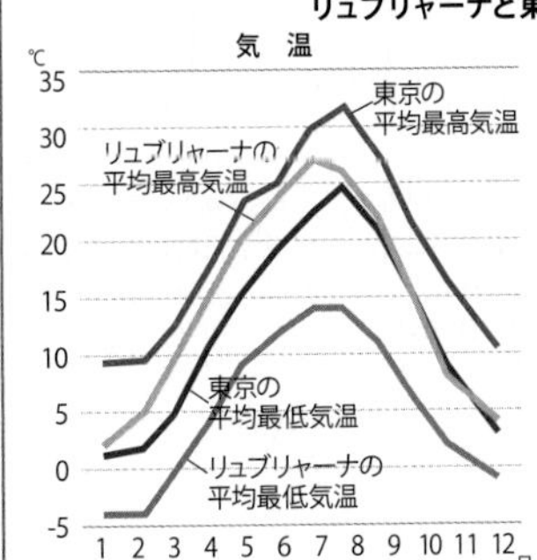

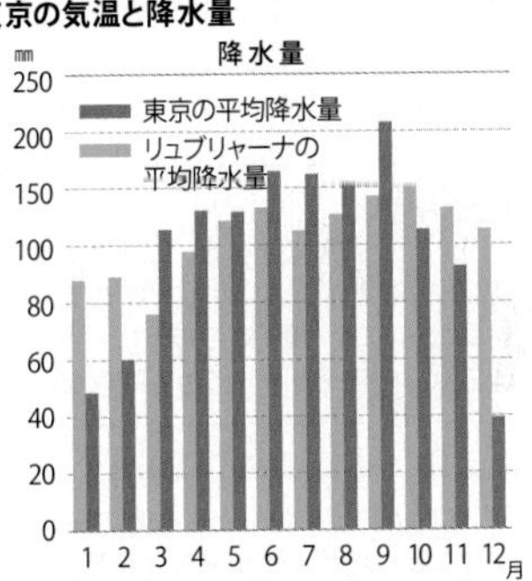

時差とサマータイム

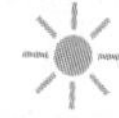

日本との時差は8時間で、日本時間から8時間引けばよい。つまり、日本のAM7:00がスロヴェニアでは前日のPM11:00となる。これがサマータイム実施中は7時間の時差になる。

サマータイム実施期間は、3月最終日曜のAM2:00（＝AM3:00）～10月最終日曜のAM2:00（＝AM1:00）。

スロヴェニアから日本へかける場合　例 (03) 1234-5678 または (090) 1234-5678へかける場合

国際電話識別番号		日本の国番号		市外局番と携帯電話の最初の0を除いた番号※2		相手先の電話番号
00※1	+	81	+	3 または 90	+	1234-5678

※1 ホテルの部屋からは、外線につながる番号を頭につける
※2 携帯電話などへかける場合も、「090」「080」などの最初の0を除く

▶**スロヴェニア国内通話**　市内へかける場合は市外局番は不要。市外へかける場合は市外局番からダイヤルする。

▶**公衆電話のかけ方**
①受話器を持ち上げる
②テレホンカードを、カードに示された矢印の方向に入れる
③相手先の電話番号を押す
④テレホンカードの残りが画面に表示される。通話が終わったら、受話器を置き、カードを取る

ビジネスアワー

以下は一般的な営業時間の目安。

銀　行

月～金曜は9:00～12:00、13:00～17:00、土曜は～12:00、日曜は休業。

デパートやショップ

一般の商店は、平日7:00～8:00に開店、18:00～21:00に閉店というところが多い。土曜は～13:00。冬期は営業時間が短縮される場合もある。

レストラン

店によってまちまちだが、8:00～11:00に開店、23:00～深夜に閉店。

祝祭日（おもな祝祭日）

年によって異なる移動祝祭日（※印）に注意。

日付		祝祭日
1/1、1/2		元日とその翌日
2/8		プレシェーレンの日
3/31（'24）4/20（'25）	※	復活祭（イースター）
4/1（'24）4/21（'25）	※	復活祭の翌月曜
4/27		抵抗運動記念日
5/1、5/2		メーデー
6/25		国家の日
8/15		聖母マリア被昇天祭
10/31		宗教改革の日
11/1		死者の日
12/25		クリスマス
12/26		独立記念日

電圧とプラグ

電圧は220ボルト（V）で周波数50ヘルツ（Hz）、プラグはC型。日本の電化製品を使う場合、変圧器とプラグアダプターを持参のこと。

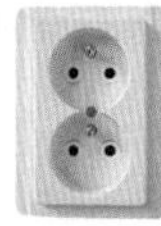

ビデオ方式

DVD方式

スロヴェニアのテレビ・ビデオ方式（PAL）は日本やアメリカの方式（NTSC）と異なるので、現地のソフトは一般的な日本国内用デッキでは再生できない。また、DVDのリージョンコードは2で日本と同じだが、ビデオ同様に映像の出力方式が異なるため、一般的な家庭用DVDデッキでは再生できない。

チップ

スロヴェニアにはもともとチップの習慣はなかったが、近年海外からの観光客の増加によって、観光地を中心にチップの習慣が一般化しつつある。

タクシー

基本的に不要だが、何か特別な頼みごとをしたときや、サービスに満足したときに端数を切り上げて渡す。

レストラン

レストランでは料金の10％程度を渡すのが一般的。サービスチャージが含まれている場合は必要ない。カード決済をする際、チップ選択画面が表示される場合もある。

飲料水

水道水は都市部では飲用可能だが、一部農村地域では化学薬品による汚染が指摘されている。ペットボトルに入ったミネラルウオーターは500mℓで€0.50～1。

郵　便

▶郵便と通信
→P.343

一般的に平日8:00～18:00、土曜は～12:00、日曜は休業。各都市の中央郵便局ではもう少し遅い時間まで開いており、日曜も開いているところもある。

郵便料金

航空便なら、日本まで3～6日で着く。料金ははがき、封書（15gまで）ともに€1.57。小包は2kgまでは、所要10～15日間で€38.27、2～5kgが€46.44。上限は30kg。大きな郵便局では、小包用の箱も販売されている。

インターネット事情

SIMカード 空港のほか、携帯電話店などで購入可能。Telekom SlovenijeやA1 Slovenijaなど大手通信会社のSIMカードが便利。e-SIM対応端末ならSIMカードを入れ替えずに使える。

無線LAN
カフェや中級以上のホテルでは、ほとんどが無料で利用できる。高級ホテルのなかには通常サービスは無料だが、高速ネットのみ有料のところもある。

税　金

スロヴェニアでは商品の代金にPDVと呼ばれる付加価値税がかかっており(22%または9.5%)、旅行者は手続きをすればこの税金の一部が戻ってくる。

還付されるのは一度に€50.01以上の物を買い、未使用の状態で国外へ持ち出す場合のみで、ホテル料金や食事代、たばこ、アルコール飲料などについては適用されない。免税の取り扱いをする店で、買い物時に書類を作成してもらい、出国時に税関で証印をもらう。それを払い戻し窓口に提出すれば、還付金を受け取れる。

安全とトラブル

ほかのヨーロッパ諸国と比べて、スロヴェニアの治安はいいほうだ。しかし、近年はスリやひったくり、置き引きの被害に遭う日本人旅行者も増加傾向にあるなど、過度に安心するのは禁物だ。また、夜間は都市部でも中心街を外れると街灯が少なく暗いので、ひとり歩きには注意したい。

置き引き
団体旅行者や何人かで一緒に旅行している人が注意したいのは置き引き。ホテルのビュッフェスタイルの朝食で、荷物を置いたままテーブルを離れ、戻ってきたら荷物がなくなっているというケースが何件か報告されている。何人かで一緒に行動していると、つい話に夢中になったり、ほかの人が見ていてくれるという安心感が働いたりして、注意力が下がってしまう。ひとり旅のとき以上に荷物には気をつけるようにしよう。

警察
警察はポリツィヤPolicijaという。警察署は首都リュブリャーナでも1ヵ所のみで、派出所もなくパトカーや警察官もあまり見かけない。警察署でも英語は十分通じる。

警察　113

消防、救急　112

▶旅のトラブル
→ P.347

年齢制限

スロヴェニアでは18歳未満の酒類とたばこの購入は不可。レンタカーは21歳以上（免許取得から2年以上が好ましい）。21～25歳は追加料金が必要だったり、借りられる車種に制限がある。

度量衡

日本の度量衡と同じで距離はメートル、重さはグラム、キロ、液体はリットル。服や靴のサイズは日本とは異なり、メンズ、レディスによっても異なるので注意が必要。

そのほか

喫煙
特別に設けられた喫煙室を除き、原則として屋内にある公共の場での喫煙は違法。違反者には罰金が科せられる。

トイレ
公衆トイレはほとんどが無料。トイレの表示は男性がMoški(モシュキ)、女性がŽenske(ジェンスケ)。

自転車
歩道の一部が自転車専用道路になっていることがある。スピードを出して走ってくるので、歩かないよう注意。

スロヴェニアの世界遺産

スロヴェニアは世界遺産の数は少ないが、どれも魅力的なものばかりだ。なかでもカルスト地方のシュコツィヤン鍾乳洞は見事で、水と石が自然のオブジェを造り出しており、世界でもこれだけの規模をもつ鍾乳洞はなかなか珍しい。ほかには、アルプス周辺の先史時代の遺跡も登録されている。

シュコツィヤン鍾乳洞内の渓谷

世界遺産❶

リュブリャーナのヨジェ・プレチュニク作品群

Dela Jožeta Plečnika v Ljubljani ➡P.260

第1次世界大戦後に、建築家ヨジェ・プレチュニクが設計した都市景観。公園などの自然と歴史的建造物、さらには公共の建物が調和した都市改造を行った。

世界遺産❷

アルマデンとイドゥリヤの水銀の遺産

Dediščina živega srebra, Almadén in Idrija ➡P.296

スロヴェニア西部、イドゥリヤにある水銀鉱山跡で、スペインのアルマデンとの共同登録。ともに世界最大級の水銀鉱山であり、イドゥリヤでは15世紀末以来、水銀の採掘が行われていた。

世界遺産❸

シュコツィヤン鍾乳洞

Škocjanske jame ➡P.319

南西部のクラス（カルスト）地方にある鍾乳洞。長さ5km、幅230mの規模があり、そのうち2kmほどをツアーで見学することができる。自然の造形や連なった石筍、石柱は見応え満点。

世界遺産❹

アルプス周辺の先史時代の湖上住居遺跡群

Prazgodovinska kolišča okoli Alp

紀元前5000年～紀元前500年の先史時代に、水辺に杭を打ちつけて建てられた住居遺跡。計111ヵ所が世界遺産に登録され、スロヴェニアにはそのうちの2ヵ所がある。

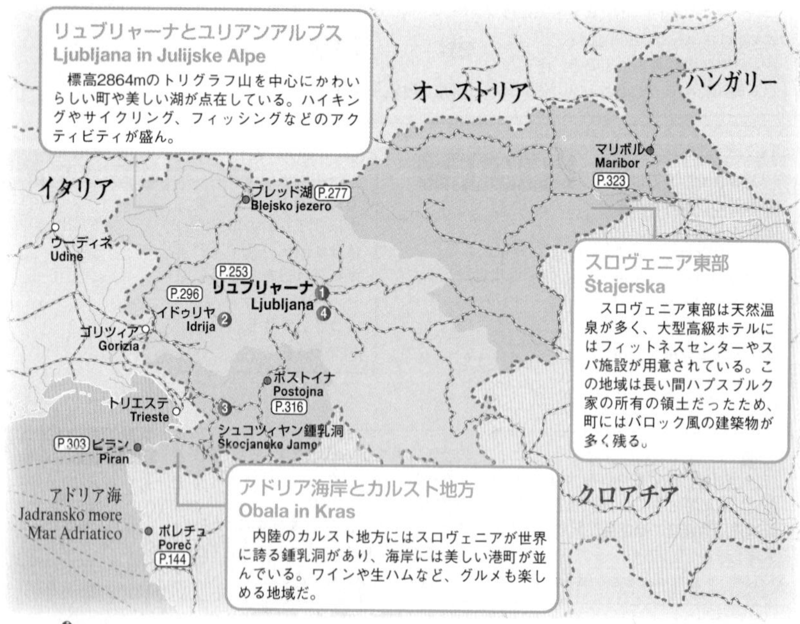

info ヨーロッパ18ヵ国にまたがる世界遺産「カルパチア山脈とヨーロッパ地域の古代及び原生ブナ林」はスロヴェニアからはスネジュニクSnežnik地域公園（Map P.8-B3）がその構成資産として登録。

旅の基礎知識　スロヴェニアの国内交通

◆◆◆◆◆ 都市間移動 ◆◆◆◆◆

鉄道

スロヴェニアの鉄道網は、リュブリャーナを起点に多くの都市を結ぶ。車両も概して新しく快適。一方で、バスに比べると便数が少ない。

切符と予約　切符は駅の切符売り場や公式サイトのほか、車内でも購入できるが、ICS(インターシティ・スロヴェニア) は座席予約が必須のため、車内購入の場合約5割増しになる。客席区分は1等と2等で、1等料金は2等の約5割増し。また、土・日曜、祝日に国内線で往復する場合には週末割引がある。座席予約はICSが必須のほか、IC(インターシティ) などで可能。手数料€3.50。時刻表の検索は下記ウェブサイトで可能。検札は複数回ある場合もあるので、切符は降りるまでとっておこう。

スロヴェニア鉄道
URL potniski.sz.si

バス

バス路線は国内のほとんどの地域を網羅している。便数も多く、短・長距離どちらの移動にも便利だ。エアコン完備、シートも座り心地がよく快適。複数のバス会社が運行しているが、バスターミナルではどのバス会社の切符も同じ窓口で買える。代表的なバス会社はアリーヴァArriva、ノマゴNomagoなど。

切符はバスターミナルで買うか、乗車時に運転手に直接支払う。オンラインでの事前購入もできる。夏期の週末にブレッド湖やアドリア海岸沿いの町などに行く場合は、予約をしたほうがいいだろう。往復で買うと割引になる路線もあるので、日程が決まっているのなら利用したい。

リュブリャーナ発着の時刻表は下記ウェブサイトで検索可能だ。

リュブリャーナ・バスターミナル
URL www.ap-ljubljana.si

レンタカー

レンタカー会社のオフィスや、ヨジェ・プチュニク国際空港をはじめ、主要都市、観光地の旅行会社や4つ星以上のホテルなどで手配ができる。道路の状態は問題なく、道標もしっかりしている。制限速度は市街地時速50km、一般道路時速90km、主要ハイウエイ時速110km、高速道路時速130km。高速道路を利用する人は、ガソリンスタンドなどで事前に高速道路用のステッカー、ヴィニェッタVinjetaを購入し、フロントガラスに貼らなくてはならない。もし貼らずに高速道路を利用した場合は罰金になる。

◆◆◆◆◆ 市内の移動 ◆◆◆◆◆

町の中心部は徒歩の移動で十分だが、郊外や近距離の都市間移動にはバスが便利。タクシー料金は日本と同レベル。客待ちタクシーではなく電話をして呼び出すほうがよい。Uberはない。

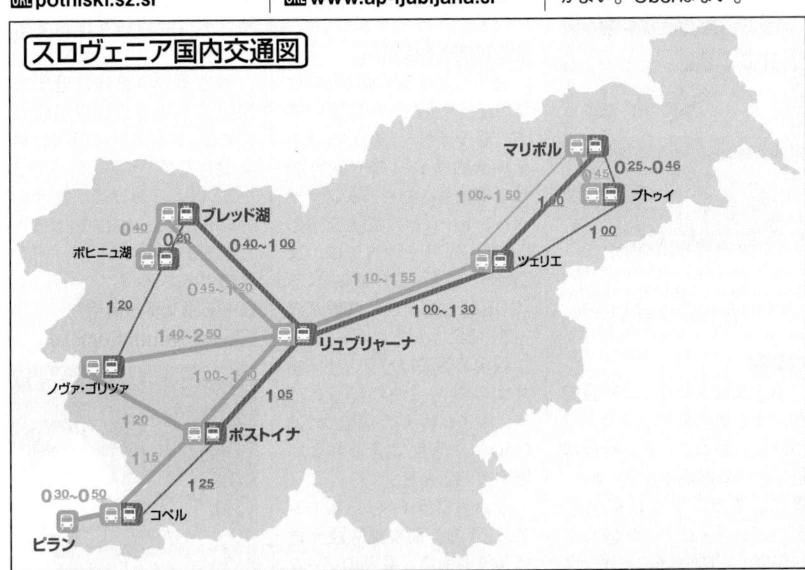

info 時刻表検索サイトでは、バスターミナルはAP、鉄道駅はŽPと表記されていることが多い。主要会社で検索するときは英語では国内便の検索ができなくなるときもあるので、翻訳機能を使って、スロヴェニア語のまま利用すること。

旅の基礎知識 スロヴェニアのホテル

スロヴェニアの町は首都のリュブリャーナでも徒歩で歩き回れるほど小さい。だからホテル街や安宿街といったものはない。大まかにいえば町の中心に大型ホテルがある。安宿は中心部から離れていることが多い。ホテルのほかペンション、プライベートルーム、ユースアコモデーションなどがある。

近年の観光ブームで宿泊施設は不足傾向にある。ハイシーズンは1～2泊だけの場合は断られたり追加料金がかかる場合もある。特に夏期のピークシーズンや冬期のスキーリゾートは予約が必須だ。

宿泊料はオフシーズンでも4～5つ星のホテルで1泊€100以上するところがほとんど。2～3つ星の中級ホテルで1泊€50～€100程度。経済的な宿泊施設に泊まりたい人は、ペンションやプライベートルーム、ホステルなどを利用しよう。

3つ星ホテルだが、ハイカーマークが4つあり、ハイキングを楽しみたい人にとっての設備が充実していることがわかる

ホテル

ホテルはスロヴェニア観光局による星の数によるランクづけが行われている。最低は星ひとつで最高は5つ。また、星によるランクづけ以外にも、アクティビティが盛んなスロヴェニアらしくハイキングや自転車利用者に特化したランクづけもあり、それぞれハイカーマーク、自転車マークの数によって設備、情報の充実度がわかるようになっている。

おしゃれなデザインホテルも増えてきた

ペンション

ホテルより手頃な料金で、中級ホテル並みのサービスが受けられる。しかし数はそれほど多くない。1泊€50ぐらいから。

シンプルなペンションの客室

プライベートルーム

旅の予算を安く抑えるにはプライベートルームは強い味方。プライベートルームはホテル予約サイト、ⓘや旅行会社で探せる。もちろんプライベートルームとの直接交渉もOKだ。郊外や地方では、道路沿いに部屋を意味する「SOBE」と書かれた看板が立っていることが多い。

料金の目安はバス、トイレ共同の場合、1泊€40～。バス、トイレ付きの場合は1泊€50～。朝食は含まれない場合がほとんど。

なお、プライベートルームであっても、都市部や観光地は人気がある。夏期のピークシーズンに訪れる場合は前もって予約したほうがよい。

バス、トイレ付きのプライベートルーム

ホステル

ホステルのメリットは宿泊費の安さに加え、旅行者同士の交流ができるということ。ドミトリー（相部屋）は男女別のところと男女混合がある。個室のあるホステルも多い。多くのホステルではキッチンは無料、洗濯機は有料で利用でき、自転車のレンタルをしているところもある。

ホステルは、国際ユースホステル協会加盟のユースホステルと、そうではない独立系のホステルがある。

ユースホステルは、年齢に関係なく宿泊できる。ユースホステル会員証を提示すれば、割引料金が適用される。

独立系ホステルは近年の観光人気のために増加傾向にある。ドミトリーの多くは男女混合だが、予約の時点でリクエストしておけば、女性のみのドミトリーにしてくれることもある。

スロヴェニア・ユースホステル協会
URL www.youth-hostel.si

ラフティングなどのツアーを主催しているホステルもある

旅の基礎知識 スロヴェニアのレストラン

食事はどこで食べるの？

スロヴェニアもクロアチアと同様、料理のバラエティに豊んでおり、食事どころも雰囲気のいいレストランから手軽に食べられるファストフード店まで幅広くある。

郷土料理ならゴスティルナGostilnaへ。リュブリャーナではスロヴェニア各地の郷土料理を出す店が多いので、食べ比べてみるのも楽しい。各地方の町では、ご当地の郷土料理がおすすめ。

一般的なレストランはレスタウラチヤRestavracijaという。スロヴェニア料理にかぎらず、中華料理やイタリア料理も含まれており、幅広いメニューが楽しめる。特にイタリア料理は本場よりも手頃な値段で食べられる。

カフェやケーキなどのスイーツを楽しみたい場合は、カヴァルナKavarnaへ行こう。

ピヴニツァ Pivnicaやクレット Kletでは手軽にビールやワインを楽しむことができる。

どんな料理が食べられるの？

スロヴェニア料理は、国境を接するオーストリア、ハンガリー、イタリアの料理との共通点が多い。 山がちの国でありながら海もあるため、食材も豊富だ。

なかでもスロヴェニアで最もよく使われる食材のひとつに、キノコがある。キノコを使ったスープやソースはスロヴェニアの味の基本。また、スロヴェニア、クロアチアにまたがるイストゥラ半島北部はトリュフTartufiの産地でもある。ハムやソーセージなどの加工肉の生産も盛んで、前菜として盛り合わせて食べることが多い。

マス Postrv
ボヒニュ湖のマスは「黄金のマス」として知られている

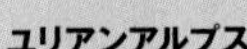

ゴラーシュ
Golaž
牛肉を中心とした具材がたっぷりと入ったパプリカの煮込み

イカのフライ
Polnjeni kalamari
イカフライなど、アドリア海の新鮮なシーフードが定番

クメチュカ・ポイェディナ Kmečka pojedina
数種類のソーセージや肉のローストが入った肉の盛り合わせ

料理図鑑

スロヴェニア料理はクロアチア料理との共通点が多いが、歴史的にオーストリア、ハンガリーとのゆかりも深いため、料理のうえでの影響も大きい。小さな国土のわりに、料理のバリエーションが豊富なのが特徴だ。

スロヴェニアはそばの生産が盛んで、そば粉を使った料理も多い。魚介類ではアドリア海産のもののほか、ブレッド湖やボヒニュ湖、ソチャ川で取れるマスも有名。

イタリア料理との共通点も多く、アドリア海のシーフードを使ったピザやパスタなどを出すレストランも多い。

ジュガンツィ Žganci ジュガンツィ
そば粉を練ったそばがきの一種。写真はスープに浸す食べ方。そばの生産が盛んなスロヴェニアの郷土料理

ゴラーシュ Golaš ゴラーシュ
牛肉をパプリカで煮込んだ料理。グヤーシュというハンガリー料理として有名だが、スロヴェニアでも広く食べられている

野菜のスープ
Zelenjavna juha ゼレニャウナ・ユハ
季節の野菜を使ったスープ。マッシュルームのスープも一般的

クラニュスカ風ソーセージ
Kranjska klobasa クラニュスカ・クロバサ
スロヴェニアの北西部、クラニュスカ地方の名物料理

馬肉のステーキ
Konjska pljučna pečenka
コニュスカ・プリュチュナ・ペチェンカ
スロヴェニアでは馬肉もポピュラーな食材

子豚のオーブン焼き
Pečen odojek ペチェン・オドイェク
軟らかい子豚の肉をオーブンで焼き上げたもの。とてもジューシー

クメチュカ・ポイェディナ
Kmečka pojedina クメチュカ・ポイェディナ
「農夫の祝祭」を意味するスロヴェニアの国民的な料理

ローストポーク Svinjska pečenka
スヴィニュスカ・ペチェンカ
どのレストランにもある定番メニュー。非常に軟らかく、しっかりと脂がのっている

リュブリャーナ風カツレツ
Ljubljanski zrezek
リュブリャンスキ・ズレゼク
カツレツにハムとチーズを挟んだもの

前菜・スープ

生ハムやチーズの盛り合わせが前菜の定番で、スープは季節の野菜を使ったスープやゴラーシュが人気。イストゥラ半島ではボビチBobičiやパシュタファジョイPaštafažojといったミネストローネのようなスープもある。

メイン料理

スロヴェニアでは牛肉や豚肉、鳥肉だけでなく、馬肉やシカ肉もポピュラーな食材だ。

イストゥラ半島やカルスト地方では、生ハムのプルシュトPršutや豚バラの塩漬けのパンツェタPancetaが作られ、内陸部では豚バラ肉の薫製シュペックŠpekがあるなど、加工肉の生産も盛ん。

カツレツKotletは、日本のカツのようにパン粉をつけて揚げたものではなく、小麦粉を浅くつけて多めの油で焼いたもの。ステーキやソーセージもメインでよく食べる。

魚介類は魚のグリルやマリネ、マス料理が人気。

串焼き
Nabodalo ナボダロ
肉を串に刺して焼いた料理。スロヴェニアでは肉の代わりに魚を使うことも多い

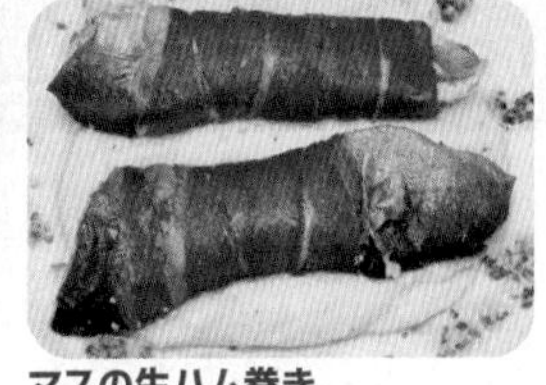

マスの生ハム巻き
Postrv s pršutom
ポストゥルヴ・ス・プルシュトム
マスを生ハムで巻いて焼いた料理

マスのムニエル
Postrv na žaru ポストゥルヴ・ナ・ジャル
マスの表面にそば粉や小麦粉をまぶして焼き上げるのが一般的

白トリュフのリゾット
Rižota s tartufi リジョタ・ス・タルトゥフィ
スロヴェニアとクロアチアにまたがるイストゥラ半島はトリュフが名産

シーフードスパゲティ
Špageti z morskimi sadeži
シュパゲティ・ズ・モルスキミ・サデジ
新鮮なシーフードが入ったスパゲティ

生ハム入りのニョッキ
Njoki s pršutom ニョキ・ス・プルシュトム
イストゥラ半島産などの生ハムをクリームで仕立て上げたニョッキ

ブレイスカ・クレムナ・レズィーナ
Blejska kremna rezina
ブレイスカ・クレムナ・レズィーナ
ブレッド湖のご当地スイーツ

シュトゥルクリ
Štruklji シュトゥルクリ
茹でタイプと焼きタイプ、塩味の前菜タイプと甘いデザートタイプがある

ポティツァ Potica ポティツァ
うずまき模様がかわいらしいロールケーキ。中にはくるみやハチミツ、カッテージチーズなどが入る

ギバニツァ Gibanica ギバニツァ
木の実やリンゴ、カッテージチーズなどを重ねた、温かいケーキ。スロヴェニア北東部が発祥

ハニーブレッド Držgoški kruhek
ドゥルジュゴシュキ・クルヘク
シュコフィヤ・ロカ名物の伝統的なお菓子。おみやげ用にも人気がある

ワイン Vino ヴィーノ
テランやレフォシュクなど、濃厚な味わいのものが人気。アドリア海岸地方では赤、山岳部や東部では白が多い

つけ合わせ

つけ合わせはコロッケやフライドポテト、ライスが定番。ジュガンツィ Žganciと呼ばれるお粥のような料理にはそば粉が用いられる。イタリアのポレンタやルーマニアのママリガと同種の料理だが、スロヴェニアはそば粉を用いる。

スイーツ

ケーキなどのスイーツの種類も豊富。伝統的なお菓子として、ポティツァ Poticaやギバニツァ Gibanicaなどが挙げられる。オーストリアの影響で、アップル・シュトゥルーデルJabolčni zavitekもよく食べられている。

アルコール類

スロヴェニア国内には「ワイン街道Vinska Cesta」というルートが数多く設定されるほどワインはポピュラー。果物から造られる蒸留酒ラキヤRakijaも人気。ビールはユニオンUnionとラシュコLaškoが2大メーカー。

旅の基礎知識

旅の情報収集

観光案内所

スロヴェニアの主要都市、観光地には必ず🛈がある。各種パンフレットが置いてあり、ホテルやプライベートルームのリストがあることも。サービス内容は🛈によって異なるが、まずはのぞいてみよう。英語を話せるスタッフがほとんど。

ピランの🛈

旅行会社

コンパスKompasをはじめ、数多くの旅行会社がある。日帰りツアーも効率がいい。

コンパス

URL www.kompas.si

現地通信事情

ホテルやカフェの多くは、無料で無線LANの利用が可能。レセプションやカフェのスタッフにパスワードを教えてもらう。

SIMフリー携帯があれば、現地の携帯電話会社などでSIMカードを購入できる。空港は小さく、売店が閉まっている時間帯があるため、到着してすぐ必要な人は、日本でSIMカードやeSIMを通販サイトで入手しておこう。SIMの値段は各社で異なるが、30日で7GBが€10、30日で15GBが€15程度。

マナー

教会は信仰の場所でもあるので、脱帽し、暑いときでも肌の露出は控え、静かに観賞すること。写真撮影がOKなところでも、信者が多いときは控えたり、シャッター音を消すなど、お祈りの邪魔をしないこと。

階数の数え方

1階をグランドフロアと呼び、2階が1階になる。

喫煙

禁煙法が施行されており、特別に設けられた喫煙スペースを除き、原則として屋内の公共の場での喫煙は違法。

お酒

ビールやワインは日本よりも安い。スーパーマーケットや酒屋などで購入可能。

治安

ヨーロッパ諸国のなかでは治安はいいほう。スリ、置き引きなど観光客狙いの犯罪に気をつけて。客待ちタクシーのボッタクリ被害もかなりある。夜のひとり歩きも注意したい。

ユースフルアドレス

【日本での情報収集】

●**スロヴェニア共和国大使館**

住〒107-0062
東京都港区南青山7-14-12
TEL (03)5468-6275
FAX (03)5468-1182
URL www.gov.si/ja　開9:00～17:00（領事部）
休土・日、日本とスロヴェニアの祝日

【緊急時】

●**大学医療センター**

Univerzitetni Klinični Center Ljubljana
住Zaloška cesta 7, Ljubljana
TEL (01)5225050
URL www.kclj.si

【在外公館】

●**日本大使館**　Map P.256-A2

住Trg Republike 3/XI
TEL (01)2008281
FAX (01)2511822
URL www.si.emb-japan.go.jp
開9:00～12:30、13:30～16:30
休土・日・祝

【そのほか】

●**電話番号案内**　TEL 1188

●**道路情報・援護**　TEL 1987

●**リュブリャーナ中央郵便局**　Map P.256-B2

住Slovenska 32
TEL (01)2431760
URL www.posta.si
開8:00～19:00（土～12:00）　休日・祝

【航空会社】

●**スロヴェニアの航空会社**

スロヴェニアの航空会社だったアドリア航空は2019年に経営破綻、運航停止している。
ルフトハンザ ドイツ航空、エールフランス、ブリティッシュエアウェイズ、ターキッシュ エアラインズのほか、ヨーロッパ経由のLCCが多数乗り入れている。

（特記ないものは、いずれも在リュブリャーナ）

リュブリャーナとユリアンアルプス
Ljubljana in Julijske Alpe

カラフルな教会などが点在する首都リュブリャーナは、2021年に建築家ヨジェ・プレチュニクの作品群が世界遺産に登録された

リュブリャーナとユリアンアルプス Ljubljana in Julijske Alpe

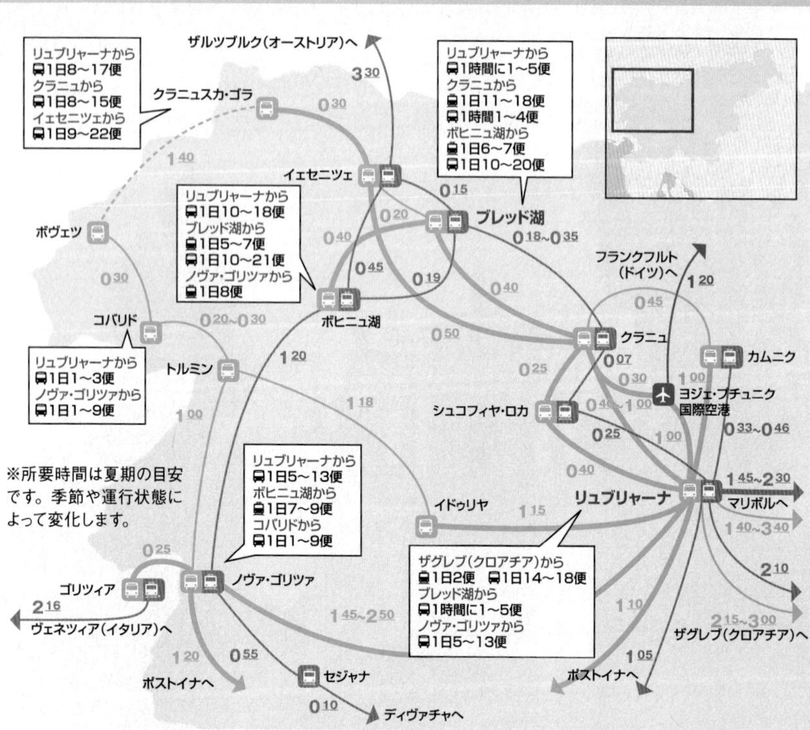

リュブリャーナから
1日8～17便
クラニュから
1日8～15便
イェセニツェから
1日9～22便

リュブリャーナから
1時間に1～5便
クラニュから
1日11～18便
1時間1～4便
ボヒニュ湖から
1日6～7便
1日10～20便

リュブリャーナから
1日10～18便
ブレッド湖から
1日5～7便
1日10～21便
ノヴァ・ゴリツァから
1日8便

リュブリャーナから
1日1～3便
ノヴァ・ゴリツァから
1日1～9便

リュブリャーナから
1日5～13便
ボヒニュ湖から
1日7～9便
コバリドから
1日1～9便

ザグレブ(クロアチア)から
1日2便　1日14～18便
ブレッド湖から
1時間に1～5便
ノヴァ・ゴリツァから
1日5～13便

ザルツブルク(オーストリア)へ 3 30
クラニュスカ・ゴラ 0 30 / 1 40
イェセニツェ 0 15 / 0 20 / 0 40
ブレッド湖 0 18～0 35 / 0 45 / 0 19 / 0 40
ボヴェツ 0 30
コバリド 0 20～0 30
ボヒニュ湖 1 20
トルミン 1 00 / 1 18
フランクフルト(ドイツ)へ 1 20
クラニュ 0 45 / 0 50 / 0 25 / 0 07 / 0 30
カムニク 1 00
ヨジェ・プチュニク国際空港 0 40～1 00 / 0 33～0 46
シュコフィヤ・ロカ 0 25 / 1 00 / 0 40
イドゥリヤ 1 15
リュブリャーナ
マリボルへ 1 45～2 30 / 1 40～3 40 / 2 10
ゴリツィア 0 25
ヴェネツィア(イタリア)へ 2 16
ノヴァ・ゴリツァ 1 45～2 50 / 1 10
ザグレブ(クロアチア)へ 2 15～3 00
ポストイナへ 1 20
セジャナ 0 55
ポストイナへ 1 05
ディヴァチャへ 0 10

※所要時間は夏期の目安です。季節や運行状態によって変化します。

● 地理

ユリアンアルプスはアルプスを挟んでスイスやオーストリアの反対側にある。スロヴェニアでは「サニー・アルプス」、つまり太陽の当たる側のアルプスと呼んでいる。スイスやオーストリアのリゾートとは違う美しい山塊の風景が広がる。

ユリアンアルプス最高峰のトリグラフ山は標高2864mあり、国家の紋章や国旗のデザインにも使われている。トリグラフ山周辺には「アルプスの瞳」ともたたえられているブレッド湖がある。

ブレッド湖に浮かぶ聖母被昇天教会

● 気候

日本と同様、四季がある。夏期はトリグラフ国立公園へのハイキングや登山が人気で、冬期は積雪があり、クラニュスカ・ゴラなどでは多くのスキー客でにぎわう。

● アクティビティ

ユリアンアルプスでは、雄大な自然を楽しむアクティビティがいろいろある。手軽なのはハイキングやサイクリング。❶ではハイキングコースの紹介や地図の配布などを行っている。自転車のレンタルショップも紹介してくれる。

コバリド周辺のソチャ川沿いはラフティングやキャニオニングなどの渓谷遊びのプログラムがいろいろある。また、クラニュスカ・ゴラではパラグライディングもでき、冬になれば各地でスキーが楽しめる。

● ルート作り

1日目:リュブリャーナの市内観光。リュブリャーナ城や博物館、緑豊かなティヴォリ公園などを見て回る。夕方にはコンサートや観劇を楽しもう。
2日目:ブレッド湖へ移動。ブレッド城や、湖に浮かぶ聖母被昇天教会など、美しい湖を存分に味わいたい。スイーツのブレイスカ・クレムナ・レズィーナも名物。
3日目:ボヒニュ鉄道でノヴァ・ゴリツァに移動。ブレッド湖や石橋、渓谷など車窓からの景色が美しい。

自然と芸術が調和した古都

リュブリャーナ

Ljubljana

Map P.8-B2

リュブリャニツァ川を航行するツアーボート

ズヴェズダ公園から眺めるリュブリャーナ城

オーストリア、イタリアとの国境に立ちはだかるユリアンアルプス。そこから約50km南東の盆地に開けた首都リュブリャーナは、ルネッサンス、バロック、アールヌーヴォーなど各様式の建築物が調和した小さな芸術の都だ。

およそ28万の人口をかかえる首都は、500年にわたる神聖ローマ帝国の支配の後、オーストリア＝ハンガリー帝国に組み込まれ、ハプスブルク家のもとで発展を遂げてきた。ドイツ語名はライバッハLeibach。現在はスロヴェニアの政治、経済の中心として、その歩みを続けている。

リュブリャーナ城の建つ緑の丘と、その下に流れるリュブリャニツァ川が、忙しさとは無縁の落ち着いた風景で旅行者を歓迎し、赤瓦の屋根が折り重なる旧市街の町並みは、中世へとタイムスリップしたような錯覚を起こさせる。自然と芸術が合わさった町並みをじっくりと見て回ろう。

リュブリャーナ到着から市内へ

飛行機で着いたら

スロヴェニアの国際空港であるヨジェ・プチュニク国際空港は、リュブリャーナの中心から約23km北に位置する。一番近い町はクラニュ（→P.271）。2021年夏には新ターミナルがオープンした。到着ロビーにはⓘのブース、ATMなどがあり、出発ロビーには銀行や郵便局、旅行会社、レンタカー会社のカウンターがある。カフェもあり、無料の無線LANが使える。

■リュブリャーナへの行き方

国内便のほか、オーストリア、イタリア、ハンガリー、セルビア、ボスニア・ヘルツェゴヴィナからの鉄道やバスの利用も便利。鉄道は遅延が多く、2023年現在駅舎や線路工事も多いので、乗り換えの際は時間に余裕を。

●ザグレブ（クロアチア）から

🚆直通は7:05、19:38の2便、所要約2時間10分、€9。

🚌1日14～18便、所要2時間15分～3時間、€15～30

●リエカから

🚆直通は18:47のみ、所要約3時間、€9。

●コペルから

🚆5時台～15時台に3便運行、所要約2時間30分、€9.60～15.90。ほかDivača乗り換えの便が1日1～2便ある。

🚌4時台～20時台に4～24便運行（土･日減便）、所要1時間15分～3時間5分、€9.31～。

●ツェリエから

🚆4時台～23時台に13～15便運行、所要1時間～1時間30分、€7～13.50。Zidani Mostで乗り換える便もある。

🚌4時台～18時台に2～14便運行（土・日減便）、所要1時間10分～1時間55分、€7.30～。

●マリボルから

🚆3時台～22時台に10～13便運行（土・日減便）、所要1時間45分～2時間30分、€9.60～17.40。ほかZidani Mostほかで乗り換えの便が1日7～17便ある。

🚌5時台～18時台に3～12便運行（土・日減便）、所要1時間40分～3時間40分、€11.70～。

■ヨジェ・プチュニク国際空港

住Letališče Jožeta Pučnika

TEL(04)2061000

TEL(04)2061981

URL www.lju-airport.si

空港の新ターミナル。国内路線はなく、発着はすべて国際線

◆市内から空港へ◆
■路線バス
5:00～20:10に16便（土・日・祝は6:10～19:10に7便）。バスターミナルの28番乗り場から出発する。
■エアポートシャトル
ゴー・オプティ社、ノマゴ社など数社が運行している。空港発のほか、市内から空港へは事前予約でホテルピックアップが可能。ゴー・オプティ社は鉄道駅の近くに乗り場がある。
●ゴー・オプティ Go Opti
URL www.goopti.com
●ノマゴ Nomago
URL shuttle.nomago.si

ゴー・オプティのエアポートシャトル

■リュブリャーナ駅
Map P.257-C1
住 Trg Osvobodilne fronte
開 5:00～22:00
■リュブリャーナ駅のコインロッカー
開 24時間（夜間1:00～6:00に利用するときは、隣の管理所に入口を開けてもらう）。
料 小€3、中€4
大€5、特大€6
■長距離バスターミナル
Map P.257-C1
住 Krekov trg 10
URL www.ap-ljubljana.si
開 5:00～22:30（土～22:00）
休 無休
■長距離バスターミナルの荷物預かり所
開 5:00～21:30
（日・祝5:30～21:30）
料 30kg以下1日€5.50
30kg以上1日€9

■LPP
TEL (01)5822460
URL www.lpp.si

■リュブリャーナ・カード
市内バスが乗り放題になるほか、博物館や美術館にも無料で入れる。市内ガイドツアー、リュブリャニツァ川クルーズ、ウルバン、リュブリャーナ城やケーブルカーも利用できる。カードはタッチ式。ⓘで購入できる。
料 24時間有効€36
48時間有効€44
72時間有効€49

◆空港から市内への行き方◆

●路線バス Avtobus

出発ロビーを出て横断歩道を渡った先にバス停がある。月～金曜5:00～20:00には1時間に1便程度運行しているが、土・日曜、祝日には便数が減る。所要約1時間でリュブリャーナ駅前の長距離バスターミナルまで行く。バスの料金（€4.10）は乗車時に現金で支払う。

●エアポートシャトル Airport Shuttle

乗り合いのミニバスで、リュブリャーナのホテルまで送迎してくれる。到着ロビー内にゴー・オプティ社Go Optiやノマゴ社Nomagoのカウンターがあるほか、到着ロビーを出て横断歩道を渡った先に乗り場がある。いずれもリュブリャーナ市内へはひとり€12。クレジットカードでも支払い可能。ゴー・オプティは、EU圏内からの便は到着から30分後、非EU圏内からの便は到着から45分～1時間後に出発。ノマゴはフライト発着がある時間帯、毎正時空港発。ブレッド湖やクラニュ、冬期のクラニュスカ・ゴラ行きは事前予約が必要。

●タクシー Taksi

ロビーを出たところがタクシー乗り場。料金はメーター制で、市内の中心へは約€50～60、所要約30分。

鉄道で着いたら

●リュブリャーナ駅 Železniška postaja Ljubljana

すべての国際列車が発着するリュブリャーナ駅は、町の中心のやや北に位置している。

バスで着いたら

国際線も国内線も長距離バスはすべて鉄道駅の正面にあるバスターミナルから発着する。1～28番に区分けされ、ナンバーの横におもな行き先が書いてある。平屋の切符売り場（現金のみ）には、無料電話で対応する交通案内、トイレ（入口は外）、荷物預かり所、売店、ATMがある。

リュブリャーナの市内交通

●バス Avtobus

リュブリャーナでは、市唯一のバス会社LPP（Ljubljanski Potniški Promet）のバスが市民の足となっている。全50路線で、一般的に5:00頃から22:30頃まで頻繁に運行している。ターミナルはないが、主要路線はメインストリートのスロヴェンスカ通りから出ている。バス停にある電光表示板には行き先とバスの予想到着時間が表示されている。

リュブリャーナでは、プリペイド式の交通カード、ウルバナ・カードUrbanaが導入されている。カード以外での支払いはできないので、バスに乗るためには、事前にカードをⓘかキオスク、バス停留所に設置された自動販売機で購入し、チャージしておかなければならない。

カードの料金は€2。チャージできる最高額は€50。運転席横にあるカードの読み取り機にカードをタッチさせてから乗車。料金は1回€1.30～で、90分以内であれば乗り換え可能。ウルバナ・カードは基本的には払い戻し不可だが、ⓘで現金で購入した場合は、カードとレシートを購入したⓘに提出すればカード料金€2が払い戻される。

●ウルバン URBAN

市庁舎前を出発し、リュブリャーナ城、プレチュニクの家、ズヴェズダ公園、オペラ座などを経由しながらリュブリャーナの町を周遊する観光用電気列車。9:30～17:00（4～9月は～21:30）の1時間30分に1便の運行で、1周にかかる時間は約1時間30分。1周€10で途中の乗り降りもできる。

●タクシー Taksi

数は非常に少なく、大通りでも流しをつかまえるのは難しい。おもなタクシー乗り場は鉄道駅の前、高級ホテル前など。

ただし鉄道駅前のタクシー乗り場で客待ちをするタクシーは、悪質なタクシーが多いとのこと。事前に料金を確認するとふっかけたり、遠回りするケースがある。標準料金は初乗り約€2、1kmあたり約€1、待ち時間1時間約€17。ホテルならレセプションに呼んでもらおう。電話で呼び出したり、各社の専用アプリを利用するのが安心。なお、スロヴェニアにUberタクシーはない。

●レンタル自転車 Izposoja kolesa

おもな見どころは徒歩で回れるが、南のプレチュニクの家や北の博物館エリアに行くときには自転車を検討しても便利。手軽なのは、観光インフォメーションセンター（TIC）でのレンタサイクル。料金は2時間€6、4時間€10、8時間€14。リュブリャーナ・カードで4時間まで無料。TIC営業時間内に返却する必要がある。このほか、アプリで登録して借りる自転車もあるが、登録にスロヴェニアのスマホ電話番号が必要になるなど、旅行者にはいまひとつ使い勝手が悪い。

ビツィケリュ BicikeLJ　バスターミナル前や見どころ周辺など、市街の要所に貸し出しポイントがある。利用するにはアプリで事前登録をする。貸し出しポイントに空きがあれば、乗り捨て可能。

ネクストバイク nextbike　ドイツ発ヨーロッパ各地で展開しているシェア自転車システム。スマホにアプリをダウンロード、登録をして利用できる。スロヴェニアでは、ノマゴ社が運営。料金は30分€1.30（1日最大€20）、3日間の場合は€5で最初の30分間は無料、以降30分ごとに€1.30加算。

乗車時にはウルバナ・カードを読み取り機にタッチさせる

見どころを巡る観光列車、ウルバン。ウルバナ・カードやリュブリャーナ・カードも利用可

■タクシー会社
●Taxi Metro
☐041-240200
URL www.taximetro.si
●City Taxi
☐041-970970
URL www.taxi-rondo.si
●Taxi Laguna
☐031-492299
URL www.taxi-laguna.com

ビツィケリュの駐車スペース

観光局のレンタサイクルのポスター

■レンタル自転車
●ビツィケリュ BicikeLJ
URL www.bicikelj.si
●ネクストバイク nextbike
URL bikes.nomago.si

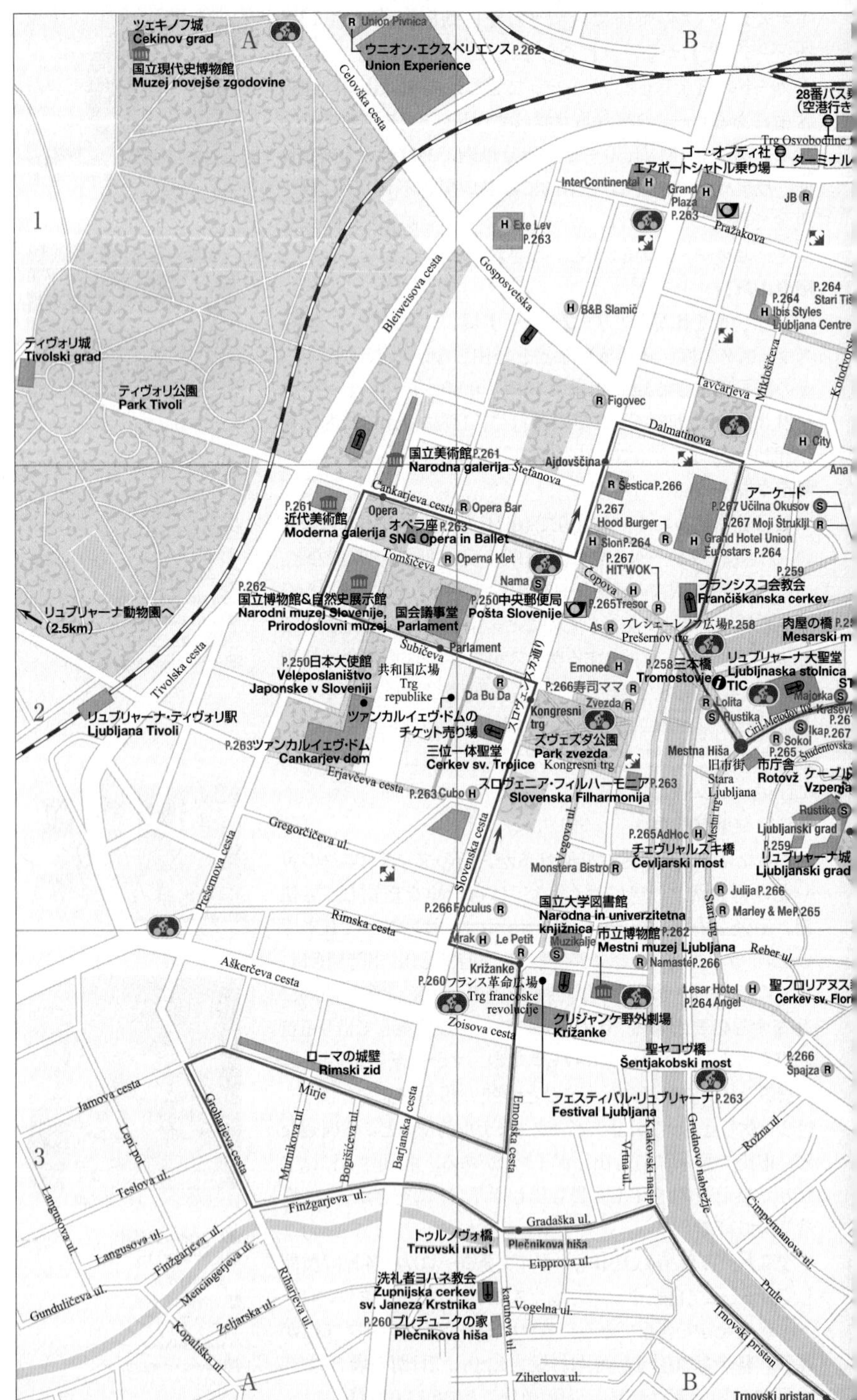

ツェキノフ城
Cekinov grad
国立現代史博物館
Muzej novejše zgodovine
Union Pivnica
ウニオン・エクスペリエンス P.262
Union Experience
Celovška cesta
28番バス乗
(空港行き
Trg Osvobodilne
ゴー・オプティ社
エアポートシャトル乗り場
ターミナル
InterContinental
Grand Plaza P.263
JB
Exe Lev P.263
Pražakova
Gosposvetska
Bleiweisova cesta
B&B Slamič
P.264 Ibis Styles Ljubljana Centre
P.264 Stari Tiš
Tavčarjeva
Miklošičeva
Kolodvorska
ティヴォリ城
Tivolski grad
ティヴォリ公園
Park Tivoli
Figovec
Dalmatinova
City
国立美術館 P.261
Narodna galerija
Štefanova
Ajdovščina
Ana
Cankarjeva cesta
Opera
Opera Bar
Šestica P.266
アーケード
P.261 近代美術館
Moderna galerija
オペラ座 P.263
SNG Opera in Balet
P.267 Hood Burger
P.267 Učilna Okusov
P.267 Moji Štruklji
Slon P.264
Grand Hotel Union Eurostars P.264
Tomšičeva
Opera Klet
P.267 HIT'WOK
Nama
Čopova
P.259
フランシスコ会教会
Frančiškanska cerkev
P.262
国立博物館&自然史展示館
Narodni muzej Slovenije, Prirodoslovni muzej
国会議事堂
Parlament
P.250 中央郵便局
Pošta Slovenije
P.265 Tresor
プレシェーレン広場 P.258
Prešernov trg
肉屋の橋
Mesarski m
リュブリャーナ動物園へ
(2.5km)
As
Šubičeva
Parlament
リュブリャーナ大聖堂
Ljubljnaska stolnica
P.250 日本大使館
Veleposlaništvo Japonske v Sloveniji
共和国広場
Trg republike
スロヴェニスカ通り
Emonec
P.258 三本橋
Tromostovje
TIC
Tivolska cesta
Da Bu Da
P.266 寿司ママ
Zvezda
Lolita
Rustika
Majorka
リュブリャーナ・ティヴォリ駅
Ljubljana Tivoli
ツァンカルイェヴ・ドムの
チケット売り場
Kongresni trg
ズヴェズダ公園
Park zvezda
Kongresni trg
Ciril-Metodov trg
Krekov
P.263 ツァンカルイェヴ・ドム
Cankarjev dom
三位一体聖堂
Cerkev sv. Trojice
Mestna Hiša
旧市街
Stara Ljubljana
Ika
Sokol
P.265
市庁舎
Rotovž
ケーブル
Vzpenja
Studentovska
Erjavčeva cesta
P.263 Cubo
スロヴェニア・フィルハーモニア P.263
Slovenska Filharmonija
Rustika
Ljubljanski grad
Gregorčičeva ul.
Slovenska cesta
Vegova ul.
Mestni trg
P.265 AdHoc
チェヴリャルスキ橋
Čevljarski most
P.259
リュブリャーナ城
Ljubljanski grad
Prešernova cesta
Monstera Bistro
Julija P.266
Marley & Me P.265
国立大学図書館
Narodna in univerzitetna knjižnica
Stari trg
P.266 Foculus
Rimska cesta
市立博物館 P.262
Mestni muzej Ljubljana
Muzikalije
Mrak
Le Petit
Reber ul.
Križanke
Namaste P.266
Aškerčeva cesta
P.260 フランス革命広場
Trg francoske revolucije
Lesar Hotel Angel P.264
聖フロリアヌス
Cerkev sv. Flori
クリジャンケ野外劇場
Križanke
Zoisova cesta
聖ヤコヴ橋
Šentjakobski most
P.266 Špajza
ローマの城壁
Rimski zid
Mirje
Jamova cesta
Lepi pot
Murnikova ul.
Bogišičeva ul.
Barjanska cesta
フェスティバル・リュブリャーナ P.263
Festival Ljubljana
Emonska cesta
Gruberjev
Grudnovo nabrežje
Rožna ul.
Langusova ul.
Groharjeva cesta
Teslova ul.
Vrtna ul.
Krakovski nasip
Finžgarjeva ul.
Gradaška ul.
Cimpermanova ul.
Langusova ul.
Finžgarjeva ul.
トゥルノヴォ橋
Trnovski most
Plečnikova hiša
Eipprova ul.
Prule
Mencingerjeva ul.
Riharjeva ul.
洗礼者ヨハネ教会
Župnijska cerkev sv. Janeza Krstnika
Gunduličeva ul.
Zeljarska ul.
Karunova ul.
Vogelna ul.
Trnovski pristan
Kopališka ul.
P.260 プレチュニクの家
Plečnikova hiša
Ziherlova ul.
Trnovski pristan
A
B
1
2
3

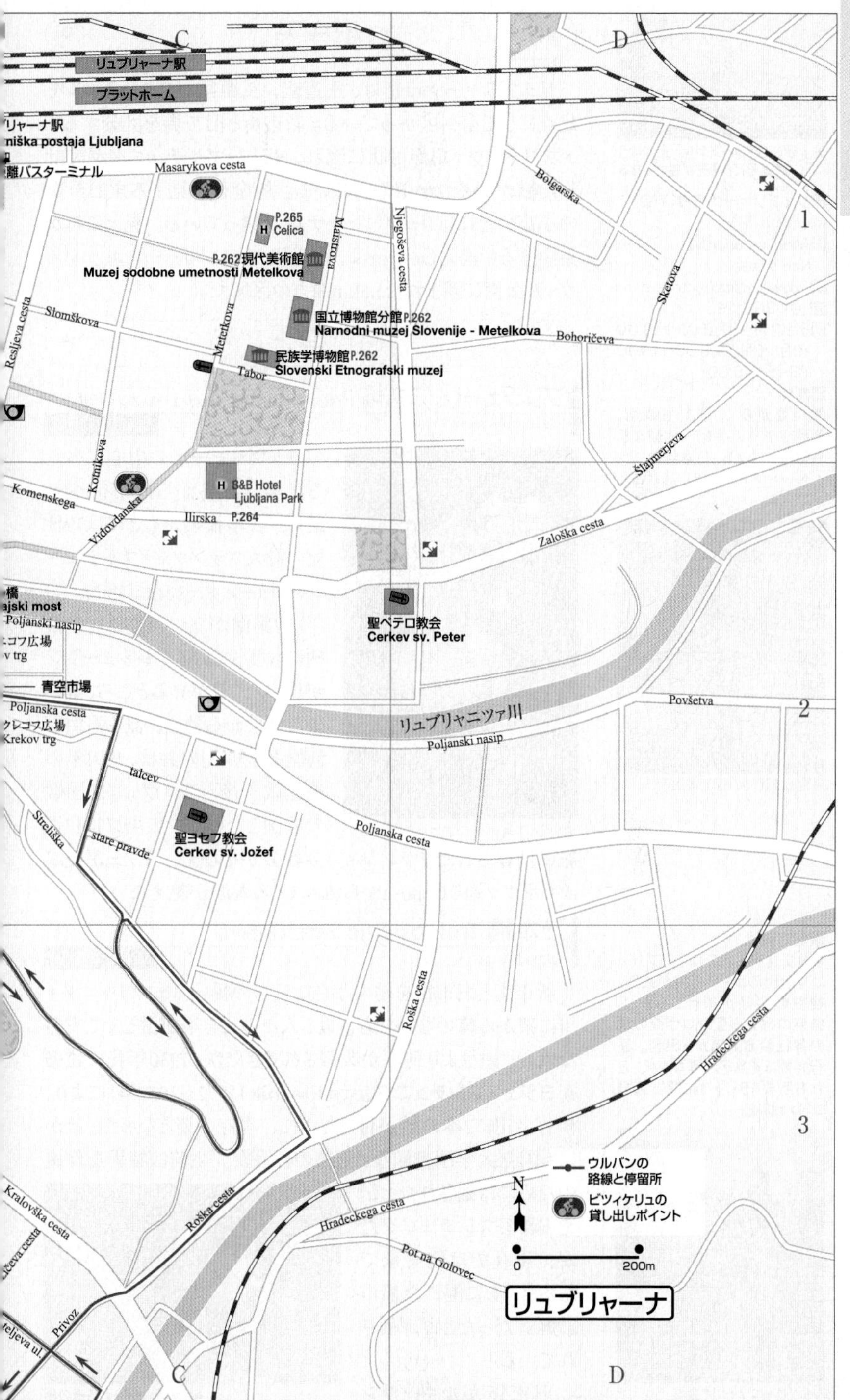
リュブリャーナ
リュブリャーナ駅
プラットホーム
Masarykova cesta
P.265 Celica
P.262 現代美術館
Muzej sodobne umetnosti Metelkova
国立博物館分館 P.262
Narnodni muzej Slovenije - Metelkova
民族学博物館 P.262
Slovenski Etnografski muzej
B&B Hotel Ljubljana Park
P.264
聖ペテロ教会
Cerkev sv. Peter
聖ヨセフ教会
Cerkev sv. Jožef
リュブリャニツァ川
青空市場
ウルバンの路線と停留所
ビツィケリュの貸し出しポイント
Bolgarska
Njegoševa cesta
Maistrova
Metelkova
Slomškova
Resljeva cesta
Tabor
Bohoričeva
Sketova
Šlajmerjeva
Komenskega
Komikova
Vidovdanska
Ilirska
Zaloška cesta
Poljanski nasip
Poljanska cesta
Krekov trg
talcev
Streliška
stare pravde
Povšetva
Roška cesta
Hradeckega cesta
Pot na Golovec
Kralovška cesta
Privoz
0
200m
N
C
D
1
2
3

鉄道駅とバスターミナル。上のほうにバス停番号と行き先が書いてある

■リュブリャーナのⓘ(TIC)
Map P.256-B2
住Adamič-Lundrovo Nabrežje 2
URL www.visitljubljana.com
TEL (01)3061215
開6月中旬〜9月8:00〜19:00
10月〜6月上旬8:00〜18:00
(日・祝〜15:00)
休無休
情報量が多く、応対も親切。各種ツアーの手配、地図なども配布している。日本語のプライベートツアーを申し込むことができる。

風情ある建物の観光案内所

■船で観光
リュブリャーナではリュブリャニツァ川のボート巡りが人気。複数の会社が運行しており、肉屋の橋から聖ヤコヴ橋の間の各社船着き場から出発。運行時間はそれぞれ異なるが、どれも所要45分〜1時間で運賃は€14前後。

リュブリャニツァ川を遊覧

歩き方

リュブリャーナ市街は、鉄道駅、長距離バスターミナルを起点にして南へ広がっている。新市街と旧市街を区分するリュブリャニツァ川が弓状に流れ、ヨジェ・プレチュニクが設計した橋がいくつか架かっている。町全体を見下ろす旧市街の小高い丘にはリュブリャーナ城が建っている。見どころが集中する中心地Centerは、鉄道駅とリュブリャーナ城、ティヴォリ公園に囲まれた1.5km四方の区域だ。

おもな見どころ

プレシェーレノフ広場 Prešernov trg プレシェーレノフ・トゥルグ
Prešeren Square

Map P.256-B2

多くの人が集うプレシェーレノフ広場

リュブリャーナの中心に当たる広場。広場から旧市街へと続く、三本橋のたもとには19世紀の詩人フランツェ・プレシェーレンFrance Prešeren(1800〜49年)の銅像が立つ。€2硬貨の絵柄にもなっているプレシェーレンが書いた「日が昇るところ、争いはこの世から消え、誰も自由な同胞となり〜」の詩は、1991年の独立戦争後、スロヴェニア国歌の歌詞となった。広場には17世紀に創建されたフランシスコ会教会がそびえ、カフェが並ぶチョポヴァ通りČopovaから流れてくる人波が絶えない。

三本橋 Tromostovje トロモストヴイエ
Triple Bridge

Map P.256-B2

新市街と旧市街を結ぶ小さな三本の橋。リュブリャニツァ川に架かる橋のなかでも、最も人々の行き来が激しくて有名な橋だ。中世より何度か改修されてきたが、1930年代に建築家**ヨジェ・プレチュニクJože Plečnik**(1872〜1957年)により、歩行者用に2本の橋が付け足され、現在の姿となった。ほかにも国立大学図書館なども彼の作品だ。生前は特異な作風のために冷遇されたと伝えられるプレチュニクだが、現在では建築家であるとともに優れた都市計画者だったと再評価されている。

4匹の竜に守られる竜の橋

旧市街がルネッサン

ス、バロック様式の家並みに彩られるのに対し、新市街はギリシア様式からイスラム建築までのモチーフを取り込んだプレチュニク作の建築物が多く、それらを眺めながら散策するのも楽しい。三本橋の東には、リュブリャーナ市の象徴でもある竜が欄干にいる**竜の橋Zmajski most**がある。

肉屋の橋 Mesarski most メサルスキ・モストゥ
Butcher's Bridge

Map P.256-B2

三本橋と竜の橋の間にある。2010年の落成以降、欄干にはカップルによって「愛の誓い」の願いを込めて付けられた南京錠がズラリと並び、地元では恋愛スポットとしても知られるようになった。橋の周辺には地元の芸術家によるブロンズ彫刻も展示されており、これらの作品にも南京錠が付けられている。

びっしりと南京錠がかかる肉屋の橋

フランシスコ会教会
Frančiškanska cerkev フランチシュカンスカ・ツィルケウ
Franciscan Church

Map P.256-B2

プレシェーレノフ広場に面して建っているフランシスコ会教会は、イタリアの影響を受けたデザインと装飾品がすばらしい。1646〜60年に建てられたもので、後の1736年に彫刻家のフランチェスコ・ロッバFrancesco Robbaによって祭壇が作られ、19世紀半ばには画家のマテイ・ラングスMatej Langusがアーチ形の天井に彩色を施した。

ピンク色のフランシスコ会教会

リュブリャーナ城 Ljubljanski grad リュブリャンスキ・グラードゥ
Ljubljana Castle

Map P.256-B2

展望塔から見下ろすリュブリャーナ城

丘の上に建つリュブリャーナ城は1144年の建設。以来グラードGradと呼ばれ親しまれている。徒歩のほか、市庁舎前から観光列車のウルバン（→P.255）や、ケーブルカーを使っても行くことができる。

創建以来、城主の変遷はリュブリャーナの支配をめぐる闘争の歴史であった。13世紀初頭、封建領主スパンハイム男爵Spanheimによって統治のシンボルとなり、1335年からはハプスブルク家によって継承された。1489年に奉献されたゴシック様式の**礼拝堂Kapela**を除くと、現在の姿は16世紀

■フランシスコ会教会
住Prešernov trg 4
TEL(01)2429300
開6:40〜12:00、15:00〜20:00
休祝
日曜朝の礼拝は観光客も参加可能。厳粛なセレモニーなので静かに入退場すること。

■リュブリャーナ城
TEL(01)3064293
URL www.ljubljanskigrad.si
●城内展示
開5〜9月9:00〜22:00
10〜4月9:00〜19:00
休無休
料€12　学生€8.40
ケーブルカー往復やオーディオガイド付きなど各種セット券あり(各€16、学生11.20)。
●タイムマシン・ガイドツアー
開7・8月11:00、13:00、15:00
6・9月13:00（土・日は11:00も）
10〜5月の土・日11:00、13:00
料€16　学生€11.20
（城内展示も込み）
●エスケープルーム
開9:00〜18:00（要予約）
休無休
料€16（城内展示込み）
ケーブルカー往復とセット券€20。徒歩ではヴォドゥニコフ広場Vodnikov trgからツィリル・メトドウ広場Ciril-Metodov trgを渡り、細い道シュトゥデントウスカ通りŠtudentovska(Gradと書かれた緑の小さな看板が目印) を上れば、その先の城へたどり着く。

■ケーブルカー
Map P.256-B2
竜の橋から南進して旧市街側に入るとクレコフ広場Krekov trgの南に、城の入口まで行くケーブルカー乗り場がある。
開5～9月9:00～22:00
　10～4月9:00～19:00
運行:10分おき
料片道€3.30（学生€2.30）
　往復€6（学生€4.50）

小さなガラス張りのケーブルカー

■リュブリャーナ・フェスティバル
URL www.ljubljanafestival.si

世界遺産
リュブリャーナのヨジェ・プレチュニク作品群
Dela Jožeta Plečnika v Ljubljani　2021年登録

■プレチュニクの家
住Karunova 4-6
TEL(01) 2801604
URL mgml.si/en/plecnik-house
開10:00～18:00
休月、1/1、11/1、12/25
料展示のみ€5　学生€3
　展示とガイドツアー€8
　学生€6
ガイドツアーは毎正時発。定員は7人までなので、メールや電話での予約が望ましい。

リュブリャーナの景観を作り出した建築家の家

の大地震で一部が壊れた後に改築されたものだ。刑務所として使われていたこともあるリュブリャーナ城だが、1905年にリュブリャーナ市に買収されて現在にいたる。城内のカフェは憩いの場となり、礼拝堂は結婚式会場として使われ、市民に親しまれている。敷地内の入場は無料だが、城内の**バーチャル・キャッスルVirtualni Grad**、**人形博物館Lutkovni muzej**、**スロヴェニアの歴史展示Razstava Slovenska zgodovina**、礼拝堂、展望塔といった施設は有料。展望塔からはリュブリャーナの町を見下ろすことができる。

オーディオガイドは日本語あり。そのほか、歴史的衣装に身を包んで、城の歴史について語ってくれる**タイムマシン・ガイドツアー**やリュブリャーナ城をテーマにした**エスケープルーム**というツアーがある。いずれもスロヴェニア語か英語。

フランス革命広場
Trg francoske revolucije トゥルグ・フランツォスケ・レヴォルツィイェ
French Revolution Square
Map P.256-B3

13世紀より形づくられたフランス革命広場は、毎年7～8月に開かれるリュブリャーナ・フェスティバル（音楽、舞踊、演劇の祭典）のメイン会場。プレチュニクが旧修道院を野外劇場に改築した直後から、フェスティバルが開催されるようになった。通年コンサートなどの公演も行われている。

プレチュニクの家 Plečnikova hiša プレチュニコヴァ・ヒシャ
Plecnik's House
Map P.256-B3

ヨジェ・プレチュニク（1872～1957）は、スロヴェニアを代表する建築家。ウィーンで学び、1911年にプラハ城の修復に携わなどチェコのプラハで活躍した後、1920年からは故郷のリュブリャーナに戻り、三本橋や国立大学図書館など、町を代表する建築物を数多く手がけた。プレチュニクの家は、現在博物館として開放された彼自身が設計した仕事兼住居。内部はガイドツアーで見て回ることができ、彼の生涯と作品を解説する展示もある。家のすぐ北にある洗礼者ヨハネ教会の祭壇やトゥルノヴォ橋の設計、ローマの城壁の修復などはいずれも彼の手によるもの。リュブリャーナで見られるプレチュニクの作品群は、2021年に世界遺産に登録された。

町に点在するプレチュニク作品群の立体地図と、公営市場アーケード建築の説明パネル

実物を思わせる大きな写真パネルがある国立大学図書館に関する展示

エクスカーション

シュマルナ山 Šmarna gora シュマルナ・ゴラ
Šmarna Mountains

Map P.8-B2

リュブリャーナ中心街から北西へ9km、標高669mのシュマルナ山は、週末ともなると家族連れでにぎわう市民の憩いの場だ。頂上には礼拝堂と幸福の鐘があり、リュブリャーナ市内全体を眺望できる。晴れた日には、雪帽子をかぶったユリアンアルプスも遠くに見える。

シュマルナ山から眺めたリュブリャーナ市街

シュマルナ山への行き方

🚌8番のバスでサヴァ Sava下車。所要約30分。バスを降りたら山への道を進む。頂上へは徒歩で45分～1時間。

■シュマルナ山
TEL (01)5116555
URL www.smarnagora.com

リュブリャーナの博物館と美術館

国立美術館 Narodna galerija ナロドゥナ・ガレリヤ
Map P.256-A1·2

中心部の西寄り、博物館や美術館が建ち並ぶプレシェールノヴァ通り沿いにある。スロヴェニアで最も重要な美術品を所蔵している国立美術館は、14世紀に作られたマリア像や、カリンゲルのロマン主義風景画からヤコピッチ、グロハールなどの印象派まで幅広い絵画作品を展示している。1896年に建てられた旧館はスロヴェニア・アート、新館ではおもにヨーロッパ・アートの展示を行っている。

住 Prešernova 24
TEL (01)2415418 URL www.ng-slo.si
開 10:00～18:00 (木～20:00)
休 月、1/1、5/1、11/1、12/25
料 常設展€8 学生€5
企画展の料金は異なるがセット料金もある。
英語のオーディオガイド€3、
毎月第1日曜は常設展無料。 🚭

ガラス張りのモダンな外観

近代美術館 Moderna galerija モデルナ・ガレリヤ
Map P.256-A2

1945年にエド・ラヴニカルEdo Ravnikarにより建設された。スロヴェニア人芸術家による現代のアートを中心に展示している美術館。企画展も催されている。

企画展も見逃せない

住 Cankarjeva 15
TEL (01)2416834
URL www.mg-lj.si
開 10:00～18:00 休 月、1/1、12/25
料 €5 学生€2.50
毎月第1日曜は無料。
🚭

Information 緑いっぱいのティヴォリ公園

瀟洒なティヴォリ城

17世紀にイエズス会によって造られた緑あふれるティヴォリ公園**Park Tivoli**には、屋内外のスポーツ施設があり、憩いの場として親しまれている。

公園の北端には、ツェキノフ城**Cekinov grad**を利用した国立現代史博物館**Muzej novejse zgodovine**があり、第1次世界大戦から1991年の独立まで、スロヴェニアの激動の現代史をたどることができる。

公園内にあるプレチュニクの設計した散歩道を歩いていくとティヴォリ城**Tivolski grad**に着く。

ティヴォリ公園の西、ロジュニクの丘を挟んで反対側に歩くとリュブリャーナ動物園**Živalski vrt Ljubljana**に着く。リュブリャーナ・ティヴォリ駅から歩くと45分ほどかかる。アルプスや地中海沿岸に生息する種を中心に152種の動物を見ることができる。

現代美術館 Muzej sodobne umetnosti Metelkova ムゼイ・ソドブネ・ウメトゥノスティ・メテルコヴァ Map P.257-C1

町の東に位置しており、スロヴェニア人芸術家の作品を中心とした現代アートを展示している美術館。企画展が中心で、斬新な作品を数多く展示している。

アーティストの作品が並ぶ

住Maistrova 3
TEL(01)2416825
URL www.mg-lj.si
開10:00～18:00　休月・祝
料€5　学生€2.50
毎月第1日曜は無料。

入口はわかりにくいが南側にある

国立博物館 Narodni muzej Slovenije ナロドゥニ・ムゼイ・スロヴェニイェ Map P.256-A2

緑地公園に面したクリーム色をした建物が、1885年に建てられた国立博物館だ。館内には、スロヴェニア有史以来の遺物が多く並べられている。紀元前6世紀に描かれたとされる壁画や、ローマ時代の宝石、ガラス細工などが見どころだ。鉱物の標本や、動物の剥製などを展示した自然史展示館Prirodoslovni muzejも併設されている。民族学博物館があるメテルコヴァ通りMetelkova沿いには国立博物館分館もある。

リュブリャーナ市内で発掘されたローマ時代の銅像

住Prešernova 20
TEL(01)2414400　URL www.nms.si
開10:00～18:00（木～20:00）
休1/1、5/1、11/1、12/25・26
料国立博物館€8　学生€4
自然史展示館€4　学生€3
2館セット券€10　学生€6

国立博物館本館

●国立博物館分館　Map P.257-C1
住Metelkova 1　TEL(01)2307030　URL www.nms.si
開10:00～18:00　休月・祝
料€8　学生€4
国立博物館本館とのセット券€10　学生€6
毎月第1日曜は無料。

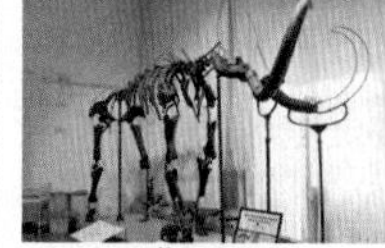

マンモスの化石もある

国立博物館分館の展示

民族学博物館 Slovenski Etnografski muzej スロヴェンスキ・エトゥノグラフスキ・ムゼイ Map P.257-C1

展示は1、2階が企画展、3、4階が常設展。常設展はアジア・アフリカなどの民族資料の展示もあるが、コレクションの中心はもちろんスロヴェニアに関するもの。さまざまな展示品に加え、プトゥイのカーニバルや、みやげ物として人気の蜂の巣箱の羽目板の製作過程など、映像資料も豊富。

豊富なコレクションを誇る

住Metelkova 2
TEL(01)3008700
URL www.etno-muzej.si
開10:00～18:00
（木～20:00）
休月・祝
料€6　学生€3
毎月第1日曜は無料。

クレントというプトゥイのカーニバルで使用される衣装

市立博物館 Mestni muzej Ljubljana メストゥニ・ムゼイ・リュブリャーナ Map P.256-B3

フランス革命広場の近くにある。博物館の地下には古代ローマの遺跡が保存されており、考古学的展示も多い。先史時代から古代、中世、近代、現代のリュブリャーナの歴史を知る展示物のほか、チトー時代のポスターの展示もある。

住Gosposka 15
TEL(01)2412500　URL www.mgml.si
開10:00～18:00（木～21:00）
休月、1/1、11/1、12/25
料常設展€8　学生€6
企画展は別料金。

展示品の内容はさまざま

ウニオン・エクスペリエンス Union Experience ウニオン・エクスペリエンス Map P.256-A1

スロヴェニアを代表するビール、ウニオンの歴史と製造過程を見学できるアトラクション。見学はツアー形式（要予約）で、工場に併設されたパブ、ウニオン・ピヴニツァから出発し、解説は英語とスロヴェニア語。ツアーの最後には、できたてビールの試飲もできる。パブレストランも併設している。

住Celovška 22　☐041-303050
URL union-experience.si
Mail union.experience
@heineken.com
開見学ツアー11:00、13:00、
15:00、17:00発
休月・日・祝
料€15.50　学生€12.40

ラガーとダーク・ラガー（無濾過）などがある

リュブリャーナの劇場・コンサートホール

エンターテインメント情報は、❶に置いてある英語の月刊プログラムでオペラ、コンサートをはじめスポーツ、各種フェア、ギャラリーや美術館の特別展など、幅広く収集することができる。

オペラ座
SNG Opera in Balet
Map P.256-A2

住**Župančičeva 1**
TEL (01) 2415900　URL www.opera.si
開ボックスオフィス10:00〜13:00、14:00〜17:00
土・日は開演の1時間前〜　休無休

ツァンカルイェヴ・ドム
Cankarjev dom
Map P.256-A2

住**Prešernova 10**
TEL (01) 2417299　URL www.cd-cc.si
開ボックスオフィス
11:00〜13:00、15:00〜19:00
土・日は開演の1時間前〜　休無休
※チケットはオンラインでも購入可。

スロヴェニア・フィルハーモニア
Slovenska Filharmonija
Map P.256-B2

住**Kongresni trg 10**　TEL (01) 2410800
URL filharmonija.si　※チケットはツァンカルイェヴ・ドムのボックスオフィスで購入可。

チケットオフィス

フェスティバル・リュブリャーナ
Festival Ljubljana
Map P.256-B3

住**Trg francoske revolucije 1**
TEL (01) 2416028　URL www.ljubljanafestival.si
開4〜9月10:00〜20:00 (土10:00〜14:00)、
開演の1時間前〜
10〜3月12:00〜17:00、開演の1時間前〜
休4〜9月の日曜、10〜3月の土・日

リュブリャーナのホテル

日本からの電話のかけ方　事業者識別番号 (→P.240) ＋010＋386 (スロヴェニアの国番号) ＋1 (0を取った市外局番) ＋番号

町の中心部に大きめのホテルが何軒かあり、どこも設備が調っていて快適。プライベートルームは旅行会社で紹介してくれる。

グランド・プラザ
Grand Plaza Hotel & Congress Center
Map P.256-B1
★★★★★　高級　室数:354

2022年夏に開業したガラス張りの高層ホテル。鉄道駅から徒歩6分。レストラン、バー、フィットネス完備。一部客室はバスタブ付き。
Wi-Fi 全館　EV あり

URL www.grandplazahotel.si
Mail info@grandplazahotel.si
住**Slovenska cesta 60**
TEL (01) 2430100
S €235〜
W €263〜
カード A D M V

エグゼ・レヴ
Exe Lev
Map P.256-B1
★★★★　高級　室数:200

中心部にある近代的なホテル。一部の客室にはバスタブがある。サウナ、スパは同系列のグランドホテル・ユニオンを利用できる。
Wi-Fi 全館　EV あり

URL www.exelev.com
Mail reception@exelev.com
住**Vošnjakova 1**
TEL (01) 3087000
S €82〜220
W €85〜235
カード A D M V

クボ
Cubo Hotel
Map P.256-B2
★★★★　高級　室数:26

ズヴェズタ公園の近くの便利な立地。建物自体は歴史を感じさせるが、客室のデザインは先進性を前面に出し、よいコントラストを作り出している。
Wi-Fi 全館　EV あり

URL cubogroup.si
Mail reception@hotelcubo.com
住**Slovenska cesta 15**
TEL (01) 4256000
S €100〜180
W €120〜250
カード D M V

グランドホテル・ユニオン・ユーロスターズ
Grand Hotel Union Eurostars

Map P.256-B2

★★★★ 高級 室数:327

1905年に建てられたアールヌーヴォー様式の建物を利用しており、多くの有名人が宿泊リストに名を連ねる。一部の客室にはバスタブ付き。

全館 EVあり

URL www.grandhotelunioneurostars.com
Mail reception@grandhotelunioneurostars.com
住 Miklošičeva 1 TEL (01)3081270
S A/C €110～320
W A/C €120～350
A D J M V

スロン
Best Western Premier Hotel Slon

Map P.256-B2

★★★★ 高級 室数:170

ホテル名は"ゾウ"の意味。ロゴマークのほか、館内のあちこちにゾウをかたどった置物が見られる。サウナもある。一部客室はバスタブがある。

全館 EVあり

URL www.hotelslon.com
Mail reception@hotelslon.com
住 Slovenska cesta 34
TEL (01)4701100
S A/C €85～160
W A/C €90～170
A D M V

イビス・センター
Ibis Styles Ljubljana Centre

Map P.256-B1

★★★ 中級 室数:90

一般の客室のほか、共同シャワーのカプセルやキャビンに加えて、屋上には5つのテントもある。ラウンジあり。共同キッチンやランドリーも利用できる。

全館 EVあり

URL ibisstylesljubljana.com
Mail HC0E6@accor.com
住 Miklosiceva 9
TEL 031-395869
S A/C €100～180
W A/C €100～200
M V

パーク
B&B Hotel Ljubljana Park

Map P.257-C2

★★★ 中級 室数:215

町の北東の博物館エリアに近く、住宅街に隣接した静かな環境の大型ホテル。中心部までのアクセスもよい。客室はシンプルで広め。最上階にはテラスがある。

全館 EVあり

URL www.hotel-bb.com
Mail ljubljana@hotelbb.com
住 Tabor 9
TEL (01)3002500
S A/C €50～190
W A/C €60～280
A D M V

レサル・エンジェル
Lesar Hotel Angel

Map P.256-B3

★★★★ 中級 室数:14

中心部南にあるクラシックなブティックホテル。中庭も開放的でリラックスできる。レセプションは7:00～24:00。一部客室はバスタブ付き。

全館 EVなし

URL angelhotel.si
Mail info@angelhotel.si
住 Gornji trg 7
TEL (01)4255089
S A/C €110～185
W A/C €130～205
A D J M V

スターリ・ティシュレル
Gostilna Stari Tišler

Map P.256-B1

★★★ 経済的 室数:8

鉄道駅、バスターミナルから徒歩5分のところにあるゲストハウス。設備は豪華ではないが、必要なものは揃い、料金も控えめ。郷土料理レストランも併設している。

全館 EVなし

URL www.stari-tisler.com
Mail info@stari-tisler.com
住 Kolodvorska 8
TEL (01)4303370
S/W A/C €70～140
A D J M V

チェリツァ
Celica

Map P.257-C1

ユースアコモデーション　ベッド数:92

牢獄や画廊として使われていた建物。駅に近くて便利。有料でレンタサイクル、ランドリー、空港送迎あり。早めの予約が望ましい。
全館　EVなし

URL www.hostelcelica.com
Mail info@hostelcelica.com
住 Metelkova 8
TEL (01)2309700
DOM €25～35
€54～99
€68～104　D M V

トゥレゾール
Hostel Tresor

Map P.256-B2

ユースアコモデーション　ベッド数:154

かつて銀行だった建物を利用したホステル。外観は古いが部屋は改装したばかり。タオル€4、リネンは無料で、ユースホステル会員には10%割引あり。キッチンは電子レンジとケトルのみ。朝食は別途€5。
全館　EVあり

URL www.hostel-tresor.si
Mail info@hostel-tresor.si
住 Čopova 38
TEL (01)2009060
DOM A/C €20～34
A/C €60～100
M V

アドホック
AdHoc Hostel

Map P.256-B2

ユースアコモデーション　ベッド数:73

旧市街の中心にあり、周囲にはレストランも多く、便利な立地。ドミトリーのベッド数は6～8。簡易キッチンやランドリー€10なども完備。
全館　EVなし

Mail info@adhoc-hostel.com
住 Cankarjevo nabrežje 27
051-268288
DOM €20～40
€45～280
M V

リュブリャーナのレストラン

リュブリャーナは、カフェやバーに比べるとレストランの数はそれほど多くない。スロヴェニア料理などバルカン料理をはじめ、イタリア料理、メキシコ料理など国際色豊かなレストランが増えてきた。英語メニューを置いている店も多い。

ソコル
Sokol

Map P.256-B2

スロヴェニア料理

店員が伝統衣装を着ている観光客向けのレストラン。スロヴェニア伝統料理からパスタ、ステーキ、デザートまでなんでもあり、メニューは写真付きでわかりやすい。ローストポークは16.50€。12/31は18:00まで。

URL www.gostilna-sokol.com
住 Ciril Metodov trg 18
TEL (01)4396855
開 11:00～23:00
休 無休
D J M V

マーリー&ミー
Marley & Me

Map P.256-B2

スロヴェニア料理

旧市街にあるカフェレストラン。内装はカントリー調のカウンターや家具など、落ち着いた雰囲気で統一されている。スロヴェニア料理以外にもハンバーガー€14.40～やパスタ€14.70～などがある。

URL www.marleyandme.si
住 Stari trg 9
083-806610
開 12:00～22:00
休 無休
M V

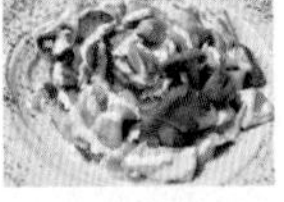

info 鉄道駅のそばにあるジェイ・ビー JB Restavracijaは、世界のベスト・レストラン50に選ばれたこともある有名店。コースでひとり€90～125。要予約。URL jb-slo.com

シェースティツァ
Gostilna Šestica

Map P.256-B2

スロヴェニア料理

農家的な雰囲気のエリアや中庭の席などがあり、異なったムードのなかで食事ができユニーク。肉料理は€19.90〜26.90。団体客用にフォークロアショーを行うこともある。

URL www.sestica.si
住 Slovenska cesta 40
TEL (01)2420855
開 10:00〜23:00
(土12:00〜23:00、日・祝12:00〜22:00)
休 12/24・25
カード D J M V

シュパイザ
Špajza

Map P.256-B3

ステーキ・スロヴェニア料理

200年以上前から使われている家屋を利用したクラシックな雰囲気の店。サラダ€17、熟成肉のステーキは100g€9.40〜、和牛は100gで€45、ほか肉料理€24〜など。

f Spajzarestaurant
住 Gornji trg 28
携帯 041-572980
開 17:00〜22:00
(土・日・祝12:00〜22:00)
休 無休
カード D M V

ユリヤ
Julija

Map P.256-B2

スロヴェニア料理

イドゥリヤ名物のイドゥリヤ・ジュリコロフィ€15.90など、スロヴェニアの地方料理が豊富なレストラン。店内は白を基調としており、インテリアのセンスも抜群。夏期は通り沿いのテラス席も気持ちがよい。

URL julijarestaurant.com
住 Stari trg 9
TEL (01)4256463
開 12:00〜21:00
休 無休
カード D M V

フォツルス
Foculus

Map P.256-B2

ピザ

地元の人に人気のピッツェリア。ピザは高温の窯で薪を用いて一気に焼き上げる。生地は薄く、外側がカリっとしながらも折りたためるほど柔らかい。ピザは60種類以上あり€8.70〜。

URL www.foculus.si
住 Gregorčičeva 3
TEL (01)4219295
開 11:00〜23:30
休 無休
カード M V

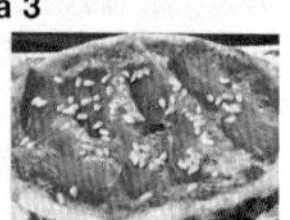

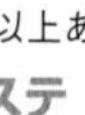

ナマステ
Namasté

Map P.256-B3

インド料理

リュブリャニツァ川西岸にある。スタッフはインド人が多く、味も本格的でメニューも豊富。パニール・パコラ€7.70、チキン・ビリヤーニ€15.90、カレーは€13.90〜。月〜金の14:00までの日替わりランチ（写真）は€8.50〜9.90。

URL www.restavracija-namaste.si
住 Breg 8　TEL (01)4250159
開 11:00〜22:00
(日〜21:00)
休 無休
カード D M V

寿司ママ
Sushimama

Map P.256-B2

日本料理

メニューは寿司が中心で、日本人の板さんがにぎっている。寿司セット€15〜。刺身の盛り合わせ€17.50〜、天ぷら€8.50〜などのほか、鉄火丼€9.80〜もある。

URL www.sushimama.si
住 Wolfova 12　携帯 040-702070
開 11:30〜22:00(L.O.)
休 日・祝
カード D J M V

HITウォク
HIT'WOK

Map P.256-B2
ファストフード

アジア料理のファストフード店。卵麺や米麺、うどん、ジャスミンライスなど7種のベース、ココナッツカレーや照り焼きなど11種のソースからそれぞれ選んで注文する。€5.99〜。

URL www.thewok.si
住 Čopova4
☎ 059-900555
開 10:00〜23:00
（土・日12:00〜22:00）
休 無休
カード M V

リュブリャーナのショッピング

新市街には小さなみやげ物屋やギャラリーが点在している。また、プレシェーレノフ広場の周辺には大型のショッピングセンターがいくつかあり、ブティックをチェックするのも楽しい。

クラシェウカ
Kraševka

Map P.256-B2
食品

ヴォドゥニコフ広場に面している。スロヴェニア各地の食品を扱っており、ワインやブランデー、トリュフなどが置かれている。おすすめはハチミツや、ピラン周辺で作られた塩など。

URL www.krasevka.si
住 Vodnikov trg 4
TEL (01)2321445
開 9:00〜18:00（土〜15:00）
休 日・祝
カード M V

イカ
Ika

Map P.256-B2
婦人服、アクセサリー

デザイナーでもあるオーナー母娘の名を冠したブティック。品物はすべてスロヴェニア製。オーナーがデザインした服や小物以外にも、「キュート」をキーワードに集められたアイテムを販売している。

住 Ciril Metodov trg 13
TEL (01)2321743
開 10:00〜19:00
土9:00〜18:00
（夏期〜20:00、1・2月〜14:00）
日10:00〜14:00（夏期〜18:00）
休 無休　カード D M V

Information　ヴォドゥニコフ広場のアーケード

モイ・シュトゥルクリのテラス席から青空市場が見える

ヴォドゥニコフ広場は野菜や果物が並ぶ青空市場が開かれるところ。広場に面した川沿いの古い建物は、いろいろな店が入るちょっとしたアーケードになっている。パン屋や肉屋、庶民的なアイスクリームショップなどもあるが編集室注目の2軒を紹介しよう。

●ウチルナ・オクソヴ Učilna Okusov

名産のはちみつは、プロポリス入りもある

バイオテクノロジー観光高校が運営するスロヴェニアの農村製品ショップ。はちみつやパンプキンシードオイル、ジャム、クッキー、肉製品（日本に持ち帰れないので注意）、ワインなど各種小規模生産製品を販売している。

Map P.256-B2
住 Adamič-Lundrovo nabrežje 1
TEL (01)2927785　☎ 041-386178
開 9:00〜16:00（土〜14:00）　休 日・祝

●モイ・シュトゥルクリ Moji Štruklji

スロヴェニア全土で食べられる伝統郷土料理、シュトゥルクリの専門店。デザートタイプと食事タイプあわせて20種以上あり、見るだけでも楽しい。

Map P.256-B2　住 Adamič Lundrovo nabrežje 1
☎ 059-042190　URL www.moji-struklji.si
開 4〜10月7:30〜20:00（金7:30〜22:00、日・祝10:00〜18:00）　1〜3・11月8:30〜17:00
12月8:30〜20:00（日・祝10:00〜18:00）
休 1〜3・11月の日・祝

定番のカッテージチーズ味

そば粉の生地にくるみのフィリング

info フード・バーガー Hood Burger(Map P.256-B2)は注文を受けてから焼き始めるバーガーショップ。ベーコンやオニオン、チーズなどがトッピングでき、€6.90〜10.70。URL www.hoodburger.si

マリ・グラードの教会

カムニク
Kamnik

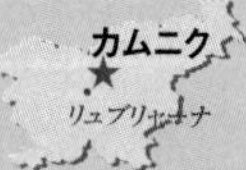

Map P.8-B2

マリ・グラードから見下ろしたカムニクの町並み

ユリアンアルプスの一角を占めるカムニシュカ・サヴィニスケ山地の山あいに広がる渓谷にある町。古くはドイツ語で「石」を意味するシュタインの名で知られ、ハンガリーやイタリアを結ぶ交易の中心として栄えた中世の重要都市。9月第2週末には、国際民族衣装フェスティバルで賑わう。

■カムニクへの行き方

●リュブリャーナから

🚃4時台～22時台に6～19便運行（土減便・日曜運休）、所要約40分、€2.60。

🚌5時台～23時台の1時間に1～7便運行（土・日、夏期減便）、所要40分～1時間、€2.90～。

●リュブリャーナ国際空港から

🚌8時台～15時台に5便運行（土・日、夏期運休）、所要約30分、€2.50。

●クラニュから

🚌8時台～15時台に5便運行（土・日、夏期運休）、所要約45分、€3.30。

グラヴニ広場にあるカムニクの🅘

■カムニクの🅘

Map P.268-B1

住Glavni trg 2

TEL (01)8318250

URL www.visitkamnik.com

Mail tic@visitkamnik.com

開夏期8:00～18:00
冬期9:00～16:00

休冬期の日・月・祝

自転車レンタルは、最初の4時間€14、終日（🅘が閉まるまで）€28、電動アシスト付き自転車は4時間€20、終日€40、公共自転車レンタルシステムも導入されている。Wi-Fi無料。地図やパンフレットのほか、プライベートルームやホテルのリストがあり、紹介も行う。上階はミハ・マレシェ美術館。

シュトゥナ通り沿いに建つ無原罪の聖母教会

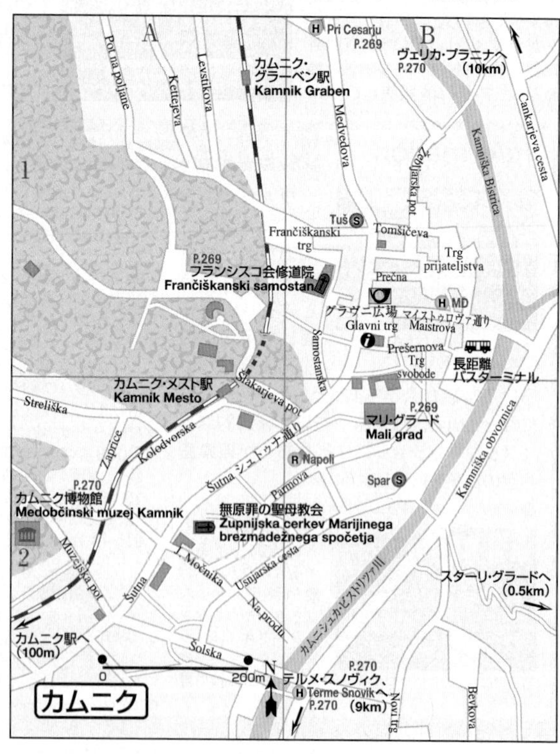

歩き方

リュブリャーナからのバスは、カムニシュカ・ビストリツァ川沿いに北上し、川を渡った所にある長距離バスターミナルに到着する。そのまま**マイストゥロヴァ通りMaistrova**を西進すると、🅘のある**グラヴニ広場Glavni trg**に到着する。

鉄道は、町の西を南北に走っており、南からカムニク、カムニク・メストKamnik Mesto、カムニク・グラーベンKamnik Grabenの駅がある。グラヴニ広場に最も近いのはカムニク・メストだが、いずれの駅も町の中心部から近い。

首都リュブリャーナ近郊にありながら、のんびりとした雰囲気が漂う

グラヴニ広場から南西に延びる**シュトゥナ通りŠutna**はかつてギルドのあった場所で、現在は町の目抜き通り。建物にはかつて何が作られていたかを示す目印もある。グラヴニ広場の南には、城壁に守られた高台があり、小さい城を意味するマリ・グラードMali gradが町を見守るように建っている。大きい城(廃墟)はスターリ・グラードStari grad(古城)と呼ばれ、マイストゥロヴァ通りから東の丘を30分ほど登る(標高約800m)とある。夏にはレストランもオープン。

おもな見どころ

マリ・グラード Mali grad マリ・グラードゥ
Small Castle Kamnik

Map P.268-B2

マリ・グラードはカムニク旧市街の中心に建ち、シンボル的な存在。この城が文献に登場するのは13世紀以降のことだが、この場所からはそれ以前の遺物も見つかっている。城には13世紀創建とされる教会がそびえており、城壁のある高台からは、山々に抱かれた町並みが見渡せる。

フランシスコ会修道院 Frančiškanski samostan フランチシュカンスキ・サモスタン
The Franciscan Monastery

Map P.268-B1

修道院内の教会

15世紀末に創設された修道院。院内には聖ヤコブ教会や、神学から人文科学、薬学まで、18世紀以前に出版された1万冊以上の蔵書を誇る図書館が併設。聖ヤコブ教会の主祭壇横にある礼拝堂(教会内右側の門から廊下に出ると左側に入口がある)は、ヨジェ・プレチュニクの設計。

HOTEL ホテル

プリ・ツェサリュ
Pri Cesarju

Map P.268-B1

住Tunjiška 1
041-629846
URL pricesarju.si
Mail info@cesarski-dvor.si
料 S €50～
W €76～
CC M V

プリ・ツェサリュ

長距離バスターミナル

マリ・グラードからの眺め

■マリ・グラード(礼拝堂)
住Mali grad nn
開8:00～16:00
休9月中旬～6月中旬
料€2.50 学生€1.50
展望台はいつでものぼることができる。

■フランシスコ会修道院
住Frančiškanski trg 2
064-179910
URL franciskani-kamnik.si
開聖ヤコブ教会は随時開館
休無休 料無料
※図書館は予約が必要。前日までに🅘でも受け付ける。

スロヴェニア語初の聖書の原本

カムニク博物館 Medobčinski muzej Kamnik

メドゥオブチンスキ・ムゼイ・カムニク

Intermunicipal Museum Kamnik

Map P.268-A2

城を利用したカムニク博物館

町を見下ろす丘の上に建てられたルネッサンス・バロック様式の建物で、ザプリツェ城Grad Zapriceの名でも知られる。宗教改革時にはルター派の拠点ともなった。現在はカムニクや周辺地域を知る博物館として利用されている。

■カムニク博物館
TEL (01)8317647
URL www.muzej-kamnik-on.net
開10:00〜18:00
休日・月・祝
料€4、学生€2
地元の著名な軍人で詩人、政治家ルドルフ・マイスターの生家博物館と、ミハ・マレシュ美術館（ⓘ上階）の2館共通券は€5、3館共通券€6。

エクスカーション

テルメ・スノヴィク Terme Snovik テルメ・スノヴィク

Terme Snovik

Map P.8-B2

カムニクから10kmほど東に位置する温泉。カルシウム、マグネシウム、ナトリウムなどを多く含んでおり、関節痛や腰痛などに効くといわれる。宿泊施設、室内プール、屋外大プール（夏期のみ）などを備えたレジャー施設として人気が高い。

テルメ・スノヴィクへの行き方

●カムニクから
バス1日2〜6便、所要約15分€1.80。

HOTEL ホテル

テルメ・スノヴィク
Terme Snovik
Map P.268-B2外
住Snovik 7
TEL (01)8344100
URL terme-snovik.si
料 S A/C €100〜248
W A/C €115〜252
C/C D M V

ヴェリカ・プラニナ Velika planina ヴェリカ・プラニナ

Velika Planina

Map P.8-B2

伝統的な牛飼いの集落

カムニシュカ・サヴィニスケ山地にあるヴェリカ・プラニナは、澄んだ空気と美しい風景が広がる高原。夏期はトレッキング、冬期はスキーと1年を通じて楽しむことができるほか、大規模な牛飼いの集落が残っていることでも有名で、6月中旬から9月中旬は、牛の放牧が行われ牧歌的な雰囲気。春先は紫色のクロッカス畑に覆われる。食事ができる施設のほか、宿泊できる小屋もある。

リュブリャーナ、カムニクから、バスとロープウエイ（ケーブルカーと呼ばれる）、チェアリフト（季節運休あり）を乗り継いで行けるので、体力に自信がない人も安心。

ヴェリカ・プラニナへの行き方

●カムニクから
バスカムニシュカ・ビストリツァKamniška Bistrica行きに乗りロープウエイ乗り場そばで降ろしてもらう。1日2〜6便、所要約20分、€2.30。

■ヴェリカ・プラニナ行きロープウエイ(ロ)とチェアリフト(チ)
ロープウエイに乗ってシムノヴェツŠimnovec駅まで所要5分。チェアリフトに乗り換えて山頂駅Gradiščeへ。
URL www.velikaplanina.si
開 7・8月の金〜日・祝
(ロ)8:00〜19:00、30分毎
(チ)8:30〜18:15
5・6・9月と7・8月の月〜木
(ロ)8:00〜18:00、30分毎
(チ)8:30〜17:15
スキー期以外10〜4月の月〜木
(ロ)8:00、9:00、10:00、12:00、14:00、16:00、
(チ)8:30、10:30、11:30、12:30、14:30、15:30
スキー期以外10〜4月の週末・祝
(ロ)8:00〜17:00毎正時
(チ)8:30〜16:15
スキー期（概ね12〜3月）毎日
(ロ)8:00〜17:00、30分毎
(チ)8:30〜16:15
料(ロ) 往復€21
学生€16（平日のみ）
(チ)往復€10追加
※オンライン予約割引あり。

カムニクのレストラン

町には、これといったレストランがなくホテルで食べるのがおすすめ。イストゥルスカ・ヨタという郷土料理はザワークラウト、豆、ベーコンのシチューで、チーズがたくさんのっている。

素朴なスープ

クラニュ

Kranj

★クラニュ
リュブリャーナ

Map P.8-B2

ⓘにあるハート形のおみやげ

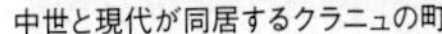
中世と現代が同居するクラニュの町

リュブリャーナの空の玄関、ヨジェ・プチュニク国際空港のほど近くにある町クラニュ。町の歴史は古く、3000年以上前のイリュリア時代初期に遡る。ローマ時代にはカルニウムCarniumと呼ばれ、これが現在のクラニュの名の語源となっている。6〜7世紀にはスラヴ人がこの地に移住し、カルニオラ地方の中心都市となった。サヴァ川Savaとコクラ川Kokraの合流地点に当たり、交通の要所として栄えた。やがて首都機能はカムニク、さらにはリュブリャーナへと移ったが、現在でもリュブリャーナ、マリボルに続いて、ツェリエと並ぶ大きさの町としてにぎわいを見せている。

歩き方

クラニュ駅から旧市街へは徒歩で約10分。線路と並行するように流れるサヴァ川を渡る(2023年11月まで橋の工事のため通行止め)と、旧市街の入口だ。

バスターミナルは町の北にあり、ブレイウェイソヴァ通りBleiweisova cestaを真っすぐ南下するとホテル・クレイナの前に出る。ただ、大半のバスはホテル・クレイナ前にも停車するので、旧市街に入るならここで降りると近い。

イベントも行われる**スロヴェンスキ広場Slovenski trg**は旧市街と新市街を分けるいわば町のヘソ。ここから北が新市街で、

クラニュの旧市街

■クラニュへの行き方

●リュブリャーナから

4時台〜22時台に11〜25便運行（土・日減便）、所要20〜35分、€2.60〜5.40。

5時台〜23時台の1時間に1〜6便運行（土・日減便）、所要40分〜1時間、€1.90〜。

●カムニクから

直行便はなく、リュブリャーナで乗り換え。

5時台〜14時台に5便運行（夏期および土・日通年運休）、所要約45分、€3.30。

●シュコフィヤ・ロカから

5時台〜21時台に8〜22便運行（土・日減便）、所要約7分、€1.30〜3.40。

5時台〜23時台の1時間に1〜6便運行（土・日、夏期減便）、所要約25分、€1.30〜2.10。

●ブレッド湖から

Lesce-Bledから4時台〜20時台に11〜18便運行（土・日減便）、所要18〜35分、€2.60〜5.40。ブレッド湖駅からJesenice乗り換えもある。

5時台〜22時台の1時間に1〜4便運行（夏期・土・日減便）、所要約40分、€1.30〜3.30。

●ボヒニュ湖から

直行は土日18:39発のみ、所要約1時間25分。ほかにJesenice乗り換えの便が4時台〜17時台に4〜7便運行（土・日減便）、所要1時間20分〜2時間10分、€5.80。

5時台〜20時台の1時間に1便程度（土・日減便）、所要約1時間20分、€1.60〜5.70。

●クラニュスカ・ゴラから

5時台〜21時台に9〜18便運行（土・日減便）、所要約1時間20分、€1.70〜6.10。

●ヨジェ・プチュニク国際空港から

6時台〜20時台に5〜18便運行（土減便、日曜運休）、所要約30分、€1.70。

■クラニュのⓘ Map P.272-B2

住 Glavni trg 2
TEL (04)2380450
URL www.visitkranj.com
開 9:00〜18:00
(1/1、12/25 12:00〜17:00)
休 無休

南が旧市街となる。旧市街には**グラヴニ広場Glavni trg**を中心に見どころが点在している。

サヴァ川の西に、旧市街を見守るようにそびえるのが標高646mの**シュマリェトゥナ・ゴラŠmarjetna gora**。頂上には聖マルガリタ教会Cerkev sv. Marjetとホテル・ベルビューがある。旧市街から歩くと1時間30分はかかるが、とにかく眺めがすばらしい。軽いハイキングにぴったりだ。

山の頂上にある聖マルガリタ教会

おもな見どころ

プレシェーレンの家 Prešernova hiša プレシェルノヴァ・ヒシャ
Prešeren's House

Map P.272-B2

国民的詩人フランツェ・プレシェーレンの家。彼は45歳のときクラニュに弁護士事務所を開き、亡くなるまでの3年弱の間、ここで過ごすことになる。現在もプレシェーレンの資料を集めた博物館として保存され、当時の部屋の様子なども再現されている。

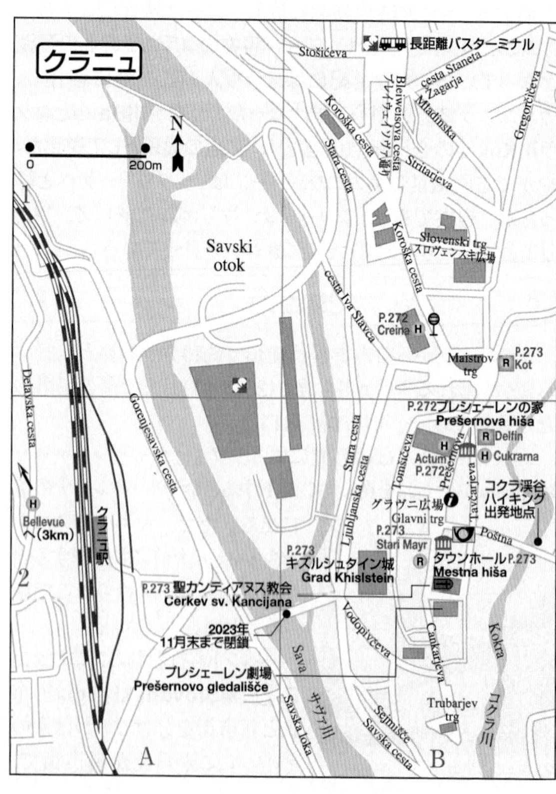

HOTEL ホテル

アクトゥム
Actum Hotel
Map P.272-B2
住 Prešernova 6
☐ 059-082400
URL www.actum-hotel.com
Mail info@actum-hotel.com
料 S A/C 🚿 📺 🅿 ☕ €85～110
W A/C 🚿 📺 🅿 ☕ €100～150
カード M V

クレイナ
Hotel Creina
Map P.272-B1
住 Koroška cesta 5
TEL (04)2817500
URL hotelcreina.si
Mail info@hotelcreina.si
料 S 🚿 📺 🅿 ☕ €74
W 🚿 📺 🅿 ☕ €94
カード D M V

■プレシェーレンの家
住 Prešernova 7
TEL (04)2013983
URL www.gorenjski-muzej.si
開 10:00～18:00
休 月、1/1、復活祭、5/1、11/1、12/25
料 €3.60　学生€2.80
3館共通券€8.50　学生€6
※プレシェーレンの家、タウンホール、キズルシュタイン城の3館はゴレニュスカ博物館として管理されているので開館時間、料金、ウェブサイトは共通。

国民的詩人、プレシェーレンの家

■コクラ渓谷ハイキング
町の東側を流れるコクラ川のハイキングルートは、市街から気軽に歩ける。中央郵便局のたもとからスタートし、北に登っていく。約1時間ガイドツアー（ⓘで要予約）は火曜11:30、金曜16:00発、ひとり€6。

川沿いのハイキングコース

タウンホール Mestna hiša メストゥナ・ヒシャ
The Town Hall

Map P.272-B2

現在はゴレニュスカ博物館や結婚式場として使われているタウンホールは、ルネッサンス期の16～17世紀に建てられたふたつの部分からなる。クラニュを中心とするゴレニュスカ地方の習俗などを紹介する民俗展示が上階に、この地方の考古学研究の成果が下階に配され、地下の階は企画展示用のスペース。

タウンホールと彫刻の展示

キズルシュタイン城 Grad Khislstein
グラードゥ・キズルシュタイン
Khislstein Castle

Map P.272-B2

城内は博物館になっている

もともと町の防衛のために、城壁の一部として建てられた砦だったが、年代が下るにしたがって拡張され、この地域の有力者の邸宅として利用された。内部は中世のフレスコ画が保存されて、往時の様子をうかがい知ることができる。現在はタウンホール同様ゴレニュスカ博物館として利用され、中世から現代にかけてのこの地の人々の暮らしを紹介している。

■タウンホール
住Glavni trg 4
TEL(04)2013980
※入場料などはプレシェーレンの家を参照。

■聖カンティヌアス教会
Map P.272-B2
15世紀初頭に建てられたクラニュを象徴するバロック様式の教会。高さ40メートルの鐘楼から町を見下ろせる。
住Glavni trg 7
開9～5月7:30～19:00
　6～8月7:30～20:00
休無休　料無料（鐘楼€6）
※鐘楼のチケットは❶で購入可。

聖カンティヌアス教会

■キズルシュタイン城
住Tomšičeva 44
TEL(04)2013950
※入場料などはプレシェーレンの家を参照。

■地下道ツアー
第2次世界大戦中に防空壕として造られた全長1300mの地下道を進む、❶主催のツアー。所要1時間。集合場所は❶。
開土・日10:00、火・金17:00
休月・水・木　料€7

クラニュのレストラン

コト
Gostilna Kot

Map P.272-B1
スロヴェニア料理

スロヴェニア伝統料理の店。店内は郷土風の装飾で広場に面したテラスも快適。クラニュ名物ソーセージ、ビール、シュトゥルクリの3点セットは€15.90（小サイズ€13.40）。9:00～16:00は日替わりランチあり(€7～8)。

URL www.gostilnakot.si
住**Maistrov trg 4**　TEL(04)2026105
開8:00～22:00（土～18:00）
休日・祝　カード M V

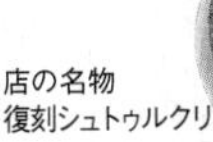

店の名物
復刻シュトゥルクリ

スターリ・マユル
Gostilna Stari Mayr

Map P.272-B2
スロヴェニア料理

旧市街にある郷土料理の店。1852年創業で、内装もクラシカル。ランチは12:00～15:00、ディナーは18:00～。メニューはゴラーシュやソーセージなど。ともに€12.60～。

URL www.stari-mayr.si
住**Glavni trg 16**
TEL(04)2800020
開食事12:00～15:00、18:00～22:00
　ドリンクのみ8:00～22:00
休10～4月の月　カード A D M V

シュコフィヤ・ロカ
Škofja Loka

シュコフィヤ・ロカ
リュブリャーナ

Map P.8-B2

レース編みの色見本

シュコフィヤ・ロカの町並み

シュコフィヤ・ロカの歴史は古い。神聖ローマ帝国皇帝オットー2世が、バイエルンの司教（シュコフ）にこのあたりの土地を与えたことに由来する。その後、14世紀には城壁を築き、外敵の侵入に備えている。水運の発達などにより中世を通じて経済の中心地となり繁栄したシュコフィヤ・ロカには、当時の面影が色濃く残る。旧市街には古い建物があり、見る者をいつまでも飽きさせない。

歩き方

シュコフィヤ・ロカ駅と町の中心は3kmほど離れている。歩いていくなら、駅から延びているキドゥリチェヴァ通りKidričeva cestaをひたすら西進すると長距離バスターミナルの前に着く。徒歩でも行けるが、リュブリャーナやクラニュからシュコフィヤ・ロカへのバスはすべて停車するので、それらのバスに乗ると5分ほどで到着する。

長距離バスターミナルは町のほぼ中心にある。セルシュチツァ川Selščicaを渡ると見どころが集中するシュコフィヤ・ロカ旧市街だ。

シュコフィヤ・ロカはいくつかの地域に分かれている。旧市街である町の中心部は、実は町で最も古い地区ではない。最古の地区はスターラ・ロカStara Lokaと呼ばれて北西にある。また、ポリャンシュチツ

風情のある建物が並ぶ旧市街

■シュコフィヤ・ロカへの行き方
●リュブリャーナから
🚉4時台～20時台に8～22便運行（土・日減便）、所要約25分、€1.90～4.30。
🚌5時台～23時台の1時間に1～2便運行（土・日減便）、所要約40分、€1.90～。
●クラニュから
🚉4時台～21時台に7～20便運行（土・日減便）、所要約7分、€1.30。
🚌5時台～22時台の1時間に1～6便運行（土・日、夏期減便）、所要約25分、€1.30～2.10。

■シュコフィヤ・ロカのⓘ
Map P.275-B2
住Cankarjev trg 17
TEL(04)5170600
URL www.visitskofjaloka.si
開4～9月9:00～18:00
（土・日～13:00）
10～3月9:00～15:00
（土・日10:00～13:00）
休無休

観光案内所

■キリスト受難劇
6年ごとに、四旬節と復活祭の時期に上演されるキリスト受難劇Škofjeloški pasijonは、カプチン会修道士によって書かれ、宗教行列の形で上演されるスロヴェニア語最古の劇。スロヴェニア初のユネスコ無形文化遺産として2016年に登録された。1721年の初公演以降、1767年まで毎年上演されていたがその後途絶え、1999年に復活。2015年には総勢800人が参加した。次回の上演は2026年4月の予定で、おもに週末に約8回上演される。シュコフィヤ・ロカ博物館で受難劇に関する展示があるほか、専用アプリによるガイドもある。
URL www.pasijon.si

シュコフィヤ・ロカ城からの景色

ァ川Poljanščicaの東にはプシュタル地区Puštalがあり、それぞれ独自の城を構える。このふたつの地区に挟まれるように、シュコフィヤ・ロカの旧市街が広がっている。いずれも中心部から徒歩で15分ほどなので、時間があれば足を延ばしてみるといいだろう。

おもな見どころ

カプチン橋 Kapucinski most カプツィンスキ・モストゥ
Kapucin's Bridge

Map P.275-B2

カプチン橋は別名「石の橋Kamniti most」とも呼ばれ、14世紀中頃に当時の司教レオポルトによって建造された。彼が欄干のない橋を馬で渡っていた際に落馬したことがきっかけだという。1888年に一度改修されているものの、現存する橋ではヨーロッパで最古級といえる。美しいフォルムのアーチを描いている橋だ。

ヨーロッパ最古級のカプチン橋

HOTEL ホテル

パレタ
Hotel garni Paleta
Map P.275-B2
住 Kapucinski trg 17
☎ 041-874427
URL hotel-skofjaloka.si
料 €78～112
€92～114
カード A D M V (手数料5%)

ザモルツ
Hotel Zamorc
Map P.275-B2
住 Studenec 27
☎ 031-275301
URL www.hotel-zamorc.si
料 €94～126
€114～146
カード D M V

ザモルツの客室

■カプチン橋
見学自由

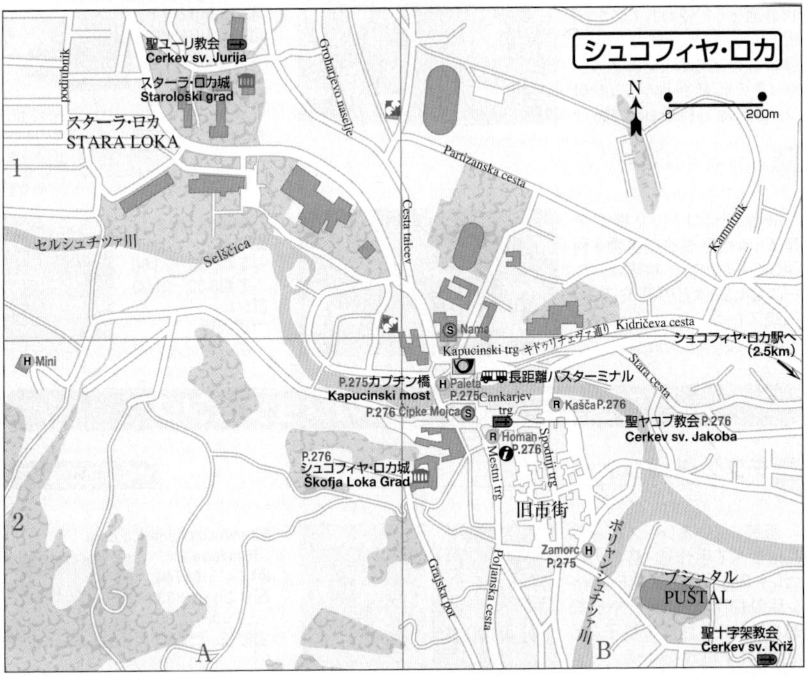

シュコフィヤ・ロカ
N
0 200m
聖ユーリ教会
Cerkev sv. Jurija
スターラ・ロカ城
Starološki grad
スターラ・ロカ
STARA LOKA
podjubnik
Groharjevo naselje
Partizanska cesta
Cesta talcev
Kamnitnik
セルシュチツァ川
Selščica
Nama
Kapucinski trg キドゥリチェヴァ通り Kidričeva cesta
シュコフィヤ・ロカ駅へ (2.5km)
Mini
P.275カプチン橋
Kapucinski most
Paleta
P.275
長距離バスターミナル
Stara cesta
P.276 Čipke Mojca
Cankarjev trg
Kašča P.276
聖ヤコブ教会 P.276
Cerkev sv. Jakoba
Homan P.276
Spodnji trg
Mestni trg
P.276
シュコフィヤ・ロカ城
Škofja Loka Grad
旧市街
Zamorc P.275
ポリャンシュチツァ川
プシュタル
PUŠTAL
Grajska pot
Poljanska cesta
聖十字架教会
Cerkev sv. Križ
1
2
A
B

聖ヤコブ教会の身廊

■聖ヤコブ教会
住Cankarjev trg 13
TEL(04)5123300
開7:00～日没　休無休
料寄付歓迎

■シュコフィヤ・ロカ城
住Grajska pot 13
TEL(04)5170400
URL www.loski-muzej.si
開夏期10:00～18:00
　冬期10:00～17:00
休冬期の月曜、1/1・2、復活祭、11/1、12/25
料€5　学生€3

聖ヤコブ教会 Cerkev sv. Jakoba ツィルケウ・スヴェテガ・ヤコバ
St. Jacob Parish Church
Map P.275-B2

聖ヤコブ教会は、1471年に建造された後期ゴシック様式の教会堂。1532年には鐘楼が建てられ、現在見られるような姿となった。ルネッサンス様式で1694年の作品である聖カタリナの聖餐台は黒大理石製。ほぼ同じ時期の作品であるというオリーブ山のイエスを描いた聖画も評価が高い。

シュコフィヤ・ロカ城 Škofja Loka Grad シュコフィヤ・ロカ・グラードゥ
Castle of Škofja Loka
Map P.275-B2

旧市街の背後にそびえるシュコフィヤ・ロカ城は、1511年の大地震で以前あった城壁がほぼ全壊したあと、修復・再建されたものだが、それでも700年近くの歴史を誇る。現在はシュコフィヤ・ロカ博物館として、町と周辺エリアの歴史や民俗文化、考古学の展示を行っている。

高台に建つシュコフィヤ・ロカ城

シュコフィヤ・ロカのレストラン

カシュチャ
Gostilna Kašča
Map P.275-B2
スロヴェニア料理

かつての市壁の一部で穀物倉庫として使われていた16世紀の建物で、町の文化遺産にも指定されている。イドゥリアの伝統料理ジュリコロフィなど地方料理も出す。

URL www.gostilna-kasca.si
住Spodnji trg 1
TEL(04)5124300
開11:00～23:00
(3・4月～16:00)
休日・祝　CC M V

ロシュキ・ズヴィトゥキLoški zvitki €19.80
卵とポルチーニの牛肉巻きの煮込み(季節限定)

ホマン・カフェ
Homan Café
Map P.275-B2
カフェ

16世紀にゴシック様式で建てられた歴史的建造物を利用しているカフェ。料理はパニーニ€4.20などの軽食のみ。伝統スイーツ、クレムナ・レズィーナ€4.50などが評判。

住Mestni trg 2
TEL(04)5123047
開夏期8:00～23:00
　冬期8:00～21:00
休1/1
CC D M V

クレムナ・レズィーナはこの町が発祥とも

シュコフィヤ・ロカのショッピング

チプケ・モイツァ
Čipke Mojca
Map P.275-B2
レース

販売しているレース編み作品はすべて手作り。店内の巨大レース台（筒）はプロモーション用のもの。作成過程や伝統的なレース台作成の様子などをビデオで紹介している。

URL www.cipkemojca.com
住Blaževa 2
TEL(04)5155744
開14:00～18:00
(土9:00～12:00)
休日・祝　CC A M V

絵画のような景観美を誇る

ブレッド湖
Blejsko jezero

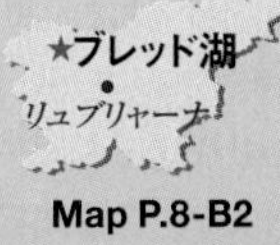

Map P.8-B2

ブレッド城からの眺め

ブレッド湖の湖畔は遊歩道になっている

絵のように美しい。この使い古された表現が陳腐に響かず、説得力をもって迫ってくる場所のひとつが、ここブレッド湖。澄み切った湖面には、ユリアンアルプスの最高峰、標高**2864m**のトリグラフ山系が映し出され、湖に浮かぶスロヴェニア唯一の小島には、バロック様式の教会が自然を見守るように建っている。

"アルプスの瞳"と称されるブレッド湖の景観は、オーストリア、イタリアとの国境に近いこともあって、**17**世紀からすでにリゾート地として人々を魅了し、現在も世界中からこの地を訪れる旅人は絶えない。できれば数日滞在して、美しい自然を満喫してほしい。

歩き方

長距離バスターミナルはブレッド湖北東岸近く。リュブリャーナ方面からのバスは、リュブリャンスカ通りLjubljanska cesta沿いのバス停Bled-Unionを経由するので、この周辺にホテルを予約している人はここで下車した方がよい。鉄道駅は湖の西岸のブレッド湖駅Bled Jezeroと、4km東の町、レスツェにあるレスツェ・ブレッド駅Lesce-Bledがあるが、いずれも観光の中心からは遠く離れている。リュブリャーナなど主要都市からはバスを利用した方がはるかに便利。

ブレッド湖は東西2120m、南北1380m、周囲約6kmほどの大きさで、ゆっくり歩いて2時間ほどで1周できる遊歩道が、

■ブレッド湖への行き方

●リュブリャーナから

🚃レスツェ・ブレッドLesce-Bledまで4時台～22時台に11～19便運行（土・日減便）、所要40分～1時間、€5.10～9.10。駅から道を渡ったバス停Lesce ŽPからブレッド湖のバスターミナルまではバスが頻発している、所要約10分、€1.30。ブレッド湖駅Bled Jezeroへはイェセニツェ Jesenice乗り換え。

🚌5時台～21時台の1時間に1～5便運行（土・日減便）、所要45分～1時間20分、€2～5.70。

●クラニュから

🚃Lesce-Bledまで5時台～22時台に11～19便運行（土・日減便）、所要約25分、€2.60～5.40。

🚌5時台～22時台に11～26便運行（夏期・土・日減便）、所要約40分、€1.30～3.30。

●ボヒニュ湖から

🚃Bohinjska BistricaからBled Jezeroまで4時台～21時台に6～7便運行（土・日減便）、所要約20分、€1.90。

🚌5時台～21時台に10～20便運行（土・日減便）、所要約40分、€1.30～3.30。

●ヨジェ・プチュニク国際空港から

🚌9時台～19時台に6～11便運行（土・日減便、夏期増便）、所要約30分、€1.30～3.70。

🚌ゴー・オプティ社の乗合シャトルは随時発。料金は人数により異なる。料金は季節や時間帯によって変動する。事前予約が好ましいが空席があれば乗れる。

URL www.goopti.com

■Zup Prevozi

📱031-304141

URL www.zup-prevozi.eu

レスツェ・ブレッド駅

■ブレッド湖の❶
Map P.278-A2
住Cesta Svobode 10
TEL(04)5741122
URL www.td-bled.si
開5·6·9·10月8:00～18:00
（日·祝9:00～17:00）
7·8月8:00～20:00
（日·祝9:00～17:00）
11～4月9:00～17:00
（日·祝10:00～16:00）
休無休
湖に面した建物の2階、入口はメイン道路側。自転車のレンタルは1時間€8～、営業時間中の手荷物預かり1個€1。

■観光列車
開10:00～17:00に40分おき
（夏期9:00～21:00）
休11～4月　料€6

■馬車
湖畔を巡り€50程度。ブレッド城へは片道€50程度。

湖畔を馬車で1周するのも楽しい

■ブレッド湖の旅行会社
●Kompas Bled
Map P.278-B2
住Ljubljanska cesta 4
TEL(04)5727500
URL www.bled-booking.com
開8:00～19:00
（日9:00～15:00）
休冬期の日曜
ブレッド・ショッピングセンター Trgovski Center Bledの中にある。ブレッド湖周辺のプライベートルームの手配のほか、夏は自転車、冬はスキー用品のレンタルもできる。
●Zipline Dolinka
Map P.278-A1
住Cesta svobode 1
031-845900
URL zipline-dolinka.si
開夏期8:00～21:00
春·秋期8:00～18:00
休11～3月
ブレッド湖周辺のサヴァ・ドリンカ川をジップラインで渡るツアーを催行。ツアーでは7ヵ所でジップラインを楽しみ、所要2時間30分。ひとり€75。

湖岸沿いに整備されている。一歩一歩進むたびに違った顔を見せる湖に、思わず見とれてしまうことだろう。湖畔を巡る無料バスのほか、観光列車や馬車を使って回ることもできる。

切り立った崖の上から湖を見下ろすブレッド城Blejski gradや、聖母被昇天教会のある**ブレッド島Blejski otok**もぜひ訪れたい。サイクリング、乗馬、SUP(サップ)などのアクティビティを楽しむこともできる。

おもな見どころ

ブレッド城 Blejski grad ブレイスキ・グラードゥ
Bled Castle
Map P.279-B

湖面から約100mの高さの断崖の上に建つ。坂が急なので体力に自信がない人は馬車を利用して上ることもできる。城からはブレッド湖と周辺が一望でき、その眺めはまさに圧巻。朝、昼、夕方と何度訪れても、その時々で表情を変える自然の美に息をのんでしまう。

城内は、ロマネスク様式の壁とゴシック様式の棟で囲まれた1階部分と、邸宅や礼拝堂が建ち、現在では博物館やレストランになっている2階部分とに分かれている。博物館では青銅器時

湖畔の断崖に建つブレッド城

Info 夏期は渋滞のため、バスは所要時間が時刻表より長くかかる。満席になると乗せてもらえないこともあるので、始発（バスターミナル）から乗るなど、時間に余裕をもってスケジュールを組もう。

代からのブレッドの歴史がつづられる。ナポレオン統治時代の家具、中世の刀剣や銃器などの展示品は、実際にここで使われていたものではないが、城が過ごしてきた年月を感じさせてくれる。

聖母被昇天教会 Cerkev Marijinega vnebovzetja

ツィルケウ・マリーネガ・ヴネボゼティヤ
Church of the Assumption

Map P.279-A

ユリアンアルプスを背景に教会が映える

ブレッド湖のシンボルともいえる小島に教会ができたのは、8〜9世紀に遡る。17世紀に現在の白い塔をもつバロック様式の教会へと改築された。スロヴェニアを代表する景色のひとつとして、1800年代から絵はがきの定番になってきた。教会内の祭壇には聖母マリア像が鎮座し、両脇は11世紀のブレッド領主ヘンリック2世Henrik IIと、妻クニグンダKunigundaの肖像が飾られている。

鐘を鳴らすと願いがかなうと伝えられる鐘楼は1534年に建てられた。ある若い女性が亡夫を偲び、湖上の聖母に寄進する鐘を鍛造したが、島への輸送中嵐が吹き荒れ、鐘と船頭が乗った船は沈没。絶望した彼女はその後尼僧となり、修道院で一生を終えた。時のローマ教皇は、人々の奇跡への願いを永遠に響かせるため、教会に鐘を寄贈したという。

聖母被昇天教会の内部

■ブレッド城
TEL (04)5729782
URL www.blejski-grad.si
開 7・8月8:00〜21:00
4〜6・9・10月8:00〜20:00
11〜3月8:00〜18:00
休 無休　料 €15　学生€9.50

■聖母被昇天教会
ブレッド湖に浮かぶブレッド島へは乗合ボートで行くことができる。ボートには電動ボートとプレトゥナ（手こぎボート）の2種類がある。
●電動ボート
料 往復€14
ⓘのそばから出発し、1時間に1便程度の運行。島までの所要時間は約15分。島に40分ほど滞在して戻る。
●プレトゥナ（手こぎボート）
料 往復ひとり€18
乗客がある程度集まったところで出発する。シーズンオフには2時間待っても人が集まらないことも。島には約30分滞在し、行きと同じボートに乗って帰るので、どのボートか忘れないように。
TEL (04)5767979
URL www.blejskiotok.si
開 5〜9月9:00〜19:00
4・10月9:00〜18:00
11〜3月9:00〜16:00
休 無休
料 €12　学生€8.50
教会では夕方にコンサートが催される日もある。
一部不可

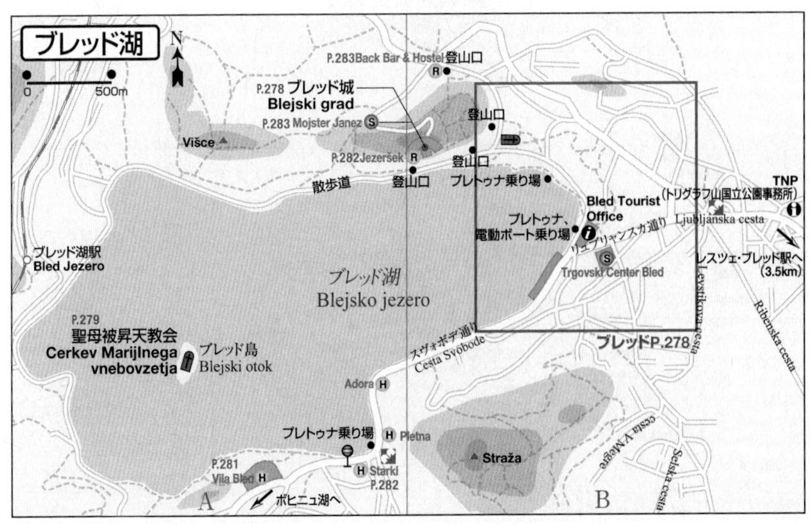

エクスカーション

ヴィントガル渓谷 Soteska Vintgar ソテスカ・ヴィントゥガル
Vintgar Gorge

Map P.280-A1

整備された遊歩道もある

ヴィントガル渓谷は、ヴィントガル付近を流れるラドヴナ川の渓流で、小さな滝が連続するように続く。地元の人には昔から知られていたが、この渓谷が脚光を浴びたのは19世紀末のこと。リュブリャーナ出身の世界的地震学者、アルビン・ベラーらによる自然保護運動の高まりのなか、この渓谷が「発見」され、その自然美が注目された。川だけではなく急流が造り出した穴や周囲の植生、生態系にも注目したい。全長は1.6km、足元は滑りやすいので歩きやすい靴で行こう。

ヴィントガル渓谷の滝

ヴィントガル渓谷への行き方

🚌7・8月にブレッド湖から1日4～5便。所要約15分。ブレッドから5kmほどなので徒歩や自転車でも行ける距離。バスが通る交通量が多い道を避けるルートがある。案内板があるのでそれに従って進む。自転車で25分ほど。

■ヴィントガル渓谷
住Podhom 80, Gorje
☎051-621511
URL www.vintgar.si
開8:00～17:00　休12～3月
料€10　学生€7
環境保護のため、時間ごとの入園者数制限が導入された。事前に公式サイトから入園時刻指定のチケットを購入すること。入園枠に余裕がある場合は現地購入でも入園できる。散策ルートは一方通行。

ヴィントガル渓谷の入口

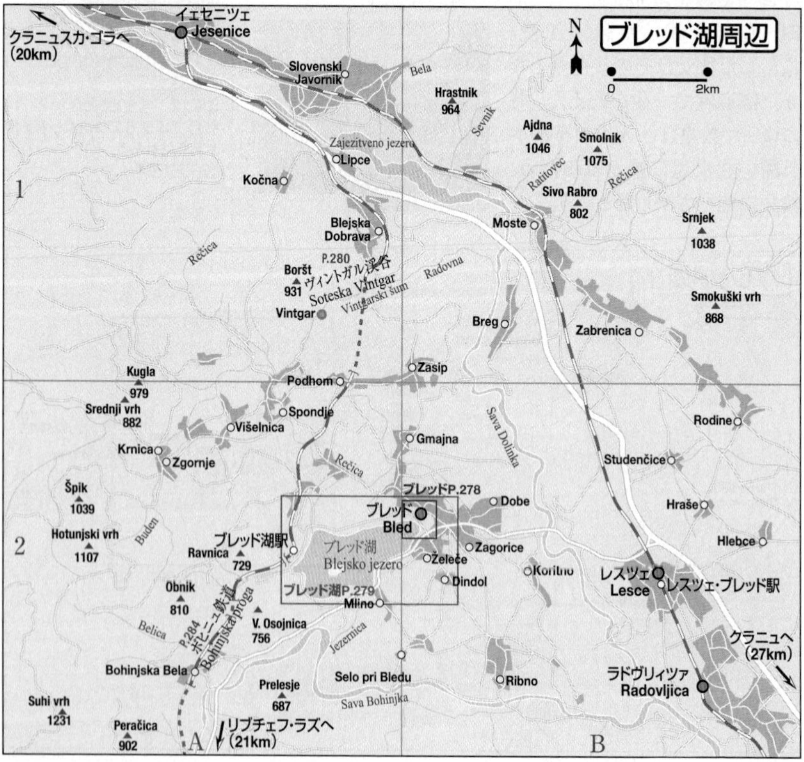

ブレッド湖周辺

N
0　2km
イェセニツェ Jesenice
クラニュスカ・ゴラへ (20km)
Slovenski Javornik
Bela
Hrastnik 964
Sevnik
Ajdna 1046
Smolnik 1075
Zajezitveno jezero
Lipce
Kočna
Ratitovec
Rečica
Sivo Rabro 802
Moste
Srnjek 1038
Blejska Dobrava
Rečica
P.280 ヴィントガル渓谷 Soteska Vintgar
Boršt 931
Radovna
Vintgarski šum
Vintgar
Smokuški vrh 868
Breg
Zabrenica
Zasip
Kugla 979
Podhom
Srednji vrh 882
Spodnje
Višelnica
Rodine
Sava Dolinka
Gmajna
Krnica
Zgornje
Rečica
Studenčice
Špik 1039
ブレッドP.278
Dobe
ブレッド Bled
Hraše
Hotunjski vrh 1107
Buden
ブレッド湖駅
ブレッド湖 Blejsko jezero
Zagorice
Hlebce
Ravnica 729
Želeče
Koritno
レスツェ Lesce
レスツェ・ブレッド駅
Obnik 810
ブレッド湖P.279
Dindol
Mlino
P.284 ボヒニュ鉄道 Bohinjska proga
V. Osojnica 756
Belica
Jezernica
クラニュへ (27km)
Bohinjska Bela
Selo pri Bledu
Ribno
ラドヴリィツァ Radovljica
Prelesje 687
Sava Bohinjka
Suhi vrh 1231
Peračica 902
リブチェフ・ラズへ (21km)
1
2
A
B

ブレッド湖のホテル

日本からの電話のかけ方　電話会社の番号（→P.240）＋010＋386（スロヴェニアの国番号）＋4（0を取った市外局番）＋番号

湖畔に高級リゾートホテルが点在し、プライベートルームも多い。7・8月はトップシーズンで予約が必須。小規模な宿は11～3月頃に休業するところも多いので、シーズンオフに訪れる場合も事前に予約したほうが安心だ。

トプリツェ
Grand Hotel Toplice

Map P.278-A2

★★★★★　高級　室数:87

湖畔に建つホテルで天然の温泉プールを備える。バスタブ付きの部屋もある。カフェではブレイスカ・クレムナ・レズィーナも出す。自転車レンタルあり。1・2月は休業。
全館　EVあり

URL www.sava-hotels-resorts.com
Mail ghtoplice@hotelibled.com
住 **Cesta Svobode 12**
TEL (04)5791000
S/W €236～
DMV

ヴィラ・ブレッド
Hotel Vila Bled

Map P.279-A

★★★★　高級　室数:33

旧ユーゴスラヴィアを率いたチトーの元別荘。昭和天皇など要人も訪れた。プライベートビーチや専用ボート乗り場、サウナ（1時間無料）があるスパもある。
全館　EVあり

URL www.brdo.si
Mail vila-bled@brdo.si
住 **Cesta Svobode 18**
TEL (04)5753710
S €250～550
W €280～550
DMV

パーク
Hotel Park Bled

Map P.278-B2

★★★★　高級　室数:218

150年以上の長い歴史のあるホテルだが、設備は近代的。室内プールやサウナを備えたフィットネスセンターがある。サウナの利用は3時間まで€10。
全館　EVあり

URL www.sava-hotels-resorts.com
Mail hotelpark@sava.si
住 **Cesta Svobode 15**
TEL (04)5791800
S/W A/C €131～
DMV

ブレッド・ローズ
Bled Rose Hotel

Map P.278-A1

★★★★　中級　室数:88

バスターミナル近くにある。館内にはスイミングプールなどを併設。宿泊客はサウナ3室、フィットネス、屋外ジャクージを無料で利用できる。　全館　EVあり

URL www.bledrose.com
Mail hotel@bledrose.com
住 **Cesta Svobode 8**
TEL (04)5796000
S A/C €100
W A/C €152
DMV

クリム
Hotel Krim

Map P.278-B2

★★★　中級　室数:115

リュブリャンスカ通り沿いにある。客室は豪華ではないが、必要な設備は揃っている。2023年現在改装中。2024年に再オープンの予定。
全館　EVあり

URL www.hotel-krim.si（改装中のため休止）
Mail hotelkrim@hotel-krim.si
住 **Ljubljanska 7**
TEL (04)5797000
S €65～88
W €88～110
ADJMV

ヴィラ・ボヤナ
Garni Hotel Vila Bojana

Map P.278-B2

中級　室数:11

町の中心にある小さくてかわいらしいホテル。一部バスタブ付きの部屋もある。全室にミニバー、衛星放送の視聴可能なテレビ付き。
Wi-Fi全館　EVなし

URL www.bled-hotel.com
Mail info@bled-hotel.com
住 **Ljubljanska cesta 12**
TEL (04)5768170
S €70～170
W €70～200
カード不可

シュタルクル
Hotel Starkl

Map P.279-A

★★★　中級　室数:14

バスターミナルからボヒニュ湖行きのバスでひとつ目のバス停前。徒歩だと15分。2020年に全面改装した。隣接するレストランも人気。EバイクやSUPのレンタルもある。
Wi-Fi全館　EVなし

URL starkl.si
Mail info@starkl.si
住 **Cesta Svobode 45**
TEL (04)5741404
S A/C €100～250
W A/C €100～300
カード D M V

ブレッド
Bled Hostel

Map P.278-A1

ユースアコモデーション　ベッド数:100

パブ1004のカウンターがレセプションを兼ねている。ドミトリーのベッド数は4～8。キッチンも完備。レンタサイクルやラフティングツアーなどのアウトドアツアーが充実している。
Wi-Fi全館　EVなし

Mail bled.hostel22@gmail.com
住 **Grajska cesta 22**
携帯 031-523056
DOM €18～46　カード D M V

ブレッド湖のレストラン

パーク
Restavracija Kavarna Park

Map P.278-B2

スロヴェニア料理

ブレッド湖畔にあるレストラン。名物スイーツ、ブレイスカ・クレムナ・レズィーナ Blejska kremna rezina（写真右、€6.50）はカスタードの味が濃く、まったりしていて美味と評判。メインの料理は€14.90～32。

住 **Hotel Park, Cesta Svobode 15**
TEL (04)5791818
開 夏期11:00～22:00
冬期11:00～19:00
休 1・2月、11月の平日
カード D M V

イェゼルシェク
Jezeršek

Map P.279-B

スロヴェニア料理

ブレッド城内にあるレストランで、湖側の席からの眺めは絶景。天気のいい日は屋外のテーブルでも食事ができる。メインは€20～36。ディナーは要予約のテイスティングメニューのみで、コースの料金€62にブレッド城の入場料が含まれている。

URL www.jezersek.si
Mail bled@jezersek.si
住 **Blejski grad**
TEL (04)6203444
開 夏期12:00～22:00
冬期12:00～20:00
休 無休
カード D M V

プリ・プラニンツ
Gostilna Pri Planincu

Map P.278-A1
スロヴェニア料理

1903年創業の老舗。手前がバー、奥がレストランとなっており、バーには世界各国の車のナンバープレートが飾られている。メインは€14.30～29。テラス席もある。

URL www.pri-planincu.com
住 Grajska cesta 8
TEL (04)5741613
開 12:00～22:00
休 無休
カード M V

ムルカ
Gostilna Murka

Map P.278-A1
スロヴェニア料理

メニューは肉料理€13.50～30が充実しているが、スープ、サラダ、パスタやリゾットもある。グラーシュなど各種肉入りシチューは€9.50～13.50とお手頃で早く出てくる。

URL www.gostilna-murka.com
住 Riklijeva 9
TEL (04)5743340
開 12:00～22:00
休 無休
カード M V

ヴィラ・プレシェーレン
Vila Prešeren Bled

Map P.278-A1
バラエティ

湖に面したテラス席が人気のホテル&レストラン。ハンバーガーやサンドイッチ、パスタやチェヴァピなどグリル€15.90～、魚料理€19.90～などバラエティ豊富。11:00まで朝食も食べられる。

URL vilapreseren.com
住 Veslaška promenada 14
TEL (04)5752510
開 9:00～20:00
休 無休
カード M V

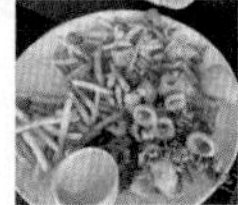

バック・バー&ルームズ
Back Bar & Rooms

Map P.279-B
カフェバー

ドリンクのみの提供で、ビールはスロヴェニア国産ビールが€2.60～、輸入ビール€3～。5～9月は上階で宿泊することができる。2人部屋で€70～。

f backhostel
住 Grajska 21
携帯 040-743398
開 6:00～23:00
(土・日7:00～23:00)
休 無休　カード D M V

ブレッド湖のショッピング

ホテル・パークの向かいにブレッド・ショッピングセンター **Trgovski Center Bled**があり、みやげ物屋はもちろん、スポーツ用品店、レストランやバー、旅行会社などが入っており、時間がない人には何かと便利だ。

モイステル・ヤネズ
Manufaktura Mojster Janez

Map P.279-B
記念カード、ワイン

ブレッド城内にある。印刷所では昔ながらのスタイルで活版印刷の実演をやっており、自分の名前やメッセージを入れた記念のカードなどを印刷してくれる。ワインセラーではチトーが好んだというワインも置かれている。ブレッド城オリジナルのワインは、樽から直接瓶詰めし、コルクを入れてろうで刻印するまでを体験させてくれる。思い出作りにいかが？

住 Blejski grad
携帯 031-231308
開 印刷所
夏期8:00～20:00
冬期9:00～18:00
ワインセラー
夏期9:00～20:00
冬期9:00～18:00
休 無休
カード D M V

Information　ボヒニュ鉄道でSLに乗ろう！

山や森の間をぬうように線路が走るスロヴェニアの鉄道には風光明媚な路線が多いが、なかでも鉄道ファンに人気なのがイェセニツェ Jesenice〜ノヴァ・ゴリツァ間を走る**ボヒニュ鉄道Bohinjska proga**だ。ブレッド湖、ボヒニュスカ・ビストリツァと経由してコブラ山のトンネルを抜け、モスト・ナ・ソチMost na Sočiの美しい石橋の上を通ってノヴァ・ゴリツァへと、ユリアンアルプスの裾野に流れる川沿いを疾走する。

もともとは1904年にオーストリア＝ハンガリー帝国によってトランスアルピナ鉄道として建設され、アルプスとトリエステ湾を結ぶ主要路線だったのだが、ゴリツィアとノヴァ・ゴリツァが“鉄のカーテン”で遮られたこともあり、しだいに重要度が低下していった。

現在は完全にローカル線なので便数は決して多くはないし、駅も小さなものだが、かえってそれが素朴な旅情を生んでいる。

イェセニツェ駅に停車する蒸気機関車

思わずカメラを構えたくなるボヒニュ鉄道の車窓

また、7・8月には自転車を20〜60台積める車両も運行している。

この路線がかつてのにぎわいを取り戻すのが**博物館列車Muzejski vlak**（2023年は運休中）。先頭には蒸気機関車、それに続く客車も昔のもの。付けひげをつけた乗務員もいる。駅に着いたら楽士の演奏も聴けたりして、この博物館列車、ただの保存鉄道ではない。

イェセニツェ〜ノヴァ・ゴリツァ間を走るものと、ノヴァ・ゴリツァ〜ブレッド湖を走るものがあり、それぞれ運行会社やスケジュール、料金などは異なる。イェセニツェ発の博物館列車には、カナルKanalでバスに乗り換えてソチャ渓谷の素朴な村やブドウ畑、ワインセラーなどを訪ねるツアーが付いている（単純往復のみも可能）。ブレッド湖行きの博物館列車には、ブレッド城を訪れるツアーが含まれる。いずれのツアーにも昼食が付いている。

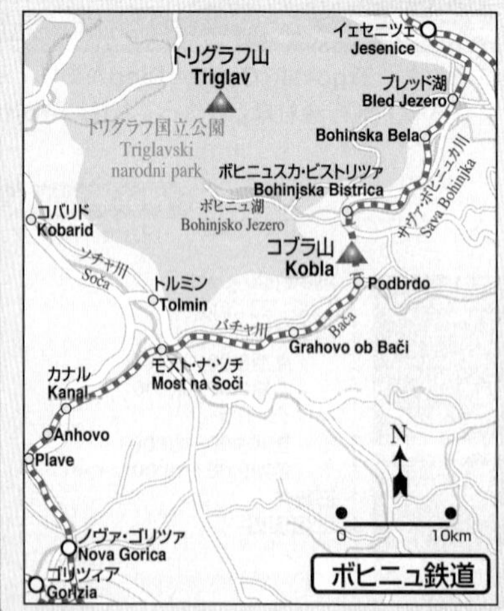

■**運行スケジュール（2023年）**

●イェセニツェ〜ノヴァ・ゴリツァ

下記時刻表は一例

↓	駅	↑
11:15	イェセニツェ Jesenice	18:03
11:31	ブレッド湖 Bled Jezero	17:47
11:51	ボヒニュスカ・ビストリツァ Bohinjska Bistrica	17:27
12:27	モスト・ナ・ソチ Most na Soči	16:34
12:41	カナル Kanal	16:18
13:04	ノヴァ・ゴリツァ Nova Gorica	15:55

予約・時刻表検索：スロヴェニア国鉄

URL www.slo-zeleznice.si

ボヒニュ湖
Bohinjsko jezero

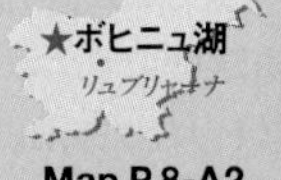

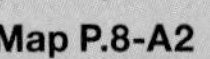

ボヒニュ湖名物、黄金のマス

静かな雰囲気に包まれたボヒニュ湖

ブレッド湖の南西**30km**にあるボヒニュ湖は、ブレッド湖の約**3**倍の大きさ。雄大な自然が楽しめるトリグラフ国立公園**Triglavski narodni park**の中にある。湖面に光が反射してきらきらと輝き、澄んだエメラルドグリーンのなかで魚の群れが泳ぎ回る。湖畔は秋にはいっせいに木の葉が色づき、冬は真っ白な雪景色となる。

その幻想的な美しさは、プレシェーレンの詩にもうたわれ、古くはヴァレンティ・ヴォドゥニク、英国のアガサ・クリスティなどの文士にも愛された。その美しさは今もなお多くの人を魅了し、夏はトレッキング、冬にはスキーと、国内ばかりでなく世界各国から観光客が訪れる。

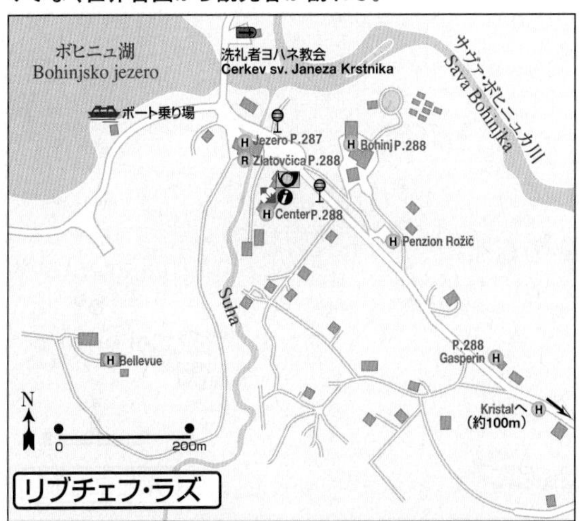

■ボヒニュ湖への行き方

●リュブリャーナから

🚃直通は土・日6:50発のみ、所要約2時間6分。ほかJesenice乗り換えの便が4時台～17時台に3～6便運行（土・日減便）、所要1時間50分～2時間45分、€7.20。

🚌6時台～21時台に10～18便運行（土・日減便）、所要約2時間、€2.60～8.10。

●クラニュから

🚃直通は土・日7:21発のみ、所要約1時間35分。Jesenice乗り換えの便が5時台～18時台に3～6便運行（土・日減便）、所要1時間20分～2時間10分、€5.80。

🚌6時台～21時台に10～19便（土・日減便）、所要約1時間20分、€1.60～5.70。

●ブレッド湖から

🚃Bled Jezero発4時台～19時台に5～7便運行（土・日減便）、所要約19分、€1.90。

🚌6時台～22時台に10～21便運行（土・日減便）、所要約40分、€1.30～3.30。

●ノヴァ・ゴリツァから

🚃3時台～19時台に8便運行、所要約1時間20分、€5.80。

🚌直通はない。

■ボヒニュ湖のⓘ

Map P.285

住Ribčev Laz 48

TEL(04)5746010

URL www.tdbohinj.si

開7・8月8:00～20:00
（日・祝～18:00）
9～6月8:00～18:00
（日・祝9:00～15:00）

※季節による変動あり。ウェブサイトで要確認。　休無休

プライベートルームやヒュッテ（山小屋）の予約、ウオーキングやサイクリングマップの販売なども行う。ボヒニュ湖でのフィッシングのライセンスも発行。レンタサイクル2時間€8～、コインロッカー1日€2。

情報豊富なⓘ

4人の登山家の像

■ボヒニュ湖でフィッシング
サヴァ・ボヒニュカ川では毛針、湖ではルアーを使った釣りが楽しめる。事前にⓘなどでライセンスを購入し、エリアごとの注意に従い、決められた場所以外での釣りは行わないこと。詳細についてはボヒニュ釣り協会Ribiška družina Bohinjまで。

●Ribiška družina Bohinj
住Grajska 10
URL www.bohinj.si/ribolov

■ツーリストボート
開4～10月 の9:30～17:30に20分に1便程度（悪天候時は運休）
料片道€9（学生€8）
往復€14（学生€12.50）
☐041-353064
URL www.bohinj.si/panoramska-ladja

湖を航行するツーリストボート

歩き方

ボヒニュ湖畔にたたずむ洗礼者ヨハネ教会

ボヒニュ湖の最寄り鉄道駅は、ボヒニュスカ・ビストリツァ駅Bohinjska Bistrica。湖からは6kmほど離れている。駅前から湖へはバスが1～2時間に1便ほど出ている。土・日曜と7、8月は減便。冬は駅前からではなく750mほど離れた町の中心のバス停に発着する。所要約10分、運賃は€1.80。

ほかの町から来たバスは、まずボヒニュスカ・ビストリツァ、続いて湖の東南端である**リブチェフ・ラズRibčev Laz**に停車し、湖の南岸を走って西端のウカンツ地区Ukancにあるボヒニュ・ズラトログBohinj Zlatorogに着く。通常「ボヒニュスコ・イェゼロ（ボヒニュ湖）」と言えばリブチェフ・ラズで降ろされることが多いが、自分がどこで降りればいいのかは確認しておいたほうがよい。湖の東岸スターラ・フジナStara Fužinaへのバスは少ないが、リブチェフ・ラズから徒歩圏内。

リブチェフ・ラズでバスを降りると、北側に4人の登山家の銅像が立ち、左側にⓘ、郵便局、レストランが並んでいる。

湖の周辺は数多くのハイキングコースやサイクリングコースが設定されている。ぜひ歩いてみてほしい。もちろんホテルや旅行会社などでは自転車を借りることができる。
リブチェフ・ラズとキャンプ・ズラトログCamp Zlatorogとの間は、バスのほか、ツーリストボートTuristična ladjaでも結ばれてい

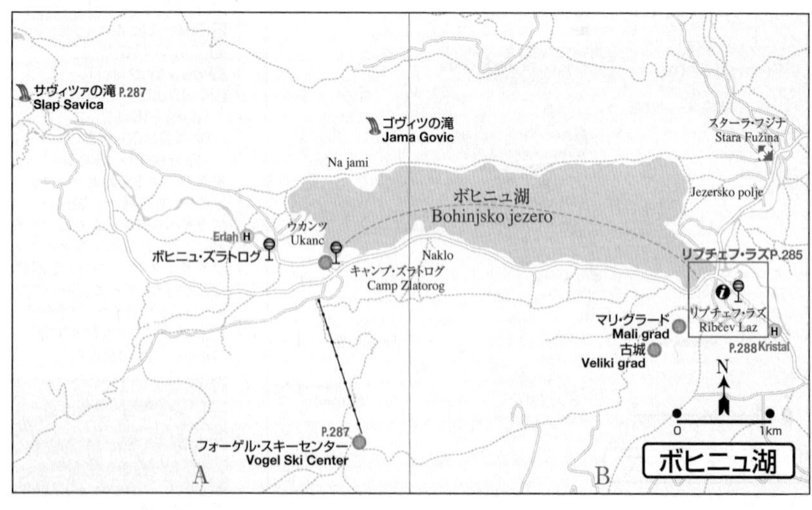

る。ウカンツエリアは静かな山岳エリアの雰囲気が楽しめるが、交通の便が悪いので、ハイキングを楽しむ場合以外は、自転車か車で行くのが現実的。

おもな見どころ

フォーゲル・スキーセンター Vogel Ski Center ヴォーゲル・スキー・ツェンテル

Vogel Ski Center

Map P.286-A

フォーゲル展望台からの眺め

フォーゲル・スキーセンターは、ボヒニュ湖の南、フォーゲル山の中腹に広がるスキー場。キャンプ・ズラトログの南から、ロープウエイで行くことができる。降りた所は標高1535m。すぐ横にはスキーホテル・フォーゲルSkihotel Vogelと展望台があり、ボヒニュ湖が一望できる。通年営業だが、観光客が少ない4月と、10月からスキーシーズンまでは運休することがある。

サヴィツァの滝 Slap Savica スラップ・サヴィツァ

Savica Waterfall

Map P.286-A

サヴィツァの滝はスロヴェニア、クロアチア、セルビアを横断するように流れるサヴァ川の源流。この滝はプレシェーレンの作品『サヴィツァの滝の洗礼』にもうたわれた滝で、水は最大78mの高低差を、逆V字形を描くようにして落ちていく。夏期はバスもあるが、ウカンツから徒歩約45分とちょっとしたウオーキングにぴったり。

■フォーゲル・スキーセンター
TEL (04)5729712
URL www.vogel.si

■フォーゲル・スキーセンターへのロープウエイ
開6月中旬から9月初旬
7:30～19:00
9月中旬～10月、スキー期～6月中旬8:00～18:00
いずれも30分毎に運行。
※天候や積雪の状態による変更あり。運行情報はウェブサイトで確認できる。
休11月～スキー期まで原則運休。春と秋に3週間メンテナンス休業あり。
料片道€22（学生€19）
往復€28（学生€25）

■サヴィツァの滝
バス 7・8月に公園の入口まで無料バスが運行。リブチェフ・ラズ発が1日7便、所要約20分。冬期はバスがない。ウカンツから徒歩で約45分。公園の入口から滝までは階段を上っていき、徒歩約15分。
開見学自由　休雪の日
料€3（管理人がいる間だけ）

迫力あるサヴィツァの滝

ボヒニュ湖のホテル

日本からの電話のかけ方　事業者識別番号（→P.240）＋010＋386（スロヴェニアの国番号）＋4（0を取った市外局番）＋番号

ボヒニュ湖はブレッド湖と並ぶ観光地。冬もウインタースポーツが思う存分楽しめるスキーリゾートとあって、宿の選択肢は広い。宿が集中しているのはボヒニュスカ・ビストリツァ、リブチェフ・ラズ、スターラ・フジナ、ウカンツだが、それ以外の地区にも宿はある。11月と3月末のスキーシーズン終盤は閉館するホテルが多い。

イエゼロ リブチェフ・ラズ

Hotel Jezero

Map P.285

★★★★　高級　室数:76

リブチェフ・ラズのバス停の近くにあるホテル。全室バルコニー付きで、バスタブ付きの客室もある。屋内プール、フィットネスルームなどの設備も充実している。サウナは有料。
Wi-Fi 全館　EV あり

URL www.hotel-jezero.si
Mail info@hotel-jezero.si
住 Ribčev Laz 51
TEL (04)5729100
S €100～170
W €140～240
CC M V

ボヒニュ リブチェフ・ラズ

Hotel Bohinj

Map P.285

★★★★ 高級 室数:69

2021年7月にオープン。スロヴェニア人建築家による木をテーマとしたユニークかつスタイリッシュなデザイン。レストランやサウナも併設。

全館 EVあり

URL www.hotelbohinj.si
Mail hotelbohinj@alpinia-group.si
住 Ribčev Laz 45
☐059-764401
S A/C €130〜210
W A/C €170〜250
D M V

クリスタル リブチェフ・ラズ

Art Hotel Kristal

Map P.286-B

★★★★ 中級 室数:30

リブチェフ・ラズのひとつ手前のバス停から徒歩1分。アーティスト滞在プログラムを実施、客室はもちろん廊下には多くの絵画が飾られている。

全館 EVあり

URL www.hotel-kristal-slovenia.com
Mail info@hotel-kristal-slovenia.com
住 Ribčev Laz 4a
TEL (04)5778200
S €66〜149
W €133〜331
M V

ガスペリン リブチェフ・ラズ

Hotel Gasperin

Map P.285

★★★ 中級 室数:24

町の中心から徒歩5分ほど。広々とした客室が自慢で、テラス付きの部屋もある。レストランはないが、近くの店の予約をしてくれる。10/20〜12/20は休業。 全館 EVあり

URL www.gasperin-bohinj.com
Mail info@gasperin-bohinj.com
住 Ribčev Laz 36a
☐041-540805
S/W A/C €80〜200
D M V

ツェンテル リブチェフ・ラズ

Hotel Center

Map P.285

★★★ 中級 室数:12

ⓘのそばにあるホテル。客室はテラスまたはバルコニー付き。併設のレストランでは窯焼きのピザ、マスのグリルなどを提供。11月〜12/15は休業。

全館 EVなし

URL www.hotelcenterbohinj.si
Mail kozomara.doo@siol.net
住 Ribčev Laz 50
TEL (04)5723170
S €55〜95
W €110〜190
M V

ボヒニュ湖のレストラン

ズラトウチツァ リブチェフ・ラズ

Restavracija Zlatovčica

Map P.285

スロヴェニア料理

ホテル・イェゼロに併設。3種のマス料理（2種はレストラン名にもなっている「黄金のマス（英語Char)」、もう1種はマス（英語trout））のほか、地元産チーズBohinjski sirovが人気。

URL www.hotel-jezero.si
住 Ribčev Laz 51
TEL (04)5729100
開 12:00〜22:00
(11月〜4月中旬〜18:00)
※4月はカフェ営業。
休 無休 M V

Information ナチス・ドイツの黄金のマス

現在ボヒニュ湖に生息するカワマスは、第2次世界大戦中、ボヒニュ湖畔に駐屯したドイツ軍によって持ち込まれた。腹部に金色の斑点があるため"黄金のマス"と呼ばれ、見た目はアメリカのミシガン川で取れるマスとそっくり(ヘミングウェイの小説『二つの心臓の大きな川Big Two-Hearted River』で有名)。ミシガン川のマスは学界で研究が進んでいるが、ボヒニュ湖との関連性は明らかにされていない。湖でとれたマスは、客が釣りライセンスを取得後、自分で釣ったマス以外、レストランでは提供することが禁じられている。

クラニュスカ・ゴラ
Kranjska Gora

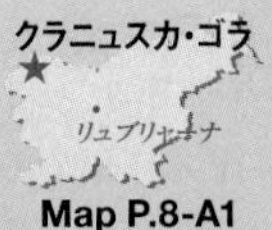

Map P.8-A1

冬期はスキーリゾートとして賑わう

美しい色で輝くゼレンツィの泉

オーストリアへ**6.5km**、イタリアへ**7.5km**。クラニュスカ・ゴラは国を分かつ深い山のただ中にある。その歴史は**14**世紀まで溯るが、第1次世界大戦の際、イタリアがオーストリアに戦線布告したことから、ソチャ前線の起点として戦略的重要性が一気に高まり、ロシア人捕虜によってヴルシッチ峠が開通した。現在はスキーリゾートとして有名で、毎年スキーのワールドカップが開催される。スキーのほか、トレッキングをはじめとしたさまざまな山岳レジャーの基地としても人気を集めている。トップシーズンは6～9月と冬のスキーシーズン。

歩き方

クラニュスカ・ゴラのバス停は町の北にある。コロドヴォルスカ通りKolodvorskaを南下すると、町の目抜き通り、**ボロヴシュカ通りBorovška cesta**に出る。中心部は歩行者専用になっており、夏にはハチミツなどを売る露店が出ている。

ボロヴシュカ通りの南にはヴルシシュカ通りVršiška cestaが延びている。ピシュニツァ川Pišnica沿いにこの道をひたすら上ればヤスナ湖がある。

周囲は公共交通手段に乏しいので、移動には自転車を使うと便利。ホテルや旅行会社で観光シーズン中は簡単に借りることができる。

クラニュスカ・ゴラのバス停

■クラニュスカ・ゴラへの行き方
🚃最寄り駅は、23kmほど東にあるイェセニツェ駅Jesenice。イェセニツェはボヒニュ鉄道(→P.284)の起点であるほか、リュブリャーナやクロアチアのザグレブ、オーストリアのフィラッハからの便がある。イェセニツェ駅前からクラニュスカ・ゴラへはバスが出ており、5時台～22時台に9～22便運行(土・日減便)、所要約30分、€1.90～2.90。
●リュブリャーナから
🚌5時台～19時台に8～17便運行(土・日減便)、所要約2時間、€2.70～8.50。
●クラニュから
🚌6時台～20時台に8～15便運行(土・日減便)、所要約1時間20分、€1.50～6.10。

■クラニュスカ・ゴラのⓘ
Map P.290-A1～2
住Kolodvorska 1C
TEL(04)5809440
URL www.kranjska-gora.si
開9月中旬～6月中旬
8:00～16:00
6月中旬～9月中旬
8:00～20:00 休無休

■ユリヤナ・トゥーリゼム
Julijana Turizem
Map P.290-A2
レンタサイクル、ラフティング、パラグライダーなどが手配可能。
住Borovška cesta 93b
TEL(04)5881325
URL www.julijana.info
開6月～10月中旬8:00～20:00
12月下旬～スキーシーズン
9:00～17:00
休4・5月、10月中旬～12月中旬

ボロヴシュカ通り周辺が中心部

アイベックス像とヤスナ湖

■ヤスナ湖
ヤスナ湖へは徒歩または自転車で行く。自転車ならヴルシシュカ通りの坂道を5分ほど上る。徒歩なら20分ほど。
■ポドコレン
バスで行くなら、バス停からラテチェ Rateče行きのバスに乗り、所要約5分。1時間に1便程度の運行（土・日は1〜2時間に1便）。運賃は€1.30。
ゼレンツィまで往復€13〜14。
自転車で行くならサヴァ・ドリンカ川沿いに15分ほど。ゼレンツィはさらに川沿いに5分走った所にある。

泉の周囲は遊歩道が整備されている

おもな見どころ

ヤスナ湖 Jezero Jasna イェゼロ・ヤスナ
Jasna Lake

Map P.292-A

ヤスナ湖はヴェリキ・ピシュニツァ川とマラ・ピシュニツァ川の合流地点にある。半円形の池がふたつ連なったような小さな湖で、南にあるのがヴェリキ・ピシュニツァ川、北にあるのがマラ・ピシュニツァ川の水を集めている。澄んだ湖面がトリグラフ山の峰を映し出し、その上を優雅にカモが泳いでいく。湖畔にはカフェや売店などがある（オフシーズンは休業）。

ポドコレン Podkoren ポドゥコレン
Podkoren

Map P.292-A

クラニュスカ・ゴラから西に約3km。村の歴史はクラニュスカ・ゴラより古く、アルプスの交通の要所であった。聖アンデレ教会Cerkev sv. Andrejaは村のシンボル的な存在。近くの**ゼレンツィ自然保護区Naravni rezervat Zelenci**には泉があり、ボヒニュ湖のサヴィツァの滝（→P.287）とともにサヴァ川の源流となっている。泉の湧き水はエメラルド色に輝き、水温は常時5〜6℃。ゼレンツィの風景は18世紀前半に活躍したイギリスの化学者ハンフリー・デーヴィーに、「ヨーロッパでここより美しい場所はない」と言わしめたことでも知られている。

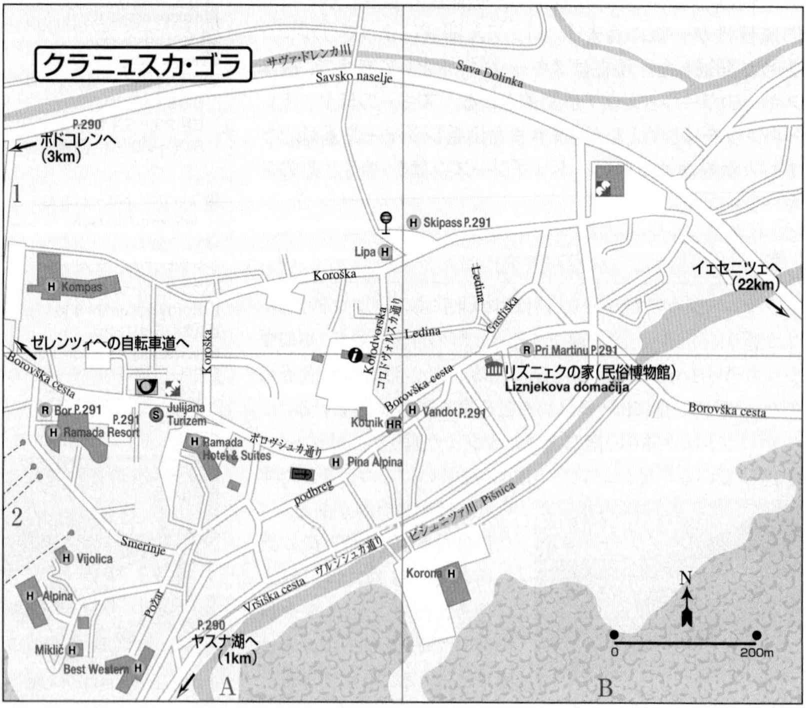

クラニュスカ・ゴラ
サヴァ・ドレンカ川
Savsko naselje
Sava Dolinka
P.290 ポドコレンへ (3km)
Skipass P.291
Lipa
Koroška
Kompas
Ledina
Gasliška
イェセニツェへ (22km)
ゼレンツィへの自転車道へ
Koroška
Kolodvorska コロドヴォルスカ通り
Ledina
Pri Martinu P.291
Borovška cesta
リズニェクの家（民俗博物館）
Liznjekova domačija
Bor P.291
P.291 Julijana Turizem
Ramada Resort
Ramada Hotel & Suites
ボロヴシュカ通り
Kotnik
Vandot P.291
Borovška cesta
Pina Alpina
podbreg
ピシュニツァ川 Pišnica
Smerinje
Vijolica
ヴルシシュカ通り
Vršiška cesta
Korona
Alpina
Požar
P.290 ヤスナ湖へ (1km)
Miklič
Best Western
A
B
N
0
200m

クラニュスカ・ゴラのホテル

日本からの電話のかけ方　事業者識別番号（→P.240）＋010＋386（スロヴェニアの国番号）＋4（0を取った市外局番）＋番号

高級ホテルからペンション、プライベートルームまで、宿泊施設の質、量ともに豊富。夏と冬のピークシーズンは予約が必須。4月と11月は小さいホテルは休業するところが多い。

ラマダ・リゾート
Ramada Resort Kranjska Gora

Map P.290-A2

★★★★　高級　室数:118

スキー場のすぐ横にあり、ベスト・スキー・ホテルの受賞歴あり。スイミングプールやサウナ（有料）も併設しており、1年を通じて高い人気を誇る。
全館　EVあり

URL www.hit-alpinea.si
Mail info@hit-alpinea.si
住 Borovška cesta 99
TEL (04)5884100
€115～239
€118～242
D M V

スキーパス
Boutique Hotel Skipass

Map P.290-B1

★★★★　高級　室数:10

バス停のすぐ近く。白木をふんだんに使った客室は素朴であたたかみを感じさせる。旅行会社も兼務している。併設のレストラン（月曜休）は高評価。11月休業。
全館　EVあり

URL www.skipasshotel.si
Mail info@skipasstravel.si
住 Koroška 14c
TEL (04)5821000
€190～583
€193～586
M V

ヴァンドット
Hotel Vandot

Map P.290-B2

★★★　中級　室数:7

町の中心部で便利な立地。キッチン付きの部屋やサウナもある。到着時に要電話連絡。10月下旬から3週間休業する。　全館　EVあり

URL www.vandot.si
Mail info@vandot.si
住 Borovška cesta 73
031-334725
€149～175
M V

クラニュスカ・ゴラのレストラン

ボル
Bor Gostilna & Pizzeria

Map P.290-A2

スロヴェニア料理

ラマダ・リゾートの向かいにある。この地方の郷土料理に加え、ピザなど幅広いメニューを揃えており、メインは€10～、ピザは€10～。子供用のメニューもある。

URL www.gostilna-bor.si
住 Borovška cesta 98
TEL (04)5892088
開 12:00～22:00
休 無休
D M V

プリ・マルティヌ
Gostilna Pri Martinu

Map P.290-B1

郷土料理

地元の人にも人気の郷土料理店。郷土料理は€8.90～10.60、メインは€10.70～25.90。シェフは養蜂業も営み、自家製のはちみつを使った地元スイーツが自慢。旅行代理店のユリヤナ・トゥーリゼムと同経営なのでオフシーズンも手配可能。

URL www.julijana.info
住 Borovška cesta 61
TEL (04)5820300
開 11:00～22:00
休 3・4・11月の火、4月と11月に10日間。
M V

小麦粉を団子状にした郷土料理のクルホヴ・ツモク

Information トリグラフ国立公園

クラニュスカ・ゴラとボヒニュ湖に挟まれたユリアンアルプスの最高峰は、標高2864mのトリグラフ山Triglav。この山は、国家の紋章や国旗にその姿がデザインされており、ほとんどのスロヴェニア人は一生に一度はこの山に登るといわれる。1991年のスロヴェニア独立後には、初代大統領と閣僚らがまるで巡礼の旅に出るようにこの山に登ったという。

このトリグラフ山の周囲はトリグラフ国立公園として整備されており、パラグライダーやロッククライミングなど、さまざまな山岳レジャーが楽しめるが、短い時間でも手軽にユリアンアルプスの山岳美を堪能できるのが、ヴルシッチ峠越えだ。

北の起点のクラニュスカ・ゴラは標高810m、ヴルシッチ峠の標高は1611m。高低差が800mもあるが、自転車を使って上る剛の者もいる。6～9月はクラニュスカ・ゴラからヴルシッチ峠を越えてトレンタ、さらにはボヴェツBovecまで行くバスが運行されているので、利用するとよい。ボヴェツではトルミン経由でコバリドノヴァ・ゴリツァへ行くバスが出ており、そのまま旅を続けることも可能だ。

クラニュスカ・ゴラからヤスナ湖を過ぎ、ヴェリキ・ピシュニツァ川に沿ってひたすら坂道を上がる。6kmほど上った所にロシア教会Ruska Kapelicaがある。第1次世界大戦の際、戦略的重要地点となったソチャ前線へは、常に軍事物資を補給する必要が生じ、ヴルシッチ峠は、1年を通して通行可能な状態にしておかなければならなかった。峠道敷設や除雪時の雪崩などで死亡したロシア人捕虜の犠牲は約500名。この教会は彼らを悼んで建てられたもの。2006年にスロヴェニア政府は彼らの功績に敬意を表し、この道を「ロシア道路Ruska cesta」と改名した。

ピシュニツァ川に沿ってユリアンアルプスに分け入る

■ユリアンアルプス越えバス　運行スケジュール

●クラニュスカ・ゴラ～ボヴェツ

6/1～9/30（'23）毎日運行

↓		↑
11:30	クラニュスカ・ゴラ	17:05
12:05	ヴルシッチ	16:40
12:38	トレンタ	16:02
12:52	ソチャ	15:48
13:04	コリトニツァ	15:36
13:10	ボヴェツ	15:30

運行:ノマゴ Nomago

URL www.nomago.si

運賃:クラニュスカ・ゴラ～ボヴェツ€5.60

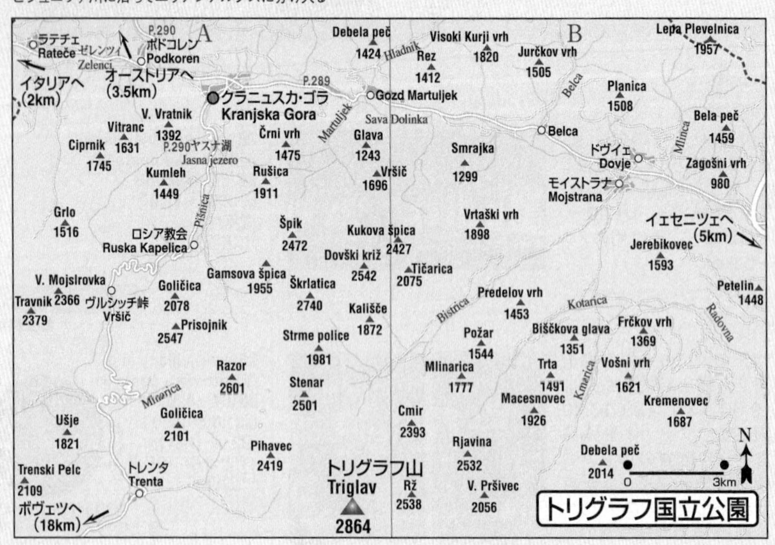

コバリド
Kobarid

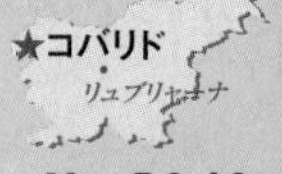

Map P.8-A2

コバリドの町を見下ろす

ソチャ川に架かるナポレオンの橋

ユリアンアルプスに端を発し、アドリア海に注ぎ込むソチャ川。イタリア語ではイゾンツォ川と呼ばれる。第1次世界大戦の「イゾンツォの戦い」では、イタリアとオーストリアにより12回にわたって攻防戦が繰り広げられたが、その最後の戦いがここコバリドで行われた。世にいう「カポレットの戦い」で、これによりイタリア軍は30万人近くが死傷、または捕虜となるという甚大な被害を出した。この戦いを題材として描いたのがヘミングウェイの小説『武器よさらば』。

現在では、ラフティングやカヌー、キャニオニングなどのアクティビティができるスポットとして人気だ。

歩き方

バスは町の中心の**スヴォボデ広場Trg Svobode**に着く(バス停移動の予定あり。時期、場所は未定)。この広場を中心に、南に延びるのが、ヴォラリチェヴァ通りVolaričeva。東西をグレゴルチチェヴァ通りGregorčičevaとマルコヴァ通りMarkovaが貫いている。スヴォボデ広場の北は、コバリド歴史の道Kobariška zgodovinska potの出発点ともなっている。

■コバリドへの行き方

●リュブリャーナから

🚌11:15発(土・日・祝・夏期運休)、15:00発(夏期のみ)、18:00発、所要3時間10分～5時間20分、€3.40～13.60。

●トルミンから

🚌4時台～20時台に2～14便運行(土・日減便)、所要20～40分、€1.30～2.50。

●ボヴェツから

🚌5時台～20時台に2～12便運行(土・日減便、夏期増便)、所要約30分、€1.30～2.90。

●ノヴァ・ゴリツァから

🚌6時台～19時台に1～9便運行(土・日、夏期減便)、所要1時間15分～2時間、€1.30～5.30。ほとんどの便がトルミンで乗り継ぐ。

■コバリドのⓘ

Map P.294右

住Trg Svobode 16
TEL(05)3800490
URL www.soca-valley.com
開夏期9:00～18.00
　冬期9:00～16:00
休冬期の土・日・祝

■ホップオン・ホップオフバス

コバリド周辺の村をめぐるバス。周遊ルートが5路線あり、1日各2便。6～8月の運行。自転車も積めるので、帰りを自転車にすることも可能。1日€2。自転車1台€1追加。
URL www.soca-valley.com

■コバリシュキ・シュトゥルケリ
Kobariški Štrukelj

夏の草刈期の栄養食として食べ継がれてきた伝統的スイーツ。毎年10月にはこのスイーツのお祭りが開催される。レストランでも食べられる。

Information 『武器よさらば』とコバリド

アーネスト・ヘミングウェイの『武器よさらば』は、第1次世界大戦のさなかイタリア軍へ義勇兵として参加したアメリカ人青年がイギリス人看護婦と出会い、急速に惹かれ合った末、遂には軍を脱走し、ともにスイスへ亡命を図るという物語。戦争の愚劣さ、そしてひと組の男女が自分たちではどうにもならない運命にのみ込まれていく様を描き切った戦争文学の傑作だ。物語の背景は、イタリア軍が未曾有の大敗北を喫したカポレット(コバリド)の戦い。この敗走の場面において、ヘミングウェイの筆はさえわたり、戦争に敗れ、混乱に陥った軍隊の様子を描き切ることで、物語のもつ悲劇的な様相をさらに深めている。

コバリド博物館の外観と入口付近

■コバリド博物館
住Gregorčičeva 10
TEL(05)3890000
URL www.kobariski-muzej.si
開4～6・9月9:00～18:00
7・8月9:00～20:00
10～3月10:00～17:00
休無休　料€8　学生€6

■チーズ博物館
Map P.294左
この地方で作られるトルミン産チーズTolmincは欧州原産地名称保護で守られているもの。博物館ではチーズの歴史や製造過程の映像を見られる。
住Gregorčičeva ulica 32
TEL(05)3841000
URL www.mlekarna-planika.si
開10:00～12:00、15:00～17:00
休日・祝、10～5月
料€6　学生€4

おもな見どころ

コバリド博物館 Kobariški muzej コバリシュキ・ムゼイ

Kobarid Museum　Map P.294右

カポレットの戦いではイタリア軍は未曾有の損害を出し、30万人近い兵力が失われたという。オーストリア軍も2万人ともいわれる死傷者を出した。この地域に住んだ人たちも否応なく戦いに巻き込まれ、両軍に分かれて命を落とした者も多かった。博物館では、ジオラマや遺物、写真などを使って戦争の経過を細かく伝えている。日本語パンフレットもある。

コバリド歴史の道 Kobariška zgodovinska pot

コバリシュカ・ズゴドヴィンスカ・ポットゥ

Kobarid Historical Trail　Map P.294左

コジャックの滝で水遊び

コバリド歴史の道は、コバリドの町を起終点とし、コバリドの歴史とソチャ川の自然美を同時に味わえるように設定された全5kmのウオーキングコース。所要2～3時間。

スヴォボデ広場から東に坂を上っていくと、聖アントニウス教会Cerkev sv. Antonaが見えてくる。その向かい側にあるのがイタリア軍兵士納骨堂。これらはすべて、カポレットの戦いで犠牲となったイタリア軍兵士にささげられたものだ。

ここから山道を北に向かうと、丘の上にトノツォフ城Tonocov gradが現れる。青銅器時代から5世紀の末まで使われた城で、現在は基礎部分だけ残っている。ここからソチャ川を越えたあたりまで、イタ

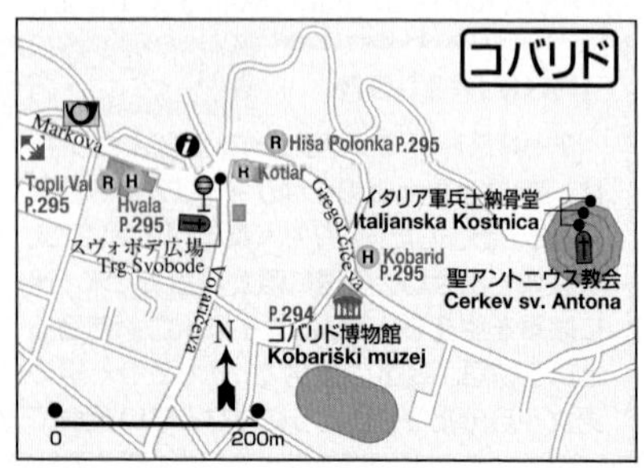

リア軍の防御線が続き、ソチャ川には歩行者用のつり橋が架かっている。ここで戦争があったことが皮肉に感じられるほど美しい光景だ。コジャックの滝Slap Kozjakと併せて、コバリド周辺の自然美を堪能したい。

トノツォフ城周辺の道は起伏があるが、コバリドからコジャックの滝までの道は平坦なので、体力に自信がない人は、コバリドからナポレオンの橋を渡り、コジャックの滝まで行って戻ってくるのがおすすめ。夏期は泳ぐこともできるので、水着を持参するとよい。

■シモン・グレゴルチッチの生家
抒情詩人、シモン・グレゴルチッチの生家。彼がソチャ川を歌った詩「ソチャ川にSoči」は、スロヴェニア人なら誰でも知っている作品。コバリドのスヴォボデ広場にある立像は彼の姿だ。
🚌トルミン行きで途中下車。夏にはホップオンバスで行ける。
住Vrsno 27
URL www.tol-muzej.si
開7・8月の水〜日10:00〜17:00ほか、詳細はウェブサイト参照。
休11〜4月　料€4 学生€3

コバリドのホテル

日本からの電話のかけ方　事業者識別番号（→P.240）＋010＋386（スロヴェニアの国番号）＋5（0を取った市外局番）＋番号

ホテルは下記の1軒のみだが、町の規模のわりにはゲストハウスやアパートメントが豊富に揃っている。7〜8月は混雑するので要予約。11月〜4月中旬はシーズンオフで閑散とする。

フヴァーラ
Hotel Hvala

Map P.294右

★★★　高級　室数:32

町の中心に家族経営のホテル。内装は高級感が漂う。11月〜3月中旬は休業。2室のみバスタブなし。エアコン付きは3室。釣りのライセンスも発行している。 全館　EVあり

URL www.hotelhvala.si
Mail info@hotelhvala.si
住Trg Svobode 1
TEL (05)3899300
€90〜134
€100〜120
DMV

コバリド
Premium class Hostel Kobarid

Map P.294右

経済的　ベッド数:28

2019年開業。各地を旅したロシア人夫婦が経営するホステル。男女共同部屋2室、女子専用部屋が1室。共用キッチン、ランドリーあり。
全館　EVなし

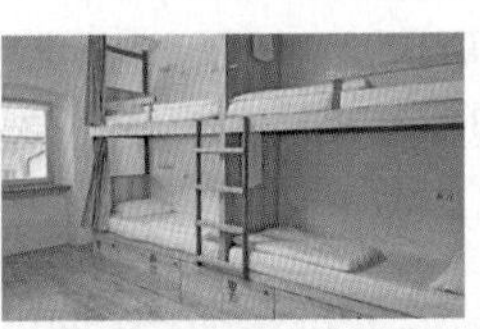

URL www.hostelkobarid.com
Mail hostelkobarid@gmail.com
住Gregorčičeva 23
068-625935
DOM A/C €25〜50
DMV

コバリドのレストラン

ポロンカ
Hiša Polonka

Map P.294右

スロヴェニア料理

こぢんまりした温かみのある雰囲気のビアレストラン。地元食材を使った伝統肉料理が自慢。開店時間が短いのでいつも混雑している。写真のハム盛り合わせ€12、メインの仔牛ほほ肉€20、猪€19は絶品！

住Gregorčičeva ulica 1
TEL (05)9958194
開夏期12:00〜22:00（水曜除く）
冬期の木・金17:00〜22:00、
冬期の土・日12:00〜22:00
※11月後半と冬期の月〜水17:00〜22:00はパブのみ営業（軽食あり）。
休火、11月前半、12/25　DMV

トプリ・ヴァル
Restavracija Topli Val

Map P.294右

魚介料理

ホテル・フヴァーラ内にある。1976年創業で、ホテル自体よりも歴史が古い。アドリア海やソチャ川で取れた魚介を使った料理に定評がある。国産ワインの品揃えも豊富。

URL www.hotelhvala.si
住Trg Svobode 1　TEL (05)3899300
開4月〜11月中旬12:00〜22:00
（火18:00〜22:00）
1〜3月12:00〜22:00（日〜18:00）
休月、11月中旬〜12月、1〜3月の火
DMV

水銀を含む鉱石、辰砂（しんしゃ）

イドゥリヤ
Idrija

Map P.8-B2

水銀鉱山とレースで栄えた町、イドゥリヤ

イドゥリヤは水銀鉱山がある町として、世界史において重要な役割を果たしてきた。伝説によると、15世紀後半にバケツ職人が水銀を発見したことから、この地で採掘が始まったといわれる。町は水銀の恩恵を受け、おおいに発展した。1994年に鉱山は閉鎖したが、この辺境の地にバロック様式の豪華な建築物がたたずんでいるのはこのためだ。毎年8月第3土曜日にはイドゥリヤの郷土料理ジュリクロフィ **žlikrofi** の、6月第3土・日にはレースのフェスティバルが開催される。

歩き方

メストゥニ広場Mestni trgが旧市街の中心で、周辺にレストランやレース編みショップが4～5軒並んでいる。ⓘに併設の施設ではイドゥリヤ・ジオパークに関する様々な展示がある。

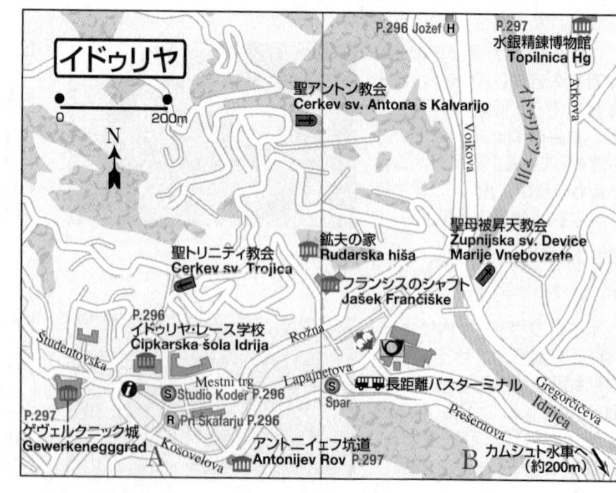

■イドゥリヤへの行き方
●リュブリャーナから
🚌6時台～19時台に6～14便運行（土・日、夏期減便）、所要約1時間15分、€2～5.70。

世界遺産

アルマデンとイドゥリヤの水銀の遺産
Dediščina živega srebre, Almadén in Idrija
2012年登録

■イドゥリヤのⓘ
Map P.296-A
住Prelovčeva 5
TEL(05)3743916
URL www.visit-idrija.si
開4・10月9:00～16:00
5・9月9:00～18:00
（土・日・祝～17:00）
6～8月9:00～18:00
11～3月9:00～16:00
（土10:00～15:00）
休10～4月の日・祝

HOTEL ホテル

ヨージェフ Hotel Jožef
住**Vojkova 9A Map P.296-B**
📱082-004250
URL www.hotel-jozef.si
料 €77～118
€110～160
MV

RESTAURANT 食堂

プリ・シュカファリュ
Gostilna Pri Škafarju
Map P.296-A
住**Sv. Barbare 9**
TEL(05)3773240
URL www.skafar.si
開火～木10:00～17:00、金10:00～21:00、土11:00～21:00、日11:00～19:00
休月、1/1、復活祭、12/25
MV

SHOP 店

ストゥディオ・コデール
Studio Koder Map P.296-A
住**Mestni trg 16**
📱040-798203
URL www.idrija-lace.si
開10:00～12:00、16:00～19:00（土10:00～12:00）
休日・祝 MV

おもな見どころ

アントニイェフ坑道 Antonijev Rov アントニイェフ・ロヴ
Antony's Main Road
Map P.296-A

イドゥリヤの鉱山のなかでも最も古い坑道で、1500年頃から水銀を含む鉱石、辰砂の採掘が始まった。1994年に閉鎖されるまでの約500年間、掘られた坑道の長さは延べ700km以上にわたるが、地盤沈下を防ぐため、掘削が終わったところは順次埋められていった。現在ツアーで回るのは1200m。世界の水銀産出の13%はイドゥリヤ産、ヨーロッパではスペインに次ぐ第2の産出を誇った。水銀は高値で取り引きされたが、利益の95%はハプスブルク家の財源となり、坑夫たちの生活は貧しかった。

水銀精錬博物館 Topilnica Hg トピルニツァ・ハーゲー
Hg Smelting Plant
Map P.296-B

水銀精錬博物館の展示

もともと精錬所があったところに2017年に博物館がオープン。水銀の化学・物理構造、用途、技術をはじめ水銀に関するさまざまな情報がインタラクティブに展示されている。2022年からVR装置（要予約）を着用して精錬所が実際に稼働している様子を体験できるようになった(所要10〜15分)。

イドゥリヤ・レース学校 Čipkarska šola Idrija
IdrijaIdrija Lace school
Map P.296-A

1876年設立の伝統レースの学校。課外活動として6〜15歳の少年少女や大人が学び、プロと変わらないハイレベルの生徒作品を展示している。子供の作品は展示後返却され、販売するのはプロの手編み作品。レース作りデモンストレーションのほか、体験もできる。

ゲヴェルクニック城 Gewerkenegg grad ゲヴェルクニック・グラードゥ
Gewerkenegg Castle
Map P.296-A

ゲヴェルクニック城と中庭

16世紀に造られた城で、現在は市立博物館になっている。展示はおもに水銀鉱山や町の歴史、さらに世界中の鉱物など。また名産品のイドゥリヤレースの展示コーナーもある。また、「鉱夫の家」「フランシスのシャフト」のほか、「カムシュト水車」の展示も管理しており、ゲヴェルクニック城で申し込み、各施設を開けてもらう(別途各€4.50)。

■アントニイェフ坑道
住Kosovelova 3
☎031-810194
URL www.cudhg-idrija.si
開坑道ツアー出発時間
10:00（3〜10月毎日、11〜2月の土・日・祝）
12:00（3〜11月の土・日・祝、6〜8月は平日も）
13:00（7・8月毎日および11月平日）、14:00（5〜8月毎日）
16:00（7・8月毎日、4〜6月と9月の土・日・祝）
休12〜2月の平日
料€15　学生€12

アントニイェフ坑道の入口

■水銀精錬博物館
住Arkova 50
開3・4・11・12月の土・日・祝
10:00〜16:00
5月の平日と9・10月
10:00〜16:00
5月の土・日・祝と6〜8月
10:00〜18:00
1・2月の土・日・祝と4月の平日
12:00〜16:00
休1/1、12/25、11〜3月の平日　料€10　学生€8
VR体験€5
アントニイェフ坑道との2館共通€21、学生€17。

■イドゥリヤ・レース学校
住Prelovčeva 2
TEL (05)3734570
URL www.cipkarskasola.si
開9:00〜15:00
水曜は通年19:00まで
冬期の土曜は12:00まで
休日曜、夏期以外の祝日
料€2.50
作品の接写不可。

レースの展示

■ゲヴェルクニック城
住Prelovčeva 9
TEL (05)3726600
URL www.muzej-idrija-cerkno.si
開5〜9月10:00〜19:00
10〜4月10:00〜17:00
休10〜4月の月
料€8　学生€7
レース展示撮影禁止。
レース編みショップのシヴィリュストヴォ・マルŠiviljstvo Malも併設している。

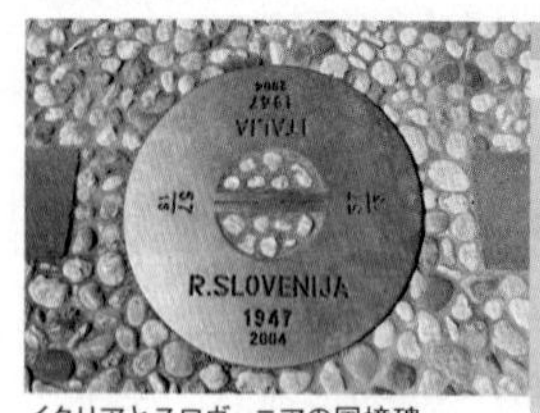

イタリアとスロヴェニアの国境碑

ノヴァ・ゴリツァ
Nova Gorica

リュブリャーナ
★ノヴァ・ゴリツァ

Map P.8-A2

ノヴァ・ゴリツァ駅前の広場はスロヴェニアとイタリアの2ヵ国にまたがっている

ノヴァ・ゴリツァを語るとき、鉄のカーテンについて触れないわけにはいかない。第2次世界大戦後の1947年にパリ講和条約が結ばれ、ゴリツァ（イタリア語：ゴリツィア、ドイツ語：ゲレツ）の町はイタリア領に、そのすぐ東がユーゴスラヴィア領となる。ノヴァ・ゴリツァが建設されたのはこういった事情からだったが、もともとユリアンアルプスの南側のこの地域は、国境にかかわりなく一体性をもって発展してきた。しかし、東西冷戦が始まり生活圏は分断され、町はベルリンとともに「鉄のカーテン」の象徴となった。

その後、ユーゴスラヴィアはソ連のコントロールから脱し、西欧諸国との物流も再開、さらに1991年にはスロヴェニアが独立しイタリアとの距離は近くなった。だが、やはり国境の壁は存在し続けた。2004年、スロヴェニアがEU加盟を果たすと、ようやく国境を隔てていた壁は取り払われた。2007年12月21日にはスロヴェニアでシェンゲン協定が発効。国境検問所も撤廃され、ノヴァ・ゴリツァとゴリツィアは完全な意味で自由な往来ができるようになった。「2025年欧州文化首都」にも選ばれ、さまざまなプロジェクトが始動している。

歩き方

ノヴァ・ゴリツァ駅を出ると、いきなりイタリアとの国境になっている広場がある。正面はもうイタリアだ。イタリアに入らず左へ進み、エリヤフチェヴァ通りErjavčevaを左折して直進する。典型的なヨーロッパの近代的計画都市の様相を見せる町並みを進んでいくと、大型ホテルや郵便局、バスターミナルなどがある町の中心に到達する。

■ノヴァ・ゴリツァへの行き方

●リュブリャーナから

🚃直通は土・日6:50発のみ、所要約3時間20分、€9.60〜15.90。SežanaやJesenice乗り換えの便が4時台〜18時台に5〜11便運行（土・日減便）。

🚌5時台〜22時台に5〜13便運行（土・日減便）、所要1時間40分〜2時間50分、€10.10〜10.50。

●コバリドから

🚌6時台〜19時台に1〜9便運行（土・日、夏期減便）、所要1時間15分〜2時間、€1.30〜5.30。ほとんどの便がTolminで乗り継ぐ。

●ポストイナから

🚌6時台〜23時台に5〜11便運行（土・日減便）、所要約1時間20分、€1.40〜5.70。

●ボヒニュから

🚃Bohinjska Bistrica発4時台〜21時台に7〜9便運行（土・日減便）、所要約1時間20分、€5.80。

●コペルから

8時台〜17時台に1〜4便運行（土・日減便）、所要約2時間、€2〜8.10。

■ゴリツィア（イタリア）へ

ノヴァ・ゴリツァのバスターミナルからノヴァ・ゴリツァ駅前を通ってゴリツィア駅まで、連絡バスが8:05〜19:55にほぼ1時間に1便。所要25分、運賃は€1.30。

■ノヴァ・ゴリツァのⓘ

Map P.299-B1

住Kidričeva 11

TEL(05)3304600

URL www.vipavskadolina.si

開8:00〜16:00（土・日・祝〜12:00）

休1/1、復活祭、11/1、12/25

■レンタサイクル

観光局でもらえる自転車ルートの掲載された地図でルートを確認してから自転車を利用すると便利。観光局の無料レンタサイクル（€5のデポジットが必要）は旧式で後輪ブレーキは手元になく、ペダルを逆回転させるタイプなので注意が必要。

■市内バス

本数は少ないが無料。バスターミナルから鉄道駅、クロムベルク城（4番）へも行ける。

おもな見どころ

分断博物館 Muzej Državna meja na Goriškem

ムゼイ・ドゥルジャヴナ・メヤ・ナ・ゴリシュケム

The museum of the Border-line in the Goriska Region　Map P.299-A1

旧ユーゴスラヴィア時代の展示品が並ぶ

ノヴァ・ゴリツァ駅にある。駅正面の広場は2007年末になるまで往来不可能で、国境分断の象徴だった。博物館では、鉄のカーテン時代から国境の壁が取り払われるまでの、この地方の歴史を展示している。

クロムベルク城 Grad Kromberk グラードゥ・クロムベルク

Kromberk Castle　Map P.299-B1外

町から3kmほど東にある邸宅。16世紀末に建てられた。ほぼ正方形の邸宅の四隅に円形の塔が付けられたルネッサンス様式の建築。現在はゴリツァ博物館として利用されている。

■分断博物館
住Kolodvorska pot 8
URL www.goriskimuzej.si
開夏期13:00～17:00
（土・日・祝12:00～19:00）
冬期13:00～17:00
（土・日・祝12:00～17:00）
休1/1、復活祭、11/1、12/25
料€2　学生€1

■クロムベルク城
住Grajska 1, Kromberk
TEL (05)3359811
URL www.goriskimuzej.si
開5～10月10:00～18:00
（日・祝12:00～20:00）
11～4月9:00～17:00
（日・祝10:00～18:00）
休月・土、1/1、復活祭、
11/1、12/25
料€4　学生€2

クロムベルク城

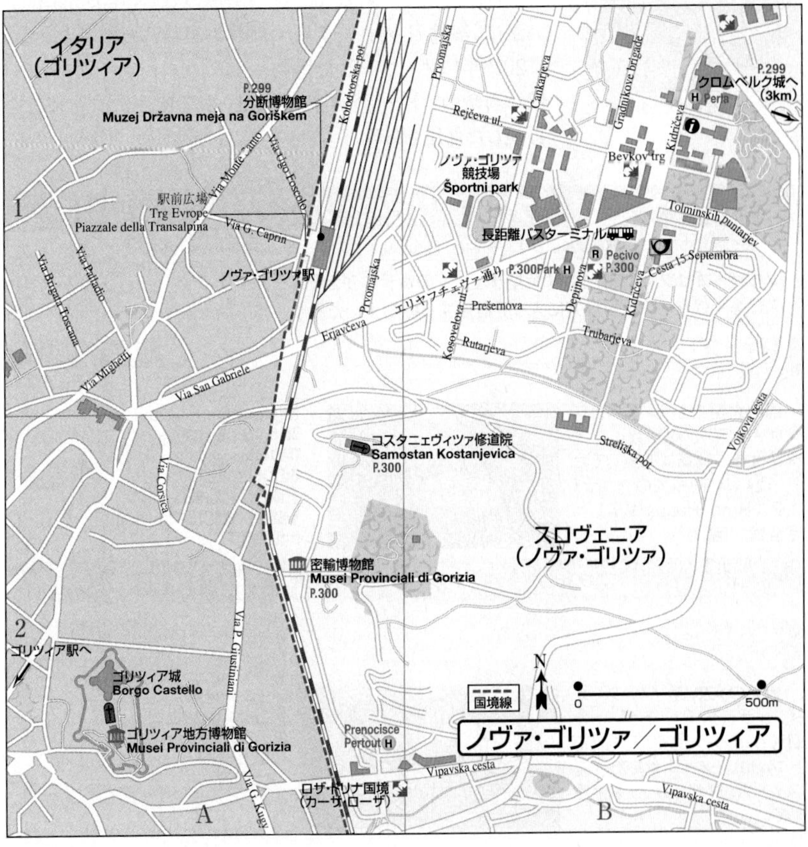

ノヴァ・ゴリツァ／ゴリツィア

イタリア（ゴリツィア）
スロヴェニア（ノヴァ・ゴリツァ）
P.299 分断博物館 Muzej Državna meja na Goriškem
駅前広場 Trg Evrope Piazzale della Transalpina
ノヴァ・ゴリツァ駅
ノヴァ・ゴリツァ競技場 Športni park
長距離バスターミナル
クロムベルク城へ(3km) P.299
Perla
Pecivo P.300
P.300Park
エリヤフチェヴァ通り
コスタニェヴィツァ修道院 Samostan Kostanjevica P.300
密輸博物館 Musei Provinciali di Gorizia P.300
ゴリツィア駅へ
ゴリツィア城 Borgo Castello
ゴリツィア地方博物館 Musei Provinciali di Gorizia
Prenocisce Pertout
ロザ・ドリナ国境（カーサ・ローザ）
国境線
0　500m
Kolodvorska pot
Prvomajska
Cankarjeva
Gradnikove brigade
Rejčeva ul.
Kidričeva
Bevkov trg
Tolminskih puntarjev
Cesta 15 Septembra
Delpinova
Prešernova
Kosovelova ul.
Rutarjeva
Trubarjeva
Erjavčeva
Via Monte Santo
Via Ugo Foscolo
Via G. Caprin
Via Palladio
Via Brigata Toscana
Via Mighetti
Via San Gabriele
Via Corsica
Via P. Giustiniani
Via G. Kugy
Streliška pot
Vojkova cesta
Vipavska cesta

■コスタニェヴィツァ修道院
住Škrabčeva 1
TEL(05)3307750
URL www.samostan-kostanjevica.si
開9:00〜12:00、15:00〜17:00（日・祝は午後のみ）
休1/1、復活祭、11/1、12/25
料墓所€2（見学は墓所のみ）
㊟一部不可
※隣にあるブルボンローズのバラ園は、多様さではフランスに次いでヨーロッパ第2の規模。5月のブルボンローズ祭りの時期のみ入園できる。€2。

■密輸博物館
住Kostanjeviška 32
URL www.goriskimuzej.si
開5〜10月13:00〜17:00
（土・日・祝12:00〜18:00）
11〜4月13:00〜17:00
（土・日・祝12:00〜17:00）
休1/1、復活祭、11/1、12/25
料€2 学生€1

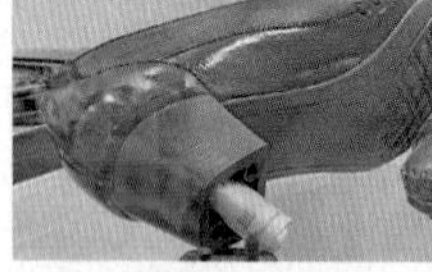
靴のかかとに仕込まれた紙幣

コスタニェヴィツァ修道院

Samostan Kostanjevica サモスタン・コスタニェヴィツァ
Kostanjevica Monastery

Map P.299-A2

ノヴァ・ゴリツァの南西の丘にあるフランシスコ会修道院。この修道院は、長きにわたってフランス王国に君臨したブルボン朝最後の国王シャルル10世や、その孫アンリ・ダルトワ、ルイ16世とマリー・アントワネットの娘マリー・テレーズの墓があることで有名。

修道院内の教会

密輸博物館

Muzej na Meji-Pristava ムゼイ・ナ・メイ・プリスタヴァ
Smuggling Museum

Map P.299-A2

靴のかかとや下着に紙幣を隠したり、洗剤の中にゲーム機を隠したりしたと、旧ユーゴスラヴィア時代に禁制品や両サイドの国で入手困難な品をいかに「密輸」したかをテーマに2019年にオープンした博物館。当時のストーリーが映像で見られるほか、検問施設を再現した部屋もある。

再現された審問室

ノヴァ・ゴリツァのホテル

日本からの電話のかけ方　事業者識別番号（→P.240）＋010＋386（スロヴェニアの国番号）＋5（0を取った市外局番）＋番号

ノヴァ・ゴリツァの市内には大型チェーンのホテルが2軒ある。プライベートルームやゲストハウスは多くはない。イタリアに入って宿泊するのもよいだろう。

パーク

Park Casino & Hotel

Map P.299-B1

★★★★　高級　室数:82

国内大型チェーン系のカジノ付きホテル。約半数にバスタブ付き。設備は充実しており、近くには同系列のペルラ・ホテルHotel Perlaがある。
全館　EVあり

URL www.thecasinopark.com
Mail hotel.park@hit.si
住Delpinova 5
TEL(05)3362000
S A/C €85〜103
W A/C €130〜159
CC D M V

ノヴァ・ゴリツァのレストラン

ペツィヴォ

Pecivo

Map P.299-B1

スロヴェニア家庭料理

地元の人気店。スープ、メイン、サラダバー、デザートの日替わりランチ定食€7（10:00〜14:30）。メインは€7〜12。スイーツが評判のカフェも併設している。

住Delpinova 16
041-445035
開8:00〜15:00
休土・日・祝
CC M V

アドリア海岸とカルスト地方
Obala in Kras

スロヴェニア随一のアドリア海リゾート、ピランの町並み

アドリア海岸とカルスト地方 Obala in Kras

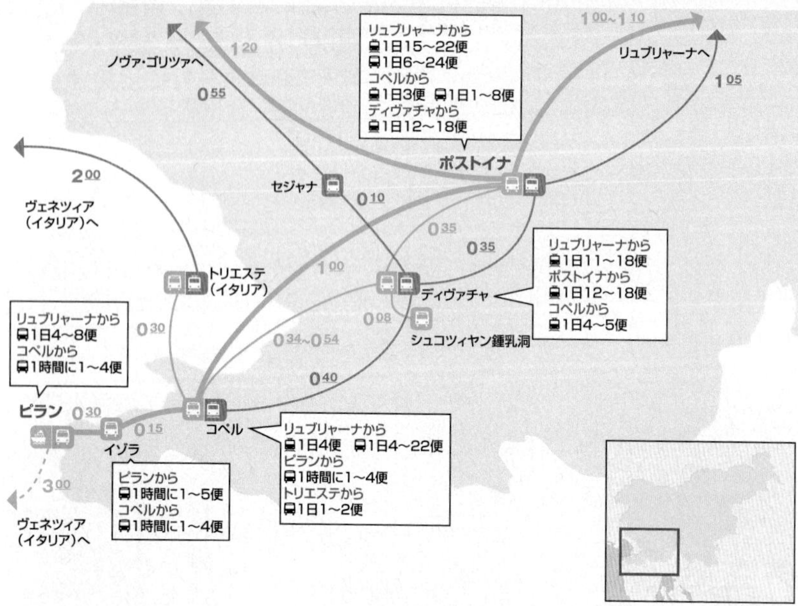

※所要時間は夏期の目安です。季節や運行状態によって変化します。

● 地理

アドリア海の最奥部ヴェネツィア湾の東端にあるのがスロヴェニアのアドリア海岸地方。イタリアの影響を強く受けた美しい旧市街が残る。この地方は「イストゥラワイン街道」として知られ、100近くのワインセラーがある。

アドリア海岸から少し内陸に入ると、カルスト地方。石灰岩などが浸食されてできるカルスト地形の語源となった地。スロヴェニアの世界遺産「シュコツィアン鍾乳洞」をはじめ、無数の鍾乳洞や自然公園がある。

シュコツィヤン鍾乳洞の鍾乳石

● 気候

地中海性気候なので、夏期の最高気温は30℃を超える日が多いが沿岸のリゾート地は過ごしやすい。10～4月にかけて降雨量が多くなるが、沿岸部で雪が降ることはない。

● 料理

アドリア海岸やカルスト地方は生ハムで有名な所。ただし、日本への持ち込みはできないので注意。

また、この地域はトリュフなどのキノコが取れることでもよく知られている。新鮮なキノコを使ったスープやパスタ、リゾットなどは定番料理だ。キノコソースを使ったステーキなどにもぜひチャレンジしてみたいところ。

テラン種のワインや、セチョヴリエ塩田の塩もこの地方の名物だ。

● ルート作り

1日目:リュブリャーナから移動。シュコツィヤン鍾乳洞かポストイナ鍾乳洞のカルスト地方を代表する鍾乳洞を見学する。

2日目:ピランに移動。ホテルに荷物を置いたら、リゾート地で人気のポルトロージュのビーチや、セチョヴリエ塩田へ行こう。

3日目:ピラン市内を見学。町の外れにある城壁は、アドリア海に突き出た旧市街を眺める展望スポット。午後の船でクロアチアのポレチュへ移動する。

ピランの城壁からの眺め

作曲家ジュゼッペ・タルティーニの故郷

ピラン
Piran

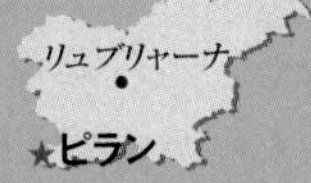

Map P.8-A3

ジュゼッペ・タルティーニ像

ホテルピランからピラン灯台を眺める

ピランは、トリエステ湾とピラン湾に挟まれた細い半島に位置する港町。人口わずか4000人ほど、細い道がまるで迷路のように入り組んだ町だ。

町の中心となるタルティーニエフ広場には、ピランが生んだ作曲家、バイオリニストのジュゼッペ・タルティーニ**Giuseppe Tartini**(1692～1770年)の銅像が誇らしげに立つ。ピランは13～18世紀にわたってヴェネツィア共和国の支配を受けた。広場周辺に残るゴシック、ルネッサンス、バロック様式の古い建築物は、その時代のものだ。

歴史的な建物群がつくり出す落ち着いた雰囲気と、美しいアドリア海の風景がいちばんの見どころ。のんびりと過ごしたいリゾートタウンだ。

歩き方

町外れにあるバスターミナルに到着したら、ピラン港の灯台が見える方向へ歩いていこう。数分歩けばマリーナに停泊するボートが見えてくる。そのまま港沿いのツァンカリェヴォ通りCankarjevo nabrežjeを歩いていくと、町の中心**タルティーニエフ広場Tartinijev trg**に出る。

湾岸沿いにあるバスターミナル

■ピランへの行き方

●リュブリャーナから

コペルまで列車で行き、駅前のバスターミナルからピランまではバスを利用。

6時台～15時台に4～8便運行(土曜減便)、所要2～3時間、€3.50～。

●コペルから

5時台～22時台の1時間に1～4便運行(土・日1時間に1～2便)、所要30～50分、€1.30～2.90。

●イゾラから

5時台～22時台の1時間に1～4便運行(土・日減便)、所要約30分、€1.30～2.10。

●ポストイナから

7時台～16時台に3便運行(土曜減便)、所要約1時間45分、€1.70～7.70。

■ピラン発のフェリー

●ポレチュ行き

所要約50分、€15

●ロヴィニュ行き

所要約1時間5分、€20

●ヴェネツィア(イタリア)行き

5～9月運航、所要約3時間、€85～95

URL venice.si

6月下旬～9月初旬に週1～2便運航

URL www.libertylines.it

●トリエステ(イタリア)行き

所要40分、€9

■ピランのi Map P.304-B1

住 Tartinijev trg 2

TEL (05)6734440

URL www.portoroz.si

開 夏期9:00～22:00
冬期9:00～17:00 休 12/25

■ウォーキングツアー

●Piran Walking Tour

7～9月の月・水・金に11:00から90分間の英語ガイド付きツアーを催行。7～8月は19:00から、9月は18:00からナイトツアーもある。申し込みは観光案内所で。

料 €9、ワインの試飲と軽食付きで€25。

■ピランの旅行会社

ピランにツアーを扱う旅行会社はない。イゾラのツアー会社で各種日帰りツアーを催行。

URL www.insulatours.si

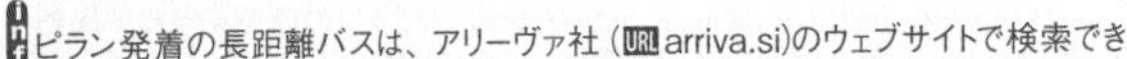
info ピラン発着の長距離バスは、アリーヴァ社(URL arriva.si)のウェブサイトで検索できる

城塞からは、ピランの旧市街を一望することができる

タルティーニエフ広場の中央にはジュゼッペ・タルティーニの銅像が立ち、アートホテル・タルティーニ、❶が入っている市庁舎やカフェ、みやげ物店などに取り囲まれている。一角に建つタルティーニの生家は、彼が愛用したヴァイオリンやデスマスクなどが展示された博物館だ。

広場から見える聖ユーリの鐘楼に向かって3分ほど歩くと、町並みが一望できる小高い丘に建つ、聖ユーリ教会に着く。さらに東へと坂を上っていくと、かつてピランの町を守っていた**城壁Mestino obzidje**があり、聖フランシス教会と修道院Samostan in cerkev sv. Frančiška方面へと続いている。

タルティーニエフ広場から灯台へと続く海沿いのプレシェルノヴォ通りPrešernovo nabrežjeには、しゃれたレストランが軒を連ね、深夜まで観光客でにぎわっている。

info 旧市街にあるメディアドムMediadom Pyrhani(Map P.304-B1)は、ピランの歴史を学べる最新技術を駆使したマルチメディアセンター。住Kumarjeva 3 URL www.mediadom-piran.si

おもな見どころ

聖ユーリ教会 Cerkev sv. Jurija ツィルケウ・スヴェテガ・ユリヤ
Church of St. George

Map P.304-B1

1344年に建てられた聖ユーリ教会は、ピランの町を見下ろす小高い丘に建つ。1637年に、ルネッサンス様式やバロック様式を取り入れた現在の独特な外観に改築された。

聖ユーリ教会の隣には、1609年に建てられた4つの鐘をもつ**聖ユーリの鐘楼Zvonik crkve sv. Jurija**があり、最上部まで上って景色を眺めることができる。140段の階段は、2018年6月に改装された。15ヵ所ある階段の踊り場には、ヘブライ、ギリシア、ラテンの大天使および守護天使にちなんで名が付けられている。鐘楼の高さは47メートル、展望台の高さは25メートル。ここからの景色はすばらしい。

海洋博物館 Pomorski muzej ポモルスキ・ムゼイ
Maritime Museum

Map P.304-B2

港町らしく船の模型が多く展示されている

タルティーニエフ広場からピラン港へ向かう途中にある海洋博物館は、港町として発展してきたピランの様子や、近隣の港とを結ぶ航路、製塩の歴史などを紹介している。そのほかに船の模型や部品などの展示も充実している。

マリーナを挟んだ向かい側には、**ピラン水族館Akvarij Piran**がある。隣接する**貝殻博物館 Čarobni svet školjk**は、さまざまな色や形の貝殻を展示。ピラン近海のコレクションも充実している。砂浜の「砂」が実は微小貝殻であることがわかる顕微鏡展示もあり、興味深い。

カラフルな貝殻が並ぶ

海中活動博物館 Muzej podvodnih dejavnosti
ムゼイ・ポドゥヴォドゥニー・デヤウノスティ
Museum of Underwater Activities

Map P.304-B2

歴代のダイビングスーツが並ぶ

本来水中では活動できない人類が、いかにしてそれを乗り越えようとしてきたかを明らかにする、ユニークなテーマの博物館。オーストリア=ハンガリー帝国からユーゴスラヴィア王国、イタリア領だった時代、ユーゴスラヴィア連邦、そして現在にいたるまでの海中活動の変遷が豊富な写真でよくわかる。

■城壁　Map P.304-B1外
開4～10月8:00～21:00
　11～3月9:00～17:00
休無休　料€3　学生€2
※夏は窓口があるが、冬期は自販機でトークンを買い、扉設置のスロットに入れ、ランプが赤のXから緑のランプに変わったら回転扉を回して入る。閉じ込められるケースがあるので複数人でいったほうがいい。

■聖ユーリの鐘楼
住Adamičeva
URL www.zupnija-piran.si
開6～8月10:00～20:00
　4・10月10:00～18:00
　5・9月10:00～19:00
　11～3月10:00～16:00
休11～3月の月～金　料€2

聖ユーリ教会の祭壇

■海洋博物館
住Cankarjevo nabrežje 3
TEL (05)6710040
URL www.pomorskimuzej.si
開7・8月9:00～12:00、
　17:00～21:00
　9～6月9:00～17:00
休月　料€5　学生€4
海洋博物館のチケットで、ピラン水族館が€1割引。

■ピラン水族館　Map P.304-B1
住Kidričevo nabrežje 4
TEL (05)6732572
URL aquariumpiran.si

■貝殻博物館　Map P.304-B1
住Tartinijev trg 15
TEL (040)700053
URL www.svet-skoljk.si
開6～9月10:00～18:00
　10～5月11:00～17:00
休10～5月の月曜、12～2月の月～金（但し祝日は開館）
料€5　学生€3.50

■海中活動博物館
住Županičičeva 24
041-685379
URL www.muzejpodvodnihdejavnosti.si
開6～8月10:00～20:00
　9～5月10:00～17:00
休9～5月の月～木
料€4.50

ポルトロージュへの行き方

🚌コペルからイゾラを経由してピランへ行くバスがポルトロージュを経由する。一部ポルトロージュ止まりでピランに行かない便もある。ポルトロージュ～ピラン間は1番のバスが5:00～23:00の間、1時間に2～5本運行。料金はバスに乗ってクレジット・カードのタッチ決済で支払う（現金不可）。所要約10分、€1.50。

セチョヴリエ塩田への行き方

塩田には北のメイン入口Leraと南のFontanigge入口がある。ポルトロージュからLeraまでは約3.5km。バスもあるが塩田の敷地も広く、製塩博物館もFontanigge入口からさらに2.6キロ離れているため、ポルトロージュからのレンタサイクルが便利。

■Lera入口
開6～8月7:00～21:00
4・5・9・10月7:00～19:00
11～3月8:00～17:00
休無休

■Fontanigge入口
開6～8月9:00～20:00
4・5・9・10月9:00～17:00
休11～3月

丘から広大な塩田を望む

エクスカーション

ポルトロージュ Portorož ポルトロージュ

Portorož

Map P.8-A3

ポルトロージュの海岸

19世紀の後半以降発展を遂げてきた海岸沿いのリゾート地。ここに小さなタラソテラピーの施設ができたことがポルトロージュの始まりで、以来、ビーチ＆スパリゾートとして多くの観光客を受け入れてきた。もちろん、今もこの町のホテルの多くはスパ施設をもっている。ポルトロージュはピランに比べて交通の便がよく、ピランより大型ホテルの種類と数が充実しているので、この町を起点に長期滞在する観光客も多い。

セチョヴリエ塩田 Sečovljske soline セチョヴリュスケ・ソリン

Sečovlje Salina

Map P.8-A3

ポルトロージュのさらに南、クロアチアとの国境近くに広がる約700ha（東京ドーム約15個分）もの広大な塩田。今でも700年以上も前から伝わる製法で塩が作られており、**製塩博物館Muzej solinarstva v Sečovljah**もある。また、近くの大湿原帯は野鳥の飛来地としてもよく知られ、自然公園に指定されている。5～9月はミネラル豊かなこの地の海水や泥を利用したトリートメントが受けられる、**レパ・ヴィダ・タラソ・スパLepa Vida Thalasso Spa**がオープンする。

Information 市庁舎でアート鑑賞

ピランの市庁舎。観光案内所も入っている

聖マルコのライオン像が印象的な19世紀末に建てられた市庁舎。その2階（日本式）の市議会室にはティントレットの大作『マリアと少年とピラン有力者たち』が飾られ、職員の案内で鑑賞できる。

この絵は、聖母マリアから「市政を立て直させよ」というお告げを少年が受けたものの、これを無視した市長が盲目になった話に基づく。市長はピランの有力者と相談し、市政の立て直しを図ったことで目が見えるようになったという。

市議会議場に掲げられたティントレットの絵画

市庁舎内各所には、国際アートコンペの入賞作品も飾られている。職員が働いている部屋をちょっとのぞかせてもらえるのも面白い体験だ。見学は市庁舎の受付または観光案内所で申し込むこと。

Info ポルトロージュの観光案内所では、塩田の地図の配布、行き方や回り方のコツなどの情報を提供している。住Obala 16 URL www.portoroz.si 開9:00～19:00（冬期～17:00） 休12/25

ピランのホテル

日本からの電話のかけ方　事業者識別番号（→P.240）＋010＋386（スロヴェニアの国番号）＋5（0を取った市外局番）＋番号

夏期の週末には観光客が増えるので、早めに予約しておくほうが確実。復活祭や7・8月、年末年始は特に料金が高くなる。また、プライベートルームは❶で紹介してもらうとよいだろう。

ケンピンスキー・パレス ポルトロージュ
Kempinski Palace Portorož

Map P.304-B2外

★★★★★　高級　室数:181

ポルトロージュの最高級リゾートホテル。目の前は海でプライベートビーチあり。1910年に建てられており、20世紀初期の優雅なヴァカンスの雰囲気に浸れる。
全館　EVあり

URL www.kempinski.com
Mail reservations.portoroz@kempinski.com
住 **Obala 45, Portorož**
TEL (05)6927000
S A/C €153～450
W A/C €190～480
カード ADJMV

ピラン
Hotel Piran

Map P.304-A1

★★★★　高級　室数:103

1913年に開業したピラン最古のホテル。シービューの部屋からは、海の絶景が広がる。レストラン、スパ、有料のデッキチェアやパラソルあり。全館　EVあり

URL www.eh.si
Mail piran@eh.si
住 **Stjenkova 1**
TEL (05)6667100
S A/C €85～220
W A/C €100～250
カード ADMV

アート・ホテル・タルティーニ
Art Hotel Tartini

Map P.304-B1

★★★　中級　室数:46

タルティーニエフ広場に面したホテル。吹き抜けスペースは明るい雰囲気。客室は広場を見下ろす部屋やシービューがある。レストランも人気（1～3月休業）。
全館　EVあり

URL www.arthoteltartini.com
Mail welcome@arthoteltartini.com
住 **Tartinijev trg 15**
TEL (05)6711000
S A/C €90～175
W A/C €120～215
カード MV

メメントB&B
Memento B&B

Map P.304-B1

中級　室数:10

各所に飾られたカメラは、ここで写真館を営んでいたオーナーの祖父のメメント（思い出の品）。スタイリッシュで温かみのあるインテリア。1月休業。
全館　EVあり

URL mementopiran.com
Mail info@mementopiran.com
住 **Bolniška ulica 8**
携帯 051-394432
S/W A/C €80～240
カード 不可

Information　アドリア海岸に沿って近隣の国へ

イストゥラ半島はイタリア、スロヴェニア、クロアチアに接し、支配者が代わるたびに国境線が変わった。第2次世界大戦の結果、イタリアとユーゴスラヴィアに、さらにユーゴスラヴィアからの独立によってクロアチアとスロヴェニアに分けられたが、文化的にはヴェネツィアの影響が強い。

3つの国が接するイストゥラ半島の北東部では、国境を越える鉄道やバスがある。イタリア側のバスの起点はトリエステ。中央駅の隣にバスターミナルがあり、ウーディネやモンファルコーネなど近隣都市への便に交じって、スロヴェニアやクロアチア行きの便が発着している。

ピランのレストラン

港町ピランでは、アドリア海で取れた魚介類をふんだんに使った料理を食べてみよう。トマトやオリーブオイルを多用したり、パスタやピザが豊富だったりと、イタリアとの共通点を感じさせる。カフェはタルティーニエフ広場を中心に、観光客向けのしゃれた店が目につく。

ネプチューン
Restaurant Neptun

Map P.304-B2
スロヴェニア料理

ちょっと飲みながらシーフードをつまむ雰囲気で、地元の人に人気の店。新鮮な魚介類のほか、スロヴェニア料理の種類も多い。前菜10～15、メイン料理€13～、パスタ各種€13～。

住Župančičeva 7
TEL(05)6734111
041-715890
開12:00～15:00、18:00～22:00
休火
ADMV

フリトリン
Fritolin pri Cantini

Map P.304-A1
シーフード

カジュアルシーフードの人気店。テラス席のみ。小魚のフライ€7.5、各種シーフード€13～のほか、ベジタリアンメニューもある。ドリンクは隣接するカフェが注文を取りに来る(トイレもカフェを利用)。

Fritolin.pri.Cantini
住Prvomajski trg 10
041-873872／031-412275
開11:00～22:00
休無休　不可

ラ・ボッテガ・デイ・サポリ
La Bottega dei Sapori

Map P.304-B1
創作スロヴェニア料理

ピラン出身のフランス系シェフの女性とイタリア系の夫が営む。伝統スロヴェニア料理と創作料理の2種が選べ、コース(5品€50～80)またはアラカルト(メイン€20～)で楽しむ。量は少なめ。予約が望ましい。

URL www.bottega.si
住Kajuhova 12
TEL(05)9920474
開12:30～22:00
休月、12/24・25
MV

テアテル
Caffe Teater

Map P.304-B1～2
カフェ

海沿いにあるしゃれたカフェ。仕切られた席もあり、落ち着ける雰囲気。夏の晴れた日にはガラス戸を外し、テラスと一体化させて店全体をオープンカフェのようにしている。

住Stjenkova 1
041-685423
開夏期8:00～24:00
冬期8:00～22:00
休無休
AMV

ピランのショッピング

ベネチャンカ・ピランスケ・ソリネ
Benečanka Piranske Soline

Map P.304-B1
塩田のショップ

セチョヴリエ塩田で作られた塩「Piranske Soline」の製品を販売。塩といっても、料理用や味つけ用、美容用などさまざまな品揃えを誇る。塩入りのビターチョコや石鹸などの加工品もある。

URL www.soline.si
住IX. Korpusa 2
TEL(05)6733110
開夏期9:00～21:00
冬期9:00～17:00
休日・祝　DMV

イゾラ
Izola

リュブリャーナ
★イゾラ
Map P.8-A3

旧市街の港

イゾラの旧市街。かつてはその名のとおり島だった

イゾラは「島」を意味するイタリア語で、かつてはイストゥラ半島の沖に浮かぶ島だった。その歴史は古く、ローマ時代にはハリアエトゥム**Haliaetum**の名で知られていた。中世にはヴェネツィア共和国の支配下で重要な交易都市として発展していったが、16世紀以降、ヴェネツィア共和国に代わってオーストリアの外港であるトリエステが台頭してくると、イゾラの衰退は決定的になった。18世紀にフランスの支配下におかれた時期には、城壁も撤去され、そのがれきは本土と島の間を埋め立てるために使われた。

現在のイゾラはリゾートとしての活気と、中世を思わせる落ち着いた雰囲気が流れる旧市街とが同居している。小さいながらもその魅力がキラリと光る港町だ。

歩き方

イゾラにはバス停はいくつかあるが、最も利用しやすいのが郵便局の前にあるバス停だ。運転手に「イゾラ」と言えばここで降ろしてくれる。ここは旧市街への入口となっていて、すぐ散策を始めることができる。

旧市街の中心にあるヴェリキ広場

旧市街は小さいので、20分も歩けば十分全容がつかめるだろう。**リュブリャンスカ通りLjubljanska**と**コプルスカ通りKoprska**を中心に、中世以来の建物が数多く残されており、

■イゾラへの行き方
🚌各地からピラン、ポルトロージュ方面へ向かうバスがイゾラも通る。ツェリエやマリボル、イタリアのトリエステからも1日1便程度ある。夏期はクラニュや、クロアチアのプーラ、ロヴィニュやポレチュへの直行便が1日1便程度あり。

●リュブリャーナから
🚌6時台～19時台に6～14便運行(土・日減便)、所要1時間40分～2時間35分、€3.10～。

●コペルから
🚌5時台～22時台の1時間に1～5便運行(土・日減便)、所要約15分、€1.70～。

●ピランから
🚌4時台～22時台の1時間に1～4便便運行(土・日減便)、所要約30分、€1.30～2.10。

■イゾラのⓘ Map P.310-B1
住SončnoNabrežje 4
TEL(05)6401050
URL visitizola.com
Mail tic.izola@izola.si
開6～8月9:00～19:00
(土・日9:00～17:00)
9～5月9:00～17:00
休無休(12:00～12:30は昼休み)

■ベセンギ邸
Besenghi degli Ughi
Map P.310-B1
スロヴェニアで最も保存状態のよい後期バロック様式のモニュメントのひとつ、18世紀後半に建設された。

現在は音楽学校に利用されている

博物館地区として保存されている旧市街

イゾラ博物館地区Ulični muzej Izolaに指定され、保護されている。旧市街の北端には町のシンボルでもある聖マウルス教会の高い塔がそびえている。

聖マウルス教会の身廊

■聖マウルス教会
住Trg svetega Mavra
開11:00～13:00　休土・日
料寄付歓迎

聖マウルス教会

おもな見どころ

聖マウルス教会
Cerkev sv. Mavra ツィルケウ・スヴェテガ・マウラ
Church of St. Maurus

Map P.310-B1

イゾラのシンボルマーク的な教会。14世紀にはここに教会が建てられていたというが、16世紀中頃のルネッサンス時代に基礎の建物が完成した。建物にはヴェネツィア共和国の影響が随所に色濃く感じられる。塔もヴェネツィアのサン・マルコ寺院の鐘楼にそっくりだ。

教会の身廊上部に24枚の絵画があり、祭壇に向かって右側は旧約聖書、左側は新約聖書の各場面をえがいたもの。向かい合う絵画には、共通のテーマが隠されている。

高さ39メートルの鐘楼には、月～金の11:00～13:00の間に無料で上ることができる。

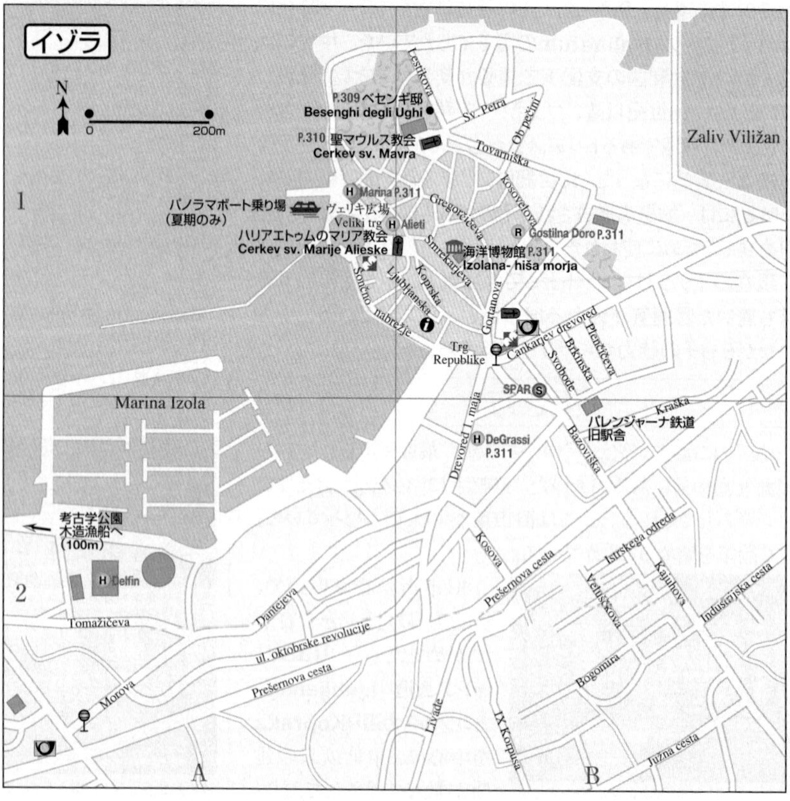

海洋博物館

Izolana - hiša morja イゾラナ・ヒシャ・モリャ

Izolana - house of the sea

Map P.310-B1

数多くの帆船模型が展示されている

港町イゾラの歴史を、かつて主要産業だった漁業や造船の様子をとおして写真パネルなどで紹介。このほか、イゾラやコペル、ピランの三つの港町で造られた帆船や伝統船の精巧なミニチュア模型が展示の目玉。イゾラの町のジオラマを使ったプロジェクターで歴史をたどることができる。このエリアの造船に関する記録は14世紀にまでさかのぼり、20世紀中盤まで漁師たちが使用していた木造漁船は地元の造船所で建造・修理が行われていた。

■海洋博物館
住Alme Vivode 3
TEL(05)6401050
URL visitizola.com
開10:00〜17:00
休月〜水・祝
料€6　学生€4

■木造漁船の展示
旧市街から西へ15分ほど歩いたところには、イゾラの漁業の歴史を示すものとして唯一現存している歴史的木造漁船ビセルの外観を修復した船が展示されている。1955年にピランの造船所で建造されたもの。

イゾラの漁業を担った船

イゾラのホテル

日本からの電話のかけ方　事業者識別番号（→P.240）＋010＋386（スロヴェニアの国番号）＋5（0を取った市外局番）＋番号

旧市街にあるのは2軒のみで、そのほかのホテルは南西のエリアに点在。ピランやコペル同様、アパートメントやプライベートルームもたくさんある。混み合う夏期は予約が必須。

デグラスィ

DeGrassi Boutique Garni Hotel

Map P.310-B2

★★★★　高級　室数:10

歴史的な邸宅を改装したブティックホテルで2021年12月に開業。バス停から徒歩2分の便利な立地。4室はサウナ・ジャクージ付き。
全館　EVあり

URL degrassihotel.si
Mail info@degrassihotel.si
住**Drevored 1. maja 9**
051-203400
S A/C €112〜299
W A/C €120〜308
DMV

マリーナ

Hotel Marina

Map P.310-A1

★★★★　中級　室数:49

旧市街の港の前にある。シービューの部屋からの眺めが自慢。客室は改装済みで一部はバスタブ付き。有料サウナあり。　全館　EVあり

URL www.hotelmarina.si
Mail recepcija@hotelmarina.si
住**Veliki trg 11**
TEL(05)6604100
S A/C €95〜248
W A/C €98〜251　MV

イゾラのレストラン

ドロ

Gostilna Doro

Map P.310-B1

スロヴェニア料理

炭火焼の肉料理が自慢、地元の人に支持されているカジュアルなレストラン。メインは€9.40〜22。スープ、サラダ、メイン、デザート付きのお得な日替わりランチ定食は€12.50。

f GostilnaDoro
住**Trg padlih za svobodo 3**
TEL(05)6417496
開10:00〜21:00
休火、1/1、12/25
DMV

聖母被昇天大聖堂の内観

コペル
Koper

リュブリャーナ
★コペル
Map P.8-A3

執政官の宮殿と聖母被昇天大聖堂が建つ観光の中心チトー広場

アドリア海に面し、スロヴェニア唯一の貿易港として発達してきたコペル。ピランから東へ**17km**、トリエステの南**21km**に位置する古い港町だ。

コペルは長い間ヴェネツィア共和国に属しており、イタリア語名のカポディストリア**Capodistria**としてもよく知られている。もともと小島と本土の陸地から成り立っていたが、**1825**年に土手を築いて小島を本土につなげ、現在見られるような町がつくられた。島内にある旧市街の建築物からは、イタリアの影響と交流の深さを感じ取ることができる。

歩き方

長距離バスターミナル

トゥルジュニツァ近くのバス停

コペル駅のプラットホームを降りると、向かって右に駅舎があり、正面の蒸気機関車の向こう側（左側）がバスターミナルになっている。駅にはチケット売り場やコインロッカーのほか、旅行会社やバスの案内所兼チケット売り場もある。隣には中央郵便局もあり、物流の中心にもなっている。旧市街へは北西に1kmほどの距離で、歩いても15分程度。スーパーマーケットなどの商店が入っている公営市場トゥルジュニツァ Tržnica近くの停留所までバスに乗れば、そこは旧市街のすぐ脇だ。

旧市街には、ロマネスク様式の典型といわれるファサード

■コペルへの行き方
🚃🚌コペルはアドリア海沿岸の交通の拠点。イゾラ、ピランも含めてバスの運営はアリーヴァ Arrivaが行っている。
問い合わせはコペル駅のバス案内所で一括して受け付ける。
開6:30〜19:00
（土7:00〜14:00）　休日・祝
●リュブリャーナから
🚃6時台〜17時台に4便運行、所要約2時間30分、€9.60〜15.90。ほかDivača乗り換えの便が1日1〜2便ある。
🚌6時台〜19時台に4〜22便運行（土・日減便）、所要1時間15分〜2時間20分、€9.31〜。
●ポストイナから
🚃7時台〜19時台に4便運行、所要約1時間25分、€7〜12。ほかDivača乗り換えの便が1日1〜2便ある。
🚌7時台〜18時台に1〜8便運行（土・日減便）、所要約1時間15分、€2.40〜6.90。
●ピランから
🚌4時台〜22時台の1時間に1〜4便運行（土・日1時間に1〜2便）、所要30〜50分、€1.30〜2.90。
■コペルの𝒊
住Titov trg 3　**Map P.313-A1**
TEL(05)6646403
URL www.visitkoper.si
開6/16〜9/30 9:00〜19:00
　10/1〜6/15 9:00〜17:00
休無休
執政官の宮殿の入口にある。隣りの部屋は18世紀から続く薬局となっており、現在も往時の姿が残されている。
●執政官の宮殿ツアー
料€5　学生€4.50
英語、イタリア語、スロヴェニア語で毎日11:00と15:00に催行。（土曜日に結婚式があるときは15:00発はなし）。要予約。

執政官の宮殿

海沿いの遊歩道

の円形建築や、ヴェネツィア・ゴシック様式の館などがあり、ヴェネツィア領であった時代を彷彿とさせる。

見どころが多いのは**チトー広場Titov trg**と、隣接する**ブロロ広場Trg Brolo**の付近。鐘楼を従えて鎮座する、聖母被昇天大聖堂や、15世紀のヴェネツィア・ゴシック様式のロッジアLoža、執政官の宮殿Pretorska palačaなど、興味深い建築物が多く残っている。また旧市街では、夏期に各種イベントが開催され、それらに合わせて訪れる観光客も多い。

ブロロ広場のロッジアはカフェとして利用されている

プレシェーレノフ広場の噴水

高層アパートが建ち並ぶ新市街と、ヴェネツィアの香りを色濃く残す旧市街が共存するコペル。ふたつのまったく違う表情をもち合わせた魅力的なこの町を、ゆっくりと時間をかけて散策したい。

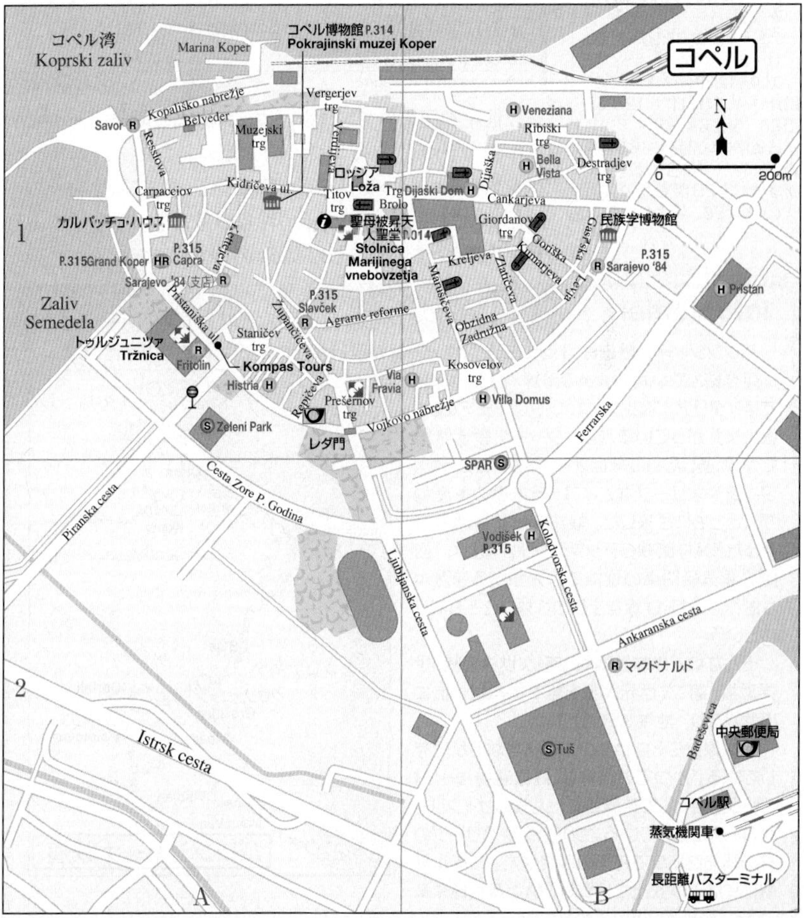

「玉座に座る聖母子像」

■聖母被昇天大聖堂
住Titov trg
開随時　休無休　料寄付歓迎
●鐘楼
開9:00〜19:00（冬期〜16:30）
※最終入場18:30　休無休
料€5　学生€4
チケットは❶で購入する。

■コペル博物館
住Kidričeva 19
☎041-556644
URL www.pokrajinskimuzejkoper.si
開3〜6・9・10月
9:00〜12:30、13:00〜17:00
7〜8月
9:00〜12:30、17:00〜21:00
11〜2月
8:00〜12:30、13:00〜16:00
休月、1/1、5/1、11/1、12/25
料€8　学生€4
※民俗学コレクション€5、美術ギャラリー（無料）などすべてが含まれた2日間有効の共通チケットは€9、学生€4.50。

おもな見どころ

聖母被昇天大聖堂 Stolnica Marijinega vnebovzetja

ストルニツァ・マリーネガ・ヴネボゼティヤ
Cathedral of Mary's Assumption

Map P.313-A1

コペルの守護聖人の名を冠した聖ナザリウス教会Cerkev sv. Nazarijaとしても知られる聖堂。もともとはローマ時代のバジリカがあった場所に、12世紀になって建てられた。基層の部分はゴシック様式で、上層部分はルネッサンス様式。内部の装飾は18世紀の建築家、ジョルジョ・マッサーリによるもの。1480年に建築された鐘楼の高さは54m。204段の階段を上ると展望台がある。

聖堂が所有する絵画には、ヴィットーレ・カルパッチョによる1516年の作品『玉座に座る聖母子像』や、バロック画家のアントニオ・ザンキによる『カナの婚礼』などがある。

コペル博物館 Pokrajinski muzej Koper

ポクラインスキ・ムゼイ・コペル
Koper Regional Museum

Map P.313-A1

17世紀初頭に建てられたバロック様式の邸宅。かつて所有していたベルグラモニ家とタッコ家の名を取って「パラチャ・ベルグラモニ・タッコ」とも呼ばれている。現在は博物館の本館となっており、コペルとその周辺の考古学、歴史学の史料や、芸術などを中心にした展示が行われている。

Information パレンジャーナ鉄道

パレンジャーナ鉄道は、トリエステ〜ポレチュ間を結んでいた123kmの路線。現在の地図ではイタリア、スロヴェニア、クロアチアの3ヵ国にまたがっているパレンジャーナ鉄道路線だが、開通した1902年はオーストリア領だった。ワインやオリーブなどイストラ半島の農産物が人とともに往来した。幅760mmの狭軌鉄道だったうえに路線のアップダウンが激しく、当時の蒸気機関車の性能では人が走る速度より遅く、しばしば坂を上りきれないこともあったという。

そんなのどかな鉄道も、第1次世界大戦、世界恐慌、第2次世界大戦を経て70年以上前に廃線となり、地域も分断された。

今は線路こそないものの、駅舎などが現存している。かつての路線は「健康親善ルート」という道路として整備され、人気のサイクリングコースとなっている。ブドウ畑やオリーブの林の間を自転車で走るのは爽快だ。コペルの駅前にはこの鉄道で活躍していた蒸気機関車が展示されており、往時をしのばせている。

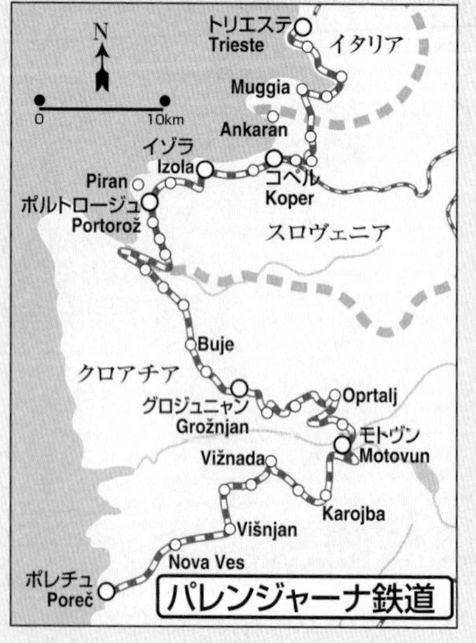

コペルのホテル

日本からの電話のかけ方　事業者識別番号（→P.240）＋010＋386（スロヴェニアの国番号）＋5（0を取った市外局番）＋番号

コペルは、交通の要所であり、リゾート地でもあるが、そのわりにホテルの数は多くない。町から少し離れたプライベートルームも検討しよう。自転車やレンタカーを使って旅をするなら、農家やワイナリーでステイするのもスロヴェニアらしい滞在になっておすすめ。

グランド・コペル
Grand Koper

Map P.313-A1

★★★★　高級　室数:60

マリーナが目の前の旧市街に2021年5月にオープン。スロヴェニア人デザイナーによる海や動物をモチーフとしたモダンなデザイン。

全館　EVあり

URL www.grandkoper.com
Mail hotel@grandkoper.com
住 Pristaniška 3
TEL (05)6100500
S A/C €125～236
W A/C €152～266
D M V

ヴォディシェク
Hotel Vodišek

Map P.313-B2

★★★　中級　室数:35

旧市街から南に行った所にある。1階にはレストランで周囲にはスーパーマーケットやレストランが多い。客室は上階にあり、部屋は広め。

全館　EVあり

URL www.hotel-vodisek.com
Mail info@hotel-vodisek.com
住 Kolodvorska 2
TEL (05)6392468
S A/C €83～155
W A/C €117～157
D M V

コペルのレストラン

カプラ
Capra restavracija in kavarna

Map P.313-A1

地中海料理

グランド・コペルに併設。おしゃれな内装、かつ食事も高評価。シーフードから肉料理までモダンな地中海料理を提供する。メインは€18～25。広い屋内席のほか、港に面したテラス席もある。夏期は予約必須。

URL www.grandkoper.com
住 Pristaniška 3
041-602030
開 8:00～22:00(キッチンは12:00～)
休 無休
D M V

魚介のグリルとポレンタ

スラヴチェク
"Slavček" Istarska Klet

Map P.313-A1

スロヴェニア料理

コペル周辺産のワインが飲める気取らない居酒屋。フィッシュ・ゴラーシュ€14など、煮込み系の郷土料理が多く、イカのフライ€13やクラニュ風ソーセージ€10もある。

住 Župančičeva 39
TEL (05)6276729
開 夏期7:00～22:00
　冬期7:00～21:00
休 土、4/22～5/3、12/22～1/3
不可

サラエヴォ '84
Čevabdžinica Sarajevo '84

Map P.313-B1

ボスニア料理

炭火焼きがおいしいと評判の店。メニューはグリルが中心で、チェヴァプチチは€5.90～、スジュキツェ（ソーセージ）は€8.30～。各地に支店があり、この町にももう1軒ある。

住 Gramšijev trg 8
083-835944
開 10:00～22:00（土11:00～22:00）
休 無休
不可

ホライモリはポストイナのマスコット的存在

不思議な形の鍾乳石が多い

ポストイナ
Postojna

Map P.8-B3

幻想的な景色が広がるポストイナ鍾乳洞

ヨーロッパ最大の大きさを誇るポストイナ鍾乳洞は、中世から近くの住民には知られていたものの、初めて調査隊が入ったのは1818年のことだ。それ以来スロヴェニア有数の観光地として多くの人々を惹きつけている。

この長さ約27kmの洞窟は、10万年ほど前から少しずつピヴカ川の水を吸収し、石灰岩が削られていったもの。洞窟内には不思議な形をした鍾乳石が形成されているが、この鍾乳石が1mm成長するのに10〜30年かかるといわれる。神秘的で時空を超えた自然の驚異を見せつけられる。

歩き方

ポストイナ駅は町の中心から約600m近く東にある。徒歩でも十分だが、駅は丘の上に位置するので大きな荷物を持って移動するのは少し大変かもしれない。

長距離バスターミナルは町の中心にある。ここからチトー通りTitova cestaを北東に進むと、18世紀に建てられた聖ステパノ教会Cerkev sv Štefan、旅行会社のコンパス・ポストイナKompas Postojna、クラス・ホテルなどがあるチトー広場Titov trgに到着する。ⓘも広場からほど近い場所にある。鍾乳洞へはここからヤムスカ通りJamska cestaを1kmほど進む。

ポストイナの中心、チトー広場

■ポストイナへの行き方

●リュブリャーナから

🚃4時台〜22時台に15〜22便運行（土・日減便）、所要約1時間5分、€5.80〜10.20。

🚌5時台〜22時台に6〜24便運行（土･日減便）、所要1時間〜1時間10分、€1.90〜5.30。

●コペルから

🚃4時台〜15時台に3便運行（土・日減便）、所要約1時間25分、€7〜12。ほかDivača乗り換えの便が1日1〜2便ある。

🚌4時台〜19時台に1〜8便運行（土・日減便）、所要約1時間15分、€2.40〜6.90。

●リエカから

🚃直通列車が18:47発、所要約2時間、€9。

■ポストイナのⓘ

Map P.317-A2

住Trg padlih 5

☎040-122318

開9〜3月8:00〜16:00
4･5月8:00〜17:00
6〜8月8:00〜19:00
祝日（通年）8:00〜15:00
※11:30〜12:00は昼休み。

休9〜3月の土･日、1/1、12/25

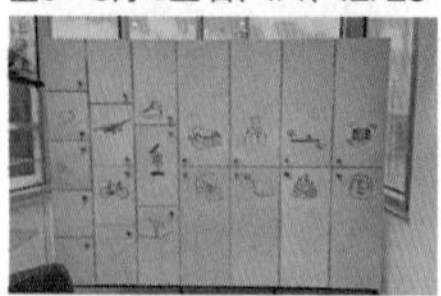
ⓘではロッカーを無料で利用できる（営業時間内）

■ポストイナの旅行会社

●Kompas Postojna

Map P.317-B2

住Titov trg 2a

TEL (05)7211480

URL www.kompas-postojna.si

開9:00〜17:00（土〜12:00）

休日･祝

宿の予約やタクシーの手配、ポストイナ洞窟のチケットも販売もしている。

■レンタサイクル

夏期はレンタサイクルシステム（要事前登録）が市内各所で利用できる。ただし、洞窟城には置き場がない。

おもな見どころ

ポストイナ鍾乳洞 Postojnska jama ポストインスカ・ヤマ
Postojna Cave

Map P.317-A1

鍾乳洞内はガイド付きのツアーに参加して見学する(約90分)。まず洞窟内をトロッコに乗って2kmほど疾走し、下車後の約1.8kmのハイライト部分をガイドに解説してもらいながら歩く。鍾乳石は洞窟の高さや広さによって色や形を微妙に変化させ、ラクダ、カメ、男の子などに見えるようなものもある。なかでも美しいのは真っ白で細く繊細な「スパゲティ」と呼ばれる氷柱のような形状の鍾乳石や、表面がツルツルでなめらかな白色をした「ブリリアント」など。ツアーの後半部分の「コンサートホール」手前では、その肌色から"類人魚"とも呼ばれる、ホライモリProteus Anguinusという両生類が見られる。暗闇の世界に適応して目はすっかり退化し、エラ呼吸と肺呼吸を使い分け、1年近く何も食べなくても生きていけるという。洞窟内は10℃前後に保たれている。

鍾乳洞の入口から50mほどの所には、洞窟に生息する生物にスポットを当てた展示、**ヴィヴァリウムVivarium**があり、ここでもホライモリに会える。

■ポストイナ鍾乳洞
TEL (05) 7000100
URL www.postojnska-jama.eu
一部不可　一部不可
●鍾乳洞ツアー
開 11～3月10:00、12:00、15:00
4・10月10:00、11:00、12:00、13:00、15:00、16:00
5・6・9月
10:00～17:00の毎正時
7・8月10:00～18:00の毎正時と10:30、11:30、12:30、14:30 休 無休
料 €28.50～29.50、学生€22.80、オーディオガイド€3.50（日本語対応）。
●ヴィヴァリウム
開 4～6・10月10:00～16:00
7・8月9:00～18:00
9月9:00～17:00
11～3月10:00～15:00
休 無休 料 €11.50
●エクスポ
開 4～6・10月10:00～16:00
7・8月9:00～18:00
9月9:00～17:00
11～3月10:00～15:00
休 無休 料 €11.50
※鍾乳洞ツアーや洞窟城などとの各種共通券あり。

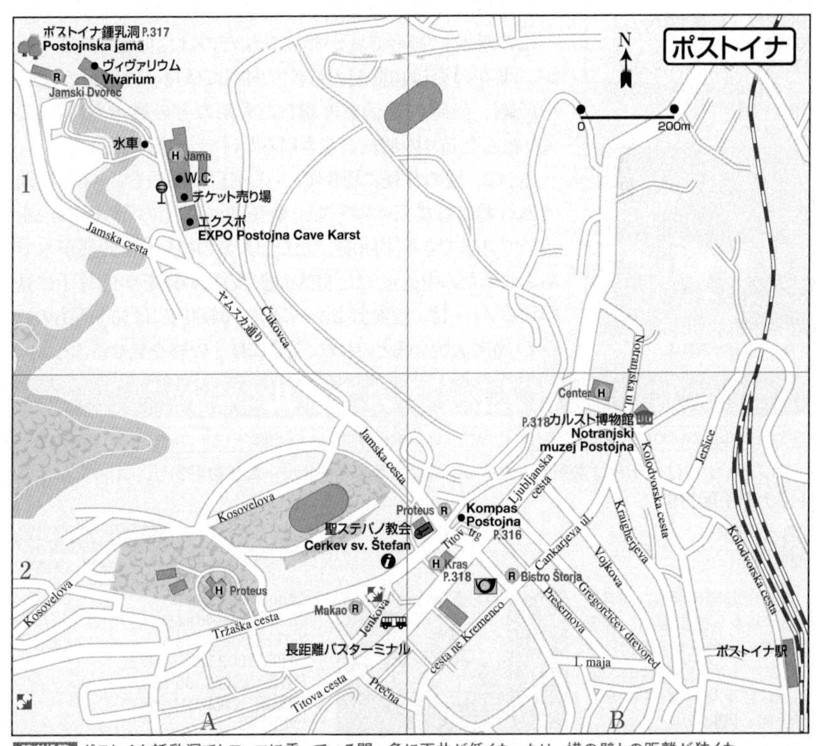

読者投稿 ポストイナ鍾乳洞でトロッコに乗っている間、急に天井が低くなったり、横の壁との距離が狭くなったりするので、動画や写真を撮るときは注意が必要です。(神奈川県　小川えり　'19年夏)

■カルスト博物館
住Kolodvorska cesta 3
☎041-313179
URL www.notranjski-muzej.si
開夏期10:00～18:00
冬期10:00～17:00
休月、1/1、5/1、11/1、12/25
料€6　学生€4

カルスト博物館の化石の展示

洞窟城への行き方
●ポストイナから
公共交通機関はない。タクシーならポストイナから所要約20分。7・8月は鍾乳洞前からシャトルバスが出ている。混雑状況に応じて30分～1時間に1本。料金往復€1。
■洞窟城
住Predjama
URL www.postojnska-jama.eu
開4～6・10月10:00～17:00
7・8月9:00～19:00
9月9:00～18:00
11～3月10:00～16:00
休無休
料城€17.50　学生€14
●洞窟ツアー
開5・6・9月11:00、16:00発
7・8月11:00、13:00、16:00発
休10～4月
料€12.50

絶壁の中に建つ洞窟城

チケット売り場のすぐ南にある建物では、**エクスポEXPO Postojna Cave Karst**という展示を行っており、鍾乳洞がどのように形成されていったかを解説している。

カルスト博物館 Notranjski muzej Postojna
ノトラニュスキ・ムゼイ・ポストイナ
Karst Museum
Map P.317-B2

ポストイナの町中にある博物館。カルスト地形の形成や、洞窟内の生物に関する展示を行っている。また、洞窟城で発見された16～17世紀頃の金銀製品の展示もある。

エクスカーション

洞窟城 Predjamski grad プレディヤムスキ・グラードゥ
Predjama castle
Map P.8-B3

城内では16世紀の様子を再現

ポストイナ鍾乳洞からさらに9km離れた所に、独特な姿をもった洞窟城がある。高さ123mもの切り立った断崖絶壁に抱かれるようにひっそりとたたずみ、はるか下を流れる川、のどかな田園風景に取り巻かれて、まるで物語のなかに入り込んでしまったかのように幻想的な光景だ。

この場所に初めて城が建てられたのは12世紀頃のようだが、現在の姿は16世紀のもの。内部には16～19世紀の家具や絵画、当時の生活を再現した人形などの展示もあるが、入り組んだ造りの城内を歩き回るだけで十分に楽しい。

さらに、城の背後に隠されている洞窟の探検もできる。夏期のみ行われるガイドツアーで、全長14km以上のうち約700mを歩いて見学できる(約30分。ただし天気の悪い日は内部が水であふれるため中止)。ほぼ自然のままの狭い道をライト片手に見学するツアーは、冒険気分いっぱい。洞窟内には5000匹ものコウモリがすんでいるといわれ、ときにはその姿を見せることも。

ポストイナのホテル

日本からの電話のかけ方　事業者識別番号（→P.240）+010+386（スロヴェニアの国番号）+5（0を取った市外局番）+番号

ポストイナにはホテルは数軒しかないが、町にプライベートルームが数軒あり、コンパス・ポストイナで手配可能。

クラス
Hotel Kras
Map P.317-B2
★★★★　中級　室数:27

チトー広場に面し、バスターミナルから徒歩圏内。客室は広めで、全室に電気ポットやミニバーが完備されている。地下は駐車場になっている。
全館　EVあり

URL hotelkras.si
Mail info@hotelkras.si
住**Tržaška cesta 1**
TEL (05)7002300
S €100～137
W €111～147
DMV

シュコツィヤン鍾乳洞
Škocjanske jame

Map P.8-A3

周囲の自然も美しい

ユニークな形の鍾乳石が見られる

シュコツィヤン鍾乳洞はリュブリャーナから南西約82km離れたカルスト地方にある。カルスト地形の語源にもなったこの地域には石灰岩が多く、川や雨水の浸食によって多くの鍾乳洞が作られた。シュコツィヤン鍾乳洞は、約3億年前に起源をもち、紀元前3000～1700年には人が住んでいたという。1986年にはユネスコの世界遺産に登録された。

歩き方

シュコツィヤン鍾乳洞の最寄り駅は**ディヴァチャ Divača**。駅から鍾乳洞のビジターセンターのある**マタヴンMatavun**までは3kmほど離れており、駅からは混雑状況に応じてシャトルバスが運行（詳細は鍾乳洞のウェブサイト参照）する。徒歩なら所要約35分。駅には鍾乳洞への案内図がある。

鍾乳洞の見学はツアーのみ。申し込みはビジターセンターで受け付ける。ここにはレストランやカフェ、みやげ物店のほか、周囲の自然が見渡せるビューポイントもあり、ツアーが始まるまでの時間を過ごせる。無料で使えるロッカーもある。

鍾乳洞の見学はガイドによる解説が付き、さまざまな鍾乳石と最大の目玉であるツェルケヴェニコヴィムのつり橋Cerkvenikovimを見学する。赤コース（夏期のみ）は洞窟を流れるレカ川Reka沿いを歩き、最後は渓谷の下を進む。

洞窟内の大部分は、1965年までレカ川に浸っていた。レカ川は洞窟の底を流れ続けており、アドリア海に注ぐティマヴァ川Timavaの源流ともいわれている。

■シュコツィヤン鍾乳洞への行き方

🚉最寄り駅はディヴァチャ Divača

●リュブリャーナから

🚉4時台～21時台に11～18便運行（土・日減便）、所要約1時間40分、€7.70～13。

🚌6時台～17時台に1～6便運行（土・日減便）、所要1時間25分～1時間40分、€2.40～7.30。

●ポストイナから

🚉6時台～22時台に12～18便運行（土・日減便）、所要約35分、€3.40～6.60。

🚌7時台～18時台に1～7便運行（土・日減便）、所要約35分、€1.30～3.30。

●コペルから

🚉5時台～19時台に4～5便運行（土・日減便）、所要約40分、€4.30～7.90。バスによる代替運行便もある。

🚌4時台～19時台に1～14便運行（土・日、夏期減便）、所要34～54分、€1.30～4.50。

世界遺産

シュコツィヤン鍾乳洞
Škocjanske jame
1986年登録

■シュコツィヤン鍾乳洞
住Škocjan 2
TEL(05)7082110
URL www.park-skocjanske-jame.si
開ツアー出発時刻
11～2月10:00、13:00、日のみ15:00
3月10:00、11:30、13:00、日のみ15:00
4～6・9・10月10:00～15:00の毎正時
7・8月10:00～16:00の毎正時と11:30
休1/1、12/25
料11～3月€16　学生€12
4・10月€18　学生€14
5・6・9月€22　学生€16
7・8月€24　学生€18

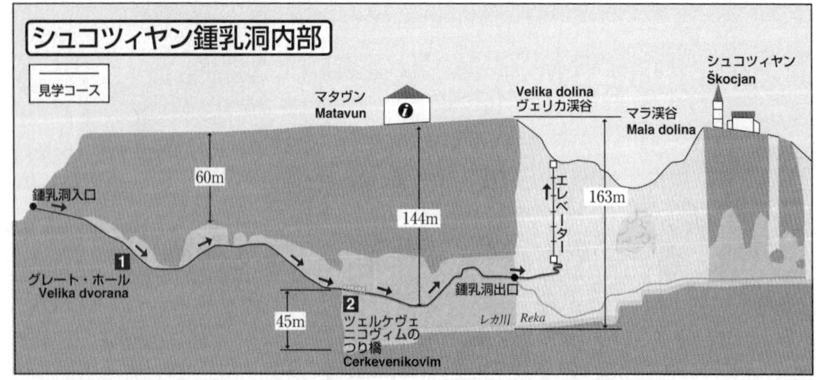

■鍾乳洞見学の服装
洞窟内の気温は1年をとおして12度前後なので、それに見合った服装で。見学コースは約3km高低差は100～144mあるので、履き慣れた靴で行こう。

2 レカ川の上に架かるつり橋

洞窟には、高さ約15mもある広大なスペース「グレート・ホール」やユニークな形をした鍾乳石がある。このコース最大のハイライトは、地底に広がる大渓谷。ツェルケヴェニコヴィムのつり橋から眺める深さ約45mの渓谷は迫力満点だ。コースは約2.8kmで、夏期は3.1～5kmのコースを選べる。

それぞれの洞窟内は残念ながら撮影は禁止されており、コースの終了場所である洞窟の出口部分がかろうじて撮れる程度。しかし、ビジターセンターまで戻る間の風景には滝などもあり、美しい風景をカメラに収めることができる。

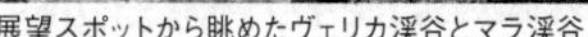
展望スポットから眺めたヴェリカ渓谷とマラ渓谷

洞窟内を流れるレカ川

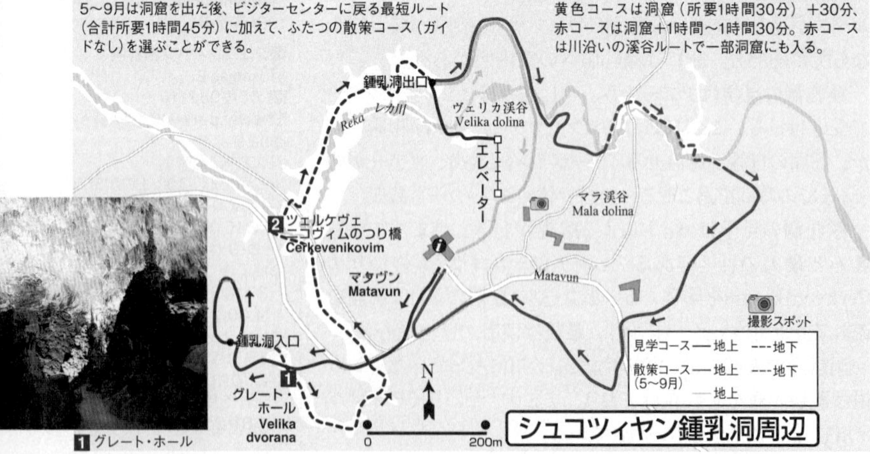

1 グレート・ホール

スロヴェニア東部
Štajerska

プトゥイを流れるドゥラヴァ川の水面に映る旧市街

スロヴェニア東部 Štajerska

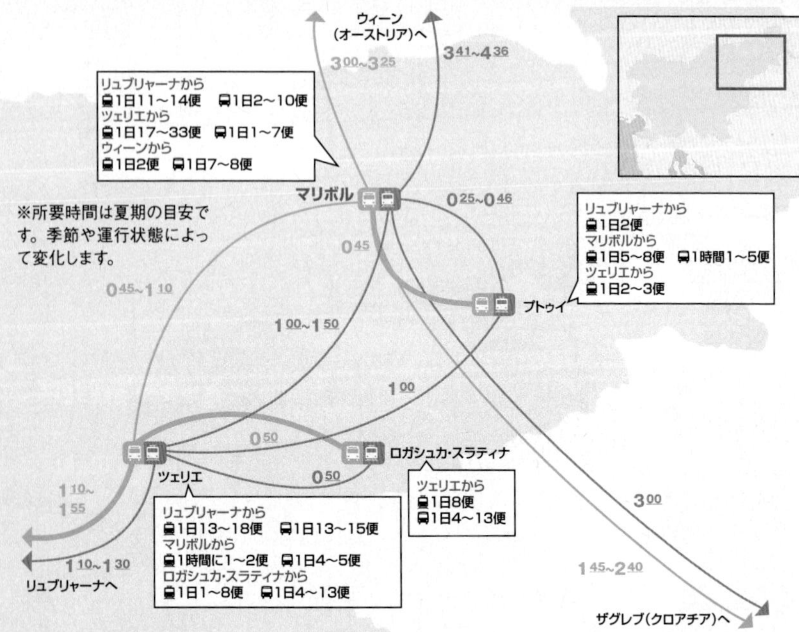

● 地理

　スロヴェニアの東部はかつてオーストリア＝ハンガリー帝国の一部、シュタイェルスカ(シュタイヤーマルク)。オーストリア第2の都市グラーツとのつながりが深く、今も訪れる人が多い。最東北部はハンガリー人が多いプレクムリェ地方となっている。

　マリボル、ツェリエ、プトゥイといった町には、オーストリア領時代の古い町並みがきれいに残っている。どの町も、規模はそれほど大きくないので、1日あれば十分見て回ることができる。

ツェリエの町並み

● 気候

　内陸部に位置しているため、典型的な大陸性気候。日本の北東北地方と似た気候で、四季がある。旅のベストシーズンは5～9月。冬期の平均最低気温は氷点下が多く、3月中旬からは春めいた日も多くなる。

● 温泉

　スロヴェニア東部は温泉が多く、一般にリウマチや関節痛などに効果があるとされている。また、ロガシュカ・スラティナの温泉は消化器疾患や腎臓病に、プトゥイの温泉は代謝促進や神経疾患の緩和などの効能があるという。一部の温泉は健康効果の高い飲み水としても知られている。温泉の浴場は水着着用で入る。サウナは裸で男女一緒、子どもは入れない。

● ルート作り

1日目:リュブリャーナからツェリエへ移動。ホテルに荷物を置いたら、プトゥイへ移動し、日帰り観光を楽しもう。

2日目:ツェリエ市内を観光し終えたらマリボルへ。地元のワインを味わいたい。

3日目:マリボル市内を見学したら、ウィーンまたはザグレブへ。ウィーンへの路線は世界遺産のセメリンク鉄道を経由し、車窓からはすばらしい山岳美が展開する。ザグレブへのバスは1日7～12便、直通列車は19:50発。

13世紀に建てられたツェリエ城

スロヴェニアを代表するワイン生産地

マリボル
Maribor

Map P.9-C1～D1

世界で最も古いブドウの木

旧市街の中心、グラヴニ広場

スロヴェニア第2の都市、マリボル。旧石器時代以来の歴史をもつといわれるが、町の起源となったのは、12世紀に神聖ローマ帝国のケルンテン公によってピラミダの丘に城が建てられ、ブルク・イン・デア・マルクと呼ばれたことによる。1845年にウィーン～トリエステ間の鉄道が開通すると、町は急速に発展を遂げ、現在の町の基礎ができあがった。2012年には欧州文化首都European Capital of Cultureにも指定され、現在スロヴェニアで最も成長著しい都市だ。

マリボルはワインの名産地としても知られ、ドゥラヴァ川Drava沿いには世界最古とされるブドウの木がある。また、郊外にはスキーリゾートがあり、多くの人が訪れる。

■マリボルへの行き方

●リュブリャーナから

🚆5時台～23時台に11～14便運行（土・日減便）、所要1時間45分～2時間30分、€9.60～17.40。ほかZidani Mostほかで乗り換えの便が1日6～15便ある。

🚌8時台～21時台に2～10便運行（土・日減便）、所要1時間40分～3時間40分、€11.70～。

●プトゥイから

🚆2時台～19時台に6～9便運行（土・日減便）、所要25～46分、€3.40～6.60。ほか乗り換えの便が1日4～7便ある。

🚌4時台～22時台の1時間に1～6便運行（土・日減便）、所要約45分、€1.30～3.30。

●ツェリエから

🚆0時台～22時台に17～33便運行（土・日減便）、所要45分～1時間10分、€5.80～11.70。

🚌5時台～17時台に1～7便運行（土・日減便）、所要1時間～1時間50分、€1.40～5.70。

●ザグレブ（クロアチア）から

🚆直通列車が7:05発、所要約3時間、€12。

🚌6時台～23時台に12便運行、所要1時間45分～2時間40分、€10～22。

■オーストリアへのアクセス

オーストリアへは1日2便、グラーツを経由してウィーンへ行く列車が運行されている。途中、世界遺産にもなっているセメリンク鉄道を経由する。グラーツまで所要約1時間、ウィーンまでは約3時間45分。

マリボル駅

旧市街の🅘

■マリボルの🅘
URL www.visitmaribor.si
マリボルやポホリェの観光案内、ホテルやレストランのリストや市内地図を配布している。旧市街の🅘では特産品の販売、「古いブドウの木」の🅘では地元のワインを販売している。
Map P.323-A1
住Partizanska cesta 6a
TEL(02)2346611
開9:00～18:00
（土～17:00、日～15:00）
休1/1、12/25

「古いブドウの木」の🅘

■旧市街の無料バス
TEL030-700-035
旧市街の歩行者天国エリアを無料で利用できるミニバスMaisterが毎日8:00～20:00運行。上記の電話番号にかけて利用する。

旧市街の移動に便利な無料バス

マリボルには古いユダヤ人居住区も残っている

歩き方

スヴォボデ広場とパルティザンスカ通り

マリボル駅と長距離バスターミナルは町の東側にある。**パルティザンスカ通りPartizanska cesta**を西に10分ほど歩くと、旧市街に着く。目印ともなるフランシスコ会教会Frančiškanska cerkevを過ぎた所が**スヴォボデ広場Trg Svobode**だ。

広場の周辺にはフランシスコ会教会のほか、**老舗のワインセラー Vinag**や**マリボル城**などがあり、町の見学はここから始めるとよいだろう。広場の南西に広がる旧市街には洗礼者ヨハネ大聖堂や**市庁舎Rotovž**など、町のシンボル的な建物がある。

町の北には市立公園があり、ピラミダの丘へと続いている。急な丘だが、ここからの眺めは最高だ。

ピラミダの丘からは町が一望できる

南側にはドゥラヴァ川Dravaが流れ、夏にはカヌーなどを楽しむ人が多い。川沿いは人々の憩いの場でもある。北岸の一角は**ユダヤ人地区Židovski trg**で、西に行けば「古いブド

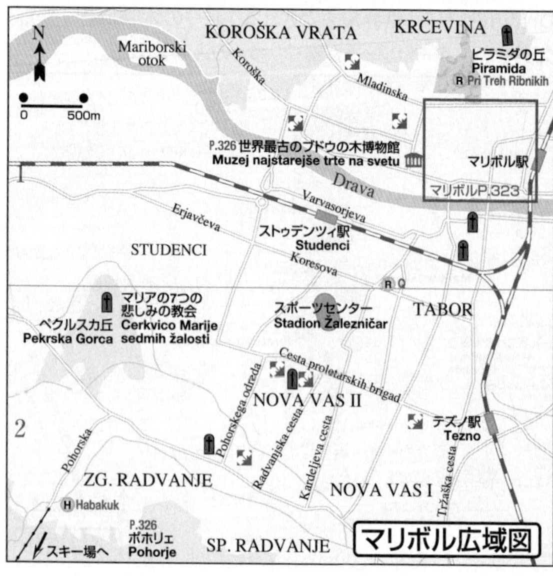

ウの木」がある。

ドゥラヴァ川を越えた南側にも市街地は続くが、スキー場のある**ポホリェ**までは5kmほど離れており、鉄道駅や旧市街から市内バスで行くこともできる。こちらにはスパ施設を備えたホテルやプライベートルームがある。

博物館として利用されるマリボル城

おもな見どころ

マリボル城 Mariborski grad マリボルスキ・グラードゥ
Maribor Castle

Map P.323-A1

マリボル城は、町を囲む城壁の一部として15世紀後半に神聖ローマ皇帝フリードリヒ3世によって建設された。その後増築され、バロック様式の教会やフェスティバルホール、ロココ様式の大階段など、さまざまな時代の装飾が見られる。現在はマリボルとその周辺の考古学、民俗学、歴史、芸術などの資料を展示した総合博物館となっている。

■マリボル城
住Grajska 2
TEL(02)2283551
URL www.museum-mb.si
Mail visit@museum-mb.si
開10:00～18:00
休日・月・祝、12/24・31
料€8　学生€5.50

フランシスコ会教会
Frančiškanska cerkev フランチシュカンスカ・ツィルケウ
Franciscan Church

Map P.323-A2

双塔が目印

フランシスコ会教会は、19世紀から20世紀にかけてウィーンの建築家、リヒャルト・ヨルダンの設計によって建てられた。内部の絵画のほとんどはハンガリー人の画家、フェレンツ・プルジンスカイにより描かれ、内陣のフレスコ画とステンドグラスは画家スタネ・クレガルによるものだ。

■フランシスコ会教会
住Vita Kraigherja 2
TEL(02)2285110
URL www.bazilika.info
開早朝～日没
休無休　料寄付歓迎

洗礼者ヨハネ大聖堂
Stolna župnija Maribor ストルナ・ジュプニヤ・マリボル
Church of John the Baptist - Cathedral

Map P.323-A2

洗礼者ヨハネ大聖堂は12世紀にロマネスク様式で建てられたものだが、現在見られるようなゴシック様式の形になったのは14～15世紀にかけてのこと。正面にそびえる高さ57mの鐘楼は、以前あったものが落雷により損壊し、18世紀の後半に建て替えられたものだ。

■洗礼者ヨハネ大聖堂
住Trg Slomškov 20
TEL(02)2518432
開早朝～日没
休無休　料寄付歓迎

大聖堂の周囲は中央郵便局、マリボル大学学長府、スロヴェニア国立劇場など歴史的な建物に取り囲まれている

古いブドウの木 Stara trta v Mariboru スターラ・トゥルタ・ウ・マリボル
The Old Vine in Maribor

Map P.323-A2

オーストリアのグラーツにあるシュタイヤーマルク州博物館には、この「古いブドウの木」の絵がある。その絵は1657年から1681年の間に描かれたものとされているが、現在も同じ場所に同じ建物が残り、ブドウの木もある。そのためこの木は少なくとも450年以上前の木ではないかとされていたが、鑑定の結果これが正しいことが証明され、ギネスブックにも「世界最古のブドウの木」として掲載された。

■古いブドウの木
住Vojašniška 8
TEL(02)2515100
開5～9月
月～水10:00～18:00
木～土10:00～20:00
日・祝10:00～16:00
10～4月10:00～18:00
休無休

■世界最古のブドウの木博物館
住Vojašniška 14
TEL(02)2283551
URL oldestvinemuseum.si
開11:00～18:00
（日・祝～16:00）　休月
料€8　学生€5.50
料金には、ワインまたはブドウジュース1杯の試飲込み。

●世界最古のブドウの木博物館 Muzej najstarejše trte na svetu

2022年6月にオープン。世界最古とギネスブックで認定されたブドウの木（現在でも毎年25～30ℓのワインを醸造）の歴史のほか、マリボルを中心とするワイン作りの伝統や、最古のブドウの木をテーマに映像やパネルで解説する博物館。

博物館の展示フロア

エクスカーション

ポホリェへの行き方

鉄道駅の南側に隣接する市内バス乗り場から6番のバスがポホリェへ向かう。旧市街からなら市庁舎前のグラヴニ広場Glavni trgなどからも行くことができる。所要約30分、€2（ⓘで買うと€1）。

ポホリェ Pohorje ポホリェ
Pohorje

Map P.324-2

マリボルの市街の南に広がるのが、ポホリェ高原Hočko Pohorje。湿地帯や湖など美しい自然を手軽に楽しめるトレッキングやサイクリングのルートが充実している。冬は、設備が調っていると評判のウインタースポーツの一大拠点に変わる。ここには温泉施設もあり、人気も高い。

マリボルのホテル

日本からの電話のかけ方　事業者識別番号（→P.240）＋010＋386（スロヴェニアの国番号）＋2（0を取った市外局番）＋番号

スロヴェニア第2の都市だが、中心部にはホテルの数も増えてきた。プライベートルームやゲストハウスも含めて、南のポホリェ高原の裾野に多い。ポホリェには天然スパリゾートホテルもある。

シティ
Hotel City Maribor

Map P.323-B2
★★★★　高級　室数:78

2011年にオープンしたモダンなデザインのホテル。5階にはルーフトップのカフェ、レストランがあり、眺めがいい。バスタブ付きの部屋もある。フィットネスセンター併設。
全館　EVあり

URL www.hotelcitymb.si
Mail info@hotelcitymb.si
住**Kneza Koclja 22**
TEL(02)2927000
S €104～192
W €141～266
カード D M V

ピラミダ
Hotel Piramida

Map P.323-B2
★★★★　高級　室数:75

鉄道駅やバスターミナルからも近いビジネスホテル。全室ミニバーとテレビ付き。バスタブ付きの部屋もある。2食付きの料金は€15～17プラス。サウナはふたり2時間で€30。
全館　EVあり

URL www.hotel-piramida.si
Mail piramida@termemb.si
住**Heroja Šlandra 10**
TEL(02)2344400
S €75～105
W €95～170
カード D M V

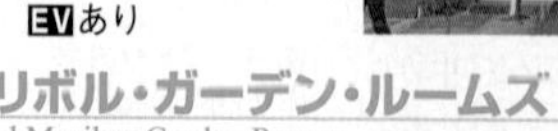

マリボル・ガーデン・ルームズ
Hotel Maribor Garden Rooms

Map P.323-A2
★★★★　高級　室数:16

こだわりの施設やサービス、アメニティで割安感がある。レセプションと朝食はアパートメントタイプ15室がある別館で。
全館　EVあり

URL www.hotelmaribor.si
Mail info@hotelmaribor.si
住**Glavni trg 8**　TEL(02)2345600
S €79～
W €99～
カード D M V

B&B
B&B Hotel Maribor

Map P.323-B2
★★★ 中級 室数:102

2022年6月開業。好立地に加え、ベーシックで機能的な施設・サービスで格安料金を実現。受付は地上階、客室はビルの3～5階。朝食€7.20。
全館 EVあり

URL www.hotel-bb.com
Mail maribor@hotelbb.com
住 Ul. Vita Kraigherja 3
TEL (02)2928800
S €45～108
W €52～127
ADMV

ウニ
Uni Hostel

Map P.323-A1～2
経済的 室数:54

オレル・ホテルとエレベーターを共有しているが。ホステル館部分は階段のみ。エアコンは2023年導入予定。
全館 EVなし

URL www.hotel-orel.si
Mail uni@hotel-orel.si
住 Volkmerjev prehod 4
TEL (02)2506700
DOM €18～24 S €46～
W €69～ DMV

マリボルのレストラン

ロジュマリン
Rožmarin

Map P.323-A2
ステーキ・ピザ

本格派のステーキやハンバーガーが人気。魚料理やパスタ、サラダも食べられる。ステーキは€17～79、ハンバーガー€11.50～16、シーフードは€18～24。

URL www.rozmarin.si
住 Gosposka 8
TEL (02)2343180
開 11:00～22:00
(金・土～23:00)
休 日・祝 DMV

スペアリブは300g€10、600g€16

アンコーラ
Ancora

Map P.323-A2
イタリア料理

日曜も営業する数少ない店。ピザやパスタ、シーフードなどが中心。店内は奥行きがある。石窯焼きのピザが人気で、€7.90～13.90。パスタは€10～（少量€7～）。

URL www.ancora-mb.si
住 Jurčičeva 7
TEL (02)2502033
開 10:00（日11:00）～23:00
休 無休 DMV

セデム
Restavracija Sedem

Map P.323-B1
スロヴェニア料理

各種レストランガイド常連で評価も高い。メインは€17～23。テイスティングメニュー5品€59～。平日ランチのメインは€12～18。食事は11:00～。

URL www.sedem.si
住 Cefova 7 TEL (02)6211412
開 火・水8:00～16:00
木・金8:00～22:00
土11:00～22:00
休 日・月・祝 DMV

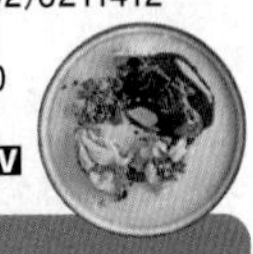

マリボルのショッピング

ヴィナグ1847
Vinag 1847

Map P.323-A1
ワイン

長い伝統を誇る地元ワイナリー直営店。地下には広大なワインセラーがあり、4～10月は1日に4回、ガイドツアー（約45分）を催行。テイスティング（ツアー込み）は2杯€20～。

URL vinag1847.si
住 Trg Svobode 3
TEL (01)2305730
開 12:00～18:00
（土・日11:00～18:00）
休 1/1、12/25
ADMV

ツェリエ

Celje

Map P.9-C2

丘の上に建つツェリエ城

■ツェリエへの行き方

●リュブリャーナから

🚃4時台～23時台に13～18便運行（土・日減便）、所要1時間～1時間30分、€7～13.50。ほかZidani Most乗り換えの便が1日5～13便ある。

🚌7時台～20時台に2～15便運行（土・日減便）、所要1時間10分～1時間55分、€7.30～。

●マリボルから

🚃3時台～22時台に22～33便運行（土・日減便）、所要約1時間、€5.80～11.70。

🚌7時台～15時台に1～5便運行（土・日減便）、所要1時間～1時間50分、€1.40～5.70。

●プトゥイから

🚃6時台～19時台に2～4便運行（日曜増便）、所要約1時間、€5.80～10.20。ほかPragersko乗り換えの便が1日5～11便ある。

●ザグレブから

直通列車が7:05発、所要約2時間10分、€9。

■ツェリエのⓘ

Map P.329-A

住Glavni trg 17

TEL(03)4287936

URL www.visitcelje.eu

開4～10月10:00～18:00
（土・祝～13:00、日14:00～18:00）
1～3・11月10:00～16:00
（土・祝～13:00、日14:00～18:00）
12月10:00～19:00
（日14:00～18:00）

休12月の祝

館内では4世紀のローマ時代の邸宅跡やモザイクが見学できる。

■ツェリエ城

🚌鉄道駅3番乗り場から5番のバスが9:50～17:50まで1時間に1便。城発は10:00～18:00。片道€1。

住Cesta na grad 78

TEL(03)5443690

URL www.visitcelje.eu

開4月9:00～19:00
5・9月9:00～20:00
6～8月9:00～21:00
3・10月9:00～18:00
2・11月9:00～17:00
1・12月10:00～16:00

休無休　料€7　学生€4

ツェリエ博物館との共通券€10。

ツェリエ城から眺めたツェリエの町並み

ツェリエは古くは「セレイア」と呼ばれ、ローマ皇帝クラウディウスの時代に建設された。中世には神聖ローマ帝国皇帝ルートヴィヒ4世によってツェリエ伯領が創設されたことで、その中心都市として栄えた。19世紀半ばには鉄道が敷設され、リュブリャーナ、マリボルに続く重要な都市となった。

歩き方

町の中心部は、ツェリエ駅の西側に広がっている。駅から延びる**クレコフ広場Krekov trg**と**プレシェーレノヴァ通りPrešerenova**が旧市街のほぼ中心を横断している。

中・長距離バスターミナルは旧市街の北にある。バスターミナル前のアシュケルチェヴァ通りAškerčevaを真っすぐ南下すると、5分ほどで鉄道駅にたどり着く。

旧市街には、聖ダニエル教会や聖セシリア・カプチン会教会・修道院のほか、水の塔から続く城壁の一部やツェリエ現代史博物館など見どころが多い。ヴォドゥニコヴァ通りVodnikova沿いのツェリエ銀行はスロヴェニアを代表する建築家ヨジェ・プレチュニクの代表作だ。

おもな見どころ

ツェリエ城 Stari grad Celje スターリ・グラードゥ・ツェリエ

Old Castle of Celje

Map P.329-B外

ツェリエ城はスロヴェニアで最大の城。城主のツェリエ伯は中世後期のスロヴェニアで最も影響力を持った貴族で、神聖ローマの皇妃も輩出した。城内には、騎士具、拷問具などが展示されている。フレデリックの塔は展望台になっている。

ツェリエ博物館 Pokrajinski muzej Celje

ポクラインスキ・ムゼイ・ツェリエ

Celje Regional Museum

Map P.329-A

西館と東館に分かれており、東館は15世紀末〜16世紀初頭にハプスブルク帝国の州庁として使われてきた建物を利用。西館ではツェリエ地域の先史時代からの展示物のほか、地下にはローマ遺跡も広がっている。

■ツェリエ博物館
住Trg celjskih knezov 8（西館）
Muzejski trg 1（東館）
TEL(03)4280962
URL www.pokmuz-ce.si
開3〜10月10:00〜18:00
11〜2月10:00〜16:00
（土9:00〜13:00）
休月・祝、11〜2月の日曜
料€7　ツェリエ城との共通券€10

歴史的建築物を利用した博物館

聖ダニエル教会 Cerkev sv. Danijela ツィルケウ・スヴェテガ・ダニエラ

Abbey Church of St. Daniel

Map P.329-A〜B

13世紀初頭に建てられたゴシック様式の教会。創建当時はロマネスク様式の建物だったが、19世紀の大改築を経て現在の姿になった。教会に飾られている『悲しみの聖母』のステンドグラスは画家スタネ・クレガルによるものだ。

■聖ダニエル教会
住Slomškov trg 2
TEL(03)5443280
開随時　休無休
料寄付歓迎

聖セシリア・カプチン会教会・修道院 Kapucinski samostan sv. Cecilije

カプツィンスキ・サモスタン・スヴェテ・ツェツィリイェ

Capuchin Church and Monastery of St. Cecilia

Map P.329-A〜B

91段の階段を上った丘の中腹にある。1609年に清貧を旨としたカプチン会の修道士がツェリエに現れた。彼らはそれまでの信徒の生活を見直し、悔い改める場として教会を建設した。階段は19世紀に追加された。

■聖セシリア・カプチン会教会・修道院
住Breg 18
TEL(03)5442205
開礼拝前後　休無休
料寄付歓迎

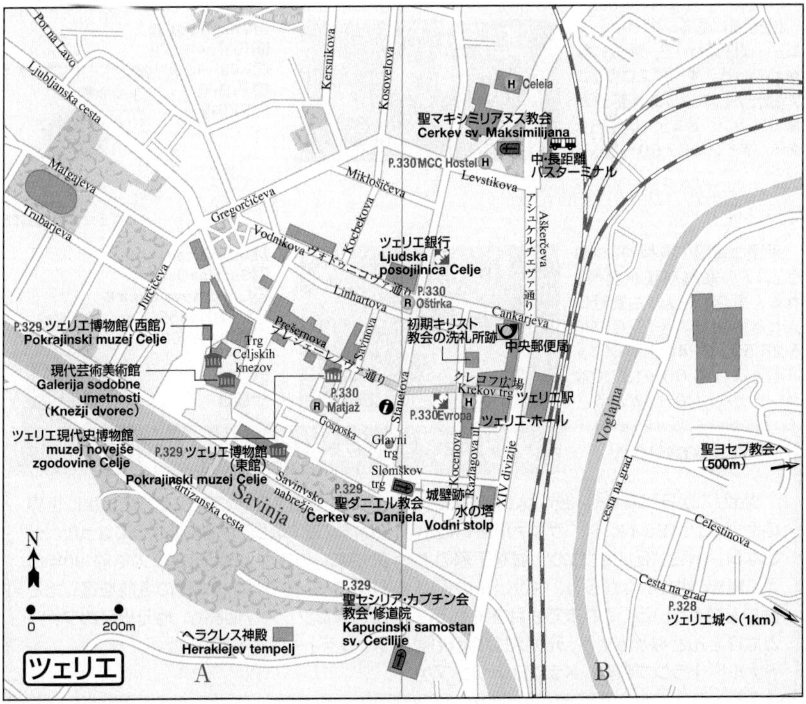

ツェリエ
聖マキシミリアヌス教会 Cerkev sv. Maksimilijana
Celeia
P.330 MCC Hostel
中・長距離バスターミナル
ツェリエ銀行 Ljudska posojilnica Celje
P.330 Oštirka
初期キリスト教会の洗礼所跡
中央郵便局
クレコフ広場 Krekov trg
ツェリエ駅
P.330 Evropa
ツェリエ・ホール
P.330 Matjaž
P.329 ツェリエ博物館（西館） Pokrajinski muzej Celje
現代芸術美術館 Galerija sodobne umetnosti（Knežji dvorec）
ツェリエ現代史博物館 muzej novejše zgodovine Celje
P.329 ツェリエ博物館（東館） Pokrajinski muzej Celje
P.329 聖ダニエル教会 Cerkev sv. Danijela
城壁跡
水の塔 Vodni stolp
P.329 聖セシリア・カプチン会教会・修道院 Kapucinski samostan sv. Cecilije
ヘラクレス神殿 Heraklejev tempelj
聖ヨセフ教会へ（500m）
P.328 ツェリエ城へ（1km）
Trg Celjskih knezov
Glavni trg
Slomškov trg
Savinja
Voglajna
Por na Lavo
Ljubljanska cesta
Malgajeva
Trubarjeva
Gregorčičeva
Miklošičeva
Kersnikova
Kosovelova
Levstikova
Aškerčeva アシュケルチェヴァ通り
Vodnikova ヴォドゥニコヴァ通り
Kocbekova
Linhartova
Cankarjeva
Prešernova プレシェーレノヴァ通り
Savinova
Stanetova
Gosposka
Jurčičeva
Savinsko nabrežje
Partizanska cesta
Kocenova
Razlagova ul.
XIV divizije
cesta na grad
Celestinova
Cesta na grad
N
0　200m
A
B

ツェリエのホテル

日本からの電話のかけ方　事業者識別番号（→P.240）+010+386（スロヴェニアの国番号）+3（0を取った市外局番）+番号

ツェリエは、町の規模からするとホテルの数は多くない。マリボル、プトゥイ、ロガシュカ・スラティナなどからの日帰りも考えよう。

エヴロパ
Hotel Evropa

Map P.329-B

★★★★　高級　室数:62

ツェリエ駅のすぐそばにある。1873年創業と、ツェリエで最も古いホテルだが、内装改装済み、設備も調っている。バスタブ付きの部屋もある。
全館　EVあり

URL www.hotel-evropa.si
Mail info@hotel-evropa.si
住 Krekov trg 4
TEL (03)4269000
S A/C €65～150
W A/C €80～230
ADJMV

MCCホステル
MCC Hostel

Map P.329-B

経済的　ベッド数:40

ユースセンター裏の立地。キッチンのほか、カフェテリアもある。受付は平日8:00～22:00、土・日・祝は8:00～11:00と16:00～22:00のみ。
全館　EVなし

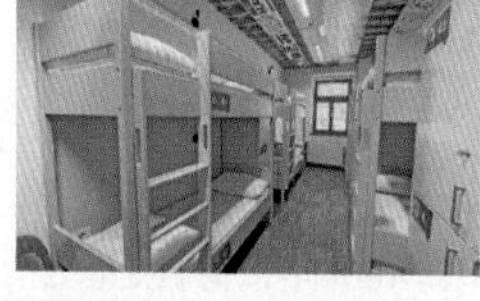

URL www.mc-celje.si
Mail mcc.hostel@mc-celje.si
住 Mariborska 2
TEL (04)756009
DOM €19　S €31
W €46
DMV

ツェリエのレストラン

マティヤシュ
Gostilna Matjaž

Map P.329-A

スロヴェニア料理・地中海料理

旧市街にあるレストラン。メニューは日替わりで、黒板に書かれている。すべてスロヴェニア語だが、スタッフは英語が堪能。ランチメニューは€16もある。メインは€7.50～16。

住 Gosposka 16
TEL (03)5441170
開 9:00～16:00
休 土・日・祝
DMV

オシュティルカ
Gostilna Oštirka

Map P.329-B

スロヴェニア家庭料理

手頃な値段で典型的なスロヴェニアの家庭料理が食べられる人気店。一人でも気軽に入れる雰囲気。メイン€7.90～26.50。€24のセットメニューもある。10:00～13:00はランチセット€8～9がある。

URL ostirka.com
f GostilnaOstirka
住 Linhartova ulica 6
08-2015553
開 8:00～22:00
(金・土～23:00)
休 日・祝
MV

Information　メラニア・トランプの出身地

ツェリエから列車で約40分、人口約5000人のセヴニツァ Sevnicaは、サヴァ川沿いの小さな町。小高い丘にセヴニツァ城を王冠のように戴き、小さいながらも、中世以来の長い歴史を誇っている。これまで注目を集めることはほとんどなかったが、元アメリカ大統領ドナルド・トランプの妻、メラニア・トランプが少女時代を過ごした町として、にわかに世界のメディアに取り上げられるようになった。外国生まれのアメリカ大統領夫人は約190年ぶりのこと。町ではメラニアの名前を冠したさまざまなグッズを販売し、地元出身のファーストレディー誕生を祝福した。

プトゥイ
Ptuj

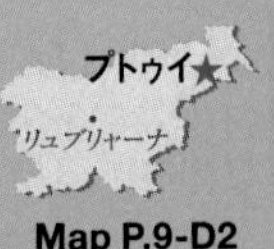

市庁舎と時計塔

ドゥラヴァ川から眺めるプトゥイの旧市街

ハンガリー国境も近いプトゥイは、長い歴史をもつ町。最初に町を築いたのはケルト人だといわれている。ローマ時代には「ポエトヴィオ」と呼ばれ、スロヴェニアで最大のローマ人居留地があり、皇帝ヴェスパシアヌスを推挙する地ともなった。その後、フン族に町を破壊されたりアヴァール人の支配下に入ったりしたが町は発展を続け、6世紀にはスラヴ人が住むようになり、現在の町の基礎は、ここから続く時代に築き上げられたものだ。8月の第3週末には古代ローマ関連のイベントが行われる。

歩き方

プトゥイ駅の正面には**オソイニコヴァ通りOsojnikova cesta**が通っているので、左に歩いていく。長距離バスターミナルの先の広場を右に入ると、**プトゥイ・ワインセラー Vinoteka Ptujska Klet**があり、その先に旧市街が見えてくる。

町の中心部の**メストゥニ広場**Mestni trgには20世紀初頭に建てられた**市庁舎**Mestna Hišaがあり、毎年100組以上の結婚式が執り行われる。広場には17〜18世紀に町が何度も火災に遭ったことを受けて消防士の守護聖人フロリアヌスの記念碑が立つ。

■プトゥイへの行き方
マリボル以外の路線はバスの便が少ない。
●リュブリャーナから
9時台〜17時台に2便運行、所要約2時間10分、€9.60〜17.40。ほかPragersko乗り換えの便が1日4〜6便ある。
●マリボルから
7時台〜19時台に5〜8便運行（土・日減便）、所要35〜50分、€3.40〜8.10。Pragersko乗り換えの便が1日2〜8便ある。
4時台〜22時台の1時間に1〜5便運行（土・日減便）、所要約45分、€1.30〜3.30。
●ツェリエから
1時台〜19時台に2〜3便運行（土・日減便）、所要約1時間、€5.80〜10.20。PragerskoやRače乗り換えの便が1日3〜12便ある。

■プトゥイのi Map P.331
住 Mestni trg 4
TEL (02)7796011
URL www.visitptuj.eu
開 5〜9月9:00〜18:00
（日・祝10:00〜15:00）
10〜4月9:00〜16:00
（日・祝10:00〜15:00）
休 1/1、11/1、12/25
無料のレンタサイクル（後輪ブレーキ旧式タイプ）はプトゥイ内のホテル宿泊者のみ利用可。

おもな見どころ

プトゥイ城（プトゥイ博物館） Ptujski grad
プトゥイスキ・グラドゥ
Ptuj Castle
Map P.331

プトゥイ城は、町を見下ろす丘の上に建っている。9～10世紀頃建設が始まったとみられているが、現在の建物の原形となったものは、ルネッサンスやバロックの時代のもの。現在は博物館として周辺地域の文化を紹介しており、プトゥイ・カーニバル関連の展示や武具、楽器の展示がある。

時計塔 Mestni stolp メストゥニ・ストルプ
City Clock Tower
Map P.331

時計塔は1556年建造。1830年には周囲に古代モニュメントの装飾が追加された。塔は時計が3面だけにしか設置されていない。これは城の領主が分担金を支払わないことに、市民が抗議して城側に時計を設置しなかったためといわれる。

聖ユーリ教会 Cerkev sv. Jurija ツィルケウ・スヴェテガ・ユリヤ
St. George Church
Map P.331

聖ユーリ教会

旧市街の中心に建つ教会で、その歴史は4世紀に遡るが何度も増改築が繰り返されており、全体としてはゴシック様式の建築だ。1763年に作られたミサ用の席は、それぞれに異なったデザインが施されておりとても珍しい。

■プトゥイ城
住na Gradu 1
TEL(02)7480360
URL pmpo.si
開4月中旬～10月中旬
10:00～18:00
10月中旬～4月中旬
10:00～16:00
※カーニバルの時期は変更あり。
休月・1/1、復活祭、11/1、12/24・25・31
料€10、学生€5
スマホのオーディオガイド（英語ほか）あり。

町の中心部にそびえたつ時計塔

■聖ユーリ教会
住Slovenski trg
開随時　休無休　料寄付歓迎

■オルフェウス記念碑
Map P.331
2世紀にポエトヴィオの市長だったマルクス・ヴァレリウス・ヴェルスを記念し、オルフェウスの物語をモチーフに建てられた大理石の墓石。
住Slovenski trg
※冬期は保護カバーがかけられていて見ることができない。

Information　プトゥイ・カーニバル Kurentovanje

クレントは冬と悪霊を追い払い、春を招くとされる（プトゥイ城内の博物館の展示）

2月のヨーロッパはカーニバル（謝肉祭）の季節。スロヴェニアで最もよく知られるのはプトゥイのカーニバル。2017年にはユネスコの無形文化遺産に登録された。この地域に残る古いスラヴの伝統とカーニバルが融合したもので、1960年から今の形になった。クレントと呼ばれる黒や白の羊の着ぐるみを着て、角の部分にカラフルな帯をたくさん付けた人がおのおの鎖やカウベルを装着し、プトゥイの町を飛び跳ねながら練り歩く。いきなり沿道に突進してきてお客さんからハンカチやリボンを次々と奪ったり、沿道の人が飛び込んで一緒に踊ったり。プトゥイの人々は毎年そうやって冬に別れを告げ、春を呼び込むのだ。

2022年2月にオープンしたクレント・ハウスではプトゥイ・カーニバルのクレントの風習を、集落ごとに異なる着ぐるみの実物や映像、タッチパネルなどで展示。クレントが家々を訪れるときの風習やしきたりも学べる。

■プトゥイ・カーニバル
URL www.kurentovanje.net
2024年は2/3～23の開催。
■クレント・ハウス　Map P.331
住Murkova ul. 7　☎051-650884
URL zveza-kurentov.si
開12:00～18:00　休火　料€7、学生€6

プトゥイのホテル

日本からの電話のかけ方　事業者識別番号（→P.240）＋010＋386（スロヴェニアの国番号）＋2（0を取った市外局番）＋番号

ホテルの数はそれほど多くはないが、プライベートルームも点在しており、町の規模のわりに選択肢は豊富。プライベートルームは❶で紹介してもらえる。プトゥイ温泉Terme Ptujにゆったり滞在するという手もある。

ミトゥラ
Hotel Mitra

Map P.331

★★★　中級　室数:29

1786年創業の老舗。併設のカフェでは自家焙煎のコーヒーが飲めるほか、地下にはワインセラーもある。スパやサウナも併設。

全館　EVあり

URL www.hotel-mitra.si
Mail info@hotel-mitra.si
住 Prešernova 6
TEL (02)7877455　📱051-603069
S €60～85
W €105～125
カード D M V

アドミラル
Casino & Hotel Admiral Ptuj

Map P.331

★★★　中級　室数:26

バスターミナルの近く。モダンにデザインされた客室は100ch以上のテレビを備えるなど、設備が調っている。カジノも併設している。

全館　EVあり

URL www.admiral.si
Mail info.ptuj@admiral.si
住 Vinarski trg 5
TEL (02)7798211
S €47～90
W €61～105
カード M V

プトゥイのレストラン

アマデウス
Gostilna Amadeus

Map P.331

スロヴェニア料理

旧市街の西にある郷土料理が充実しているレストラン。肉料理が中心で€12～25、魚料理は€15～20。特製ソースがのったステーキ・アマデウス€28などが人気。

f gostilnaamadeus
住 Prešernova 36
TEL (02)7717051
開 12:00～22:00
（日・祝～16:00）
休 火、1/1、復活祭、11/1、12/25　カード D M V

ロジカ
Gostilna Rozika

Map P.331

カフェ

手頃な料金でおいしい料理が食べられると地元客に人気。メニューは豊富だが、名物はフライドチキン。サクサクの厚めの衣でチキンはジューシー。メインは€9.50～。

URL www.gostilna-rozika.si
f GostilnaRozika
住 Slomškova ul. 7　📱070-668487
開 8:00～22:00
（金・土～23:00、日10:00～16:00）
休 1/1、復活祭の月曜、8/15、12/25
カード M V

プトゥイのショッピング

プトゥイ・ワインセラー
Vinoteka Ptujska Klet

Map P.331

ワイン

1239年創業の老舗ワイナリー直営店。受賞歴のある地元産ワインを手頃な値段で販売。ワインセラーのガイド付きツアーは€25（2～3日前に要予約）で、おつまみ付き。

URL www.ptujska-klet.si
f ptujskaklet
住 Vinarski trg 1
TEL (02)7879827
開 9:00～16:00
（土8:00～12:00）
休 日・祝　カード M V

メディカルセンターで飲泉しよう

ロガシュカ・スラティナ
Rogaška Slatina

ロガシュカ・スラティナ★
リュブリャーナ

Map P.9-C2

■ロガシュカ・スラティナへの行き方
鉄道、バスともツェリエが起点となる。
●ツェリエから
🚃7時台～19時台に8便運行(土・日減便)、所要約50分、€3.40。
🚌5時台～18時台に4～13便運行(土曜、夏期減便、日曜運休)、所要約50分、€1.30～4.10。

ロガシュカ・スラティナの長距離バスターミナル

アフロディータのショップ

■ロガシュカ・スラティナのⓘ
Map P.335-B1
住Zdraviliški trg 1
TEL(03)5814414
URL visit-rogaska-slatina.si
Mail info@turizem-rogaska.si
開7・8月9:00～19:00
(土・日祝8:00～12:00)
9～6月8:00～16:00
(土～12:00)
休9～6月の日曜

ロガシュカ・スラティナのⓘ

緑豊かなズドゥラヴィリシュキ広場

ロガシュカ・スラティナは、数あるスロヴェニアの温泉地のなかでも規模が大きく、設備が充実している。11世紀には温泉地として知られ始め、飲用水としても昔から利用され、早くも17世紀には温泉の水が商品化されている。

温泉療法はリウマチや骨、筋肉の痛み軽減や動作改善に効果があり、リハビリに利用される。高齢者だけでなく、若い世代にも人気の大人のリゾート。健康効果を実感するには10日以上の療養が必要。特に春と秋がにぎわう。

歩き方

ロガシュカ・スラティナの鉄道駅は町の南にある。駅を出て通りを右へ直進すると、3分ほどで長距離バスターミナルに到着し、5分ほどで町の中心部でもある**ズドゥラヴィリシュキ広場Zdraviliški trg**に出る。

保養施設のほとんどはズドゥラヴィリシュキ広場周辺に集まっており、数も多い。大型ホテルの多くはプールが併設されているが、プライベートルームなどに泊まっている人は、広場から**ツェリスカ通りCeljska cesta**を北上した所にある、**ロガシュカ・リヴィエラRogaška Riviera**という温泉プールが利用しやすい。

色とりどりの花が咲き、訪問者の目を楽しませてくれる

ホテル・ドナト内の**メディカルセンター Medical Center**では源泉から温泉水を飲むことができる。

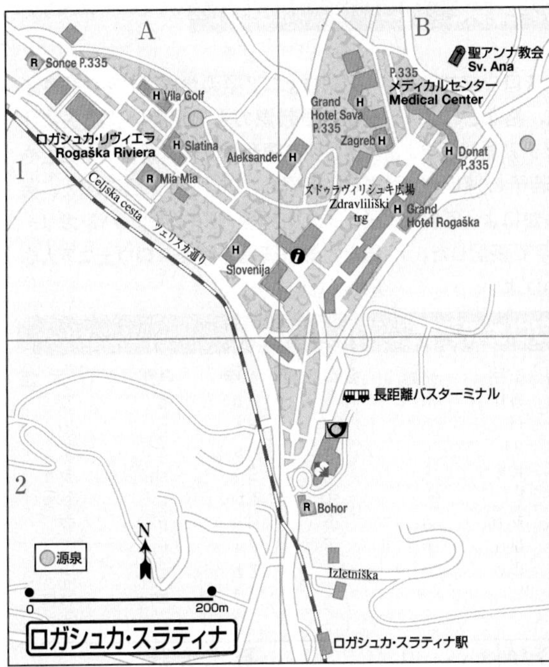

おもな見どころ

メディカルセンター Medical Center メディカル・ツェンテル

Medical Center

Map P.335-B1

「Donat」ブランドの炭酸水の源泉。マグネシウムの成分がたっぷり含まれた源泉を2種飲むことができる。

HOTEL ホテル

サヴァ Grand Hotel Sava
Map P.335-B1
住Zdraviliški trg 6
TEL(03)8114000
URL www.rogaska.si
Mail info@rogaska.si
料 €80～240
€160～400
料金は2食付き。
DMV

ドナト Grand Hotel Donat
Map P.335-B1
住Zdraviliški trg 10
TEL(03)8113000
URL www.ghdonat.com
Mail info@ghdonat.com
料 €121～420
€202～1000
料金は2食付き。
DMV

■メディカルセンター
住Zdraviliški trg 9
URL www.rogaska-medical.com
Mail info@rogaska-medical.com
開7:00～19:00
(土8:00～12:00)
休日・祝
●飲水所
開7:00～10:00、11:30～13:00、16:00～19:00 休無休
料€5
飲み過ぎると下痢になるので注意。

ロガシュカ・スラティナのレストラン

ソンツェ

Restavracija Sonce

Map P.335-A1

スロヴェニア料理

周囲を緑に囲まれた場所にある地元の人気店。メニューはハンバーガー€8.50～、ピザ€7.40～から魚介類など、メニューはバラエティ豊か。メイン料理は€9.10～27。

住Celjska cesta 9
TEL(03)8192160
開10:00～20:00
(土・日・祝12:00～21:00)
休12/25
DMV

Information ロガシュカ・スラティナのおみやげ

ロガシュカ・スラティナの名物は先端科学を利用したスロヴェニアを代表する地元企業のコスメ製品。コズメティカ・アフロディータKozmetika Afroditaというブランドで販売され、ハチミツやグレープシードが配合されたものなど、さまざまな種類がある。

また、17世紀の半ばから作られていたガラス工芸品も人気。ヨーロッパ各地ではロガシュカ・クリスタルRogaška Crystalの名で人気を集めている。ロガシュカ・スラティナ郊外に工場があり、見学もできる(URL steklarna-rogaska.si)。

旅の言葉　スロヴェニア語会話

スロヴェニアの言葉はスロヴェニア語。単語の語尾が性、数、格などによって変化するなど、クロアチア語によく似ているが、双数形など若干の違いがある。話者が男性か女性かによって異なる場合は、女性形を赤字で表記した。発音はつづりどおりに読めばよい。

スロヴェニア語の単語はドイツ語やイタリア語起源のものが多い。過去にオーストリア領やイタリア領だったこともあり、母語のスロヴェニア語に加え、英語、イタリア語、ドイツ語、ハンガリー語など数ヵ国語を話すスロヴェニア人も珍しくない。

スロヴェニア語　アルファベット

文字	発音	日本語	文字	発音	日本語	文字	発音	日本語
A a	a	ア	H h	h	フ	P p	p	プ
B b	b	ブ	I i	i	イ	R r	r	ル
C c	ts	ツ	J j	y	イュ	S s	s	ス
Č č	ch	チュ	K k	k	ク	Š š	sh	シュ
D d	d	ドゥ	L l	l	ル	T t	t	トゥ
E e	e	エ	M m	m	ム	U u	u	ウ
F f	f	フ	N n	n	ヌ	V v	v	ヴ
G g	g	グ	O o	o	オ	Z z	z	ズ
						Ž ž	zh	ジュ

あいさつ、呼びかけ

やあ
ズドラーヴォ
Zdravo

こんにちは／さようなら
ドベル　ダン　アディヨ
Dober dan ／ Adijo

おはよう
ドブロ　ユートロ
Dobro jutro

こんばんは
ドベル　ヴェチェール
Dober večer

おやすみなさい
ラフコ　ノーチ
Lahko noč

ありがとう
フヴァーラ
Hvala

どういたしまして
プロスィム　ニ　ザ　カイ
Prosim, ni za kaj

ごめんなさい
オプロスティーテ
Oprostite

はい／いいえ
ヤー　ネ
Ja ／ Ne

すみません(呼びかけ)
オプロスティテ
Oprostite

どうぞ
プロスィム
Prosim

乾杯！
ナ　ズドラーヴイェ
Na zdravje!

基本会話

これは何ですか？
カイ　イェ　ト
Kaj je to?

(あなたは)誰ですか？
グド　ステ　ヴィ
Kdo ste vi?

(ここは)どこですか？
キィエ　ス　ム
Kje sem?

何時ですか？
コリコ　イェ　ウラ
Koliko je ura?

いくらですか？
コリコ　スタネ
Koliko stane?

わかりません
ネ　ラズメム
Ne razumem.

はじめまして
メ　ヴェセリ
Me veseli.

わたしの名前は…です
イメ　ミ　イェ
Ime mi je ….

あなたの名前は何ですか？
カコ　ヴァム　イェ　イメ
Kako vam je ime?

わたしは日本人です
セム　ヤポネツ　ヤポンカ
Sem Japonec (Japonka) .

ちょっと待ってください
サモ　トレヌトゥク
Samo trenutek.

〜が欲しいのですが
ラッド　ラダ　ビ
Rad (Rada) bi 〜.

これはスロヴェニア語で何というのですか？
カコ セ テム レチェ ポ スロヴェンスコ
Kako se temu reče po slovensko?

移動

～はどこですか？
キイェ イェ
Kje je ～?

～へ行きたいのですが
ラッド ラ ダ ビ シェル シュラ ウ
Rad (Rada) bi šel (šla) v ～.

～行きを1枚ください
エノ カルト ザ
Eno karto za ～.

～までいくらですか？
コリコ スターネ ド
Koliko stane do ～?

～までどのくらいかかりますか？
コリコ チャサ ヴォズィ ド
Koliko časa vozi do ～?

何時（分）に発車しますか？
オブ カテリ ウリ イェ オドゥホドゥ
Ob kateri uri je odhod?

何時に到着しますか？
オブ カテリ ウリ プリスペ
Ob kateri uri prispe?

～駅には停車しますか？
アリ ウスターヴィ ウ
Ali ustavi v ～（駅名）?

タクシー乗り場はどこですか？
キイェ ラフコ ド ビ ム タクスィ
Kje lahko dobim taksi?

町の中心までお願いします
ド ツェントラ プロスィム
Do centra, prosim.

この住所へお願いします。
ナ タ ナスロウ プロスィム
Na ta naslov, prosim.

宿泊

このあたりに安いホテルはありますか？
アリ イェ トゥカイ カクシェン ポツェニ ホテール
Ali je tukaj kakšen poceni hotel?

空室はありますか？
アリ イマーテ プロスト ソボ
Ali imate prosto sobo?

何泊する予定ですか？
コリコ ドニ ボステ オスターリ
Koliko dni boste ostali?

1泊いくらですか？
コリコ スターネ ナ ノチ
Koliko stane na noč?

シングル／ダブルの部屋はありますか？
アリ イマーテ エノポステルノ ドゥヴォーポステルノ ソボ
Ali imate enoposteljno ／ dvoposteljno sobo?

部屋を見せてください
スィ ラフコ オグレダム ソボ
Si lahko ogledam sobo?

～号室の鍵をください
ラフコ ドビム クリュチ ザ ソボ シュテヴィルカ
Lahko dobim ključ za sobo številka ～.

お湯が出ません
ヴロチェ ヴォデ ニ
Vroče vode ni.

荷物を預かってもらえますか？
ラ フ コ プスティム プルトゥリャーゴ プリ ヴァス
Lahko pustim prtljago pri vas?

食事

このあたりにいいレストランはありますか？
アリ イェ ウ ブリジニ カクシュナ ド ブ ラ レスタウラーツィヤ
Ali je v bližni kakšna dobra restavracija?

ふたり用の席をお願いします
ミゾ ザ ドヴァ プロスィム
Mizo za dva, prosim.

メニューを見せてください
ラフコ ドビム メニ プロスィム
Lahko dobim menu, prosim.

～をください
ダイテ ミ
Dajte mi ～.

ビールをください
ダイテ ミ ピヴォ
Dajte mi pivo.

名物料理が食べたいです
ラッド ラ ダ ビ ポスクースィウ ポスクースィラ ヴァショ スペツィアリテート
Rad (Rada) bi poskusil (poskusila) vašo specialiteto.

おいしいです
ゼロ イェ ドブロ
Zelo je dobro.

お勘定をお願いします
ラチュン プロスィム
Račun, prosim.

買い物

見てるだけです
サモ グレーダム
Samo gledam.

いくらですか？
コリコ スターネ
Koliko stane?

それは安い／高いです
ト イェ ポツェーニ ドラゴ
To je poceni ／ drago.

ほかのものはありますか？
カイ シェ イマーテ
Kaj še imate?

試着してもいいですか？
ラフコ プロバム トレ
Lahko probam tole?

これにします
トレ ボム ウゼーウ ウゼーラ
Tole bom vzel (vzela).

レジはどこですか？
キイェ イェ ブラガーイナ
Kje je blagajna?

郵便、電話、両替

郵便局はどこですか？
キイェ イェ ポシュタ
Kje je pošta?

日本までの切手をください
ズナムコ ザ ヤポンスコ プロスィム
Znamko za Japonsko, prosim.

航空便でお願いします
レタールスコ プロスィム
Letalsko, prosim.

テレホンカードはありますか？
アリ イマーテ テレフォンスケ カルティツェ
Ali imate telefonske kartice?

両替してもらえますか？
ミ ラフコ ザメ ニャ テ デナル
Mi lahko zamenjate denar?

観光

市内地図はありますか？
アリ　イマーテ　ナチュルト　メスタ
Ali imate načrt mesta?

地図に印をつけてください
ミ　ラフコ　オズナーチテ　ナ　ゼムリェヴィードゥ　プロスィム
Mi lahko označite na zemljevidu, prosim.

入場料はいくらですか？
コリコ　イェ　ウストプニーナ
Koliko je vstopnina?

学生割引はありますか？
アリ　イマーテ　カイ　シュトゥデンツスケガ　ポプスタ
Ali imate kaj študentskega popusta?

開館時間は何時からですか？
オッド　グダイ　イマーテ　オトゥプルト
Od kdaj imate odprto?

写真を撮ってもいいですか？
アリ　ラフコ　スリーカム
Ali lahko slikam?

中心街はどこですか？
キイェ　イェ　ツェンテル　メスタ
Kje je center mesta?

英語は話せますか？
アリ　ゴヴォリテ　アングレシュコ
Ali govorite angleško?

緊急、医療

道に迷いました。
イズグビウ　イズグビラ　スム　セ
Izgubil（Izgubila）sem se.

助けて！
ポモチ
Pomoč!

ちょっと待て！
サモ　トレヌトゥク
Samo trenutek.

どろぼう！
ローパル
Ropar！

警察！
ポリツィア
Policija!

気分が悪いです
スラボ　ミ　イェ
Slabo mi je.

病院／日本大使館はどこですか？
キイェ イェ ボルニシュニツァ　ヤポンスカ　アンバサーダ
Kje je bolnišnica ／ japonska ambasada?

～が痛い
ボリ　メ
Boli me ～.

医者を呼んでください
ポクリチィテ　ズドゥラウニカ
Pokličite zdravnika!

薬をください
ラフコ　ミ　ダテ　ズドゥラヴィロ　プロスィム
Lahko mi date zdravilo, prosim.

～を盗まれました
ウクラードリ　ソ　ミ
Ukradli so mi ～.

いりません
ネ　ラブム
Ne rabim.

■数字

1	エン　エナ　エノ	en (ena, eno)
2	ドゥヴァ（ドゥヴェ）	dva (dve)
3	トゥリ	tri
4	シティリ	štiri
5	ペトゥ	pet
6	シェストゥ	šest
7	セドゥム	sedem
8	オスィム	osem
9	デヴェトゥ	devet
10	デセトゥ	deset
11	エナイストゥ	enajst
12	ドゥヴァナイストゥ	dvanajst
13	トゥリナイストゥ	trinajst
14	シティリナイストゥ	štirinajst
15	ペトナイストゥ	petnajst
16	シェストナイストゥ	šestnajst
17	セドゥムナイストゥ	sedemnajst
18	オスィムナイストゥ	osemnajst
19	デヴェトナエストゥ	devetnajst
20	ドゥヴァイセトゥ	dvajset
21	エナインドゥヴァイセトゥ	enaindvajset
22	ドゥヴァインドゥヴァイセトゥ	dvaindvajset
23	トゥリインドゥヴァイセトゥ	triindvajset
30	トゥリデセトゥ	trideset
40	シティリデセトゥ	štirideset
50	ペデセトゥ	petdeset
60	シェストデセトゥ	šestdeset
70	セドゥムデセトゥ	sedemdeset
80	オスィムデセトゥ	osemdeset
90	デヴェデセトゥ	devetdeset
100	スト	sto
101	スト　エナ	sto ena
110	スト　デセトゥ	sto deset
200	ドゥヴェスト	dvesto
300	トゥリスト	tristo
400	シュティリスト	štiristo
500	ペッツト	petsto
600	シェッツト	šeststo
700	セドゥムスト	sedemsto
800	オスィムスト	osemsto
900	デヴェッツト	devetsto
1000	ティソチュ	tisoč
1万	デセトゥ　ティソチュ	deset tisoč
10万	スト　ティソチュ	sto tisoč

■曜日

月曜日	ポネデリェク	ponedeljek
火曜日	トーレク	torek
水曜日	スレーダ	sreda
木曜日	チェトゥルテック	četrtek
金曜日	ペーテック	petek
土曜日	ソボタ	sobota
日曜日	ネデリャ	nedelja

■月

1月	ヤーヌアル	januar
2月	フェブルアル	februar
3月	マレツ	marec
4月	アプリル	april
5月	マーイ	maj
6月	ユーニ	junij
7月	ユーリ	julij
8月	アウグスト	avgust
9月	セプテムブル	september
10月	オクトーブル	oktober
11月	ノヴェムブル	november
12月	デツェムブル	december

■基本単語

誰	グド	kdo
いつ	グダイ	kdaj
どこ	キイェ	kje
何	カイ	kaj
なぜ	ザカイ	zakaj

どのように kako（カコ）

昨日 včeraj（ウチェライ）

今日 danes（ダヌス）

明日 jutri（ユトリ）

午前 dopoldne（ドポウドゥネ）

午後 popoldne（ポポゥドゥネ）

朝／昼／夜 jutro／dan／noč（ユトロ／ダン／ノッチュ）

毎日 vsak dan（ウサク ダン）

暑い vroč（ブローチィ）

寒い hladen（フラデン）

暖かい toplo（トプロ）

涼しい svež（スヴェッシュ）

よい dober（ドブル）

悪い slab（スラブ）

右／左 desno／levo（デスノ／レヴォ）

上／下 zgoraj／spodaj（ズゴライ／スポダイ）

前／後 spredaj／zadaj（スプレーダイ／ザダイ）

■移動に役立つ単語

飛行機 letalo（レターロ）

ボート ladja（ラディヤ）

列車 vlak（ヴラク）

バス avtobus（アウトブス）

タクシー taksi（タクスィ）

トラム tramvaj（トラムヴァイ）

自動車 avto（アウト）

自転車 kolo（コロ）

空港 letališče（レタリシュチェ）

鉄道駅 železniška postaja（ジェレズニシュカ ポスターヤ）

バスターミナル avtobusna postaja（アウトブスナ ポスターヤ）

特急 ekspresni（エクスプレスニ）

急行 hitri（ヒトリ）

各停（鈍行） potniški（ポトゥニシュキ）

1等 prvi razred（プルヴィ ラーズレドゥ）

2等 drugi razred（ドゥルギ ラーズレドゥ）

切符 vozovnica（ヴォゾウニツァ）

時刻表 vozni red（ヴォズニ レドゥ）

発券窓口 blagajna（ブラガイナ）

到着／出発 prihod／odhod（プリホドゥ／オドゥホドゥ）

入口／出口 vhod／izhod（ウホドゥ／イスホドゥ）

運転手 voznik（ヴォズニク）

■宿泊に役立つ単語

部屋 soba（ソバ）

シャワー tuš（トゥシュ）

バスタブ kopalna kad（コパルナ カッドゥ）

トイレ stranišče（ストラニシェチェ）

朝食 zajtrk（ザユトゥルク）

鍵 ključ（クリュチ）

税金 taksa（タクサ）

ホテル hotel（ホテール）

プライベートルーム privatna soba（プリヴァトナ ソバ）

レセプション recepcija（レツェプチヤ）

エレベーター dvigalo（ドヴィガーロ）

階段 stopnice（ストプニーツェ）

水／お湯 voda／topla voda（ヴォダ／トプラ ヴォダ）

テレビ televizija（テレビズィヤ）

ラジオ radio（ラディオ）

ベッド postelja（ポステリャ）

毛布 odeja（オデーヤ）

電球 žarnica（ジャールニツァ）

窓／ドア okno／vrata（オクノ／ヴラタ）

うるさい hrupno（フループノ）

静か tiho（ティホ）

狭い ozek（オズク）

広い širok（シロク）

汚い／きれい umazano／čisto（ウマザノ／チスト）

暗い temno（テムノ）

明るい svetlo（スヴェトロ）

■食事に役立つ単語

メニュー meni（メニ）

朝食 zajtrk（ザユトゥルク）

昼食 kosilo（コスィロ）

夕食 večerja（ヴェチェリャ）

テーブル miza（ミザ）

ナイフ nož（ノジュ）

フォーク vilice（ヴィリツェ）

スプーン žlica（ジュリツァ）

ウエーター natakar（ナタカル）

ウエートレス natakarica（ナタカリツァ）

肉／魚 meso／riba（メソ／リバ）

野菜 zelenjava（ゼレニャヴァ）

鶏肉 piščanec（ピシュチャネツ）

豚肉 svinjina（スヴィニィナ）

牛肉 govedina（ゴヴェディナ）

羊肉 jagnjetina（ヤグニエーティナ）

パン kruh（クルフ）

ライス riž（リジュ）

スープ juha（ユハ）

飲み物 pijača（ピヤーチャ）

酒 alkoholna pijača（アルコホールナ ピヤーチャ）

ジュース sok（ソク）

コーヒー kava（カヴァ）

紅茶 čaj（チャイ）

ビール pivo（ピヴォ）

ワイン vino（ヴィノ）

デザート sladica（スラディツァ）

勘定書 račun（ラチュン）

■買い物に役立つ単語

大きい／小さい velik／majhen（ヴェリク／マイヘン）

赤色／青色 rdeč／moder（ルデチュ／モーデル）

黄色／緑色 rumen／zelen（ルメン／ゼレン）

黒色／白色 črn／bel（チュルン／ベウ）

茶色 rjav（リャーウ）

あれ／これ tistole／to（ティストレ／ト）

■郵便、電話、両替に役立つ単語

切手／はがき znamka／dopisnica（ズナムカ／ドピスニツァ）

エアメール letalska pošta（レタルスカ ポシュタ）

国際電話 mednarodni telefon（メドゥーナロドゥニ テレフォン）

携帯電話 mobitel（モビテル）

両替所 menjalnica（メニャールニツァ）

小包 paket（パケト）

■観光に役立つ単語

地図 zemljevid（ゼムリェヴィードゥ）

博物館／美術館 muzej／galerija（ムゼイ／ガレリヤ）

教会 cerkev（ツィルケウ）

修道院 samostan（サモスタン）

川／山 reka／gora（レカ／ゴラ）

公園／市場 park／tržnica（パルク／トゥルジュニツァ）

観光案内所 turistične informacije（トゥリスティチュネ インフォルマーツィエ）

旅行代理店 turistična agencija（トゥリスティチュナ アゲンツィヤ）

荷物預かり所 garderoba（ガルデロバ）

■緊急・医療に役立つ単語

頭／顔 glava／obraz

手／足 roka／noga（ロカ／ノガ）

目／鼻 oko／nos（オコ／ノス）

口／歯 usta／zob（ウスタ／ゾブ）

のど／耳 grlo／uho（グルロ／ウホ）

腹／胃 trebuh／želodec（トゥレーブフ／ジェローデツ）

背中／腸 hrbet／črevesje（フルベット／チュレヴェースエ）

救急車 rešilec（レシレツ）

薬局 lekarna（レカールナ）

医者 zdravnik（男）／zdravnica（女）（ズドゥラウニク／ズドゥラウニツァ）

【スロヴェニアの歴史】

スロヴェニアは旧石器時代から人が住んでいたが、6世紀の初め頃に現在のスロヴェニア人の祖先である南スラヴ系の民族がこの地に定住した。彼らは620年頃にはクラーゲンフルト（現オーストリア領）を中心に、カランタニア公国を樹立している。だが、スロヴェニアは1000年以上の長きにわたりドイツの強い影響下におかれることになる。

プトゥイやシュコフィヤ・ロカなどの城では、オーストリアの影響を色濃く受けた調度品や装飾を見ることができる

スロヴェニアは第1次世界大戦でオーストリア＝ハンガリー帝国が崩壊すると、セルビアやクロアチアとともに独立するが、やがてユーゴスラヴィア連邦の一部に組み込まれる。1989年から東欧諸国に改革の嵐が吹き荒れると、1992年に正式にユーゴスラヴィアから独立する。2004年にはEUに正式加盟、2007年からはユーロ導入と、独立後のスロヴェニアは西欧諸国との結びつきを深めてきている。

歴史年表

B.C.4C頃	ケルト人が現在のスロヴェニア付近に定住
B.C.2C頃	ローマの属州となる
↑ B.C. A.D. ↓	
6C頃	南スラヴ族の南下。現在のスロヴェニア付近に定住
7C頃	クラーゲンフルト（現オーストリア領）を中心に カランタニア公国が誕生
8C頃	キリスト教の伝来
1358	スティチナで農奴たちの反乱
13C頃	イストゥラ半島をヴェネツィア共和国が支配
14C頃	**ハプスブルク**家がスロヴェニア一帯を支配
16C頃	宗教改革。 プロテスタントの牧師たちにより、スロヴェニア語の 文法書が出版される
1809	シェーンブルン条約によりイリュリア州が成立
1836	詩人**フランツェ・プレシェーレン**、 『サヴィツァの滝』を出版
1848	諸国民の春
1914	第1次世界大戦勃発
1918	第1次世界大戦終結 オーストリア＝ハンガリー帝国の解体 「セルビア人・クロアチア人・スロヴェニア人の王国」の建国
1929	ユーゴスラヴィア王国へと改称
1939	第2次世界大戦勃発
1945	第2次世界大戦終結 チトー率いるパルチザンによって 「**ユーゴスラヴィア社会主義連邦共和国**」が建国
1980	チトー死去
1989	ベルリンの壁崩壊
1991	スロヴェニアが独立宣言 十日間戦争が勃発するもユーゴスラヴィア軍は撤退
1992	スロヴェニア共和国の独立が正式に認められる
2004	EUに加盟
2007	ユーロ導入

15世紀以降ハプスブルク家が治めてきたツェリエ

リュブリャーナにあるプレシェーレンの銅像

ユーゴスラヴィア時代のポスター（リュブリャーナの市立博物館）

旅のインフォメーション

旧市街の路地裏レストラン。テーブルも露天、サラダのドレッシングはセルフで

旅の必需品と通信事情

■**海外旅行の最旬情報はここで!**
URL www.arukikata.co.jp
「地球の歩き方」公式サイト。ガイドブックの更新情報や、海外在住特派員の現地最新ネタなど旅の準備に役立つコンテンツ満載。

■**パスポートの申請から受領まで**
URL www.mofa.go.jp/mofaj/toko/passport/index.html

■**パスポートの申請内容が一部変更に**
2023年3月27日以降、必要書類として戸籍抄本が認められなくなったほか、増補の廃止など、旅券の申請内容が一部変更になった。
●旅券法令改正及び旅券(パスポート)の電子申請の開始について
URL www.mofa.go.jp/mofaj/ca/pss/page22_003958.html
●主な改正内容
URL www.mofa.go.jp/mofaj/files/100412468.pdf

■**欧州旅行にも電子渡航認証が必要に!**
2024年よりビザが免除されている日本やアメリカなどの国民がシェンゲン協定国(スペイン、フランスなど27ヵ国でクロアチアやスロヴェニアも加盟国)にビザなしで入国する際、ETIAS(エティアス、欧州渡航情報認証制度)電子認証システムへの申請が必須となる予定。

■**「地球の歩き方」ホームページで海外旅行保険について知ろう**
「地球の歩き方」ホームページでは海外旅行保険情報を紹介している。保険のタイプや加入方法の参考に。
URL www.arukikata.co.jp/web/article/item/3000681/

■**国際学生証ISICカード**
支払いはPayPalのみなので、事前にアカウントを作成しておこう。
URL www.isicjapan.jp

■**国外(国際)運転免許証**
レンタカーを利用するには、事前に国外運転免許証を取得しておく必要がある。申請は各都道府県の運転免許センター、指定の警察署で行う。詳細は住民票所在地にある警察に問い合わせを。

パスポート(旅券)と残存有効期間

パスポートは海外で身分を証明してくれる大切な証明書。パスポートには5年間有効のものと10年間有効のものがある。申請先は自分の住民登録をしてある都道府県庁の旅券課または住民登録のある自治体など居住地により異なる。申請から受領までは通常1週間程度かかる。

●クロアチア

日本のパスポートを持っている人は、90日以内の観光目的の入国ならビザは不要。パスポートの残存有効期間は出国時に3ヵ月以上あること。

●スロヴェニア

日本のパスポートを持っている人は、90日以内の観光目的の入国ならビザは不要。ただし、スロヴェニア出国時にはパスポートの残存有効期間が3ヶ月以上あること。

海外旅行保険

クロアチア、スロヴェニア両国ともに、治安はよいが、盗難や傷害事件、病気などに備えて海外旅行保険に入っておきたい。アクシデントに遭ったら、保険会社の営業所に速やかに連絡して指示を受ける。その際、加入時の書類が必要なので携帯しよう。また、帰国後の申請に備え、治療や盗難の証明書が必要かどうかについても、出発前に確認しておこう。クレジットカードには、海外旅行保険が付帯されているものが多いが、疾病死亡補償がない、補償金額が十分でない、複数のカードの傷害死亡補償金額は合算されない、カードによっては旅行代金をクレジットカードで決済しないと対象にならない、などの「落とし穴」があるので注意。

旅行前に手に入れたい証明書、カード

●国際学生証(ISIC)

博物館や美術館、遺跡などの入場料が割引になる場合もある。申請はオンラインのみで、スマートフォンで表示させるバーチャルカード。

●クレジットカード

クレジットカードの通用度は日本よりも高い。手数料はかかるが、ATMのキャッシングで現地通貨を引き出せるのも利点。タッチ決済が普及している。タッチ決済に対応してい

ないクレジットカードの場合はPIN(暗証番号) が必要だ。Apple PayやGoogle Payも一般的だ。

●デビットカード

使用方法はクレジットカードと同じだが支払いは後払いではなく、発行金融機関の預金口座から即時引き落としが原則となる。口座残高以上に使えないので予算管理をしやすい。加えて、現地ATMから現地通貨を引き出すこともできる。

●海外専用プリペイドカード

多くの通貨で国内での外貨両替よりレートがよく、カード作成時に審査がない。出発前にコンビニATMなどで円をチャージ(入金)し、その範囲内で渡航先のATMで現地通貨の引き出しができる。各種手数料が別途かかるが、使い過ぎや多額の現金を持ち歩く心配もない。

郵便と通信

クロアチア、スロヴェニアともに郵便局は小さな町にもあり、エアメールなら3日〜1週間ほどで日本に届く。公衆電話から国際電話がかけられるが、台数は減少傾向にある。クロアチア、スロヴェニアともに、ほとんどのホテルでは無線LANが使用可能。町中でも無線LANが使えるスポットは多い。

■海外専用プリペイドカード

●MoneyT Global
マネーティーグローバル
URL www.aplus.co.jp/prepaidcard/moneytg/
アプラス発行

●Travelex Money Card
トラベレックスマネーカード
URL www.travelex.co.jp/travel-money-card
トラベレックスジャパン発行

■便利なアプリ

●Google翻訳
日本語で話しかけると現地語の音声で返してくれる。また、カメラアイコンをタップしてレストランのメニュー等にかざすと翻訳してくれる。SIMカードやWi-Fiなど、ネットワークにつながっている必要がある。

INFORMATION

クロアチア・スロヴェニアでスマホ、ネットを使うには

スマホ利用やインターネットアクセスをするための方法はいろいろあるが、一番手軽なのはホテルなどのネットサービス(有料または無料)、Wi-Fiスポット(インターネットアクセスポイント。無料)を活用することだろう。主要ホテルや町なかにWi-Fiスポットがあるので、宿泊ホテルでの利用可否やどこにWi-Fiスポットがあるかなどの情報を事前にネットなどで調べておくとよい。ただしWi-Fiスポットでは、通信速度が不安定だったり、繋がらない場合があったり、利用できる場所が限定されたりするというデメリットもある。そのほか契約している携帯電話会社の「パケット定額」を利用したり、現地キャリアに対応したSIMカードを使用したりと選択肢は豊富だが、ストレスなく安心してスマホやネットを使うなら、以下の方法も検討したい。

☆海外用モバイルWi-Fi ルーターをレンタル

クロアチア・スロヴェニアで利用できる「Wi-Fiルーター」をレンタルする方法がある。定額料金で利用できるもので、「グローバルWiFi(【URL】https://townwifi.com/)」など各社が提供している。Wi-Fiルーターとは、現地でもスマホやタブレット、PCなどでネットを利用するための機器のことをいい、事前に予約しておいて、空港などで受け取る。利用料金が安く、ルーター1台で複数の機器と接続できる(同行者とシェアできる)ほか、いつでもどこでも、移動しながらでも快適にネットを利用できるとして、利用者が増えている。

▼グローバルWiFi

海外旅行先のスマホ接続、ネット利用の詳しい情報は「地球の歩き方」ホームページで確認してほしい。
【URL】http://www.arukikata.co.jp/net/

入出国

■**国際観光旅客税**
日本からの出国には、1回につき1000円の国際観光旅客税がかかる。原則として支払いは航空券代に上乗せされる。

■**機内持ち込みの荷物**
国際線の機内持ち込みの手荷物は、3辺の長さが55×40×25cm以内の会社が多い。航空会社によってはサイズ規定が異なる。100mℓ以上の容器に入ったクリームや液体はファスナー付きビニール袋（1リットル以下）に入れること。ナイフ、はさみなどの刃物や危険物は持ち込めないので、万能ナイフなどは、託送荷物のほうへ入れておくこと。

関西空港のセルフチェックイン機

■**シェンゲン協定加盟国**
アイスランド、イタリア、エストニア、オーストリア、オランダ、ギリシャ、スイス、スウェーデン、スペイン、スロヴァキア、スロヴェニア、チェコ、デンマーク、ドイツ、ノルウェー、ハンガリー、フィンランド、フランス、ベルギー、ポーランド、ポルトガル、マルタ、ラトヴィア、リトアニア、ルクセンブルク、リヒテンシュタイン、クロアチア
（2023年7月現在）

日本出国

●搭乗手続き

チェックイン　航空券はフライトの予約時にEチケットとして、メールなどで送られてくる。旅行中は携行することが義務づけられているのでプリントアウトして持っていくこと。空港に着いたら、航空会社のEチケットとパスポートを出し、搭乗券（ボーディングパスBoarding Pass）を受け取る。

預け荷物　スーツケースなどの大きな荷物は、チェックイン時に預ける。これを託送荷物（チェックド・バゲージChecked Baggage）という。預け荷物の重量や個数制限は航空会社や搭乗クラスによって違うので、事前に確認しておこう。荷物を預けるとバーコードの入ったシール、クレーム・タグをパスポートか搭乗券に貼ってくれる。荷物が出てこないときに必要なのでなくさないこと。

●税関（カスタムCustoms）

外国製の高価な貴金属や時計、ブランド品などを持っている場合、出国時に「外国製品の持ち出し書」に記入し申告をしておかなければならない。これを怠ると、帰国時の税関検査のときに、みやげ品とみなされて課税されることがある。

●出国審査（イミグレーションImmigration）

出国審査台では、パスポートと搭乗券を提示する。顔認証ゲートを利用する場合、パスポートに出国スタンプは押されないので、希望者は別カウンターへ。

クロアチア／スロヴェニア入国

関連項目　日本からのアクセス➡P.46～47
周辺諸国からのアクセス➡P.48～49

クロアチア、スロヴェニアともに日本からの直行便がないため、経由地での乗り換えが必要になる。日本からスルーチェックインできない場合（航空会社、アライアンスが異なる場合等）は、預け荷物を受け取って再度チェックインする必要がある。

●入国審査（シェンゲン協定加盟国での乗り換え）

クロアチア、スロヴェニアともにシェンゲン協定に加盟しているため、飛行機で向かう際は、経由地の空港がシェンゲン協定加盟国の場合（フランクフルト、ミュンヘン、パリ、ローマ、ワルシャワなど）には、日本人はNon-EUの列に並び、順番が来たらパスポートを提示する。その後、乗り換えの便に乗ってクロアチア、スロヴェニアへ向かう。

●入国審査（シェンゲン協定非加盟国での乗り換え）

シェンゲン協定に加盟していない国での乗り換え(ロンドンやイスタンブールなど)の場合は、ザグレブ（クロアチア)やリュブリャーナ（スロヴェニア）など最終目的地の空港で入国審査が行われる。

●荷物の受け取り（バゲージクレーム）

搭乗した便名が表示されているターンテーブルまで行き、預け荷物を受け取る。

●税関申告

持ち込み品が免税範囲内なら緑の列へ。免税範囲を超えている場合は赤の列に並んで手続きをする。

●クロアチア〜スロヴェニア間の移動

両国ともにシェンゲン協定に加盟しており、陸路での移動の場合は国境でのチェックは原則的に行われない。ただし抜き打ちでパスポートチェックが行われることがある。

クロアチア／スロヴェニア出国

関連項目 **税金➡P.57**（クロアチア） **➡P.243**（スロヴェニア）
周辺諸国からのアクセス➡P.48〜49

●免税手続き

免税手続きは原則として、**滞在する最後のEU加盟国**で行う。EU加盟国以外の空港で乗り換えて日本に帰国する場合は、クロアチアまたはスロヴェニアの出発空港で免税手続きを行う。フランクフルトやウィーンなどEU加盟国で乗り換える場合は、免税手続きの商品を手荷物として機内に持ち込み、乗り継ぎの空港で免税手続きをする。

●搭乗手続き

プリントアウトしたEチケット、またはスマートフォンなどで航空券引換証をカウンターで提示して搭乗券を受け取る。オンラインチェックインでメールで搭乗券を受け取っている場合は、スマホの画面（搭乗券)を提示すればよい。

●出国審査

出国審査カウンターでパスポートと搭乗券を提示する。通常は質問されることはほとんどない。

日本入国（帰国）

機内で配られる「携帯品・別送品申告書」に必要事項を記入しておこう。免税範囲を超えていなくても空港の税関に提出しなければいけない。「Visit Japan Web」(右記) を利用すれば、書面の申告用紙を提出する必要がなくスピーディ。

ドイツ、オーストリアを経てスロヴェニアからザグレブへ至る国際列車の行先表示札

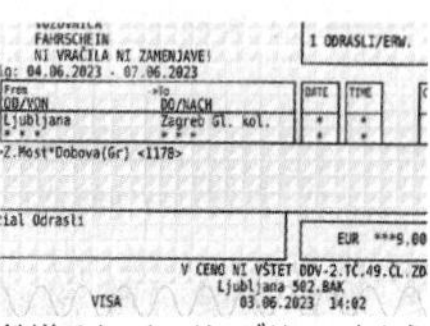
FAHRSCHEIN
NI VRAČILA NI ZAMENJAVE!
1 ODRASLI/ERW.
04.06.2023 - 07.06.2023
OD/VON Ljubljana
DO/NACH Zagreb Gl. kol.
Z.Most*Dobova(Gr) <1178>
ial Odrasli
EUR ***9.00
V CENO NI VŠTET DDV-2.TČ.49.ČL.ZD
VISA
Ljubljana 502.BAK
03.06.2023 14:02

鉄道チケット。リュブリャーナからザグレブは€9と格安！

■EU加盟国

アイルランド、イタリア、エストニア、オーストリア、オランダ、キプロス、ギリシア、クロアチア、スウェーデン、スペイン、スロヴァキア、スロヴェニア、チェコ、デンマーク、ドイツ、ハンガリー、フィンランド、フランス、ブルガリア、ベルギー、ポーランド、ポルトガル、マルタ、ラトヴィア、リトアニア、ルーマニア、ルクセンブルク（2023年7月現在）

リュブリャーナ空港の出発カウンター

■Visit Japan Web

日本入国時の手続き「入国審査」、「税関申告」をウェブで行うことができるサービス。必要な情報を登録することで、スピーディに入国できる。

URL vjw-lp.digital.go.jp

■コピー商品の購入は厳禁!

旅行先では、有名ブランドのロゴやデザイン、キャラクターなどを模倣した偽ブランド品や、ゲーム、音楽ソフトを違法に複製した「コピー商品」を、絶対に購入しないように。これらの品物を持って帰国すると、空港の税関で没収されるだけでなく、場合によっては損害賠償請求を受けることも。「知らなかった」では済まされないのだ。

■肉類の加工品は持ち込み不可

日本へは、ソーセージ、ハム類の肉加工品は持ち込めない。ただし、缶詰やレトルトパックで常温で長期保存が可能な状態のものなら持ち込める可能性があるが、事前に動物検疫所で確認しよう。

URL www.maff.go.jp/aqs

■「地球の歩き方」公式LINEスタンプが登場!

旅先で出合うあれこれがスタンプに。旅好き同士のコミュニケーションにおすすめ。LINE STOREで「地球の歩き方」と検索!

●入国審査

検疫カウンターを通ったら、入国審査へ。通常は顔認証ゲートで本人確認が行われる。

●荷物の受け取り

乗ってきた飛行機の便名が表示されたターンテーブルで荷物を受け取る。万が一荷物が出てこなかった場合は、近くにある利用航空会社のオフィスに行き、預けるときにもらったクレーム・タグを見せたうえで、必要書類を記入しよう。

●税関申告

税関で「携帯品・別送品申告書」を提出する。持ち込み品が免税範囲内の人は緑のランプの検査台へ。免税枠を超えた人は赤いランプの検査台へ。税金は税関検査場内の銀行で納付できる。支払いは原則として日本円の現金のみ。「Visit Japan Web」を利用した場合は電子申請ゲートを利用。

●日本帰国時における免税範囲

たばこ	紙巻き200本、葉巻50本、加熱式たばこ個装等10個、その他の種類250g。 ※免税数量は、それぞれの種類のたばこのみを購入した場合の数量であり、複数の種類のたばこを購入した場合の免税数量ではない。 ※「加熱式たばこ」の免税数量は、紙巻き200本に相当する数量となる。
酒類	1本760mℓのもの3本。
香水	2オンス(1オンスは約28mℓ) ※オー・デ・コロン、オー・ド・トワレは含めなくていい。
その他	海外市価の合計額20万円以内。 ※同一品目ごとの合計が海外市価で1万円以下のものは含めなくていい。 ※1個(1組)で20万円を超えるものはその全額が課税対象となる。

(A面)

日本国税関
税関様式C第5360号

携帯品・別送品申告書

下記及び裏面の事項について記入し、税関職員へ提出してください。
家族が同時に検査を受ける場合は、代表者が1枚提出してください。

搭乗機(船)名　出発地
入国日　年　月　日
フリガナ
氏名
現住所(日本での滞在先)
電話
職業
生年月日　年　月　日
旅券番号
同伴家族　20歳以上　名　6歳以上20歳未満　名　6歳未満　名

※ 以下の質問について、該当する□に"✓"でチェックしてください。

1. 下記に掲げるものを持っていますか?　はい　いいえ
① 麻薬、銃砲、爆発物等の日本への持込みが禁止されているもの(B面1. を参照)
② 肉製品、野菜、果物、動植物等の日本への持込みが制限されているもの(B面2. を参照)
③ 金地金又は金製品
④ 免税範囲(B面3. を参照)を超える購入品・お土産品・贈答品など
⑤ 商業貨物・商品サンプル
⑥ 他人から預かったもの(スーツケースなど運搬用具や理由を明らかにされず渡されたものを含む)
＊上記のいずれかで「はい」を選択した方は、B面に入国時に携帯して持ち込むものを記入してください。

2. 100万円相当額を超える現金、有価証券又は1kgを超える貴金属などを持っていますか?　はい　いいえ
＊「はい」を選択した方は、別途「支払手段等の携帯輸出・輸入申告書」を提出してください。

3. 別送品　入国の際に携帯せず、郵送などの方法により別に送った荷物(引越荷物を含む。)がありますか?
□ はい(　個)　□ いいえ
＊「はい」を選択した方は、入国時に携帯して持ち込むものをB面に記入したこの申告書を2部、税関に提出して、税関の確認を受けてください。(入国後6か月以内に輸入するものに限る。) 確認を受けた申告書は、別送品を通関する際に必要となります。

《注意事項》
海外又は日本出国時及び到着時に免税店で購入したもの、預かってきたものなど日本に持ち込む携帯品・別送品については、法令に基づき、税関に申告し、必要な検査を受ける必要があります。申告漏れ、偽りの申告などの不正な行為がある場合は、処罰されることがあります。

この申告書に記載したとおりである旨申告します。

署名

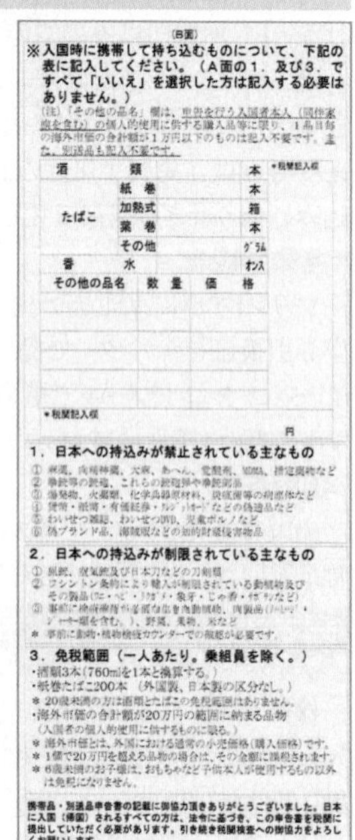

(B面)

※入国時に携帯して持ち込むものについて、下記の表に記入してください。(A面の1. 及び3. ですべて「いいえ」を選択した方は記入する必要はありません。)

(注)「その他の品名」欄は、申告を行う入国者本人(同伴家族を含む)の個人的使用に供する購入品等に限り、1品目毎の海外市価の合計額が1万円以下のものは記入不要です。また、別送品も記入不要です。

酒類			本	＊税関記入欄
たばこ	紙巻		本	
	加熱式		箱	
	葉巻		本	
	その他		ｸﾞﾗﾑ	
香水			ｵﾝｽ	
その他の品名	数量	価格		

＊税関記入欄　円

1. 日本への持込みが禁止されている主なもの
① 麻薬、向精神薬、大麻、あへん、覚醒剤、MDMA、指定薬物など
② 拳銃等の銃砲、これらの銃砲弾や拳銃部品
③ 爆発物、火薬類、化学兵器原材料、炭疽菌等の病原体など
④ 貨幣・紙幣・有価証券・クレジットカードなどの偽造品など
⑤ わいせつ雑誌、わいせつDVD、児童ポルノなど
⑥ 偽ブランド品、海賊版などの知的財産侵害物品

2. 日本への持込みが制限されている主なもの
① 猟銃、空気銃及び日本刀などの刀剣類
② ワシントン条約により輸入が制限されている動植物及びその製品(ワニ・ヘビ・リクガメ・象牙・じゃ香・サボテンなど)
③ 事前に検疫確認が必要な生きた動植物、肉製品(ソーセージ・ジャーキー類を含む。)、野菜、果物、米など
＊ 事前に動物・植物検疫カウンターでの確認が必要です。

3. 免税範囲(一人あたり。乗組員を除く。)
・酒類3本(760mlを1本と換算する。)
・紙巻たばこ200本(外国製、日本製の区分なし。)
＊ 20歳未満の方は酒類とたばこの免税範囲はありません。
・海外市価の合計額が20万円の範囲に納まる品物(入国者の個人的使用に供するものに限る。)
＊ 海外市価とは、外国における通常の小売価格(購入価格)です。
＊ 1個で20万円を超える品物の場合は、その全額に課税されます。
＊ 6歳未満のお子様は、おもちゃなど子供本人が使用するもの以外は免税になりません。

携帯品・別送品申告書の記載に御協力頂きありがとうございました。日本に入国(帰国)されるすべての方は、法令に基づき、この申告書を税関に提出していただく必要があります。引き続き税関検査への御協力をよろしくお願いします。

旅のトラブル

治安

●治安はよいが、過度な安心は禁物

クロアチア、スロヴェニアともに、治安はヨーロッパのなかでもかなり安全な部類に入る。近年は観光人気によって、観光客を狙った犯罪が増加傾向にある。報告されている犯罪の種類としては、スリ、置き引き、ひったくりのほか、ニセ警官詐欺、クレジットカードのスキミングなど。夜間の外出は控える、荷物は常に目の届く所に置く、貴重品は分散して管理する、といった最低限度の注意を払うことが必要だ。

●パスポートをなくしたら

パスポートを盗難、または紛失した場合はまず現地の警察署へ行って盗難・紛失証明書を発行してもらうこと。その後日本大使館（クロアチア→P.72、スロヴェニア→P.250）に行き、旅券の失効手続きを行う。その後、**帰国のための渡航書**（日本に直行で帰国するためのパスポートに代わる渡航文書）、または**緊急旅券**（1年間有効）の発給を申請する。

●クレジットカードをなくしたら

クレジットカードを紛失した場合は、一刻も早くカード会社に連絡を取ってカードの無効化手続きを申請する。たいていのカード会社では、日本語で応対してくれる連絡先をもっているので、その連絡先を控えておくこと。

●貴重品の盗難・紛失

財布やカメラ、スマートフォンといった貴重品を盗られたり紛失してしまった場合は、まず現地の警察署へ行って盗難・紛失証明書を発行してもらうこと。海外旅行保険で補償を請求する場合に必要となる。

危険地帯

2023年9月現在、外務省の危険情報では、クロアチアのスラヴォニア地方（一部）～中央クロアチア地方（一部）～ダルマチア地方(一部)にかけての地域および東スラヴォニア地域(セルビアとの国境付近)に対して、「レベル1:十分注意してください」が発出されている。これらの地域は、旧紛争地帯であり、いまだに撤去されていない地雷が残っているためだ。通常の旅行者が立ち寄るような場所は心配いらないが、舗装されていない脇道や、山間部には地雷が残っている可能性も否定できないので、留意する必要がある。

■外務省海外安全ホームページ
URL www.anzen.mofa.go.jp

■パスポートを紛失、盗難、焼失したとき
詳しくは、外務省のウェブサイトで確認しておこう。万一のために必要書類（戸籍謄本）などを日本から持参すると安心。
URL www.mofa.go.jp/mofaj/toko/passport/pass_5.html

■渡航先で最新の安全情報を確認できる「たびレジ」に登録しよう
外務省の提供する「たびレジ」に登録すれば、渡航先の安全情報メールや緊急連絡を無料で受け取ることができる。出発前にぜひ登録しよう。
URL www.ezairyu.mofa.go.jp/index.html

■主要クレジットカード会社
●アメリカン・エキスプレス
URL www.americanexpress.com/ja-jp
●ダイナースクラブカード
URL www.diners.co.jp
●JCB
URL www.jcb.jp
●MasterCard
URL www.mastercard.co.jp
●VISA
URL www.visa.co.jp

■在外大使館館
●在クロアチア日本大使館
Map P.80-B2
住 Boškovićeva 2
TEL (01)4870650
FAX (01)4667334
URL www.hr.emb-japan.go.jp
開 8:30～12:00、13:00～17:00
休 土・日・祝

●在スロヴェニア日本大使館
Map P.256-A2
住 Trg Republike 3/XI
TEL (01)2008281
FAX (01)2511822
URL www.si.emb-japan.go.jp
開 9:00～12:30、13:30～16:30
休 土・日・祝

info クロアチアのシェンゲン協定加盟により、スロヴェニアとの国境管理は撤廃された。しかし、バスや鉄道では抜き打ち検査もあるのでパスポートは常に携帯しよう。

索引

地名

見どころ

■タ

■ナ

■ハ

■マ

■ヤ

■ラ

地球の歩き方 シリーズ一覧 2023年11月現在

＊地球の歩き方ガイドブックは、改訂時に価格が変わることがあります。＊表示価格は定価（税込）です。＊最新情報は、ホームページをご覧ください。www.arukikata.co.jp/guidebook/

地球の歩き方　ガイドブック

A　ヨーロッパ

A01	ヨーロッパ	¥1870
A02	イギリス	¥2530
A03	ロンドン	¥1980
A04	湖水地方&スコットランド	¥1870
A05	アイルランド	¥1980
A06	フランス	¥2420
A07	パリ&近郊の町	¥1980
A08	南仏プロヴァンス コート・ダジュール&モナコ	¥1760
A09	イタリア	¥1870
A10	ローマ	¥1760
A11	ミラノ　ヴェネツィアと湖水地方	¥1870
A12	フィレンツェとトスカーナ	¥1870
A13	南イタリアとシチリア	¥1870
A14	ドイツ	¥1980
A15	南ドイツ　フランクフルト　ミュンヘン　ロマンチック街道　古城街道	¥2090
A16	ベルリンと北ドイツ　ハンブルク ドレスデン　ライプツィヒ	¥1870
A17	ウィーンとオーストリア	¥2090
A18	スイス	¥2200
A19	オランダ　ベルギー　ルクセンブルク	¥1870
A20	スペイン	¥2420
A21	マドリードとアンダルシア	¥1760
A22	バルセロナ&近郊の町 イビサ島／マヨルカ島	¥1760
A23	ポルトガル	¥1815
A24	ギリシアとエーゲ海の島々&キプロス	¥1870
A25	中欧	¥1980
A26	チェコ　ポーランド　スロヴァキア	¥1870
A27	ハンガリー	¥1870
A28	ブルガリア　ルーマニア	¥1980
A29	北欧　デンマーク　ノルウェー スウェーデン　フィンランド	¥1870
A30	バルトの国々　エストニア ラトヴィア　リトアニア	¥1870
A31	ロシア　ベラルーシ　ウクライナ モルドヴァ　コーカサスの国々	¥2090
A32	極東ロシア　シベリア　サハリン	¥1980
A34	クロアチア　スロヴェニア	¥2200

B　南北アメリカ

B01	アメリカ	¥2090
B02	アメリカ西海岸	¥1870
B03	ロスアンゼルス	¥2090
B04	サンフランシスコとシリコンバレー	¥1870
B05	シアトル　ポートランド	¥2420
B06	ニューヨーク マンハッタン&ブルックリン	¥1980
B07	ボストン	¥1980
B08	ワシントンDC	¥2420
B09	ラスベガス　セドナ&グランドキャニオンと大西部	¥2090
B10	フロリダ	¥2310
B11	シカゴ	¥1870
B12	アメリカ南部	¥1980
B13	アメリカの国立公園	¥2090
B14	ダラス　ヒューストン　デンバー グランドサークル　フェニックス サンタフェ	¥1980
B15	アラスカ	¥1980
B16	カナダ	¥2420
B17	カナダ西部 カナディアン・ロッキーとバンクーバー	¥2090
B18	カナダ東部 ナイアガラ・フォールズ　メープル街道　プリンス・エドワード島　トロント　オタワ　モントリオール　ケベック・シティ	¥2090
B19	メキシコ	¥1980
B20	中米	¥2090
B21	ブラジル　ベネズエラ	¥2200
B22	アルゼンチン　チリ　パラグアイ　ウルグアイ	¥2200
B23	ペルー　ボリビア　エクアドル　コロンビア	¥2200
B24	キューバ　バハマ　ジャマイカ　カリブの島々	¥2035
B25	アメリカ・ドライブ	¥1980

C　太平洋／インド洋島々

C01	ハワイ　オアフ島&ホノルル	¥2200
C02	ハワイ島	¥2200
C03	サイパン　ロタ&テニアン	¥1540
C04	グアム	¥1980
C05	タヒチ　イースター島	¥1870
C06	フィジー	¥1650
C07	ニューカレドニア	¥1650
C08	モルディブ	¥1870
C10	ニュージーランド	¥2200
C11	オーストラリア	¥2200
C12	ゴールドコースト&ケアンズ	¥2420
C13	シドニー&メルボルン	¥1760

D　アジア

D01	中国	¥2090
D02	上海　杭州　蘇州	¥1870
D03	北京	¥1760
D04	大連　瀋陽　ハルビン 中国東北部の自然と文化	¥1980
D05	広州　アモイ　桂林 珠江デルタと華南地方	¥1980
D06	成都　重慶　九寨溝　麗江　四川　雲南	¥1980
D07	西安　敦煌　ウルムチ シルクロードと中国北西部	¥1980
D08	チベット	¥2090
D09	香港　マカオ　深圳	¥2420
D10	台湾	¥2090
D11	台北	¥1980
D13	台南　高雄　屏東&南台湾の町	¥1650
D14	モンゴル	¥2
D15	中央アジア サマルカンドとシルクロードの国々	¥2
D16	東南アジア	¥1
D17	タイ	¥2
D18	バンコク	¥1
D19	マレーシア　ブルネイ	¥2
D20	シンガポール	¥1
D21	ベトナム	¥2
D22	アンコール・ワットとカンボジア	¥2
D23	ラオス	¥2
D24	ミャンマー（ビルマ）	¥2
D25	インドネシア	¥1
D26	バリ島	¥2
D27	フィリピン　マニラ　セブ ボラカイ　ボホール　エルニド	¥2
D28	インド	¥2
D29	ネパールとヒマラヤトレッキング	¥2
D30	スリランカ	¥1
D31	ブータン	¥1
D33	マカオ	¥1
D34	釜山　慶州	¥1
D35	バングラデシュ	¥2
D37	韓国	¥2
D38	ソウル	¥1

E　中近東　アフリカ

E01	ドバイとアラビア半島の国々	¥2
E02	エジプト	¥1
E03	イスタンブールとトルコの大地	¥2
E04	ペトラ遺跡とヨルダン　レバノン	¥2
E05	イスラエル	¥2
E06	イラン　ペルシアの旅	¥2
E07	モロッコ	¥1
E08	チュニジア	¥2
E09	東アフリカ　ウガンダ　エチオピア ケニア　タンザニア　ルワンダ	¥2
E10	南アフリカ	¥2
E11	リビア	¥2
E12	マダガスカル	¥1

J　国内版

J00	日本	¥3
J01	東京　23区	¥2
J02	東京　多摩地域	¥2
J03	京都	¥2
J04	沖縄	¥2
J05	北海道	¥2
J07	埼玉	¥2
J08	千葉	¥2
J09	札幌・小樽	¥2
J10	愛知	¥2
J12	四国	¥2

地球の歩き方　aruco

●海外

1	パリ	¥1320
2	ソウル	¥1650
3	台北	¥1650
4	トルコ	¥1430
5	インド	¥1540
6	ロンドン	¥1650
7	香港	¥1320
9	ニューヨーク	¥1320
10	ホーチミン　ダナン　ホイアン	¥1430
11	ホノルル	¥1650
12	バリ島	¥1320
13	上海	¥1320
14	モロッコ	¥1540
15	チェコ	¥1320
16	ベルギー	¥1430
17	ウィーン　ブダペスト	¥1320
18	イタリア	¥1760
19	スリランカ	¥1540
20	クロアチア　スロヴェニア	¥1430
21	スペイン	¥1320
22	シンガポール	¥1650
23	バンコク	¥1650
24	グアム	¥1320
25	オーストラリア	¥1430
26	フィンランド　エストニア	¥1430
27	アンコール・ワット	¥1430
28	ドイツ	¥1430
29	ハノイ	¥1430
30	台湾	¥1320
31	カナダ	¥1320
33	サイパン　テニアン　ロタ	¥1320
34	セブ　ボホール　エルニド	¥1320
35	ロスアンゼルス	¥1320
36	フランス	¥1430
37	ポルトガル	¥1650
38	ダナン　ホイアン　フエ	¥1430

●国内

東京	¥1540
東京で楽しむフランス	¥1430
東京で楽しむ韓国	¥1430
東京で楽しむ台湾	¥1430
東京の手みやげ	¥1430
東京おやつさんぽ	¥1430
東京のパン屋さん	¥1430
東京で楽しむ北欧	¥1430
東京のカフェめぐり	¥1480
東京で楽しむハワイ	¥1480
nyaruco　東京ねこさんぽ	¥1480
東京で楽しむイタリア&スペイン	¥1480
東京で楽しむアジアの国々	¥1480
東京ひとりさんぽ	¥1480
東京パワースポットさんぽ	¥1599
東京で楽しむ英国	¥1599

地球の歩き方　Plat

1	パリ	¥1320
2	ニューヨーク	¥1320
3	台北	¥1100
4	ロンドン	¥1320
6	ドイツ	¥1320
7	ホーチミン／ハノイ／ダナン／ホイアン	¥1320
8	スペイン	¥1320
10	シンガポール	¥1100
11	アイスランド	¥1540
14	マルタ	¥1540
15	フィンランド	¥1320
16	クアラルンプール／マラッカ	¥1100
17	ウラジオストク／ハバロフスク	¥1430
18	サンクトペテルブルク／モスクワ	¥1540
19	エジプト	¥1320
20	香港	¥1100
22	ブルネイ	¥1430
23	ウズベキスタン　サマルカンド ブハラ　ヒヴァ　タシケント	¥16
24	ドバイ	¥13
25	サンフランシスコ	¥13
26	パース／西オーストラリア	¥13
27	ジョージア	¥15
28	台南	¥14

地球の歩き方　リゾートスタイ

R02	ハワイ島	¥16
R03	マウイ島	¥16
R04	カウアイ島	¥18
R05	こどもと行くハワイ	¥15
R06	ハワイ　ドライブ・マップ	¥19
R07	ハワイ　バスの旅	¥13
R08	グアム	¥14
R09	こどもと行くグアム	¥16
R10	パラオ	¥16
R12	プーケット　サムイ島　ピピ島	¥16
R13	ペナン　ランカウイ　クアラルンプール	¥16
R14	バリ島	¥14
R15	セブ&ボラカイ　ボホール　シキホール	¥16
R16	テーマパークｉｎ オーランド	¥18
R17	カンクン　コスメル　イスラ・ムヘーレス	¥16
R20	ダナン　ホイアン　ホーチミン　ハノイ	¥16

地球の歩き方 御朱印

御朱印でめぐる鎌倉のお寺 三十三観音完全掲載 三訂版	¥1650
御朱印でめぐる京都のお寺 改訂版	¥1650
御朱印でめぐる奈良の古寺 改訂版	¥1650
御朱印でめぐる東京のお寺	¥1650
日本全国この御朱印が凄い！ 第壱集 増補改訂版	¥1650
日本全国この御朱印が凄い！ 第弐集 都道府県網羅版	¥1650
御朱印でめぐる全国の神社 開運さんぽ	¥1430
御朱印でめぐる高野山 改訂版	¥1650
御朱印でめぐる関東の神社 週末開運さんぽ	¥1430
御朱印でめぐる秩父の寺社 三十四観音完全掲載 改訂版	¥1650
御朱印でめぐる関東の百寺 坂東三十三観音と古寺	¥1650
御朱印でめぐる関西の神社 週末開運さんぽ	¥1430
御朱印でめぐる関西の百寺 西国三十三所と古寺	¥1650
御朱印でめぐる東京の神社 週末開運さんぽ 改訂版	¥1540
御朱印でめぐる神奈川の神社 週末開運さんぽ 改訂版	¥1540
御朱印でめぐる埼玉の神社 週末開運さんぽ	¥1430
御朱印でめぐる北海道の神社 週末開運さんぽ	¥1430
御朱印でめぐる九州の神社 週末開運さんぽ 改訂版	¥1540
御朱印でめぐる千葉の神社 週末開運さんぽ 改訂版	¥1540
御朱印でめぐる東海の神社 週末開運さんぽ	¥1430
御朱印でめぐる京都の神社 週末開運さんぽ 改訂版	¥1540
御朱印でめぐる神奈川のお寺	¥1650
御朱印でめぐる大阪 兵庫の神社 週末開運さんぽ	¥1430
御朱印でめぐる愛知の神社 週末開運さんぽ 改訂版	¥1540
御朱印でめぐる栃木 日光の神社 週末開運さんぽ	¥1430
御朱印でめぐる福岡の神社 週末開運さんぽ 改訂版	¥1540
御朱印でめぐる広島 岡山の神社 週末開運さんぽ	¥1430
御朱印でめぐる山陰 山陽の神社 週末開運さんぽ	¥1430
御朱印でめぐる埼玉のお寺	¥1650
御朱印でめぐる千葉のお寺	¥1650
御朱印でめぐる東京の七福神	¥1540
御朱印でめぐる東北の神社 週末開運さんぽ 改訂版	¥1540
御朱印でめぐる全国の稲荷神社 週末開運さんぽ	¥1430
御朱印でめぐる新潟 佐渡の神社 週末開運さんぽ	¥1430
御朱印でめぐる静岡 富士 伊豆の神社 週末開運さんぽ 改訂版	¥1540
御朱印でめぐる四国の神社 週末開運さんぽ	¥1430
御朱印でめぐる中央線沿線の寺社 週末開運さんぽ	¥1540
御朱印でめぐる東急線沿線の寺社 週末開運さんぽ	¥1540
御朱印でめぐる茨城の神社 週末開運さんぽ	¥1430
御朱印でめぐる関東の聖地 週末開運さんぽ	¥1430
御朱印でめぐる東海のお寺	¥1650
日本全国ねこの御朱印&お守りめぐり 週末開運にゃんさんぽ	¥1760
御朱印でめぐる信州 甲州の神社 週末開運さんぽ	¥1430
御朱印でめぐる全国の聖地 週末開運さんぽ	¥1430
御船印でめぐる全国の魅力的な船旅	¥1650
御朱印でめぐる茨城のお寺	¥1650
御朱印でめぐる全国のお寺 週末開運さんぽ	¥1540
日本全国 日本酒でめぐる 酒蔵&ちょこっと御朱印〈東日本編〉	¥1760
日本全国 日本酒でめぐる 酒蔵&ちょこっと御朱印〈西日本編〉	¥1760
関東版ねこの御朱印&お守りめぐり 週末開運にゃんさんぽ	¥1760

52	一生に一度は参りたい！ 御朱印でめぐる全国の絶景寺社図鑑	¥2479
53	御朱印でめぐる東北のお寺 週末開運さんぽ	¥1650
D51	鉄印帳でめぐる全国の魅力的な鉄道40	¥1650
	御朱印はじめました 関東の神社 週末開運さんぽ	¥1210

地球の歩き方 島旅

1	五島列島 3訂版	¥1650
2	奄美大島～奄美群島1～ 3訂版	¥1650
3	与論島 沖永良部島 徳之島（奄美群島②）改訂版	¥1650
4	利尻 礼文 4訂版	¥1650
5	天草 改訂版	¥1760
6	壱岐 4訂版	¥1650
7	種子島 3訂版	¥1650
8	小笠原 父島 母島 3訂版	¥1650
9	隠岐 3訂版	¥1870
10	佐渡 3訂版	¥1650
11	宮古島 伊良部島 下地島 来間島 池間島 多良間島 大神島 改訂版	¥1650
12	久米島 渡名喜島 改訂版	¥1650
13	小豆島～瀬戸内の島々1～ 改訂版	¥1650
14	直島 豊島 女木島 男木島 犬島～瀬戸内の島々2～	¥1650
15	伊豆大島 利島～伊豆諸島1～ 改訂版	¥1650
16	新島 式根島 神津島～伊豆諸島2～ 改訂版	¥1650
17	沖縄本島周辺15離島	¥1650
18	たけとみの島々 竹富島 西表島 波照間島 小浜島 黒島 鳩間島 新城島 由布島 加屋	¥1650
19	淡路島～瀬戸内の島々3～	¥1650
20	石垣島 竹富島 西表島 小浜島 由布島 新城島 波照間島	¥1650
21	対馬	¥1650
22	島旅ねこ にゃんこの島の歩き方	¥1344

地球の歩き方 旅の図鑑

W01	世界244の国と地域	¥1760
W02	世界の指導者図鑑	¥1650
W03	世界の魅力的な奇岩と巨石139選	¥1760
W04	世界246の首都と主要都市	¥1760
W05	世界のすごい島300	¥1760
W06	地球の歩き方的！ 世界なんでもランキング	¥1760
W07	世界のグルメ図鑑 116の国と地域の名物料理を食の雑学とともに解説	¥1760
W08	世界のすごい巨像	¥1760
W09	世界のすごい城と宮殿333	¥1760
W10	世界197ヵ国のふしぎな聖地&パワースポット	¥1870
W11	世界の祝祭	¥1760
W12	世界のカレー図鑑	¥1980
W13	世界遺産 絶景でめぐる自然遺産 完全版	¥1980
W15	地球の果ての歩き方	¥1980
W16	世界の中華料理図鑑	¥1980
W17	世界の地元メシ図鑑	¥1980
W18	世界遺産の歩き方 学んで旅する！ すごい世界遺産190選	¥1980
W19	世界の魅力的なビーチと湖	¥1980
W20	世界のすごい駅	¥1980
W21	世界のおみやげ図鑑	¥1980
W22	いつか旅してみたい世界の美しい古都	¥1980
W23	世界のすごいホテル	¥1980
W24	日本の凄い神木	¥2200
W25	世界のお菓子図鑑	¥1980
W26	世界の麺図鑑	¥1980
W27	世界のお酒図鑑	¥1980
W28	世界の魅力的な道	¥1980
W29	世界の映画の舞台&ロケ地	¥2090
W30	すごい地球！	¥2200
W31	世界のすごい墓	¥1980

地球の歩き方 旅の名言&絶景

ALOHAを感じるハワイのことばと絶景100	¥1650
自分らしく生きるフランスのことばと絶景100	¥1650
人生観が変わるインドのことばと絶景100	¥1650
生きる知恵を授かるアラブのことばと絶景100	¥1650
心に寄り添う台湾のことばと絶景100	¥1650
道しるべとなるドイツのことばと絶景100	¥1650
共感と勇気がわく韓国のことばと絶景100	¥1650
人生を楽しみ尽くすイタリアのことばと絶景100	¥1650
今すぐ旅に出たくなる！ 地球の歩き方のことばと絶景100	¥1650
悠久の教えをひもとく 中国のことばと絶景100	¥1650

地球の歩き方 旅と健康

地球のなぞり方 旅地図 アメリカ大陸編	¥1430
地球のなぞり方 旅地図 ヨーロッパ編	¥1430
地球のなぞり方 旅地図 アジア編	¥1430
地球のなぞり方 旅地図 日本編	¥1430
脳がどんどん強くなる！ すごい地球の歩き方	¥1650

地球の歩き方 GEMSTONE

とっておきのポーランド 増補改訂版	¥1760
ラダック ザンスカール スピティ 北インドのリトル・チベット 増補改訂版	¥1925

地球の歩き方 旅の読み物

今こそ学びたい日本のこと	¥1760
週末だけで70ヵ国159都市を旅したリーマントラベラーが教える自分の時間の作り方	¥1540

地球の歩き方 BOOKS

BRAND NEW HAWAII とびきりリアルな最新ハワイガイド	¥1650
FAMILY TAIWAN TRIP #子連れ台湾	¥1518
GIRL'S GETAWAY TO LOS ANGELES	¥1760
HAWAII RISA'S FAVORITES 大人女子はハワイで美味しく美しく	¥1650
LOVELY GREEN NEW ZEALAND 未来の国を旅するガイドブック	¥1760
MAKI'S DEAREST HAWAII	¥1540
MY TRAVEL, MY LIFE Maki's Family Travel Book	¥1760
WORLD FORTUNE TRIP イヴルルド遙華の世界開運★旅案内	¥1650
いろはに北欧	¥1760
ヴィクトリア朝が教えてくれる英国の魅力	¥1320
ダナン&ホイアン PHOTO TRAVEL GUIDE	¥1650
とっておきのフィンランド	¥1760
フィンランドでかなえる100の夢	¥1760
マレーシア 地元で愛される名物食堂	¥1430
やり直し英語革命	¥1100
気軽に始める！大人の男海外ひとり旅	¥1100
気軽に出かける！ 大人の男アジアひとり旅	¥1100
香港 地元で愛される名物食堂	¥1540
最高のハワイの過ごし方	¥1540
子連れで沖縄 旅のアドレス&テクニック117	¥1100
食事作りに手間暇かけないドイツ人、手料理神話にこだわり続ける日本人	¥1100
親の介護をはじめる人へ 伝えておきたい10のこと	¥1000
総予算33万円・9日間から行く！ 世界一周	¥1100
台北 メトロさんぽ MRTを使って、おいしいとかわいいを巡る旅	¥1518
鳥居りんこ 親の介護をはじめたらお金の話で泣き見てばかり	¥1320
鳥居りんこの親の介護は知らなきゃバカ見ることだらけ	¥1320
北欧が好き！ フィンランド・スウェーデン・デンマーク・ノルウェーの素敵な町めぐり	¥1210
北欧が好き！2 建築&デザインでめぐるフィンランド・スウェーデン・デンマーク・ノルウェー	¥1210
地球の歩き方JAPAN ダムの歩き方 全国版 初めてのダム旅入門ガイド	¥1712
日本全国 開運神社 このお守りがすごい！	¥1522

地球の歩き方 スペシャルコラボ BOOK

地球の歩き方 ムー	¥2420
地球の歩き方 JOJO ジョジョの奇妙な冒険	¥2420
地球の歩き方 ディズニーの世界	¥2420

STAFF

制　　作：池内宏昭　今井歩
編　　集：どんぐり・はうす（大和田聡子、黄木克哲）
地　　図：どんぐり・はうす
校　　正：三品秀徳
デザイン：シー・パラダイス
表　　紙：日出嶋昭男
写　　真：岩間幸司　旅ソムリエ祥　どんぐり・はうす
©iStock
編集協力：旅ソムリエ祥　奥寺有希子
クロアチア共和国大使館
スロヴェニア共和国大使館
スロヴェニア政府観光局

Producer：Hiroaki Ikeuchi　Ayumi Imai
Editors : Donguri House
Maps：Donguri House
Proofreading：Hidenori Mishina
Design : Sea Paradise
Cover Designer：Akio Hidejima
Photographers：Koji Iwama　Sayo Yamauchi
Donguri House　©iStock
Special Thanks：Sayo Yamauchi　Yukiko Okudera
Park Škocjanske jame　Postojnska jama
Nacionalni park Plitvička jezera
Turizem Rogaška Slatina
Janez Skok　Ales Fevzer

本書の内容について、ご意見・ご感想はこちらまで
読者投稿　〒141-8425　東京都品川区西五反田2-11-8
株式会社地球の歩き方
地球の歩き方サービスデスク「クロアチア　スロヴェニア編」投稿係
https://www.arukikata.co.jp/guidebook/toukou.html
地球の歩き方ホームページ（海外・国内旅行の総合情報）
https://www.arukikata.co.jp/
ガイドブック『地球の歩き方』公式サイト
https://www.arukikata.co.jp/guidebook/

地球の歩き方 A34
クロアチア スロヴェニア 2024～2025年版

2023年11月28日　初版第1刷発行

Published by Arukikata. Co., Ltd.
2-11-8 Nishigotanda, Shinagawa-ku, Tokyo, 141-8425, Japan

著作編集　地球の歩き方編集室
発 行 人　新井 邦弘
編 集 人　宮田 崇
発 行 所　株式会社地球の歩き方
〒141-8425　東京都品川区西五反田2-11-8
発 売 元　株式会社Gakken
〒141-8416　東京都品川区西五反田2-11-8
印刷製本　開成堂印刷株式会社

※本書は基本的に2023年3～6月の取材データに基づいて作られています。
発行後に料金、営業時間、定休日などが変更になる場合がありますのでご了承ください。
更新・訂正情報：https://www.arukikata.co.jp/travel-support/

●この本に関する各種お問い合わせ先
・本の内容については、下記サイトのお問い合わせフォームよりお願いします。
URL https://www.arukikata.co.jp/guidebook/contact.html
・広告については、下記サイトのお問い合わせフォームよりお願いします。
URL https://www.arukikata.co.jp/ad_contact/
・在庫については Tel 03-6431-1250（販売部）
・不良品（落丁、乱丁）については Tel 0570-000577
学研業務センター 〒354-0045　埼玉県入間郡三芳町上富279-1
・上記以外のお問い合わせは Tel 0570-056-710（学研グループ総合案内）

※本書は株式会社ダイヤモンド・ビッグ社より2008年3月に初版発行したもの（2019年3月に改訂第8版）の最新・改訂版です。

学研グループの書籍・雑誌についての新刊情報・詳細情報は、下記をご覧ください。
学研出版サイト　https://hon.gakken.jp/